GRUNDPROBLEME DER KRIMINALPÄDAGOGIK

von

Karl Peters

Professor an der Universität Münster i. W.
Direktor des Instituts für Strafprozeß
und Strafvollzug

Berlin 1960

WALTER DE GRUYTER & CO.

vormals G. J. Göschen'sche Verlagshandlung · J. Guttentag, Verlagsbuchhandlung
Georg Reimer · Karl J. Trübner · Veit & Comp.

Archiv-Nr. 27 29 60
Satz: Walter de Gruyter & Co.
Druck: Berliner Buchdruckerei Union GmbH., Berlin SW 61

Vorwort

Lasse ich den Zeitraum von dreißig Jahren, den ich auf dem Gebiete des Strafrechts in der Praxis (Staatsanwaltschaft, Gericht, Fürsorge, gelegentlich als Verteidiger) und in der Theorie tätig war, in meiner Erinnerung vorübergleiten, so drängt sich mir die Frage auf, ob das Strafrecht wirklich die sittenbildende Kraft ausstrahlt, die ihm zukommt, ob es wirklich der Gemeinschaft einen sinnvollen Schutz verleiht und ob es zu den menschlichen Beziehungen zwischen Richtendem und Gerichtetem führt, die allein für den Einzelnen und die Gemeinschaft Frucht bringen. Immer wieder steht der mit der Strafgewalt befaßte Mensch in der Gefahr, einen Mechanismus ablaufen zu lassen anstatt als Mensch zu Mensch zu sprechen und zu handeln, in der Gefahr, zu hemmen und zu vernichten, anstatt zu fördern und zu helfen.

Ich bin überzeugt, daß auch im Strafrecht sich zwischenmenschliche Beziehungen entfalten lassen. Am stärksten scheint mir das bei dem Gedanken der Erziehung und Besserung möglich zu sein. Um nicht einem verschwommenen Idealismus zu verfallen, bedarf es der wissenschaftlichen Klärung der mit diesen beiden Begriffen verbundenen Gegebenheiten. Diese Klärung kann nicht allein vom Rechtlichen her erfolgen. Vielmehr bedarf es einer Verbindung von Recht und Pädagogik. Diese Verbindung soll mit dem Begriff der Kriminalpädagogik herbeigeführt werden.

Je mehr man versucht, dem Begriff einen lebendigen Inhalt zu geben, um so weiter entfalten sich die Probleme. Daraus ergibt sich als notwendige Folge eine Beschränkung des Themenkreises. Ich habe nur einige wenige Grundprobleme ausgewählt. Vor allem habe ich das weite außerordentlich wichtige Gebiet der präventiven Kriminalpädagogik beiseite gelassen. Das Buch befaßt sich im wesentlichen mit der Behandlung des Straffälligen. Es bemüht sich im ersten Teil einige allgemeine Gesichtspunkte herauszuarbeiten und im zweiten Teil die kriminalpädagogische Tätigkeit der Strafrechtspflege und des Strafvollzugs deutlich zu machen.

Das Buch möchte ein Beitrag zur Strafvollzugswissenschaft sein, von der ich glaube, daß sie innerhalb der deutschen Strafrechtswissenschaft zu kurz kommt. Es möchte vor allem aufzeigen, welch große menschliche Aufgaben der Strafrechtspflege und dem Strafvollzug obliegen. Es möchte vor allem Anstoß sein, damit die *innere* Strafrechtsreform und Strafvollzugsreform in Fluß kommen. Nicht von der äußeren Umgestaltung von Strafrecht, Strafverfahrensrecht und Strafvollzug läßt sich die notwendige Wende erhoffen, sondern allein von der Auslösung der inneren menschlichen Kräfte. Ich würde mich vor allem freuen, wenn junge Menschen, Juristen, Fürsorger, Pädagogen, vor allem Beamte des Strafvollzuges, aus diesem Buch Antrieb erhalten und Kraft schöpfen würden. Gerade an den jungen Menschen habe ich gedacht, als ich die historischen Ausführungen etwas breiter gestaltete.

Die Problematik ist vom Standpunkt eines Juristen gesehen, der sich der Notwendigkeit des Brückenschlages zwischen Rechtswissenschaft und Pädagogik bewußt ist. Vielleicht wird der Pädagoge manche andere Problematik und manche Problematik anders sehen. Es wäre nur zu wünschen, wenn der Pädagoge von seinem Ufer aus am Brückenbau helfen würde.

Münster i. W., im Frühjahr 1960 Karl Peters

Inhaltsverzeichnis

Erster Teil:

Die allgemeinen Probleme der Kriminalpädagogik

§ 1. Begriff und Wesen der Kriminalpädagogik

§ 2. Die zeitlichen Voraussetzungen einer Kriminalpädagogik

§ 6. Gerechtigkeit und Liebe

Zweiter Teil:

Besondere Probleme der Kriminalpädagogik

A. Erziehung und Strafverfahren

§ 7. Der Richter im kriminalpädagogischen Bereich

B. Erziehung und Vollzug

§ 8. Der Erziehungsvollzug innerhalb des Strafvollzugs

§ 9. Die Minima und der Erziehungsvollzug

§ 10. Grundzüge eines allgemeinen Erziehungsvollzugs

§ 11. Klassifizierung

C. Vollzugsformen des Freiheitsentzugs

§ 12. Jugendvollzug

§ 13. Frauenvollzug

E. Vollzug ohne Freiheitsentzug

§ 19. Bewährungshilfe

§ 20. Andere Maßnahmen ohne Freiheitsentzug

§ 21. Die Rehabilitation

§ 22 Schlußbemerkungen

Abkürzungen[1])

AFET	Allgemeiner Fürsorgeerziehungstag
BGH	Bundesgerichtshof (Entscheidungen in Strafsachen)
Bl f. Gfgk.	Blätter für Gefängniskunde
BR	Bundesrepublik
BVG	Bundesverfassungsgericht
DJT	Deutscher Juristentag
DJZ	Deutsche Juristenzeitung
Fondation	Fondation Internationale Pénale et Pénitentiaire
Goldt. A.	Goltdammers Archiv
GG	Grundgesetz
GVG	Gerichtsverfassungsgesetz
HdK	Handwörterbuch der Kriminologie
HdR	Handwörterbuch der Rechtswissenschaft
HESt.	Höchstrichterliche Entscheidungen in Strafsachen
HRR	Höchstrichterliche Rechtssprechung
JAVO	Jugendarrestvollzugsordnung
JGG	Jugendgerichtsgesetz
JR	Juristische Rundschau
JStr.VO	Jugendstrafvollzugsordnung
JW	Juristische Wochenschrift
Jw.	Jugendwohl
JWG	Jugendwohlfahrtsgesetz
JZ	Juristenzeitung
LdP	Lexikon der Pädagogik (Freiburg/Br.)
Kom.	Kommentar
Leipz.K.	Leipziger Kommentar, hrsg. v. Ebermayer, Lobe, Rosenberg, 8. Aufl.
Monatsschrift	Monatsschrift für Kriminologie und Strafrechtsreform
Nations Unies	Drucksachen des 1. Kongresses der Vereinten Nationen zur Verbrechensbekämpfung und Behandlung der Rechtsbrecher, Genf
NJW	Neue Juristische Wochenschrift
OGH	Oberster Gerichtshof der Britischen Zone (Entscheidungen in Strafsachen)
RG	Reichsgericht (Entscheidungen in Strafsachen)
RJGG	Reichsjugendgerichtsgesetz (1943)
Schweiz. LdP	Schweizerisches Lexikon der Pädagogik

---

[1]) Die Abkürzungen von Zeitschriften sind hier nur angeführt, sofern sich die im Text gebrauchten Abkürzungen nicht von selbst verstehen. Die Zeitschriftenabkürzungen sind insoweit ohne weiteres aus dem Zeitschriftenverzeichnis ersichtlich.

Schweiz. Z. f. Strafr.	Schweizerische Zeitschrift für Strafrecht (Revue Pénale Suisse)
StGB	Strafgesetzbuch
StPO	Strafprozeßordnung
UJ	Unsere Jugend
UNO	Vereinte Nationen
VStVO	Vorläufige Strafvollzugsordnung
Z	Zeitschrift für die gesamte Strafrechtswissenschaft

Zeitschriften — Sammelhefte

American Journal of Correction (USA)
Archiv für Kriminologie
Archiv für Rechts- und Staatsphilosophie
Bewährungshilfe (Bonn)
Blätter für Gefängniskunde (Bl.f.Gfgk.)
Caritas (Freiburg/Br.)
Carl Sonnenschein Blätter (Ordo socialis)
Der Strafvollzug in der Schweiz (Aarau)
Deutsche Juristenzeitung (DJZ)
Deutsches Strafrecht
Die Innere Mission
Evangelische Jugendhilfe
Federal Probation (Washington)
Goltdammers Archiv (Goltda.A.)
Herder-Korrespondenz
Hochland (München)
Informationsdienst
Internationale Kriminalpolizeiliche Revue
International Review of Criminal Policy (United Nations)
Jugendschutz
Jugendwohl (Jw.)
Juristenzeitung (JZ)
Juristische Rundschau
Justitia (Rom)
Les Cahiers du Droit (Paris)
Monatsschrift für Kriminologie und Strafrechtsreform (Monatsschrift)
National Probation and Parole Association Journal (NPPA-Journal)
Neue Juristische Wochenschrift (NJW)
Praxis der Kinderpsychologie und Kinderpsychiatrie
Probation — Journal of the National Association of Probation Officers (London) (Probation)
Psyche
Psychologie und Praxis
Psychologische Rundschau (Psych.Rdsch.)
Recht der Jugend
Rééducation (Paris)
Revue de Droit Pénal et de Criminologie (Brüssel)
Revue des Sciences philosophiques et théologiques
Revue Internationale de Criminologie et de Police technique (Rev. Int. d. Crim.)
Revue Internationale de Défense Sociale (Italien)
Revue Internationale de Droit Comparé (Paris)
Revue Pénitentiaire et de Droit Pénal (Mélun)

Sammlung
Schweizerische Zeitschrift für Strafrecht (Revue Pénale Suisse) (Schweiz.Z.f.Strafr.)
Sozialpädagogik
Suchtgefahren
The British Journal of Delinquency (London)
The Howard Journal (London)
The Journal of Criminal Law (Baltimore — USA)
Unsere Jugend (UJ)
Vierteljahrsschrift für wissenschaftliche Pädagogik
Wegweiser (Freiburg/Br.)
Zeitschrift für Diagnostische Psychologie (Bern — Stuttgart)
Zeitschrift für Strafvollzug (Z.f.Strafvollz.)
Zentralblatt für Jugendrecht

Erster Teil

Die allgemeinen Probleme der Kriminalpädagogik

§ 1. Begriff und Wesen der Kriminalpädagogik

I. Sollen in diesem Buch „kriminalpädagogische Grundprobleme" erörtert werden, so bedarf als erstes die Frage der Beantwortung, ob es überhaupt sinnvoll und berechtigt ist, den Begriff der Kriminalpädagogik einer wissenschaftlichen Untersuchung zugrunde zu legen. Wenn auch gelegentlich das Wort Kriminalpädagogik und das damit in Zusammenhang stehende Wort Kriminalpädagogie als Buchtitel[1]), als Kapitelüberschrift[2]) oder im Textverlauf[3]) im juristischen, theologischen, pädagogischen oder medizinischen Schrifttum gebraucht wird, so sind jedoch die Begriffe Kriminalpädagogik und Kriminalpädagogie kein fester Bestandteil der Wissenschaft geworden[4]). Wo sie gebraucht werden, weisen sie nach Inhalt und Umfang einen sehr verschiedenartigen Gehalt auf. Auffallend ist, daß den Strafrechtslehrbüchern[5]) der Begriff der Kriminal-

[1]) E. von Kármán, Einführung in die Kriminalpädagogik, 2 Bde. München—Leipzig 1923; Ignaz Klug, Kriminalpädagogik, Paderborn 1930; Erich Wulffen, Kriminalpädagogie, Leipzig 1915; Otto Naegele, Der Erziehungsgedanke im Jugendrecht. Beiträge zur kriminalpädagogischen Reform, Leipzig 1925; Franz Zeugner, Pestalozzis Kriminalpädagogik, Berlin-Langensalza-Leipzig, o. J.; ferner vgl. Francke, Kriminalpädagogik in: Handbuch der Pädagogik S. 198; ferner vgl. meinen Art. Kriminalpädagogik in: LdP II (1954) S. 72ff. Neuerdings (nach Beginn der Drucklegung) erschienen: Joachim Hellmer, Kriminalpädagogik. Eine Einführung in ihre Probleme Berlin 1959; Gustav Naß, Der Mensch und die Kriminalität, Band III: Kriminalpädagogik, Köln-Berlin 1959.

[2]) Vgl. meinen Art. Strafrecht in: Leo Brandt, Aufgaben deutscher Forschung, Köln-Opladen 1956 S. 297; Klaus Mollenhauer, Die Ursprünge der Sozialpädagogik in der industriellen Gesellschaft, Göttinger Studien zur Pädagogik Heft 8, Weinheim a. d. B., Berlin 1959 S. 86; A. Wahl, Neue Wege der Kriminalpolitik, Bewährungshilfe 1 (1954) S. 13, vgl. auch Walter Herrmann—Wilhelm Mollenhauer, Die Anfänge des Jugendstrafvollzuges in Wolfenbüttel. Ein Bericht über zwei Jahre kriminalpädagogischer Arbeit, Sammlung 7 (1948) S. 424—443.

[3]) Adolf Lenz, Kriminogene Disposition und Struktur, in: HdK II, S. 66 (1936); mein Strafprozeß (1952) S. 42; Ernst Seelig, Lehrbuch der Kriminologie, 2. Aufl. Nürnberg-Düsseldorf 1951, S. 14; Robert Beck, Die Transformation der Strafe als Humanisierungsvorgang, in: Monatsschrift 1959, S. 31ff.; F. W. Foerster, Schuld und Sühne, München 1911, S. 2; Theodor Heller, Heilpädagogik, in: HdK I (1933) S. 658; vgl. auch Halder, Gefängniserziehung, SchweizLdP, I, S. 515; ferner das Fachwörterverzeichnis für Jugendwohlfahrtspflege und Jugendrecht, Teil 1, 2. Aufl. 1956 S. 64.

[4]) Halder, a. O., SchweizLdP I, 516 hält Systematik, Methode und Terminologie der Kriminalpädagogik für noch ungeklärt.

[5]) Hierzu vgl. man die Sachregister der neueren Lehr- und Handbücher. Man sehe auch einmal die Texte der Lehrbücher daraufhin nach.

pädagogik völlig fremd ist. Diese Tatsache ist umso auffallender, als die Entwicklung der grundlegenden Strafrechtsauffassungen notwendigerweise zu der Behandlung des Erziehungs- und Besserungsbegriffes[6])

[6]) Beachtenswert ist die Entwicklung des Begriffes Erziehung in dem Lehrbuch von Franz von Liszt: etwa in der 11. Aufl. (1902) finden sich im Sachregister nur die Begriffe Erziehungsanstalten und (als Rechtfertigungsgrund) Erziehungsgewalt. Der Text bringt nur wenige Hinweise. Der Begriff Besserung wird im Sachregister (anders S. 65) in der Wortzusammensetzung „Besserungsanstalten" und nur mit dem Hinweis auf die Erziehungsanstalten aufgeführt. Die von Eberh. Schmidt besorgte 25. Auflage enthält (gegenüber der sich wieder Beschränkung auflegenden 26. Aufl.) die Stichworte: Besserung, Besserungs- oder Erziehungsanstalten, besserungsfähige Verbrecher, Besserungsmittel, Erzieher, Erziehung, Erziehungsanstalt, Erziehungsberechtigter, Erziehungsgedanke, Erziehungsgewalt, Erziehungsmaßregeln, Erziehungspflicht, Erziehungsrechte, Erziehungsurteil, Erziehungszweck. Aus den früher nebenbei erwähnten Begriffen: Besserung und Erziehung sind grundlegende Begriffe geworden. Entsprechend dem in dem Lehrbuch von Liszt-Schmidt stark betonten spezialpräventiven Gesichtspunkt nehmen hier die Begriffe Besserung und Erziehung einen nicht unbeträchtlichen Raum ein. Wenn auch der Gebrauch der Begriffe Besserung und Erziehung in den neueren Lehrbüchern üblich geworden ist (zuweilen wird der Begriff Besserung als Indexbegriff allein verwertet — vgl. Hellmuth Mayer, Strafrecht Allg. Teil, Stuttgart-Köln 1953; Arthur Wegner: Strafrecht Allg. Teil. Göttingen 1951 —,zuweilen wird nur der Begriff der Erziehung verwandt, so bei Reinhart Maurach: Allg. Teil Karlsruhe 1954), so fehlt doch regelmäßig eine grundlegende Auseinandersetzung mit dem Begriffsinhalt. Recht eingehend behandelt allerdings Hellmuth Mayer die Grundfragen, wobei eine beträchtliche Skepsis zum Ausdruck kommt, insbesondere S. 369f. Vielfach wird als der systematische Ort des Problems der Vollzug angesehen, vgl. hierzu kennzeichnend Edmund Mezger, Strafrecht, 8. Aufl. München-Berlin 1955 S. 280. Vom materiellen Strafrecht her gesehen ist der Fragenkreis Besserung und Erziehung vornehmlich bei den Strafen und Maßnahmen, insbesondere der Strafzumessung zu behandeln. Zur Strafzumessung vgl. meine kriminalpolitische Stellung des Strafrichters, Berlin 1932, wo der Begriff der Erziehung allerdings als gegeben vorausgesetzt, aber noch nicht näher untersucht worden ist. Die Strafzumessungsprobleme nehmen in den verschiedenen Arbeiten von Wilhelm Sauer (Grundlagen des Strafrechts, Berlin-Leipzig 1921, Allgemeine Strafrechtslehre 3. Aufl., Berlin 1955, Kriminalsoziologie, Berlin-Grunewald 1933, Kriminologie, Berlin 1950, letztere mit dem Stichwort: Erziehungsziele, dazu Tafel 34 auf S.262) einen breiten Raum ein. Auch in den Lehrbüchern der Kriminologie findet der Erziehungsbegriff kaum Erwähnung. Selten streifen sie nur die Behandlungsmethoden. Eine Ausnahme bildet Ernst Seelig: Kriminologie, 2. Aufl., Nürnberg-Düsseldorf 1951, S. 290ff., wo aber auch der Erziehungsbegriff nicht behandelt wird. Die Entwicklung der Kriminologie in dieser Hinsicht ist umso erstaunlicher als der Begründer der deutschen Kriminologie, Gustav Aschaffenburg, in seinem grundlegenden Werk: Das Verbrechen und seine Bekämpfung, 1. Aufl. 1902, 3. Aufl. 1923, bereits sehr Wesentliches zu den Erziehungsfragen gebracht hat. Für die Ausbildung der Juristen wirkt sich die völlige Kluft zwischen Strafrecht und Pädagogik recht ungünstig aus, wie man an Urteilen erkennen kann, wenn sie etwa bei den Strafzumessungsgründen auf Erziehungsgesichtspunkte zu sprechen kommen. Da der Jurist in der deutschen Strafvollzugspraxis (sei es als Anstaltsleiter oder in sonstiger maßgeblicher Stelle in einer Anstalt, sei es als Beamter der höheren Vollzugsbehörden oder gar des Ministeriums) eine bedeutsame Rolle spielt, fehlt ihm infolge des geschilderten Mangels die wissenschaftliche Vorbildung für einen grundlegenden Teilausschnitt seines Arbeitsgebietes. Zutreffend bringt Heinrich Meng Zwang und Freiheit in der Erziehung 2. Aufl. Bern 1953, S. 14

führt, und überdies die Worte Erziehung und Besserung[7]) in den gesetzlichen Regelungen durchaus gebräuchlich sind.

Die Benutzung der Worte Kriminalpädagogik, Kriminalpädagogie und kriminalpädagogisch empfiehlt sich nur, wenn mit ihnen ein so weiter Ideen- und Wirklichkeitsgehalt verbunden ist, daß hinreichend Raum für systematische, methodische und inhaltliche Ausführungen ist. Begriffe haben nur dann Wert, wenn sie in wissenschaftlicher Erörterung für die Menschheit und den Menschen fruchtbar gemacht werden können, wenn sie in Lebensvorgänge Klarheit zu bringen vermögen, wenn auf ihnen die Arbeit aufgebaut und weitergeführt werden kann. Somit ergibt sich die Frage, wozu die Begriffe Kriminalpädagogik und Kriminalpädagogie nütze sein können. Die Antwort hierauf setzt voraus, sich darüber klar zu werden, wie sie zu verstehen sind und wo ihre Wurzeln liegen.

---

das Verhältnis von Strafrechtswissenschaft und Pädagogik zum Ausdruck, wenn er schreibt, daß die juristischen Theorien so selten einen Blick auf die Fragen der Erziehung geworfen haben, während die Pädagogen sich wenig um die juristischen Probleme gekümmert haben.

[7]) Im geltenden deutschen Strafrecht findet sich der Begriff Erziehung im Hinblik auf Strafe und Maßnahmen nur im Jugendgerichtsgesetz: Erziehung (§§ 3, 10, 11, 16 III, 17 II, 19 I, 24 II, III, 47 II, 54 II, 71 I, 72 I, 91 II) Erziehungsmaßregeln (§§ 5 I, 8, 9, 17 II, 21, 31, 39 I, 53, 55, 66 I, 104 IV), Fürsorgeerziehung (§§ 8, 9, 12, 34 III, 71 I, 78 I, 82 II), erzieherische Einwirkung (§§ 18, II, 23), Erziehungsberechtigter (§§ 10 II, 24 III, 43 I, 50 II, 51 II, 55 II, 60 III, 67, 69 II, 97 I, 98 II, 104 III), erzieherische Befähigung (§§ 35 II, 37), Jugenderziehung (§§ 35 II, 37), Erziehungsaufgabe (§§ 34, 42, 52 II, 91 IV, 98 I), Erziehungsziel (§ 91 III), erzieherisch (§§ 52 II, 93 II), Erziehungsheim (§ 71 II, 72 III), erzieherische Betreuung (§ 115 I), Erziehungszweck (§ 80 I), Heimerziehung (§ 90 II), Fürsorgeerziehungsanstalt (§ 90 II). Dazu kommt ergänzend die Jugendstrafvollzugsordnung, die in manchen Ländern der BR durch eigene Vollzugsordnungen ersetzt oder ergänzt ist (hierzu Dallinger-Lackner, JGG 1955 (S. 1064 Anm. 1): „soll . . . erzogen werden“ (§ 16), „erziehlich“ (§§ 17 I, 31 IV) „erziehungswidrig“ (§§ 20 II, 31 IV), „planvolle Erziehung“ (§ 21), „Erziehungsgruppen“ (§ 11), „pädagogisch vorgebildete Beamte“ (§ 12 I) u. a. m. Das Strafgesetzbuch bringt den Begriff Besserung in der Formulierung: „Maßregeln der Sicherung und Besserung“ (Abschnittüberschrift 1a: §§ 42a, 42n StGB). §§ 42c, d sprechen von „ihn an ein gesetzmäßiges und geordnetes Leben zu gewöhnen“. Von einem „gesetzmäßig und geordneten Leben“ ist auch im Hinblick auf die Strafaussetzung zur Bewährung die Rede (§§ 23 II, 24 II). Zu berücksichtigen ist, daß das Strafgesetzbuch Regeln weder über die Strafzwecke noch die Strafzumessung gibt. Die näheren Anordnungen sind dadurch in die Vollzugsordnungen verschoben. Als Beispiel sei die vorläufige Strafvollzugsordnung für das Land Nordrhein-Westfalen angeführt. Nr. 48 erwähnt neben dem Gesellschaftsschutz als Aufgabe des Strafvollzuges die Gewöhnung an Ordnung und Arbeit und die sittliche Festigung, so daß der Begehung neuer Straftaten vorgebeugt wird. Unter der Überschrift „geistige und seelische Förderung der Gefangenen“ werden Unterricht, Freizeitgestaltung und Seelsorge behandelt. Das Wort Erziehung kommt im Strafgesetzbuch nur im besonderen Teil vor, wo es um den Erziehungsschutz geht, § 174 Ziff. 1. Nach alledem vollziehen sich die Erörterungen über die Probleme der Besserung, Erziehung, Anpassung, Gewöhnung, Resozialisierung im Raum der Gesetzesausfüllung und Gesetzesanwendung. Hier begegnen derartige Begriffe gelegentlich auch bei den Strafzumessungserwägungen im Urteil.

Das Wort Kriminalpädagogik weist auf eine doppelte Verwurzelung hin. Die erste Worthälfte stellt die Verbindung zu der Kriminalwissenschaft und die zweite Worthälfte zu der Erziehungswissenschaft her. In dem Worte verbinden sich kriminal- und erziehungswissenschaftliche Elemente. Diese Feststellung ist wesentlich. Denn aus ihr offenbart sich der Mangel, daß bisher noch so gut wie keine wissenschaftliche Brücke zwischen den beiden Wissenschaftsgebieten hergestellt ist[8]). Für die Strafrechtswissenschaft bedeutet dieser Mangel möglicherweise eine beträchtliche Verarmung. Während die Verknüpfung zwischen der Strafrechtswissenschaft und der Psychologie in der Kriminalpsychologie, zwischen Strafrechtswissenschaft und der Soziologie in der Kriminalsoziologie und beide zusammengenommen in der Kriminologie[9]) bereits erfolgt ist, fehlt dieser Zusammenhang zwischen der Strafrechtswissenschaft und der Pädagogik. Es sollte schon ohne näheres Eingehen einsichtig sein, daß eine solche Verbindung ergiebig ist, da es doch im Strafrecht, hier im weiteren Sinn genommen als die Gesamtheit der strafrechtserheblichen Probleme im materiellen Strafrecht, im Strafverfahren, im Strafvollzug und in der Strafrechtspolitik, um die Behandlung von Menschen geht. Dabei mögen zunächst einmal Ziel und Form der Behandlung im Einzelnen dahingestellt bleiben. Daß die Formung und Gestaltung des Menschen den strafrechtlichen Bereich irgendwie berührt, ist völlig offensichtlich.

Allerdings könnte die Berührung nur derart randweise sein, daß der Herstellung der Verbindung von Strafrechtswissenschaft und Pädagogik kein beachtenswerter Gehalt zukommt. Es könnte sein, daß die Benutzung von Worten aus dem Bereich der Pädagogik mehr eine äußerliche Bedeutung hat, daß die pädagogischen Begriffe in einem speziell kriminalwissenschaftlichen, speziell juristischen, aber unpädagogischen Sinn gebraucht werden. Es könnte schließlich sein, daß die die Erziehung betreffenden Begriffe im Strafrecht zwar an sich echte päd-

[8]) Einen bemerkenswerten Versuch, die Verbindung von Erziehungswissenschaft und Strafrechtswissenschaft herbeizuführen, stellt die Arbeit von Suse Schwarzenberger, Die Bedeutung der modernen Erziehungswissenschaft für das juristische Strafproblem, Heidelberg 1933 dar. Neuerdings die Bücher von Joachim Hellmer, Erziehung und Strafe Berlin 1957, Kriminalpädagogik Berlin 1959. Ansätze zur Herstellung einer Verbindung vom Strafrecht aus zur Pädagogik finden sich in einzelnen Kommentaren zum JGG. Vgl. etwa Herbert Francke: Das Jugendgerichtsgesetz vom 16. Febr. 1923, 2. Aufl., Berlin-München 1923. In meinem Kommentar zum Reichsjugendgerichtsgesetz vom 6. November 1943 habe ich mich bemüht, pädagogische Fragen sichtbar zu machen und auf pädagogisches Schrifttum hinzuweisen, allerdings handelt es sich nur um Anfänge. Der große Kommentar von Dallinger-Lackner, Jugendgerichtsgesetz, München-Berlin 1955, ist innerhalb der rechtswissenschaftlichen Literatur wegweisend. Hier werden die Brücken von Jugendstrafrecht, Jugendpsychologie, Jugendsoziologie und Jugendpädagogik in ausgezeichneter Weise geschlagen. Vgl. meine Besprechung zu diesem Kommentar in Z. 68 S. 114ff.

[9]) Auf die Mehrdeutigkeit des Begriffes Kriminologie soll hier noch nicht eingegangen werden.

agogische Begriffe sind, ihnen aber kein wirklich pädagogischer Gehalt innewohnt, ja daß Strafrechtswissenschaft und Pädagogik ganz gleich wie die Begriffe eigentlich zu verstehen sind, in einem unlösbaren Widerspruch, also geradezu gegeneinander, stehen[10]). Wäre es so, so würde dem Wort Kriminalpädagogik überhaupt jeder Boden entzogen. Es würde der Begriff dann geradezu die Idee und die Realität überdecken[11]).

Mit alledem werden immer wieder aufgeworfene Fragen berührt, die auf das Wesen des Strafrechts und der Strafe zurückführen. Es ist der grundsätzliche Zweifel, daß das Strafrecht mit einem echten Erziehungsdenken überhaupt verknüpft werden kann. Wir dürfen diesen Zweifeln nicht aus dem Wege gehen. Nicht minder bedrückend ist das Bedenken, ob, selbst wenn eine grundsätzliche Vereinbarkeit des Strafrechts mit echtem pädagogischen Handeln vereinbar wäre, in der Praxis ein solches Handeln verwirklicht werden kann. Dabei ist nicht einmal die abstrakte Fragestellung allein entscheidend, sondern die Frage im Hinblick auf den Alltag, die tatsächliche Vollzugspraxis, so wie sie von den Menschen getragen wird innerhalb ihrer persönlichen Kräfte, innerhalb der vorhandenen Mittel und innerhalb der gesellschaftlichen Auffassungen.

Der Begriff der Kriminalpädagogik ist, sofern wir ihn gebrauchen wollen, vielerlei Belastungen ausgesetzt. Wir wollen die Auseinandersetzung mit den aufgeworfenen Fragen zunächst noch zurückstellen. Die Beantwortung wird sich über die ganze Arbeit erstrecken. Wir werden andere Fragen vorweg zu erörtern haben, nämlich die Fragen nach dem Inhalt des Wortes Kriminalpädagogik. Wie den erhobenen Bedenken und den angedeuteten Zweifeln begegnet werden kann, wie weit sie berechtigt sind, setzt eine Klarlegung des Begriffes voraus. Wir werden erst einmal feststellen müssen, was er an Gehalt in sich trägt und was sich mit diesem Gehalt notwendigerweise an Forderungen verbindet.

Das Wort Kriminal*pädagogik* ist sinnvoll nur zu verwerten, wenn es von der Pädagogik her verstanden wird. Aber auch hier setzt eine Reihe von Schwierigkeiten ein, die sich aus der Problematik des Begriffs der Pädagogik ergeben. Bereits die Worte Kriminal*pädagogik* und Kriminal*pädagogie* führen zu einem Gegensatzpaar, das in der pädagogischen Wissenschaft schlechthin gilt[12]). Es wäre möglich, unter

---

[10]) Daß überhaupt Erziehungswissenschaft und Strafrecht miteinander verknüpft werden können, zweifelt offenbar Peter *Peterson*, Der Ursprung der Pädagogik, Berlin und Leipzig 1931 S. 211, an. Vgl. auch die kritischen Bemerkungen bei Hellmuth *Mayer*: Deutsches Strafrecht 1953, S. 370; ferner Paul *Bockelmann*: Strafe und Erziehung in Gierke-Festschrift 1950, 27ff.

[11]) Das Fachwörterverzeichnis für Jugendwohlfahrtspflege und Jugendrecht Teil I S. 64 bezeichnet den Begriff „Kriminalpädagogik" als wenig glücklich.

[12]) Zu den Gegensatz Pädagogik und Pädagogie vgl. Joseph *Göttler*-Johann *Westermayer*: System der Pädagogik, 9. Aufl. München 1950; Peter *Petersen*: Pädagogik der Gegenwart, Berlin 1930 S. 47; Friedrich *Schneider*: Einführung in die Erziehungswissenschaft, Graz-Salzburg-Wien 1948 S. 8.

Kriminalpädagogik die Theorie eines bestimmten pädagogischen Zweiges und unter Kriminalpädagogie die Praxis der erzieherischen Maßnahmen und Gegebenheiten zu verstehen. Inwieweit diese Scheidung in der allgemeinen Pädagogik zu machen ist, wird auch dort nicht einheitlich beantwortet. Es handelt sich um einen Gegensatz, den wir in allen Wissenschaftszweigen in stärkerer oder minderer Form haben. Wir trennen die Strafrechtstheorie von der Strafrechtswirklichkeit, indem wir dem Strafrecht die Kriminologie zur Seite stellen, wir trennen üblicherweise die Strafprozeßtheorie von der Strafprozeßwirklichkeit, indem wir das Strafverfahrensrecht und die Kriminalistik gegenüberstellen. Der Verwaltungsrechtstheorie steht als Lehre von der Verwaltungspraxis die Verwaltungslehre zur Seite. Diese Scheidungen sind nicht selbstverständlich. Das neuere Schrifttum weist Ansatzpunkte zu einer Überwindung dieser Zweiteilung auf. Es wird versucht, die Kriminologie mit der Strafrechtstheorie[13]), die Kriminalistik mit der Strafverfahrensrechtstheorie[14]), die Verwaltungslehre mit der Verwaltungstheorie[15]) zu verknüpfen. Das geschieht in der Erkenntnis, daß eine Theorie ihre Grundlage verliert, wenn sie nicht die Wirklichkeit miteinbezieht und sie ständig vor Augen hat, daß darüber hinaus die Theorie aber auch ihre lebendige Kraft einbüßt, wenn sie sich von der Wirklichkeit und den in der Praxis handelnden Menschen löst, und daß sie schließlich wirkungslos bleibt, wenn sie an den Strebungen, Nöten und Sorgen, Kräften und Schwächen des wirklichen Lebens vorbeigeht.

Solche Erwägungen führen mich dazu, die Begriffe Kriminalpädagogik und Kriminalpädagogie nicht als ein Gegensatzpaar mit zwei gleichwertigen Begriffen aufzufassen. Vielmehr verstehe ich die Kriminalpädagogie als die pädagogische Wirklichkeit im Raum der Praxis nur im Sinne des Fundamentes der Kriminalpädagogik, die die Wirklichkeit überwölbt und so mit sich einschließt[16]). Der Begriff der Kriminalpädagogik ist der übergeordnete Zentralbegriff. Wir werden ihn allein näher erläutern und ihn mit der Wirklichkeit zu verknüpfen suchen, ohne diese in einem eigenen Begriff der Theorie gegenüberzustellen.

II. Der Begriff der Kriminalpädagogik nimmt an jeder Grundfrage der allgemeinen Pädagogik teil. Der Strafrechtswissenschaft ist die Zweiteilung in Erwachsenenstrafrecht und Jugendstrafrecht durchaus geläufig. Jeder dieser Zweige hat seine eigenen Problemstellungen und

---

[13]) In dieser Richtung namentlich Wilhelm Sauer: Allgemeine Strafrechtslehre, 2. Aufl. Berlin 1955; ders.: System des Strafrechts, Besonderer Teil, Köln-Berlin 1954.

[14]) Vgl. als Beispiel mein Lehrbuch: Strafprozeß, Karlsruhe 1952.

[15]) Als Beispiel hierfür: Hans Peters: Lehrbuch der Verwaltung, Berlin-Göttingen-Heidelberg 1948.

[16]) Wie wenig es eines besonderen Begriffes der Pädagogie bedarf, mag daraus zu entnehmen sein, daß das Lexikon der Pädagogik den Begriff weder als Schlagwort noch als Sachregisterwort verzeichnet.

besonderen Betrachtungsweisen. Das Jugendstrafrecht wird als Erziehungs-, Fürsorge- und Schutzstrafrecht gekennzeichnet[17]), indem der Strafgedanke i. S. der Idee einer Kriminalstrafe immer mehr zurückgedrängt wird. Dieser unterschiedlichen Behandlung der beiden großen Tätergruppen Jugendliche und Erwachsene liegen Realitäten zugrunde. Immerhin werden die beiden Teilgebiete nicht nur durch den Namen Strafrecht, sondern auch durch eine nicht unbeträchtliche Anzahl grundlegender Rechtsgedanken[18]) miteinander verknüpft. Trotzdem bleibt die Frage, ob es sich nicht tatsächlich um zwei verschiedene Rechtsgebiete handelt, so daß das Jugendstrafrecht dem Erziehungsrecht, wie es in den grundlegenden Erziehungsgesetzen[19]) begründet wird, zuzurechnen und das Erwachsenenstrafrecht in das eigentliche, dem Erziehungsrecht parallellaufende Strafrecht einzureihen ist.

1. Was hier an Fragen im Recht aufgeworfen wird, zeigt sich in entsprechender Weise in der Pädagogik. Dort ist die Frage, ob die Behandlung von Kindern und Jugendlichen nicht grundsätzlich anderer Art ist als das Sichbefassen mit Erwachsenen, nicht weniger drängend. Es geht um die Frage, ob die Pädagogik auf Minderjährige zu beschränken ist oder ob von Pädagogik auch im Hinblick auf Erwachsene gesprochen werden kann[20]). Der Begriff der Andragogik[21]) macht den Gegensatz deutlich. Soweit das Schrifttum sich mit der Abgrenzung des Gebiets der Kriminalpädagogik befaßt, tritt der Gegensatz in der Frage der

[17]) Vgl. hierzu die Art. Jugendrecht und Jugendstrafrecht im LdP II, S. 1017ff.; 1026ff.; ferner Pädagogik im Bild S. 454ff.

[18]) Jugendstrafrecht und Erwachsenenstrafrecht haben die gleichen Tatbestände, das gleiche Unrecht, die gleichen Erscheinungsformen des Delikts zum Gegenstand. Auch die Schuldprobleme sind vom Gedanklichen her die gleichen. Hinsichtlich der Zwecke der Maßnahmen eröffnet sich die Frage, ob sie nicht im Kern in beiden Rechtsteilgebieten vorhanden sind, sie sich jedoch in verschiedener Stärke und Art entwickeln.

[19]) Zu den grundlegenden Erziehungsgesetzen der BR gehören vor allem das Bonner Grundgesetz mit seinen die Jugend unmittelbar betreffenden Artikeln, die Landesverfassungen, das Jugendwohlfahrtsgesetz und das Bürgerliche Gesetzbuch.

[20]) Erwachsene in den Bereich der Pädagogik ziehen etwa Ernst Krieck, Philosophie der Erziehung, Jena 1925, S. 17; Alfred Petzelt, Grundzüge systematischer Pädagogik, 2. Aufl., Stuttgart 1955, S. 32; Hilde Ottenheimer, Sozialpädagogik im Strafvollzuge, Berlin 1931, S. 6; Friedrich Schneider, Einführung in die Erziehungswissenschaft, Graz-Salzburg-Wien 1948, S. 38; G. Raederscheidt, LdP I, S. 1014, sieht die Erwachsenenbildung als Teil der Pädagogik an; Alex Menningen, Wege zur Menschenbildung in der heutigen Seelsorge, in: Heinrich Maria Köster, Neue Schöpfung, Limburg 1948, S. 499—591, bezieht offenbar die Erwachsenen in die Pastoralpädagogik ein, S. 535. Wilhelm Sauer; Grundlagen der Wissenschaft und Wissenschaften, 2. Aufl. Basel 1949, S. 62, zählt die Berufsethik der Pädagogik zu und berührt damit ebenfalls ein Gebiet der Erwachsenenpädagogik; vgl. dort auch S. 288 Anm. 56; W. Stähler, LdP I, S. 1075, hält dagegen die Bezeichnungsweise Erwachsenenpädagogik für mißverständlich.

[21]) Vgl. hierzu Heinrich Hanselmann, Andragogik, — Wesen, Möglichkeit, Grenzen der Erwachsenenbildung, Zürich 1951. Das Wort Andragogik für die Erwachsenenpädagogik wird auch von Dolch, Gegenwartspädagogik, LdP II, S. 265, übernommen.

Ausdehnung auf Erwachsene oder der Beschränkung auf Minderjährige selbstverständlich auch hier hervor[22]). Gerade wenn es sich bei der Kriminalpädagogik um ein in der Pädagogik ruhendes pädagogisches Teilgebiet handelt, tauchen hier alle Zweifelsfragen der allgemeinen Pädagogik auf. Begriffsdeutungen müssen von der Sache her erfolgen. Bloße Wortdeutungen führen nicht weiter. Sie sind nicht zwingend, weil Wortbedeutungen sich wandeln und sogar in einer, vom Worte her gesehen, widerspruchsvollen Weise sich ausdehnen können. Es ist daher wenig mit dem Hinweis getan, daß Pädagogik das Wort „παῖς" enthalte und „παῖς" eben auf das Kind verweise. Aber schon darin liegt die Weiterentwicklung des Begriffes vom Knaben zum Kind[23]). Es stört niemanden — mit vollem Recht —, in die Pädagogik die Mädchen oder in die Andragogik die Frauen einzubeziehen. Es sollte daher nichts der Ausdehnung des Begriffs Pädagogik auf die allgemeine Erziehung entgegenstehen, sofern sich nur sachlich die Einbeziehung der Erwachsenen rechtfertigt.

Entscheidend ist sowohl für die Allgemeine Pädagogik als auch für die Kriminalpädagogik die Frage, ob die Behandlung junger und erwachsener Menschen sich wesentlich unterscheidet oder aber ob es trotz aller Unterschiede im einzelnen grundsätzlich um ein gleichartiges Handeln geht. Alles pädagogische Bemühen hat die geistige Formung und Gestaltung, die Bildung des noch unvollendeten Menschen zum Gegenstand. In der Unvollendung stehen die Jugendlichen wie auch die Erwachsenen. Bei beiden Gruppen ist an sich ein weiter zu durchdringender Raum gegeben. Jedoch wäre es denkbar, daß dieses Durchdringen in grundsätzlich verschiedener Weise vor sich ginge und zwar im Wege der Fremdhilfe und der Eigenförderung. Welche Rolle auch in der Pädagogik die Eigenarbeit spielen mag, immer aber hat sie auch — und zwar in grundlegender Weise — eine fremde Tätigkeit zum Gegenstand. Von Pädagogik kann man nur dort sprechen, wo fremdes Wirken maßgebend an der Formung und Gestaltung des Menschen beteiligt ist. Bei dem Jugendlichen ist im Hinblick auf die körperliche, geistige und seelische Entwicklung die Fremdhilfe unentbehrlich. Der Reifungsvorgang macht es unmöglich, den jungen Menschen auf sich allein gestellt sein zu lassen. Der Jugendliche ist wesensmäßig auf die Mitwirkung

---

[22]) Die Kriminalpädagogik von Ignaz Klug hat die Probleme des Erwachsenenvollzuges im Auge. Adolf Lenz, HdK II, S. 62, gebraucht den Begriff ebenfalls in bezug auf die Erwachsenen; ebenso mein Art. Kriminalpädagogik, LdP III S. 72. Das Buch von Hans Finke, Der Rechtsbrecher im Lichte der Erziehung, Weimar 1931, befaßt sich ebenfalls mit erwachsenen Rechtsbrechern. Dagegen beschränken E. v. Kármán: Einführung in die Kriminalpädagogik S. 15, und Erich Wulffen: Kriminalpädagogie S. 1, den Begriff auf Kinder und Jugendliche. Das Buch von Joachim Hellmer, Erziehung und Strafe 1957 befaßt sich nur mit dem Jugendstrafrecht.

[23]) Zur ursprünglichen Beschränkung des Begriffes auf Knaben vgl. Schweiz LdP II, S. 346.

seiner Umgebung bei seiner Persönlichkeitsgestaltung angelegt. Sein Wachsen bedarf der pflegenden und fördernden Hand der Mitmenschen. Der Jugendliche ist dieser Mitwirkung erwartend und geradezu fordernd geöffnet. Bildsamkeit und Gestaltbarkeit durch Fremdwirkung entsprechen dem jugendlichen Alter. Sie sind im Falle der Normalität gegeben.

Demgegenüber bedeutet das Erwachsensein eine gewisse Verfestigung des erworbenen körperlichen, geistigen und seelischen Standes, ein Insichabgeschlossensein, ohne daß jedoch ein Stillstand eingetreten oder auferlegt wäre. Im Gegenteil, die Fortentwicklung ist namentlich in geistig-seelischer Hinsicht dem erwachsenen Menschen aufgegeben. Sie vollzieht sich weitgehend in der Selbstformung und Selbstgestaltung. Jedoch schließen die Eigenformung und Eigengestaltung fremde Mitwirkung nicht aus. Diese ist schon deswegen unentbehrlich, weil der Mensch als gesellschaftliches Wesen auf eine ständige Wechselwirkung angewiesen ist. So sehr ihm als Erwachsener Eigenaufgaben gestellt sind, bedarf er des gegenseitigen Austausches der Erfahrungen, Gedanken und Empfindungen. Die außerordentliche Vielfältigkeit der Lebensgegebenheiten lassen in unseren Tagen selbst den Erwachsenen oftmals nicht mit den Notwendigkeiten und Forderungen des Daseins allein fertig werden. So ergibt sich auch für den Erwachsenen, daß er auf ein Mitwirken anderer zu seiner Formung und Gestaltung angewiesen ist. Auch ihm kann und muß diese Mitwirkung planvoll angeboten werden. Mit Recht betont Krieck[24]), daß die Beschränkung des Erzogenwerdens und der Erziehungsfähigkeit auf die Jugend eine durch gar nichts gerechtfertigte Einengung und Verarmung darstellt.

Planvolle Fremdmitwirkung bei der Formung und Gestaltung gibt es sowohl bei den Jugendlichen als auch bei den Erwachsenen. Allerdings ist die Art und Weise, wie Jugendliche und Erwachsene der Fremdmitwirkung gegenübergestellt sind, eine erheblich verschiedene. Es war davon die Rede, daß dem Erwachsenen die Fremdmitwirkung „angeboten" wird. Das bedeutet das Sichbereiterklären zu dieser Hilfe; und die Annahme dieser Hilfe hängt von der Einstellung des Erwachsenen ab. Dem Jugendlichen wird die Fremdhilfe auferlegt. Er wird nicht erst gefragt, ob er sich zu ihr bereiterklärt. Jedoch sind die Unterschiede eher gradueller als prinzipieller Art. So sehr auch der Jugendliche dem pädagogischen Bemühen unterstellt ist, ob er will oder nicht, hängt der pädagogische Erfolg von seiner inneren Bereitschaft und Einstellung ab. Umgekehrt: auch beim Erwachsenen sind Situationen denkbar, in denen er, wenn er auch nicht zur Bereitschaft und Annahme fremder Hilfe gezwungen werden kann, vor die Entscheidung zu einer ihm angebotenen Fremdmitwirkung gestellt werden kann. Ihm kann die Auseinandersetzung auferlegt werden. Das gilt gerade dann, wenn sich der Er-

[24]) Ernst Krieck, Philosophie der Erziehung S. 17.

wachsene in einer gesellschaftlich auffälligen Unvollendung gezeigt hat, einer Unvollendung für die der Rechtsbruch ein Anzeichen ist.

Die Beschränkung des Begriffes der Kriminalpädagogik auf den jungen Menschen läßt sich auch nicht dadurch rechtfertigen, daß die Intensität der Einwirkungsmöglichkeit als eine grundsätzlich verschiedene angesehen wird. Im großen ganzen mag zwar der junge Mensch leichter gestaltbar und formbar sein, es mag der Anteil der jungen Menschen, die pädagogischen Einwirkungen zugänglich sind, größer sein. Jedoch gibt es auch Erwachsene, denen eine pädagogische Hilfe zugute kommen kann. Das gilt zunächst einmal generell von den Jungerwachsenen, den 21—25 (30) Jährigen.[25]) Sie können sogar als besonders geeignet für eine erzieherische Behandlung angesehen werden, da sie einerseits in ihrer Entwicklung noch nicht verfestigt sind, aber andererseits doch eine gewisse Festigung gewonnen haben und über Erfahrungen verfügen, die ihnen eine Auseinandersetzung mit den ihnen im Erziehungsvorgang herangetragenen Auffassungen und Ideen erleichtert[26]). Für die älteren Erwachsenengruppen läßt sich nicht nur auf allgemeine Vorstellungen abstellen. Es kommt vielmehr auf den Einzelfall an. Die weit ausgedehnten und nicht ohne Erfolg durchgeführten Bemühungen um die Erwachsenenbildung zeigen deutlich, daß ein grundsätzlicher Ausschluß aus dem pädagogischen Bereich nicht statthaft ist. Ob sich aus dem Wesen des jungen Menschen und des Erwachsenen möglicherweise andere Erziehungsziele oder wenigstens erzieherische Nahziele ergeben, ist eine später zu erörternde Frage[27]) [28]).

So verschieden die Auferlegbarkeit und die Einwirkung fremder Mitwirkung bei der Persönlichkeitsformung und -gestaltung sein mögen, so ist die Tatsache des Bemühens grundsätzlich gleichartig. Infolgedessen ist es angebracht, diese Mitwirkung unter einem einheitlichen Begriff, nämlich dem der Pädagogik zu erfassen.

Für den Bereich der Kriminalpädagogik sprechen für diesen Ausgangspunkt noch einige besondere Gründe. Die Vielschichtigkeit der Ursachen der Erwachsenenkriminalität gibt die Möglichkeit, daß der Erwachsene in mangelnder sozialer Reifung oder in der Hilfsbedürftigkeit steht, daß

---

[25]) Im Hinblick auf ihre physische und psychische Entwicklung sowie auf ihre Sozialstellung können die Jungerwachsenen nicht mehr den Heranwachsenden gleichgestellt werden, wie neuere Tendenzen es anstreben. Das schließt freilich nicht aus, daß die Gruppe der Jungerwachsenen in Beurteilung und Behandlung besondere Beachtung verdient.

[26]) Vgl. hierzu Gustav Nass, „Erwachsener" und doch nicht erwachsen ZStrafVollz. 5 (1955) 204—209; Max Busch, Gedanken zur Behandlung junger Männer im Strafvollzug ZStrafVollz. 5 (1955) 209—222.

[27]) Derartige Unterschiede zeigen sich in der gesetzlichen Regelung der Strafaussetzung zur Bewährung im Jugend- und Erwachsenenstrafrecht. § 21 JGG. spricht von der Erwartung eines rechtschaffenen Lebenswandels, § 23 StGB stellt auf eine gesetzmäßige und geordnete Lebensführung ab. Dieser Gegensatz wird uns noch später beschäftigen.

[28]) Vgl. das Nähere in § 12 III 4 dieser Arbeit.

er auch hilfsoffen ist. Die Begrenzung der Kriminalpädagogik auf die jungen Menschen würde daher eine Verengung bedeuten, die zu folgeschweren Unterlassungen führen kann. Eine Beschränkung der Kriminalpädagogik auf die jungen Menschen würde die Gefahr in sich tragen, daß die Gemeinschaft ihrer Verpflichtung gegenüber den erwachsenen Rechtsbrechern zu einer wirksamen persönlichen Hilfe sich nicht mehr deutlich bewußt ist. Von diesem Bewußtsein hängt aber der Wille zur Hilfe und ihre Intensität wesentlich ab. Die Erkenntnis der Verpflichtung gegenüber dem jungen Rechtsbrecher hat in den letzten fünfzig Jahren zu einer wirksamen Hilfsbereitschaft in der Öffentlichkeit geführt. Die Aufgaben des Jugendvollzuges werden in der Öffentlichkeit allgemein anerkannt, mag die Erfüllung dieser Aufgaben auch unvollkommen sein. Um so notwendiger ist es, auch die Verpflichtung gegenüber dem erwachsenen Rechtsbrecher zu betonen. Diese Verpflichtung ist zunächst menschlicher personeller Art, sie ist aber infolge der Verwobenheit jedes menschlichen Tuns und jeder menschlichen Schuld in das gesamtmenschliche Verhalten auch eine soziale Verpflichtung. Die Begrenzung des Begriffes Kriminalpädagogik auf die jungen Menschen würde zu einer Verdunklung dieser Verpflichtung beitragen. Die Einbeziehung der Erwachsenen in den Bereich der Kriminalpädagogik dient dazu, die Einheit des kriminalpädagogischen Bemühens sichtbar zu machen. Daß sich ein den einzelnen Altersgruppen im einzelnen besondere Aufgaben und besondere Methoden ergeben, schließt die geistige Einheit der kriminalpädagogischen Bemühungen nicht aus.

Wir beziehen daher die Erwachsenen in die Kriminalpädagogik ein.

2. Kriminalpädagogik hat es, wie alle Pädagogik, mit der Erziehung zu tun. Die Erziehung ist wesentlicher Gegenstand der pädagogischen Theorie und Praxis. Die Verbindung des Begriffes Erziehung mit dem der Pädagogik macht ein Eingehen auf die Frage nötig, ob die Erziehungsvorgänge in ihrer ganzen Weite von dem Begriff der Pädagogik erfaßt werden oder ob nur bestimmte Erziehungsvorgänge von ihm betroffen werden. Die Antwort hängt davon ab, was unter „Erziehung" zu verstehen ist.

Unter Erziehung können alle Einflüsse verstanden werden, die formend und gestaltend auf den Menschen eindringen. Es können wertvolle wie wertlose, fördernde wie hemmende und schädigende, bewußte wie tatsächliche Einflüsse von dem Erziehungsbegriff erfaßt werden. Sollte auch der wertlose, hemmende und schädigende Einfluß, etwa die Einwirkung einer verkommenen Umgebung auf einen Menschen als Erziehung angesprochen werden, so würde der Erziehungsbegriff völlig wertfrei sein. Mit ihm würde nur die Tatsache des Einflusses von Lebensvorgängen gemeint sein. Ein solcher Begriff entspricht nicht dem, was im allgemeinen Sprachgebrauch und im juristischen Bereich mit Erziehung gemeint ist. Wenn der Begriff der Erziehung wertfrei gebraucht würde, könnte es überhaupt keinen unerzogenen Menschen geben. Spricht man von Erziehung, so verknüpft sich in sinnvoller Weise damit die Vorstellung von einem Erziehungsziel und einer Erziehungsrichtung. Im Zusammenhang mit dem Begriff der Kriminalpädagogik ist das geradezu selbstverständlich. Worin Erziehungsziel und Erziehungsrichtung auch im einzelnen bestehen mögen, immer gehen sie auf einen dem Menschen vorschwebenden Wert. Nur wo Beeinflussungen wertgerichtet sind, ist von Erziehung zu sprechen. Je nachdem, ob diese Wertrichtung eingehalten wird, oder nicht, spricht man von guter oder schlechter Erziehung. Es wird mit dieser Markierung ein Urteil über die Erziehung von einer positiven Erziehungsvorstellung getroffen. Dabei ist zu beachten, daß im Grunde genommen nicht von einer schlechten Erziehung gesprochen werden kann, da sie in Wahrheit nicht als Erziehung bezeichnet werden kann.

Formung und Gestaltung des Menschen auf ein irgendwie zu erfassendes Wertziel geschehen, was gar nicht in Abrede gestellt werden kann, keineswegs nur in bewußter Einwirkung durch den Mitmenschen. Vielmehr wird jeder durch die vielfältigen Gegebenheiten des Lebens beeindruckt, fortbewegt und zur Entfaltung gebracht. Das gilt für die Formung und Gestaltung des Bewußtseins und des Empfindens im Hinblick auf jeden Wert, nicht zuletzt des Rechtsbewußtseins und des Rechtsempfindens, der Rechtsbereitschaft und des Rechttuns. Einfach die Tatsache, daß der Mensch in eine das Recht lebende Gemeinschaft hineingestellt ist, bewirkt rechtliche Vorstellungen und Fähigkeiten. Lebensformen und Lebensweisen innerhalb einer Gemeinschaft fördern oder hemmen die Entstehung und Entwicklung der rechtlichen Gesinnung und Haltung des einzelnen. Ständig strömen gestaltende Einflüsse von Menschen und Dingen, Erlebnissen und Erfahrungen auf den Menschen ein. Will man dem Werden und Fortschreiten des Menschen erklärend und vorausschauend gerecht werden, ist es völlig ausgeschlossen, die tatsächlichen, nicht gesteuerten oder nicht unmittelbar gezielten Einwirkungen unberücksichtigt zu lassen. Diese Erwägungen führen viele Vertreter der Erziehungswissenschaft — namentlich im Anschluß an die Entwicklung der Erziehungslehre in England und den Vereinigten Staaten von Nordamerika — dazu, in die Erziehung nicht nur die bewußt betriebenen Akte der Formung und Gestaltung, sondern auch die tatsächlich einwirkenden Faktoren mit einzubeziehen. Zu dieser Auffassung kann der Gedanke beitragen, daß auch die tatsächlich einwirkenden Faktoren vielfach wiederum das Ergebnis einer bewußten Gestaltung sind, so daß von einer mittelbaren Steuerung die Rede sein kann. Diese Auffassung hat den Vorzug, die Fülle der Formungs- und Gestaltungsgegebenheiten von vornherein in den Blickpunkt zu bekommen[29]).

---

[29]) Vgl. zu diesem Fragenkreis Friedrich Schneider: Einführung in die Erziehungswissenschaft, Graz-Salzburg-Wien 1948 S. 7ff.

Allerdings kann die Fülle auch erdrückend wirken, so daß bestimmte wesentliche Anliegen nicht mehr deutlich hervortreten, die wiederum bei einer engeren Begriffsfassung klarer sichtbar werden. Je stärker die anthropologischen, biologischen und soziologischen Faktoren, die Gegebenheiten der Anlage und der Umwelt, in ihren Auswirkungen untersucht und eingefangen werden, umso mehr tritt die unmittelbare Beziehung von Du zu Du, von Mensch zu Mensch zurück[30]). In einer langen Kette von Gesichtspunkten bildet diese nur einen in der Qualität prinzipiell gleichwertigen Faktor. Es ist aber auch durchaus sinnvoll, diesen Faktor in das Zentrum zu rücken und die bewußte Gestaltung dieser Beziehung zum Gegenstand zu nehmen. Das bedeutet, Erziehung als einen intentionalen Vorgang zu verstehen[31]). So gesehen ist Erziehung nicht nur der Gegenstand der Betrachtung, sondern gleichzeitig ein die verpflichtende Aufgabe deutlich machender Vorgang. So betrachtet wird der Erziehungsbegriff von menschlicher Wärme erfüllt. Es geht um die menschliche Aktivität in den menschlichen Beziehungen. Es geht um die menschliche Verpflichtung, die in der menschlichen Gebundenheit ihre Verwirklichung findet.

Im Hinblick auf den Erziehungsvorgang kann dieses persönliche Beziehungsverhältnis verschiedenartig sein. Es kann einfach als Verhältnis bestehen, ohne daß sich die Beteiligten überhaupt oder im Einzelfall der Einwirkung auf den anderen bewußt sind. Die Beziehungen laufen wie selbstverständlich ganz natürlich ab. So wird das Verhältnis Mutter — Kleinkind in der Regel sein. Solcherart können aber auch mehr künstliche Beziehungen, wie Lehrmeister — Geselle, sein. Sodann ist die Möglichkeit gegeben, daß sich die Beteiligten innerhalb eines bewußt auf geistig-seelische Einwirkung ausgerichteten Verhältnisses befinden, ohne sich aber der einzelnen Akte in ihrer erzieherischer Tendenz bewußt zu werden. Das kann in dem Lehrer — Schüler — Verhältnis durchaus vorkommen. Schließlich kann es sein, daß die Einzelakte innerhalb persönlicher Beziehungen bewußt auf die Formung und Gestaltung des anderen abgestellt sind.

Systematisch ist der Ausgangspunkt bei den einzelnen Betrachtungsweisen verschieden. Inhaltlich wird allerdings der Behandlungsgegenstand nicht allzu verschieden sein. Gehe ich von den tatsächlichen Einwirkungen aus, so stoße ich notwendigerweise auf die bewußt gesteuerte Einflußnahme von Mensch zu Mensch. Nehme ich die menschlichen planvoll geformten Beziehungen zum Ausgangspunkt, so kann ich sie nur in dem Gesamtbild, wie es durch die äußeren Gegebenheiten, be-

---

[30]) Auf diese menschliche Beziehung weist zutreffend Hellmuth Mayer: Deutsches Strafrecht S. 370, hin.

[31]) Zu den Begriffen intentionale und funktionale Erziehung vgl. H. Stähler LdP II 180f. (mit Schrifttumsangaben); F. Pöggeler LdP II 182f., ferner K. G. Stegherr, Das Problem der funktionalen Erziehung, Viertelj f. wiss. Päd. 35 (1959) 157—185; Joachim Hellmer, Erziehung und Strafe 42f.

sonders deren Auswirkungen, sich ergibt, richtig erfassen. Auch von diesem Ausgangspunkt aus kommt die Erörterung der vielfältigen Gegebenheiten nicht zu kurz.

Für welchen Erziehungsbegriff man sich entscheidet, hängt davon ab, ob man den Schwerpunkt der beeinflussenden Tatsachen in den Gegebenheiten oder aber in den jeweiligen gestaltbaren menschlichen Beziehungen sieht. Wer dazu geneigt ist, die menschliche Beziehung als den tiefsten Faktor anzusehen, wird den engeren Erziehungsbegriff wählen. Auch er wird freilich nicht verlangen, daß jede Erziehungshandlung im Bewußtsein steht, wohl aber das Erziehungsverhältnis.

Es ist, wenn man sich um die Klärung des Begriffs der Pädagogik bemüht, aber auch möglich, den Inhalt des Erziehungsbegriffs offen zu lassen. So wird auch von Anhängern des weiteren Erziehungsbegriffs die Auffassung vertreten, daß die Pädagogik es mit der aktiven Erziehung zu tun habe[32]). Die Begriffe Erziehung und Pädagogik würden dann sich keineswegs decken. Pädagogik wäre dann nur die Lehre, die sich auf einen Teil der Erziehungsvorgänge bezöge, wobei freilich der andere Teil zur Erklärung der Bedeutung des einzelnen Erziehungsvorgangs heranzuziehen wäre. Zum mindesten an diesem Punkt erscheint die einengende Begriffserfassung geboten.

Der Vorzug der Beschränkung des Begriffs der Pädagogik auf das bewußte von erzieherischen Bemühen getragene Personenverhältnis erweist sich auch in der Kriminalpädagogik. Würden alle für die Formung und Gestaltung maßgebenden Einflüsse Gegenstand dieses pädagogischen Teilgebietes zu sein, so würde eine ins Uferlose gehende Ausweitung stattfinden. Gerade die Begrenzung lenkt den Blick auf das Entscheidende: das bewußte Planen. Damit mag zwar eine Verengung eintreten, die aber den Vorzug der Vertiefungsmöglichkeit bietet.

Kriminalpädagogik umfaßt somit als Gegenstand das auf die Formung und die Gestaltung des Menschen bewußt planmäßig gerichtete Personenverhältnis.

3. Der Anlaß, kriminalpädagogisch tätig zu werden, ist ein besonderes Versagen. Es ist nicht eine schlechthin gegebene Erziehungsbedürftigkeit, sondern eine Erziehungsbedürftigkeit, die mit einem bestimmten von der Rechtsordnung mit Strafe bedrohten Verhalten in Beziehung steht. Damit wird die die Erziehung auslösende Lage mit einer vom Pädagogischen her nicht herleitbaren Begrenzung verknüpft. Diese Begrenzung mag umso auffallender wirken, als die Tatsache, daß ein Verhalten von der Rechtsordnung bedroht ist, positivrechtlicher Bestimmung unter-

---

[32]) Friedrich Schneider: a. a. O. S. 9; vgl. Schweiz. LdP Art. Pädagogik II S. 345. Eduard Spranger, Der geborene Erzieher, Heidelberg 1958 S. 35 betont gegenüber dem Begriff der funktionalen Erziehung: „Man muß entschieden daran festhalten, daß Erziehung immer der Wert bewußten Wollens ist“.

liegt. Damit wird auch für die Kriminalpädagogik die die Kriminologie[33]) überhaupt berührende Frage bedeutsam, wodurch sich der Verbrechensbegriff bestimmt.

Soll ein bestimmtes Verhalten Anlaß zu pädagogischen Maßnahmen geben, so müßte es von der pädagogischen Betrachtungsweise her ein solches sein, das der Entfaltung der Persönlichkeit ein Hemmnis entgegenstellt, das den Handelnden in die Gefahr setzt, von dem ihm als Person gesetzten Lebens- und Daseinsziel abzukommen. Solche Verhaltensweisen können möglicherweise generell erfaßbar sein, weil Vorkommnisse der betreffenden Art immer ein Zeichen der Gefährdung und Hilfsbedürftigkeit sind. Sie können aber auch spezieller Art sein, d. h. sie berühren gerade die Entfaltung dieses Menschen unter diesen Umständen zu dieser Zeit. Das kriminalpädagogische Tun wird immer nur durch eine generell wirkende Gefahr ausgelöst, da es nur einen generellen Verbrechensbegriff gibt. Aber nicht jede generelle Gefährdung der persönlichen Entfaltung führt zu einer kriminalpädagogischen Antwort, auch nicht einmal jede die soziale Ordnung erheblich bedrohende Gefährdung, sondern nur eine solche, die das Gesetz als Straftat erfaßt.

Das bedeutet zunächst einmal, daß personal- oder sozialpädagogisch gleichgefährliche Verhaltungsweisen nicht zu gleicher Antwort führen. Wird die Strafrechtsordnung nicht berührt, setzt kein kriminalpädagogisches Tun ein[34]). Das geschieht selbst dann nicht, wenn die von der Strafrechtsordnung nicht erfaßte Verhaltungsweise für die Persönlichkeitsentwicklung bedrohlicher ist als die strafbedrohte Verhaltungsweise. Wer sich in sexueller Hinsicht haltlos in schwer gegen die ethische Ordnung verstoßende Weise aufführt, steht außerhalb der Kriminal-

[33]) Zu den grundsätzlichen Problemen in dem Verhältnis Kriminologie und Strafgesetz vgl. Franz Exner: Kriminologie 3. Aufl., Berlin-Göttingen-Heidelberg 1949 S. 1ff.; Edmund Mezger: Kriminologie, München-Berlin 1951 S. 6; Ernst Seelig: Kriminologie, Nürnberg-Düsseldorf, 2. Aufl. 1951 S. 1ff. Mit zu starker Betonung des Positivrechtlichen Hellmut Mayer; Deutsches Strafrecht (1953) S. 17. Wilhelm Sauer, Kriminologie, Berlin 1950, nimmt dagegen einen überpositivrechtlichen Ausgangspunkt an. Kriminalität bedeutet nach ihm Sozialgefährlichkeit mit Einschluß der moralischen Verwerflichkeit (S. 1).

[34]) Die Beschränkung auf das vom Strafgesetz erfaßte Tun ist notwendig, um der Krininalpädagogik einen festen Rahmen zu geben. Es ist aber ausdrücklich hervorzuheben, daß damit die von Sauer: a. a. O. und Seelig: Kriminologie 2. Aufl. 1951 S. 16 herausgearbeitete Bedeutung des vorgesetzlichen, von dem inneren Gehalt her bestimmten Kriminalitätsbegriffes nicht geleugnet werden soll. Ihm kommt vor allem eine gesetzespolitische Aufgabe zu. Pädagogisch führt die Loslösung des gesetzlichen vom vorgesetzlichen Kriminalitätsbegriff zu nicht unerheblichen Erziehungsproblemen, wie schon hier oben im Text kurz angedeutet und später noch auszuführen sein wird. Die Notwendigkeit der Beschränkung auf den gesetzlichen Kriminalitätsbegriff als dem äußeren Rahmen der Kriminalpädagogik ergibt sich daraus, daß ein großer Teil (und zwar der herausragende Teil) kriminalpädagogischer Maßnahmen sich mit der sich der Verurteilung anschließenden Behandlung befaßt, also eine gesetzlich festgelegte Straftat voraussetzt.

pädagogik, wenn sein Verhalten nicht in den Strafrechtsbereich fällt. Wer noch so schwerwiegende Charakterfehler aufweist und sie in seinem Verhalten zum Ausdruck bringt, löst keine kriminalpädagogischen Maßnahmen aus. Er mag durch seine Habsucht, seinen Geiz, seine Lieblosigkeit oder was es auch sonst sein mag, in noch so schwerwiegender Weise im sozialen Leben in Erscheinung treten, er interessiert kriminalpädagogisch nicht. Die Kriminalpädagogik nimmt an dem Auswahlverfahren des Strafrechts teil. Daraus ergibt sich eine pädagogisch schwerwiegende Folge für den Betroffenen, die notwendigerweise mit dem Strafrechtssystem verbunden ist: der Zweifel an der inneren Berechtigung, der sich aus der Frage des Erfaßten herleitet, warum gerade er den Maßnahmen unterliegt, während manch anderer, der die Behandlung nötiger hat, völlig unangefochten und unangetastet dasteht.

Ist das strafbedrohte Verhalten auch der Ausgangspunkt für das kriminalpädagogische Tun, so löst doch nicht jedes strafbedrohte Verhalten kriminalpädagogische Maßnahmen aus. Die unermeßlich weite Ausdehnung des deutschen Strafrechts stellt trotz des inzwischen eingeführten Ordnungswidrigkeitenrechts noch eine solche Menge von Verhaltungsweisen, die einen echten kriminellen Gehalt nicht aufweisen, unter die Drohung mit bei Kriminalstraftaten üblichen Strafen und Maßnahmen. Derartige Verhaltensweisen verstoßen zwar gegen die Strafrechtsordnung, berühren aber nicht oder doch nicht in beachtenswerter Weise die Persönlichkeitsentwicklung. Auch Verstöße gegen Strafgesetze, die durchaus ihrer Art nach einen kriminellen Gehalt aufweisen, brauchen ihn im Einzelfalle nicht zu haben. Auch sie sind kriminalpädagogisch bedeutungslos.

Kriminalpädagogik hat die pädagogischen Maßnahmen zum Gegenstand, die im Falle des Verstoßes gegen ein Strafgesetz ausgelöst werden, sofern dieser Verstoß ein Symptom dafür ist, daß die Persönlichkeitsentwicklung bedroht ist. Kriminalpädagogik darf aber nicht nur als eine reaktive Pädagogik angesehen werden. Auch hier kommt dem Gedanken der vorbeugenden Pädagogik eine hervorragende Bedeutung zu. Freilich muß, wenn die Idee der Kriminalpädagogik sich nicht verflüchtigen soll, noch ein Zusammenhang mit dem vom Strafgesetz erfaßten Sachverhalt gegeben sein. Er ist gegeben, wenn eine naheliegende Gefährdung zu einem kriminellen Verhalten gegeben ist, wobei unter kriminellem Verhalten ein solches strafgesetzwidriges Verhalten zu verstehen ist, das die Entwicklung zu dem diesem Menschen gesetzten Persönlichkeitsziel beeinträchtigt, hemmt oder gar verschließt.

Zusammenfassend ist daher zu sagen: Kriminalpädagogik befaßt sich mit dem in der Erreichung seines Persönlichkeitszieles gefährdeten und bedrohten, werdenden oder schon tatsächlichen Rechtsbrecher. Die juristische Schwere eines Deliktes ist nicht maßgebend. Auch Übertretungen, wie Bettelei, Landstreicherei, Prostitution geben Anlaß zu echten kriminalpädagogischen Maßnahmen. Die sog. kleine Kriminalität verdient eine ungeminderte Beachtung, da sie die Persönlichkeitsentwicklung in hohem Maß berührt.

4. Kriminalpädagogik ist Pädagogik. Daher ergibt sich ihr Ziel aus der Pädagogik. Das ist keineswegs von vornherein klar. Die Anlehnung der Kriminalpädagogik an das Strafrecht legt durchaus den Gedanken nahe, entsprechend dem Ausgangspunkt auch den Endpunkt in das der Strafrechtsordnung angepaßte Verhalten zu verlegen[35]). Damit dürfte das Ziel zu eng gesteckt sein. Zu eng ist es aber vor allem dann, wenn das Ziel der Kriminalpädagogik lediglich die Legalität sein soll. Selbstverständlich würde es schon ein beachtlicher Erfolg sein, wenn der Gefährdete oder der bereits als solcher tätig gewordene Rechtsbrecher sich legal verhalten würde. Indem man von der Legalität spricht, hat man meist nur das äußere Verhalten im Auge. Es wirkt die Auffassung nach, daß es das Recht nur mit dem äußeren Verhalten, nicht aber mit der inneren Einstellung und Gesinnung zu tun habe. Gerade vom Strafrecht wird das immer wieder behauptet. Richtig daran ist, daß innere Einstellung und die Gesinnung keine Strafe auslösen, daß sie sich vielmehr, sollen sie beachtlich sein, in einem äußeren Verhalten kundgetan haben müssen. Ist aber einmal ein äußeres strafgesetzwidriges Verhalten gegeben, so ist für die Antwort, die das Strafrecht darauf gibt, tatsächlich Einstellung und Gesinnung von Bedeutung. Sie spielen bei der Strafzumessung, bei der Aussetzung zur Bewährung, den Maßregeln der Besserung und Sicherung durchaus eine Rolle.

Es kommt noch etwas anderes hinzu. Sehr zu Unrecht werden die strafrechtlichen Normen nur unter dem Gesichtspunkt des Verbotes gesehen. Eine solche Sicht veräußerlicht das Strafrecht. Sie berücksichtigt nur die *eine* Seite, die freilich im Gerichtssaal eine besondere Rolle spielt. Das Strafrecht darf aber nicht nur als *Strafrecht* angesehen werden. Es ist vielmehr auch ein *Kulturrecht*. In ihm liegen ethische Grundnormen verborgen, die nicht nur nicht übertreten sondern auch bejaht sein sollen. In dem Augenblick, in dem gegen die Strafrechtsnormen verstoßen worden ist, haben sie im Grunde schon versagt, da sie jedenfalls in dem Einzelfall ihre sittenbildende Aufgabe nicht erfüllt haben. Das Strafgesetz will nicht nur, daß niemand ermordet wird, daß niemand Opfer eines Sittlichkeitsdelikts wird, daß nichts gestohlen wird, sondern daß das Leben, die sexuelle Ordnung, das Eigentum geachtet wird. Der positive Anspruch, der in den Strafrechtsnormen enthalten ist, ist sogar der wesentliche Inhalt. Legalität kann daher, wenn der Begriff richtig verstanden werden soll, nur im Sinne der Bejahung

---

[35]) So ist in dem Fachwörterverzeichnis für Jugendwohlfahrtspflege und Jugendrecht Teil I S. 64 die Rede von einer Erziehung zu rechtstreuen Staatsbürgern.

der Rechtsnorm verstanden werden. Damit wird das berührt, was man in der Regel mit Moralität[36]) bezeichnet.

Moralität geht aber über die einzelne Gesetzesnorm hinaus. Sie betrifft ein Gesamtverhalten und eine Gesamteinstellung, die Verwurzelung in der ethischen Grundordnung. Der enge Zusammenhang von Persönlichkeitsentwicklung und Festigung in der ethischen Ordnung legt es nahe, jedes pädagogische Verhalten und damit auch das kriminalpädagogische auf das Persönlichkeitsgesamt auszurichten.

Damit wird auch die Sozialität umschlossen. Die Entwicklung der Persönlichkeit geht im sozialen Bereich und in der sozialen Wechselwirkung vor sich. Man könnte meinen, daß die Rechtsordnung eine Sozialordnung ist, innerhalb derer nicht mehr als Sozialität anzustreben sei. Sozialität und persönliche Integrität sind jedoch unentwirrbar miteinander verknüpft. Ohne den Gefährdeten und Gefallenen in seiner Persönlichkeit aufzurichten und weiterzuführen, ist eine zuverlässige Sozialität nicht gewährleistet. Ebenso aber gilt auch der Satz: Ohne dem Betroffenen für das soziale Leben Festigkeit und Verwurzelung zu geben, ist seine Persönlichkeitsentwicklung nicht sicherzustellen. Soziale und moralische Besserung sind nicht von einander zu lösen[37]).

Pädagogik kann sich niemals ein beschränktes Ziel stecken, etwa den einen zur Ehrlichkeit, den anderen zur Sittlichkeit, den dritten zur Achtung vor dem Leben — und zu dem noch zu einer begrenzten Ehrlichkeit, Sittlichkeit und Achtung — zu erziehen. Petzelt hat mit allem Nachdruck die Bedenken gegen ein „Erziehen zu . . ." aufgezeigt. Die Erziehung kann nur die Person als Ganzes erfassen und angehen. Ihr Ziel ist die Entfaltung der Persönlichkeit innerhalb der Gemeinschaft, aus der das sozial einwandfreie Verhalten als reife Frucht abfällt.

Zusammenfassend ergibt sich demnach: Kriminalpädagogik umfaßt das bewußte wertgerichtete erzieherische Bemühen um die Persönlichkeitsentfaltung des kriminell gewordenen oder des kriminell bedrohten Menschen.

---

[36]) Sehr sprechend habe ich als Staatsanwalt den Gegensatz von Legalität und Moralität einmal in einer Strafverhandlung gegen einen Angeklagten erlebt, dem zur Last gelegt worden war, sich an Kindern in unzüchtiger Weise vergangen zu haben. Der Richter hielt dem Angeklagten vor, warum er sich an die Kinder herangemacht habe und nicht zu Frauen gegangen sei, deren es genug gäbe. Sollte es jetzt ein hinreichendes Erziehungsziel sein, den Verurteilten auf die Beziehungen zu Frauen hinzulenken und ihn darauf zu beschränken oder kann es nur das Erziehungsziel sein, eine gefestigte sittliche Persönlichkeit herauszubilden, die sich auch auf dem sexuellen Gebiet ganz allgemein in der Hand hat?

[37]) Der schon auf von Liszt (vgl. Lehrbuch 11. Aufl. S. 65) zurückgehende Satz, es solle bei den angehenden Zustandsverbrechern „durch eine andauernde und eindringliche Strafe die Ausrottung der verbrecherischen Anlage versucht werden (bürgerliche, nicht notwendig sittliche Besserung)" (Liszt-Schmidt: Lehrb. 26. Aufl. S. 22) könnte als eine zu enge Begrenzung angesehen werden, wobei freilich die Worte „nicht notwendig" einen grundsätzlich weiteren Ausgangspunkt anzudeuten scheinen.

5. Das kriminalpädagogische Bemühen kann sehr verschiedener Art sein. Man könnte geneigt sein, den Gegenstand der Kriminalpädagogik durch die pädagogisch angewandte Methode und deren Mittel zu begrenzen. In erster Linie erweckt der Begriff der Kriminalpädagogik die Vorstellung vom Strafvollzug. So könnte Gefängnispädagogik und Kriminalpädagogik gleichgesetzt werden. Sicherlich nimmt die Gefängnispädagogik innerhalb der Kriminalpädagogik einen wichtigen Raum ein[38]). Gerade das Bestreben, den Strafvollzug in verschiedenartigen Formen durchzuführen (geschlossener — offener Vollzug, Auflockerung des Freiheitsentzuges im Verlauf der Haft bis zum Freigängertum, Bauformen u. dgl. m.) stellt vor zahlreiche pädagogische Probleme. Jedoch wäre eine Beschränkung auf das Gefängniswesen zu eng, selbst wenn man es in einem sehr weiten Sinn verstehen und den Gegebenheiten aller Freiheitsentzugsanstalten und -heime einbeziehen würde, wenn so vor allem auch die pädagogischen Probleme der Entziehungsanstalten und Arbeitshäuser mit berücksichtigt würden. Die kriminalpolitischen Tendenzen gehen gerade in neuerer Zeit auf die Ersetzung des Freiheitsentzuges durch nicht die Freiheit betreffenden Maßnahmen. Auch solche können Raum für pädagogisches Handeln gewähren. Gerade die Strafaussetzung zur Bewährung bedeutet einen sehr wichtigen Schritt zur Verwirklichung kriminalpädagogischer Maßnahmen ohne Freiheitsentzug.

Es würde aber auch zu eng sein, die Kriminalpädagogik nur im Raum der Justiz oder doch eng mit dem justiziellen Ausspruch verknüpft (Strafgerichtsbarkeit einschl. Jugendgerichtsbarkeit, Strafvollzug und Maßnahmenvollzug mit und ohne Freiheitsentzug) sehen zu wollen. Vielmehr kann es kriminalpädagogisches Bemühen auch außerhalb justizieller Tätigkeit geben, so etwa in der Jugendpflege, Gebrechlichenpflege, Alterspflege, Erziehungsberatung. Noch ein weiterer Schritt ist erforderlich, wie sich gerade aus den genannten Beispielen ergibt. Kriminalpädagogik ist keineswegs auf staatliches oder sonst amtliches Bemühen beschränkt. Auch die Kirche und die freien Verbände, selbst einzelne Privatpersonen, etwa Ärzte, Erziehungsberater und schließlich die Eltern, können eine den kriminell gefährdeten oder gar kriminell gewordenen Menschen leitende und fördernde Tätigkeit ausüben. So wesentlich die staatliche Tätigkeit auch sein mag, so ist doch nicht zu übersehen, daß eine große Anzahl von Delikten und Gefahrsituationen gar nicht erst zur Kenntnis der Justiz- und sonstigen Behörden gelangen, bei denen aber die Betroffenen Hilfe bei Organisationen (und vor allem den Ärzten) suchen. Sofern diese Hilfe an die Tatsache der Kriminalität oder der in krimineller Hinsicht bedrohlichen Situation mit dem Ziel der Persönlichkeitsgestaltung einsetzt, ist sie ein Akt der Kriminalpädagogik.

[38]) Der Gesichtspunkt der Gefängnispädagogik tritt bei Curt Bondy: Pädagogische Probleme im Jugendstrafvollzug, Mannheim-Berlin-Leipzig 1925, hervor. Vgl. dort das Vorwort S. IX.

Die oben gegebene Begriffsbestimmung der Kriminalpädagogik läßt sich durch das Dazwischenfügen der Worte: „staatlicher oder privater Kräfte" ergänzen, so daß sie vollständig lautet: Kriminalpädagogik umfaßt das bewußte wertgerichtete Bemühen staatlicher oder privater Kräfte um die Persönlichkeitsentfaltung des kriminell gewordenen oder kriminell bedrohten Menschen.

III. Von der Pädagogik gesehen ist die Kriminalpädagogik ein Sondergebiet, bei dem Überschneidungen mit anderen Teilgebieten der Pädagogik durchaus in Betracht kommen. Um den Ort der Kriminalpädagogik innerhalb der Pädagogik zu bestimmen, bedarf es einiger abgrenzender Hinweise.

1. Kriminalpädagogik ist als Teilgebiet der Heilpädagogik bezeichnet worden[39]). Inwieweit eine solche Verknüpfung berechtigt ist, ergibt sich daraus, wie weit der Begriff der Heilpädagogik[40]) ausgedehnt wird. Die vielfach auf die jungen Menschen vorgenommene Beschränkung[41]) müssen wir hier außer acht lassen, nachdem wir uns entschieden haben, Pädagogik auch auf die Erwachsenen auszudehnen. Die Heilpädagogik wird dadurch zu einer Sonderpädagogik, daß sie es mit einer sich von anderen unterscheidenden Gruppe von Menschen zu tun hat und zwar solcher, die eine bestimmte körperliche, geistige oder seelische Erscheinungsform aufweisen. In der Heilpädagogik werden drei Gruppen unterschieden: die Mindersinnigen und Sinnesschwachen (Blinde, Sehschwache, Taube und Schwerhörige), die Geistesschwachen und die Schwererziehbaren (Neuropathen, Psychopathen, körperlich Kranke, Krüppel, Umweltgeschädigte[42]). Das einende Band wird in der Hemmung und Fehlleitung der körperlich-seelischen Entwicklung gesehen[43]). Ob die Zustände anomal sein müssen oder nicht, ist umstritten[44]). Es sind aber solche Zustände, die den Menschen in körperlicher, geistiger

---

[39]) Vgl. Halder, Gefängniserziehung, Schweiz LdP I, S. 515.

[40]) Zur Heilpädagogik vgl. Hans Asperger, Heilpädagogik, 2. Aufl. Wien 1956; Linus Bopp, Allgemeine Heilpädagogik, Freiburg 1930; ders. Art. Heilpädagogik LdP II (1953), S. 634; Heinrich Hanselmann, Einführung in die Heilpädagogik, 3. Aufl. Erlenbach-Zürich 1946; Paul Moor, Heilpädagogische Psychologie, Bern 1951; Fritz Schneeberger, Heilerziehung in: Pädagogik im Bild (1956) S. 375, Theodor Heller, Heilpädagogik, HdK I (1933), S. 649—661; Vgl. auch M. Tramer, Lehrbuch der allgemeinen Kinderpsychiatrie, 3. Aufl. Basel 1949, S. 424.

[41]) Auch bei der Heilpädagogik tritt das Problem der Begrenzung auf Kinder und Jugendliche auf. In den vorstehend genannten Arbeiten wird der Begriff im Hinblick auf den jungen Menschen angewandt. Adolf Lenz, Kriminogene Disposition und Struktur, HdK II, S. 62ff. (1936), sieht dagegen von der Heilpädagogik die „schwachsinnigen und psychopathischen Jugendlichen und die geisteskranken Erwachsenen" erfaßt (S. 66).

[42]) Vgl. Hanselmann: Einführung S. 12.

[43]) Bopp: Allgemeine Heilpädagogik S. 8, LdP II, 634.

[44]) Gegen die Verwendung des Wortpaares normal — anormal Hanselmann: Einführung S. 11; anders dagegen Bopp: Allgemeine Heilpädagogik S. 10.

oder seelischer Beziehung objektiv leidend machen. Mit Nachdruck wird von pädagogischer Seite betont, daß Heilpädagogik Teilgebiet der Pädagogik und nicht der Medizin ist[45]). Soweit heilpädagogische Maßnahmen der Mitwirkung des Mediziners bedürfen, wird dieser nur ein Hilfs- und Unterstützungscharakter zugeschrieben.

Es kann nicht hier die Aufgabe sein, den Begriff der Heilpädagogik zu entwickeln und den Gebrauch dieses Begriffes im pädagogischen Bereich einer kritischen Untersuchung zu unterwerfen und zu einzelnen Meinungsverschiedenheiten Stellung zu nehmen. Vielmehr kommt es darauf an, von der Strafrechtswissenschaft her einige Gesichtspunkte heranzutragen, die die Verwertbarkeit des Begriffes im Hinblick auf das kriminalpädagogische Bemühen unterstützen, in das richtige Verhältnis rücken oder in Frage stellen können.

Die beiden pädagogischen Teilgebiete haben einen verschiedenen Ansatzpunkt. Die Heilpädagogik geht von der Erscheinungsform des Betroffenen aus, während die Kriminalpädagogik von einem sozialethisch bedeutsamen rechtserheblichen Vorgang, dem Verbrechen, ausgeht. Wohl ist auch für die Kriminalpädagogik ein menschliches Sein oder Sosein von Bedeutung, jedoch geht es dabei erst um eine zweite Frage.

Die das menschliche Bild umschreibenden Voraussetzungen für die Heilpädagogik sind kriminalpädagogisch von sehr verschiedenem Rangunterschied. Die einen Ursachen, die die heilpädagogische Hilfe auslösen, sind kriminologisch nur Randerscheinungen, während die anderen kriminologisch erhebliche Tatsachen darstellen. Es kann ein Blinder straffällig werden, es kann seine Blindheit dabei auch ursächlich sein, und es kann in der Behandlung des Täters auf seine Blindheit abgestellt werden. Jedoch handelt es sich in einem solchen Fall um einen für die kriminalpädagogische Behandlung atypischen Vorgang. Das Problem des Schwachsinns, der Neuropathie und der Psychopathie führt dagegen allgemein zu kriminalpädagogischen Fragen.

Hinzu kommt, daß die Kriminalpädagogik es keineswegs nur mit Personen zu tun hat, die in ihrer Persönlichkeitsentwicklung gehemmt oder erheblich fehlgeleitet sind. Würde man die Kriminalpädagogik der Heilpädagogik unterstellen, so würde darin zugleich eine bestimmte kriminologische Auffassung zum Ausdruck gebracht sein, deren Richtigkeit zum mindesten nicht von vornherein feststeht.

Die für die Heilpädagogik als maßgeblich bezeichneten Gruppen erscheinen einerseits zu eng, andererseits zu weit. Da die Gruppierung von den Kindern ausgeht, fehlt eine für den Bereich der Erwachsenen sehr

---

[45]) Zur Abgrenzung von Heilpädagogik und Medizin vgl. Bopp: Allgemeine Heilpädagogik S. 15; Hanselmann: Einführung S. 12; vgl. auch Moor: Heilpädagogische Psychologie S.V. Über die Mitwirkung des Arztes vgl. Tramer: Kinderpsychiatrie S. 424.

wichtige Gruppe: die Rauschmittelsüchtigen[46]). Andererseits ist es zweifelhaft, ob die infolge Umweltschäden Schwererziehbaren generell der Heilerziehung unterliegen. Schließlich läßt sich die Frage stellen, ob der Begriff der Heilpädagogik nicht nur auf solche Menschen beschränkt werden sollte, bei denen die Erziehungsmaßnahme von einer medizinischen Hilfe getragen sein muß, bei denen eine Zusammenarbeit von Pädagoge und Arzt erforderlich ist, wie es etwa bei Süchtigen regelmäßig der Fall ist.

Das Verhältnis von Heilpädagogik und Kriminalpädagogik ist kein Über- und Unterordnungsverhältnis, vielmehr überschneiden sich ihre Bereiche. Das bedeutet, daß die Heilpädagogik in gewissen Fällen im Dienst der Kriminalpädagogik steht. Dabei wird freilich die Kriminalpädagogik niemals in der Heilpädagogik aufgehen können, da die Kriminalpädagogik infolge ihres Ansatzpunktes vom Rechtsbruch her diesen notwendigerweise in ihre pädagogischen Bemühungen einbeziehen muß. Sie kann auf eine Stellungnahme des Betroffenen zu dem Geschehen und auf ein Sichverantwortlichwissen des Betroffenen für das Geschehen nicht verzichten.

Trotz der grundsätzlichen Scheidung von Kriminalpädagogik und Heilpädagogik stehen beide Gebiete auch in wissenschaftlicher Hinsicht in einer fruchtbaren Wechselwirkung, die sich schon allein daraus ergibt, daß beide Gebiete es in großem Umfang mit schwierigen Menschen zu tun haben, daß sie infolgedessen pädagogische Sondergebiete sind, bei denen an Erzieher und Zuerziehende besondere Anforderungen zu stellen sind, die Betroffenen oftmals nur widerwillig sich der Behandlung unterziehen und sich im Hinblick auf die Anstalts- und Heimprobleme gleichartige Fragen ergeben.

2. Kriminalpädagogik steht in enger Verbindung mit der Verwahrlostenpädagogik. Bei der Kriminalpädagogik geht es um die Behandlung des kriminell gewordenen oder bedrohten Menschen, bei der Verwahrlostenpädagogik um die Behandlung Verwahrloster oder von der Verwahrlosung bedrohter Menschen. Ansatzpunkt der Kriminalpädagogik ist eine begangene oder doch wenigstens in Aussicht stehende Handlung,

---

[46]) Auch bei Kindern und Jugendlichen kann das Suchtproblem auftreten. Vgl. dazu M. Tramer, Lehrbuch der allgemeinen Kinderpsychiatrie, S. 201, 365; ferner M. Tramer, Leitfaden der jugendrechtlichen Psychiatrie, Basel 1947, S. 62. Die Rauschmittelsucht, insbesondere der Alkoholismus, Morphinismus und ähnliche Erscheinungen spielen freilich bei Kindern und Jugendlichen noch eine sehr untergeordnete Rolle. Darüber, daß es aber auch Fälle der Trunksucht bei Kindern gibt, berichtet Erich Stern, Über Verhaltens- und Charakterstörungen bei Kindern und Jugendlichen, Zürich 1953, S. 53, 139; M. Tramer, Kinderpsychiatrie, S. 201. Zu dem Suchtproblem im übrigen, insbesondere zu dem Problem der Rauschsucht vgl. Karl Lingenhoff, Das Rauchen der Jugendlichen in seinen Beziehungen zur Kriminalität und Verwahrlosung, Jur. Diss. Münster 1952. Daß sich aus der Rauschsüchtigkeit heilpädagogische Aufgaben im Rahmen der Kriminalpädagogik ergeben, siehe bei Lingenhoff, S. 113, 117.

und zwar eine solche, auf die die Gesellschaft mit der Kriminalstrafe antwortet; Ansatzpunkt der Verwahrlostenpädagogik ist der bereits vorhandene oder doch in bedrohliche Nähe gerückte Zustand[47] eines körperlich, geistig oder seelischen Verfalls, ein Zustand, in dem es dem Menschen nicht mehr möglich ist, ein seiner Natur entsprechendes Leben in Würde und Geordnetheit zu führen. Kriminalität kann in einem solchen Zustand verwurzelt sein, so daß die Kriminalpädagogik es auch mit Verwahrlosten zu tun hat. Gerade die kleine Kriminalität der Asozialen, wie Landstreicherei, Bettelei, Prostitution, ist Ausdruck der menschlichen Verwahrlosung. Es gibt aber zahlreiche, unter Umständen sogar sehr schwere Straftaten, wie Mord, Totschlag, Sittlichkeitsverbrechen, Meineid, Konkursverbrechen, Betrug, Urkundenfälschung und viele andere Delikte, bei denen der Täter überhaupt nicht verwahrlost ist. Kriminalpädagogik und Verwahrlostenpädagogik decken sich daher nur teilweise[48]).

3. Das Verhältnis von Kriminalpädagogik zur Sozialpädagogik ist deswegen schwierig zu bestimmen, weil der Begriff der Sozialpädagogik[49])

---

[47]) Das Schrifttum zu den Problemen der Verwahrlosung und der Umschreibung ihrer Wesensmerkmale und Erscheinungsformen ist äußerst umfangreich. Über die Begriffsbestimmungen des älteren Schrifttums gibt eingehend Heinrich Többen: Die Jugendverwahrlosung und ihre Bekämpfung 2. Aufl. Münster 1927, Auskunft (vgl. auch Többen: Art. Verwahrlosung HdK II [1936] 968). Aus dem neueren Schrifttum vgl. etwa: August Aichhorn, Verwahrloste Jugend. Die Psychoanalyse in der Fürsorgeerziehung 3. Aufl. Bern 1951; Annemarie Dührssen; Psychogene Erkrankungen bei Kindern und Jugendlichen, Göttingen 1954 S. 127, 151; Kurt Gottschaldt, Probleme der Jugendverwahrlosung Leipzig 1950; Josef Schreiber: Art. Jugendverwahrlosung LdP II S. 1041ff.; Paul Schroeder: Kindliche Charaktere und ihre Abartigkeiten, Breslau 1931 S. 117ff.; M. Tramer; Lehrbuch der allgemeinen Kinderpsychiatrie 3. Aufl. Basel 1949 S. 373ff.; Otto Tumlirz, Die Jugendverwahrlosung, Graz-Wien 1952. Von juristischer Seite vgl. etwa: Karl S. Bader, Soziologie der deutschen Nachkriegskriminalität, Tübingen 1949 S. 148; Adolf Lenz, Grundriß der Kriminalbiologie, Wien 1927; Karl Peters, Erscheinungsform und Ursachen der Jugendverwahrlosung und Jugendkriminalität (Caritas und Recht, Heft 8) Bonn 1947. Mit dem Begriff der Verwahrlosung und den Verwahrlosungserscheinungen befaßt sich vor allem das Schrifttum zum Jugendwohlfahrtsgesetz und Jugendgerichtsgesetz; namentlich sei auf Dallinger-Lackner: Jugendgerichtsgesetz, München-Berlin 1955, vor allem S. 842f. (Verwahrlosungstäter) hingewiesen. Die Schrifttumsangaben könnten auch hier den Eindruck erwecken, als ob es sich bei der Verwahrlosung lediglich um eine Erscheinung bei Jugendlichen handele. Auch hier würde die Begrenzung zu eng sein. Zu dem Problem allgemein vgl. den Art. Verwahrlosung im Schweiz. LdP II 854 unter ausdrücklichem Hinweis auf die Verwahrlosung Erwachsener (S. 855).

[48]) Im Gegensatz zu der hier vertretenen Auffassung bezieht Wolf Middendorff, Jugendkriminologie, Ratingen 1956, S. 18, die Verwahrlosungserscheinungen in die Kriminologie ein.

[49]) Über die verschiedenen Deutungsmöglichkeiten des Begriffs Sozialpädagogik vgl. K. Haase, LdP IV, S. 373; ferner Emilie Boßhart, Schweiz LdP, S. 669ff.; neuerdings vor allem Klaus Mollenhauer, Die Ursprünge der Sozialpädagogik in der industriellen Gesellschaft (1959), S. 8ff. Die Mehrdeutigkeit kommt auch in dem Fachwörterverzeichnis für Jugendwohlfahrtspflege und Jugendrecht, Teil I (2. Aufl. 1956) S. 84, zum Ausdruck.

in sehr verschiedenem Sinn gebraucht wird. Sofern man mit dem Wort Sozialpädagogik den Gedanken zum Ausdruck bringen will, daß jedes Erziehungsgeschehen sozialbedingt und sozialgestaltend ist[50]), bringt er nicht mehr als eine Sicht aller pädagogischen Vorgänge zum Ausdruck. Jede Pädagogik hat von diesem Ausgangspunkt einen sozialpädagogischen Aspekt, demnach auch die Kriminalpädagogik. Wer Kriminalpädagogik verwirklicht, betätigt sich sozialpädagogisch, da die kirminalpädagogischen Maßnahmen von der Gesellschaft materiell und ideell mitgetragen werden und in die Gesellschaft wirkend mitausstrahlen.

Sozialpädagogik wird aber auch als ein von der allgemeinen Pädagogik auszusonderndes Teilgebiet verstanden. Die Aussonderung kann nach verschiedenen Gesichtspunkten erfolgen. So kann sie durch den Erziehungsgrund und Erziehungsanlaß bestimmt werden. Zum Maßstab kann der Umstand genommen werden, daß bestimmte Lebenserscheinungen und Lebensformen des gesellschaftlichen Zusammenlebens Erziehungsaufgaben stellen, die gegenüber einer früheren mehr personal und familiär bezogenen Daseinswelt neuartig sind. In diesem Sinn ist Sozialpädagogik geschichtsbedingt. Sie ist der Teil der Pädagogik, der sich auf die Auseinandersetzung mit den durch die Industrialisierung, Technisierung und Vermassung ergebenden Aufgaben ausrichtet[51]). Sie stellt eine Pädagogik dar, die sich an jeden Menschen unserer Zeit richtet, an den intakten wie den gefährdeten; denn jeder muß sich mit den gesellschaftlichen Gegebenheiten auseinandersetzen können. In diesem Sinne würde Kriminalpädagogik nur insofern das Gebiet der Sozialpädagogik berühren, als der Rechtsbruch mit den besonderen gesellschaftlichen Gegebenheiten der modernen Zeit in Verbindung steht und der Rechtsbrecher befähigt werden soll, mit den die heutige Gesellschaft kennzeichnenden Umständen fertig zu werden. Dagegen würde das kriminalpädagogische Bemühen, den Täter zu einer Auseinandersetzung mit seinen persönlichen anlage-, entwicklungs- oder engumweltbedingten Schwierigkeiten zu befähigen außerhalb des Bereiches der Sozialpädagogik liegen.

Sozialpädagogik kann von der allgemeinen Pädagogik aber auch durch den Träger der pädagogischen Maßnahmen abgesondert werden. Es ist die Scheidung je nachdem möglich, ob einzelne oder private Personen die Erziehung tragen, wie die Eltern, oder ob gesellschaftliche Einrichtungen, wie Kirche, Staat oder Gemeinden die Erziehungseinrichtungen und die Erzieher zur Verfügung stellen. So verstanden würde Sozial-

---

[50]) In diesem Sinne heißt es bei Paul Natorp, Sozialpädagogik, 4. Aufl. Stuttgart 1920, S. 94 „Der Begriff der Sozialpädagogik besagt also die grundsätzliche Anerkennung, daß ebenso die Erziehung des Individuums in jeder wesentlichen Richtung sozial bedingt sei, wie andererseits eine menschliche Gestaltung sozialen Lebens fundamental bedingt ist durch eine ihm gemäße Erziehung der Individuen, die an ihm teienehmen sollen". Vgl. auch O. Kroh, Revision der Erziehung, S. 10.

[51]) Vgl. hierzu vor allem die Arbeit von Klaus Mollenhauer.

pädagogik nicht mehr bedeuten, als gesellschaftlich getragene und organisierte Erziehung. Der Begriff erscheint insofern farblos, als in ihm das Soziale keine eigentliche Note hat. So wird von den Einrichtungen her gesehen der Begriff der Sozialpädagogik verbunden mit dem Gedanken der Hilfe und Fürsorge für Menschen, die innerhalb des gesellschaftlichen Bereiches in ihrer Persönlichkeitsgestaltung in bedrohlicher Weise zurückgeblieben oder gar gescheitert sind. Sozialpädagogik umfaßt in diesem Sinn „die öffentliche Erziehungsfürsorge, d. h. jene Einrichtungen und Bemühungen, die über Familie und Schule hinaus von seiten des Staates oder sozialer Gruppen als erziehliche Nothilfe geleistet werden.“[52]) Unter diesem Blickwinkel hat sich der Beruf des Sozialpädagogen entwickelt. Sofern man von der Vorstellung der öffentlichen Erziehungsfürsorge ausgeht, berühren sich Kriminalpädagogik und Sozialpädagogik sehr eng. Die erzieherischen Maßnahmen, die vom Verbrechen her ihren Ausgangspunkt nehmen, werden zum größten Teil vom Staat und anderen sozialen Gruppen in der Form der Erziehungsfürsorge getragen. Das gilt ganz besonders von den Maßnahmen, die das Strafrecht unter erziehlichen Gesichtspunkten an die Verbrechensbegehung anknüpft. Nur darf freilich nicht die nicht öffentliche Erziehungsfürsorge und die sich im rein privaten Raum vollziehende Erziehung und Hilfe gegenüber dem faktischen oder potentiellen Rechtsbrecher unberücksichtigt bleiben.

Weiterhin kann der Begriff der Sozialpädagogik in dem Sinne verstanden werden, daß die Erziehung nicht nur durch gesellschaftliche Einrichtungen für die Erziehung, sondern auch durch das soziale Leben überhaupt erfolgt. In diesem Sinne wäre Sozialpädagogik Formung des Menschen durch die sozialen Gegebenheiten[53]). Da wir Erziehung auf die intentionale Erziehung beschränkten, ist diesem Gedanken hier nicht weiter nachzugehen.

Schließlich läßt sich das Erziehungsziel als bestimmender Faktor für den Begriff der Sozialpädagogik herausstellen. Als solches kommt die Erweckung oder Wiedererweckung gesellschaftlicher Gesinnung und Haltung in Betracht. Sozialpädagogie stellt in dieser Sicht ein Hinführen des Zuerziehenden zum sozialen Zusammenleben dar[54]). Sie will sowohl das soziale Bewußtsein in dem Zuerziehenden lebendig machen als auch die Gesellschaft durch das ihr neu oder doch aktiver zugeführte Glied bereichern. Gerade diese Sicht ist von der Kriminalpädagogik naheliegend, da ja der Täter durch die Verbrechensbegehung sich gegen die soziale Ordnung vergangen hat und er ein zu geringes Maß an sozialer

---

[52]) Vgl. dazu K. Haase, LdP IV 373. In diesem Sinn Wilhelm Flitner, Allgemeine Pädagogik, 3. Aufl. Stuttgart 1950, S. 14.

[53]) Die Bedeutung der Vielgestaltigkeit des gesellschaftlichen Lebens und der von ihm ausgehenden vielfältigen positiven und negativen Einflüssen betont Hans Scherpner, Das Gemeinsame in der Arbeit sozialpädagogischer Berufe UJ. 2 (1950) 121—126.

[54]) In diesem Sinn Hilde Ottenheimer, Sozialpädagogik im Strafvollzuge, Berlin 1931, S. 5, ferner K. Haase, LdP IV 374.

Gesinnung und Haltung erwiesen hat. Daraus folgt die Notwendigkeit, den Täter an die Gesellschaftsordnung heranzuführen. Jedoch würde der Rahmen der Kriminalpädagogik zu sehr verengt, wenn sie nur im Hinblick auf das Ziel der Erweckung oder Wiedererweckung gesellschaftlicher Gesinnung und Haltung gesehen werden würde. Der Kriminellgewordene oder der Kriminellbedrohte steht nicht nur im Konflikt oder der Konfliktsgefahr zur Sozialordnung, sondern auch zu sich selbst. Der Rechtsbrecher ist in sich ungeordnet. Abgesehen davon, daß eine Hinführung zur Sozialordnung nur dadurch möglich ist, daß in dem Menschen selbst Ordnung geschaffen wird, ist das Bemühen um die eigene Ordnung des Straffälligen oder des Abgleitenden ein durchaus selbständige Aufgabe der Kriminalpädagogik. Kriminalpädagogik hat nicht allein eine soziale Zielrichtung, sie ist vielmehr auch Individualpädagogik. Insofern ist es nicht möglich vom Ziele her Kriminalpädagogik in der Sozialpädagogik aufgehen zu lassen.

Es liegt nahe, zur Umschreibung des Begriffes der Sozialpädagogik die angeführten Gesichtspunkte: Erziehungsgrund und Erziehungsanlaß, Erziehungsträgerschaft, Erziehungsnothilfe und Erziehungsziel zu kombinieren. Doch braucht dieser Gedanke für die Abgrenzung von Sozialpädagogik und Kriminalpädagogik nicht weiter verfolgt zu werden. Soweit auch die Überschneidungen gehen mögen, immer bleibt doch, wie sich aus der Erörterung der einzelnen Gesichtspunkte ergibt, ein durchaus eigenständiger Bereich der beiden pädagogischen Sondergebiete[55]).

4. Der Vergleich der Kriminalpädagogik mit der Heilpädagogik, Verwahrlostenpädagogik und Sozialpädagogik hat schon eine Reihe von kennzeichnenden Zügen deutlich gemacht, die für die Heraushebung der Kriminalpädagogik aus der allgemeinen Pädagogik bedeutsam sind. Die Kriminalpädagogik wird durch eine den sozialen Bereich betreffende Fehlleistung ausgelöst. Der Ansatzpunkt ist demnach ein negativer. Die allgemeine Pädagogik hat es zwar auch mit einem Nochfehlen zu tun. Aber dieses Nochfehlen entspricht dem normalen Werden des Menschen. Der Mensch steht normalerweise in einer ständigen Fortentwicklung. Der Werdegang vom Kind zum Jugendlichen, zum Heranwachsenden, zum Menschen in der Vollkraft und zum alternden Menschen vollzieht sich, wenn der Entwicklungsgang sinnvoll verläuft, in einer immer stärkeren Entfaltung der Persönlichkeit; selbst das Greisensein steht in dieser Entwicklungstendenz. Gestaltung und Formung der Persönlichkeit setzen notwendigerweise ein Fehlen voraus. Mit dem sich aus diesem Fehlen ergebenden normalen Entwicklungsgang hat es die allgemeine Pädagogik zu tun. Das Versagen aus diesem Fehlen heraus bedeutet keine soziale Fehlleistung, erst recht keine Fehlleistung, der der Makel des Rechtswidrigen und Unsittlichen anhaftet.

---

[55]) Über die methodischen Beziehungen von Kriminologie und Sozialpädagogik vgl. Wilhelm Sauer, Kriminologie 1950, S. 13.

Die Kriminalpädagogik findet zwar in der geschehenen oder erwarteten Fehlleistung stets ihren Beginn. Aber vielfach ist die Fehlleistung nicht ein von der Persönlichkeit isolierter Vorgang, oftmals offenbart er tiefere Persönlichkeitsvorgänge, deren Ursachen an dieser Stelle noch unerörtert bleiben können. Es kann sein, daß die zu erwartende Entwicklung überhaupt noch nicht erfolgt ist, oder daß der bereits gewonnene Entwicklungsstand überschüttet ist. So wird Kriminalpädagogik in weitem Umfang eine nachholende Pädagogik, wobei sich dieses Nachholen unter Umständen zu einer Zeit vollzieht, in der es im Grunde genommen nicht mehr dem Alter, dem Beruf und dem damit verbundenen Stand der Person entspricht. Wer schon längst einen anderen Entwicklungsgrad erreicht haben sollte, steht noch erziehungsbedürftig da. Diese nachholende Erziehung ist aber nicht nur zeitlich verspätet, sondern trifft den Menschen auch in einer Haltung an, die möglicherweise bereits eine Verfestigung, Versteifung und Absperrung erreicht hat.

Die Fehlleistung, die in dem großen Bereich der reaktiven Kriminalpädagogik, also nach dem Geschehen, erfaßt wird, hat die Besonderheit, daß sie nicht nur als ein erziehungs-, sondern auch als ein strafwürdiger Vorgang in Erscheinung tritt. Als strafwürdiger Vorgang ist er mit dem Makel des mehr oder weniger Vorwerfbaren und Ehrenrührigen verbunden. Während die Unterstellung unter das allgemeine pädagogische Tun selbstverständlich und allgemeiner Anerkennung und Billigung sicher ist, wird die Unterstellung unter das kriminalpädagogische Tun als außergewöhnlich und mit Mißbilligung betrachtet. Das Verhältnis der Allgemeinheit zum allgemein pädagogischen Tun und zum kriminalpädagogischen Handeln ist ein grundsätzlich anderes. Das hat für die kriminalpädagogischen Methoden und Mittel erhebliche Folgen.

Das gilt aber auch für die Einstellung des Betroffenen. Auch er gibt sich der allgemeinen pädagogischen Behandlung ganz selbstverständlich und vielfach mit Freude und Erwartungen, unter Umständen sogar unter Aufbringung persönlicher Mühen und Kosten hin. Die Einstellung ist positiv. Sie ist es in der Regel auch dann, wenn — wie etwa in der Schule — ein Zwang dahinter steht. Ganz anders bei der kriminalpädagogischen Behandlung. Sie wird als ein Eingriff angesehen, gegen den sich wenigstens zunächst Wollen und Empfinden sträuben. Der Betroffene versucht ihr zu entgehen. Es offenbart sich ihm vor allem der Zwang. Die Einstellung des Betroffenen ist negativ. Sie ist es um so mehr, als vielfach schwierige und gehemmte, schwache und haltlose, geschädigte und zerstörte, aber auch bewußt feindliche und bösartige Menschen in den Bereich der kriminalpädagogischen Maßnahmen gelangen. Somit betrifft Kriminalpädagogik ein besonders schwieriges Teilgebiet. Sie stellt eine Sonderpädagogik mit einem negativen Ansatzpunkt zu einem der Zeit nach verschobenen Ersatz gegenüber meist sich ablehnend verhaltenden Menschen dar. An ihrem Anfang und in ihrer Durchführung steht jedenfalls bei der reaktiven Kriminalpädagogik der Zwang.

Noch weitere Gesichtspunkte erschweren die pädagogische Situation: der Betroffene gelangt in der Regel nicht isoliert in den pädagogischen Bereich, sondern in eine mehr oder weniger zufällig zusammengewürfelte Gesellschaft ebenso komplizierter Menschen.

Die angedeuteten Besonderheiten rechtfertigen nicht nur eine eigene Behandlung der kriminalpädagogischen Probleme, sondern zwingen geradezu dazu[56]). Aus den Besonderheiten ergibt sich die Aufgabe, die gerade diesem Teilgebiet zukommenden Gesetze, Methoden und Mittel herauszuarbeiten, ohne aber wiederum die Verbindung mit der allgemeinen Pädagogik zu verlieren. Denn Kriminalpädagogik verdient ihren Namen nur insoweit, als sie Pädagogik ist[57]).

IV. Kriminalpädagogik ist aber auch ein Teilgebiet der Kriminalwissenschaft. Es bedarf daher auch einer Klarstellung des systematischen Ortes dieses Teils innerhalb des Gesamtgebietes. Unter Kriminalwissenschaft ist die Zusammenfassung aller Probleme und Fragen zu verstehen, die den Verbrecher und das Verbrechen zum Gegenstand haben. Das Kriminalrecht[58]) befaßt sich mit der rechtlichen Ordnung der Behandlung des Verbrechers und des Verbrechens, indem es dem Verbrecher und dem Verbrechen rechtlich Gestalt und Gehalt gibt und die sich an die Tat anschließenden Rechtsfolgen anknüpft (materielles Strafrecht), indem es weiter die Anwendung und die Verwirklichung des materiellen Rechts im Einzelfall verfahrensmäßig regelt (Strafverfahrensrecht) und schließlich die Ordnung für die Durchführung der im Straf-

---

[56]) Kriminalpädagogik ist also tatsächlich ein „autonomes Fach"; a. A. Halder: Art. Gefängniserziehung, Schweiz LdP I, S. 516.

[57]) Infolgedessen muß die Kriminalpädagogik als Wissenschaftszweig ihre Verbindung in systematischer, methodischer und inhaltlicher Hinsicht mit der Pädagogik aufnehmen. Zu den bereits angeführten Werken der Pädagogik vgl. in systematischer und methodischer Hinsicht vor allem: René Hubert: Traité pédagogie générale 1946 (deutsch von Marlene Mies unter dem Titel: Grundriß der allgemeinen Pädagogik, Meisenheim 1956); Alfred Petzelt: Grundzüge systematischer Pädagogik, 2. Aufl. Stuttgart 1955.

[58]) Über die Ersetzung des Begriffs Kriminalrecht durch den Begriff Strafrecht vgl. Robert von Hippel: Handbuch I, Berlin 1925, S. 2ff. Für das durch diese Begriffe bezeichnete Gebiet gibt es zwei Ausgangspunkte: das Verbrechen und die Verbrechensfolge. An den ersten Ausgangspunkt schließen die Bezeichnungen: Kriminalrecht, jus criminale, Constitutio Criminalis Carolina, an den zweiten Ausgangspunkt knüpfen die Bezeichnungen: peinliches Recht, Peinliche Gerichtsordnung Kaiser Karl V., Strafrecht. Die Bezeichnung von dem Vorgang her scheint mir der bessere Weg, zumal damit auch die Verbindung zur Kriminologie deutlicher wird. Bedenklich würde dieser Weg freilich dann, wenn in die Bezeichnung eine Tendenz, eine Überzeugung oder gar Weltanschauung zum Strafproblem gelegt würde, etwa im Sinne einer Ablehnung der Strafe und ihrer Ersetzung durch Maßnahmen.

verfahren angeordneten Maßnahmen bestimmt (Strafvollzugsrecht). Das Kriminalrecht ist ein normatives System, d. h. es stellt eine Gesamtheit von wertenden Regeln dar, die die Grundlage für die Behandlung strafwürdiger Menschen und Taten umschreiben. Das Kriminalrecht gibt die Antwort auf die Fragen: Was darf und soll nicht sein, und was darf und soll geschehen? Es enthält Gebote und Verbote, die auf einer ethisch-rechtlichen Basis beruhen.

Jedem der von der Rechtsordnung umschriebenen kriminalrechtlichen Teilgebiete entsprechen tatsächliche Gegebenheiten. Diese finden ihre Zusammenfassung in dem Begriff der Kriminologie im weiteren Sinn. Sie stellt die Lehre von der Wirklichkeit der für die Verbrechensbegehung und Verbrechensbekämpfung erheblichen Vorgänge dar[59]). Dem materiellen Strafrecht entspricht die Kriminologie i. e. S. (Kriminalätiologie, Kriminalanthropologie, Kriminalsoziologie, Kriminalstatistik)[60]), dem Verfahrensrecht steht die Kriminalistik (Kriminaltaktik, Kriminaltechnik) und dem Strafvollzugsrecht die Poenologie zur Seite.

Mit diesem Schema werden die Einzelgebiete der Kriminalwissenschaft, wenn zwar auch nicht ganz vollständig, so doch im weitesten Umfang umfaßt. Es bleibt noch übrig, in das System die Kriminalpolitik und die Kriminalpädagogik einzureihen. Das macht noch einige Bemerkungen hinsichtlich der Abgrenzung von Kriminalrecht und Kriminologie erforderlich. Man könnte geneigt sein, das eine Gebiet den Geisteswissen-

---

[59]) Kriminologie wird vor allem von Ernst Seelig: Lehrbuch der Kriminologie, 2. Aufl. Nürnberg-Düsseldorf 1951; ebenso ders. HdK II, 67 im weiteren Sinn verstanden. Seelig schließt sich damit der österreichischen Tradition an, wie sie von Hans Groß: Handbuch für Untersuchungsrichter — vgl. das Vorwort zur 4. Aufl. 1904 — eingeleitet worden ist. Im weiteren Sinn wird der Begriff Kriminologie auch von dem „Archiv für Kriminologie" verwandt.

[60]) In diesem engeren Sinn versteht die deutsche Strafrechtswissenschaft überwiegend den Begriff der Kriminologie. Vgl. etwa Franz Exner, Kriminologie, 3. Aufl. Berlin-Göttingen-Heidelberg 1949, S. 1; Edmund Mezger, Kriminologie, München-Berlin 1951, S. 1; ders. ebenso schon in Kriminalpolitik und ihre kriminologischen Grundlagen, 3. Aufl. Stuttgart, S. 1ff.; Wilhelm Sauer, Kriminologie, Berlin 1950, S. 1ff. Gruhle und Sieverts erweitern den Begriff in dem Titel der von ihnen herausgegebenen Zeitschrift: Monatsschrift für Kriminologie und Strafrechtsreform, auf den Vollzug; ebenso Wolff Middendorff, Jugendkriminologie, Ratingen 1956.

Auch im nichtdeutschen Sprachgebiet besteht keine einheitliche Begriffsauffassung. Vgl. Ivar Agge (u. a.) Kriminologie, Stockholm 1955; Mr. J. M. van Bemmelen, Criminologie, 4. Aufl. Zwolle 1958; Stephan Hurwitz, Kriminologi, 2. Aufl. Kopenhagen 1951 (engl. Ausgabe: Criminology, London 1952); E. H. Sutherland, Principles of Criminology, Chicago-Philadelphia-New York 1934; Harry Elmer Barnes — Negley K. Teeters, New Horizons in Criminology, New York 1945.

Auf dem 2. Internationalen Kongreß für Kriminologie wurde der Begriff im weitesten Sinn verstanden, so daß er neben der Poenologie auch die Verbrechensverfolgung (Kriminalistik) mit einbegriff. Vgl. Actes du II. Congrès International de Criminologie, Paris (Sept. 1950) I, Avant-Propos von Donnedieu de Vabres, ferner S. 6.

schaften und das andere den Naturwissenschaften[61]) zuzuschreiben. Tatsächlich ist der Unterschied schon deswegen problematisch, weil mit den angegebenen Bezeichnungen zwar Akzentuierungen vorgenommen werden, aber keine eindeutige Abgrenzungen erfolgen. Insbesondere ist es nicht möglich, die Grundlage der geisteswissenschaftlichen Methode in der Spekulation, die der naturwissenschaftlichen Methode in der Empirie erblicken zu wollen. Das geisteswissenschaftliche Denken bedarf ebensosehr der Empirie wie das naturwissenschaftliche Denken nicht ohne die Spekulation auskommt.

In der Kriminologie i. w. S. ergibt sich in diesem Zusammenhang die Streitfrage, ob sie den Gegenstand ihres Wissensgebietes, den Verbrecher und das Verbrechen, nur im Wege der Empirie zu erfassen hat. Tatsächlich wird das überwiegend vertreten[62]). Die Betonung der empirischen Seite in der Kriminologie hat ihre große Bedeutung insofern, als sie dazu führt, den Tatsachen im Wege der Beobachtung und Erfahrung nachzugehen, ohne durch spekulative Erwägungen sich den Zugang zu der Wirklichkeit vorzeitig zu verbauen. Andererseits läßt sich aber die Wirklichkeit nicht nur durch die Empirie erkennen. Es gibt auch Wirklichkeiten, die spekulativ erfaßt werden müssen. Wer nur die Empirie zur Grundlage der Kriminologie macht, muß notwendigerweise auf entscheidende Grundtatsachen verzichten. Das bedeutet, er erhält nur eine halbe Wahrheit. Deswegen ist die geisteswissenschaftliche Denkweise für die Kriminologie nicht zu entbehren. Die Kriminologie kann auf eine philosophische, insbesondere ethische, aber auch eine theologische Betrachtungsweise nicht verzichten. Das Wesen des Menschen, das Wirken des Bösen, das Ausgesetztsein an metaphysische Mächte und Kräfte, das Vorhandensein oder Nichtvorhandensein der Willensfreiheit, sind Beispiele für rein empirisch nicht erkennbare Gegebenheiten. Sie können

---

[61]) Zu dem Unterschied Naturwissenschaften und Geisteswissenschaften vgl. Erich Becher, Geisteswissenschaften und Naturwissenschaften, München-Leipzig 1921; A. Brunner, Das Wesen der Wissenschaft und seine besondere Bedeutung in Geistes- und Naturwissenschaft in Scholastik 1938, 439ff.; Wilhelm Dilthey, Einleitung in die Geisteswissenschaften, 2. Aufl. Leipzig-Berlin 1923; K. A. Horst, Geistes- und Naturwissenschaften, LdP II, S. 296ff.; Heinrich Rickert, Kulturwissenschaft und Naturwissenschaft, 7. Aufl. Tübingen 1926; Erich Rothacker, Einleitung in die Geisteswissenschaften, Tübingen 1930; ders. Logik und Systematik der Geisteswissenschaften, München-Berlin 3. Aufl. 1948; ders. Die traditionellen Spannungen zwischen Natur- und Geisteswissenschaften, Studium generale 1953 Heft 7; Wilhelm Sauer, System der Rechts- und Sozialphilosophie, 2. Aufl. Basel 1949, S. 34ff.; ders. Grundlage der Wissenschaft und der Wissenschaften, 2. Aufl. Basel 1949; vgl. auch Herders Bildungsbuch 1953 (Die Welt der Wissenschaft) S. 774 (778).

[62]) Zu den Methoden der Kriminologie vgl. vor allem Edmund Mezger, Kriminologie 1951, S. 6ff.; Ernst Seelig, Kriminologie, 2. Aufl. 1951, S. 17f. mit Kritik (S. 30, Anm. 81) gegenüber Wilhelm Sauer, Kriminalsoziologie 1933, Kriminologie 1950. Sauer legt außer der Empirie auch philosophische Erwägungen seinen kriminologischen Arbeiten zugrunde. Zu diesem Streit vgl. meine Stellungnahme zugunsten Sauers in der Monatsschrift 1954, S. 120.

darum aber nicht, wie es meist geschieht, aus der kriminologischen Betrachtung ausgeschlossen werden. Schließt man derartige Problemkreise aus, so sind der Verbrecher und das Verbrechen nicht richtig, d. h. der Wirklichkeit entsprechend erfaßt. Die Erklärungen, die nur auf Grund der Empirie gemacht werden, reichen nicht hin. Sie können sogar Anlaß zu falschen Maßnahmen sein.

Damit ergibt sich die Frage, ob diese Auffassung nicht das sichere Fundament der Kriminologie sprengt. Tatsächlich läßt sich bei empirisch erfaßten Tatsachen leichter eine allgemein anerkannte Auffassung herbeiführen, während bei der geisteswissenschaftlichen Auseinandersetzung das Abweichen der Ansichten notwendigerweise erheblicher ist. Das läßt sich aber nicht verhindern, am wenigsten dadurch, daß gewisse Problemkreise, die nicht empirisch gelöst werden können, ausgeschlossen werden. Es bedarf keines Wortes, daß damit die empirische Methode in der Kriminologie nicht irgendwie beeinträchtigt werden soll. Sie ist notwendig, wenn auch ergänzungsbedürftig. Auch die Kriminologie ist geisteswissenschaftlichen Methoden geöffnet[63]).

Diese Ausführungen waren erforderlich, um der Kriminalpädagogik ihren Stand innerhalb der Kriminalwissenschaft zuzuweisen. Kriminalpädagogik ist nicht ein Teilgebiet des Kriminalrechts; denn sie hat nicht die rechtlich-ethischen Probleme zum eigentlichen Gegenstand. Sicherlich sind rechtlich-ethische Fragen für die Pädagogik nicht bedeutungslos. Wenn die Pädagogik die Gestaltung und Formung des Menschen sich zum Ziele setzt, mögen auch rechtlich-ethische Gesichtspunkte beachtlich sein. Auch kann zwischen Pädagogik und Recht insofern eine Verbindung bestehen, als das pädagogische Tun sich in einem rechtlichen Raum vollzieht und rechtliche, insbesondere strafrechtliche Begriffe von der Pädagogik her ihre Deutung und ihren Sinngehalt erhalten. Mit alledem ist aber nur ein Treffen in den Randzonen gekennzeichnet.

Gehört die Kriminalpädagogik auch nicht zum Kriminalrecht, so hat doch das pädagogische Denken zahlreiche Parallelen zum rechtlichen Denken. Auch bei der Pädagogik spielt der Gedanke der Ordnung eine maßgebliche Rolle. Die Pädagogik sieht den Menschen in einer bestimmten Ordnung, innerhalb derer der Mensch sich zu seiner Erfüllung entwickelt. Eine Pädagogik ohne Vorstellung von einem Sollen würde ihrer Zielrichtung entbehren. Auch der Pädagoge untersteht wie der Jurist Normen. Wie der Jurist muß er diese Normen suchen, deuten und klären. Wie der Jurist wendet sich der Pädagoge an den Menschen mit Forderungen und Ansprüchen. Freilich sind seine Forderungen und

---

[63]) Daß die naturwissenschaftliche Methode in der Kriminologie zu eng ist, betont auch Edmund Mezger, Kriminologie 1951. Vgl. dort § 5. Die verstehende Methode in der Kriminologie insbesondere auch die Erörterung des „weltanschaulichen“ Einschlags, S. 11.

Ansprüche nicht solche, deren Erreichung er mit rechtlichen Mitteln und Methoden anstrebt. Er hat die ihm eigenen Mittel und Methoden. Damit ist sein Verhalten zu dem Menschen ein anderes als das des Juristen. Wie im Recht entstehen auch in der Pädagogik die Fragen: „Was darf und soll nicht sein? Was darf und soll geschehen?" Aber die Antwort erfolgt nicht, um eine Sozialordnung mit wechselseitigen Berechtigungen und Bindungen sichtbar zu machen oder zu begründen, sondern um den einzelnen — sicherlich in die Sozialordnung hineingestellten — Menschen zur Entfaltung und Formung zu führen. So sehr das pädagogische Tun auch der im Recht erfaßten Sozialordnung zugute kommt, so ist deren Erhaltung und Sicherung nicht das unmittelbare Ziel.

Sind Kriminalrecht und Kriminalpädagogik demnach voneinander zu trennen, so bedeutet das noch nicht, daß die Kriminalpädagogik in den Bereich der Kriminologie fällt. Es wäre vielmehr denkbar, die Kriminalwissenschaft in einen vorwiegend normativen und vorwiegend ontischen Zweig unterzuteilen, wobei Kriminalrecht und Kriminalpädagogik den einen Zweig, Kriminologie den anderen Zweig darstellen würde. Eine solche Gruppierung stößt auf das Bedenken, daß mit der Nebeneinanderstellung von Kriminalrecht und Kriminalpädagogik zwei Gebiete in eine Parallelität gesetzt werden, die dem beiderseitigen Gewicht innerhalb der gesamten Kriminalwissenschaft nicht entspricht. Auch wer sich um die selbständige Durchforschung des kriminalpädagogischen Fragenkreises bemüht, wird diesem nicht den gleichen Bedeutungscharakter wie dem Kriminalrecht zukommen lassen. Gruppierungen, die aber auf einer ungleichartigen Gewichtsverteilung beruhen, sind von vornherein bedenklich.

Im Sinne eines älteren Sprachgebrauchs würde die Kriminalpädagogik in die strafrechtlichen Hilfswissenschaften einzubeziehen gewesen sein. Die Bezeichnung der strafrechtlichen Hilfswissenschaften ist heute nicht mehr üblich, nachdem die Kriminologie i. w. S. den Charakter eines gleichwertigen Wissensgebietes erlangt hat, eines Wissengebietes, das von dem Gegenstand der Betrachtung her (Verbrecher und Verbrechen) ein nicht minderes Gewicht erlangt hat, wie das Kriminalrecht.

So bleibt die Frage, ob die Kriminalpädagogik in die Kriminologie einzubeziehen ist. Eine Verneinung dieser Frage ist schon aus einem äußerlichen Grund sehr schwer möglich. Sie müßte, wenn man die Parallelsetzung Kriminalrecht und Kriminalpädagogik als der normativen Gebiete der Kriminalwissenschaft ablehnt, zu einer noch auffallenderen Parallelsetzung führen, nämlich zu der Dreiteilung: Kriminalrecht — Kriminologie — Kriminalpädagogik. Damit wäre der Kriminalpädagogik ein noch selbständigerer Rang zuerkannt.

Aber — so läßt sich andererseits fragen — paßt die Kriminalpädagogik in die Kriminologie herein? Wer die Grundthese vertritt, daß die Kriminologie als Forschungsgebiet nur die empirisch erkennbaren Tatsachen hinsichtlich des Verbrechers und des Verbrechens zum Gegenstand hat, wird die Kriminalpädagogik schwerlich in die Kriminologie einbeziehen können. Aber die Richtigkeit dieser Grundthese ist oben bereits in Frage gestellt und verneint worden. Trotzdem bleibt bestehen, daß die empirische Behandlung und Erfassung des Verbrechers und des Verbrechens für die kriminologische Betrachtungsweise ein beachtlicher Zug dieses Wissensgebietes ist. So sehr bei der Kriminalpädagogik als Teilgebiet der Pädagogik die normative Betrachtung eine Rolle spielt, so ist ihr doch auch die ontische Betrachtungsweise eigen. Die Pädagogik hat es nicht nur mit dem Ziel als einer normativ bestimmten Richtung zu tun, sie hat sich auch nicht nur mit der philosophischen und theologischen Erkenntnis vom Wesen des Menschen zu befassen, sie hat auch die Methoden und Mittel nicht nur unter einem wertenden Aspekt zu betrachten, sondern sie hat auch empirisch die vorhandenen pädagogisch bedeutsamen Gegebenheiten, Methoden, Mittel und Ziele zu untersuchen. So sehr Pädagogik normative Wissenschaft ist, so wenig darf ihr ontischer Charakter übersehen werden. Pädagogik arbeitet spekulativ und empirisch, normativ und deskriptiv[64]).

Zur Kriminalpädagogik gehört auch die Darstellung der tatsächlichen Einwirkungsmöglichkeiten, Einwirkungsmethoden und Einwirkungsmittel, der tatsächlich erreichten und erreichbaren Erfolge. Der heute im wissenschaftlichen Bereich in breitem Umfang benutzte Begriff der Behandlung (treatment)[65]), unter dem die tatsächlich geübten Behandlungsweisen zusammengefaßt werden, ist ein kriminalpädagogisch grundlegender Begriff. Kriminalpädagogik baut notwendigerweise auf den Erkenntnissen der Kriminalätiologie (Kriminalanthropologie, Kriminalbiologie, Kriminalpsychologie, Kriminalpsychiatrie, Kriminalsomatologie) auf, sie bedient sich der Ergebnisse der Kriminalstatistik wie der Kriminalgruppen- und Kriminaleinzeluntersuchungen. Sie ist daher mit den Zweigen der Kriminologie i. e. S. (= Wissenschaft von der Entstehung, Verursachung und Durchführung des Verbrechens und von der Person des Verbrechers) auf das engste verzahnt. Auch die Gebiete der Kriminologie i. w. S. berühren die Kriminalpädagogik. Das gilt für die Kriminalistik insofern, als der Betroffene die Erfahrungen, die er innerhalb der Verbrechensuntersuchung macht, als seelischen Bestand in die spätere pädagogische Situation positiv oder negativ mit hinübernimmt[66]). Vor allem aber findet sich die Verknüpfung von Kriminalpädagogik und

---

[64]) Zur deskriptiven Pädagogik vgl. Friedrich Schneider, Einführung in die Erziehungswissenschaft 1948, S. 12.

[65]) Vgl. hierzu das von der Fondation Internationale Pénale et Pénitentiaire (International Penal and Penitentiary Foundation) herausgegebene Buch: Méthodes modernes de traitement pénitentiaire (Modern Methods of Penal Treatment) 1955.

[66]) Dazu vgl. Karl Peters, Strafprozeß 1952, S. 42.

Kriminologie i. w. S. in der Poenologie. Unter Poenologie[67]) wird hier die Lehre von dem tatsächlichen Vollzug und den Wirkungen der Strafen und — in der Erweiterung des Wortsinnes — der Maßnahmen verstanden. Der Begriff umfaßt den modernen Begriff der „Behandlung". Da die Kriminalpädagogik zum großen Teil, wenn auch nicht ausschließlich, im Strafvollzug ihren Forschungsbereich hat, ist der Zusammenhang mit der Poenologie offensichtlich. Seelig hat in seiner Kriminologie auch einen Abschnitt über den Vollzug der Strafen und Sicherungsmittel eingebaut[68]). Schließlich aber steht die Kriminalpädagogik auch im Bereich der Verbrechensverhütung und berührt damit das Gebiet der Kriminalpolitik. Allerdings ist auch dieser Begriff nicht eindeutig. Er kann sowohl im Sinne der Gestaltung des Strafrechts zu einem wirksamen rechtlichen Mittel der Verbrechensbekämpfung — als Strafrechtspolitik — als auch im Sinne der wirksamen Ausübung der Verbrechensbekämpfung in tatsächlicher Hinsicht und deren Verbesserung verstanden werden. Es scheint mir richtiger zu sein, den Begriff im zweiten Sinne zu verstehen[69]).

Es ergibt sich aus diesen Ausführungen, daß die Kriminalpädagogik aufs engste mit den schon bisher als Teilgebiete der Kriminologie anerkannten Wissensgebieten in Verbindung steht. Diese Verknüpfung ist nicht derart, daß zu den bereits vorhandenen Gebieten der Kriminologie i. w. S. ein weiteres hinzutritt, vielmehr ist sie so, daß die vorhandenen Gebiete unter einem bestimmten Aspekt, nämlich dem pädagogischen, betrachtet werden. Die Gebiete, die das kriminalpädagogische Handeln berührt, haben die Behandlung des gewordenen oder werdenden Rechtsbrechers zum Gegenstand. Damit wiederum zeigt sich die Parallelität zum Kriminalrecht, bei dem es um die Erfassung von Täter und Tat durch die Rechtsordnung geht. Die in das Gebiet der Kriminologie führende Behandlung hat die Erfassung von Täter und Tat zwar innerhalb der Rechtsordnung durch rechtlich begründete Maßnahmen, aber nach anderen als rechtlichen Gesichtspunkten zum Gegenstand.

Kriminalpädagogik ist demnach ein Wissenszweig der Kriminologie. Sie hat die Behandlung des gewordenen oder werdenden Rechtsbrechers in pädagogischer Weise zum Inhalt.

---

[67]) Dieser Begriff wird heute nur noch wenig verwandt, obwohl er durchaus verwertbar ist. Er wird von Liszt-Schmidt: Lehrbuch des Deutschen Strafrechts, 25. Aufl. S. 2, 26. Aufl. I, S. 2 gebraucht. In der 26. Aufl. ist er freilich im Stichwortverzeichnis nicht mehr aufgeführt. Zum Begriff der Poenologie vgl. Seelig: Kriminologie, 2. Aufl. S. 14, 23.

[68]) Vgl. Ernst Seelig, Kriminologie, 2. Aufl. 1951, S. 286ff.; ebenso Wolf Middendorff: Jugendkriminologie 1956.

[69]) Zum Begriff der Kriminalpolitik vgl. Edmund Mezger, Kriminalpolitik und ihre kriminologischen Grundlagen (1944) S. 1; Karl Peters, Die kriminalpolitische Stellung des Strafrichters bei der Bestimmung der Strafrechtsfolgen, Berlin 1932, S. 1ff.

Übersicht

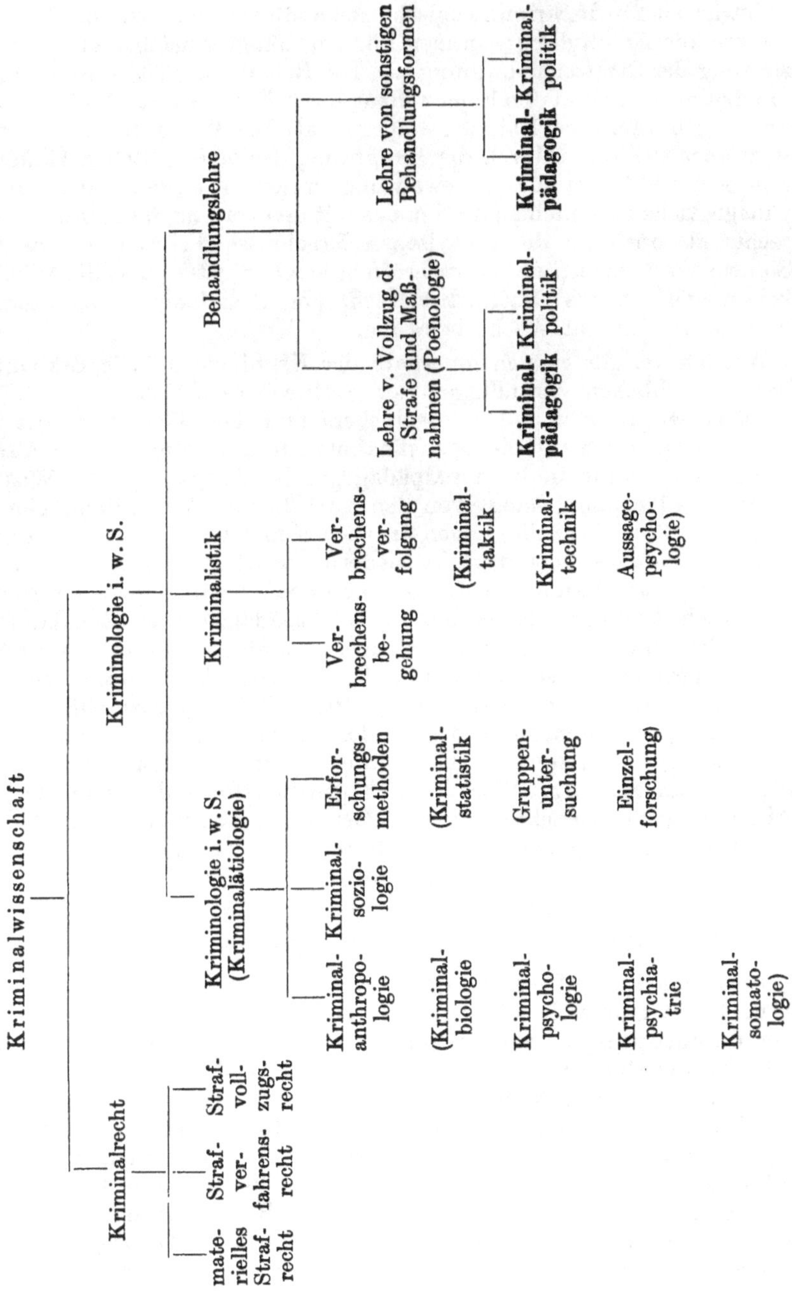

Kriminalwissenschaft
Kriminalrecht
Kriminologie i. w. S.
materielles Strafrecht
Strafverfahrensrecht
Strafvollzugsrecht
Kriminologie i. w. S. (Kriminalätiologie)
Kriminalistik
Behandlungslehre
Kriminalanthropologie
Kriminalsoziologie
Erforschungsmethoden
(Kriminalbiologie
Kriminalpsychologie
Kriminalpsychiatrie
Kriminalsomatologie)
(Kriminalstatistik
Gruppenuntersuchung
Einzelforschung)
Verbrechensbegehung
Verbrechensverfolgung
(Kriminaltaktik
Kriminaltechnik
Aussagepsychologie)
Lehre v. Vollzug d. Strafe und Maßnahmen (Poenologie)
Lehre von sonstigen Behandlungsformen
Kriminalpädagogik
Kriminalpolitik
Kriminalpädagogik
Kriminalpolitik

Inwieweit für die kriminologische Behandlung pädagogische Gesichtspunkte zur Anwendung kommen können, hängt zunächst von der Gestaltung der Strafrechtsordnung ab. Die Behandlung ist, soweit es sich um den Straf- und Maßnahmenvollzug handelt, in den durch die Rechtsordnung bestimmten Rahmen eingespannt. Die Weite dieses Rahmens wird aber wiederum durch die Bewährung des erzieherischen Handelns mit beeinflußt. Bei dieser Bewährung ist sowohl an den Einklang des pädagogischen Handelns und Sinnens mit den tragenden Ideen des Strafrechts als auch an die praktischen Ergebnisse dieses Handelns und Sinnens zu denken. Das Gesetz eröffnet Möglichkeiten, und die Möglichkeiten eröffnen das Gesetz. Strafrecht und Kriminalpädagogik stehen in solcher Weise in Wechselwirkung.

Ähnlich verhält es sich innerhalb der Kriminologie. Die Erkenntnis der tatsächlichen Grundlagen der Verbrechensentstehung, der Verbrechensbegehung und des Verbrechers und das Wissen um die Gegebenheiten der Strafvollzugsmaßnahmen und sonstiger Einwirkungsformen sichern für die Kriminalpädagogik den Ausgangspunkt. Was geleistet werden kann, hängt von den tatsächlichen Vorbedingungen ab. Wie aber diese Vorbedingungen anzusehen und unter Umständen auch weiter zu entwickeln sind, steht wiederum in Abhängigkeit von der Art und Weise, wie Kriminalpädagogik betrieben wird. Je nachdem richtet sich auch Umfang und Bedeutung nichtpädagogischer Behandlungsmethoden, einerseits reiner Vergeltungsmaßnahmen, andererseits reiner Sicherungsmaßnahmen. Zu den außerpädagogischen Maßnahmen gehören auch solche, die zwar unter Umständen das menschliche Verhalten mitbestimmen, ohne aber von der das Pädagogische ausmachenden Situation getragen zu sein. Die Begrenzung der Kriminalpädagogik auf die in pädagogischer Weise vor sich gehende Behandlung macht eine Abgrenzung der verschiedenartigen Behandlungsmethoden erforderlich. Mit alle dem ergeben sich die weiteren Fragestellungen.

§ 2. Die zeitlichen Voraussetzungen einer Kriminalpädagogik

I. Eine Frage aufwerfen, setzt voraus, daß die Zeit für sie reif ist. Eine Frage muß sich selbst stellen. Die Frage nach der Wirklichkeit der kriminalpädagogischen Bemühungen, nach ihren Grundlagen und ihrer systematischen Erfaßbarkeit kann sinnvoll nur gestellt werden, wenn die Entwicklung ihre Dringlichkeit aufweist, wenn gewisse Vorgegebenheiten tatsächlicher und grundsätzlicher Art vorhanden sind und wenn die wissenschaftlichen Vorbedingungen in hinreichender Weise erfüllt sind. Für eine Fragestellung kann der Zeitpunkt zu früh oder zu spät sein; zu früh deswegen, weil zu ihrer Beantwortung die Voraussetzungen noch nicht vorliegen, weil sie nicht in das Gesamtsystem der Fragestellungen hineinpaßt, weil die Erfahrungen noch zu gering sind, um ihr wirklich richtig zu entsprechen oder auf sie eine ausreichende Erörterung folgen zu lassen; zu spät, weil der geeignete Augenblick der Beantwortung versäumt ist, weil sie sozusagen überrollt ist, weil sie in anderen Fragestellungen aufgegangen oder unter deren Gewalt untergegangen ist, weil die Beantwortung infolge der Zeitverhältnisse schwieriger geworden ist.

Die Frage nach einer systematischen Kriminalpädagogik setzt voraus, daß die pädagogische Behandlung kriminell gewordener oder kriminell gefährdeter Menschen ein allgemeines Problem der Behandlung solcher Menschen geworden ist, so daß sie eine Antwort erheischt, die über den einzelnen Vorfall hinausreicht, ferner daß die tatsächlichen und geistigen Voraussetzungen für die Beantwortung vorliegen, daß eine Verwirklichungsmöglichkeit sichtbar ist, daß die Wissenschaft in die Lage versetzt ist, die Problematik systematisch zu bearbeiten und für die Praxis fruchtbringend weiterzuführen. Daraus ergibt sich eine Reihe von Vorfragen. Ist die Auseinandersetzung mit dem kriminell gewordenen oder kriminell bedrohten Menschen so dringend geworden, daß es nicht mehr genügt, hier und dort Forderungen und Wünsche aufzustellen, hier und dort je nach Lust und Befähigung interessierter und befähigter Menschen pädagogisch zu handeln? Zeigt das Sichbefassen mit dem kriminell gewordenen und kriminell bedrohten Menschen, daß hier eine offene Frage vorliegt, die nach einer systematischen Beantwortung drängt? Es ist die Frage nach dem Stand der Behandlungsform kriminell gewordener und bedrohter Menschen im Verlauf der geschichtlichen Entwicklung.

Da die pädagogische Behandlung an eine Reihe von Voraussetzungen sachlicher und personeller Art geknüpft ist, auf denen die pädagogische Wirkmöglichkeit beruht, erfordert das Problem eine Bestandsaufnahme der tatsächlich erreichten Gegebenheiten. Aus der Tatsache, daß die Behandlung der kriminell gewordenen Menschen — wenn auch nicht ausschließlich, so doch zu einem erheblichen Umfang — im Freiheitsvollzug vor sich geht, ergibt sich die Aufgabe, den Stand der Entwicklung in seinen Grundzügen deutlich zu machen und gegebenenfalls aufzuzeigen, welche grundsätzlichen Schwierigkeiten einer vergangenen Zeit überwunden sind und welche Möglichkeiten pädagogischer Art sich auf diese Weise eröffnen. Die Entwicklung des Strafvollzugswesens hängt aber nicht nur von den unmittelbar in seinem Bereich gewonnenen Erkenntnissen und Erfahrungen ab. Vielmehr steht sie in einem Zusammenhang mit dem Wissen um den Menschen und seine Verhaltungsweisen. Die Strafvollzugsentwicklung steht in der Abhängigkeit vom Stand der Psychiatrie, der Psychologie, aber auch — was meistens übersehen wird — der Theologie und der Philosophie. Auf ihnen beruht zugleich die Entwicklung der Pädagogik. Inwieweit sich heute pädagogische Behandlungsmethoden kriminell gewordener und kriminell bedrohter Menschen ergeben, hängt von den Ergebnissen auf den bezeichneten Forschungsgebieten ab. Somit ergibt sich eine zweite zu verfolgende

Entwicklungslinie. Ein weiterer zu beachtender Gesichtspunkt ist folgender: wenn die Kriminalpädagogik ein echtes Teilgebiet der Pädagogik überhaupt ist, so muß sie in deren Gesamtentwicklung einbeziehbar sein. Diese Einbeziehungsmöglichkeit hängt von dem Stande der wissenschaftlichen und praktischen Pädagogik ab. Die Dauerhaftigkeit der pädagogischen Einwirkung läßt sich jedoch nicht nur vom Pädagogischen gewährleisten. Vielmehr ist der Erfolg von den Verhältnissen abhängig, in denen der Betroffene seine Bewährung erweisen soll. Infolgedessen wird die pädagogische Behandlung gestützt und gesichert durch die fürsorgende Hilfe. Neben die Kriminalpädagogik treten Fürsorge und Wohlfahrtspflege. Diese sind nicht nur eine Ergänzung, sondern eine Vorbedingung eines nutzbringenden kriminalpädagogischen Handelns. Die Frage nach der Berechtigung und Dringlichkeit der Kriminalpädagogik läßt sich von der Entwicklung des Fürsorge- und Wohlfahrtswesens nicht trennen. Selbst wenn die Voraussetzungen und Vorbedingungen für eine Kriminalpädagogik gegeben sind, bleibt die Frage nach ihrer Verwirklichungsmöglichkeit innerhalb des Strafrechts und seiner Grundideen. Somit ergibt sich als letzte Aufgabe, den Entwicklungsstand des heutigen Strafrechts im Hinblick auf das pädagogische Problem deutlich zu machen.

II. Die Kriminalpädagogik setzt ein Strafensystem voraus, in dem menschliche Beziehungen herstellbar sind, die eine erzieherische Beeinflussung ermöglichen. Das ist nur dann möglich, wenn die Strafe den Weg zu einer auf eine gewisse Dauer berechneten Begegnung von Erzieher und Betroffenem eröffnet. Im pädagogischen Bereich treten sich Menschen gegenüber, die in einer stetigen Wechselbeziehung stehen. Das ständige Hin und Her der persönlichen Auseinandersetzung, das Reifenlassen der Verbindung und das aus der Situation sich ergebende Einwirken gehören wesentlich zum pädagogischen Vorgang. Infolgedessen kann bei Strafen, die sich in sich selbst erschöpfen, keine Rede von einem pädagogischen Hergang sein. Solche Strafen waren die Ehren-, Leibes- und Lebensstrafen, wie sie bis weit in die Neuzeit hinein galten und auch heute noch in einzelnen Formen angewandt werden. Sie sind reine Reaktionsstrafen. Sie wollen die Antwort auf strafbares Verhalten sein, sie beschränken sich hierauf. Diese Antwort in ihrer begrenzten Zielsetzung ist sicherlich nicht frei von der Vorstellung, daß die Strafe als bloße Reaktion auch für den Betroffenen heilsam ist, insofern er sieht, daß seinem Unrecht die Hoheit und der Wille des Rechtes entgegengesetzt werden, insofern er sich so bescheiden lernt und sich einer um das Recht sich bemühenden Autorität gegenübergestellt sieht. Es läßt sich auch nicht von der Hand weisen, daß eine solche Behandlungsmethode als ein geeignetes Mittel der Belehrung und Bekehrung angesehen wurde. Von einer persönlicher Beziehung des die Strafe Vollziehenden und des unter die Strafe Gestellten ist bei alle dem keine Rede.

Einen völligen Wandel im strafrechtlichen Denken leitete die Schaffung der Freiheitsstrafe mit dem Ziel der Beeinflussung des Gefangenen ein, wie sie in der Gründung des Zuchthauses in Amsterdam im Jahre 1595 in ihrer geschichtlichen Bedeutsamkeit am nachhaltigsten zur Geltung kam. Die Frage, ob bereits vorher der Freiheitsentzug in der modernen Form geübt wurde, sei es in Italien[70]), sei es in England[71]), und ob sich von hier aus Linien nach Amsterdam hin ermitteln lassen, kann hier offen bleiben. Amsterdam hat jedenfalls den wirklichen Durchbruch gebracht und den Siegeszug der Freiheitsstrafe in ihren neuen Sinngehalt eingeleitet[72]).

Die Bedeutung des Amterdamer Zuchthauses liegt darin, daß der Freiheitsentzug dort nicht mehr der Verwahrung des Verurteilten für den Vollzug der verwirkten Leibes- und Lebensstrafe diente, daß er nicht mehr der bloßen Vergeltung, Abschreckung und Unschädlichkeitsmachung galt, daß er nicht mehr auf die Aufbewahrung säumiger Schuldner berechnet war, daß er vielmehr auf die Mitwirkung zur Besserung des Täters ausgerichtet war. Das Entscheidende liegt in der Loslösung von dem Gedanken der in sich wirkenden Strafe. Diese Loslösung hat sich nur sehr langsam vollzogen. Der Entwicklungshergang ist heute noch nicht abgeschlossen. Der in der Gründung des Amsterdamer Zuchthauses 1595 zum Ausdruck gekommene Gedanke des zur Besserung dienenden Freiheitsentzuges ist zu einer Zeit, in der die Freiheitsstrafe ihren beherrschenden Raum einbüßt, noch keineswegs ausgeschöpft. Die Geschichte der modernen Freiheitsstrafe stellt einen bemerkenswerten Beitrag zur Entwicklung von Ideen dar.

Neben dem Freiheitsentzug, bei dem die Strafe auf dem Gedanken der Aufgabe der persönlichen Freiheit beruhte, stand noch lange Zeit

---

[70]) Vgl. hierzu Gotthold Bohne: Die Freiheitsstrafen in den italienischen Stadtrechten des 12.—16. Jahrhunderts, 2 Bände, Leipzig 1922/25. Bohne vertritt die Auffassung, daß die Freiheitsentziehung in der Form der Strafhaft in der Renaissance zuerst als Strafmittel verwendet worden ist. Kritisch hierzu R. von Hippel: Die geschichtliche Entwicklung der Freiheitsstrafe in: Erwin Bumke: Deutsches Gefängniswesen, Berlin 1928, S. 5f.; ders., Deutsches Strafrecht I (1925) S. 98—100; Gustav Radbruch, Die ersten Zuchthäuser und ihr geistesgeschichtlicher Hintergrund. ZStrafvollz. 3 (1952/53) 163—174 = Elegantiae Juris Criminalis 2. Aufl. (1950) 116—129; Eberh. Schmidt in Liszt-Schmidt: Lehrb. (26. Aufl.) I, S. 379; Z. 45, 309; 46, 152; Wolfgang Mittermaier: Gefängniskunde, 1954, S. 18; Günter Seggelke: Die Entstehung der Freiheitsstrafe, Strafrechtliche Abhandlungen, Heft 242, Breslau 1928, S. 40ff.; Dolusch von Dolsberg: Die Entstehung der Freiheitsstrafe, Heft 244, Breslau 1928, S. 46ff.

[71]) Eberh. Schmidt, Einführung in die Geschichte der deutschen Strafrechtspflege, 1947 (§§ 177, 178), Mittermaier: a. a. O. S. 17.

[72]) Robert von Hippel: Z. 18, 419 u. 608; ders., Deutsches Strafrecht I, S. 242ff., 335ff.; ferner die Arbeiten seiner Schüler G. Seggelke und Dolusch von Dolsberg (s. Anm. 1, S. 54). Bedenken gegen die Annahme des Zuchthauses in Amsterdam als eines Strafhauses bei Hellmuth von Weber: Die Entwicklung des Zuchthauswesens in Deutschland im 17. und 18. Jahrhundert in der Festschrift für Adolf Zycha (1941) S. 427—468. Für die von Hippel vertretene Auffassung wiederum Eberh. Schmidt: Schweiz. ZStr. S. 62, 171; ferner W. Mittermaier: a. a. O., S. 18.

die andere Form des Freiheitsentzuges, in der nicht dieser als solcher im Mittelpunkt der Strafe stand, sondern nur als Mittel für andere Strafformen diente. Der Freiheitsentzug konnte auch nach dem Vordringen der neuen Gedanken von Amsterdam her weitgehend als Leibesstrafe angesehen werden[73]). Er diente auch später vielfach noch dazu, den zur öffentlichen Arbeit Verurteilten zu verwahren. Die neue Freiheitsstrafe mußte mit den alten Formen noch jahrhundertelang das Feld teilen. Die eine Form wirkt auf die andere ein. Auch Anhänger der Besserungsstrafe vertraten den Gedanken, daß die Freiheitsstrafe jedenfalls bei bestimmten Kategorien von Tätern die Aufgabe habe, die Strafe fühlbar zu machen und daß sie daher in Formen zu vollstrecken sei, die den Täter in seinem Wohlbefinden spürbar treffen sollten[74]). Es entspricht der geschichtlichen Entwicklung überhaupt, daß Loslösungen von vorhandenen Einrichtungen und Vorstellungen nur langsam vor sich gehen. Die alten Gedanken wirken in den neuen Bestrebungen nach. Jede Umstellung erfordert Zeit, muß sie doch den Nachweis der Brauchbarkeit und Richtigkeit ihrer Gedanken erst erbringen. Es sind zahlreiche Umstände, die sich hemmend auswirken. Es sind zunächst einmal die alten Gewohnheiten, die die Menschen „an dem bewährten Alten" festhalten lassen. Das Alte beruht auch nicht auf bloßem Zufall. Es hat sich den Bedürfnissen angepaßt. Es verleiht Schutz und Sicherheit. Das Neue stellt immer ein Risiko dar. Es wirkt für den richtigen Kern, der in den alten Auffassungen enthalten ist, bedrohlich. Es macht ein Umdenken erforderlich. Die menschliche Vorstellungskraft reicht häufig nicht aus, die aus dem Neuen sich bietenden Möglichkeiten zu überschauen und zu ordnen. Es muß der Boden erst in den herrschenden Schichten bereitet werden. Es muß aber auch in den breiten Bevölkerungskreisen Verständnis für die neuen Maßnahmen geweckt werden.

Eine andere, vor allem sich milder und humaner auswirkende Behandlung der Rechtsbrecher, bewirkt Furcht vor der Auflösung des Rechtes und Minderung seiner Autorität. Es mangelt an den geeigneten Kräften und Einrichtungen. Ein Versagen wirkt als erheblicher Rückschlag. Dieses Hin- und Herwogen von Altem zu Neuem und Neuem zu Altem kann geradezu als ein Entwicklungsgesetz angesehen werden.

Der langsame Entwicklungsgang des modernen Strafvollzugswesens ist daher trotz einer sich zunächst weit ausbreitenden Nachahmung des Amsterdamer Zuchthauswesens durchaus verständlich. Die Aufgabe der Freiheitsstrafe war noch nicht als Verpflichtung in das Allgemeinbe-

---

[73]) Eberh. Schmidt: Einführung in die Geschichte der deutschen Strafrechtspflege, 1947 (für die opera publica § 175, für das Gefängnis § 184), s. a. ders.: Entwicklung und Vollzug der Freiheitsstrafe in Brandenburg-Preußen bis zum Ausgang des 18. Jahrhunderts, 1915.

[74]) Diese Vorstellung ist für die Entwicklung des Strafvollzuges im 18. Jahrh. und in der 1. Hälfte des 19. Jahrhunderts von großer Bedeutung.

wußtsein übergegangen. Nur einzelne Anstalten ragen im 18. Jahrhundert als Zeugnisse eines neuzeitlichen Geistes mahnend und wegweisend hervor: das Jugenderziehungsheim von Filippo Franci in Florenz (1667), das Jugendgefängnis St. Michel von Clemens XI (1703), das Frauengefängnis Clemens XII in Rom (1735)[75], das Gefängnis in Gent des Bürgermeisters Vicomte Jean Vilain XIV (1775)[76]. Mustergültig blieben die holländischen Anstalten[77]. Auch andere Anstalten mögen um den Besserungsgedanken weiter ernsthaft bemüht gewesen sein[78]. Auf das Ganze gesehen war aber der Freiheitsstrafvollzug in Verfall geraten. Dazu hat auch der Einbruch merkantilistischer Ideen beigetragen[79]. Wesentlicher sind das Fehlen eines sorgfältig ausgewählten Beamtenstabes, der Mangel an geeigneten Einrichtungen vor allem aber die ungenügende Achtung vor der Persönlichkeit des Menschen gewesen. Die Zustände des Strafvollzuges im 18. Jahrhundert sind von zuverlässigen Beobachtern (John Howard, Buxton[80]), H. B. Wagnitz, C. H. Wächter)[81])

---

[75]) Vgl. hierzu A. Krohne, Lehrbuch der Gefängniskunde, 1889, S. 17; Liszt-Schmidt, Lehrb. (26. Aufl.), I, S. 381; Jean Pinatel, Traité Elémentaire de Science Pénitentiaire et de Défense Sociale, Paris 1950, S. XLIX; Thorsten Sellin, The house of correction for boys in the Hospice of Saint Michael in Rome, Journal of Criminal Law and Criminology, Bd. XX (1930) S. 533.

[76]) Vgl. hierzu Louis Stroobant-Stevens, Le Rasphuis de Gand in: Handelingen der Maatschapij van Geschieden Outheidkunde te Gent, 3. Bd. Gent 1898, S. 191—307; A. Krohne, a. a. O., S. 27; R. von Hippel, Deutsches Strafrecht I, S. 335; Liszt-Schmidt, Lehrb. (26. Aufl.), I, S. 381; J. Pinatel, a. a. O., S. XLIX; ferner J. P. Vicomte Vilain XIV, Mémoire sur les moyens de corriger les Malfaiteurs et les Fainéants à leur propre avantage et de les rendre utiles à l'État, précédé d'un premier Mémoire inédit sur la même matière, présenté aux États de Flandres en 1771 et en 1775. Nouvelle édition (augmentée d'une notice historique et les ouvrages de l'auteur par Ch. Hippolyte Vilain XIV) Brüssel 1841. Das Motuproprio von Clemens XI (1703) und Clemens XII ist abgedruckt als Anhang in dem von Ch. Hippolyte Vilain XIV herausgegebenen Buch der Denkschriften J. P. Vilain XIV von 1771 und 1775. Über das Genter Gefängnis berichtet John Howard (vgl. Gottlieb Wilhelm Köster, Über Gefängnisse und Zuchthäuser (ein Auszug aus dem Englischen des William Howard) Leipzig 1780, S. 268—273.

[77]) Vgl. hierzu R. von Hippel: Deutsches Strafrecht I, S. 336f.; ders., Beiträge zur Geschichte der Freiheitsstrafe, Z. 18 (1898) S. 419ff.; S. 608ff.

[78]) Einzelheiten bei R. von Hippel: Z. 18 (1898) S. 419ff., 608ff.

[79]) Vgl. Eberh. Schmidt: Entwicklung und Vollzug der Freiheitsstrafe in Brandenburg-Preußen, Berlin 1915, S. 66; ders., Geschichte der deutschen Strafrechtspflege § 183.

[80]) Thomas Fowel Buxton: An Inquiry wether crime and misery are produced or prevented by our present system of prison discipline, 6. Aufl. London 1818.

[81]) John Howard: State of prisons in England and Wales 1773; Carl Eberhard Wächter: Über Zuchthäuser und Zuchthausstrafen, Stuttgart 1786; H. B. Wagnitz: Über die moralische Besserung der Zuchthausgefangenen, Halle 1787, ders.: Historische Nachrichten und Bemerkungen über die merkwürdigsten Zuchthäuser in Deutschland, 3 Bände, Halle 1791f.; Justin Gruner: Versuch über die recht- u. zweckmäßigste Einrichtung öffentlicher Sicherungsinstitute, deren jetzige Mängel und Verbesserungen, nebst einer Darstellung der Gefangenen-, Zucht- und Besserungshäuser Westfalens, Frankfurt a. Main 1802.

so nachdrücklich geschildert, daß der Versuch von Günther Saam[82]) die Schilderungen als Übertreibungen hinzustellen, als nicht berechtigt angesehen werden muß.

Sollen die Erziehungsbestrebungen zu Beginn der neuen Entwicklung richtig gewürdigt werden, so dürfen die damals geltenden Erziehungsgrundsätze nicht unberücksichtigt bleiben. Eberh. Schmidt[83]) warnt sehr mit Recht, den Maßstab der heutigen Erziehungsauffassungen an die damaligen Zustände anzulegen. Die Gründung von Amsterdam erfolgte im Geiste calvinistischer Arbeits- und Berufsanschauung. Es ist leicht, vom Standpunkt einer entwickelten pädagogischen Wissenschaft Kritik zu üben. Wenn wir glauben, daß in der heutigen Zeit sich neue Wege erschließen, so ist die Saat der damaligen Zeit aufgegangen. Der Gedanke der Besserung als einer Wandlung der auf Gott ausgerichteten Persönlichkeit sowie die Idee der Arbeitserziehung und der Hinführung zur Anerkennung der Ordnung sind auch heute noch von Wert. Es ist auch für uns Heutige ein wesentlicher Gewinn, sich mit den Erziehungsgrundsätzen des Anfangs des modernen Strafvollzugs und des Schrifttums zur Freiheitsstrafe im 17./18. Jahrhundert ernsthaft zu befassen. Es ist ja doch nicht so, als ob das Denken über die Probleme der Erziehung im Strafvollzug erst in der neuesten Zeit oder gar erst in unseren Tagen eingesetzt hätte. 1690 schrieb ein französischer Benediktiner, Mabillon (1632—1707), seine „Reflexions sur les prisons des ordres religieux". Pinatel[84]) sieht in diesem Buch das erste Strafvollzugssystem im kirchlichen Bereich. Mabillon wendet sich gegen die übermäßige Dauer der Haft, die Isolierung und die ständige Einsamkeit des Häftlings, das Fehlen jeglicher Behandlungsmethode und das völlige Sichselbstüberlassensein. Er fordert Spaziergang, Arbeit, Besuch, Gesundheitsmaßnahmen, ein System der Individualisierung mit einer Progression. Er gab sogar das Bild eines Gefängnismodells. John Howard (1726—1790) hat in seinem Werk „State of Prisons in England and Wales; with preliminary observations and account of some foreign prisons". (1777), wenn auch in unsystematischer Form, auch heute noch gültige Forderungen über die Unterbringung und Behandlung der Gefangenen aufgestellt[85]). Er verlangte gesundheitliche Maßnahmen, eine gute Beamtenauswahl, Kontrolle durch die Behörden, Klassifikation der Insassen (vor allem die Trennung von Schuldnern und Kriminellen), Arbeit

---

[82]) Günther Saam: Quellenstudien zur Geschichte des deutschen Zuchthauswesens bis zur Mitte des 19. Jahrhunderts, Berlin-Leipzig 1936, S. 32ff.; gegen ihn Mittermaier: a. a. O., S. 22.

[83]) Einführung in die Geschichte der deutschen Strafrechtspflege, § 179 1947.

[84]) Jean Pinatel: Traité Elémentaire de Science Pénitentiaire et de Défense Sociale, 1950, S. XLVIII.

[85]) Das große Verdienst Howards ist, die Strafvollzugsprobleme unter Hinweis auf die damaligen Zustände aufgerollt zu haben. Daß er mit manchen Forderungen das Kind seiner Zeit war, ist nicht entscheidend.

und religiöse Unterrichtung, Isolierung während der Nacht. Der bekannte Satz: „Laßt die Gefangenen arbeiten und sie werden tugendhaft" ist ein kriminalpädagogisches Programm.

Zwei Jahre später, als die erste auszugsweise deutsche Übersetzung von Howards Schrift durch G. L. Köster erschien, brachte Johann Heinrich Pestalozzi (1746—1827)[86]) Arners Bericht über das Strafvollzugswesen heraus[87]). Pestalozzi hat das Problem der strafrechtlichen Behandlung auch in „Lienhard und Gertrud" eingehend im Sinne einer bessernden Strafe erörtert[88]). Die Behandlung von Verbrechern ist weiterhin Gegenstand der Arbeit über „Gesetzgebung und Kindesmord", geschrieben 1780, erschienen 1783[89]). Mit ihm hat einer der größten pädagogischen Denker zu dem Strafvollzug und der Behandlung von Rechtsbrechern Stellung genommen und die Gefängniserziehung in das Gesamtbild der Pädagogik hineingestellt. Arners Gutachten geht von der Auffassung derjenigen aus, die für den härteren Umgang mit den Gefangenen eintreten. Er sieht sie auch von edlen pflichtbewußten Menschen vertreten. Diese Ansicht beruht vor allem auf dem Gedanken, dem Gesetze die notwendige Autorität zu verschaffen, den Verbrecher abzuschrecken und das Volk zu schützen. Sie sieht in den neuen Grundsätzen ein allzu leichtes Entschuldigen des Verbrechens, eine Förderung des Leichtsinns und des Verbrechens. Trotzdem bekennt sich Arner zu den neuen Grundsätzen. So nachdrücklich Pestalozzi auch die vorbeugenden Aufgaben sieht, so gehört doch nach ihm „die Behandlung der Gefangenen . . . mit zu den Mitteln des Staates, den Quellen der Verbrechen Einhalt zu tun". „Hier liegt der eigentliche Mittelpunkt der Richtschnur aller Grundsätze, der wahren und ausführbaren Menschlichkeit in der Behandlungsweise der Gefangenen"[90]). Als Hauptforderungen eines menschlichen Vollzuges stellt Pestalozzi auf[91]): 1. Strafe

[86]) Zu Pestalozzis Auffassungen zum Strafrecht vgl. Anne-Eva Brauneck: Pestalozzis Stellung zu den Strafrechtsproblemen, Strafrechtliche Abhandlungen, Heft 367, Breslau 1936; Franz Zeugner: Pestalozzis Kriminalpädagogik, Berlin-Langensalza-Leipzig 1930; ders.: Pestalozzis Stellung zur Kriminalpädagogik, Blätt. Gfgk. Gefängniskunde Bd. 60 (1929) 172—181; ferner die Abhandlungen von Krebs und Zeugner: ZStrafv. 3 (1952) 17ff., 29ff.; W. Mittermaier: Gefängniskunde, 1955, S. 21; allgemein vgl. A. Petzelt: Pestalozzi, LdP. III (1954) S. 834—839 mit Literaturnachweisen. Die Dissertation von Hans Wyss, Heinrich Pestalozzis Ideen zum Recht und zur Gesetzgebung insbesondere zum Zivilrecht. Diss. Zürich 1929 gibt einen Einblick in die außerhalb des Strafrechts liegenden Rechtsauffassungen Pestalozzis.

[87]) In der Wochenschrift „Ein Schweizer Blatt", 1782 erschienen, abgedruckt bei Zeugner, P.: Kriminalpädagogik, S. 23ff.; dazu Anne-Eva Brauneck: a. a. O., S. 66; F. Delekat: Johann Heinrich Pestalozzi, 2. Aufl. Leipzig 1928, S. 147ff.

[88]) Dazu ausführlich A.-E. Brauneck: a. a. O., S. 16ff.; einzelne Stellen angeführt bei Zeugner, P.: Kriminalpädagogik, S. 13, 14, 15, 21, 63, 70.

[89]) Dazu Anne-Eva Brauneck: a. a. O., S. 41; Delekat: S. 139ff.; vgl. die Auswahl bei Zeugner, P. Kriminalpädagogik, S. 18.

[90]) Vgl. Abdruck bei Zeugner, P. Kriminalpädagogik, S. 47.

[91]) Vgl. Abdruck bei Zeugner: a. a. O., S. 47ff.

als Besserung mit Aufsicht nach Verbüßung, 2. Möglichkeit der vollen gesellschaftlichen Rehabilitierung nach der Entlassung, 3. Untersuchung der Ursachen des Verbrechens des einzelnen Gefangenen und Nutzbarmachung der Erkenntnisse für ein einwandfreies Leben, 4. Lebenslange Strafen nur bei höchst dringenden Staatsbedürfnissen, Entwicklung der Grundtriebe der Ehre, der Selbstliebe und der Menschenliebe, Weckung der Hoffnung auf ein künftiges rechtschaffenes Leben, 5. Einrichtung der Gefängnisse und Zuchthäuser entsprechend dem Endzweck, die Gefangenen zum Gefühl der Verpflichtung und des Schönen, Edlen und Guten zurückzuführen, 6. Erziehung der Kinder von Verbrechern unter staatlicher Aufsicht, jedoch möglichst unter Vermeidung von Waisenhäusern[92]). Immer wieder geht es Pestalozzi darum, den Verbrecher menschlich zu behandeln. Er übersieht dabei nicht die Notwendigkeit, das Lasterhafte verächtlich erscheinen zu lassen, das Volk zu schützen und die Gefangenschaft als einen Gegenstand der Abscheu lebendig zu erhalten[93]). Die Behandlung der Gefangenen soll je nach ihrer Persönlichkeitsart verschieden sein. Diesen Unterschied läßt Pestalozzi sich bereits im Verfahren auswirken[94]). „Je größer, je mächtiger, je sittenverheerender, je menschenbedrückender der Gefangene gehandelt, je länger, je anhaltender, je unbarmherziger er seine Nebenmenschen geplagt, desto gewisser, desto anhaltender, desto Leib und Seel erschütternder soll seine Gefangenschaft sein.“ Es handelt sich um die Berufs- und schweren Gewohnheitsverbrecher. Hier müsse das Gefängnis Strafe bleiben. Andererseits betont Pestalozzi in „Gesetzgebung und Kindesmord“, „man gehe auf der anderen Seite gegen den Gefühllosesten und Härtesten mit fester Schonung seines Gefühls für Ehre und Pflicht und ein edles Betragen und sehe dann die Wirkung des pflichtmäßigen Verhaltens gegen seine Nebenmenschen“[95]). In diesen sich nicht deckenden Äußerungen kommt das Schwanken einer Übergangszeit zum Ausdruck. Die geforderte Behandlungsweise richtet sich nach der Persönlichkeit, die nach ihrer moralischen Grundhaltung klassifiziert wird („abscheulichste und verworfenste Menschen — weniger verabscheuenswürdige Menschen — die Verführten und Überraschten, auch wenn sie todeswürdige Handlungen begangen haben“). Die von Pestalozzi angeschnittenen Fragen sind auch heute noch Gegenstand der Erörterung. Die für die besserungsfähigen Gefangenen aufgestellten Forderungen wirken geradezu modern[96]).

Das Problem der verhärteten rohen Strafen hat auch Schiller aufgegriffen. In dem „Verbrecher aus verlorener Ehre“ gibt er eine Schilde-

---

[92]) Vgl. Abdruck bei Zeugner: a. a. O., S. 61.
[93]) Vgl. Abdruck bei Zeugner: a. a. O., S. 43.
[94]) Vgl. Abdruck bei Zeugner: a. a. O., S. 44f.
[95]) Vgl. Abdruck bei Zeugner: a. a. O., S. 19.
[96]) So zutreffend W. Mittermaier: Gefängniskunde, S. 21.

rung der Zustände der Festungshaft[97]). In seiner Jenaer akademischen Antrittsrede: „Was heißt und zu welchem Ende studiert man Universalgeschichte" (1789) führt er aus: „Seitdem die Gesetze zu der Schwäche des Menschen herunterstiegen, kam der Mensch auch den Gesetzen entgegen. Mit ihnen ist er sanfter geworden, wie er mit ihnen verwilderte; ihren barbarischen Strafen folgen die barbarischen Verbrechen allmählich in die Vergessenheit nach. Ein großer Schritt zur Veredlung ist geschehen, daß die Gesetze tugendhaft sind, wenngleich auch noch nicht die Menschen. Wo die Zwangspflichten von dem Menschen ablassen, übernehmen ihn die Sitten. Den keine Strafe schreckt und kein Gewissen zügelt, halten die Gesetze des Anstandes und die Ehre in Schranken"[98]). Der innere Zusammenhang mit der von Pestalozzi in „Gesetzgebung und Kindesmord" niedergelegten Auffassung ist offensichtlich. Schiller ist dem Gedanken über den Zusammenhang von gesetzlicher Härte und sittlichem Zerfall auch sonst nachgegangen[99]).

Die Bedeutung der Äußerungen Pestalozzis und Schillers für die Grundlegung einer Entwicklung der Kriminalpädagogik liegen nicht zuletzt darin, daß sie ein Zeichen dafür sind, wie die Erneuerungsbestrebungen über den Kreis der unmittelbar mit dem Strafvollzug verbundenen Menschen hinausgehen und damit die notwendige breitere Grundlage im Allgemeinbewußtsein vorbereiten. Diese Tatsache darf nicht unterschätzt werden.

Indessen ist aber auch die systematische fachliche Arbeit weitergegangen.

In Deutschland hat der Strafanstaltspfarrer H. B. Wagnitz in seinem dreibändigen Werk „Historische Nachrichten und Bemerkungen über die merkwürdigsten Zuchthäuser in Deutschland" (Halle 1791) im Geiste Howards weitergearbeitet. Es geht ihm wie Howard um die Menschenbehandlung. Man sieht, das Wort Behandlung taucht sehr früh auf. Daß das Werk von Wagnitz in Halle entstanden ist, mag nicht als Zufall anzusehen sein. Im Jahre 1696 konnte dort als erste Anstalt protestantischer Liebestätigkeit das Waisenhaus von August Hermann Francke (1663—1727) errichtet werden. In dem Werk von H. B. Wagnitz ist außer christlichem Geist auch der Hauch der Aufklärung und der begonnenen französischen Revolution spürbar: „Man wird überall aufmerksamer auf die Menschenrechte und gewiß kommt auch an den gefangenen Menschen die Reihe" (I S. IV). Es geht ihm um den Menschen. „Und wären sie die größten Verbrecher, so bleiben sie Menschen" (I, S. VI). Von den wenigen Fällen des Unverbesserlichen abgesehen, ist die Aufgabe der Strafe, den Verurteilten moralisch außerstande zu setzen, dem Staate schädlich zu werden. Den Strafzweck

[97]) Schillers sämtliche Werke, Cottascher Verlag Stuttgart-Tübingen 1857 X, S. 83.

[98]) Schiller: a. a. O. X, S. 366.

[99]) Vgl. insbesondere: Die Gesetzgebung des Lykurgus und Solon (X, S. 428).

sieht Wagnitz in der inneren Besserung, die aber infolge der Natur der Strafe nicht immer erreichbar sei (S. 46). An die Strafe selbst stellt Wagnitz die Forderung der Gerechtigkeit, der Menschlichkeit, der Individualisation (S. 7). Die Mängel des geltenden Systems sieht Wagnitz in dem Fehlen eines Sichbemühens um die Anstalten, im Strafzwecke des Wehetuns, in den übertriebenen Vorstellungen von der Abschreckung und dem Aufgeben des Verbrechers als Mensch, in dem merkantilen System und in der Schwierigkeit des Verwaltungsweges bei etwaigen Verbesserungen (S. 29ff.). Mit Nachdruck betont Wagnitz die Notwendigkeit der Klassifizierung, deren Schwierigkeit er deutlich sieht (S. 70ff.). Keinen Maßstab sieht er in der Tat. Hinweise für die Persönlichkeit geben nach Wagnitz die Physiognomik, die Stellungnahme zur Tat und die Vorstrafen. Um Irrtümer zu vermeiden, sei die Entscheidung in die Hand eines Kollegiums zu legen und eine Versetzung aus der einen in die andere Klasse zu ermöglichen (S. 81f.). Wagnitz schlägt drei Klassen vor: die Prüfungsklasse (für zweideutige Charaktere), die Besseren und die Schlechteren (S. 82f.). Für alle Klassen fordert er menschliche Behandlung und das gleiche Arbeitspensum (S. 84). Im letzteren kommt der Gedanke zum Ausdruck, daß Arbeit nicht als Strafe anzusehen ist (S. 84). Der Unterschied der Klassen besteht in dem verschiedenartigen Umgehen mit den Gefangenen (nachsichtige, weniger strenge Behandlung, gelockerte Aufsicht, Selbstaufsicht, bessere Ernährung [häufiger Fleisch], sonstige Vorteile) (S. 84f.). Eingehende Untersuchungen stellt Wagnitz über das Anstaltspersonal an (S. 87ff.). Er fordert eine Zuchthausordnung (S. 103ff.). Die Probleme der Arbeit finden eine sorgfältige Erörterung (S. 164—183)[100]). Schließlich wird auch die Entlassenenfürsorge behandelt.

Die starke Herausstellung des Gedankens der moralischen Besserung des Gefangenen bei Wagnitz ergibt sich nicht nur aus seiner Stellung als Theologe. Sie entspricht auch der von Juristen vertretenen Auffassung[101]). Von Bedeutung für das Erziehungsproblem wird in der Folgezeit die Auseinandersetzung um das Erziehungsziel. Es stehen auch unter den Vertretern der Besserungsidee die weitere und engere Auffassung nebeneinander. Die engere Auffassung sieht das Erziehungsziel in der gesellschaftlichen Besserung. Die Gründe für eine solche Meinung mögen sehr verschiedener Art gewesen sein. Die Schwierigkeit der Aufgabe legte ein bescheideneres Ziel nahe. Die ungeheuren Mängel des

---

[100]) Der Gedanke der Arbeitstherapie gehört (unter Hinweis auf Wagnitz) nach von Weber, a. a. O. 467 zu den Neuerungen des letzten Drittels des 18. Jahrhunderts.

[101]) So Joh. Chr. Quistorp: Grundsätze des teutschen peinlichen Rechts, Rostock-Leipzig 1770 (§ 65); Michaelis: Mosaisches Recht, Frankfurt a. M. 1775, 6. T. Vorrede, S. 142; Carl Theodor Welcker: Die letzten Gründe von Recht, Staat und Strafe, Gießen 1813, S. 258ff. (S. 259 gegen die noch zu erörternde Auffassung von Arnims). Vgl. auch die weiteren Nachweise bei Günther Saam: Quellenstudien, S. 13f.

Strafvollzugssystems bedurften der Begrenzung durch Herausstellen der dringendsten Aufgaben. Es sind vielfach primitive Dinge äußerer Art, die der Gefangene erst lernen muß, um überhaupt im Zusammensein der Menschen gesellschaftlich bestehen zu können. Das war in Deutschland nicht anders als in anderen Ländern. Aufschlußreich ist das Buch von B. Appert: Traité d'éducation élémentaire d'après la méthode d'enseignement mutuel pour les prisonniers, les orphelins et les adultes des deux sexes, Paris 1822. Es geht dem Verfasser um die Einführung des Elementarunterrichts in den Gefängnissen, deren Insassen zu 99% noch nicht lesen und schreiben konnten. Es war tatsächlich eine Unterrichtung auf den elementarsten Gebieten erforderlich. Allerdings auch grundsätzliche Auffassungen führten zu der Beschränkung des Erziehungszieles auf die bürgerliche Geordnetheit. Die Aufklärung und in ihrem Gefolge die Französische Revolution führten zu einer Krise des religiösen Denkens. Der Staat löste sich von den religiösen Vorstellungen. Der Gedanke der Freiheit des einzelnen ließ jede innere Beeinflussung als einen über den staatlichen Aufgabenbereich hinausgehenden Eingriff ansehen. Wer die staatliche Ordnung unangetastet lasse, käme seiner Verpflichtung dem Staate gegenüber nach, und dem Staat fehle daher das Recht, sich in die nur das Innere angehende Haltung einzumischen. Mit alle dem wird eine Frage ersten Ranges aufgeworfen, die auch heute noch ihre Beantwortung erfordert. So beschränkte Fichte in seinen Grundlagen des Naturrechts (1797)[102]) den Besserungsgedanken auf die politische Besserung. Ebenso lehnten weitgehend auch Juristen[103]) den Gedanken der moralischen Besserung ab und ersetzten ihn durch die Idee des bürgerlichen Wohlverhaltens. Auch in dem eigentlichen Schrifttum des Strafvollzuges fanden diese den Besserungszweck begrenzenden Gedanken Eingang. So treten als Vertreter dieser Auffassung vor allem J. Gruner: Versuch über die recht- und zweckmäßigste Einrichtung öffentlicher Sicherungsinstitute, Frankfurt a. M. 1802[104]) und A. H. von Arnim: Bruchstücke über Verbrechen und Strafen, Leipzig 1803 hervor. Auch den Anhängern dieser Richtung lag eine Änderung des Vollzugswesens nicht minder am Herzen wie den Vertretern der ent-

---

[102]) Johann Gottlieb Fichte: Grundlagen des Naturrechts, Jena-Leipzig 1797, 2. Teil, S. 97f.

[103]) Von Arnim, Feuerbach.

[104]) Justus Gruner gibt in seinem „Versuch über die recht- und zweckmäßigste Einrichtung öffentlicher Sicherungsinstitute" (1802) eine eingehende Schilderung des Gefängniswesens eines geographisch begrenzten Raumes, nämlich Westfalens. Jede der geschilderten Anstalten hat er selbst besucht. Wenn er auch den Besserungsgedanken im Sinne einer politischen Besserung vertritt, so hebt er doch hervor, daß damit meistens „eo ipso" eine moralische verbunden sei. Jedoch stellt sich Gruner bewußt in Gegensatz zu Wagnitz. „Man darf", so führt er aus, „jedoch nie vergessen, daß moralische Besserung sehr prekär, auch durchaus nicht, wie Wagnitz meint, der Hauptzweck der Zuchthausstrafe sei" (S. 113).

[105]) Zu von Arnim vgl. K. Krohne: Lehrbuch der Gefängniskunde, S. 142, Anm. 2.

gegengesetzten Anschauung. A. H. von Arnim, preußischer Justizminister, gehört zu den entschiedensten Vorkämpfern der Vollzugsreform. Sein dreibändiges Werk legt ungeschminkt die Mißstände dar, bekämpft die brutale Abschreckungstheorie und entwirft den Plan der Neugestaltung[105]). Man kann trotz der Verschiedenheit der Sicht hinsichtlich des Erziehungszieles von einer einheitlichen Grundauffassung der um die Reform bestrebten Männer sprechen.

Die erste Vorlesungen über die Gefängnisurkunde hielt in Preußen der Hamburger Arzt Nikolaus Heinrich Julius. Sie können auch heute noch in seinen „Vorlesungen über die Gefängniskunde oder über die Verbesserung und sittliche Besserung der Gefangenen, entlassenen Sträflingen usw." Berlin 1828 nachgelesen werden. Für die Entwicklung des Erziehungsgedankens im deutschen und ausländischen Strafvollzug kommt diesen Vorlesungen sowohl in theoretischer als auch praktischer Hinsicht eine nicht zu unterschätzende Bedeutung zu. Nach Julius wird die Zweckmäßigkeit der Einrichtung eines Gefängnisses bestimmt durch ihre Wirksamkeit für die neben Erfüllung der Strafe erreichbare moralische und physische Besserung der Sträflinge. Folgende sechs Gesichtspunkte sind für ein gutes Gefängnis maßgeblich: Sicherung, Gesundheit (Lufterneuerung, Bekleidung, Ernährung, Reinlichkeit, Bewegung, Krankheitsfürsorge) Beaufsichtigung, Klassenabteilungen, Arbeit und Beschäftigung, Unterricht religiös-sittlicher und gewerblicher Art (S. 86). Mit der Einteilung der Gefangnen in Klassen will Julius vor allem der Mechanisierung und dem Maschinenartigen entgegenarbeiten, das sehr leicht mit allzu großen Anstalten verbunden ist. Was Julius hierzu sagt, verdient wörtliche Wiedergabe: „Es ist nämlich eine alte Erfahrung, daß die Zunahme und Überwucht der Masse, sei es nun in der Verwaltung eines Staates, der Führung eines Heeres oder in der Leitung einer Erziehungsanstalt, eines Siechhauses, Arbeitshauses oder Gefängnisses, unausbleiblich die Vernachlässigung der einzelnen Bestandteile des Ganzen, also noch vielmehr jegliches Menschen, zur Folge hat, daß mit einem Worte, das Individuum in der Masse untergeht. Am schnellsten und gefahrvollsten wird sich dieses aber in solchen Anstalten zeigen, die wie Gefängnisse nicht nur Straf-, sondern auch Erziehungsanstalt sein sollen, welche gleichzeitig auf das ganze vergangene, gegenwärtige und zukünftige Erdenleben des ihnen anvertrauten Sträflings, ihre gesamte, ununterbrochene Aufmerksamkeit richten müssen, um dem ihnen zur Ausführung anvertrauten Strafplane auch den nicht minder wichtigen Erziehungsplan anzupassen, diesen letzten aber einzurichten, nach den zahllosen, angeborenen, und durch einen, von tausendfachen Leidenschaften, Begierden und Abenteuern verzerrten, sündigen Lebenslauf, vervielfältigten und gebrochenen Abschattungen der Menschennatur" (S. 112f.). Es geht Julius um eine Erziehung nach individuellen Gesichtspunkten. Es ist reizvoll in den Vorlesungen bereits dem so modern anmutenden Begriff Erziehungsplan[106]), zu begegnen, der die Notwendigkeit eines durchdachten und bewußt durchgeführten Einwirkens entsprechend den individuellen Gegebenheiten zum Ausdruck bringt. Das Klassifizierungssystem ist bei Julius bereits sehr speziell. Ausgangspunkt sind die fünf Gattungen von Anstalten: 1. Haft- oder Detentionsgefängnisse für Untersuchungsgefangene, 2. Zuchthäuser für Strafen von 2—3 Jahren mit leichteren oder schwereren Strafmitteln je nach dem Urteilsspruch, 3. Gefängnisse im engeren Sinn, 4. Besserungshäuser, 5. Baugefangenschaft (mit schweren Arbeiten, am besten in befestigten Plätzen, evtl. mit Versendung in andere Länder [S. 119, 120]). Die Gefängnisse und Besserungshäuser sollen nach Julius ganz nach den Grundsätzen der verbesserten Gefängniszucht eingerichtet werden (S. 119). Hier soll die Einteilung in Klassenabteilungen erfolgen. In den Gefängnissen sollen die Abteilungen nach dem sittlichen Zustand des Gefangenen gebildet werden. Der Zustand soll bestimmt werden durch die Urteilsfeststellungen und durch die ergänzenden Ermittlungen des Vollzuges (Anstaltsleiter, Arzt, Geistlicher). In den Besserungshäusern sollen nur drei Klassen: Probeklasse, Bewährklasse, Vorbereitklasse (nach Zeller)[107]) gebildet werden. Die Dauer der Zugehörigkeit zu einer Klasse wird durch den Vorsteher unter Zurateziehen eines Verwaltungsrates bestimmt. Eine Rückklassierung ist möglich. Eine dauernde Zurücksetzung hat die Entfernung aus der Besserungsanstalt zur Folge. Die Verbesserung der Gefängnisse macht die Einrichtung besonderer Besserungshäuser auf die Dauer (S. 118f.) überflüssig. Als Insassen der Gefängnisse und Besserungsanstalten kommen vor allem in Betracht: die jungen Verbrecher (bis 18 Jahre), Erst- oder Seltenbestrafte mit 3—15jähriger Strafdauer, vom Richter zur Gnade empfohlene Verbrecher mit dem Hinweis auf die Hoffnung ihrer sittlichen Besserung (S. 118). In den Gefängnissen soll eine Abteilung für junge Rechtsbrecher (18—20 Jahre) gebildet werden. Jede Gruppe ist nach dem Geschlecht getrennt (S. 120). Mit seinem Klassifizierungssystem verbindet Julius die Forderung nach einer Beobachtungsklasse und auch für das Gefängnis nach einer Vorbereitklasse (S. 123). Julius betont ausdrücklich, daß seine Klassifizierungsforderungen nicht nur der Übersichtlichkeit, sondern auch der sittlichen Besserung dienen solle (S. 123). Als Erziehungsmittel erwähnt Julius vor allem die Arbeit und die religiös-sittliche Unterrichtung (S. 125). Die Bauprobleme, die Probleme der Anstaltsbeamten, die Entlassenenfürsorge, die Notwendigkeit der Teilnahme des Publikums, die Kritik der ausländischen Entwicklung, insbesondere in Amerika, finden in den Vorlesungen eine eingehende Erörterung. So legt Julius ein System der Gefängniskunde in deutscher Sprache vor, ein System das trotz seiner Zeitgebundenheit, etwa zur Frage der Tretmühle (S. 194ff.) doch in den grundsätzlichen

[106]) Vgl. § 60 JGG: „Bewährungsplan".

[107]) C. A. Zeller: Grundriß der Strafanstalt, die als Erziehungsanstalt bessern will, Stuttgart-Tübingen 1824.

Fragen seine Bedeutung keineswegs verloren hat. Reiches Material liefert der von Julius seinen Vorlesungen beigegebene Anhang mit Belegen aus der Strafvollzugsentwicklung. Für die Gefängnispädagogik ist die angeführte Verfügung des Königlich Preußischen Ministeriums der Geistlichen-, Unterrichts- und Medizinalangelegenheiten über die von Personen jugendlichen Alters begangenen Verbrechen vom 2. Oktober 1826 wegen ihrer auch heute noch brauchbaren Erziehungsgrundsätze von Bedeutung[108]).

Die Bedeutung des Wirkens von Julius liegt nicht zuletzt in seinem Einfluß auf die höchsten maßgeblichen Kreise des Staates. Zu seinen Hörern gehörte der spätere preußische König Friedrich Wilhelm IV., der namentlich in der Zusammenarbeit mit Wichern[109]) für den weiteren Fortschritt im Gefängniswesen Wesentliches beigetragen hat. Die Reform erfolgte im Sinne der Einzelhaft[110]). In enger Verbindung mit Julius stand der damalige Kronprinz Oskar von Schweden und Norwegen, zu dessen ins Deutsche von A. von Treskow übersetztem Buch: „Über Strafe und Strafanstalten" (deutsch 1841) Julius die Einleitung schrieb.

Die praktische Entwicklung des Strafvollzugswesens stand unter dem Einfluß der englisch-amerikanischen Gefängnisreform, die mit suggestiver Kraft auf die Meinungen einwirkte. Das pennsylvanische System trat seinen Siegeszug in Europa an[111]). Die Entwicklung des Auslandes, wie in Dänemark, Belgien, Frankreich, den Niederlanden, Schweden, wirkte sich auch auf Deutschland aus[112]). Das Zellensystem setzte sich trotz mancherlei Widerspruch durch. Unter den Männern, die einen eigenen

[108]) Julius: a. a. O., S. 126, Anm. 1; Hitzigs Zeitschrift f. d. Criminal-Rechts-Pflege in den preußischen Staaten, Bd. 7, S. 153ff. Als Ziel der Besserung wird angesehen die Entwicklung der Selbständigkeit des Gefangenen, die Lust an nützlicher Einsicht und die Bewirkung von Reue. Es wird jedoch darauf hingewiesen, daß die Ziele nicht von Anfang an zu hoch gesteckt werden dürfen. Im Anfang ginge es nur um das Ausräumen der Gelegenheit zum Fehlen, dann seien die Anforderungen zu steigern. Es wird hier ein fortschreitendes Erziehungssystem gefordert.

[109]) Vgl. Kriegsmann, Einführung in die Gefängniskunde (1912) S. 74ff. Zu den Reformideen Wicherns vgl. Zur Gefängnisreform (Ges. Schriften Bd. IV) Hamburg 1905. Es handelt sich um Vorträge, Gutachten und Abhandlungen aus den Jahren 1852—1868.

[110]) Siehe hierzu R. von Hippel: Die geschichtliche Entwicklung der Freiheitsstrafe in Erwin Bumke: Deutsches Gefängniswesen, S. 14.

[111]) Ein Beispiel des Interesses Europas am amerikanischen Gefängniswesen stellt die Studienreise von Alexis Clérel de Tocqueville dar. Dazu G. de Beaumont et A. de Tocqueville, Du système pénitentiaire aux États-Unis et de son application en France, Paris 1833.

[112]) Eine eingehende Darstellung der Geschichte des Strafvollzugswesens dieser Zeit bei K. Krohne: Lehrbuch der Gefängniskunde, 1889, S. 38—195; Hermann Kriegsmann: Einführung in die Gefängniskunde, 1912, S. 24—78; von Hippel: Deutsches Strafrecht (1925), S. 335—340; Lothar Frede, Gefängnisgeschichte HdK. I (1933) 537—552; J. Pinatel: Traité Élémentaire de Science Pénitentiaire, 1950, S. LIII—LXVI.

Weg gegenüber einem mechanisierten System zu gehen bemüht waren, verdient vor allem G. M. Obermaier, kgl. bayrischer Inspektor am Zentralgefängnis in Kaiserslautern, Erwähnung. Der Titel seiner Schrift: „Anleitung zur vollkommenen Besserung der Verbrecher in den Strafanstalten" (1835) macht bereits deutlich, daß es auch ihm um die Besserung geht. „Vollkommene Besserung", „erschöpfende Besserung" (S. 2) lassen erkennen, daß das Ziel keineswegs nur eine äußere Besserung ist. Auch ihm geht es um das Sittliche (S. 72). Die Schrift ist durch das Durchdrungensein des Verfassers von der Besserungsmöglichkeit des Gefangenen gekennzeichnet. Obermaier sieht den engen Zusammenhang von Strafgesetz und Strafvollzug. Für das gesetzliche Strafensystem schlägt er als Ausgangspunkt zwei Klassen von Besserungsanstalten vor: für langdauernde Strafen über ein Jahr und für kurzfristige Strafen (unter einem Jahr). Die langdauernden Strafen, für die Obermaier fünf Rahmen vorschlägt, werden bis auf den niedrigsten Rahmen (1—3 Jahre) als relativ unbestimmte verhängt. Das Gericht ordnet für die Strafen über 8 Jahre nur den Rahmen an. Den Hauptteil der Schrift machen die Ausführungen über die „Behandlung der Büßer in den Besserungsanstalten" aus. Obermaier hält die Besserungsanstalt für die beste, aber auch einzige Gelegenheit, durch die das in der Jugend Versäumte nachgeholt werden könne (S. 28). Er bringt damit klar einen der für den Strafvollzug wichtigsten pädagogischen Grundsätze zum Ausdruck. Im Gegensatz zu der immer mehr sich durchsetzenden Ansicht seiner Zeit ist Obermaier kein Verfechter des Einzelsystems. Er hält nicht einmal eine nächtliche Trennung der Gefangenen für erforderlich, sofern nur der Gefangene ein einzelnes Bett getrennt von den anderen Betten zur Verfügung hat und auch nachts Aufsicht vorhanden ist (S. 57). Auf die einzelnen Vorschläge über das Personal, die Beschäftigung, die Freizeit, den Unterricht, die Seelsorge, die Disziplinarmittel, sei hier nicht eingegangen. In diesem Zusammenhang kommt es lediglich auf die Gesamtrichtung der Auffassungen an, die auf ein echtes Erziehungssystem unter Ablehnung der Abschreckungsstrafe in wesentlicher Abweichung von dem modern werdenden pennsylvanischen System herauslaufen. Nur vereinzelt werden die Auffassungen von Obermaier anerkannt. So beruft sich Riecke in einem Aufsatz: Die Gefängnisreform in Deutschland (1843) ausdrücklich auf ihn. Riecke wandte sich nicht nur gegen die Überfüllung der Gefängnisse, sondern trat vor allem für Bildung kleiner Gruppen mit gemeinsamer Arbeit und Erholung, gemeinsamem Lernen und Essen, jedoch bei nächtlicher Trennung ein[113]). Das Einzelhaftsystem lehnte er ab. Überwiegend wurde jedoch das System Obermaiers

[113]) Für ein Leben der Gefangenen in der Abteilung bei nächtlicher Isolierung setzte sich schon vorher G. M. Hirzel, Über Zuchthäuser und ihre Verwandlung in Besserungshäuser, Zürich 1826, S. 65, ein. Bedenken gegen ein einseitiges Isolierungssystem auch bei J. B. Ristelhuber, Die Straf- und Besserungsanstalten nach den Bedürfnissen unserer Zeit, Mainz 1843.

theoretisch mit einer bei der Entwicklung neuer Maßnahmen allgemein beliebten Wendung abgelehnt, daß das, was Obermaier erreiche, die Wirkung seiner Persönlichkeit sei, daß jedoch sein System nicht nachahmbar sei[114]).

Das Zellensystem setzte sich auch bei den Anhängern des Besserungsgedankens[115]) umso mehr durch, als es geradezu als eine notwendige sittliche Voraussetzung jeder Besserung in einer Strafanstalt angesehen wurde. Diese Auffassung wurde vor allem durch die Zustände des bisherigen Gefängniswesens gefördert. Dem Einzelhaftsystem lag nicht nur der Gedanke der Abschreckung zugrunde, sondern auch der Gedanke einer Bewahrungspädagogik. Als eine das pennsylvanische System fördernde Moment kam hinzu, daß das auburnsche System mit seinem Schweigeverbot keine hinreichende Scheidung der Gefangenen voneinander gewährleistete und auf praktische Schwierigkeiten in der Durchführung stieß. Nach vorübergehenden Versuchen mit dem auburnschen System gewann immer mehr auch in Deutschland das pennsylvanische System die Oberhand. Die Gefängnisreform zeichnet sich äußerlich durch ein umfangreiches Bausystem aus, für das die Bauten in Philadelphia und vor allem in Pentonville das Vorbild darstellten.

Für die Gesamtentwicklung des Vollzugswesens stellt der Verlauf der Reform während der ersten sechs Jahrzehnte des 19. Jahrhunderts einen wesentlichen Fortschritt dar. In dem Entwicklungsgang leitet dieser Zeitraum eine zweite Vollzugsepoche ein. Die Zeit von der Gründung des Amsterdamer Zuchthauses (1595) bis zum Anfang des 19. Jahrhunderts kann als die Epoche des sich durchsetzenden Freiheitsvollzuges bezeichnet werden. Es ist die Epoche, in der die Freiheitsstrafe die anderen Strafarten mehr und mehr verdrängt. Im Anfang des 19. Jahr-

---

[114]) Vgl. hierzu M. Liepmann, Einführung zu G. M. Obermaier: Anleitung zur vollkommenen Besserung der Verbrecher in den Strafanstalten Kaiserlautern 1835, Neudruck im Schrifttum zum modernen Strafvollzug, Nr. 2 (1925), S. VIII; vgl. auch Kriegsmann, a. a. O., S. 62 Anm. 2.

[115]) Gewisse Auflockerungen des reinen Isolierungsystems befürworteten auch grundsätzliche Anhänger dieses Systems. F. von Wyck, Die Isolierung der Sträflinge mit Rücksicht auf die Erfahrungen in der mecklenburgischen Landes-Strafanstalt Dreibergen, Schwerin-Bützow 1848, forderte eine Reihe von Ausnahmen, S. 59f. (für Unterricht und Gottesdienst, aus ärztlichen Gründen, bei langzeitigen Gefangenen, bei Jugendlichen unter 16 Jahren nach Ermessen des Anstaltsleiters, bei Sträflingen mit gutem Einfluß auf andere Gefangene und bei Greisen). Joseph von Würth, Die neuesten Fortschritte des Gefängniswesens in Frankreich, England, Schottland, Belgien und der Schweiz, Wien 1844 (S. 354ff.) empfiehlt das unbedingte Vereinzelungssystem bei Untersuchungshäftlingen, bei Verurteilten bis zu einem Jahr und unter Zubilligung einer Strafreduktion bei Häftlingen mit Strafen bis zu fünf Jahren, bei sehr langen Strafen, und für jugendliche Sträflinge spricht er sich für ein Gemeinschaftssystem nach einer mindest dreimonatigen Einzelhaft aus, wobei er Gruppen von 20—30 nach einer Klassifizierung vorschlägt. Einen guten Einblick in die Probleme der Einzelhaft gibt K. J. Mittermaier, Die Gefängnisverbesserung, insbesondere die Bedeutung und Durchführung der Einzelhaft im Zusammenhang mit dem Besserungsprinzip, Erlangen 1858.

hunderts beginnt die Epoche des geordneten Freiheitsvollzugs. Das System der Freiheitsentziehung ist anerkannt. Es geht nun darum, eine Form zu finden, die einen geordneten, hygienisch einwandfreien, hinreichend gesicherten Vollzug gewährleistet[116]). Der Vollzug wurde von einem System quälender zusätzlicher Maßnahmen befreit. Das Anstaltswesen wurde in die staatliche Verwaltung mit einem ausreichenden Kontrollsystem eingebaut[117]). Sowohl das äußere Anstaltswesen (insbesondere das Bauwesen) als auch das innere Anstaltswesen (insbesondere das Beamtentum, das Arbeitswesen, das Gesundheitswesen) unterlag planmäßiger Durchführung. Im Anfang des 19. Jahrhunderts wird das Fundament für die Sicherung der Institution gelegt.

Der entscheidende Fortschritt, den die Entwicklung des Gefängniswesens seit dem Mahnrufe Howards zu Ende des 18. und der ersten Hälfte des 19. Jahrhunderts brachte, war das Bewußtsein für die Verpflichtung gegenüber dem Gefangenen und für die Achtung der Menschenwürde in der Person des Gefangenen. Damit hat diese Zeit, ganz gleich wie heute ihre Bemühungen im einzelnen um eine bessernde Beeinflussung beurteilt werden mögen, den Grund für ein kriminalpädagogisches Wirken überhaupt gelegt. Die Epoche des geordneten und humanen Strafvollzugs ist ein notwendig zu durchschreitender Zeitraum für die später sich anschließende Epoche des behandelnden Strafvollzugs, in dessen Beginn wir stehen.

Das Ringen um einen geordneten Strafvollzug in der damaligen Zeit brachte eine Reihe für die Zukunft wesentlicher Tatsachen. Die Sicht vom Menschen her führte zum Klassifizierungsgedanken[118]). Mag für eine hinreichende allseitige Durchführung die Zeit noch nicht reif gewesen sein, so treten doch schon deutlich die Heraussonderungsbestrebungen hinsichtlich jugendlicher Gefangener hervor[119]). Aber auch im

---

[116]) Wie wenig die Sicherheit gewährleistet war, ergeben die Schilderungen bei Justus Gruner: a. a. O. über die Zustände der einzelnen Anstalten.

[117]) Der Weg von den Anordnungen des Mailänder Erzbischofs Karl Borromäus † 1584 (also noch vor der Gründung des Amsterdamer Zuchthauses) (abgedruckt bei Julius: a. a. O., S. 293) als einzelnen Anordnungen eines verantwortungsbewußten Mannes bis zur allgemeinen Kontrolle des Gefängniswesens ist in seinem Spannungsbogen kaum zu überschätzen.

[118]) Vgl. hierzu die oben erörterten Gedanken von Wagnitz, Julius, Obermaier. Praktisch durchgeführt wurde die Klassifizierung bereits im Genter Zuchthaus (1775); vgl. R. von Hippel: Deutsches Strafrecht I, S. 335f.).

[119]) Bemerkenswert ist die Tatsache, daß zur Gründung des Amsterdamer Zuchthauses die Abneigung der Schöffen, jugendliche Diebe zum Tode zu verurteilen, führte (vgl. Kriegsmann: a. a. O., S. 6). Eine Anstalt für jugendliche Verbrecher und Verwahrloste stellt die von Papst Clemens XI 1704 errichtete Anstalt St. Michele in Rom dar. Hierzu vgl. R. von Hippel: Deutsches Strafrecht I, S. 593; K. Krohne: Lehrbuch der Gefängniskunde, S. 17; J. Pinatel: Traité ..., S. XLIX. Die Aussonderung von Kindern aus den Zuchthäusern forderte Wagnitz: a. a. O., S. 65; vgl. ferner J. B. Ristelhuber, Über die Notwendigkeit der Errichtung von Arbeits- und Erziehungsanstalten für sittlich verwahrloste Kinder, Tübingen-Stuttgart 1828; Emil Riecke, Über Strafanstalten für jugendliche Verbrecher, Heilbronn 1841.

übrigen ist das Anliegen gesehen. Die Notwendigkeit der Scheidung von Verbrechern und bloß Asozialen tritt in den Gesichtskreis[120]). Bei dem völligen Wirrwarr [121]) der Belegung der Anstalten im 18. Jahrhundert stellt eine zunächst beginnende Sondierung einen beträchtlichen Fortschritt dar. Bedeutsam für die Weiterentwicklung ist der Umstand, daß die Erneuerung des Strafvollzugswesens in der internationalen Sphäre sich vollzieht. Die Probleme berühren nicht ein einzelnes Land, sondern jedes Land. Es geht nicht um einen eine einzelne Nation berührenden Fragenkreis, sondern um einen solchen, der die ganze Menschheit angeht. Die wechselseitigen Einflüsse sind grundlegend für die nun beginnende internationale Zusammenarbeit. Das entstehende Bewußtsein der Verantwortlichkeit für den Straffälligen weckt Bestrebungen privater Art auf, die sowohl in den Vollzug unmittelbar eingreifen, die aber vor allem auch darüber hinausgreifen. Es ist das öffentliche Interesse geweckt. Die Zusammenschlüsse beruhen zunächst auf gesellschaftlicher Grundlage. Ihre Anfänge gehen freilich schon weit bis auf die ins Mittelalter sich bildenden Bruderschaften zurück[122]). Eine wirkliche, weite Kreise aufweckende Bewegung setzte aber erst mit den zunächst von den Quäkern gebildeten Vereinen ein[123]). Hier liegt der Beginn der Entlassenenfürsorge und der Fürsorge für Kinder von Strafgefangenen, aus dem sich dann auch Anstalten für Entlassene und Kinder Straffälliger entwickeln[124]). Für Deutschland ist die durch Fliedner 1826/27 gegründete Rheinisch-Westfälische Gefängnisgesellschaft der bedeutsame Anfang der Gefangenenfürsorge[125]). In all dem sind weitere wesentliche Wurzeln einer pädagogischen Gesamtschau des Freiheitsvollzugsproblems.

Die Zeit der Wende vom 18. zum 19. Jahrhundert ist nicht nur in der praktischen Entwicklung des Strafvollzuges von maßgeblicher Bedeutung. Mit ihr beginnt auch die Wissenschaft von dem Freiheitsentzug. Zwar gibt es selbstverständlich ein wissenschaftliches Schrifttum, das sich mit der Strafe auseinandersetzt. Es liegt aber auf der Ebene des materiellen Rechtes. Ein selbständiges Strafvollzugsschrifttum, das die moderne Freiheitsstrafe in ihrem Vollzug zum Gegenstand hat, gibt es

---

[120]) Als Beispiel hierfür vgl. Johann Friedrich Eusebius Lotz, Ideen über öffentliche Arbeitshäuser und ihre zweckmäßige Organisation, Hildburghausen 1810.

[121]) Dazu, daß die Vermengung von Menschen verschiedenen Alters und Geschlechtes, von Verbrechern, Irren, Asozialen, Schuldnern in denselben Häusern, ja Räumen nicht nur ein tatsächlicher Zustand war, sondern durch entsprechende Anordnung begünstigt worden war, vgl. Belege bei K. Krohne: Lehrbuch d. Gefängniskunde, S. 15.

[122]) Hierzu vgl. Wilhelm Liese: Geschichte der Caritas, Freiburg/Br., 1922, Bd. II, S. 160ff.

[123]) Hierzu K. Krohne, Lehrbuch der Gefängniskunde, S. 31; W. Liese, a. a. O., S. 163; über die englischen Vereine s. insb. bei Julius, a. a. O., S. 62—84, ferner allgemein dort S. 257ff.

[124]) Julius, a. a. O., S. 257ff.

[125]) Dazu Kriegsmann, Einführung in die Gefängniskunde 1912. S. 58.

erst seit dem Erscheinen des Werkes von Howard. Wie so oft in der Geschichte der Geisteswissenschaft, hat ein Außenstehender den Anstoß dazu gegeben. Welch ausgedehntes Schrifttum Howard ausgelöst hat, läßt sich aus den bereits angeführten Werken der damaligen Zeit entnehmen. Die spätere Entwicklung ist ohne die damals geleistete Geistesarbeit nicht zu denken.

III. Die Geordnetheit und Humanität des Strafvollzuges ist die Voraussetzung eines behandelnden Strafvollzuges. Da auch schon die Reformer des Strafvollzuges um die Wende des 19. Jahrhunderts einen Besserungsvollzug erstrebten und ihn auch schon zu verwirklichen vermeinten, bedarf es der Erläuterung dessen, was gegenüber der in der ersten Hälfte des 19. Jahrhunderts gewonnenen Entwicklungsstufe Behandlung bedeutet.

Behandlung bedeutet nicht schon der bloße auf die Besserung abzielende, von der Allgemeinheit und der Gefängnisumwelt loslösende, den Sträfling im wesentlichen auf sich selbst stellende Freiheitsentzug. Einen solchen Vollzug, der wiederum als Reaktion auf die unhaltbaren Zustände des 18. Jahrhunderts verständlich ist, hat auch der die deutsche Entwicklung maßgeblich mitbestimmende Reformator des Strafvollzugs N. H. Julius angestrebt. In seinem Werk: „Nordamerikas sittliche Zustände", Leipzig 1839 (2 Bde.) fordert er die völlige Abgeschiedenheit von der Außenwelt innerhalb des pennsylvanischen Systems: „Der erste unmittelbarste und nächste Zweck der Einsamkeit des Sträflings, die den Grundstein des ganzen pennsylvanischen Systems abgibt, ist diese Einkehr in sich selbst. Alles muß entfernt werden, was ihn von dieser Einkehr, welche die Besserung vorbereitet und den Boden der Herzenhärtigkeit mit besserer Saat aufreißt, abziehen könnte. Es darf daher bei den amerikanischen Besserungssystemen, sowohl dem auburnschen als dem pennsylvanischen System, nicht nur kein mündlicher, sondern auch kein schriftlicher Verkehr der Sträflinge mit der übrigen Welt stattfinden. Er darf niemals erfahren, was in ihr vorgeht, wenn ihm auch zuweilen einmal gestattet wird, daß er sie schriftlich von sich und seinem Zustand in Kenntnis setzt. Die Anwendung hiervon ist, daß der Sträfling, soll er bessernd bestraft werden, keine Besuche und keine Briefe empfangen darf, wogegen es ihm belohnungsweise zu erlauben ist, sorgfältig ausgewählte Abschnitte der Hlg. Schrift oder belehrende und nützliche Bücher zu lesen, und Briefe an seine Angehörigen zu schreiben, welche natürlich vor ihrer Absendung der Prüfung des Vorstehers unterliegen" (S. 383)[126]). Dieser äußeren Abgeschiedenheit steht die Abtrennung im Innern gegenüber, sei es im auburnschen System durch das Schweigegebot, sei es im pennsylvanischen System durch die Zellenhaft. Dieses System „beruht auf dem Grundsatz ununterbrochener ein-

[126]) Diese völlige Abschließung bedeutet eine Abkehr von früheren schon aufgelockerten Auffassungen. Vgl. dazu W. Mittermaier: Gefängniskunde, S. 109.

samer Einsperrung bei Tage und Nacht, gemildert durch angeordnetes und gestattetes Gespräch mit dem Aufseher, dem Vorsteher, dem Geistlichen, dem Arzte, den Gefängnis-Inspektoren und zum Unterrichte und zur Erbauung etwa zugelassenen Besuchenden, so wie auch durch Arbeit, Lesen, Gottesdienst und durch jeweiliges Luftschöpfen im Freien". (Julius, Nordamerika S. 380/81).

Wenn in dieser völligen Abtrennung auch ein Körnchen pädagogischen Gehalts enthalten sein mag, nämlich der Gedanke der eigenen selbständigen Arbeit, an sich selbst, so fehlt jedoch einer derartigen Vorstellung die genügende Einsicht in die Umgestaltung menschlichen Denkens, Empfindens und Verhaltens. Trotz der zugelassenen Gespräche mit den Gefängnisbeamten fehlt der menschliche Bezug, auf dem das menschliche Vorwärtskommen beruht. Es fehlt das Verständnis für die menschliche Gesellschaftsgebundenheit, die nicht nur zerstörend und zersetzend wirken kann, sondern auch die Voraussetzung des seelisch-geistigen Aufbaus darstellt. Es fehlen noch die psychologischen, pädagogischen und kriminologischen Erfahrungen, die die Bedeutung der menschlichen Wechselwirkung deutlich machen. Es fehlt schließlich die vorbereitende Wiedereingliederung in das Gesellschaftsleben, insbesondere in Beruf und Familie. Das von Julius geschilderte Ideal des Vollzuges ist starr und unpersönlich. Die in diesem System vorgesehenen Gespräche sind mehr Beigaben als selbstverständliche, wesentliche Bestandteile eines planmäßigen Gesamtsystems.

So sehr die Fortschritte auf dem Gebiet des Vollzugswesens von Howard bis zur ersten Hälfte des 19. Jahrhunderts Anerkennung verdienen, so wenig können sie im Hinblick auf das Problem der menschlichen Behandlung vom Grundsätzlichen her befriedigen. Für die weitere Entwicklung bedurfte es neuer Erfahrungen und Erkenntnisse. Weitere Möglichkeiten sind seither auf verschiedenen Wegen gewonnen worden.

1. Die Fortentwicklung des Strafvollzuges. Gegenüber dem Prinzip der völligen Abtrennung von der Außenwelt setzten Auflockerungstendenzen im Strafvollzug selbst ein. Die Überzeugung von der Richtigkeit der völligen Abkapselung von der Außenwelt geriet ins Wanken. Die künftige Wiedereingliederung des Gefangenen in den gesellschaftlichen Bereich ließ es geraten erscheinen, die Bindungen an die Außenwelt nicht völlig zum Erlöschen zu bringen. Das galt sowohl für die familiären Beziehungen als auch für die allgemeinen Interessen. Anfänge in dieser Richtung bedeuten die Regelung von Besuchen[127])

[127]) Vgl. hierzu K. Krohne, Lehrbuch der Gefängniskunde, S. 495ff.; H. Kriegsmann, Einführung in die Gefängniskunde, S. 165f.; E. Bumke, Deutsches Gefängniswesen, S. 165ff.; W. Mittermaier, Gefängniskunde, S. 110; J. Pinatel, Traité Elémentaire, S. 354. Die Einführung derartiger Maßnahmen wird zunächst als Ausnahme und Entgegenkommen angesehen. Vgl. etwa H. Kriegsmann, a. a. O. „Ihre Gewährung bedeutet eine Durchbrechung der starren Absperrung von der Außenwelt, die das Wesen der Freiheitsstrafe ausmacht, daraus ergeben sich auch rechtliche Folgen.

und Briefwechsel[128]), Urlaub[129]), Außenarbeit[130]), Lesen von Zeitungen und Zeitschriften[131]), später Film und Radiohören[132]).

Daneben wurde die Idee der völligen Sonderung der Gefangenen preisgegeben. Vor allem erfolgte die Beseitigung des Sprechverbots[133]). Sie beruht nicht in erster Linie auf der Unmöglichkeit[134]), eine gegenseitige Unterhaltung der Gefangenen zu unterbinden, sondern auf der Erkenntnis von der Notwendigkeit eines gegenseitigen Gedankenaustausches unter Menschen. Die Zusammenkunft der Gefangenen in der Kirche, im Unterricht, an der Arbeitsstelle, in der Freizeit findet in einer freieren Atmosphäre als früher statt. Die auch früher im Gottesdienst vorhandenen Absonderungen durch besondere Trennungsvorrichtungen fallen weg[135]). Für die Freizeit gibt es wenigstens für besondere Gruppen von Gefangenen gemeinschaftliche Unterhaltungen in Wort und Spiel. Gemeinschaftsräume stehen zur Verfügung. Die Entwicklung hat auch zu Schlafsälen oder doch Zellen mit mehreren Schlaf-

---

128) Vgl. hierzu K. Krohne: a. a. O., S. 491ff.; H. Kriegsmann: a. a. O., S. 165f.; E. Bumke: a. a. O., S. 166f.; W. Mittermaier: a. a. O., S. 109f.; J. Pinatel: a. a. O., S. 354.

129) Für die Entwicklung ist kennzeichnend, daß die Bücher von Krohne und Kriegsmann die Begriffe Beurlaubung oder Urlaub noch nicht kennen. In dem Sammelwerk von E. Bumke erscheint der Begriff Beurlaubung im Zusammenhang mit den Maßnahmen auf Wohlverhalten, vgl. Sachregister S. 531. Kurze Ausführung bei W. Mittermaier: a. a. O., S. 111; eingehend über die Frage J. Pinatel: a. a. O., S. 355.

130) Auch die Außenarbeit wurde früher vielfach angefeindet, weil sie die strenge Absonderung auflockerte. Vgl. hierzu W. Mittermaier: a. a. O., S. 91. Die Außenarbeit kann unter strenger Bewachung vor sich gehen; sie kann aber auch in der Weise geschehen, daß der Gefangene von dem Arbeitgeber in der Anstalt oder dem Lager abgeholt und nach der Arbeit zurückgebracht wird.

131) Noch mit vorsichtiger Zurückhaltung K. Krohne: a. a. O., S. 486 („Eigentliche Tageszeitungen sind nur mit Vorsicht zuzulassen . . ."); H. Kriegsmann: a. a. O., S. 236; E. Bumke: a. a. O., S. 171, 305 (dort aber auch mit Hinweis auf die möglicherweise entstehende Unruhe), S. 442; W. Mittermaier: a. a. O., S. 98. Von dem Empfang allgemeiner Zeitungen und Zeitschriften ist grundsätzlich der Bezug von Gefängniszeitungen und -zeitschriften zu unterscheiden. Es kann sich hierbei um solche handeln, die von Außenstellen herausgegeben werden, wie früher der „Leuchtturm" oder in Baden „Die Brücke", oder aber um solche, die von Gefangenen selbst redigiert werden, wie der „Abteilungsspiegel" in Butzbach (Hess. Gefängnis), die „Brücke" in Rockenberg (Hess. Jugendgefängnis), der „Lotse" in Wolfenbüttel (Nieders. Gefängnis). Die ersteren dienen der Unterrichtung von außen, die letzteren gehören in den Bereich der Aufweckung der Kräfte in der Anstalt und der gegenseitigen Beziehungen der Gefangenen untereinander.

132) Über die Anfänge dieser Einrichtung vgl. E. Bumke: a. a. O., S. 308, 375.

133) Gegen ein Schweigegebot haben sich auch schon Stimmen um die Wende vom 18./19. Jahrhundert gewandt. Das trotzdem eingeführte Schweigegebot ist heute in seiner Allgemeinheit beseitigt. Vgl. hierzu E. Bumke: a. a. O., S. 169.

134) Zur Unmöglichkeit der Durchführung vgl. K. Krohne: a. a. O., S. 246f.

135) In Deutschland gilt das allgemeine auch für die älteren Anstalten.

stätten geführt[136]). Es ist hier nicht die Stelle, zu letzteren kritisch Stellung zu nehmen. Vielmehr kommt es hier lediglich darauf an, die Entwicklungstendenzen aufzuzeigen.

Eine wesentliche Loslösung von der Starrheit des pennsylvanischen und auburnschen Systems stellte das englische Progressivsystem[137]) mit seiner weiteren Ausgestaltung in dem irischen System[138]) dar. Diese in Deutschland Stufensystem genannte Vollzugsform hatte hier schon frühzeitig Anhänger gefunden (Zeller, Obermaier, Ristelhuber, d'Alinge[139]). Der tragende Gedanke ist der, den Gefangenen zu größerer Freiheit und Verantwortlichkeit zu führen und ihn dadurch besser auf die künftige Lebensführung nach der Entlassung vorzubereiten. Die Gewährung von Freiheiten wird von dem Gefangenen selbstverständlich als Vergünstigung empfunden. Es geht aber nicht in erster Linie darum, dem Gefangenen durch das Inaussichtstellen von Vergünstigungen ein Motiv für ein gutes Verhalten einzupflanzen, als vielmehr darum, seine geistigen und seelischen Kräfte zu stärken und zu entwickeln. Der Stufenvollzug hat nicht die Erleichterung der Vollzugsdurchführung, sondern die Beeinflussung der Haltung des Gefangenen zum Gegenstand. Mittermaier[140]) sieht in dem Stufenvollzug eine wesentliche Voraussetzung des Erziehungsvollzuges.

In Deutschland hat der Stufenvollzug nach dem ersten Weltkrieg, nachdem er vorher erstmalig in Wittlich[141]) angewandt worden war, seine Verwirklichung gefunden[142]). Nach der Beseitigung in der nationalsozialistischen Zeit wurde der Gedanke im deutschen Strafvollzug wieder aufgenommen. Bedenken gegen den Stufenvollzug wurden vor

---

[136]) Die Trennung der Gefangenen während der Nacht gilt auch bei der Gemeinschaftshaft in Deutschland ganz überwiegend als Grundsatz. Tatsächlich ist der Grundsatz aber weitgehend nicht durchgeführt. Vgl. W. Mittermaier: a. a. O., S. 76; E. Bumke: a. a. O., S. 151.

[137]) Zum englischen Progressivsystem vgl. K. Krohne: a. a. O., S. 61; H. Kriegsmann: a. a. O., S. 48; W. Mittermaier: a. a. O., S. 73.

[138]) Zum irischen System vgl. K. Krohne: a. a. O., S. 72ff.; H. Kriegsmann: a. a. O., S. 49ff.; W. Mittermaier: a. a. O., S. 74; J. Pinatel: a. a. O., S. LXVf. Angaben zum Schrifttum aus dem ältesten Schrifttum bei K. Krohne und W. Mittermaier.

[139]) C. A. Zeller; Grundriß der Strafanstalt, die als Erziehungsanstalt bessern will, Stuttgart-Tübingen 1824; G. M. Obermaier; Anleitung zur vollkommenen Besserung der Verbrecher in den Strafanstalten, 1835; J. B. Ristelhuber; Die Straf- und Besserungsanstalten nach den Bedürfnissen unserer Zeit, Mainz 1843 (S. 97). E. d'Alinge: Besserung auf dem Wege der Individualisierung, Leipzig 1865.

[140]) Vorzügliche zusammenfassende Darstellung über das Wesen und die Entwicklung des Stufenvollzuges bei W. Mittermaier: a. a. O., S. 101—108.

[141]) Mittermaier: a. a. O., S. 104; vgl. ferner Bl. f. Gefgk. 47 (Sonderheft) 1913.

[142]) Zur Frage des Stufenvollzuges hat das deutsche Schrifttum bis zum Jahre 1930 wertvolle Beiträge gebracht. Nachweise darüber bei W. Mittermaier: a. a. O., S. 106, Anm. 20. Ergänzend sei noch hingewiesen auf Rudolf Sieverts: Die preußische Verordnung über den Strafvollzug in Stufen in der Erinnerungsschrift an Phil. M. Liepmann, Beiheft 3 zur Monatsschrift, 1930 (S. 129ff.).

allem durch die Loslösung von einer schematischen Anwendung entsprochen. Entscheidend ist der in dem Stufenvollzug enthaltene Gedanke der Gewinnung immer freierer Formen innerhalb des Anstaltsvollzuges und seines Abschlusses unter Umständen außerhalb der Anstalt.

Beruht das Progressivsystem auf dem Gedanken der fortschreitenden Auflockerung des Vollzuges von der Zellenhaft bis zu einem mehr oder minder freien Übergang in die Freiheit, so war es dennoch mit den für das Gefängniswesen typischen Sicherungs- und Überwachungsmaßnahmen verbunden. Die Erfahrungen zeigten jedoch, daß auch ein weitgehender Verzicht auf derartige Maßnahmen den Vollzug nicht gefährden, und es möglich ist, auf die Selbstdisziplin und die Mitarbeit der Gefangenen aufzubauen. Damit ergab sich die Frage, ob es nicht angebracht sei, den Vollzug gleich mit einer der freieren Stufen beginnen zu lassen. Das führt zu den Systemen des halboffenen und offenen Vollzuges[143]). Sie stellen nicht notwendigerweise eine Stufe des allgemeinen Vollzuges dar, sondern können auch einen selbständigen Charakter haben[144]). Die Vollzugspraxis zahlreicher Länder zeigt, daß der halboffene oder der offene Vollzug nicht mehr nur ein Ziel, sondern vor allem nach dem zweiten Weltkrieg in immer weiterem Umfang Wirklichkeit geworden ist[145]). Das bedeutet eine außerordentliche Bereicherungsmöglichkeit der Behandlungsmethode[146]).

143) Das Wesen der offenen Einrichtung wird in den Empfehlungen des ersten Kongresses der Vereinten Nationen zur Verbrechensvorbeuge und Rechtsbrecherbehandlung in Genf vom 22. 8.—3. 9. 1955, wie folgt umschrieben: „Die offene Einrichtung ist gekennzeichnet durch das Fehlen von sachlichen und personellen Vorsichtsmaßnahmen gegen Entweichungen (wie Mauern, Riegel, Gitter, bewaffnete Wachen oder anderes, speziell zur Sicherheit der Anstalt vorgesehenes Wachpersonal), ferner durch ein System, daß gegründet ist auf einer gutgeheißenen Zucht und auf dem Gefühl der Verantwortlichkeit des Häftlings für die Gemeinschaft in der er lebt. Das System ermutigt den Gefangenen, die angebotenen Freiheiten zu benutzen, ohne sie zu mißbrauchen. Das sind die Kennzeichen, die die offene Einrichtung von anderen Einrichtungstypen unterscheiden, von denen manche von denselben Grundsätzen beeinflußt sind, ohne sie vollständig zu verwirklichen". (Kongreßbericht, herausgegeben von dem Sekretariat, A/CONF/6/1 unter C I (englische Ausgabe S. 76, französische Ausgabe S. 82). Schon vorher sind die Fragen des offenen Vollzuges auf dem 12. Internationalen Kongreß in Haag erörtert worden, der auf seiner Tagesordnung die Frage hatte: In welchem Maß sind offene Einrichtungen berufen, das Gefängnis zu ersetzen? Vgl. die Kongreßakten Bd. II, S. 623ff.; ferner ZStrW 63 (1951), S. 146.

144) Dem entspricht die Entschließung des ersten Kongresses der Vereinten Nationen in Genf, daß die offene Einrichtung grundsätzlich eine selbständige Institution sein solle (Kongreßbericht, a. a. O. englische Ausgabe S. 76, französische Ausgabe S. 82 unter C II).

145) Führend sind Schweden und Dänemark.

146) Eingehend zu den Problemen des offenen Vollzuges das von der Fondation Internationale Pénale et Pénitentiaire (franz. und engl.) herausgegebene Werk: Les méthodes modernes de traitement pénitentiaire 1955, S. 68, 77ff., 115f., 131; ferner L. Fox, La Place de l'Etablissement ouvert dans le système pénitentiaire et dans la communité. Wichtiges Material (in engl., franz. u. spanischer Sprache) enthalten die auf dem 1. Kongreß der Vereinten Nationen zur Verbrechensvorbeuge

Die Idee der Behandlung des einzelnen Gefangenen mit dem Ziele der Eingliederung in die Gemeinschaft ist am weitesten im Jugendstrafvollzug[147]) fortgeschritten. Der Erziehungsgedanke hat sich hier allgemein durchgesetzt. Zur Belebung des Jugendstrafvollzuges hat wesentlich die Jugendfürsorge[148]) beigetragen. Es hat sich im Laufe des letzten Jahrhunderts bis auf den heutigen Tag ein ganzes System von Kinder- und Jugenderziehungseinrichtungen entwickelt, von denen die Jugendstrafanstalt den äußersten Punkt darstellt. In welcherlei verschiedenen Formen die Behandlung straffälliger junger Menschen innerhalb eines Gesamtsystems vor sich geht, zeigt das englische Borstalystem. Im Hinblick auf die gesamte Entwicklung des Strafvollzugswesens kommt trotz der Verschiedenheit der Situation des Erwachsenen und des noch jungen in der typisch jugendlichen Entwicklung stehenden Menschen den in der Jugendbehandlung gemachten Erfahrungen eine erhebliche Bedeutung zu. Im Jugendstrafvollzug hat sich ein System entwickelt, in dem die Behandlung des jungen Rechtsbrechers im Mittelpunkt steht, ein System, das vor allem auch in der Öffentlichkeit die grundsätzliche Anerkennung gefunden hat.

2. Die Auflockerung des Strafrechts. Die im Strafvollzugsschrifttum zur Wende des 18. zum 19. Jahrhundert vertretenen Besserungs-, Individualisierungs- und Klassifizierungsgedanken fanden zunächst in der Strafgesetzgebung noch keinen Niederschlag. Der Streit um die verschiedenen Systeme (pennsylvanisches und auburnsches System) hemmte nicht nur die Weiterentwicklung des Strafvollzugswesens, sondern auch die Wandlung des Strafrechts. Sowohl das pennsylvanische als auch das auburnsche System waren mit dem auch

---

und Verbrecherbehandlung, Genf 1955, vorgelegten Länderberichte (A/Conf. 6/G. 2/L . . .) Argentinien (R. Pettinato), Belgien (J. Dupréel), Brasilien (V. Caneppa), Dänemark (H. Tetens), Finnland (V. Soine), Frankreich (A. Perdiau), Griechenland (Chr. D. Triantaphyllidis), Japan (B. Nakao), Indien (A. S. Raj), Israel (Zvi Hermon), Italien (A. Garofalo), Pakistan (Hamid-uz-Zafar), Philippinen (A. M. Bunye), Schweiz (Fr. Clerc), Südafrika (H. P. Junod), Südwales (L. C. J. Nott), Türkei (R. O. Tesal), USA (S. Bates u. J. V. Bennett), Vereinigtes Königtum Großbritannien (L. Fox) Victoria (A. R. Whatmore).

[147]) Über den Jugendvollzug neuerdings eingehend W. Mittermaier, a. a. O., S. 171—194; vgl. auch W. Middendorf, Jugendkriminologie, 1956; vgl. ferner J. Pinatel, a. a. O., S. 389—479.

[148]) Grundlegend für die Heimerziehung das in Gemeinschaft von Hans Scherpner und Friedrich Trost herausgegebene Handbuch der Heimerziehung, Frankfurt a. M.-Berlin-Bonn, 1952ff. Zur Frage der Heimerziehung E. Bamberger, Die Fürsorgeerziehung, Handb. d. Jugendwohlfahrt (1949) S. 90ff.; Joseph Beeking, Familien- und Anstaltserziehung in der Jugendfürsorge, Freiburg/Br., 1925; ders., Katholische caritative Heimerziehung, Freiburg/Br. 1926; Gustav von Mann, Heim und Heimerziehung, 1953; H. Thoma, Differenzierte Fürsorgeerziehung, Handb. d. Jugendwohlfahrt (1949), S. 108ff.; J. Wolf, Moderne Heimerziehung, 1949. Die Probleme der Fürsorgeerziehung behandeln fortlaufend die Zeitschriften Jugendwohl, Unsere Jugend, Zentralblatt für Jugendrecht.

philosophisch geförderten und gestütztem reinen Vergeltungsgedanken[149]) in Einklang zu bringen. So gelangte die absolute Theorie im 19. Jahrhundert zu ihrer das Strafrecht bis in das 20. Jahrhundert hinein beherrschenden Stellung[150]). Dem entsprach ein festgefügtes, auf die Tat ausgerichtetes starres Strafrecht. Insofern ließ sich vom Strafrecht keine Befruchtung des Strafvollzuges erwarten, wie umgekehrt einem Einfluß des Strafvollzuges auf das Strafrecht in der Richtung einer Individualisierung zunächst die Tore verschlossen blieben.

Das Aufreißen der strafrechtlichen Grundprobleme durch die kriminalanthropologische Forschung, die neben die soziologische tritt, brachte das scheinbar feste Gefüge des Strafrechts in Bewegung. Vom Ende des 19. Jahrhunderts bis in unsere Zeit hinein ist die Strafgesetzgebung von einem stetigen Umwandlungsprozeß ergriffen. Die von der internationalen kriminalistischen Vereinigung (seit 1889. Gründer: Franz von Liszt, Prins und van Hamel[151]) getragene Reformbewegung hat zu einer grundlegenden Umgestaltung des Strafrechts geführt. Für den Strafvollzug ergibt sich daraus eine Annäherung des Strafrechts an die in ihm sich entwickelnde Vorstellung. Sowohl im Strafrecht als auch im Strafvollzug gewinnt der Gedanke der Individualisierung an Boden. Im Strafrecht zeigt sich das in folgenden Richtungen:

a) Der Einbau der vorläufigen Entlassung in das Strafgesetz. Bei der vorläufigen Entlassung handelt es sich um eine vorzeitige Beendigung des Vollzuges der Freiheitsstrafe regelmäßig mit der Möglichkeit des Widerrufs im Falle schlechter Führung. Die Maßnahme ist aus den Auflockerungstendenzen im Strafvollzug entstanden. Ihre Wurzeln gehen auf die Ende des 18. Jahrhunderts entstandene Praxis bei der Strafverschickung von Sträflingen nach Australien zurück[152]). Durch Gesetz von 1829 und 1832 wurde die Einrichtung in England gesetzlich anerkannt[153]). In Deutschland, zunächst im Jahre 1862 in Sachsen[154]) und 1864 in Braunschweig[155]) eingeführt, fand die Einrichtung ihren gesetz-

---

[149]) Vor allem ist auf den Einfluß Kants Metaphysik der Sitten, 1797, später Hegel: Grundlinien der Philosophie des Recht, 1821 (hrsg. v. Georg Lasson, 3. Aufl. Leipzig 1930) hinzuweisen. Zu Kant vgl. R. von Hippel: Deutsches Strafrecht I (1925), S. 287f., 471; Hellmuth Mayer: Strafrecht (1953), S. 30; zu Hegel vgl. R. von Hippel: a. a. O., S. 305ff., 473f.; Hellmuth Mayer: a. a. O., S. 31; Edmund Mezger: Strafrecht (1932), S. 25.

[150]) Vgl. Karl Binding: Grundriß des deutschen Strafrechts, Allgemeiner Teil, 2. Aufl. (1878), S. 94; Hälschner: Das gemeine deutsche Strafrecht, Bd. I, (1881). S. 4. Dazu R. von Hippel: a. a. O., S. 474, Anm. 4, 5; S. 479.

[151]) Vgl. hierzu Robert von Hippel, Deutsches Strafrecht I, S. 352. Zum Reformprogramm: von Liszt-Eberh. Schmidt, Lehrbuch d. deutschen Strafrechts, I, 26. Aufl. (1932), S. 16ff.

[152]) Erwin Umhauer: Vorläufige Entlassung und Beurlaubung auf Wohlverhalten (bedingter Erlaß eines Strafrestes) in E. Bumke: Deutsches Gefängniswesen, S. 392; H. Kriegsmann: a. a. O., S. 39; K. Krohne: a. a. O., S. 59.

[153]) H. Kriegsmann: a. a. O., S. 39.

[154]) E. Umhauer: a. a. O., S. 392.

[155]) W. Mittermaier: Gefängniskunde, S. 131.

lichen Niederschlag im Reichsstrafgesetzbuch vom 15. Mai 1871 (§§ 23ff.). Für den Bereich des deutschen Reichsstrafrechts[156]) bedeutet diese Tatsache die erste gesetzliche Anerkennung einer Reaktionsbeweglichkeit[157]). Darin liegt die entscheidende Bedeutung der angeführten Bestimmungen des Strafgesetzbuches. Praktisch haben sie nicht die weitreichenden Folgen gehabt, die zu erwarten gewesen waren[158]). Die Ursachen dafür mögen einmal die vorherrschenden strafrechtlichen Auffassungen über die Vergeltung und die Notwendigkeit der Wahrung der Autorität des Richterspruchs, dann aber auch ihre theoretische unrichtige Erfassung als Gnadenmaßnahme[159]) sowie die Anwendung bei verhältnismäßig niedrigen Strafen, nämlich bereits von einer Höhe von einem Jahr ab[160]), und schließlich die ungenügende Dauer der Bewährungszeit gewesen sein. Wenn diese Maßnahme schließlich in ihrer ursprünglichen Form in Deutschland abgestorben ist[161]), so ist sie jedoch für die weitere Entwicklung befruchtend gewesen. In ihrer neuen Gestalt der bedingten Entlassung der Strafgesetzbuchnovelle 1953 (§ 26) scheint sie praktisch brauchbar zu sein und die Praxis anzusprechen[162]). Zu diesem Wandel trägt ein gewisser (wenn auch spärlicher) „Klimawandel" gegenüber den Fragen des Strafvollzuges in bedeutsamer Weise bei. Er beruht auf den anschließend zu erörternden Umständen.

b) Die Einführung der Aussetzung zur Bewährung. Während die vorläufige Entlassung sich als Strafvollzugsmaßnahme entwickelt hat,

---

[156]) Über die Entwicklung im Ausland vgl. in der 2. Hälfte des 19. Jahrhunderts K. Krohne: Belgien, S. 99; Dänemark, S. 112, 115; Finnland, S. 121; Frankreich, S. 81; Niederlande, S. 133. Grundlegend zur geschichtlichen Entwicklung bis zum Anfang dieses Jahrhunderts W. Mittermaier: Vergleichende Darstellungen des deutschen und ausländischen Strafrechts, Allg. Teil, IV. Band, (1908), S. 507ff.; ferner auch, zugleich über die spätere Entwicklung W. Mittermaier: Gefängniskunde, S. 131. Zur französischen Entwicklung J. Pinatel: a. a. O., S. 227.

[157]) Zu diesem für die weitere Entwicklung des Strafrechts grundlegenden Begriff vgl. Karl Peters: Die kriminalpolitische Stellung des Strafrichters, Berlin 1932, S. 168f., dort auch Anm. 2.

[158]) Zur Spärlichkeit der Anwendung der Maßnahme vgl. schon K. Krohne; a. a. O., S. 262 und H. Kriegsmann: a. a. O., S. 200; ferner auch Umhauer: a. a. O., S. 413 namentlich für die Zeit nach 1918.

[159]) Vgl. Umhauer: a. a. O., S. 394; gegen diese in der Praxis herrschende Auffassung Kriegsmann: a. a. O., S. 135.

[160]) Hierauf weist insbesondere K. Krohne, a. a. O., S. 262 hin.

[161]) Auch das der vorläufigen Entlassung entsprechende Parolesystem hat keine dauerhafte Wurzel in Deutschland schlagen können. Vgl. hierzu W. Mittermaier: a. a. O., S. 131.

[162]) Die Neuerungen liegen darin, daß eine bedingte Entlassung bereits bei Strafen von 4 Monaten 15 Tagen möglich ist und daß vor allem die Dauer der Bewährungszeit nur noch insoweit von dem Strafrest abhängig ist, als sie diesen nicht unterschreiten darf, daß sie aber im übrigen vom Strafrest unabhängig ist. Es kann die Bewährungszeit zwei und höchstens fünf Jahre dauern, auch wenn der Strafrest nur wenige Monate beträgt. Schließlich ist die Strafentlassung aus einem Verwaltungsakt ein Justizakt geworden. Mit alledem hat sich die bedingte Entlassung der Strafaussetzung zur Bewährung angeglichen.

beruht die Aussetzung auf Bewährung[163]) auf dem Gedanken, die Durchführung des Verfahrens in einem Zeitpunkt zwischen dessen Beginn bis zum Vollzug der ausgesprochenen Strafe mit dem Vorbehalt künftiger Weiterführung vorzeitig abzubrechen. Der Zeitpunkt kann vor der Anklage, vor dem Urteil[164]) — sei es, falls der Urteilsspruch geteilt ist, vor dem Schuld- oder vor dem Strafausspruch[165]) — oder vor der Vollstreckung[166]) liegen. Die Aussetzung kann als Prozeßmaßnahme oder als Maßnahme des materiellen Rechts[167]), als Rechtsprechungs- oder Gnadenakt, im Wege einer bedingten Verurteilung oder einer unbedingten Verurteilung mit bedingter Aussetzung der Vollstreckung erfolgen[168]). Wie mannigfach auch die Möglichkeiten der Gestaltung sind, immer geht es darum, die Durchführung der weiteren strafrechtlichen Verfolgung in Abhängigkeit von dem Verhalten des Betroffenen, sei es von seinem bloßen straffreien Verhalten, sei es von seiner einwandfreien

---

[163]) Eingehend mit Wesen und Form der „Strafaussetzung zur Bewährung" hat sich meine Arbeit: Die kriminalpolitische Stellung des Strafrichters, Berlin 1932, S. 124—132 befaßt. Über das deutsche und ausländische Schrifttum bis 1932 gibt das ausführliche Literaturverzeichnis S. 124—127 Auskunft, neuerdings Joachim Hellmer, Die Strafaussetzung im Jugendstrafrecht, Berlin-Spandau — Neuwied-Darmstadt 1959. Über den derzeitigen Stand der internationalen Regelungen unterrichtet das von den Vereinten Nationen herausgegebene Werk: Probation and related measures, E/CN 5/230, New York 1951 (franz. Übersetzung: La Probation [Régime de la mise à l'épreuve] et les mesures analogues, Melun 1953 mit umfangreicher Bibliographie).

[164]) Aussetzung vor der Anklage oder dem Urteil ist im deutschen Recht nicht ausdrücklich vorgesehen, sie kann aber über § 153 StPO im Erwachsenenstrafprozeß und über § 45 JGG im Jugendgerichtsverfahren verwirklicht werden. Dazu meine: Kriminalpolitische Stellung des Strafrichters, S. 149, Anm. 7; mein Strafprozeß (Lehrb. 1952), S. 137, 485.

[165]) Gesetzlich ist im deutschen Jugendstrafrecht die Aussetzung des Strafausspruchs in § 27 JGG 1953 eingeführt worden.

[166]) Die ausdrückliche gesetzliche Regelung kennt im deutschen Erwachsenenstrafrecht nur die Aussetzung der Vollstreckung, eingeführt in §§ 23ff. durch das dritte Strafrechtsänderungsgesetz vom 4. 8. 1953. Im Jugendstrafrecht hatte bereits das JGG 1923 die Aussetzung der Vollstreckung aufgenommen (§§ 10ff.). Sie ist heute in §§ 20ff. JGG 1953 geregelt. Tatsächlich wurde das System der Aussetzung der Strafvollstreckung seit 1895 in Deutschland geübt, und zwar im Gnadenweg, aus dem sich aber nach dem ersten Weltkrieg gewohnheitsrechtlich ein Rechtsprechungsakt entwickelte. Zu der deutschen Entwicklung bis 1932 vgl. insbesondere Liszt-Schmidt: Lehrbuch des deutschen Strafrechts, 1932 (§ 74); ferner meine: Kriminalpolitische Stellung des Strafrichters, S. 128ff., insbesondere S. 158.

[167]) Zu den grundsätzlichen Problemen des Verhältnisses von materiellrechtlichen und prozessualen Maßnahmen zur Erreichung kriminalpolitisch angestrebter Ziele vgl. meine Abhandlung: Die Parallelität von Prozeß- und Sachentscheidungen, Z. 68 (1956), S. 374ff.

[168]) Die verschiedenen Möglichkeiten sind vielfach literarisch behandelt. Es braucht daher hier auf das anglo-amerikanische, das belgisch-französische und das deutsche System nicht mehr näher hingewiesen zu werden. Die in der Anm. 1 S. 86 angegebenen Werke geben hinreichend Auskunft. Aus dem neueren deutschen Schrifttum vgl. W. Mittermaier, Gefängniskunde, 1954 (§ 25).

Führung, zu setzen. Das Strafverfahren soll von der Unabwendbarkeit seines Ablaufs im Hinblick auf die sich aus der Persönlichkeit des Täters ergebenden Gründe befreit werden. Wie auf die Entstehung der Aussetzung zur Bewährung die Gedanken des sich auflockernden Vollzugs eingewirkt haben, gehen umgekehrt auch von ihr wiederum Auswirkungen auf den Vollzug aus.

Die Aussetzung zur Bewährung ist für das Problem der Behandlung des Täters vor allem durch die Möglichkeit der Auferlegung von Weisungen[169]) und durch die Unterstellung unter einen Bewährungshelfer bedeutsam geworden. Die Aussetzung zur Bewährung in der Form des Probationssystems (System der Bewährungshilfe)[170]) gibt der Einrichtung die Bedeutung einer selbständigen positiven Behandlungsmethode, die über den ursprünglichen Sinn der bloßen Aussetzung: Vermeidung unnötiger Bestrafung oder unnötigen Strafvollzuges, insbesondere im Hinblick auf kurze Freiheitsstrafen und Bildung eines Motivs zur straffreien einwandfreien Lebensführung weit hinausgeht. Mit der Bewährungshilfe ist kriminalpädagogisch ein weiter Erziehungsbereich erschlossen. Das im anglo-amerikanischen Rechtsraum entstandene Probationssystem hat die Kulturwelt erobert. In Deutschland stieß es auf einen durch die Schutzaufsicht[171]) vorbereiteten Boden. Der weitere Fortschritt kommt in der Gegenüberstellung der Begriffe „Schutzaufsicht — Bewährungshilfe" zum Ausdruck. Von der Aufsicht, die der Helfer über den Schützling ausübt, geht die Entwicklung zur Hilfe, die der Helfer dem Probanden in dessen Bewährungsbemühen zukommen läßt. Allerdings darf aus der zwar kennzeichnenden Begriffsbildung nicht übersehen werden, daß auch die Schutzaufsicht zu einer echten Hilfsmaßnahme sich entwickelt hat, für deren Wirksamkeit aller-

---

[169]) Das Problem der Weisungen, Auflagen, Nebenanordnungen ist eingehend in meiner Arbeit: Die kriminalpolitische Stellung des Strafrichters, 1932, S. 183—221, unter zahlreichen Schrifttumshinweisen erörtert worden; neuerdings auch in: JZ 1957, S. 64ff.

[170]) Zum Probationssystem vgl. eingehend unter Angabe des Schrifttums § 19.

[171]) Sowohl die vorläufige Entlassung aus dem Strafvollzug als auch die Strafaussetzung zur Bewährung, früher auch Strafaussetzung auf Wohlverhalten genannt, konnte schon von Anfang an mit Schutzaufsicht verbunden werden. Bei der Einführung des Instituts der vorläufigen Entlassung erfolgte die Beaufsichtigung durch die Polizeibehörde, später ging sie jedoch auf die Gefangenenfürsorgevereine und die Schutzvereine über (dazu Umhauer in E. Bumke: a. a. O., S. 404ff.). Über die Anordnung der Schutzaufsicht bei der Strafaussetzung zur Bewährung vgl. meine: Kriminalpolitische Stellung des Strafrichters, an vielen Stellen (s. Sachverzeichnis S. 251). Die hier angeordnete Schutzaufsicht konnte durch private Vereine oder Privatpersonen durchgeführt werden. Den gesetzlichen Niederschlag hat die Schutzaufsicht zuerst im Reichsjugendwohlfahrtsgesetz vom 9. Juli 1922 (§§ 56ff.) und im Jugendgerichtsgesetz vom 16. Febr. 1923 (§ 7) (heute § 12 JGG 1953) gefunden. Es stehen nach deutschem Recht der Schutzhelfer und der Bewährungshelfer nebeneinander. Der Bewährungshelfer ist ein Organ der Strafrechtspflege. Ihm liegen vorwiegend kriminalpädagogische Aufgaben ob, während der Schutzhelfer für Schützlinge in Frage kommt, bei denen keine eigentliche Kriminalität vorliegt.

dings vorausgesetzt ist, daß sich Helfer finden, die ihre Aufgabe aus der echten Helferhaltung heraus wahrnehmen[172]).

c) Die Einführung unbestimmter Maßnahmen. Der vornehmlich auf die Tat ausgerichtete Vergeltungsgedanke führte zum völligen Obsiegen des bestimmten Urteils mit festbestimmten Maßnahmen. Auch rechtsstaatliche Auffassungen schienen allein eine derartige umgrenzte Strafanwendung zu rechtfertigen. Ansätze von unbestimmten Maßnahmen sind im deutschen Strafrecht des vorigen Jahrhunderts verschwunden[173]). Das deutsche Reichsstrafgesetzbuch vom 15. Mai 1871 kennt nur festbestimmte Strafen. Die Forderungen der soziologischen Schule richteten sich jedoch auf die Einführung von Maßnahmen, die auf die Persönlichkeit des Täters abgestellt waren, voraussichtlich künftiges Verhalten in Rechnung stellten und in beweglicher Weise ihm angepaßt werden konnten. Vor allem die Behandlung Jugendlicher und Gewohnheitsverbrecher führte zur Empfehlung von unbestimmten Maßnahmen. Sie wurden auch bei den Erörterungen der Strafzwecke, insbesondere im Hinblick auf die Erziehungs- und Besserungsgedanken als eine notwendige Folgerung angesehen[174]).

Es ist hier nicht der Platz, kritisch zu den Auffassungen Stellung zu nehmen[175]). Hier soll vielmehr nur auf den tatsächlichen Gang der Entwicklung hingewiesen werden, um eine Feststellung zu ermöglichen, in welchem Maß die Gesetzgebung eine Behandlung des Täters freilegt, wenn nicht gar nahelegt. Der Weg von einem festbestimmten Maßnahmensystem zu einem beweglichen System kann in sehr verschiedener Weise begangen werden[176]).

Neben ein festbestimmtes Strafensystem kann ein unbestimmtes System von Maßregeln der Sicherung und Besserung gestellt werden. Dieser Weg hat ein doppeltes Maßnahmesystem zur Voraussetzung, wobei die beiden Maßnahmen entweder sich gegenseitig ersetzen (Einspurigkeit) oder aber gleichzeitig (Mehrspurigkeit) zur Anwendung gelangen. Das deutsche Erwachsenenstrafrecht hat seit 1933 das System der Mehrspurigkeit, bei dem die Strafen festbestimmt, die Maßnahmen unbestimmt (entweder absolut: Sicherungsverwahrung, Unterbringung

---

[172]) Zur Schutzaufsicht in grundsätzlicher Hinsicht Rupert Angermaier: Die Schutzaufsicht, eine Pflicht der christlichen Gemeinschaft, 2 Bände, Freiburg/Br. 1934, mit eingehendem Schrifttumsverzeichnis Bd. II, S. 249—285; eine kurze Zusammenfassung Josef Schreiber: Schutzaufsicht, LdP. IV (1955), Sp. 219ff.

[173]) Über unbestimmte Maßnahmen im Preußischen Strafrecht des allgemeinen Landrechts (1794) und nachfolgenden Ergänzungen vgl. Eberh. Schmidt: Einführung in die Geschichte der deutschen Strafrechtspflege, 1947 (§§ 241, 242).

[174]) Vgl. hierzu vor allem Liszt-Schmidt: Lehrbuch d. deutschen Strafrechts, 1932, S. 22f. mit eingehendem Hinweis auf den Stand der Meinungen (Anm. 13); ferner auch W. Mittermaier: Gefängniskunde, S. 126ff.

[175]) Die kritische Stellungnahme folgt in § 3, in der die kriminalpädagogischen Möglichkeiten innerhalb des Strafrechts erörtert werden.

[176]) Grundlegend der den Vereinten Nationen erstattete Bericht von Marc Ancel: La sentence indeterminée (Nations Unies 1953).

in einer Heil- oder Pflegeanstalt oder relativ: Arbeitshaus, Asyl, Entziehungsanstalt) sind. Aber auch dort, wo die Strafen bestimmt sind, kann die vorläufige Entlassung ein Mittel sein, ihr einen unbestimmten Charakter zu verleihen, jedenfalls dann, wenn von der vorläufigen Entlassung ein umfangreicher Gebrauch gemacht wird. Es besteht weiterhin die Möglichkeit, die Strafe selbst in unbestimmter Form auszusprechen. Im deutschen Strafrecht ist dieser Weg nur im Jugendstrafrecht beschritten. Das Jugendgerichtsgesetz läßt das unbestimmte Urteil in Form der relativen Unbestimmtheit zu. Daneben steht als jugendstrafrechtliche und jugendfürsorgerische Maßnahme die Fürsorgeerziehung, deren Dauer ebenfalls von der Erreichung des Zweckes der Maßnahmen abhängt.

In welchem Umfang in der einen oder anderen Form der Gedanke der unbestimmten Verurteilung im Strafrecht der einzelnen Länder Anwendung gefunden hat, ist aus dem bereits erwähnten Bericht von Marc Ancel[177]) ersichtlich. Bereits in dem heutigen Umfang stellt die unbestimmte Verurteilung einen beachtlichen Bestandteil des modernen Strafrechts dar.

d) Die Erweiterung der richterlichen Machtstellung. Je stärker das Strafrecht auf die Behandlung des Täters ausgerichtet ist, um so mehr Persönlichkeitselemente müssen der Beurteilung zugrunde gelegt werden, um so mehr muß die richterliche Beurteilung dem Einzelvorgang angepaßt und um so mehr der richterlichen Einzelentscheidung anvertraut werden. Daraus ergeben sich weittragende gesetzgeberische Probleme[178]). Es ist die Frage zu lösen, wie der Gesetzgeber die wesentlichen Voraussetzungen für das richterliche Urteil im gesetzlichen Tatbestand erfassen kann, ohne daß der Richter unzweckmäßig gebunden ist, zugleich aber auch nicht die Möglichkeit willkürlicher Entscheidungen geschaffen wird. Mit Sicherheit läßt sich sagen, daß dem Gedanken der Behandlung weite Strafrahmen mit Zulasssung mildernder und erschwerender Umstände und die Verwendung unbestimmter Begriffe entsprechen.

Die Entwicklung der strafrechtlichen Gesetzgebung ist in den letzten Jahrzehnten eindeutig in der Richtung der Erweiterung der richterlichen Machtstellung nicht zuletzt durch Verwendung unbestimmter

---

[177]) Siehe die vorhergehende Anmerkung; ferner auch die von der Fondation Internationale Pénale et Pénitentiaire (franz. und engl.) herausgegebene Schrift Les méthodes modernes de traitement pénitentiaire, 1955.

[178]) Der 41. deutsche Juristentag (1955) hat in der strafrechtlichen Abteilung die Frage behandelt: „In welcher Weise empfiehlt es sich, die Grenzen des strafrichterlichen Ermessens im künftigen Strafgesetzbuch zu regeln (Ermessenfreiheit oder gesetzliche Bindung des Richters bei der Verhängung der Strafe und sonstiger Unrechtsfolgen)?“ Die Gutachten wurden von Horst Schroeder und mir erstattet, die Referate von Kalsbach und Sarstedt gehalten. Vgl. Verhandlungen, Bd. I, S. 2; Bd. II, Sitzungsberichte (2. Abteilung).

Begriffe gegangen. Der Fortgang der deutschen Strafrechtsentwicklung ist nur ein Beispiel der allgemeinen Entwicklung, die sich in entsprechender Weise mehr oder weniger überall vollzieht. Hat auch das Jugendstrafrecht[179]) den Anfang gemacht, so sind doch gleichlaufende Tendenzen im Erwachsenenstrafrecht[180]) deutlich erkennbar.

Bemerkenswert ist, daß die neue Strafgesetzgebung nicht nur Verbrechen und Strafe bzw. Maßnahme gegenüberstellt, sondern auch ein mit der Strafe bzw. Maßnahme zu erreichendes Ziel in das Gesetz einbaut. Damit wird der Richter vor die Aufgabe gestellt, eine Prognose zu stellen und die Maßnahme dieser Prognose entsprechend auszuwerfen. Der Richter muß sich demnach über die Zweckmäßigkeit seiner Anordnung Gedanken machen. Auch hier hat sich diese Bewegung zunächst im Jugendstrafrecht[181]) vollzogen, hat dann aber in das Er-

---

[179]) Das deutsche Jugendstrafrecht ist gekennzeichnet durch weites Ermessen in der Entscheidung, ob Erziehungsmaßregeln, Zuchtmittel oder Strafe angewandt werden sollen und wie die einzelne Maßnahme im einzelnen gestaltet sein soll. Als Beispiele unbestimmter Begriffe seien genannt etwa „schädliche Neigungen" (§§ 17 II, 19 I JGG) oder „Gesamtwürdigung der Persönlichkeit", „Jugendverfehlung" (§ 105 JGG). Diese letzte Vorschrift stellt darauf ab, ob der Heranwachsende noch einem Jugendlichen gleichsteht.

[180]) Ein Beispiel aus der Fortbildung des deutschen Strafrechts im Hinblick auf die Bekämpfung des Gewohnheitsverbrechertums stellt die Gegenüberstellung der im Strafgesetzbuch von 1871 ursprünglich allein vorhanden gewesenen Rückfallbestimmungen (z. B. §§ 244, 250, 261, 264 StGB) und der Bestimmung über den gefährlichen Gewohnheitsverbrecher (§ 20a StGB) dar. Für die Anwendung der Rückfallbestimmungen waren ausschließlich die Tatsache einer mehrfachen Bestrafung und die Reihenfolge von Bestrafung — Verbüßung (Straferlaß) — neue Tatbegehung maßgeblich, also rein objektiv erkennbare und feststellbare Voraussetzungen, bei deren Feststellung es irgendwelcher Bewertungen nicht bedurfte. Demgegenüber stellt die Anwendung des § 20a StGB (Gewohnheitsverbrecher) den Richter vor völlig andere Aufgaben. Auch hier bedarf es einer Mehrheit von Taten, aber der Richter hat zu prüfen, ob die Gesamtwürdigung der Taten ergibt, daß der Täter ein gefährlicher Gewohnheitsverbrecher ist. Auch damit ist für die Anordnung der Sicherungsverwahrung noch nichts Abschließendes ermittelt. Nach § 42e StGB muß der Richter prüfen, ob die öffentliche Sicherheit die Anordnung erfordert. In ähnlicher Weise ist die Anordnung anderer Maßnahmen der Sicherung und Besserung (insbesondere der Unterbringung in einer Heil- oder Pflegeanstalt, einem Arbeitshaus oder Asyl, einer Trinkerheilanstalt) von der Anwendung unbestimmter Begriffe abhängig. Über Einzelheiten der Ausdehnung des richterlichen Ermessens vgl. mein Gutachten zum 41. deutschen Juristentag.

[181]) Aus dem deutschen Jugendgerichtsgesetz nur einige wenige Beispiele:

§ 5 II: „Die Straftat eines Jugendlichen wird mit Zuchtmitteln oder mit Jugendstrafe geahndet, wenn Erziehungsmaßregeln nicht ausreichen."

§ 10: „Weisungen sind Gebote oder Verbote, die die Lebensführung des Jugendlichen regeln und dadurch seine Erziehung fördern und sichern sollen."

§ 13 I: „Der Richter ahndet die Strafe mit Zuchtmitteln, wenn Jugendstrafe nicht geboten ist, dem Jugendlichen aber eindringlich zum Bewußtsein gebracht werden muß, daß er für das von ihm begangene Unrecht einzustehen hat."

§ 17 II: „Der Richter verhängt Jugendstrafe, wenn wegen der schädlichen Neigungen des Jugendlichen, die in der Tat hervorgetreten sind, Erziehungsmaßwachsenenrecht[182]) übergegriffen. Für die Kriminalpädagogik ist die Betonung des Erziehungs- und Besserungsgedankens innerhalb der gesamten Behandlung grundlegend.

---

regeln oder Zuchtmittel zur Erziehung nicht ausreichen oder wenn wegen der Schwere der Schuld Strafe nicht erforderlich ist."

§ 19 I: „Der Richter verhängt Jugendstrafe von unbestimmter Dauer, wenn wegen der schädlichen Neigungen des Jugendlichen, die in der Tat hervorgetreten sind, eine Jugendstrafe von höchstens vier Jahren geboten ist und sich nicht voraussehen läßt, welche Zeit erforderlich ist, um den Jugendlichen durch den Strafvollzug zu einem rechtschaffenen Lebenswandel zu erziehen."

§ 21: „Der Richter darf die Vollstreckung der Jugendstrafe nur aussetzen, wenn die Persönlichkeit des Jugendlichen und sein Vorleben in Verbindung mit seinem Verhalten nach der Tat oder einer günstigen Veränderung seiner Lebensumstände erwarten lassen, daß er infolge der Aussetzung und unter der erzieherischen Einwirkung in der Bewährungszeit künftig einen rechtschaffenen Lebenswandel führen wird. Der Richter soll auch berücksichtigen, ob der Vollzug der Jugendstrafe eine Erziehungsmaßregel gefährden würde."

§ 23: „Der Richter soll für die Dauer der Bewährungszeit die Lebensführung des Jugendlichen durch Auflagen beeinflussen, die eine umfassende erzieherische Einwirkung gewährleisten."

§ 24 I: „Die Lebensführung des Jugendlichen während der Bewährungszeit und die Erfüllung der richterlichen Auflagen überwacht ein hauptamtlicher Bewährungshelfer, der unter der Aufsicht des Richters steht und diesem verantwortlich ist."

§ 27: „Kann nach Erschöpfung der Ermittlungsmöglichkeit nicht mit Sicherheit beurteilt werden, ob in der Straftat eines Jugendlichen schädliche Neigungen von einem Umfang hervorgetreten sind, daß eine Jugendstrafe erforderlich ist, so kann der Richter die Schuld des Jugendlichen feststellen, die Entscheidung über die Verhängung der Jugendstrafe aber für eine von ihm zu bestimmende Bewährungszeit aussetzen."

§ 71 I: „Bis zur Rechtskraft des Urteils kann der Richter vorläufige Anordnungen über die Erziehung des Jugendlichen treffen."

§ 88 I: „Der Vollstreckungsleiter (Anm: d. i. nach § 82 I der Jugendrichter) kann den zu einer unbestimmten Jugendstrafe Verurteilten zur Bewährung entlassen, wenn dieser einen Teil der Strafe verbüßt hat und die Umstände erwarten lassen, daß er künftig einen rechtschaffenen Lebenswandel führen wird."

§ 89 I: „Der Vollstreckungsleiter entläßt den zu einer Jugendstrafe von unbestimmter Dauer Verurteilten zur Bewährung, wenn dieser das Mindestmaß seiner Strafe verbüßt hat und die Umstände erwarten lassen, daß er künftig einen rechtschaffenen Lebenswandel führen wird."

Derartige Bestimmungen lassen erkennen, in welchem Maß im deutschen Jugendstrafrecht bereits der Richter in den Behandlungsvorgang eingespannt ist. Es sind aber nicht nur die in dieser Hinsicht offenen Bestimmungen zu berücksichtigen, sondern auch die Vorschriften, in denen die Behandlung versteckt orientierend oder zum mindesten mitorientierend ist. Das gilt insbesondere für § 105 I Ziff. 1: „Begeht ein Heranwachsender eine Verfehlung, die nach den allgemeinen Vorschriften mit Strafe bedroht ist, so wendet der Richter die für einen Jugendlichen geltenden Vorschriften der §§ 4—32 an, wenn

1. die Gesamtwürdigung der Persönlichkeit des Täters bei Berücksichtigung auch der Umweltbedingungen ergibt, daß er zur Zeit der Tat nach seiner sittlichen und geistigen Entwicklung noch einem Jugendlichen gleichstand, oder

e) Täterbezogene Ansätze strafprozessualer Art. Soll die Strafe ihrer Art und Höhe nach oder die sonstige Reaktionsmaßnahme auf die Behandlung ausgerichtet sein, so muß vor ihrer Anordnung das Persönlichkeitsbild des Täters festgestellt sein. Gegenüber dem im wesentlichen tatbezogenen Strafprozeß, wie er vor allem dem kontinentalen Strafprozeßrecht entspricht, ergeben sich zahlreiche Fragen, die zum größten Teil noch keine endgültige Klärung gefunden haben[183]). Die Gewinnung des Persönlichkeitsbildes setzt eine Aufhellung der persönlichen Umstände voraus, für die die polizeilichen Ermittlungsorgane nicht ausreichen, andererseits aber eine psychiatrische oder psychologische Begutachtung nicht immer erforderlich ist. So ergibt sich die Frage nach einem besonderen die persönliche Seite des Vorgangs erforschenden Organ. Zuweilen kann die Aufklärung des Persönlichkeitsbildes aber auch eine eingehende kriminologische Untersuchung erfordern, von der es zweifelhaft sein kann, ob sie im Ermittlungsverfahren überhaupt abgeschlossen werden kann. Dies wiederum führt zu der Frage der Verlagerung der endgültigen Entscheidung über Strafe und Maßnahme zu einem späteren Zeitpunkt. Von hier aus rückt die Frage nach der Zweiteilung des Strafverfahrens in den Blickpunkt. Die Erörterung der persönlichen Umstände erfordert möglicherweise eine andere gerichtliche Atmosphäre als die Feststellung des Sachverhalts. So taucht die Frage auf, ob für die Sachverhaltsfeststellung und die Persönlichkeitermittlung verschiedene Prozeßgrundsätze zur Anwendung zu bringen sind. Hiermit werden die Grundsätze der Öffentlichkeit, Unmittelbarkeit und Mündlichkeit für die Persönlichkeitsermittlungen berührt.

---

2. es sich nach der Art, den Umständen oder den Beweggründen der Tat um eine Jugendverfehlung handelt."

Die vor besondere Schwierigkeiten stellende Ziffer 1 erwähnt nicht ausdrücklich Erziehungsgesichtspunkte, doch ergeben sie sich mittelbar, da der Jugendliche, dem der Heranwachsende gleichgestellt werden soll, sich auch durch seine Bildsamkeit, Erziehungsfähigkeit und Erziehungsbereitschaft kennzeichnet.

Ein Vergleich der angeführten Bestimmungen mit den die Jugendlichen berührenden Vorschriften §§ 55—57 StGB v. 15. Mai 1871 läßt den ungeheuren Wandel richterlicher Aufgaben wenigstens auf dem Gebiet des Jugendstrafrechts erkennen.

[182]) Da das geltende deutsche Strafgesetzbuch vom 15. Mai 1871 keine Vorschriften über die Strafzwecke und die Strafzumessung enthält, lassen sich Belege nur in geringerem Umfang bringen. Das Stillschweigen des Strafgesetzbuches hat seine großen Vorzüge. Es bewahrt vor einer Einengung und ermöglicht die Fortentwicklung (vgl. zu diesen Fragen mein Gutachten auf dem 41. deutschen Juristentag S. 28—38). Es sind vor allem zwei Gruppen von Vorschriften, die den Richter zu Behandlungserwägungen zwingen: zunächst die 1933 eingeführten Vorschriften über den Gewohnheitsverbrecher (§ 20a) und die Maßregeln der Sicherung und Besserung (§§ 42a—42n), sodann die 1953 eingefügten Bestimmungen über die Strafaussetzung zur Bewährung (§§ 23—25) und die bedingte Entlassung (§ 26).

[183]) Die grundsätzliche Herausstellung de Problems findet sich in meinem Strafprozeß, Karlsruhe 1952, S. 10; näher in meinem Gutachten zum 41. deutschen Juristentag, Bd. I, 2 S. 46ff.

Inwieweit überhaupt das Persönlichkeitsstrafrecht mit den heute üblichen prozessualen Mitteln und Methoden durchführbar ist, bedarf später der Stellungnahme. Hier kommt es zunächst nur darauf an, festzustellen, ob die im Bereich des materiellen Strafrechts und des Strafvollzugs festgestellte Bewegung auch auf den Strafprozeß übergegriffen hat.

Diese Frage ist zu bejahen. Am weitesten fortgeschritten ist auch hier das Jugendstrafrecht[184]). Das deutsche Jugendgerichtsgesetz schreibt neben der Sachverhaltserforschung die Persönlichkeitsforschung vor (§ 45), für die es die näheren Anweisungen über den einzuschlagenden Weg gibt und vor allem ein besonderes Organ, die Jugendgerichtshilfe, zur Verfügung stellt (§ 38). Die Nichtöffentlichkeit des Verfahrens (§ 48) erleichtert die Klärung der persönlichen Umstände in der Hauptverhandlung. Mit der Jugendkunde vertraute Justizorgane (Jugendberufsrichter, Jugendschöffen, Jugendstaatsanwälte, §§ 35, 37) sichern nach Möglichkeit eine jugendgemäße Erfassung und Würdigung von Vorgang und Persönlichkeit. Die Möglichkeit einer Zweiteilung des Verfahrens nach anglo-amerikanischem Vorbild wird durch die Zulässigkeit der Beschränkung des Urteils auf den Schuldausspruch mit Aussetzung des Strafausspruchs zur Bewährung (§ 27) wenigstens in gewissem Umfang eröffnet. Die Zulässigkeit der Abänderung von Weisungen (§§ 11, 65 JGG) Schutzaufsicht und Fürsorgeerziehung (§ 126 JGG, § 72 JWG), besonderen Pflichten (§§ 15 III, 65 JGG) und insbesondere der Entlassung zur Bewährung (§§ 88, 89 JGG) bedeuten die gesetzliche Anerkennung richterlicher Nachentscheidungen. Schließlich ist in diesem Zusammenhang noch das Absehen von der Anklageerhebung oder der Durchführung des richterlichen Verfahrens (§§ 45, 47 JGG) zu erwähnen. Mit alledem ist das Verfahren im deutschen Jugendprozeß weithin aufgelockert und auf die Täterpersönlichkeit abgestellt.

Das Erwachsenenverfahren hat diese Entwicklung erst im Ansatz begonnen. Für das deutsche Strafverfahren sind folgende Tatsachen hervorzuheben: die Strafprozeßnovelle von 1924 brachte in § 153 StPO die Möglichkeit des Absehens von der Strafverfolgung bei Übertretungen und Vergehen, im letzteren Fall stets unter richterlicher Kontrolle. Die Vorschrift bedeutet einen beachtenswerten Riegel gegen ein zu weites, rein tatbezogenes Strafrecht[185]). Die Strafprozeßnovelle von 1933 führte

---

[184]) Grundlegend zum Jugendstrafrecht: Dallinger-Lackner: Jugendgerichtsgesetz, München-Berlin, 1955 (zu diesem auch in kriminologischer Hinsicht hervorragenden Werk vgl. meine Besprechung, Z. 68 (1956), S. 114ff.; ferner Gerhard Potrykus: Kommentar zum Jugendgerichtsgesetz, 4. Aufl., 1955; neuerdings Gerhard Grethlein, Jugendgerichtsgesetz (Kom.) Berlin 1959; ferner W. Middendorf: Jugendkriminologie, 1955. Die prozessualen jugendstrafrechtlichen Probleme behandelt auch mein Strafprozeß, S. 479—488.

[185]) Die Vorschrift bedeutet auch eine Maßnahme im Kampfe gegen die Überbelastung der Gerichte mit Bagatellsachen. Sie steht im inneren Zusammenhang mit § 27b StGB, der im Falle von Vergehen bei an sich verwirkten Gefängnisstrafen

zur Einfügung des § 160 III (heute in der ergänzenden Fassung von 1953), der für die Persönlichkeitsermittlungen hinsichtlich der Strafbemessung, Aussetzung zur Bewährung und Anordnung von Maßregeln der Sicherung und Besserung grundlegend ist. Freilich hat die Vorschrift mehr eine programmatische Bedeutung, da ein Organ zur Persönlichkeitsforschung noch fehlt. Die Versuche nach dem ersten Weltkrieg, die Gerichtshilfe außerhalb des Gesetzes einzuführen, haben zu keinem endgültigen Ergebnis geführt[186]). Das Gesetz vom 24. November 1933 gegen gefährliche Gewohnheitsverbrecher und über Maßregeln der Sicherung und Besserung hatte die dem Wesen dieser Maßregeln entsprechenden notwendigen Nachentscheidungen in die Hand des Richters gelegt. Nach deren Übertragung (1941) auf die höhere Justizbehörde ist seit 1953 wieder die gerichtliche Zuständigkeit gegeben. Die Einfügung der Strafaussetzung zur Bewährung in das Strafgesetzbuch (§§ 23—25 StGB) und die Neuordnung der bedingten Entlassung aus dem Strafvollzug (§ 26 StGB) im Jahre 1953 brachte eine weitere richterliche Befugnis[187]) zu Nachentscheidungen (vgl. auch § 453 StPO). Wenn es sich auch nur um vereinzelte Vorschriften handelt, die den Richter über die frühere, auf das Urteil beschränkte Strafzumessung und Maß-

---

von weniger als drei Monaten die Geldstrafe zuläßt, auch wenn sie nicht für das betreffende Vergehen vorgesehen ist. § 153 StPO und § 27b StGB stellen mit den Vorschriften über die Strafaussetzung zur Bewährung wichtige Schranken gegen die kurze Freiheitsstrafe dar. Weitere Maßnahmen sind: enge Auslegung der bloße Bagatelldelikte ergreifenden Tatbestände, strenge Anforderung an den strafrechtlichen Fahrlässigkeitsbegriff, deutliche Absonderung des strafrechtlichen Unrechts vom zivil- und verwaltungsrechtlichen Unrecht.

[186]) Zu den Problemen der Gerichtshilfe vgl. meinen Strafprozeß, S. 148—153 mit eingehender Angabe des Schrifttums; Rudolf Sieverts: Zur Notwendigkeit und Gestaltung der Gerichtshilfe im allgemeinen Strafverfahren, Monatsschrift 36, (1953), S. 129ff.

[187]) Im Text kommt es lediglich auf das Grundsätzliche an. Wie innerhalb der Gerichtsbarkeit die Befugnisse funktionell zu verteilen sind, ist eine besondere, praktisch freilich nicht unwichtige Frage. Es werden im deutschen Strafverfahrensrecht vom Gesetz zwei verschiedene Systeme angewandt. Nach dem einen liegt die Zuständigkeit für die im Falle des Freiheitsentzuges erforderlichen Nachentscheidungen (Vollstreckungsentscheidungen) bei einem besonderen Vollstreckungsrichter, der am Ort der Anstalt seinen Amtssitz hat und daher in enger Verbindung zu der Anstalt steht. Nach dem anderen System liegt die Entscheidung stets bei dem Prozeßgericht, d. i. das Gericht, das in der Sache in erster Instanz erkannt hat. Dieses Gericht ist häufig von der Anstalt weit entfernt. Es kennt nicht selten weder die Anstaltsbeamten, auf deren gutachtlichen Äußerungen es selbstverständlich angewiesen ist, noch den Vollzug in der betreffenden Anstalt oder gar überhaupt den Vollzug. Möglicherweise ist dem Prozeßgericht, dessen Richter u. U. gewechselt haben, der Verurteilte völlig unbekannt, jedenfalls kennt es ihn regelmäßig nicht in seinem zur Zeit der Nachentscheidung erreichten Entwicklungsstand. Es spricht daher vieles für das erste System. Ob sich die früher von mir gehegte Hoffnung erfüllt, daß die Zuständigkeit der Prozeßgerichte zu einer näheren Berührung mit dem Strafvollzug führt, ist zweifelhaft. Das erste System (besonderer Vollstreckungsrichter) ist im Jugendgerichtsverfahren (§§ 82, 83 JGG), das zweite im allgemeinen Strafverfahren (§§ 25, 26, 42f. StGB, §§ 453, 463a StPO) verwirklicht.

nahmeanordnung hinaus vor Behandlungsprobleme stellen, so liegt in ihnen doch der Kern zu einer weiteren Entwicklung.

f) Die Auflockerung der über den Strafvollzug hinausgehenden Strafwirkungen. Die Probleme der Wiedereingliederung erschöpfen sich nicht in den Strafvollzugsfragen. Ob die Einwirkungen im Strafvollzug von Nachhaltigkeit sind, hängt weitgehend von dem Schicksal ab, das den Häftling nach seiner Entlassung trifft. Die Umstände und Zustände nach der Entlassung sind für den Erfolg der Behandlung maßgeblich. Insofern gehören sie mit in den Kreis der hier zu erörternden Fragen. Sie sind für das Behandlungsproblem grundlegend.

Den Strafvollzug berührt das hier zur Erörterung stehende Fragengebiet unmittelbar insofern, als sich die vom Vollzug aus bereits in Angriff genommene Strafentlassenenfürsorge mit der Beschaffung von Arbeitsplätzen, der Besorgung von Unterkunft und auch mit der Wiederherstellung der etwa gestörten Familienbeziehungen zu befassen hat. Sie fällt aus dem Bereich der hier allein in Rede stehenden strafrechtlichen Fortentwicklung. Ebensowenig ist schon an dieser Stelle von den von der Gesellschaft her sich entwickelnden Hilfsmaßnahmen zu sprechen.

Auch der rechtlichen Regelung der mit der Entlassung einsetzenden Lage kommt eine entscheidende Bedeutung zu, angefangen von der Frage der Erstattung der Haftkosten[188]) mit den Mitteln, die durch die gefundene Arbeit erworben werden, bis zur formellen Rehabilitierung durch die Beschränkung der Auskunft aus dem Strafregister und die Tilgung der Strafe in den Registern. Das Registerwesen bedeutet ein Nachschleppen der Strafe bis lange nach der Verbüßung, das weder vom Vergeltungs- und Sühnegedanken noch von dem Gedanken der individuellen Behandlung oder der öffentlichen Sicherheit erwünscht oder gar erforderlich ist. Auch hier zeigt die Entwicklung ein Abgehen von dem Gedanken, daß der Täter die Folgen einer Bestrafung eben unbegrenzt auf sich zu nehmen habe. Diese Entwicklung vollzieht sich unter dem Schlagwort Rehabilitation. Führend auf dem Gebiet der Rehabilitation ist Frankreich[189]). Für den deutschen Bereich[190]) ist die

[188]) Bisher wurden von dem entlassenen Gefangenen regelmäßig die Haftkosten nachgefordert. Soweit sein Einkommen über der Pfändungsgrenze lag, konnten die Kosten zwangsweise beigetrieben werden. Da die Kosten für eine lange Haft recht beträchtlich sind, kann ihre Abarbeitung lange Zeit in Anspruch nehmen. Damit würden Arbeitswilligkeit und Arbeitsfreude wesentlich beschränkt. Das wiederum bedeutete eine Gefährdung des Bemühens des Strafvollzugs. Neuderdings wird auf Grund von Vereinbarungen der Landesjustizverwaltungen weitgehend von einem Erlaß der Haftkosten Gebrauch gemacht.

[189]) Über die neuere französische Entwicklung Jean Pinatel: a. a. O., S. 374.

[190]) Liszt-Schmidt, Lehrbuch des Deutschen Strafrechts I (1932) §§ 78, 78a unter Berücksichtigung der ausländischen Entwicklung, S. 462ff.; Reinhart Maurach, Deutsches Strafrecht, Allgemeiner Teil, 1954, S. 648—653; ferner Hartung, Das Strafregister, 1926. Weitere Literaturangaben zu § 21, wo die Rehabilitationsprobleme näher erörtert werden.

Lösung des Problems durch das Gesetz über beschränkte Auskunft aus dem Strafregister und die Tilgung von Strafvermerken (Straftilgungsgesetz) vom 9. April 1920 in Angriff genommen. Es beruht auf dem Gedanken des automatischen Eintritts der beschränkten Auskunft und der Tilgung durch Zeitablauf, von der letzten Strafe an bemessen. Die in dem Gesetz vorgesehenen Maßnahmen haben den Charakter von Vergünstigungen. Der automatische Eintritt gilt nicht für die Zuchthausstrafe, die Unterbringung in einer Heil- oder Pflegeanstalt und die Sicherungsverwahrung. Neben der automatischen Rehabilitation kennt das Gesetz noch die Rehabilitation kraft Anordnung durch die Bundes- oder Landesjustizminister (je nach der erstinstanzlichen Zuständigkeit). Im Jugendstrafrecht[191]) sind die Gedanken des Tilgungsgesetzes fortentwickelt worden. Abgesehen von kürzeren Fristen kennt das JGG 1953 (insoweit dem JGG 1943 folgend) eine vorzeitige Beseitigung des Strafmakels durch Richterspruch (§§ 97 ff. JGG). Im Anschluß an diesen Gedanken hat das Strafrechtsänderungsgesetz 1953 dem Gericht die Befugnis zugesprochen, bei Erlaß der Strafe nach der Bewährung in der Probezeit die beschränkte Auskunft über die Verurteilung anzuordnen (§ 25 I StGB).

Die Hinweise auf die Bewegung im Strafrecht machen es deutlich, daß sich nicht zuletzt unter dem Einfluß der Erfahrungen im Strafvollzug eine Hinwendung zu einem täterbezogenen Recht erkennen läßt, in dem es darum geht, nicht nur der Tat, sondern auch dem Täter gerecht zu werden. Die mehr oder weniger weitgehenden Neuerungen entsprechen dem Gedanken der Behandlung. Mag die Reformbewegung wichtige Programmpunkte noch nicht verwirklicht haben, so sind ihre Erfolge wie der Wandel des Strafrechts und der Strafrechtsauffassungen der letzten 60 Jahre zeigt, nicht zu unterschätzen. Mit alledem hat sich eine für die kriminalpädagogische Betrachtungsweise bedeutsame Entwicklung vollzogen.

3. Die Entwicklung des Sozialwesens und der sozialen Wissenschaften. Die Behandlung des Straffälligen ist nicht nur, aber doch auch Hilfe in der menschlichen Not. Somit steht sie in einem engen Zusammenhang mit der Wohlfahrtspflege und dem Fürsorgewesen[192]). In den

[191]) Hierzu insbesondere Dallinger-Lackner: Jugendgerichtsgesetz (1955), S. 771—807, wichtig auch wegen der dort dargelegten allgemeinen Gesichtspunkte (insbes. S. 771—773).

[192]) Zum Begriff der Wohlfahrtspflege vgl. Max Thoma, Die öffentliche Fürsorge in: Hans Peters, Handbuch der kommunalen Wissenschaft und Praxis, 2. Bd. 1957, S. 286: Wohlfahrtspflege umfaßt „alle planmäßige Hilfsmaßnahmen des Staates und der Gesellschaft für hilfsbedürftige Menschen“, Fürsorge bezeichnet „die individuell gezielte Hilfe von Staat oder Gesellschaft zur Beseitigung oder auch bereits zur Verhütung wirtschaftlicher, gesundheitlicher oder sittlicher Not bei Personen, deren eigene Mittel und Kräfte zusammen mit denen ihrer Familie und Drittverpflichteter zur Überwindung ihrer Notlage nicht ausreichen“. Wohlfahrtspflege betrifft demnach nach Thoma die allgemeine und Fürsorge die individuelle Hilfe. Vgl. auch Reisch, Wohlfahrtspflege LdP. IV, 1002 ff.

letzten 150 Jahren entwickelte sich neben der freien Tätigkeit immer mehr die öffentliche Hilfe. Ausgangspunkt waren vor allem die Armenfürsorge[193]) und sodann die Jugendhilfe. Der Arbeitsbereich dehnte sich immer weiter aus (z. B. Gesundheitsfürsorge, Altersfürsorge, Arbeitslosenfürsorge, Wohnungsfürsorge). Die Erkenntnis, daß die Hilfe nicht nur äußerlicher Art sein kann, führte zu einer Vertiefung der Wohlfahrtspflege und des Fürsorgewesens. Über die Hilfe zugunsten des Einzelnen wurde die Hebung ganzer Gesellschaftsschichten und der Ausgleich der verschiedenen Gesellschaftsgruppen als Aufgabe deutlich. Damit setzte die Entwicklung der Sozialpolitik[194]) ein.

Die Annäherung zwischen der praktischen Strafrechtspflege und der Wohlfahrtspflege und dem Fürsorgewesen erfolgte auf dem Gebiet der Strafzumessung, der Strafaussetzung, des Strafvollzuges[195]) (Anstaltswesen, Straffälligenhilfe und Familienfürsorge) und der Gerichtshilfe[196]), die im deutschen Recht im Jugendgerichtsgesetz 1923 ihren gesetzlichen Niederschlag und als soziale Gerichtshilfe im Erwachsenenstrafrecht in der Weimarer Zeit ohne ausdrückliche gesetzliche Anerkennung arbeitete.

Die praktische Entwicklung der Wohlfahrtspflege und des Fürsorgewesens wurde gefördert durch den Aufschwung der Wissenschaft auf diesen Gebieten. Die Untersuchung der freien Hilfe und ihrer geistigen Grundlagen erfolgte in der Caritaswissenschaft[197]). Die Wissenschaft von der Wohlfahrtspflege und dem Fürsorgewesen[198]) führte zu einer Klärung sowohl der grundlegenden Probleme sowie der Organisationsfragen, als auch der einzelnen Zweige (insbesondere Jugendfürsorge[199]),

---

[193]) Chr. J. Klumker, Fürsorgewesen. Einführung in das Verständnis der Armut und der Armenpflege Leipzig 1918.

[194]) L. Heyde, Abriß der Sozialpolitik, 10. Aufl. 1953.

[195]) Vgl. etwa Hans Buerschaper, Soziale Strafrechtspflege, Leipzig 1929.

[196]) Vgl. meinen Strafprozeß 1952, § 26.

[197]) F. Hermann, Caritaswissenschaft LdP. I, 605ff., Heinrich Weber, Das Wesen der Caritas, Freiburg/Br. 1938, Franz Klein, Christ und Kirche in der sozialen Welt, Freiburg/Br. 1956. Vgl. ferner Eberhard Welty, Herders Sozialkatechismus, 2 Bde., Freiburg/Br. 1952/53, Friedrich Karrenberg, Evangelisches Soziallexikon Stuttgart 1954.

Der Pflege der Caritaswissenschaft diente vor allem das 1925 an der Universität Freiburg/Br. gegründete Institut für Caritaswissenschaft.

[198]) Hans Muthesius, Fürsorgerecht, Berlin 1928; vgl. neuerdings in Hans Peters, Handbuch der kommunalen Wissenschaft und Praxis, Berlin-Göttingen-Heidelberg, 2. Bd. 1957 die Abhandlungen von Hildegard Schräder, Kommunale Sozialpolitik, 265—282, Max Thoma, Die öffentliche Fürsorge, 283—314, Karl Wilhelm Jans, Jugendhilfe, 315—354, Josef Stralau, Gesundheitswesen, 439—463, Peter von Aubel, Krankenhauswesen, 464—479.

[199]) Aus der Bundesrepublik Deutschland sei auf folgende Zeitschriften verwiesen: Evangelische Jugendhilfe, Jugendwohl, Mitglieder-Rundbrief des Allgemeinen Fürsorgeerziehungstages e. V., Mitteilungen der Arbeitsgemeinschaft für Jugendpflege und Jugendfürsorge, Nachrichtendienst des Deutschen Vereins für öffentliche und private Fürsorge, Recht der Jugend, Unsere Jugend, Zentralblatt für Jugendrecht und Jugendwohlfahrt.

Süchtigenfürsorge[200]) und der Mittel[201]). Mit alledem sind Grundprobleme der Strafvollzugswissenschaft behandelt, die ihrerseits die gewonnenen Erkenntnisse für ihr Spezialgebiet übernehmen und ausbauen kann.

4. Der Wandel innerhalb der sonstigen Wissenschaften. Die Fortentwicklung des Strafvollzuges im Laufe des 19. und 20. Jahrhunderts von der in der ersten Hälfte des 19. Jahrhunderts gewonnenen Position des „geordneten Strafvollzuges" zu dem Gedanken der „Behandlung" in ihrem neuzeitlichen Sinn wäre ebenso wie die Entwicklung des mehr tatgebundenen Strafrechts zu einem tätergerichteten Strafrecht nicht denkbar, wenn sich nicht der wissenschaftliche Wandel auf dem Gebiet der Kriminologie, Psychologie, Pädagogik, Philosophie und Theologie in dem letzten Jahrhundert vollzogen hätte. Dieser Wandel ermöglicht erst die Durchsetzung der Ideen um die Wende vom 18. zum 19. Jahrhundert.

a) Das Bild vom Verbrecher ist durch die anthropologische und soziologische Betrachtungsweise ein wesentlich anderes geworden[202]). Das 19. Jahrhundert hat gelehrt, den Verbrecher in seiner Abhängigkeit von der Anlage und der Umwelt zu sehen. Es hat die Bedeutung der seelischen und geistigen Gegebenheiten, des Charakters und der Konstitution, der Abartigkeiten für die Verbrechensentstehung deutlich ge-

---

[200]) Zeitschrift: Suchtgefahren. Beiträge aus Fürsorge und Forschung.

[201]) Für das Anstaltswesen: Hans Scherpner-Friedrich Trost, Handbuch der Heimerziehung, Frankfurt a. M.-Berlin-Bonn 1952ff.

[202]) Auf einen eingehenden Schrifttumsnachweis muß hier verzichtet werden. Im eigentlichen strafrechtlichen Bereich unterrichtet bis 1932 am besten das Lehrbuch des Deutschen Strafrechts von Liszt-Schmidt (26. Aufl.). Die Entwicklung der Auffassungen vom Verbrechen und vom Verbrecher und seiner Behandlung zeigt im deutschen Bereich vor allem die Monatsschrift für Kriminologie und Strafrechtsreform, begründet von Kloß - Lilienthal - von Liszt, weitergeführt von Aschaffenburg und Hentig (als Monatsschrift für Kriminalpsychologie und Strafrechtsreform), sodann von Exner, Bürger-Prinz, Reiter und Sieverts (als Monatsschrift für Kriminalbiologie und Strafrechtsreform), jetzt unter der neuen Bezeichnung Monatsschrift für Kriminologie und Strafrechtsreform von Stutte und Sieverts herausgegeben. Die Blätter für Gefängniskunde sind nach dem zweiten Weltkriege nicht mehr wieder erschienen. An ihre Stelle sind die „Zeitschrift für Strafvollzug" und „Bewährungshilfe" getreten. Der Weg der deutschen und österreichischen kriminologischen Wissenschaft wird vor allem durch die Werke von Gustav Aschaffenburg: Das Verbrechen und seine Bekämpfung, 1. Aufl. 1903, 3. Aufl. 1923; Franz Exner: Kriminalbiologie (jetzt Kriminologie), 1. Aufl. 1944, 3. Aufl. 1949; Adolf Lenz: Grundriß der Kriminalbiologie, 1927; Edmund Mezger: Kriminalpolitik auf kriminologischer Grundlage (später Kriminalpolitik und ihre kriminologischen Grundlagen), 1. Aufl. 1934, 3. Aufl. 1944; ders.: Kriminologie, 1951; Ferdinand von Neureiter: Kriminalbiologie, 1940; Wilhelm Sauer: Kriminalsoziologie, 1933; ders.: Kriminologie, 1950; Ernst Seelig: Lehrbuch der Kriminologie, 1. Aufl. 1950, 2. Aufl. 1951; ferner auch Karl S. Bader: Soziologie der deutschen Nachkriegskriminalität, 1949 gekennzeichnet. Zu Einzelproblemen auch heute noch wichtig Elster-Lingemann: Handwörterbuch der Kriminologie, 1933/1936.

macht. Die Lehre Cesare Lombrosos vom geborenen Verbrecher[203]) ist bei all ihrer Einseitigkeit epochemachend gewesen. Sie hat die kriminologische Betrachtungsweise im Hinblick auf den Verbrecher und seine Tat begründet. Die wissenschaftliche Auseinandersetzung, die die Lehre ausgelöst hat, hat zu einer sich immer weiter ausbreitenden und tiefergehenden Befassung mit der Täterpersönlichkeit geführt. Die Zusammenhänge von Krankheit und Abartigkeit mit dem Verbrechen untersuchten Kriminalpsychiatrie und Kriminalpsychopathologie. Die konstitutionellen Voraussetzungen für die Verbrechensbegehung wurden eingehend erörtert. Die biologischen Probleme führten zu den erbbiologischen Forschungen. Die Charakterologie wurde für die Verbrechenslehre fruchtbar gemacht. Die Psychologie gewann neue Einsichten in die menschlichen Verhaltungsweisen. Die von Freud[204]) begründete Psychoanalyse gab grundlegende Einblicke in das Unbewußte, insbesondere in die Auswirkungen menschlicher Erlebnisse und Erfahrungen. Auf dieser Grundlage entwickelte sich die für die Kriminologie außerordentlich ergiebige Neurosenlehre.

Neben den die Persönlichkeit betreffenden Untersuchungen des Verbrechens behandelten die soziologischen Forschungen mit nicht minderer Intensität die Verbrechensvorgänge. Sie klärten die gesellschaftlichen Verbrechenseinflüsse. Der Zusammenhang von Person und Umwelt, ihre Wechselbeziehungen führten zu einer allseitigen Verbrechensbetrachtung. Mit alledem wurden die Voraussetzungen für die Behandlung des Verbrechers gewonnen, da ohne eine hinreichend gefestigte Verbrechensursachenlehre eine erfolgreiche Verbrechensbekämpfung nicht möglich ist. Sie schafft erst die Möglichkeit einer Erfolg versprechenden Verbrecherbehandlung.

Die Verbrechensursachenlehre hat zur Lehre der Einteilung der Verbrecher geführt. Daraus eröffnet sich die Möglichkeit einer wissenschaftlich begründeten Klassifikation, ohne die eine sachdienliche Behandlung nicht möglich ist. Im weiteren Fortgang hat sich die Prognosenlehre angeschlossen.

Die Durchführung der Untersuchungen der Verbrechensursachen nach strengen naturwissenschaftlichen und soziologischen Methoden sicherte die Gewinnung zuverlässiger Ergebnisse. Die Befreiung von philosophischen und theologischen Betrachtungsweisen kam den Untersuchungen sicherlich zugute. Sie sicherte vor allem vor zu frühen, den Tatsachen nicht entsprechenden Schlüssen und Bewertungen. Dennoch aber reichen bloße naturwissenschaftliche und soziologische Erklärungen nicht aus, um das menschliche Verhalten hinreichend zu deuten. Sie vermögen nicht mehr als nur gewisse, freilich sehr bedeutsame Ursachen mensch-

---

[203]) Cesare Lombroso, L'Uomo deliquente 1871/76, deutsch (nach der 3. Aufl.): Der Verbrecher in anthropologischer, ärztlicher und juristischer Sicht, 1887.

[204]) Sigmund Freud, Gesammelte Werke, 17 Bde., London 1952—1955; s. a. Anna Freud, Einführung in die Psychoanalyse für Pädagogen, 2. Aufl., Bern 1956.

licher Fehlleistungen zu verdeutlichen. Die Erkenntnis des Menschen bedarf vielmehr auch der philosophischen Betrachtung[205]). Auch sie führt zur Erfassung menschlicher Gegebenheiten, die für die Deutung menschlichen Verhaltens unentbehrlich sind. Eine Beurteilung menschlichen Verhaltens ohne das Wissen um sein Hineingestelltsein in die geistigen Zusammenhänge ist ebensowenig möglich wie seine Behandlung. Grundlegende Fragen, wie die der Willensfreiheit, des Bösen, der Verlassenheit, der Zielgerichtetheit, sind naturwissenschaftlich und soziologisch allein nicht klärbar. Wer menschliches Verhalten zum Gegenstand der Betrachtung, Beurteilung und Behandlung machen will, kann sich darüber hinaus aber auch theologischen Aussagen nicht entziehen. Die Verschiebung theologischer Gedanken in den privaten Raum und die stillschweigende Vereinbarung ihrer Ausklammerung aus dem weltlich-wissenschaftlichen Bereich mögen zwar eine gewisse Einheit der verschiedenen Betrachtungsgrundlagen erleichtern. Jedoch würde ein solches Verfahren um der Wahrheit und der Wirklichkeit willen nicht statthaft sein. Wer sich mit dem Menschen befaßt, ist vor die Frage nach Gott, dem Gott-Mensch-Verhältnis, dem Verhaftetsein in Unrecht und Schuld, dem Wirken des Bösen, der Befreiung, Erlösung und Begnadung gestellt. Ein Ausweichen aus Gründen der Wissenschaftlichkeit ist nicht möglich, weil die Wissenschaft auf die letzte Deutung nicht verzichten kann, sofern sie die Tatsachen verstehen und die Folgerungen für die Antwort auf diese ziehen will.

Es scheint, daß unserer Zeit die Grenzen bloß naturwissenschaftlichen und bloß soziologischen Denkens zum Bewußtsein gekommen sind. Die menschlichen Katastrophen der letzten fünfzig Jahre zwingen zu einer darüber hinausgehenden Betrachtung. Diese Tatsache läßt die Notwendigkeit und die Bedeutung der naturwissenschaftlichen und soziologischen Betrachtungsweise für die Kriminologie in vollem Umfang bestehen. Der Gewinn, den die Verbrechenslehre aus ihnen gezogen hat, ist unermeßlich und längst noch nicht ausgeschöpft. An den Ergebnissen die die naturwissenschaftliche und soziologische Betrachtungsweise der letzten hundert Jahre gezeitigt haben, können auch Philosophie und Theologie nicht vorbeigehen. Diese haben sich vielmehr um ihre Fruchtbarmachung bemüht[206]).

---

[205]) In dieser Hinsicht sind die Arbeiten von Wilhelm Sauer bemerkenswert. Zu beachten ist auch die philosophische Grundlegung der neueren Psychologie und Pädagogik.

[206]) Als Beispiel hierfür mag das von Fritz Tillmann herausgegebene Handbuch der katholischen Sittenlehre dienen: Bd. II: Theodor Müncker, Die psychologischen Grundlagen der katholischen Sittenlehre, 1. Aufl. 1934, 4. Aufl. 1953; Bd. V: Werner Schöllgen, Die soziologischen Grundlagen der katholischen Sittenlehre, 1953. Vgl. ferner von katholischer Seite: Gustav Vogel, Psychotherapie und Pädagogik, in: Grundfragen der Pädagogik, Heft 1, Freiburg/Br. 1954; Wilhelm Heinen, Affektive Vergeltung oder heilsames Strafen, in: Bitter, Heilen statt Strafen, Göttingen 1957, S. 92—114. Von evangelischer Seite vgl. Heinz-Dietrich Wendland,

Für das Problem der Behandlung, insbesondere der pädagogischen Behandlung sind diese Zusammenhänge grundlegend. Eine Pädagogik, die sich nur auf eine naturwissenschaftlich begründete Psychologie oder auf eine wertfreie Soziologie stützen wollte, würde fruchtlos sein. Das gilt in gleichem Maß für die Kriminalpädagogik, die wir, wie dargelegt, als ein echtes pädagogisches Teilgebiet ansehen. Die geschilderte Wissenschaftsentwicklung: einerseits die naturwissenschaftliche und soziologische Grundlegung der Kriminologie, andererseits das Erkennen und Drängen nach ihrer Verknüpfung mit der geisteswissenschaftlichen Durchdringung bedeutet für die heutige Zeit eine Ermunterung, die Probleme der Kriminalpädagogik mit dem Versuch einer grundlegenden Betrachtung anzugehen.

b) In diese Richtung drängt aber auch die Entwicklung der Pädagogik selbst. Sie ist über den Bereich der Normalpädagogik in Haus und Schule hinausgewachsen. Es handelt sich hier weniger um das Hinausgreifen der Pädagogik in altersmäßiger Hinsicht, also um die Einbeziehung der Erwachsenen in ihren Bereich, als vielmehr um die Entwicklung besonderer pädagogischer Zweige, wie vor allem des Gebietes der Sonderpädagogik, insbesondere der Verwahrlostenpädagogik und der Heilpädagogik. Die Bemühungen um eine Anstaltspädagogik kommen auch der Gefängnispädagogik zugute[207]). Die Sozialpädagogik hat, wie man sie auch umschreiben mag, die gesellschaftlichen Probleme in den Bereich der Pädagogik einbezogen. Die neuere allgemeine Pädagogik hat Wege und Methoden der Erziehung wissenschaftlich erarbeitet, die für die Sondergebiete fruchtbar gemacht werden können. Mit alledem sind für die Kriminalpädagogik wichtige Ansatzpunkte gewonnen.

c) Der Fortgang der pädagogischen Entwicklung steht wiederum im engsten Zusammenhang mit der Entwicklung der Soziolgie, der anthropologischen Psychologie (Persönlichkeitskunde, Charakterkunde), der medizinischen Psychologie, der Sozialpsychologie, der gerichtlichen Psychiatrie und der Psychotherapie[208]). Auf diesen Wissensgebieten sind Erkenntnisse gefunden worden, die auch für die pädagogische Behandlung im Strafvollzug unentbehrlich sind[209]).

5. Die internationale Zusammenarbeit. Wer sich heute mit den Strafvollzugsproblemen befaßt, ist nicht nur auf eine weithin sich erstrek-

---

Die Kirche in der modernen Gesellschaft, 2. Aufl. Hamburg 1958; Gerhard Bartning, Schuldvorwurf und Schuldeinsicht — eine Schwierigkeit in der Straffälligenbetreuung, Innere Mission 1959, S. 97—111.

[207]) Dazu vgl. die Literaturnachweise in § 1.

[208]) Auf die Anführung des umfangreichen Schrifttums kann hier verzichtet und auf die zahlreichen Nachweise an den Einzelgiestellen hingewiesen werden.

[209]) Zum Zusammenhang von Pädagogik und Soziologie vgl. K. Haase, Die Soziologie und Pädagogik, LdP IV 381—385; von Pädagogik und Psychologie: Josef Derbolav - Heinrich Roth, Psychologie und Pädagogik, Heidelberg 1959; Alfred Petzelt, Psychologie und Pädagogik, Jw. 1959, S. 123—129; 223—230.

kende wissenschaftliche Erfassung der für die Strafvollzugsgestaltung wesentlichen Probleme verwiesen, sondern kann sich zugleich auf ein ausgedehntes Diskussionsmaterial stützen. Zahlreiche internationale Gremien haben neben nationalen Zirkeln seit Jahrzehnten in einem ständigen Meinungs- und Erfahrungsaustausch gestanden[210]). In vielerlei Formen sind im internationalen Bereich die Strafvollzugsreformen angegangen worden. Neben der wissenschaftlichen Forschung verfügen wir über einen weiten Erfahrungsbereich. Der Samen, der am Ende des 18. Jahrhunderts gelegt worden ist, hat vielfältige Frucht getragen. Die damals aufgenommenen Gedanken über die Behandlung können in unserer Zeit fortentwickelt und mit Aussicht auf Erfolg in systematischer und planmäßiger Form in die Tat umgesetzt werden.

6. Die öffentliche Meinung. Ein solcher Versuch ist auf die Dauer nur dann erfolgversprechend, wenn die Vollzugsprobleme in der Öffentlichkeit einen Widerhall finden. In dieser Richtung haben die privaten Zusammenschlüsse mit dem Ziele der Hilfe für die Strafgefangenen und ihre Angehörigen während der Verbüßung und vor allem des Beistandes nach der Entlassung eine nicht zu unterschätzende Bedeutung. Die

---

[210]) Es sei vor allem auf die Akten der zwölf internationalen Strafvollzugskongresse verwiesen: vgl. hierzu: Actes des douze Congrès pénitentiaires internationaux 1872—1950 (Proceedings of the twelve international penitentiary congresses) mit dem hierzu von Thorsten Sellin - Vally Degoumois redigierten Index analytique et des noms (Analytical and name index) Bern, o. J. Bedeutsam der 1. Kongreß der Vereinten Nationen in Genf 1955 über Verbrechensverhütung und Behandlung Straffälliger mit dem Bericht des Sekretariats in englischer und französischer Sprache, New York 1956 mit Übersicht über die zahlreichen Dokumente. Vgl. hierzu Z. 67 (1955) S. 659ff. Ferner sei hingewiesen auf die Internationalen Kongresse für Kriminologie (2. Kongreß in Paris 1950 mit umfangreichen Akten), die Internationalen Strafrechtskongresse (6. Kongreß in Rom 1953, Z. 65 (1953) S. 437ff., 66 (1954) S. 1ff.; 7. Kongreß in Athen 1957, Z. 70 (1958) S. 127ff. (sowie das Sonderheft der Z. 1957); die Internationalen Kongresse für soziale Verteidigung: 3. Kongreß in Antwerpen 1954, Z. 66 (1954) S. 498ff., 4. Kongreß in Mailand 1956, Z. 68 (1956), S. 332ff., 5. Kongreß in Stockholm 1958, Z. 70 (1958) S. 693ff.; die Internationalen Kongresse für Rechtsvergleichung (Strafrechtliche Abteilung), 4. Kongreß in Paris 1954, Z. 67 (1955), S. 170ff.

Zu der vorhergehenden Zeit vgl. auch Frede-Sieverts, Die Beschlüsse der Internationalen Gefängniskongresse 1872—1930, Eisenach 1931.

Hervorzuheben ist ferner die Tätigkeit der Fondation Internationale Pénale et Pénitentiaire mit Veröffentlichung wichtiger Schriften: Les méthodes modernes de traitement pénitentiaire, 1954, Cycle d'études de Strasbourg, Bern 1959.

Zu erwähnen in diesem Zusammenhang ist auch der 2. Internationale Kongreß Katholischer Juristen in Rom-Ostia 1956 über die Achtung der Menschenwürde in der Anwendung des Strafrechts, Les Cahiers du Droit Nr. 41 (1957), Justitia 1956 (Rom) S. 285ff.; ferner der 2. Internationale Kongreß der katholischen Gefängnisgeistlichen und Fürsorger in Freiburg (Schw.) 1954, Jw. 35 (1954) S. 384—387.

Wichtig für die internationale Zusammenarbeit das große Werk von Louis Hugeney - H. Donnedieu de Vabres - Marc Ancel, Les grands Systèmes Pénitentiaires actuels, 2 Bde., Paris 1950/55.

Auswirkungen stiller Arbeit und unermüdlichen Ringens um die Wiedereingliederung selbst in kleinem Bereich stellen einen wesentlichen Beitrag für die Formung der Gesamthaltung dar. Weithin ist vor allem im Ausland der Blick für Vollzugsfragen in der Öffentlichkeit geweckt. Daß gerade in Deutschland für die Gestaltung der öffentlichen Meinung noch ein zähes Ringen erforderlich ist, liegt allerdings offen zutage. Aber auch hier bedarf es zunächst einer zuverlässigen wissenschaftlichen Forschung und Lehre sowie einer zähen praktischen Arbeit, die der publizistischen Auswertung in Presse und Rundfunk ein hinreichend sicheres Fundament gibt und so auf die Allgemeinheit überzeugend wirkt. Arbeitet die Wissenschaft auch nicht auf die Publizistik hin, so wird sie sich doch all den Kräften zu Dank verpflichtet fühlen, die im Bemühen um die Förderung der Menschheit ihr die Hand reichen.

IV. Der Weg, den der praktische Vollzug und das Wohlfahrtswesen, die Strafrechtswissenschaft und die Wissenschaft von der Wohlfahrtspflege, die verschiedenen Zweige der Natur- und Geisteswissenschaften, die internationale Zusammenarbeit und auch die Allgemeinauffassungen genommen haben, ist ein außerordentlich weiter. Wenn die Bemühungen um eine Erziehung im Strafvollzug zur Wende des 18./19. Jahrhunderts nur den Grund gelegt haben, einen humanen, geordneten Strafvollzug zu schaffen, ohne aber eine echte Kriminalpädagogik zu entwickeln, so mögen die Gründe dafür mannigfach sein. Es fällt zunächst auf, wie das Interesse sowohl der Juristen als auch der Allgemeinheit für Strafvollzugsfragen in der 2. Hälfte des 19. Jahrhundert immer mehr schwindet[211]. Ein Vergleich des ungewöhnlich fruchtbaren und tiefgehenden Schrifttums seit Howard bis zur Mitte des 19. Jahrhunderts und des daraufhin folgenden schwachen literarischen Interesses an den Strafvollzugsfragen macht den Wandel deutlich. Namentlich in Deutschland ist das Strafrecht unter dem Einfluß der Philosophie in immer stärkerem Maß dogmatischen Fragen nachgegangen. Die Weimarer Zeit hat wieder den Anschluß an die abgebrochene Entwicklung aufgenommen, jedoch hat die Zeit nach 1933 die einsetzende Bewegung nicht zur Entfaltung kommen

---

[211]) In der Zeit von 1859—1869 liegen noch die Arbeiten von Franz von Holtzendorff, K. J. A. Mittermaier, K. Röder, C. W. Hänell und Wahlberg, mehr als Abschluß der den Vollzug ordnenden und humanisierenden Zeit. Über die einzelnen Werke vgl. Wolfgang Mittermaier, Gefängniskunde, Berlin-Frankfurt 1954, S. 30f. Dann folgen nur noch in Abständen größere Abhandlungen: Franz von Holtzendorff - E. von Jagemann, Handbuch der Gefängniskunde, 2 Bde., 1888, und Karl Krohne, Lehrbuch der Gefängniskunde 1889, Hermann Kriegsmann, Einführung in die Gefängniskunde, 1912, und B. Freudenthal, Gefängnisrecht und Recht der Fürsorgeerziehung in Holtzendorff - Kohler, Rechtsenzyklopädie, 7. Aufl. Bd. V 1914. Für die Fachkreise wirkten die Blätter für Gefängniskunde seit 1864 (bis 1945). Das Gewicht des Strafvollzugsschrifttums muß jedoch, wenn man es richtig, d. h. nicht überwertet, in Rechnung setzen will, in Bezug zu dem außerordentlichen Reichtum des Schrifttums zum materiellen Strafrecht gesetzt werden.

lassen[212]). Dazu trug auch die Isolierung Deutschlands von der inzwischen im Ausland weit fortschreitenden Entwicklung bei. Es scheint, daß auch heute noch nicht ein echter Impuls zu einer wirklichen Vollzugsreform in Deutschland lebendig geworden ist. Selbst bei manchen der von der Notwendigkeit der Reform durchdrungenen Kennern und Vollzugsbeamten hat das Gefühl der Aussichtslosigkeit, zu einer entscheidenden Neuordnung zu kommen, Platz gegriffen, wie ich aus zahlreichen Gesprächen feststellen konnte. Demgegenüber ist der Anschluß an die Tradition des 18./Mitte 19. Jahrhunderts notwendig und zugleich ein Sichaufschließen gegenüber den reichen Anregungen aus dem internationalen Bereich geboten.

Wenn es der damaligen Zeit noch nicht gelungen ist, zu einer echten Kriminalpädagogik zu gelangen, so liegt das vor allem daran, daß die wissenschaftlichen Voraussetzungen noch nicht hinreichend gegeben waren. Die für die Kriminalpädagogik grundlegenden Wissenschaften haben in den letzten hundert Jahren eine solche Fülle von Erkenntnissen hervorgebracht, daß uns für die Beurteilung und Behandlung des Verhaltens kriminell-bedrohter und krimineller Menschen Möglichkeiten offen stehen, die früheren Zeiten verschlossen waren. Das berechtigt die heutige Zeit nicht nur, sondern verpflichtet sie dazu, die Probleme der Behandlung und Erziehung in einem Gesamtsystem der Kriminalpädagogik aufzuwerfen. Es geht darum, die praktisch und wissenschaftlich gegebenen Möglichkeiten zu sichten, zu ordnen und zur Verwirklichung zu bringen. Geschichtlich gewachsene Ideen sind mit den Erkenntnissen und Erfahrungen der fortgeschrittenen Wissenschaft in Verbindung zu bringen. Mit alldem erfüllen wir nicht mehr als eine sittliche Verpflichtung gegenüber den Menschen, die als Übertreter des Gesetzes in unsere Hand gegeben sind und die uns damit, so sehr wir auch das Wohl der Gemeinschaft zu wahren haben, als Menschen zur Sorge anvertraut sind.

§ 3. Die rechtlichen Grundlagen

I. Eine kriminalpädagogische Betätigung gegenüber dem Straffälligen hängt der Art und dem Umfang nach von den Auffassungen über das

[212]) Die Weimarer Zeit hat zu umfangreichen Bemühungen in der Gefängnisreform geführt. Das monographische Schrifttum ist umfangreich und bedeutend. Viele der Schriften sind an anderer Stelle erwähnt. Vgl. vor allem auch das Sammelwerk von Erwin Bumke, Deutsches Gefängniswesen, Berlin 1928; zur Reform des Strafvollzuges: Lothar Frede - Max Grünhut, Reform des Strafvollzuges, Berlin-Leipzig 1927 (mit den für die Kriminalpädagogik besonders wichtigen Aufsätzen von M. Liepmann, Der Strafvollzug als Erziehungsaufgabe, 1—16, Werner Gentz, Die praktische Ausgestaltung des Strafvollzuges 55—101, Lothar Frede, Der Strafvollzug in Stufen 102—136, Werner Villinger, Die Grenzen der Erziehbarkeit 137—163, Curt Bondy, Der Strafvollzug an jungen Gefangenen 229—243. Vgl. auch die Schrifttumsangaben von Liszt-Schmidt. Lehrb. d. Deutschen Strafrechts 1932, 377, 378.

Wesen und die Zwecke der Strafe sowie von den Ansichten über das Verhältnis von Staat und Einzelnem ab, wie es in der Gesetzgebung, vor allem im Verfassungsrecht, zum Ausdruck kommt[212a]).

Der Aufbau einer kriminalpädagogischen Systematik würde von vornherein zum Scheitern verurteilt sein, wenn er nur von der Zweckmäßigkeit und der Durchführbarkeit der in Aussicht zu nehmenden Maßnahmen unternommen würde. Es würde dann jeder zuverlässige Unterbau fehlen. Es würde auch der kriminalpädagogische Vorgang selbst der Klarheit und Zielstrebigkeit entbehren, wenn er nicht in den geistigen Grundlagen der Reaktion auf das Verbrechen verwurzelt wäre. Ebenso wenig wie es möglich wäre, ein Strafrecht zu gestalten, das die Möglichkeiten des Strafvollzugs nicht sorgfältig berücksichtigt, würde es nicht möglich sein, einen Strafvollzug aufzubauen, ohne sich der Zielsetzung des Strafrechtes bewußt zu sein. Strafrecht, Strafverfahrensrecht und Strafvollzugsrecht stellen eine Einheit dar, die durch denselben Geist geprägt ist. Werden die Erfahrungen des Strafvollzugsrechtes im materiellen Strafrecht unberücksichtigt gelassen, so bleibt das Strafgesetzbuch unfruchtbar[213]). Die von ihm vorgesehenen Maßnahmen richten unter Umständen mehr Schaden als Nutzen an. Löst sich der Vollzug vom materiellen Strafrecht, so verliert dieses seine Überzeugungskraft und die Eigenschaft zur Sittenbildung. Das Strafverfahren, in dem sich die Konkretisierung des Strafrechts und die Hinführung zum Vollzug vollzieht, schwankt ohne innere Kraft steuerlos hin und her.

Es ist nicht von vornherein auszuschließen, daß trotz sehr verschiedener Ausgangspunkte das Strafvollzugsprogramm ähnlich aussieht. Um so besser, wenn dieselben Maßnahmen von verschiedenen Auffassungen gedeckt und gefordert werden! Es darf aber nicht übersehen werden, daß es nicht nur um den äußeren Aufbau von Einrichtungen und Maßnahmen geht, sondern um deren innere Ausfüllung und Belebung. Diese liegen im Geistigen. Manche der Neuerungen stoßen bei Anhängern traditioneller strafrechtlicher Auffassungen weniger wegen ihrer äußeren

---

[212a]) Zu diesem ganzen Fragenkreis vgl. vor allem das neuerdings erschienene Werk von Joachim Hellmer, Kriminalpädagogik, eine Einführung in ihre Probleme Berlin 1959; ferner Dietrich Lang-Hinrichsen in Karl Peters - Dietrich Lang-Hinrichsen, Grundfragen der Strafrechtsreform, Paderborn 1959, S. 53—140 (letzterer in vielen Fragen mit anderen Auffassungen).

[213]) In der Gefahr, den Strafvollzug nicht genügend zu berücksichtigen, stehen die deutsche Strafrechtswissenschaft und die deutsche Strafrechtspraxis. In den Lehrbüchern des Strafrechts nimmt der Strafvollzug regelmäßig einen ganz untergeordneten Raum ein. Eine eingehende Betrachtung widmen ihnen nur Robert von Hippel, Deutsches Strafrecht I (1925); Liszt-Schmidt, Lehrb. d. deutschen Strafrechts, 26. Aufl. I (1932). Auch in der deutschen Gesetzgebung findet der Vollzug nur eine unvollkommene Berücksichtigung. Das StGB enthält so gut wie nichts. Geplant ist ein Strafvollzugsgesetz, das aber selbständig neben das StGB und die StPO tritt. Der Gedanke der Einheit kommt gut in dem Jugendgerichtsgesetz zum Ausdruck.

Erscheinung als vielmehr wegen der darin vermuteten Auflösung von Werten, die für die Rechtsgemeinschaft unentbehrlich scheinen, auf Ablehnung. Manche in ihrem Aufbau bis zur äußersten Vollendung geschaffene Einrichtung bleibt ergebnislos, da sie sich von einem fruchtbaren Wurzelgrund losgelöst hat.

Kriminalpädagogik wird im Strafrechtsraum verwirklicht. Der Begriff des Strafrechts wird durch den Begriff der Strafe bestimmt. Neuerdings wird der Begriff des Strafrechts zuweilen durch Wortbildungen, wie Maßnahmenrecht, Reaktionsrecht, Schutzrecht[214]), ersetzt. Derartige Formulierungen haben einen betont kämpferischen Charakter, indem sie die Ablehnung des Strafgedankens zum Ausdruck bringen. Ausgangspunkt könnte vielmehr nur der zur Beurteilung stehende Vorgang, das Verbrechen, sein. Daraus würde sich als Bezeichnung für das Gesamtgebiet der Begriff Kriminalrecht ergeben.

Aber nicht die Bezeichnung ist das Wesentliche, sondern der Gehalt. Angesichts der Gegnerschaft gegen den Strafbegriff ergibt sich die Frage, ob heute noch die Strafe einen Platz im Kriminalrecht hat, ob ihre Anwendung nicht zu vertretende Schäden mit sich bringt, ob der Strafgedanke nicht allen anderen und besseren Behandlungsmethoden, insbesondere auch pädagogischen Methoden, hemmend im Wege steht. Die Antwort auf diese Einwürfe setzt Klarheit über den Begriff der Strafe und seine Elemente voraus[215]).

1. Strafe ist eine Antwort auf Unrecht. Unrecht ist ein Verstoß wider eine objektive Ordnung. Ohne Anerkennung einer objektiven Ordnung ist eine Antwort im Sinne einer Strafe nicht denkbar.

Allerdings bedarf es der Hervorhebung einer Reihe von Gesichtspunkten, um den besonderen Charakter der Strafe deutlich zu machen und den ihr angemessenen Raum zuzuweisen. Jedenfalls für die Entwicklung des deutschen Kriminalrechts ist der ernste Hinweis geboten, daß die Strafe nur *eine* Antwort auf begangenes Unrecht ist. Die Rechtsordnung hat mannigfache Möglichkeiten der Beantwortung von Unrecht. So kann es an das Unrecht Folgen zivilrechtlicher Art anknüpfen, wie Schadensersatz, Minderung von Rechten (Entziehung der elterlichen

[214]) So neuerdings der Entwurf eines schwedischen Schutzgesetzes. Vgl. die umfangreiche vom schwedischen Justizdepartement herausgegebene Schrift *Skyddslag* Stockholm 1956; dazu Thorsten *Sellin*, The protective Code Stockholm 1957,

[215]) Das Schrifttum über Wesen und Zweck der Kriminalstrafe ist umfangreich. Jedes der Lehr- und Erläuterungsbücher nimmt zu dieser Grundfrage des Strafrechts Stellung, meist unter Angabe des Schrifttums. Die Problematik kommt besonders deutlich bei den von sehr verschiedenen Grundvorstellungen ausgehenden Büchern von Robert *von Hippel*, Deutsches Strafrecht I (1925), S. 457—534; *Liszt-Schmidt*, Lehrbuch des Deutschen Strafrechts, 26. Aufl. (1932), I, S. 363—370; Hellmuth *Mayer*, Strafrecht (1953), S. 15—41 und S. 375—400; Arthur *Wegner*, Strafrecht (1951), S. 23—34. Vgl. auch Hans *Dombois*, Mensch und Strafe, Witten 1957. Die im Text vertretene Auffassung habe ich in „Gedanken zur Kriminalstrafe“, Stimmen der Zeit, 1957, Heft 7 S. 12—27 entwickelt.

Gewalt, Entziehung des Pflichtteils), Gewährung von Befugnissen (Anfechtung, Kündigung, Rücktritt, Herbeiführung der Eheauflösung). Es wäre auch denkbar, dem Unrecht prozessuale Maßnahmen folgen zu lassen, wie die Zwangsvollstreckung oder eine Ordnungsstrafe. Weiterhin kann die Rechtsordnung auf das Unrecht mit Verwaltungsmaßnahmen (Verwaltungszwang, Entziehung von Berechtigungen und Genehmigungen) antworten. Das Strafrecht stellt in der Strafe und sonstigen Maßnahmen nur eine bestimmte Antwort auf Unrecht zur Verfügung.

Dieser Gesichtspunkt muß mit besonderem Nachdruck vorgetragen werden. Die Verurteilungsziffern liegen in der Bundesrepublik Deutschland recht hoch[216]), ohne daß diese Zahlen ein Beweis besonders hoher und schwerer Kriminalität sind. Die Zahl der Strafbestimmungen hat sich seit Inkrafttreten des Reichsstrafgesetzbuchs vom 15. Mai 1871 in außerordentlicher Weise vermehrt[217]). Das gilt vor allem für das sog. Nebenstrafrecht (Strafrecht, dessen Strafbestimmungen sich außerhalb der den Kern betreffenden Strafgesetze, wie Strafgesetzbuch und Jugendgerichtsgesetz, befinden). Es gibt kaum mehr Gesetze verwaltungsrechtlichen Inhalts, die nicht Strafandrohungen enthalten. Erst das neue Ordnungsstrafrecht, das zwischen kriminellem und Ordnungsunrecht unterschiedet (Gesetz über Ordnungswidrigkeiten vom 25. März 1952), hat einen gewissen, aber nicht hinreichenden Einhalt geboten. Das Kriminalstrafrecht ist von Bagatellvorgängen überflutet. Das gilt nicht zuletzt vom Straßenverkehrsstrafrecht. Aber auch die stärkere Einbeziehung von zivilrechtlichen Vorgängen in das Kriminalstrafrecht darf nicht übersehen werden. Ein Beispiel hierfür bilden die zahlreichen, in das Strafrecht einbezogenen Vorgänge bei den Abzahlungsgeschäften (Verkauf von noch unter Eigentumsvorbehalt stehenden Gegenständen [als Unterschlagung verfolgt], Eingehung von Abzahlungsgeschäften trotz schwieriger Vermögensverhältnisse [als Betrug verfolgt]). Tatsächlich handelt es sich hier häufig um Vorgänge, die im Rahmen von Verträgen vor sich gehen, die den Käufern aufgeschwätzt werden und bei denen das Verhalten des Käufers keinen echten kriminellen Gehalt hat. Es handelt sich um Vorgänge, die dem Gesetzgeber zur Zeit der Entstehung des Gesetzes fremd waren. Eine formalistische oder übertriebene Rechtsanwendung führt zu einer ungebührlichen Ausdehnung des Strafrechtes. Auch Handlungen im Rahmen des Zwangsvollstreckungsrechts haben häufig keinen Kriminalcharakter. Zahlreiche Bagatellvorgänge beschäftigen die Kriminalgerichte. Damit werden die Kriminalbehörden in unerträglichem Maß in Anspruch genommen, so daß Kräfte und Zeit für schwer aufklärbare Delikte, wie große Wirtschaftsverbrechen, Prozeßverfälschungen, nicht genügend zur Verfügung stehen. Zugleich — und das ist ein kriminalpädagogisch bedeutsamer Gesichtspunkt — wird durch die übermäßige Ausdehnung des Strafrechts das Verhältnis und der Blick für die wirkliche Kriminalität verdunkelt und das Empfinden für die Strafe und ihre Bedeutung vermindert. Die Beschränkung des Strafrechts und eine vorsichtige, zurückhaltende Anwendung der Strafe ist eine kriminalpädagogische Forderung von hervorragendem Rang.

---

[216]) Nach den statistischen Berichten (Herausgeber: Statistisches Bundesamt Wiesbaden) Arb.-Nr. VIII/22/9—10 wurden in der Bundesrepublik verurteilt an P rsonen über 18 Jahren:

1956: 509 636 (Kriminalitätsziffer: 1383)
1957: 521 592 (Kriminalitätsziffer: 1414)

[217]) Auf die ausgedehnte Strafbereitschaft des deutschen Strafgesetzgebers weist auch R. Maurach, Deutsches Strafrecht Allg. Teil (1954) S. 191 hin. Die hohen Gesamtkriminalitätsziffern für Deutschland ergeben sich auch aus der Übersicht von Ernst Roesner, Kriminalstatistik, HdK II (1936) S. 52. Dort wo die Ziffern höher als in Deutschland sind, ist die Einbeziehung der Verwaltungsdelikte, in Schweden der Trunkenheitsdelikte, zu berücksichtigen.

Wege hierzu sind Nichtverfolgung von Bagatelldelikten und leichteren Vergehen bei geringer Schuld und unbedeutenden Folgen (§ 153 StPO), Verfolgung von vorwiegend zivilem oder Vollstreckungsunrecht nur auf Vorlage der Akten durch den Zivil- oder Vollstreckungsrichter zur Strafverfolgung bei nicht genügender zivil- oder vollstreckungsrechtlicher Behandlungsgewalt[218]). Damit würde auch der immer mehr um sich greifenden Neigung, das Strafverfahren zu einem vorbereitenden Zivilverfahren zu benutzen, vorgebeugt werden. Weitere Mittel zur Begrenzung des Strafrechts gegenüber Bagatelldelikten würden sein: die Entwicklung des Begriffs der Kriminalstrafwürdigkeit als Strafvoraussetzung[219]); die Auslegung strafrechtlicher Tatbestände unter kriminologischen Wertmaßstäben (Beispiel: Anwendung des Körperverletzungstatbestandes nicht bereits bei jeder Erregung körperlichen Mißbehagens, sondern bei erheblichen Eingriffen, wie es den normativ zu erfassenden Begriffen: körperliche Mißhandlung und Gesundheitsschädigung entspricht [§ 223 StGB]); strenge Anforderungen an den Fahrlässigkeitsbegriff (nicht nur Scheidung von strafrechtlicher und zivilrechtlicher Fahrlässigkeit in der Theorie, sondern auch in der Praxis[220]) und an sonstige subjektive Voraussetzungen, insbesondere auch Beschränkung des Verbotsirrtums auf die Fälle des ethischen Normenirrtums[221]). Schließlich Übernahme bisherigen Kriminalunrechts in das Ordnungswidrigkeitenunrecht, wobei freilich nicht nur ein Etikettenwechsel eintreten darf; vielmehr bedarf auch das Ordnungswidrigkeitenrecht einer maßvollen Beschränkung[222]).

---

[218]) Die Aktenvorlage zum Strafverfahren wäre demnach als Strafverfolgungsvoraussetzung einzubauen.

[219]) Der Begriff könnte durch die zu erwartende Strafhöhe bestimmt werden, etwa derart, daß nur Straftaten, die eine gewisse Geldstrafenhöhe (etwa 10 Tagesbußen) oder eine gewisse Höhe der Freiheitsstrafe (6 Wochen) erwarten lassen, nur der Bestrafung und der Strafverfolgung unterliegen. Die Entscheidung der Staatsanwaltschaft könnte von der richterlichen Zustimmung abhängig gemacht werden (vgl. § 153 II StPO).

[220]) Beachtenswert sind bereits die Warnungen, die L. von Bar: Gesetz und Schuld im Strafrecht II (1907), S. 475f., gegen eine zu großzügige Anwendung der Fahrlässigkeit im Strafrecht erhebt. Vgl. auch Robert von Hippel: Deutsches Strafrecht II (1930), S. 357ff. (insbesondere S. 362, 363); ferner Hans-Jürgen Bruns: Die Befreiung des Strafrechts vom zivilistischen Denken, Berlin 1938, S. 257ff.; Werner Goldschmidt: Die Schuld im Straf- und Zivilrecht, 1934.

Der zivilrechtliche Fahrlässigkeitsbegriff (vgl. etwa § 276 BGB) bestimmt sich nach der im Verkehr erforderlichen Sorgfalt (objektiv). Der strafrechtliche Fahrlässigkeitsbegriff erfordert darüber hinaus die Feststellung des persönlichen Könnens unter den obwaltenden Gegebenheiten (subjektiv). Dazu wäre es durchaus sinnvoll, die strafrechtliche Fahrlässigkeit auf ein solches Maß von Unachtsamkeit und Unvorsichtigkeit zu begrenzen, das den im täglichen Leben auch bei anständigen Menschen vorkommenden, möglicherweise sogar üblichen Grad überschreitet.

[221]) Allerdings würde damit formal auch eine Erweiterung insofern eintreten, als dieser Irrtum sich auch auf Tatbestandsmerkmale beziehen kann. Wer auf Grund eines ethischen Normenirrtums das Vorliegen eines normativen Tatbestandsmerkmals verkennt, wohl aber die begründenden Tatsachen erfaßt hat, steht in derselben Lage, als wenn er die Rechtswidrigkeit falsch wertet. Die Frage: Verbots- oder Tatirrtum hängt nicht von formalen Unterscheidungen, wie Tatbestand, Rechtswidrigkeit, ab.

[222]) Einzelheiten zur Begrenzung des Strafrechts mein Gutachten auf dem 41. DJT (1955) I, 2, S. 43; Rehabilitierung Straffälliger, 42. DJT (1957) II. G. 6ff., 27, ferner mein Referat in: Karl Peters - Lang-Hinrichsen, Grundfragen der Strafrechtsreform, Paderborn 1959, S. 13—52.

Die Kriminalstrafe ist auch nicht die einzige Antwort der Rechtsordnung auf Unrecht, die Strafcharakter hat. Von der Kriminalstrafe sind andere Strafarten, wie die Disziplinarstrafe, die Ordnungswidrigkeitenstrafe und sonstige Ordnungsstrafen, die Beugestrafe und die Vertragsstrafe zu unterscheiden. Die Disziplinarstrafe hat eine Sonderaufgabe zu erfüllen. Sie dient der Aufrechterhaltung der Zuverlässigkeit, des Ansehens und der Reinheit einer Berufsgemeinschaft durch Pflichtenmahnung oder Ausscheidung. Die Kriminalstrafe hat das Ganze eines Volkes im Auge. Gegenüber den Ordnungsstrafen[223]) in ihrer verschiedenen Form enthält die Kriminalstrafe ein sozialethisches Werturteil. Sie bedeutet einen ethisch-rechtlichen Vorwurf. Dieser Unterschied ergibt sich aus dem verschiedenen Charakter von Ordnungswidrigkeiten und Kriminalstraftaten. Bei der Ordnungswidrigkeit handelt es sich um Unrecht, dem kein Verstoß gegen die Sittlichkeit zugrunde liegt oder bei dem infolge der Unerheblichkeit des sittlichen Gehaltes des Unrechts ein einfacher vom sittlichen Werturteil losgelöster Rechtstadel genügt. Das Kriminalunrecht enthält dagegen ein von der Rechtsordnung aufgefangenes sittliches Unrecht, das wegen seiner Bedeutung für die Allgemeinheit als solches beantwortet wird.

Diese Abgrenzung beruht auf einer Erfassung des Strafrechts vom Sittlichen her. Freilich genügt die bloße Herstellung eines sittlichen Bandes zur Tat und Rechtsfolge noch nicht. Das Strafrecht würde sonst unter Umständen in unerträglicher Weise in den sittlichen Bereich hineinstoßen. Es handelt sich vielmehr beim Strafrecht um die Antwort der Rechtsordnung auf Eingriffe in die sittliche Grundordnung, auf der allein eine Rechtsgemeinschaft beruhen und sich entwickeln kann. Es geht beim Strafrecht um die Sichtbarmachung und Klarstellung dieser Grundordnung. Diese Grundordnung ist zunächst wie die Rechtsordnung eine objektive Ordnung. Im Strafrecht findet die Rechtsordnung ihre engste Verknüpfung mit der sittlichen Ordnung. Infolgedessen enthält die Strafe nicht nur eine rechtliche, sondern auch eine sittliche Antwort.

Die Verwurzelung des Strafrechts in der sittlichen Grundordnung und der sittliche Charakter der Strafe sichern das Strafrecht vor einem Sichverflüchten in das Verwaltungsrecht. Von hier aus ergibt sich die Eindruckskraft des Strafrechts. Hier liegt auch der pädagogisch unentbehrliche Ausgangspunkt. Für den Strafgesetzgeber ergibt sich die Aufforderung, diese Grundordnung sichtbar zu machen. Für den Richter folgt die Notwendigkeit, in der Rechtsprechung einen Weg zu gehen, der dieser Grundordnung entspricht und sie deutlich macht. Der Umstand,

---

[223]) Zur Abgrenzung der Kriminalstrafe von der Disziplinarstrafe vgl. R. Maurach: Deutsches Strafrecht, Allg. Teil, (1954), S. 9f.; Eberh. Schmidt: Strafrecht und Disziplinarrecht, Deutsche Landesreferate zum III. Internationalen Kongreß für Rechtsvergleichung 1950, S. 868. Zur Abgrenzung der Kriminalstrafe von der Ordnungsstrafe vgl. R. Maurach: a.a.O., S.16; Eberh. Schmidt: a. a. O., S. 873. Vgl. auch meinen Artikel: Polizeiwidrigkeit, HdK. II, S. 380—386.

daß eine solche sittliche Grundordnung nicht überall anerkannt oder in der gleichen Weise gesehen wird, befreit nicht von der Verpflichtung, sie zu suchen und sich an sie zu halten. Eine Aufgabe entfällt nicht dadurch, daß sie schwer lösbar erscheint. Zudem sollte man die vorhandenen und erkennbaren sittlichen Grundauffassungen selbst innerhalb der modernen Gesellschaft nicht unterschätzen. Freilich bedarf es zu ihrer Erfassung eines ernsthaften Mühens und Ringens. Aber das verlangen wir ja schließlich auch vom Straffälligen.

Die Kriminalstrafe als Antwort auf ein die sittliche Grundordnung berührendes Unrecht enthält einen sozialethischen Vorwurf an den Täter. Ein solcher Vorwurf ist aber nur dann gerechtfertigt, wenn den Täter eine sittliche Verantwortung trifft. Das Strafrecht hat die sittliche Verantwortlichkeit des Täters für seine Handlung zur Voraussetzung. Der Frage nach der Verantwortlichkeit kann das Strafrecht nicht ausweichen. Wer die Straftat als einen Akt des in der sittlichen Verantwortlichkeit stehenden Menschen leugnet, kann und darf nicht strafen. Diese Verantwortlichkeit wird in dem Begriffe der Schuld erfaßt. Schuld weist darauf hin, daß die Handlung mit dem Persönlichkeitskern des Handelnden verbunden ist. Der Gegenstand des Schuldvorwurfs ist das aus dem Persönlichkeitskern hervorgehende Ja zu dem Tun, das der Auflehnung oder der Gleichgültigkeit gegen die von der Rechtsordnung erfaßten sittlichen Grundordnung entspringt. Dieses Ja kann nur dann zum Vorwurf gemacht werden, wenn an seine Stelle ein Nein hätte treten können. Ob das noch im Augenblick der Handlung möglich war, kann bei vielen Taten durchaus in Zweifel gezogen werden. Die Tat fällt nicht selten einfach als reife Frucht ab. Nicht das ist entscheidend, entscheidend ist vielmehr, ob der Täter im Augenblick der Tat ein solches Maß an Freiheit hätte besitzen können, daß er zu dem Nein hätte gelangen können. In der Tatsituation offenbart sich der menschliche Lebensgang, sein Ringen und sein Sichgehenlassen, die Auseinandersetzung mit seinen Anlagen und seinen Verhältnissen oder das einfache Sichausliefern an sie. Schuld, wie sie sich in der Tat äußert, kann sowohl Augenblicks- als auch Lebensgestaltungsschuld sein[224]). Der Schuldvorwurf bedeutet Anerkennung der mensch-

---

[224]) Der Begriff der Lebensgestaltungsschuld steht dem Begriff der Lebensführungsschuld, wie ihn Edmund Mezger Die Straftat als Ganzes, Z. 57 (1938), S. 688, und Lenz: Die biologische Vertiefung des Schuldproblems, Schweiz ZfStr. 41 (1928) S. 165 gebraucht haben, nahe. Das Wort „gestalten" soll jedoch deutlicher als das Wort „führen" die personale Verantwortung hervorheben. Zu den Problemen Einzeltatschuld, Charakterschuld, Lebensführungsschuld vgl. die kritischen Bemerkungen bei R. Maurach: a. a. O., S. 363.

Aufschlußreich ist für das Verhältnis der einzelnen Sünde und der ihr zugrunde liegenden Schuld das theologische Schrifttum. Vgl. etwas Jacques Leclercq: L'Enseignement de la Morale Chrétienne, Paris 1950 (deutsche Übersetzung von Joseph Zürcher unter dem Titel: Christliche Moral in der Krise der Zeit, Einsiedeln — Zürich, — Köln 1954), deutsche Ausgabe S. 230ff. „Die Verantwortlichkeit erstreckt sich nicht bloß auf einzelne Akte, sondern auch auf die Leidenschaften und Gewohnheiten, die zu jenen Akten geführt haben. Der einzelne Akt kann

lichen Würde und Erhabenheit. Er ist die Antwort auf einen vom fehlenden Menschen zu vertretenden Persönlichkeitsverlust. Mit der Verbrechensbegehung mag zwar das Opfer an äußeren Werten verloren und möglicherweise in eine tiefgehende geistig-seelische Bedrängnis hineingeraten. Der Persönlichkeitskern des Opfers wird aber nicht betroffen, weil es über ihn allein verfügt[225]), wohl aber wird die Persönlichkeit des Täters gemindert. Der schlecht handelnde Mensch ist, wenn er auch nach wie vor Träger der menschlichen Würde ist, in seinem Kern verletzt und weniger an geistig-seelischer Kraft und Hoheit geworden.

Der Schuldvorwurf bedeutet religiös den Vorwurf, daß der Mensch nicht sein der Gottesebenbildlichkeit entsprechendes Wesen unberührt erhalten hat, menschlich-sittlich, daß er nicht die ihm als Menschen zukommende seelisch-geistige Haltung gewahrt hat, rechtlich-ethisch, daß er nicht nur seine Persönlichkeit, sondern sich auch als Glied der Rechtsgemeinschaft geschmälert hat, deren Kraft von der Intaktheit ihrer Glieder abhängt. So berührt nicht nur das Unrecht, sondern auch die Schuld die Allgemeinheit.

Pädagogisch bedeutet der Schuldvorwurf den Anschluß an ein nicht zu unterschätzendes Positivum im Menschen. Der Schuldvorwurf erfolgt trotz der Erkenntnis von der Gebrochenheit des Menschen, aber in der Überzeugung, daß dieser ihr nicht schicksalhaft ausgeliefert ist. Der Schuldvorwurf beseitigt nicht die Tatsache des Einflusses der persönlichen Gegebenheiten, der Anlage und der Umwelt, der Auswirkungen nicht verarbeiteter Erlebnisse und des Verhaftetseins dem Bösen gegenüber. Es sind vielerlei Umstände, die zur Tat hindrängen und in der Stunde des Angefallenwerdens zum Versagen führen. Dennoch aber bedeutet das Geschehnis nicht etwas Fremdes, sondern von uns persönlich Mitgestaltetes. Erst dort, wo die persönliche Mitgestaltung infolge von Geisteskrankheit, Geistesschwäche oder Bewußtlosigkeit die Einsichtsfähigkeit und Steuerungsfähigkeit in Frage stellt, entfällt der Schuldvorwurf. Im übrigen geht die Rechtsordnung von der verantwortlichen Mitwirkung der Persönlichkeit im Hinblick auf die Tatsituation berechtigterweise aus. Daß dieser Ausgangspunkt nicht zu einem Übersehen der den Menschen

---

unfrei und deshalb schuldlos sein. Die Verantwortung liegt weiter zurück." (S. 232). Im Gegensatz zu Leclercq dürfte jedoch der Einzelakt trotz der akuten Unfreiheit als schuldhaft begangen anzusehen sein, wenn für die Unfreiheit die (weiter zurückliegende) Verantwortung angenommen werden kann. Zum Entstehen der sittlichen Freiheit vgl. F. X. Linsemann: Lehrbuch der Moraltheologie, Freiburg 1878, S. 60. Die Berücksichtigung dessen, wieweit der Belastete sich selbst bemüht hat, die guten Anlagen den schädigenden Einflüssen gegenüber wirksam werden zu lassen, fordert Theodor Müncker: Die psychologischen Grundlagen der katholischen Sittenlehre, 4. Aufl. (1953), S. 112 für die Schuldbemessung. Zur Bedeutung der besonderen Situationsgebundenheit der Person und deren einzelne Elemente für das freie Wollen vgl. Theodor Steinbüchel: Die philosophische Grundlegung der katholischen Sittenlehre, 4. Aufl. (1951), S. 390.

[225]) Vgl. hierzu Augustinus, Gottesstaat I c. 28 über die Vergewaltigung.

mitformenden Gegebenheiten führt, ergibt sich aus den vorstehenden Darlegungen eindeutig. Damit ist auch für die pädagogische Behandlung ein breiter Einflußbereich gewährleistet.

Die Schuld, die in der Tat zum Ausdruck kommt, ist Einzelschuld. Sie ist die Schuld, die der Täter zu tragen hat. Die Strafe zieht den Täter für sein Versagen zur Verantwortung. Der Bestrafte hat es mit sich zu tun. So wesentlich dieser Umstand auch für den Erziehungsvorgang ist, so trifft er doch nur den einen Teil des menschlichen Handelns. Es darf auf der anderen Seite nicht übersehen werden, daß es kein menschliches Verhalten gibt, das nicht mit dem Verhalten der anderen verbunden und verquickt ist. Jeder Mensch wird im Guten wie im Schlechten von den anderen mitgetragen. Der Heilige prägt das Verhalten der Menschen nicht weniger als der Böse und der Frevler. Wenn jemand dem Bösen anheimfällt, so ist er es, der dafür Verantwortung trägt, zugleich aber sind die Mitmenschen verantwortlich, die ihn nicht getragen, die ihn getrieben und ihn versinken lassen haben. Der Mensch steht bei aller Eigenverantwortung im Guten wie im Bösen in der Gebundenheit an die Gemeinschaft. Das einzelne Gemeinschaftsglied trägt an dem Versagen des anderen Gliedes insofern eine persönliche Verantwortung, als es durch sein Versagen das Versagen der Gemeinschaft dem anderen Gliede gegenüber mitbestimmt. Für das Mithineinverwobensein des gemeinschaftlichen Versagens ist der freilich mißverständliche Begriff der Kollektivschuld[226]) gebildet worden. Auch diese Beziehung darf nicht übersehen werden, will man den Betroffenen pädagogisch richtig ansprechen. Sie darf vor allem aber nicht geleugnet werden, weil sie der Gesellschaft die Verpflichtung zum Maßhalten und zur Hilfsbereitschaft gegenüber dem Schuldigen auferlegt. Die Strafe kann daher kein blinder Vernichtungsakt sein.

2. Die Strafe enthält eine Einbuße der vollen Stellung des Betroffenen innerhalb der Gemeinschaft. Der Bestrafte entbehrt in irgendeiner Weise der vollen Teilhabe in dem Gemeinschaftsbereich. Art und Umfang der Einbuße können sehr verschieden sein. Auch schon die mildeste Strafe bedeutet kraft des in ihr enthaltenen sittlichen Vorwurfs eine Minderung der Persönlichkeitsstellung, die zum mindesten von dem in ihr enthaltenen sozialethischen Vorwurf betroffen wird. Der Bogen der durch die Strafe herbeigeführten Einbuße geht von dem leichten Antasten des Ansehens und nicht sehr erheblichen Eingriffen in das Vermögen über die zeitliche

[226]) Zum Begriff der Kollektivschuld vgl. den gleichbetitelten Artikel in dem großen Herder, Bd. 5, S. 555. Ablehnung des Begriffs bei Mausbach-Ermecke: Katholische Moraltheologie, I (1954), S. 330. „Es gibt keine ‚Kollektivschuld'. Sündigen können nur die personalen Glieder solcher Gebilde." Hier wird übersehen, daß Kollektivschuld im Sinne der übereinstimmenden, wenn auch gradmäßig sehr verschiedenen Schuld der in der Gesamtheit zusammengefaßten Einzelglieder verstanden werden kann. Romano Guardini: Verantwortung, Gedanken zur jüdischen Frage, Hochland 44 (1952), S. 492 führt aus: „Es ist Schuld. Es lastet auf dem Gewissen des Volkes, dem bewußten oder dem unbewußten, dem Lebensgewissen."

Entziehung der Freiheit bis zum lebenslangen Freiheitsverlust oder gar des Lebensverlustes. Vom Täter her gesehen geht der Bogen von einem bloßen Anberührtwerden bis zu einem wirklichen Leiden.

Anstelle des Wortes Einbuße kann, wer will, das Wort Übel setzen. Auch dieser Begriff besagt im Grund nichts anderes als das Fehlen eines Gutes; das Übel hat aber auch, richtig verstanden, in sich die Tendenz zum Guten hin, von dem es aus erst recht sichtbar wird. Soweit erfüllt sich auch dieser Begriff an sich nicht im Negativen. Jedoch hat er in der Vorstellung unserer Tage einen zu sehr in die Richtung des Unbills weisenden Gehalt bekommen, so als ob allein schon in dem Negativen ein Wert läge. Der Begriff ist im strafrechtlichen Bereich zu sehr mit Straf- und Vollzugsvorstellungen früherer Zeiten (bis in den Anfang des 19. Jahrhunderts) belastet. Er trägt die Gefahr in sich, daß die Forderung nach Menschenwürdigkeit und Menschenangepaßtheit der Strafe zu kurz kommt. Mit alledem könnte der Übelsbegriff den Strafbegriff so einseitig übertönen, daß der positive Strafgehalt nicht mehr sichtbar ist. (Darüber unter 4.)

3. Die Strafe ist eine dem Betroffenen autoritativ auferlegte Einbuße. Eine Strafe kann niemand über sich selbst verhängen; wohl kann jemand aus sich heraus sich Bußakte auferlegen. Zum Wesen der Strafe gehört ihre Anordnung durch eine Autorität. Die Strafe setzt daher ein Unterworfensein unter eine Autorität voraus. Für die Kriminalstrafe ist diese Autorität die im Staate geordnete Rechtsgemeinschaft. Mit dem Autoritätsbegriff wird wiederum einer der pädagogischen Grundbegriffe berührt.

Die Strafe wird dem Betroffenen auferlegt, ob er will oder nicht, und sie wird an ihm vollzogen, ganz gleich, ob er damit einverstanden ist oder nicht. Somit eignet der Strafe ein Zwangscharakter. Das bedeutet, daß der Täter der Strafe gegenüber in der Passivstellung steht. Mit ihm geschieht etwas. Es wird etwas über ihn verhängt. Aber damit ist noch keineswegs alles gesagt. Würde man sich bei den bisher getroffenen Feststellungen begnügen, so würde gerade die pädagogisch fruchtbare Seite der Strafe unberücksichtigt bleiben.

4. Die Strafe ist mehr als eine dem Betroffenen autoritativ auferlegte Einbuße. Der Betroffene wird von der Strafe nicht nur passiv berührt. Er steht vielmehr auch in der Aktivstellung. Er ist Objekt und zugleich Subjekt der Strafe. Zur Strafe gehört auch das Ansprechen der Person. Die Strafe ist wesensmäßig nicht nur eine Maßnahme, die auf die Beschränkung der Rechts- und Gesellschaftsstellung des Betroffenen ausgerichtet ist. Sie ist vielmehr zugleich eine solche, die auf die Antwort des Betroffenen hingelenkt ist.

Der Betroffene wird selbst ein wesentlicher Faktor für die Sinnerfüllung der Strafe. Daß sich hieraus wesentliche Folgen für das Entgegentreten gegenüber dem Angeklagten in der Hauptverhandlung, für die Urteilsverkündung und Urteilsbegründung, vor allem aber für den Strafvollzug ergeben, wird noch an anderer Stelle zu erörtern sein. Wohl aber bedarf hier der aufgezeigte Wesenszug der Strafe noch einer tieferen Verankerung in der gesamtrechtlichen Vorstellung.

Wir sind im allgemeinen gewöhnt, die rechtliche Ordnung nur von ihrer objektiven Seite zu sehen. So gesehen begnügt sich das Recht mit dem Sichtbarmachen des Ordnungsgehalts. Wird dieser äußeren Ordnung entsprochen, so scheint den Ansprüchen der Rechtsordnung gegenüber den Rechtsunterworfenen Genüge getan zu sein. Das Recht hat erreicht, was ihm zukommt und was es verlangen kann. Diese Auffassung ist unrichtig. Sie stellt eine Veräußerlichung des Rechtes dar, die zu dem bedauerlichen Unverständnis für die Rechtsordnung und ihre Minderbewertung in der Allgemeinheit beigetragen hat. Sie hat mit dazu geführt, daß das Recht dem Volk entfremdet ist, daß es diesem nur noch als ein äußerliches Zwangsgebilde erscheint und daß es immer mehr als ein Anforderungen stellender Kulturwert ersten Ranges dem Allgemeinbewußtsein entschwunden ist. Damit ist die Rechtsordnung in immer stärkerer Weise der Gefahr der Zersetzung und des Zerfalls ausgesetzt, und immer weniger wirkt sie kraftvoll und überzeugend. Nicht schon dann geschieht der Rechtsordnung Genüge, wenn die Glieder der Rechtsgemeinschaft sie äußerlich vollziehen, ihr aber innerlich fernstehen, ja ihr ablehnend gegenübertreten. Vielmehr wird die Rechtsordnung erst dann erfüllt, wenn die Glieder die Rechtsordnung in ihren tragenden Grundlagen in der Freiheit bejahen. Lebendes Recht erfordert objektive Befolgung und subjektive Bejahung[227]).

Die Rechtsordnung ist die Ordnung, innerhalb derer die Menschen ihrem Wesen entsprechend ihre individuellen Aufgaben und zugleich die Gemeinschaftsaufgaben erfüllen können. Gegenüber anderen Ordnungsbereichen in der Natur hat der Mensch die Möglichkeit, aus dieser Ordnung auszubrechen und gegen sie zu handeln. Während der Gang der Ordnung in anderen Bereichen (z.B. die Ordnung der Sterne, der Jahreszeiten) festliegt, steht es dem Menschen frei, die Ordnung zu wahren. Es kommt auf sein Ja an.

---

[227]) Hiermit wird nicht behauptet, daß etwas nicht Recht sein könnte, was nicht anerkannt und befolgt ist. Das Recht selbst ergibt sich aus der dem Wesen des Menschen entsprechenden Ordnung, soweit es sich nicht um bloßes, nach Zweckmäßigkeitsgesichtspunkten gestaltetes Ordnungsrecht handelt. Der objektive Charakter des Rechtes ist gerade für die Kriminalpädagogik von hervorragender Bedeutung, weil er den Betroffenen nicht einer von menschlicher Willkür diktierten Ordnung, sondern allgemein gültigen, seinem Menschsein entsprechenden Normen unterstellt. Selbst wenn kein Mensch etwa die Freiheitsrechte anerkennen würde, würden sie Recht sein. Aber damit ist der Sinn des Rechtes nicht erfüllt. Wie der Sinne der Ehe erst durch die der Ehe entsprechende Einstellung der Eheleute seine Erfüllung findet, ist es entsprechend beim Recht.

Das Recht hängt also weder von der Anerkennung noch von der Geltung ab. Aber es ist sowohl auf Anerkennung als auch Geltung hin gerichtet. Meine Grundauffassung zu dieser Frage habe ich in den 23 Thesen zu „Recht und Gewissen" auf dem 75. Deutschen Katholikentag („Gott lebt", hrsg. vom Zentralkomitee der deutschen Katholiken, Paderborn 1952, S. 202—205) dargelegt.

Von hier aus ergeben sich bedeutsame Einblicke in das Wesen der Strafrechtsordnung. Die kriminalrechtlichen Vorschriften wenden sich nicht nur gegen die Übertretung, sie zielen vielmehr auf die personale Anerkennung der in ihnen zum Ausdruck gebrachten Werte. Die Tötungsvorschriften verlangen nicht nur, den Mord, den Totschlag, die Abtreibung, die fahrlässige Tötung zu unterlassen, sondern sind auf die Anerkennung des Lebensprinzips ausgerichtet. Sie verlangen die Achtung vor dem Leben. Nicht anders ist es bei den Vermögensdelikten. Es geht nicht nur um die Verletzung des Eigentums und des Vermögens, sondern um die Bejahung der im Strafgesetz geschützten Eigentums- und Vermögensordnung. So erreichen die Strafbestimmungen eine viel tiefere Wirksamkeit. Freilich, wer nicht mordet und nicht stiehlt, bleibt straffrei, auch wenn er noch so wenig vom Lebensprinzip und der Eigentumsordnung hält. Aber das, was in den Bestimmungen in einer viel wesentlicheren und tieferen Schicht zum Ausdruck kommt, erfüllt er nicht. Die sittenbildende Kraft des Strafrechts liegt zutiefst nicht in der Verbotsnorm und der Strafandrohung, sondern in der Sichtbarmachung der dahinter stehenden Grundordnung. Das Strafgesetz als lex imperfecta ist wirksamer als in der Form der lex perfecta. Für den, der dem Zwang keinen wesentlichen Anteil am Recht zugesteht, sondern in ihm nur eines der Mittel der Rechtshandhabung sieht, ist an dieser Auffassung nichts Aufregendes.

Wie die Rechtsordnung in ihrem Grundgehalt, so erfordert auch das Strafrecht in seinem wesentlichen Inhalt das Ja des Menschen. Die Rechtsordnung — und ihr Teilgebiet, die Strafrechtsordnung — ist auf die Dauer nur dann gesichert, wenn die Angehörigen der Rechtsgemeinschaft ihr Ja zu der Ordnung sagen. Hinter jeder Strafrechtsnorm steht die Aufforderung zum Annehmen der in ihr verkörperten geistigen, ethischen, sozialen und wirtschaftlichen Werte. Dieser Aufforderungscharakter kommt auch der Strafe zu. Die Strafe verlangt das Ja des Betroffenen. Ist sie auch eine Zwangsmaßnahme, so tendiert sie doch über den Zwang zur Begegnung mit dem Betroffenen in der Freiheit. Man könnte diesen Gedanken in der Form zum Ausdruck bringen, daß die Strafe das Mitspielen des Betroffenen anstrebt.

Es braucht kaum hervorgehoben zu werden, daß diese Strafauffassung sich nicht nur auf den Strafprozeß auswirkt, sondern daß sie wesentliche Folgerungen für den Strafvollzug mit sich bringt. Für die Kriminalpädagogik ist dieser Ausgangspunkt geradezu grundlegend.

Zusammenfassend läßt sich die Kriminalstrafe durch folgende Merkmale umschreiben:

a) eine einen sozialethischen Vorwurf enthaltende Antwort auf ein schuldhaftes, die ethische Grundordnung der Rechtsgemeinschaft antastendes Unrecht (ethischer Charakter der Strafe);

b) eine Einbuße für den Betroffenen (Übelscharakter der Strafe);

c) eine autoritative Auferlegung der Einbuße (Zwangscharakter der Strafe);

d) ein Ansprechen des Betroffenen im Sinne der Aufforderung zur Rechtsbejahung (personaler Charakter der Strafe).

II. Geht man von dieser Inhaltsbestimmung aus, so läßt sich ein grundsätzlicher Unterschied zwischen der Strafe und den Maßregeln der Besserung und Sicherung nicht machen. Eine Unterscheidung je nachdem, ob die Maßnahme verhängt wird, weil der Täter gefehlt hat oder damit er nicht mehr fehlt, ist hinsichtlich der Charakterbestimmung nicht möglich. Sie kann höchstens zur Bestimmung der Strafzwecke, nicht aber zur Bestimmung des Wesens der Strafe verwandt werden. Die Maßregeln der Sicherung und Besserung haben, soweit sie mit Freiheitsentzug verbunden sind, teils ähnliche Vollzugsformen wie die Strafen (z. B. Sicherungsverwahrung, Arbeitshaus), teils zwar andere Vollzugsformen, wobei die Andersartigkeit sich nicht aus dem Wesen, sondern dem Zweck der Maßnahme ergibt (Unterbringung in einer Heil- oder Pflegeanstalt, Unterbringung in einer Trinkerheilanstalt oder einer sonstigen Entziehungsanstalt). Der Betroffene, der die Maßregeln der Sicherung und Besserung als Folge eines strafbaren Tuns gegen sich angeordnet sieht, empfindet den Unterschied zwischen Strafe und Maßregel nicht[228]). Für ihn ist in seinem Empfinden die eine Maßnahme wie die andere gleich. Einen Unterschied nur im Gedanklichen machen zu wollen, der aber in der Wirklichkeit keine Auswirkungen hat, entbehrt des Sinnes. Erst dort verlieren die Maßregeln der Sicherung und Besserung ihren Strafcharakter, wo ihre Anwendung im Einzelfall sich von dem Vorwurf loslöst, wie es bei der Unterbringung in einer Heil- oder Pflegeanstalt bei Schuldunfähigen der Fall ist[229]).

Dasselbe gilt für die Maßnahmen des Jugendstrafrechts: Zuchtmittel und Erziehungsmaßregeln. Auch diese haben, sofern sie vom Jugendgericht angeordnet werden, einen Strafcharakter, wenn sie sich auch von

---

[228]) Auch die Auffassung des Betroffenen darf nicht unberücksichtigt bleiben. Für die Kennzeichnung einer Maßnahme kommt es auch auf die Wirkung an, die sie bei dem anrichtet, an den sie sich wendet. Wer in der Strafe ein Ansprechen des Betroffenen sieht, muß notwendigerweise auch die subjektiven Auswirkungen mit in Rechnung stellen. Für eine pädagogische Betrachtungsweise ist das ganz selbstverständlich.

[229]) Gegen die scharfe Entgegensetzung von Maßnahme und Strafe wenden sich Liszt-Schmidt: Lehrb. d. deutschen Strafrechts I, (1932), S. 364f., und mit großer Entschiedenheit Hellmuth Mayer: Strafrecht (1953), S. 39, 379ff. Im Gegensatz zu der hier vertretenen Auffassung sieht H. Mayer die Maßnahmen nach § 42b StGB (Unterbringung in einer Heil- und Pflegeanstalt) und nach § 42c (Unterbringung in einer Trinkerheilanstalt) stets als Fürsorgemaßnahme an (Mayer: S. 39, 389). Demgegenüber heißt es bei Liszt-Schmidt S. 365 zutreffend: „Aber wenn die sichernde Maßnahme an die Begehung einer strafbaren Handlung geknüpft ist, so kann sie sehr wohl das Wesen der Strafe (ein mit dem Unwerturteil verbundenes Übel) in sich aufnehmen."

dem als Jugendstrafe bezeichneten Freiheitsentzug durch die Zielsetzung unterscheiden. Die Jugendstrafe des JGG ist die schwerere Erziehungsstrafe, die Sühne- und Sicherungsstrafe, das Zuchtmittel ist die Mahnstrafe und die Erziehungsmaßregel die allgemeine Erziehungsstrafe[230]). Die Nichteintragung in das Strafregister und das Nichtgelten als Vorstrafe sind durchaus berechtigte Maßnahmen, die aber das Wesen nicht ändern, sondern auch bei Anerkennung des Strafcharakters durchaus möglich sind.

Erfaßt man die Maßregeln der Sicherung und Besserung als Strafe, so ist es möglich, sich von der im deutschen Strafgesetzbuch vorgesehenen Mehrspurigkeit loszulösen[231]). Da die Maßregeln der Besserung und Sicherung in diesem System nicht als Strafen angesehen werden, die Verhängung einer Strafe aber für angebracht erachtet wird, zugleich aber wegen der Unzulänglichkeit der Strafe eine weitere Maßnahme erforderlich erscheint, kommt es zu der Kumulation von Strafen und Maßnahmen. Dadurch ergeben sich vielfach als ungerecht empfundene Urteile (z. B. Zuchthaus und Sicherungsverwahrung) und zugleich aber auch unzweckmäßige Vollstreckungen, indem der Verurteilte in die ihm angemessene Vollzugsform (z. B. die Trinkerheilanstalt) zu spät hineingelangt. Allerdings läßt sich die Mehrspurigkeit nicht allein vom Wesen der Strafe her überwinden. Es kommt vielmehr darauf an, ob die Strafe

---

[230]) Strafcharakter haben auch die vom Jugendgericht angeordnete Schutzaufsicht und Fürsorgeerziehung, sofern sie mit dem im Strafurteil enthaltenen Unwerturteil verknüpft werden (so auch Liszt-Schmidt: a. a. O., S. 365; a. A. Hellmuth Mayer: a. a. O., S. 39). Will man die Fürsorgeerziehung ihres Strafcharakters entkleiden, so sollte ihre Anordnung allein dem Vormundschaftsgericht vorbehalten bleiben.

[231]) Zu dem Verhältnis Strafe und Maßnahmen gibt es vier Regelungsmöglichkeiten:

a) Einbeziehung der Maßnahmen in die Strafe (Strafsystem der Einspurigkeit);
b) Einbeziehung der Strafe in die Maßnahmen (Maßnahmensystem der Einspurigkeit). Dieses System würde das Aufgeben der Strafe bedeuten;
c) Strafe und Maßnahmen als Reaktionsmittel bei gleichzeitiger Anordnung und Vollzug beider (gemischtes System mit Mehrspurigkeit);
d) Strafe und Maßnahmen als Reaktionsmittel, jedoch mit Anordnung oder Vollzug nur einer Reaktionsart (Möglichkeit des Vikariierens; gemischtes System mit Einspurigkeit).

Das deutsche Strafrecht hat das gemischte System mit Mehrspurigkeit (c). Der Entwurf zum neuen Strafgesetzbuch E II (1959) geht zwar von dem Grundsatz der Zweispurigkeit (c) aus, sieht aber für die Unterbringung in einer Heil- oder Pflegeanstalt oder in einer Bewahrungsanstalt, in einer Entziehungsanstalt oder in einem Arbeitshaus einen Vorwegvollzug der Maßregel vor der Strafe vor. Dabei soll die Möglichkeit bestehen, die Vollzugszeit ganz oder teilweise auf die Strafe anzurechnen (§ 87). Damit nähert sich der Entwurf der Möglichkeit (d). Ein gemischtes System mit Einspurigkeit (d) kennt das Schweizerische Strafgesetzbuch (vgl. für die Verwahrung von Gewohnheitsverbrechern) Art. 42: Die Verwahrung tritt an Stelle der ausgesprochenen Freiheitsstrafe, Art. 43, 44, 45: Zulässigkeit bedingten Aufschubs der Strafe bei Anordnung der Arbeitserziehungsanstalt, Trinkerheilanstalt und Entziehungsanstalt. In der Richtung eines reinen Maßnahmesystems (b) entwickelt sich das schwedische Recht. Vgl. das vom schwedischen Justizdepartement herausgegebene Buch: Skyddslag, Stockholm 1956.

die von den Maßregeln der Sicherung und Besserung verfolgten Funktionen mitübernehmen kann. Das ist eine Frage der Strafzwecke und der Strafzumessung.

Der Gedanke des Einheitssystems verdient vor dem Doppelsystem mit Mehrspurigkeit auch in pädagogischer Hinsicht den Vorzug. Die Mehrspurigkeit führt für den Betroffenen zur Unklarheit. Sie erregt unter Umständen auch einen inneren Widerstand, sie bringt und verhindert die sofortige und alleinige Anwendung der richtigen Behandlungsmethode. Werden die Maßregeln der Sicherung und Besserung als Strafen angesehen, würde es möglich sein, sie anstelle bisheriger unzweckmäßiger Strafen treten zu lassen.

Den Grundsatz des Einheitssystem in der Weise zu verwirklichen, daß die Strafen in den Maßnahmen aufgehen, empfiehlt sich nicht. Für diese Lösung treten diejenigen ein, die das Strafrecht aus dem sittlichen Bereich loszulösen bestrebt sind und der Strafe einen ethischen Vorwurfscharakter nicht zuschreiben wollen. Damit aber würde ein pädagogisch wichtiger Gedanke aus dem Strafrecht beseitigt werden. Die Beseitigung der Strafe würde auch nicht dem Empfinden der Allgemeinheit und dem Bedürfnis des Betroffenen entsprechen. Für das Wiederzurückfinden ginge ein wichtiger Ansatzpunkt verloren.

III. Inwieweit für pädagogische Erwägungen bei der Festsetzung und dem Vollzug der Strafe Raum ist, hängt von den Strafzwecken ab. Auch eine Erörterung dieser Frage, zu der es ein unermeßliches Schrifttum[232]) gibt, ist nicht zu umgehen. Allerdings wird es auch hier notwendig sein, sich auf eine Herausstellung des Grundsätzlichen zu beschränken und nur die für den Aufbau eines kriminalpädagogischen Systems erforderlichen Gesichtspunkt darzustellen. Nur so läßt es sich vermeiden, im Stoff unterzugehen und im Gegensatz der Ansichten das Anliegen dieser Arbeit aus den Augen zu verlieren.

In der Mitte des vorigen Jahrhunderts hatte sich in der Strafrechtslehre der Vergeltungsgedanke eindeutig durchgesetzt. Die in der zweiten Hälfte des 19. Jahrhunderts einsetzende kriminologische Betrachtungsweise hat jedoch die Forderung nach rein spezialpräventiver, auf Individualisation ausgerichteter Strafe erhoben. Die soziologische Schule hat

---

[232]) Die Frage der Strafzwecke behandeln die strafrechtlichen Lehrbücher und Kommentare zum Strafgesetzbuch. Zu erwähnen sind in diesem Zusammenhang auch die Monographien, die sich mit der Strafzumessung befassen. Von ihnen seien genannt: Heinrich Drost, Das Ermessen des Strafrichters, Berlin 1930; Karl Peters, Die kriminalpolitische Stellung des Strafrichters, Berlin 1932; E. Dreher, Über die gerechte Strafe, 1947; Günther Spendel, Zur Lehre vom Strafmaß, Frankfurt 1954; Hans-Martin Pfersich, Die Strafzumessung im Lichte der modernen amerikanischen Schule, Bonn 1956. Auf die Strafzwecke hat auch die rechtsphilosophische Literatur, insbes. die Arbeiten von Radbruch und Sauer, hingewiesen. Einen beachtlichen Beitrag zu den Strafzwecken und dem Strafvorgang bringt Robert Beck, Die Transformation der Strafe als Humanisierungsvorgang, Monatsschrift 1959, S. 31ff.

den Vergeltungsgedanken abgelehnt[233]). Diese Ablehnung erfolgt heute vor allem von der Seite der Reformer des Strafvollzuges und der Behandlungsmethoden gegenüber Straffälligen.

Die Gründe, die zur Ablehnung des Vergeltungsgedankens vorgebracht werden, sind verschiedener Art. Unter philosophischer Sicht wird der Vergeltungsgedanke als Ausfluß des Rachedenkens betrachtet und ihm damit die sittliche Berechtigung abgesprochen. In kriminalpolitischer Hinsicht wird der Vergeltungsgedanke verworfen, weil er zu unzweckmäßigen gesetzlichen, richterlichen und verwaltungsmäßigen Maßnahmen führe. Als Folge des Vergeltungsgedankens wird die Aufrechterhaltung des Prinzips der Mehrstufigkeit der Maßnahmen angesehen. Dieses Prinzip führe dazu, daß dem Verurteilten aus dem Vergeltungsgedanken heraus die Strafe und aus individualisierenden Gedanken heraus zusätzlich eine Maßnahme auferlegt würde. Aus dem Vergeltungsgedanken folge die Beibehaltung der Unterscheidung von Zuchthaus und Gefängnis und verhindere so die vom Einzelfall her allein zweckmäßige Behandlung. Diese Unterscheidung sei praktisch nicht durchführbar, jedenfalls dann, wenn man jeweils die für den Betroffenen richtige Behandlung anstrebe. Der Vergeltungsgedanke bringe unzweckmäßige Strafen mit sich, indem er einerseits die Verhängung kurzer Freiheitsstrafen fördere, andererseits gegenüber gefährlichen Verbrechern keine wirksamen Gegenmaßnahmen ermögliche. Er habe eine Erstarrung der Strafe zur Folge, so daß die notwendige Beweglichkeit der Strafe, wie z. B. die Einführung der unbestimmten Verurteilung, verhindert würde. Für den Vollzug sei der Vergeltungsgedanke fruchtlos. Er begnüge sich mit einem bloßen Schließerdienst. Er hindere eine lebendige Entfaltung der Kräfte im Vollzug und sei ein Hindernis für die Weiterentwicklung des Behandlungsgedankens.

Diese Einwände gegen den Vergeltungsgedanken können nicht ernst genug genommen werden. Um zu der Frage Stellung nehmen zu können, ob der Vergeltungsgedanke zur Erstarrung und Fruchtlosigkeit führt, ja ob er sogar ethisch nicht einmal vertretbar ist, bedarf es einer Darlegung seines Gehaltes. Es wäre denkbar, daß die Vorwürfe nur eine bestimmte Form des Vergeltungsgedankens, nicht aber diesen schlechthin träfen, daß der Vergeltungsgedanke selbst eine Entwicklung durchgemacht hätte.

Das Vergeltungsdenken[234]) nimmt von einem außerhalb der Täterpersönlichkeit liegenden Gegebenheit den Ausgangspunkt, nämlich von der Störung der Rechtsordnung. Es beruht auf der Vorstellung, daß der Eingriff in die Rechtswerte zur Wahrung der Rechtsordnung, ihres Ansehens und ihrer Geltungs- und Überzeugungskraft eines Eingriffs in die Persönlichkeitswerte des Täters bedarf. Es geht nach dem Vergeltungs-

---

[233]) Über die Entwicklung der Auffassungen unterrichtet Robert von Hippel, Deutsches Strafrecht I, S. 457—534.

[234]) Zum Vergeltungsgedanken neuerdings Günter Spendel: Zur Lehre vom Strafmaß, Frankfurt/Main 1954.

denken um einen im Objektiven liegenden Ausgleich, und nicht um die auf die bloße Befriedigung subjektiver Empfindungen ausgerichtete Rache. Wenn auch das Vergeltungsdenken dem Empfinden der Glieder der Gemeinschaft entspricht, so hat es doch nicht die Erfüllung von persönlichen Wünschen und Trieben in erster Linie zum Gegenstand. Daraus folgt der entscheidende Unterschied zur Rache.

Der Vergeltungsgedanke ist für die Festlegung der Strafrechtszwecke und für die Bestimmung der Strafe im Einzelfall unentbehrlich. Er erfüllt eine sozial wichtige Funktion, indem er die Würde, die Unantastbarkeit und den Ernst der Rechtsordnung und ihrer sittlichen Grundlagen klar und eindeutig zum Ausdruck bringt. Der Vergeltungsgedanke enthält aber auch einen pädagogisch bedeutsamen Ansatzpunkt, indem er sichtbar macht, daß der einzelne einer objektiven Ordnung gegenübersteht, daß er vor dieser unter Umständen zurückzutreten hat und daß er bei der Verletzung der Ordnung nicht mehr der erste ist, um den sich das Recht dreht. Der Vergeltungsgedanke zeigt sehr deutlich die Abhängigkeit des einzelnen von der alle umfassenden Rechtsordnung. Das Erlebnis, daß um der in der Ordnung enthaltenen Güter eine von ihm — dem Täter — losgelöste Wertbetrachtung vollzogen wird, ist von pädagogischer Einprägsamkeit. Das Vergeltungsdenken führt darüber hinaus, richtig angewandt, zu einer Mäßigung der Strafrechtsanwendung. Es bewahrt vor maßlosen Strafen, indem es ein Verhältnis zwischen der Störung und der zu dem erstrebten Ausgleich angewandten Maßnahmen herstellt. Es übt damit eine wichtige rechtsstaatliche Funktion aus, deren Bedeutsamkeit erst der richtig zu schätzen weiß, der die Maßlosigkeit rücksichtslos angewandten Strafrechts erlebt hat.

Trotz des personalfremden Einsatzpunktes führt bereits das Vergeltungsdenken zu personalen Bezügen. Der Grad der Störungen der Rechtsordnung hängt nicht nur von dem äußeren Geschehen, sondern vor allem von dem Geiste, der Gesinnung und Haltung ab, die die Tat tragen. Jeder Einbruch in die Rechtsordnung wird auch im Hinblick auf die Rechtsstörung durch personale Momente bestimmt. Die Schwere der Rechtsstörung ist sowohl von äußeren als auch inneren Umständen abhängig. Für sie sind drei nebeneinanderstehende Gradmesser maßgeblich: der Erfolg (als äußere sMoment), die Verantwortlichkeit — Schuld — und die Gefährlichkeit (als innere Momente). Wenn der Erfolg zuerst genannt wird, so beruht das auf der strafrechtlichen Fortentwicklung, die von einem immer stärkeren Bewerten äußerer Vorgänge auf die Erfassung innerer Begebenheiten hinzielt. Das Schwergewicht auch für das Vergeltungsdenken verschiebt sich stärker auf die subjektiven Momente, da die Strafrechtspflege sich immer deutlicher bewußt wird, daß das Verbrechen maßgeblich von der Tätereinstellung und Täterhaltung bedeutungsmäßig bestimmt wird.

Es wäre aber falsch, die Tendenzen so weit fortzuführen, daß das äußere Ergebnis der Tat ohne Belang ist. Eine solche Auffassung entspricht zunächst schon nicht dem Gesetz, das selbst einen Unterschied macht, ob jemand betrunken einen Wagen fährt, obwohl er — vielleicht rein durch Zufall — keine Gefährdung herbeiführt (Übertretung nach deutschem Recht) oder ob er bei dieser Gelegenheit eine Gefährdung der Allgemeinheit bewirkt (Vergehen nach deutschem Recht). Wiederum ist es von Bedeutung, ob es bei der Gefährdung bleibt oder zu einer Verletzung kommt. DieBeseitigung des besonderen erhöhten Strafrahmens, zuweilen mit Herbeiführung der Änderung des Deliktscharakters, allein im Hinblick auf den Erfolg bei den durch den Erfolg qualifizierten Delikten[235]) besagt nicht, daß innerhalb des allgemeinen Strafrahmens der Erfolg bei der Strafbemessung keine Berücksichtigung zu finden habe[236]). Der Erfolg spricht überdies auch den Täter an, verstärkt sein Schuldbewußtsein und vermehrt sein Empfinden, für die Tat einstehen zu müssen. Es ist nicht nur für die Gemeinschaft etwas anderes, sondern auch für den Täter, ob er bei einem Unfall nur einen Menschen oder vier Menschen tötet, weil gerade vier im Wagen sich befanden. Diese Empfindungen sind für die Bestimmung des Umfangs der Störung nicht gleichgültig.

Die Erfolgsseite darf aber nicht einseitig gesehen werden. Ebenso wenig darf aber innerhalb der subjektiven Momente alles auf den Grad der Schuld abgestellt werden. Die Vergeltungsstrafe deckt sich nicht mit der Schuldstrafe. Schuld ist freilich immer Strafvoraussetzung; für die Bestimmung der Strafart und Strafhöhe ist sie nur eines der drei Momente. Die Strafe nach der Schuld allein bemessen zu wollen, scheitert schon daran, weil bei der Kompliziertheit der den Schuldvorwurf begründenden Umstände zuweilen nicht mehr als das Vorhandensein der Schuld festgestellt werden kann, wobei der Schuldgrad kaum bestimmbar ist. Sodann ist die Schuldstrafe kriminologisch unzulänglich. Sehr schwere Delikte anlagemäßig erheblich belasteter und durch Umweltverhältnisse schwer angeschlagener Menschen können unter Umständen ein geringes Verschulden aufweisen. Von der Schuld her gesehen würde eine Strafe auszuwerfen sein, die keineswegs den gerechtfertigten Bedürfnissen der Gesellschaftsverteidigung (défense sociale) entspricht. Die Gefährlichkeit dann durch eine andere Maßnahme als durch eine Strafe in Rechnung stellen zu wollen, bedeutet ein Spiel mit Worten. Das reine Schuldstrafrecht führt zwangsweise zu der Doppelspurigkeit der Verfahrens, dessen Bedenklichkeit schon erörtert ist. Die Berücksichtigung der drei Skalen: Erfolg, Schuld und Gefährlichkeit sichert eine angemessene und auch von der Gemeinschaft her hinreichende Strafe. Mag das Vergeltungsstrafrecht, vor allem in der früheren Zeit, zu der Art und dem Umfang nach unzulänglichen Strafen geführt haben, so darf doch nicht übersehen werden, daß auch das Vergeltungsdenken durch die Fülle der von den Vertretern

---

[235]) Neufassung des § 56 StGB.

[236]) In dieser Richtung Lang-Hinrichsen: Goltd. A. 1957, 1—13.

individualisierender Richtungen vorgebrachten Einwände und Bedenken heute mitbestimmt wird. Das gilt sowohl für die Einsicht in die Störung der Rechtsordnung und ihren Umfang als auch für die Auffassung von der Angemessenheit der Reaktion. Das Ausgleichsbedürfnis und die Ausgleichsweise werden von den jeweiligen Zeitauffassungen mitgebildet. Sie werden — das läßt sich gar nicht bestreiten — in unserer Zeit in hohem Maß von individualisierenden Vorstellungen mitgeformt. Es zeichnet sich hier ein soziologischer Vorgang ab, der sich im Leben allgemein vollzieht. Es ist nicht anders als im politischen Bereich, in dem sich die Auffassungen von Regierungspartei und Oppositionspartei — jedenfalls wenn sich das politische Leben in gesunden Bahnen abspielt — gegenseitig formen und mitbestimmen.

Dieses Eindringen individualisierender Vorstellungen in das Vergeltungsdenken führt — jedenfalls auf die Dauer — notwendigerweise zu einer Berücksichtigung der Zweckmäßigkeit der zu verhängenden Strafen. Es sollte auch für das Vergeltungsdenken selbstverständlich sein, die Strafe im Hinblick auf ihre Wirksamkeit und wenigstens auf ihre Unschädlichkeit sorgfältig zu überprüfen. Daß ein schädliches Mittel vermieden wird, ist schon ein Gebot der Sittlichkeit. Es ergibt sich aber auch unmittelbar aus dem Vergeltungsgedanken. Der Ausgleich der Störung der Rechtsordnung kann nicht durch eine neue Störung seitens der Rechtsordnung selbst erfolgen. Von hier aus ergibt sich auch für den Vertreter des Vergeltungsgedankens das Bemühen um die Beseitigung, wenigstens um die ernsthafte Beschränkung der Anwendung der kurzen Freiheitsstrafe. Die schon oben aufgeworfenen Probleme der Begrenzung des Strafrechts überhaupt stellen sich an diesem Punkt nochmals.

Wenn der Vergeltungsgedanke sich individualisierenden Vorstellungen öffnet, liegt die Frage nahe, welche besondere Funktion er noch ausübt, ob er nicht ausgehöhlt ist und damit seine Entbehrlichkeit erweist. Das ist keineswegs der Fall. Der Vergeltungsgedanke verschließt sich zwar individualisierenden Vorstellungen nicht, hindert allerdings ihre einseitige Berücksichtigung. Er sichert den objektiven Ausgangspunkt. Er gewährleistet die Berücksichtigung objektiver Ideen und Werte. Damit sichert er auch die Beachtung des generalpräventiven Aspekts. Die Vergeltungsstrafe berücksichtigt diesen insofern, als sie die Unverbrüchlichkeit der Rechtsordnung und ihren rechtlich-sittlichen Gehalt der Allgemeinheit vor Augen führt. Sie führt damit zu einer Stärkung der sittlichen Kräfte und zu einer Hemmung der zur Straftat drängenden Kräfte bei Dritten. Damit übt die Strafe auch eine im Tiefenbereich der Seele unbewußt sich vollziehende Wirksamkeit aus. Mit der Vergeltungsstrafe verbindet sich untrennbar die sich an Dritte richtende Warn- und Aufforderungsfunktion.

Wenn hier der Begriff der Allgemeinabschreckung vermieden wird, so handelt es sich nicht nur um einen Streit mit Worten, sondern um einen auf pädagogischen Ideen beruhenden Richtungswandel. Vor allem kommt es darauf an, die Entfaltung positiver Kräfte durch die Strafe sicherzustellen. Daß die Strafe auch eine bloß hemmende Funktion hat, kommt in dem Begriff der Warnung zum Ausdruck. Aber auch diese bedeutet eine Aufforderung zur Auseinandersetzung mit sich und seinen Trieben und Schwächen. Der Begriff der Abschreckung geht dagegen auf die Angsterregung. Er zielt geradezu auf einen psychologischen Zwang. Mit der Abschreckung wird ein pädagogisch abzulehnender Weg beschritten, da er an nicht erwünschte seelische Voraussetzungen anknüpft. Überdies führt der Abschreckungsgedanke zu Härte, Überschreitung der Grenzen des Strafrechts und damit zu innerem Widerstand des Betroffenen, zur Verhärtung und Verrohung. Die Geschichte des Strafrechts beweist die Wirkungslosigkeit des Gedankens der Allgemeinabschreckung. Über parallele Erwägungen bei der Individualabschreckung ist später zu sprechen.

Wenn die Generalprävention auch Inhalt der Vergeltung ist, so kann sie in einzelnen Fällen zu einem selbständigen Gesichtspunkt bei der Straffestsetzung werden. Das ist dann der Fall, wenn die konkrete Tat (z. B. ein Bankraub) in sich die Tendenz zur Nachahmung durch Dritte trägt. Es gibt Delikte, die eine „Grassierungstendenz"[237]) aufweisen. Dieser Gesichtspunkt ist für die Bestimmung der Erfolgsseite bedeutsam, führt somit zu den Grundlagen der Vergeltungsstrafe zurück.

b) Während der Vergeltungsgedanke, auch wenn er personale Gegebenheiten mit zu berücksichtigen vermag, bei der Störung der Rechtsordnung ansetzt, nehmen die individualisierenden Zwecke der Strafe vom Täter her ihren Ausgang. Der Vergeltungsgedanke schließt an die Bedeutung der Tat für die Rechtsordnung an und hat den Ausgleich des in der Vergangenheit liegenden Tatgeschehens zum Gegenstand. Die einzelnen individualisierenden Zwecke gehen von der Bedeutung der Täterpersönlichkeit für die Rechtsordnung aus und machen das künftige Verhalten zum Gegenstand der Betrachtung. Bei beidem kann man von einem Ausgleich sprechen: Ausgleich des Tatgeschehens und Ausgleich der Täterhaltung.

An individualisierenden Gesichtspunkten kommen vier in Betracht: Warnung und Aufforderung, Erziehung, Sühne, Ausschließung und Sicherung. Es wird auffallen, daß die Sühne in der Reihe der individualisierenden Gesichtspunkte aufgezählt wird. In der Regel werden Vergeltung und Sühne in einem Zuge genannt, nicht selten werden Vergeltung und Sühne miteinander vermengt[238]). Der Unterschied ist grund-

---

[237]) Zu dem Begriff vgl. Wilhelm Sauer, Kriminalsoziologie, Berlin-Grunewald 1933 S. 98.

[238]) Zu den Begriffen Vergeltung und Sühne vgl. insbesondere Günter Spendel: Zur Lehre vom Strafmaß, 1954, S. 87ff., insbesondere S. 104ff. Hier wird an einzelnen Beispielen aus dem Schrifttum dargetan, wie die Begriffe Vergeltung und Sühne ausgewechselt werden. Auch in den Gerichtsurteilen werden Vergeltung und Sühne häufig miteinander vermengt. Richtig hat Wilhelm Sauer: Grundlagen des Strafrechts (1921) S. 85, den Gegensatz Vergeltung und Sühne ge-

legend. Vergeltung wird an dem Täter vollzogen, Sühne leistet der Täter selbst. Vergeltung ist die Leistung der Gemeinschaft, Sühne ein sittlicher Akt des Täters selbst. Sühne ist ein relativer Strafzweck, weil er nur bei einer bestimmten Tätergruppe zur Anwendung gelangt.

Bei der Bestimmung des zu berücksichtigenden Strafzweckes kann das Schwergewicht des einzelnen Vorgangs nicht außer acht bleiben. Hierin zeigt sich die Verquickung von Vergeltungs- und individualisierendem Zweck. Bei den Bagatelldelikten findet nur der Warn- und Aufforderungsgedanke Anwendung. Unter den Bagatelldelikten sind solche zu verstehen, die nur von einer geringfügigen Störung der Rechtsordnung begleitet sind, die nur ein unerhebliches Versagen des Täters aufweisen und bei denen das Versagen im Täter nicht tiefer verwurzelt ist. Der Warn- und Aufforderungsgedanke greift auch bei Straftaten von mittlerer Schwere ein, sofern vom Täter her gesehen es sich nur um ein Oberflächendelikt handelt. Die entsprechenden Strafmaßnahmen haben einen entziehenden oder mahnenden Charakter. In Betracht kommen vor allem Geldstrafen, Einziehungen, Versagungen (Entziehungsstrafe) oder festbestimmter Strafausspruch mit Aussetzung zur Bewährung (Mahnstrafe). Bei schwereren Straftaten mit tiefer persönlicher Verwurzlung ohne erkennbare Einwirkungsaussichten ist der Raum der Ausschließungs- und Sicherungsstrafe. In Betracht kommt langjährige Freiheitsstrafentziehung bestimmter oder unbestimmter Art. Handelt es sich bei einem unansprechbaren Täter nicht um schwere Taten sowohl nach der sachlichen als auch nach der persönlichen (Schuld- und Gefährlichkeits) Seite, so ist eine Mahn- und Aufforderungsstrafe auszusprechen, die hier aber — unter Vermeidung kurzer Freiheitsstrafe — in einer bestimmten Freiheitsstrafe besteht. Zwischen der Warn- und Aufforderungsstrafe und der Sicherungsstrafe liegen die durch den Sühne- und Erziehungsgedanken bestimmte Strafen. Es gibt besonders schwere Taten, die zugleich einen erheblichen Schuldvorwurf verdienen bei denen vom Täter ein Sühneakt verlangt werden muß. Es sind Taten, bei denen Gedanken, die auf einen Persönlichkeitswandel des Täters durch pädagogische Maßnahmen beruhen, zurücktreten müssen. Mit Rücksicht auf die Schwere von Tat und Schuld muß eine vom Täter selbst zu erbringende Leistung verlangt werden, die auf der Vorstellung der reinigenden Kraft des Leidens, eines Sichloslösens und Sichbefreiens in dem Aufsichnehmen des Leidens beruht, eines Leidens, das selbstverständlich in menschenwürdiger und menschenangemessener Form vor sich geht. Die Sühnestrafe findet in längeren festbestimmten Strafen ihren Ausdruck. Es wäre völlig falsch, beim Vollzug der Sühnestrafe die Mitwirkung der Beamten bei der Leitung des Häftlings außer acht zu lassen. Sühne ist eine hohe Persönlichkeitsleistung, die eine

sehen. Er stellt dem Unrecht die Vergeltung und der Schuld die Sühne gegenüber. Die Sühne findet in dem Bejahen des mit der Strafe verbundenen Leidens und in dem Schmerz des Täters ihren Ausdruck.

ethische Haltung erfordert, zu der der Häftling meist erst hingeführt werden muß. Die Sühnestrafe erfaßt sowohl den von vornherein sühnebefähigten und sühneaufgeschlossenen Täter als auch den voraussichtlich zur Sühneleistung zu befähigenden Täter. Wo diese Voraussetzungen fehlen, greift die Sicherungsstrafe ein. Sühne darf nicht nur als subjektives Gegenstück zur Vergeltung gesehen werden, sondern muß auch in die Nähe des Erziehungsgedankens gerückt werden.

Auch in einem individualisierenden Strafrecht gibt es zahlreiche Fälle, in denen der Erziehungsgedanke nicht in maßgeblicher Weise zur Anwendung kommt. Vielmehr können im Hinblick auf Tat und Täter andere Individualisierengsgesichtspunkte Platz greifen. Der Versuch, die Strafe stets unter dem Gesichtspunkt der Erziehung aussprechen zu wollen, muß aus vielerlei Gründen scheitern. Es sind weder alle Täter für eine Anwendung geeignet, noch sind für eine allgemeine Anwendung die persönlichen und sachlichen Mittel vorhanden, noch ist der Tat in jedem Fall eine vom Erziehungsgedanken diktierte Strafe angemessen. Das Übersehen dieser drei Umstände hat die Gegner des Erziehungsgedankens immer wieder zu ihrem Widerspruch angereizt. Es trägt aber auch die Gefahr in sich, den Erziehungsgedanken auszuhöhlen.

Alle Täter der Erziehungsstrafe unterstellen zu wollen, würde zunächst eine Anzahl von Gefangenen in den Erziehungsvollzug bringen, die eine erhebliche Belastung für ihn bedeuten, die infolge der (zu erwartenden) Mißerfolge den Erziehungsvollzug in Mißkredit bringen, die überdies die im Erziehungsvollzug notwendigen Maßnahmen nicht richtig entgegennehmen. Bei aller Zurückhaltung mit dem Urteil der Unerziehbarkeit wird man zugeben müssen, daß manche Gefangene nicht für den Erziehungsvollzug geeignet sind, da in ihnen die Erziehungsbereitschaft nicht besteht und auch jedenfalls mit den verfügbaren und auch nach besten Bemühungen erreichbaren Mitteln nicht geweckt werden kann oder da sie trotz etwaiger Bereitschaft nicht erziehbar sind. Gerade die Feststellung der Scheidung der erziehungsgeeigneten von den erziehungsungeeigneten Tätern ist eine verantwortliche und schwierige (später noch näher zu besprechende) Aufgabe der Strafbemessung.

Aber es ist auch nicht möglich, den Erziehungsgedanken bei Erziehungsgeeigneten ausschließlich zur Anwendung bringen zu wollen. Es muß zunächst eine Erziehungsnotwendigkeit bestehen. Die Tat kann derart an der Oberfläche der Täterpersönlichkeit liegen, daß es einer erzieherischen Beeinflussung nicht bedarf. Der Täter kann eine solche Persönlichkeit sein, daß er sich selbst trotz tieferer Persönlichkeitsberührung wieder einfangen kann. Schließlich muß aber auch von der Tat her ein Anlaß bestehen, den Erziehungsapparat auszulösen (Erziehungsangemessenheit). Dabei soll keineswegs der Erfolg entscheidend sein. Ein kleiner Diebstahl kann durchaus im Hinblick auf die Täterpersönlichkeit bedeutsam sein. Es gibt aber auf der anderen Seite Tatbestände, die erfahrungsgemäß nur einen geringen Persönlichkeitsbezug haben. Häufig läßt aber für den Sachkenner der äußere Tathergang einen Schluß auf die Persönlichkeitsverwurzelung zu. Trotz Erziehungsgeeignetheit tritt der Erziehungsgedanke bei den unter dem Sühnegesichtspunkt abzuurteilenden Fällen zurück.

Die Begrenzung des Erziehungsgedankens durch den Grundsatz der Erziehungsangemessenheit ergibt sich daraus, daß selbst bei einem auf den Erziehungsgedanken ausgerichteten Vollzug eine Arbeit an allen erziehungsfähigen Verurteilten nicht möglich ist, weil die Kräfte nicht reichen. Er ergibt sich aber auch noch aus einem grundsätzlichen, vom Erzieherischen her gewonnenen Gesichtspunkt. Jede Erziehung setzt die Mitwirkung und die Mitarbeit des Zöglings voraus. Jede Erziehung erfordert einen gewissen Erziehungszeitraum und zugleich eine Gebundenheit. Stehen aber Tatbedeutung, Erziehungsdauer und Erziehungsgebundenheit in einem unangemessenen Verhältnis, so ist mit einer positiven Erziehungshaltung nicht zu rechnen. Der Versuch würde von vornherein an dem berechtigten Gefühl des Verurteilten, unangemessen behandelt zu werden, scheitern. Hier offenbaren sich auch vom Erzieherischen her die vom Vergeltungsgedanken gezogenen Grenzen. Damit ergibt sich eine prozessuale wesentliche Folgerung. Ein großer Teil der leichteren Kriminalität erfordert keine nähere Persönlichkeitserforschung, es sei denn, daß sich Anhaltspunkte für eine Auffälligkeit in persönlicher Hinsicht oder für eine Persönlichkeitsverwurzelung ergeben. Nur bei einer solchen Beschränkung sind die vom Erziehungsgedanken her erforderlichen Persönlichkeitsuntersuchungen prozessual leistbar.

Trotz dieser Begrenzungen bleibt für den Erziehungsbereich eine weit ausgedehnte Kriminalität übrig. Es kommt vor allem die mittlere und schwere Kriminalität in Betracht. Fälle der leichteren Kriminalität unterfallen ihm nur bei einer Persönlichkeitsverwurzelung, die eine eingehende Behandlung angemessen und notwendig macht. Fälle der schwersten Kriminalität führen zu einer Erziehungsstrafe nur dann, wenn nach der Persönlichkeit und dem Schuldgrad eine Sühnestrafe nicht Platz greift.

Soweit die Strafe durch andere Gedanken als den Erziehungsgedanken bestimmt wird, bedeutet das nicht, daß ein Ansprechen im Sinne einer persönlichen Umgestaltung außer acht bleibt. Nur sind Straffestsetzung und Strafvollzug nicht von den erzieherischen Gesichtspunkten getragen.

IV. Mit diesen Erörterungen ist zunächst nur die Brauchbarkeit des Erziehungsgedankens vom Wesen der Strafe und ihren Zwecken her behandelt worden. Darüber hinaus entsteht aber die Frage, inwieweit ein solches Strafrecht in Einklang mit den verfassungsmäßig garantierten Grundrechten und sonstigen Grundlagen der Rechtsordnung steht. Wer gibt überhaupt das Recht zur Erziehung? Bedeutet das Unterstellen unter den Erziehungsgedanken nicht einen derartig tiefen Eingriff in die Persönlichkeitssphäre, daß er um der persönlichen Freiheit willen versagt werden muß? Gilt dieser Einwand nicht gerade dann, wenn die Strafe nicht nur als eine Erscheinung des äußeren menschlichen Bereichs, sondern als eine sittliche Maßnahme angesehen wird[239])?

Erziehung bedeutet eine solche Formung und Gestaltung der Persönlichkeit, daß sie befähigt und bereit ist, ein Leben entsprechend der dem Menschen allgemein gegebenen Ordnung und der gerade diesem Einzelwesen auferlegten Aufgaben zu führen. Erziehung ist eine Hilfe für den Betroffenen, daß er seine Lebensaufgaben als Mensch und als Glied der Gemeinschaft erfüllt. Die Erziehung ist darauf gerichtet, daß der einzelne in der Freiheit sich entfalten kann. Erziehung ist Hinführung zur Freiheit. Sie ist Fremd- und Selbsterziehung. Dabei handelt es sich nicht um sich ausschließende Gegensätze. Es gibt keine Fremderziehung ohne die Mitwirkung des Erzogenen. Erziehung ist kein Zwangsvorgang. Der Erzogene wird nicht genötigt, sich so zu verhalten, sondern er soll dahin geführt werden, sich in Freiheit zu diesem Verhalten zu entscheiden. Fremderziehung erfordert das ständige Zusammenarbeiten, das ständige wechselseitige Gespräch von Du und Du, ja darüber hinaus ein ständiges Hin- und Hergeben. Aber auch die Selbsterziehung vollzieht sich nicht im völligen Alleinsein. Freilich verlagern sich die Gewichte von dem anderen auf sich selbst. Aber auch der, bei dem das Schwergewicht der Erziehung auf die eigene Persönlichkeit gelegt ist, steht in ständiger Wechselbeziehung, nehmend und gebend, mit dem anderen. Bei der eigentlichen Selbsterziehung liegen aber Ausgang und Hergang vornehmlich bei dem Betreffenden selbst. Die Erziehung wird mit zunehmendem Alter immer mehr Selbsterziehung. Das gilt vor allem für die allgemeine sittliche und rechtliche Erziehung. Mit dem Erwachsensein hört regelmäßig die allgemein sittliche Fremderziehung als

---

[239]) Zu dem gesamten Fragenkomplex vgl. B. Freudenthal, Die staatsrechtliche Stellung der Gefangenen (Frankfurter Rektoratsrede) 1910; ders. Der Strafvollzug als Rechtsverhältnis des öffentlichen Rechts Z. 32 (1911) 222—248; Max Grünhut, Rechtliche Garantien im Strafvollzug in: Lothar Frede--Max Grünhut, Reform des Strafvollzuges Berlin-Leipzig 1927 S. 17—30; Grete Wolff, Strafvollzug und Rechtstaat, Strafrechtliche Abhandlungen Heft 319, Breslau-Neukirch 1933; Werner Ruprecht, Der Rechtsschutz des Strafgefangenen unter besonderer Berücksichtigung der gegenwärtigen Beschwerdebefugnisse im Lande NRW. Kölner Diss. 1957; Johannes Depenbrock, Die rechtlichen Grundlagen des Erwachsenenstrafvollzuges und ihre Auswirkungen auf die Arbeit, das Wahlrecht und den Rechtsschutz des Strafgefangenen Münster. Diss. 1958.

Zu den Verfassungsproblemen vgl. ferner Hellmuth Mayer, Strafrecht (1953) S. 36—41; Joachim Hellmer, Erziehung und Strafe (1957) S. 136—166, ders. Zur Verfassungswidrigkeit von Erziehungsmaßregeln im Jugendstrafrecht. Recht d. Jugend 3 (1955) 137ff., 235ff. Neuerdings auch Hans-Jürgen Bruns, Rechtsgrundlage und Zulässigkeitsgrenzen strafrichterlicher Auflagen und Weisungen Goltd. A. 1959, 193—228; vgl. auch allgemein Jürgen Baumann, Die Auflagenkataloge im Strafrecht Goltd. A. 1958, 193—204.

ein von außen autoritativ auferlegter Vorgang auf. Die Erziehung ist grundsätzlich dem Gestaltungswillen des einzelnen auferlegt.

Eine richtig verstandene Fremderziehung kann mit den Freiheitsrechten im Grunde nicht in Widerspruch treten, da sie gerade den Weg zur Freiheit offen legen will. Wohl aber können die faktischen Erziehungsformen in die Freiheit des Betroffenen eingreifen. Wenn das Gesetz mit dem Eintritt der sittlich rechtlichen Selbstverantwortlichkeit (der Volljährigkeit) die autoritative Fremderziehung erlöschen läßt, so dient dies der Garantie der Freiheit des Erwachsenen. Das Nichtmehrunterstelltsein unter autoritative allgemeine Erziehungsmaßnahmen mit der Volljährigkeit ist infolge der Möglichkeit von Persönlichkeitseingriffen eine bedeutsame Garantie der Freiheit.

Der Grundsatz verdient auch Anerkennung. Das Kind, der Jugendliche und der Heranwachsende sind noch generell auf die Hilfe der Erwachsenen angewiesen. Auch sie können freilich im Erziehungsvorgang in ihrem Persönlichkeitkern bedroht sein. Die Versuchung, die ständig an den Erzieher herantritt, den Zögling nach seinem Vorstellungsbild zu erziehen, ist nicht gering. Das geschieht selbst bei sehr wohlwollenden Erziehern. Es ist durchaus verständlich, daß der Erzieher aus seiner Person heraus sich das Erziehungsideal bildet und den Erziehungsweg beschreitet. Ohne diesen Ausgang ist eine Erziehung nicht einmal möglich. Jeder Mensch kann nur aus seiner Welt heraus handeln. Die Sicherung vor einem Subjektivismus beruht auf dem Vorhandensein einer objektiven sittlichen Ordnung, die der Erzieher um so mehr suchen muß, als das Bewußtsein einer objektiven Wertwelt weithin geschwunden ist. Aber selbst die Bejahung einer objektiven Ordnung sichert nicht davor, daß der Erzieher gegenüber dem Zögling dessen persönliche Aufgabe und dessen persönliches Streben nach dieser Ordnung nicht sieht und damit sein eigenes Wesen dem Zögling aufdrängt und dieser als Persönlichkeit verkünmert. Im Bereich der Familie kann nur bei offensichtlichem Mißbrauch durch Entziehung des Erziehungsrechts das Persönlichkeitsrecht des Kindes gesichert werden. Liegt kein Mißbrauch vor, so muß das Erziehungsverhältnis Eltern-Kind unangetastet bleiben, weil jeder Eingriff in dieses Verhältnis eine weit größere Persönlichkeitsbedrohung für das Kind darstellt. Solche Bedrohungen können sich auch in den öffentlichen Erziehungsverhältnissen in besonderer Weise ergeben. Das gilt auch für das aus dem Strafrecht begründete Erziehungsverhältnis. Beim jungen Menschen ist infolge seiner Erziehungsbedürftigkeit das Fremderziehungsverhältnis die grundlegende Erziehungssituation. Infolgedessen bedeutet eine autoritative Begründung eines staatlichen Erziehungsverhältnisses in Fällen der notwendigen Ergänzung (Subsidaritätsprinzip) keinen grundsätzlichen Eingriff in die Freiheit der Persönlichkeitsgestaltung. Ein solches Erziehungsverhältnis bei Vorliegen der Voraussetzungen zu begründen und sinnvoll durchzuführen, ist, wie die gesetzlichen Grundlagen des deutschen Rechts erkennen lassen, nicht nur das Recht, sondern die Pflicht des Staates[240]). Mit Eintritt der Volljährigkeit tritt eine umgekehrte Rechtslage ein. Die Persönlichkeitsgestaltung liegt in der eigenen Verantwortlichkeit. Die Freiheit der Selbsterziehung und der Zusammenarbeit mit anderen Kräften nach eigenem Befinden ist Ausfluß der Selbstbestimmung. Ihre Grenzen findet diese Selbstbestimmung aber dort, wo sich der Mangel der Selbsterziehung in einer die Rechtsordnung erheblich antastenden Weise offenbart. Mangelnde Selbsterziehung bedeutet eine Gefährdung des gesellschaftlichen Zusammenlebens. Wenn daher die Rechtsordnung bei einer die gemeinschaftliche Ordnung sachlich oder personell erheblich verletzenden Straftat die Unterstellung unter eine autoritative Erziehung anordnet, so bleibt sie innerhalb der Freiheitsordnung, vorausgesetzt, daß der Eingriff sich im Rahmen des Zumutbaren hält und die „Eigenständigkeit der Person" gewahrt bleibt[241]).

Die Auswertung der Strafe und ihr Vollzug nach der Erziehungsidee sind mit dem Grundsatz der persönlichen Freiheit in Einklang. Das gilt auch für das Erwachsenenstrafrecht.

Das Recht zur Verhängung der Strafe als solcher ergibt sich aus dem Rechte des Staates, die Rechtsordnung zu wahren, ihr Kraft zu verleihen, ihre Autorität sichtbar zu machen, die sittliche Grundordnung zu gewährleisten und die Gemeinschaft zu schützen[242]). Die Verwirk-

---

[240]) Die Fürsorge- und Straferziehung ist daher bei jungen Menschen grundsätzlich als zulässig anerkannt. Grundlegend für das deutsche Erziehungsrecht ist Art. 6 Abs. 2, 3 GG Art. 6 Abs. 2 lautet: „Pflege und Erziehung der Kinder sind das natürliche Recht der Eltern und die zuvörderst ihnen obliegende Pflicht. Über ihre Betätigung wacht die staatliche Gemeinschaft." Abs. 3 lautet: „Gegen den Willen der Erziehungsberechtigten dürfen Kinder nur auf Grund eines Gesetzes von der Familie getrennt werden, wenn die Erziehungsberechtigten versagen oder wenn die Kinder aus anderen Gründen zu verwahrlosen drohen." Diese Vorschriften sind auch für das Jugendstrafrecht grundlegend. Für alle autoritativ begründeten Erziehungsverhältnisse ist ferner § 1 des Jugendwohlfahrtsgesetzes maßgebend. Abs. 1: „Jedes deutsche Kind hat ein Recht auf Erziehung zur leiblichen, seelischen und gesellschaftlichen Tüchtigkeit." Abs. 2: „Das Recht und die Pflicht der Eltern zur Erziehung werden durch dieses Gesetz nicht berührt. Gegen den Willen des Erziehungsberechtigten ist ein Eingreifen nur zulässig, wenn ein Gesetz es erlaubt." Abs. 3: „Insoweit der Anspruch des Kindes auf Erziehung von der Familie nicht erfüllt wird, tritt unbeschadet der Mitarbeit freiwilliger Tätigkeit, öffentliche Jugendhilfe ein."

[241]) Vgl. BVG 4, S. 7ff.; v. Mangoldt-Klein, Das Bonner Grundgesetz, 2. Aufl. (1955) S. 176.

[242]) Das Recht zu strafen ist noch niemals in Zweifel gezogen worden. Vgl. Maunz-Dürig, Grundgesetz, Kom. zu Art. 2 I Anm. 76. Daß gegen das spezialpräventive Strafrecht im Grundsatz Bedenken erhoben werden, beruht auf der Vorstellung der Unveränderlichkeit der Strafrechtszwecke. Ein Wandel der Strafrechtsgrundlagen ist, soweit mit den rechtlichen Grundvorstellungen vereinbar, als die Persönlichkeit des sich verfehlenden Menschen anerkannt ist. Auch in einem spezialpräventiv ausgerichteten Strafrecht ist das nicht weniger der Fall als in einem vornehmlich auf die Vergeltung ausgerichteten Strafrecht. In beiden Rechten kann der Mensch als geistig-sittliche Persönlichkeit anerkannt sein. In beiden Rechten kann das Wesen des Menschen verfehlt und mißkannt werden.

lichung des Erziehungsgedankens in und mit der Strafe ergibt sich aus dem Gedanken des personalen Ansprechens. Da der Täter in der Eigenerziehung versagt hat oder doch mit ihr nicht fertig geworden ist, ist die autoritative Fremderziehung die seinem Verhalten entsprechende Antwort. Der Erziehungsgedanke wird von der Vergeltung aufgenommen und vom Strafgedanken mit umfaßt. Es lassen sich daher gegen den Erziehungsgedanken im Erwachsenenstrafrecht keine verfassungsrechtlichen Bedenken erheben[243]). Daß er nur eine bestimmte Tätergruppe erfaßt, daß andere Tätergruppen anderen Ideen (Verwarnung und Aufforderung, Sühne, Sicherheit) unterstellt werden, bedeutet keinen Verstoß gegen den Gleichheitsgrundsatz, da ja die Verschiedenheit auf andersartigen Voraussetzungen beruht[244]).

Während bei dem jungen Menschen die Fremderziehung ganz eindeutig nicht nur ein Recht, sondern auch eine Pflicht ist, entfällt gegenüber dem Erwachsenen grundsätzlich die autoritative Erziehungspflicht. Mit dem Entstehen des Erziehungsrechts im Falle des Versagens des Erwachsenen entsteht zugleich aber auch eine Erziehungspflicht. Sie

---

[243]) Der verfassungsmäßige Ausgangspunkt ist für die BR Art. 2 Abs. 1 GG: „Jeder hat das Recht auf die freie Entfaltung seiner Persönlichkeit, soweit er nicht die Rechte anderer verletzt und nicht gegen die verfassungsmäßige Ordnung oder das Sittengesetz verstößt.“ Abs. 2: „Jeder hat das Recht auf Leben und körperliche Unversehrtheit. Die Freiheit der Person ist unverletzlich. In diese Rechte darf nur auf Grund eines Gesetzes eingegriffen werden.“ Daraus ergibt sich, daß durch das Strafgesetz eine Beschränkung der persönlichen Freiheit herbeigeführt werden darf, daß ferner die Entfaltung der Persönlichkeit auf die Einhaltung der sittlichen Ordnung gelenkt werden darf, daß auch von hier aus gesehen ein Erziehungsvollzug statthaft ist. Es ist auffallend, wie inhaltsleer Art. 2 I GG im staatsrechtlichen Schrifttum und in der Rechtsprechung aufgefaßt wird. Der wesentliche Gehalt der Vorschrift liegt darin, daß sie das dem Einzelwesen entsprechende Wachstum garantiert. Die Persönlichkeit wird bestimmt durch den Persönlichkeitskern, der die geistigen, sittlichen und seelischen Möglichkeiten umfaßt. Jedem soll es gestattet sein, innerhalb der Sittengesetze und der verfassungsmäßigen Ordnung in Anerkennung der Rechtssphäre des Mitmenschen sein Leben als geistig-sittliches in der höchsten Verantwortung stehendes Wesen zu führen. Sein Gegenstück für das Jugendrecht findet Art. 2 I GG in § 1 Abs. 1 JWG: „Jedes deutsche Kind hat ein Recht auf Erziehung zur leiblichen, seelischen und gesellschaftlichen Tüchtigkeit.“ Hier kommt deutlich zum Ausdruck, daß Erziehung keine Persönlichkeitsminderung bedeutet. Im Gegenteil: ein Strafrecht, das den Erziehungsgedanken unberücksichtigt läßt und sich mit dem bloßen Einsperren begnügt, kann eine Persönlichkeitsentfaltung hindern oder gar vernichten. Es scheint mir eine Prüfung der Frage, inwieweit der heutige Strafvollzug mit den überfüllten unzulänglichen Anstalten nicht geradezu gegen Art. 2 I GG verstößt. Die Grundrechte werden zu sehr in der Abwehr staatlicher oder gesellschaftlicher Eingriffe, zu wenig in der Verpflichtung zu staatlichem oder gesellschaftlichem Handeln gesehen.

Zu Art. 2 vgl. vor allem die Kommentare zum Bonner Grundgesetz von Mangoldt-Klein, 2. Aufl., und Maunz-Dürig; ferner Hans Peters, Die freie Entfaltung der Persönlichkeit als Verfassungsziel in Festschr. f. Laun (1953) S. 669 ff.

[244]) Für das Verfassungsrecht der Bundesrepublik ist der Gleichzeitsgrundsatz in Art. 3 BGG niedergelegt. Vgl. v. Mangoldt-Klein, Das Bonner Grundgesetz, Bd. I (1957) S. 198 ff.

ergibt sich einmal aus dem Gedanken, daß jeder Eingriff möglichst fruchtbar und zweckmäßig zu gestalten ist, ferner daraus, daß die Gemeinschaft ihren Gliedern aus dem Grundsatz der Verbundenheit Hilfe schuldet und schließlich aus der Tatsache, daß regelmäßig das Versagen eines Gliedes von dem Verhalten der anderen Glieder und der Gemeinschaft mitzutragen ist. Der Gedanke der Erziehungspflicht neben dem des Erziehungsrechts ist bedeutsam. Ob die vorhandenen Mittel und Einrichtungen den erzieherischen Belangen entsprechen oder nicht, liegt nicht in der willkürlichen Bestimmung der für den Vollzug maßgeblichen Stellen. Es hat zu geschehen, was richtig ist, soweit es sich in den Grenzen des Möglichen und Zumutbaren hält, selbst Rechnungshöfe sind hier gebunden[245]).

Wenn auch die Erziehungsstrafe grundsätzlich mit den Grundrechten übereinstimmt, so ist damit allerdings nicht gesagt, daß sie in ihrer einzelnen Ausgestaltung tatsächlich immer dem Verfassungsrecht oder sonst anerkannten Rechtsgrundsätzen entspricht. Auch der im Freiheitsentzug befindliche Gefangene bleibt, soweit sich nicht aus der Strafe (auch unter Berücksichtigung des Erziehungsgedankens) notwendige Schranken ergeben, Träger der Grund- und Menschenrechte. Inwieweit hier unzulässige Überschreitungen möglich und denkbar sind, bedarf einer eingehenden Einzelprüfung. So werden verfassungsmäßige Bedenken gegen das unbestimmte Strafurteil erhoben. Tatsächlich sind die Strafen und Maßnahmen, wie oben dargestellt wurde, heute schon weitgehend beweglich gestaltet. Zu Unrecht wird die Forderung auf festbestimmte Strafe auf Art. 103 Abs. 2 GG gestützt, indem aus dem Worte „bestimmt" hergeleitet wird, daß die Vorschrift von einer auf den Einzelfall ausgerichteten Strafgröße ausgeht. In Wirklichkeit ist aber mit dieser Vorschrift nicht mehr gesagt, als daß das Gesetz vor der Tat angeben müsse, welche Strafmöglichkeiten das Gericht zur Verfügung habe. Dagegen ist nichts darüber gesagt, wie bestimmt die vom Gesetze zuzulassende Strafe zu sein hat[246]). In eher verstärktem Maß tauchen Verfassungs- und allgemeine Rechtsprobleme bei den Auf-

---

[245]) Diesem Satz liegt die sehr ernst zu nehmende Besorgnis zugrunde, daß Beanstandungen der Rechnungshöfe der Länder im Erwachsenenvollzug notwendige Erziehungsmaßnahmen in einer den Vollzugszweck gefährdenden Weise einschränken. Es bedarf einer Untersuchung durch eine unabhängige Kommission, inwieweit die Rechnungshöfe eine dem Gesetz entsprechende Durchführung des Strafvollzuges hindern. Auch hier sollten sich die Dinge nicht unter Ausschluß der Öffentlichkeit und der Fachwelt vollziehen. Die Untersuchung der Frage, warum der deutsche Strafvollzug bei aller Anerkennung seiner Leistung für Menschlichkeit und Ordnung hinsichtlich einer wirksamen Ausgestaltung der Behandlungsmethoden im Erwachsenenvollzug noch soweit zurückbleibt und auch im Jugendvollzug noch keineswegs die erstrebenswerte Höhe erreicht hat, kann auch an dieser internen, aber sehr wichtigen Angelegenheit nicht still vorbeigehen.

[246]) Hellmer, Erziehung und Strafe, S. 139; zu dem Gesamtproblem vgl. Richard Lange, Die Systematik der Strafdrohungen, in: Materialien zur Strafrechtsreform, 1. Bd. (Gutachten) 1954, S. 70f.

lagen, sei es selbständiger Art, sei es im Rahmen der Strafaussetzung zur Bewährung, auf. Solche Grenzen können sich aus Rechten ergeben, die höchstpersönlicher Art sind, sodann aus der positiv gesetzlichen Regelung, die die Beeinträchtigung gewisser Rechte an bestimmte Voraussetzungen knüpft, und aus dem Grundsatz der Verhältnismäßigkeit[247]).

Die rechtlichen Schranken stellen in aller Regel keine Beeinträchtigung des erzieherischen Handelns dar, da dieses vom Erziehungsgedanken her ebenfalls Grenzen unterliegt. Erziehung braucht nicht Vergewaltigung zu sein. Sie bedeutet Führung in die Freiheit und zu der Freiheit. Sie setzt die Achtung vor der eigenen Lebensformung voraus, auf deren geordnete Verwirklichung sie hinzielt. Persönliche Grundfreiheiten anzutasten, verstößt nicht nur gegen Rechtsgrundsätze, sondern auch gegen Erziehungsgrundsätze. Neben rechtlichen Schranken ergeben sich darüber hinaus vom Erziehungsgedanken her auch solche, die sich aus den tatsächlichen Gegebenheiten ergeben. Erziehung ist Hinführung zum Möglichen und Hinführung in möglicher Formen. Damit wird jedoch ein Problemkreis angeschnitten, der später bei den Erörterungen der pädagogischen Fragen zu behandeln ist.

Eine Frage bedarf indes noch vom Grundsätzlichen her der näheren Behandlung: das bereits im historischen Teil (§ 2) sichtbar gewordene Problem des Erziehungszieles. Die beiden Grundauffassungen sind bereits Anfang des 19. Jahrhunderts deutlich herausgestellt worden: bürgerliche Besserung oder sittliche Besserung? Wer die Rechtsordnung nur als eine bürgerliche Ordnung sieht, wird sich auf das erste Ziel beschränken wollen. Wer dagegen die rechtliche Ordnung, so wie sie namentlich in der Strafrechtsordnung zum Ausdruck kommt, in der engen Verknüpfung mit der sittlichen Ordnung sieht, wird geneigt sein, die Erziehung in den sittlichen Bereich hinein erstrecken zu lassen. Die Gegenüberstellung bürgerlicher und sittlicher Besserung ist aber in sich nicht haltbar. Eine einwandfreie bürgerliche Haltung setzt eine sittliche Grundhaltung voraus. Über die einzelnen Stufen der Erziehungsziele (adaptation, socialisation, éducation) ist noch später zu sprechen. Hier genügt die Feststellung, daß, wenn die einwandfreie bürgerliche Haltung eine sittliche Formung voraussetzt, die sittliche Förderung und Hilfe Gegenstand auch der Erziehung ist, die im Vollzug stattfindet. Denn auch vom Recht her muß erlaubt sein, was nötig ist, um das rechtlich geforderte und gebilligte Ziel der einwandfreien Rechtshaltung zu erreichen.

---

[247]) Mit diesen Grenzen habe ich mich in meiner Arbeit: Die kriminalpolitische Stellung des Strafrichters, Berlin 1932 S. 189—221 auseinandergesetzt. Dort auch Schrifttumsangaben und eingehende Hinweise namentlich auf die Rechtsprechung der Schweiz. In der neueren Rechtsprechung des deutschen Bundesgerichtshofs und der Oberlandesgerichte spielen die Probleme ebenfalls eine Rolle. Vgl. dazu meine Anmerkung zu dem Art. d. BGH vom 14. 6. 1956 in JZ 1957, 63. Zu den hier einschlägigen Problemen Maria Demski: Die Stellung des Richters bei der Anordnung der Bewährungsaussetzung nach §§ 23, 24, 24a StGB. Diss. Münster 1955.

V. Ist auch die Brauchbarkeit des Besserungsgedankens als Strafzweck und die Verfassungsmäßigkeit des Erziehungsgedankens dargetan, so bedarf es für die einzelnen Rechtsordnungen der Untersuchung, wie die Regelung nach Gesetz und Gewohnheitsrecht, insbesondere nach der Rechtsprechung, getroffen worden ist. Es wäre denkbar, daß entweder nur vom Vergeltungsgedanken oder nur von den individualisierenden Gedanken ausgegangen wird. Es wäre aber auch denkbar, daß eine Vereinigung der verschiedenen Zwecke stattfindet. Diese Vereinigung könnte einmal in der Weise geschehen, daß die Strafe nach dem Vergeltungsgedanken ausgeworfen und nach den individualisierenden Gedanken vollzogen wird. Ein solches System würde auf einer Trennung von Rechtspflege und Vollzug aufbauen. Es besteht aber auch die Möglichkeit, daß sowohl in der Rechtspflege als auch in dem Vollzug sich die Zwecke kombinieren. Ein solches Vereinigungssystem liegt dem deutschen Strafrecht zugrunde. Dabei ergibt sich wiederum die Möglichkeit, daß die einzelnen Zwecke, wenn sie auch in Rechtspflege und Vollzug zur Geltung kommen, jedoch sich verschieden stark auswirken. Das Zusammenspiel der einzelnen Zwecke erweist seine Problematik vor allem in der richterlichen Strafbemessung. Dort ist daher das Nähere zu behandeln (vgl. § 7 II dieses Buches).

§ 4. Der Weg zur Bildung der Rechtshaltung

I. Die Erziehung des abgleitenden oder abgeglittenen Menschen zu einer den Rechtsanforderungen aufgeschlossenen Haltung (Rechtshaltung) setzt Klarheit darüber voraus, wie normalerweise die Bildung der Rechtshaltung vor sich geht und warum deren Bildung oftmals nicht gelingt. Die Erörterung der Frage, was in den Fällen des Versagens oder der Gefahr des Versagens zu tun ist, setzt die Kenntnis des normalen Hergangs der Herstellung der Verbindung zur Rechtsordnung voraus. Es wäre eine unerlaubte Einengung, den Blick nur auf die Strafrechtsordnung lenken zu wollen; denn diese ruht in der Gesamtordnung. Ihre Anforderungen hängen aufs engste mit den allgemein rechtlichen Auffassungen zusammen.

Der Begriff der Erziehung zur Rechtshaltung darf nicht in dem Sinne verstanden werden, als ob die Rechtshaltung vorwiegend eine von außen an den Menschen herangetragene Einstellung und Handlungsbereitschaft wäre. Erziehung bedeutet auch hier vielmehr nur ein Mitwirken und Mitformen bei einem geistigen Wachstumsprozeß. Der Mensch wächst in die Rechtsordnung hinein. Erziehen ist eine Hilfe bei diesem Vorgang.

Es soll hier versucht werden, diesen Vorgang des Hineinwachsens in die Rechtsordnung näher zu umschreiben. Es geht dabei um das Begreifen und Erfassen der objektiven Ordnung, um deren Aufnahme zu einem wie selbstverständlichen Besitz im Bereiche der Vernunft und der Empfindung und um das Leben und Wirken aus dieser Ordnung. Es handelt sich keineswegs um einen Vorgang, der in erster Linie den intellektuellen Bereich berührt, vielmehr um einen solchen, der zutiefst der Verwurzelung im Emotionalen bedarf. Hineinwachsen bedeutet „mit seiner ganzen Person innerhalb der Ordnung stehen, sich ihr verpflichtet und verbunden fühlen". Das hindert nicht, aus dem Bereiche der Ordnung herausfallen zu können. Aber es ist für das pädagogische Handeln ein bedeutsamer Unterschied, ob der Betroffene bereits in der Ordnung gestanden hat oder ob sein Weg an ihr vorbeigeführt hat. Begriffe wie Wiedereingliederung, Resozialisation, Réadaption, Rééducation verdunkeln unter Umständen Aufgabe und Weg, da sie von einem niemals erreicht gewesenen Zustand ausgehen. Vielfach handelt es sich überhaupt erst um die Eingliederung, die Sozialisierung, die Adaption, die Erziehung als erstmaligen Vorgang. Man hat bei den kriminalpädagogischen Maßnahmen zu scheiden, ob es sich um Wiedereinzugliedernde oder Ersteinzugliedernde handelt.

Der Weg, den der einzelne zum Hineinleben in die Rechtsordnung zurücklegen muß, ist ein weiter. Da er bei vielen Menschen reibungslos vor sich geht, treten die auf diesem Wege zu überwindenden Schwierigkeiten oftmals gar nicht in das Bewußtsein. Diese ergeben sich aus mehreren Tatsachen: einmal durch die Kompliziertheit der modernen Rechtsordnung, sodann aber auch aus der Eigenart des Menschen selbst und durch die Verhältnisse, unter denen er die Verbindung mit der Rechtsordnung finden muß. Hinzukommt das Lebensalter, innerhalb dessen der Zugang gewonnen oder verfehlt wird: die Jugend[248]). Regelmäßig entscheidet die Zeit bis zur Vollendung der Reife (Mündigkeit)

---

[248]) Der Begriff der Jugend wird hier nicht etwa im Sinne des Jugendgerichtsgesetzes verstanden. Dort bedeutet „Jugendlicher" der junge Mensch im Alter von 14—18 Jahren, während der Mensch bis zu 14 Jahren als „Kind" und von 18—21 Jahre als „Heranwachsender" bezeichnet wird. Unter „Jugendlicher" im Zusammenhang dieser Abhandlung ist jeder zu verstehen, bei dem der körperliche, geistige, seelische und soziale Reifungsvorgang noch in der durch Unfertigkeit und Ungewißheit gekennzeichneten Bewegung ist. Die Entfaltung des Menschen hat noch nicht Form und Profil erhalten, die die Persönlichkeit für ihren weiteren Lebensweg kennzeichnen. Von einem einheitlichen Begriff der Jugend zu sprechen, ist erlaubt, selbst wenn sich innerhalb der Gesamtgruppe nach Geschlecht, geographischer und sozialer Herkunft, geschichtlichem Zeitabschnitt sehr verschiedene Verhaltungs- und Entwicklungsweisen ergeben. Es gelten Besonderheiten für Jungen und Mädchen, für Jugendliche aus Groß-, Mittel- oder Landstädten und Dörfern, für Jugendliche aus Arbeiter-, Handwerker-, Bauern-, Akademikerfamilien, für Volksschüler und höhere Schüler, für Jugendliche eines Agrarzeitalters und eines Industriezeitalters. Es vollzieht sich der Reifungsvorgang unter den heutigen komplizierten Lebensverhältnissen mit ihrer Vielheit von Oberflächeneindrücken vermutlich anders als in früheren Zeiten. Aber dennoch ist es notwendig und richtig, die Jugend als Einheit zu betrachten.

über den gewonnenen oder verpaßten Bezug[249]). Trotz der mit der Mündigkeit eintretenden Persönlichkeitsverfestigung kann man nicht von einem irreparablen Zustand sprechen. Nur muß man sich bewußt sein, daß es sich später um einen Nachholungsvorgang handelt, der zu einem, dem natürlichen Entwicklungsgang nicht entsprechenden Zeitpunkt und unter ganz anderen Persönlichkeits- und Umweltsvoraussetzungen als in der Jugendzeit vor sich geht. Damit bieten sich zweifellos neue und weitere Schwierigkeiten, zu deren Überwindung es eigener Methoden bedarf.

Es wäre aber unrichtig, den späteren Vorgang der Bildung des Rechtsbewußtseins nur unter dem Gesichtspunkt der Erschwerung zu sehen. Der Erwachsene bringt, wie auch immer er sein Leben geführt hat, Erfahrungen und Einsichten mit, die dem Jugendlichen noch vielfach fehlen und ihn gerade in den Konflikt hineingeführt haben. Der Erwachsene untersteht nicht in der gleichen Weise wie der Jugendliche den altersgebundenen Spannungen. Auf der anderen Seite freilich führen die Erfahrungen und Einsichten des Erwachsenen zu einer Verfestigung, die erst gelöst werden muß. Der Erwachsene hat Gewohnheiten angenommen, aus denen heraus er geführt werden muß. Mit zunehmendem Alter ergibt sich eine Tendenz zur Selbständigkeit und zur Abschließung gegenüber anderen, die erst überwunden werden muß. Es fehlt gerade beim Erwachsenen nicht selten die Bereitschaft zum Sichöffnen, die erst gewonnen werden muß. Die Ablehnung von Einflüssen von außen ist beim Erwachsenen geschärfter als beim Jugendlichen.

Das Nachholen des einmal Versäumten kann nicht ohne einen Blick auf das vor sich gehen, was nun eigentlich versäumt worden ist und woran die Versäumnis gelegen hat.

---

249) Das Hineinwachsen der Jugend in die Rechtshaltung ist ein innerhalb der Gesamtentwicklung sich vollziehender Vorgang. Es kann nicht näher auf das umfangreiche Schrifttum zur Jugendentwicklung eingegangen werden. Über das neuere Schrifttum vgl. meine Literaturberichte in der Zeitschrift für die gesamte Strafrechtswissenschaft 64 (1952), 337; 66 (1954) 423; 68 (1956) 109, 70 (1958) 460. Für das unmittelbare Thema der sozialen Reifung und der Entwicklung des Rechtsbewußtseins sind auch heute noch grundlegend: Walter Hoffmann: Die Reifezeit, Leipzig 1930 (S. 275—344); Eduard Spranger: Psychologie des Jugendalters, Leipzig, 23. Aufl. (1953) S. 169—188; ferner vgl. Heinz Remplein: Die seelische Entwicklung in der Kindheit und Reifezeit, München/Basel, 2. Aufl. (1950) S. 305, 312, 388—398; M. Tramer: Lehrbuch der allgemeinen Kinderpsychiatrie, Basel, 3. Aufl. (1949) S. 301—309. In einer Reihe von Abhandlungen habe ich das Thema behandelt: Der Jugendliche und die Autorität des Gesetzes, Festschrift für Ernst Heinrich Rosenfeld, Berlin 1949, S. 215—231; Das Begreifen der Eigentumsordnung, Festschrift für Wilhelm Sauer, Berlin 1949, S. 9—25; Die soziale Reifung des Jugendlichen, Jugendwohl 1951 S. 66—72; Jugend und Recht, Praxis für Kinderpsychologie und Kinderpsychiatrie 1953, S. 81—84; Das Hineinwachsen des Jugendlichen in das Gesetz, Kongreß: Das schwer erziehbare Kind, Düsseldorf 1952, S. 59—66; Verwahrlosung und Straffälligkeit Jugendlicher in der industriellen Gesellschaft, Nachrichtendienst 1956 S. 218—225; Rechtserziehung, LdP. III (1954), Sp. 1053—1056.

Die Schwierigkeiten, die sich dem Hineinwachsen in die Rechtsordnung entgegengestellt haben, beruhen zunächst auf dem eigenartigen Charakter der Rechtsordnung selbst. Diese findet jedenfalls in unserem Kulturkreis weitgehend in geschriebenen Gesetzen oder in durch die Rechtspflege aufgegriffenen Gewohnheiten ihren Ausdruck. In diese so erfaßte Ordnung fließen verschiedene Ströme ein. Gerade dadurch wird es vielen so schwer, das richtige Verständnis für die Ordnung zu finden. Die Ordnung stellt eine Zusammenfassung vorgesetzlicher Normen und bloßer, aus Zweckmäßigkeitsgesichtspunkten gebildeter Regeln dar. Diese sind in der Gesetzes- und Rechtsprechungsordnung rational durchdacht und geformt. Die vorgesetzlichen Normen sind vor allem solche sittlichen Gehalts, sie ergeben sich aus der Natur des Menschen, seinem Wesen und seinem Ziel als eines einzelnen und als eines Gemeinschaftsgliedes. Die Zweckmäßigkeitsnormen ergeben sich aus den jeweiligen Bedürfnissen des Alltagslebens. Sie setzen nicht selten einen Einblick in komplizierte wirtschaftliche, technische und soziale Zusammenhänge voraus. Die Rechtsordnung bedarf vielerlei Formen, um die Gerechtigkeit im allgemeinen und die Rechtssicherheit zu gewährleisten. Die Rechtsordnung ist der Ausdruck eines kulturellen und gesellschaftlichen Zustandes, der manchen der Rechtsunterworfenen verschlossen oder doch fremd ist. In ihr kommen geschichtliche Verwurzelungen und psychologische Erfahrungen, die unter Umständen auf Jahrhunderte zurückgehen, zum Ausdruck. Die Rechtsordnung ist auf den Ausgleich der sich vielerlei widerstreitenden Interessen der Gemeinschaftsglieder gerichtet. In ihrer äußeren Form findet sie vielfach eine Durchbildung, die auf einem nach strengen Denkformen durchgearbeiteten System beruht.

Zu alledem muß der Mensch die innere Verbindung gewinnen. Es wird damit von ihm eine hohe geistige Arbeit, zugleich aber auch eine ethische Leistung gefordert. Es geht nicht nur um die Gewinnung des emotionalen und intellektuellen Bezuges, sondern auch um das Anerkennen der durch das Recht bewirkten Bindungen. Die rechtliche Ordnung als eine die Interessen der Einzelnen und der Gemeinschaft anstrebende Normeneinheit stellt die Anforderung auf Verzicht, auf Rücksichtnahme, auf Einengung seines äußeren Lebensbereiches, auf Anerkennung der Autorität, auf verpflichtendes Handeln für andere, auf Auseinandersetzen mit sich selbst. Damit ist freilich nicht das Letzte gesagt. Alle diese Anforderungen zielen auf eine möglichst weite Entfaltung der einzelnen Gemeinschaftsglieder, auf die Gewinnung der inneren und äußeren Freiheit des einzelnen, auf die Sicherung und Wahrung der Werte des Einzelnen und der Gemeinschaft.

Die Erwerbung der hierzu nötigen Haltung beginnt in der frühesten Kindheit. Das Kind lernt sich gegenüber der Außenwelt verhalten, indem es deren Handeln und Tun ihm selbst gegenüber entgegennimmt. Die Beziehungen Kind—Mutter begründet erste zwischenmenschliche

Beziehungen, zu denen das Verhältnis zu den übrigen Familienmitgliedern und der Welt der Familie hinzutritt. Bereits das Kind erlebt die Spannungen zwischen Sollen und Dürfen, Wünschen und Versagen. Es lernt später sein Verhalten als gut und böse zu werten, seinen Willen entsprechend dieser Wertung zu bestimmen. Einen weiteren Lebensabschnitt beginnt das Kind mit dem Eintritt in den Kindergarten oder die Schule. Hier findet es Eingang in einen größeren Bereich von anderen Kindern, die sich aufeinander einspielen müssen, aufeinander Rücksicht nehmen müssen und miteinander ihr Tagewerk vollenden müssen. Aus der Geborgenheit der Familie tritt das Kind in einen zwar immerhin noch kleinen übersehbaren Lebenskreis, aber in einen Kreis, der einen Fremdbereich darstellt. Gebote und Verbote kommen nicht nur aus dem inneren Bereich, sondern werden jetzt von außen an das Kind herangetragen. Mit dem Beginn der Berufsausbildung, die bei vielen der Jugendlichen nach der Schulentlassung mit dem 14. Lebensjahr einsetzt, eröffnet sich dem jungen Menschen ein neuer sozialer Bereich. Die Berührung mit einem weiteren Menschenkreis erfolgt, der Austritt aus dem engen Familienbereich setzt ein, neben die Eltern und an Stelle des Lehrers tritt der Lehrherr. Der Jugendliche gelangt in Beziehungen mit Menschen und in Verhältnisse, die der elterlichen Kontrolle entzogen sind und nicht mehr wie die Schule einen bloßen Erziehungsbereich darstellen. Was das Kind an Geboten und Verboten zunächst vom Sittlichen her erfahren hat, muß es jetzt im sozialen Bereich unter den Anforderungen der rechtlichen Ordnung verwirklichen. Er tritt als verantwortliches Wesen der sozialen Autorität entgegen, wie die Unterwerfung unter das Jugendgerichtsgesetz es beweist.

Das Unterstelltsein unter die Strafrechtsordnung fällt zusammen mit der Zeit vermehrter Konfliktsmöglichkeiten und erhöhter Spannungen. An sich bedeutet das noch keinen Nachteil; denn an den Konfliktsmöglichkeiten und Spannungen reift die jugendliche Persönlichkeit. Nur wer selbst verantwortlich in der Auseinandersetzung steht, wächst. Jedoch lassen sich die Schwierigkeiten nicht übersehen. Der Jugendliche tritt den ihm gestellten rechtlichen Anforderungen vielfach noch mit einer kindlichen, unausgereiften Haltung entgegen. Er begreift die Anforderungen aus seiner Welt. Damit wird er ihnen in ihrer objektiven Bedeutung nicht gerecht. Es kommt infolgedessen zu fehlerhaften Bewertungen, die durchaus seiner jugendlichen Einstellung entsprechen, die aber, vom Gesetze her gesehen, bereits strafrechtliche Tatbestände erfüllen. Nicht daß sie begangen sind, ist entscheidend, sondern daß sich derartige Verhaltungsweisen verfestigen und in den Bereich des auch für den Jugendlichen erfaßbaren und begreifbaren Sozialunrechts hinein entwickeln. Denkbar ist auch, daß durch eine fehlerhafte Reaktion, insbesondere durch das Abrollenlassen eines amtlichen Strafverfahrens, eine ungünstige Persönlichkeitswende eintritt oder aber doch wenigstens unnötige Störungen der Lebensentwicklung eintreten.

Die Konflikts- und Spannungsmöglichkeiten ergeben sich in diesem Alter nicht nur durch den Eintritt in den sozialen Bereich, sondern durch den eigenartigen Zustand dieser Altersgruppe. Über die Spannungen der Pubertätszeit ist viel gesprochen und geschrieben worden. Sie sind zu der Entfaltung der Persönlichkeit durchaus erforderlich. Aber sie können auch für ein Nichtfertigwerden mit den Anforderungen der rechtlichen und sittlichen Ordnung maßgeblich sein. Wie der Einblick in die Jugendkriminalität und die Jugendverwahrlosung zeigt, können die Zusammenstöße mit der Rechtsordnung außerordentlich schwer sein. Sie können für das Werden der Persönlichkeit von bleibender negativer Bedeutung sein, sie können aber trotz ihrer Schwere überwunden werden ohne daß Spuren zurückbleiben. Dafür ob das eine oder andere eintritt, kann die Reaktion der Umwelt, insbesondere der Strafverfolgungsbehörden, entscheidend sein.

Sofern die Konflikte auf dem Mangel an Einsicht und Erfahrung, wie er der jugendlichen Sichtwelt entspricht, beruhen, ergeben sich keine schwierigen pädagogischen Aufgaben. Es bedarf hier in einer für den Jugendlichen verständlichen Weise der Sichtbarmachung der Ordnung und ihres Sinnes. Mahnung und Lenkung sind hinreichend. Sie sollten außerhalb des Kriminalstrafrechtsraumes mit einem möglichst geringen Aufwand an Kraft und Pathos vor sich gehen. Wo es an einer aus dem Alter erklärbaren Einsicht und Erfahrung fehlt, wird sich der Mangel von selbst beheben, was freilich nicht bedeutet, das Verhalten einfach hinzunehmen. Nur muß die pädagogische Antwort der Art des Mangels entsprechen.

Entscheidend für die Verbindung mit der Rechtsordnung ist vielmehr, ob der junge Mensch im Laufe seines Lebens den Blick für die Werte des menschlichen und gemeinschaftlichen Bereichs gewonnen hat und ob er gelernt hat, sich in der Bindung zu erfahren. Diese Grundlage für die rechtliche Haltung wird nicht nur durch bewußte pädagogische Akte gewonnen, sondern auch durch das Erlebnis der Bindungen und Werte. Es mag dann durch den bewußten pädagogischen Akt ergänzt werden.

Die Verwurzelung der Rechtshaltung vollzieht sich in der Familie. Das geordnete Familienleben, in der das Kind die Hingabe und die von manchem Verzicht begleitete Liebe der Mutter, die warme Autorität des Vaters, das gegenseitige rücksichtnehmende und auf Achtung beruhende Verhältnis von Vater und Mutter, den Ausgleich von Familienkonflikten, den Anspruch, aber auch die Zuneigung der Geschwister erlebt, sind für die Entwicklung des Rechtsbewußtseins und der Rechtsbereitschaft grundlegend. Nicht darauf kommt es an, daß sich dieses Leben der Familie in all seinen Einzelheiten in aller Tadellosigkeit vollzieht, sondern darauf, daß trotz allem Versagen ein Zueinanderfinden und ein Miteinanderwirken in innerer Verbundenheit stattfindet, daß dieses Leben in all seiner Schwäche und seinem Konfliktsreichtum dennoch Geborgenheit verleiht und anerkennbar ist. Das Kind muß die Familie mit all ihren Mängeln als Wert empfinden. Damit hat es die erste soziale Gebundenheit bejaht und die Voraussetzung für die Bejahung der weiteren sozialen Bindungen grundgelegt. In dieser ersten sozialen Gemeinschaft, in die das Kind hineingestellt ist, ist die Möglichkeit des Erlebnisses der sozialen Werte, d. h. der Werte der späteren Gemeinschaftsordnung gegeben. Natürlich kann das Erlebnis dieser Werte ausfallen. Den Schaden tragen das Kind und die soziale Gemeinschaft. Regelmäßig gilt: nur der achtet das Leben, wie es der sozialen Lebensordnung entspricht, der die Achtung vor dem Anderen erlebt hat. Nur der hat den Sinn für die Ehre des anderen, der erlebt hat, wie der andere in Ehren gehalten und er selbst geachtet worden ist. Nur der wird den richtigen Sinn der Sexualordnung verstehen, der sie in dem Verhalten seiner Eltern und Geschwister vorgelebt erfahren hat. Nur der wird das Eigentum achten und zu gebrauchen verstehen, der es gelernt hat, selbst seinen eigenen Sachbereich zu haben und ihn nicht nur egoistisch zu verwalten, sondern auch andere daran teilhaben zu lassen. Der Eigentumsgebrauch muß sowohl an der Umwelt erlebt als auch im eigenen Bereich geübt werden. Die Aufgabe der bewußten Erziehung besteht darin, die sich im Kinde entwickelnden Kräfte für das Werterlebnis fruchtbar zu machen. Soweit die Kräfte rein negativ sind, müssen sie ausgeschaltet werden. Die verschiedenen wirksam werdenden Kräfte, auch wenn sie eine Fehlentwicklungsgefahr bedeuten, können aber das Zeichen lebendigen Mitgestaltenwollens sein, so daß sie gelenkt werden müssen. Das Werterlebnis setzt voraus, daß das Kind die Werte als solche empfindet und bejaht. Das kann ihm nicht aufgezwungen werden. Es bedarf der aktiven Mitwirkung. Diese wiederum setzt bestimmte Haltungsgrundlagen, wie Erwartung, Vertrauen, Verstandenwerden, Wahrung des Selbstbewußtseins und Frohsinn voraus. Da die Kinder auch im Bereich des Normalen sehr verschieden sind, ist ein individuelles Eingehen auf seine Grundanlage, auf seine Empfindungen und Fähigkeiten erforderlich.

In der zweiten Sozialgemeinschaft, der Schule, findet das Erleben intensiver Beziehungen zu Dritten außerhalb des engen familiären Bereiches statt. Im Lehrer erlebt das Kind die fremde Autorität. Ob dieses für die weitere Sozialformung wesentliche Erlebnis fruchtbar wird, hängt davon ab, ob das Kind sich selbst anerkannt empfindet und in diesem Empfinden die fremde Autorität selbst anerkennt. Das Erleben des gerecht Behandeltwerdens, des Verstandenwerdens, des Geachtetwerdens, des Sichbewegenkönnens, ist grundlegend für das richtige Autoritätsverständnis. Die Schule kann im günstigen Falle das Begreifen und Erfassen von Werten, die in der Familie nicht erlebt oder nur mangelhaft erlebt worden sind, nachholen. Sie kann aber auch ebenso zu einer Ablehnung der Autorität führen, wenn das Kind nicht in der ihm entsprechenden Weise erfaßt wird. Mag auch der Lehrstoff, vor allem in der Religion, im Deutschen und in der Geschichte, zur Förderung der Rechtshaltung beitragen, entscheidend ist die Beziehung von Lehrer und Schüler. Überfüllte Klassen, die notwendigerweise die Schwachen und dadurch gerade die Förderungsbedürftigen schädigen, mangelnde Anpassung an die seelisch-geistigen Bedürfnisse, die eine Jugend hat, die unter dem Einflusse der Nachwirkung des Krieges, der Unrast des Alltages und der häufigen Gestörtheit der Familie leidet, Überforderung durch formale Anforderungen, stellen bedeutsame Hemmungen für den Vollzug des Übergangs in die weitere soziale Umwelt dar.

Die dritte Stufe des Eintritts in die soziale Welt bringt das Berufserlebnis und das Erlebnis der weiteren Umwelt, wie der Öffentlichkeit, des Films, der Freizeitformung mit sich. Wer auf den beiden ersten Stufen die echten Werterlebnisse sich zu formen und zu bilden vermochte, wird den sich aus der heutigen Zivilisation und Kultur ergebenden Gefährdungen und Spannungen mit einiger Sicherheit begegnen können. Wo aber eine feste Haltung und Richtung noch nicht gewonnen sind, können die eindringenden Erfahrungen und Beobachtungen zu einer sozial und rechtlich falschen Lebensauffassung drängen. Vor allem sind die ersten Berufserfahrungen, sei es hinsichtlich der Berufsaufgaben, sei es hinsichtlich der Berufszugehörigen (Lehrherr, Mitarbeiter), für das Hineinwachsen in die Rechtsordnung von weittragender Bedeutung. Hier entscheidet sich der Sinn für das Berufsethos, für zuverlässige Arbeit, für ehrlichen Gewinn, für Kameradschaft, für die Verpflichtung gegenüber dem Mitmenschen, aber auch für die Aufgaben der Lebenshaltung überhaupt. In der Berufsausbildung vollzieht sich das Verständnis für den Ausgleich von Arbeit und Freizeit. Wie letztere ausgefüllt wird, erweist sich als ein weiterer wesentlicher Faktor der Persönlichkeitsbildung, zumal bei ihm in geringerem Maß eine Bindung vorhanden ist, es vielmehr auf die Selbstentscheidung ankommt.

Die rechtliche Ordnung muß in dem Erlebnis der Werte gefunden werden. Sie ist eine verpflichtende, zugleich aber auch eine die Entfaltung der Persönlichkeit garantierende Wertordnung. Um sie muß freilich, wie um alles Hohe, immer wieder gerungen werden; sie muß immer wieder gegenüber den vielen Tendenzen und Versuchungen zur Ablenkung und Aufgabe neu erworben werden. Sich rechtlich verhalten, verlangt ein Sich-ständig-bemühen. Dieses Bemühen darf um so eher auf ein Erreichen hoffen, als es in dem tieferen seelischen Bereich begründet ist. Ob der Mensch wirklich die soziale Wertordnung, wie sie dem Rechte und vor allem dem Strafrecht zugrunde liegt, finden und einhalten kann, ohne in der religiösen Bindung zu stehen, darf bezweifelt werden. Diese Bindung bedeutet, sich in der Abhängigkeit von Gott zu wissen, in der Verantwortung vor ihm zu stehen und in ihm sich und dem anderen Menschen verbunden zu sein. Das Wissen um Unrecht und Schuld, um Sühne und Erlösung, um den Sinn des Leidens und der Lebenswidrigkeiten, um eine letzte Geborgenheit, Gerechtigkeit und letzte Liebe, geben notwendigerweise der Rechtshaltung Form und Gehalt.

Das Hineinwachsen in die Rechtsordnung beruht auf sehr vielschichtig geformten Zusammenhängen. Es ist ein Vorgang, der tiefe menschliche Bindungen, Erfahrungen, Erlebnisse und Bemühungen erfordert. Die Schwierigkeiten, denen der Mensch auf diesem Wege begegnet, machen die Unterstützung und Lenkung (Erziehung) notwendig. Selbst wenn das Hineinwachsen sich in einwandfreier Weise vollzogen hat, bedeutet das keineswegs Sicherung gegenüber Versagen in der rechtlichen Lebensführung. Die gegebene Lage kann auch an den Menschen mit erworbener Rechtshaltung in so starker Weise versuchend und verführend herantreten, daß er die Tat begeht. Auch vor schwerem Unrecht und schwerer Schuld ist der an sich in der Ordnung lebende Mensch nicht unbedingt gesichert. Er bleibt immer in der Gefahr, dem Bösen ausgesetzt zu sein. Das Hineinwachsen in die Rechtsordnung bedeutet aber eine erhebliche Erleichterung des Sichwiederfindens und eine höhere Aussicht auf ein erfolgreiches Zurückgeführtwerden. Es stellt einen kriminalpädagogisch bedeutsamen, positiven Ausgangspunkt dar.

II. Die Gewinnung der Rechtshaltung ist ein Vorgang, der eigenes, persönliches Bemühen erfordert, zugleich aber von den Umweltgegebenheiten und der Anlage des Betroffenen abhängt.

1. Wenn einer der entscheidenden Faktoren der Herstellung des inneren Verhältnisses zur Rechtsordnung das Werterlebnis ist, so bedeutet sein Fehlen die Gefahr des Abgleitens in das Kriminelle. Das Fehlen kann verschiedene Ursachen haben.

a) Die Umgebung des Betroffenen läßt die in der Rechtsordnung erfaßten Werte nicht erkennen. Beispiele hierfür sind die Gestörtheit des Familienlebens[250]), vor allem durch die Unverträglichkeit der Ehepartner, durch Scheidung, durch Fehlen des Vaters oder der Mutter[251]), durch mütterliche Berufsarbeit[252]), mangelhafte Schule[253]) (Überbeanspruchung, Unpersönlichkeit, Zurückgesetztsein des Schülers, Erregung von Abneigung [ungeeignete Strafen[254]]), ungeeignete Ausbildungs- und Arbeitsstätte (fehlendes Berufsethos, schlechtes Arbeitsklima[255])), verfehlte

[250]) Das Schrifttum zu dieser Frage ist umfangreich. Einzelnachweise sind bei der Offensichtlichkeit des Fragenkreises kaum erforderlich. Vgl. die laufenden Jahrgänge der sich mit der Jugendverwahrlosung befassenden Zeitschriften wie Evangelische Jugendhilfe, Jugendwohl, Unsere Jugend, Zeitschrift für Kinderpsychologie und Kinderpsychiatrie, Zentralblatt für Jugendrecht. Vgl. neuerdings W. Middendorf, Jugendkriminologie 1956; Erich Stern: Über Verhaltens- und Charakterstörungen bei Kindern und Jugendlichen, Zürich 1953.

[251]) Hier ergeben sich die Probleme des unehelichen Kindes und des Waisen.

[252]) Eugen von der Crone, Erwerbsarbeit der verheirateten Frau Zürich-Stuttgart 1958; Anton Christian Hofmann-Dietrich Kersten, Frauen zwischen Familie und Fabrik, München 1958.

[253]) M. Tramer: Schülernöte, Basel 1951.

[254]) Hierzu gehören vor allem die entehrende körperliche Züchtigung.

[255]) Vgl. M. Tramer; Berufsnöte Jugendlicher, Basel 1954.

Freizeitgestaltung (mangelnde Naturbeziehung, fehlende körperliche Betätigung oder geistige Interessen, schlechte Kameradschaft, ungeeignete Vergnügungen, Fehlen echter Freude), Störung der gemeinschaftlichen Gebundenheit (Nichtdeutlichwerden eines Staats- und Geschichtsbildes[256])).

b) Der Betroffene selbst ist nicht in der Lage, das Werterlebnis zu vollziehen. Die Ursache dafür kann in dem Mangel an intellektuellen Fähigkeiten oder aber an gemüthaften Fähigkeiten liegen. Schwachsinn und Psychopathie (vor allem Gefühlsarmut) kommen hier in Betracht. Derartige Mängel brauchen nicht absoluter Art zu sein. So können Werte an Schwachsinnige in einer für sie geeigneten Form herangetragen werden. Wo die allgemeine Schule versagt, kann die Hilfsschule die erforderlichen Vorstellungen erwecken. Mängel im Gemütsbereich können u. U. durch Entwicklung anderer positiver Eigenschaften ausgeglichen werden.

c) Trotz des Sichtbarwerdens der Werte in der Umgebung des Betroffenen und des Vorhandenseins der zur Erfassung dieser Werte notwendigen Anlagen kann das Werterlebnis nicht erfolgen. Das würde der Fall sein bei seelischen Störungen, die durch ein unrichtiges Ansprechen des Betroffenen ausgelöst werden. Es handelt sich um Fälle der Neurose[257]). Eine dem Betroffenen nicht angepaßte — sei es absolut, sei es relativ —, unrichtige Behandlung kann Störungen und Hemmungen auslösen, die zu einer Verkennung oder Verschiebung der Werte führen. Hieraus können sich kriminelle Handlungen ergeben.

2. Es ist denkbar, daß zwar ein Erlebnis der Werte vor sich geht, jedoch nicht in einer dem Werte voll entsprechenden Weise. Es ist möglich, daß der Wert des Eigentums zwar sichtbar geworden ist, aber nicht in einer solchen Weise, daß das Werterlebnis in einem Einzelfall zur Auswirkung kommt, möglicherweise deswegen, weil der Vorgang das Erlebnis nicht auslöst; z. B. die Entwendung geringfügiger Gegenstände aus einem beschädigten Päckchen läßt bei dem Täter nur das einem Mundraub entsprechende Empfinden wach werden. Es ist denkbar, daß die Wertempfindungen in einer nicht hinreichend ausgeglichenen Weise sich zueinander verhalten. Das würde gegeben sein, wenn ein Jagdpächter aus dem Bewußtsein seines Jagdrechtes gegenüber einem Wilderer, den er anschießt, den Wert des Lebens und der Gesundheit ungenügend beachtet.

---

[256]) Inwieweit das mangelnde Staats- und Geschichtsbild die rechtliche Autorität mindern können, bedarf noch eingehender Untersuchung.

[257]) Vgl. hierzu etwa August Aichhorn; Verwahrloste Jugend. Die Psychoanalyse in der Fürsorgeerziehung, Bern 1951; Annemarie Dührssen; Psychogene Erkrankungen bei Kindern und Jugendlichen, Göttingen 1954; Hans Müller-Eckard; Das unverstandene Kind, Stuttgart 1953; Erich Stern: Über Verhaltens- und Charakterstörungen bei Kindern und Jugendlichen, Zürich 1953; M. Tramer; Lehrbuch der allgemeinen Kinderpsychiatrie, 3. Aufl., Basel 1949; Hans Zulliger; Helfen statt Strafen auch bei jugendlichen Dieben, Stuttgart 1956.

3. Es besteht weiterhin die Möglichkeit, daß das Werterlebnis an sich vollziehbar war, vielleicht sogar auch vollzogen ist, aber infolge von Wünschen und Trieben überdeckt wird. Hier sind als Beispiel Pubertät, Psychopathien und Süchte zu erwähnen. Einem Alkoholsüchtigen kann durchaus der Wert des Vermögens bewußt geworden sein. Er gibt unter Sucht nach Alkohol dem Drängen nach unredlichem Gelderwerb durch Betrug nach.

In diesem Zusammenhang verdient die Apathie gegenüber Werten Erwähnung. Es handelt sich um seelische Unempfindlichkeit, die hervorgerufen worden ist durch Überbeanspruchung und übermäßige Spannungen. Der Täter handelt in völliger Gleichgültigkeit und Hoffnungslosigkeit. Dadurch kann es zu sehr schweren Entgleisungen kommen, etwa Totschlag innerhalb einer Ehe, Eigentumsdelikte durch einen sich mißverstanden fühlenden jungen Menschen.

4. Diese negativen Formen und Verhaltungsweisen machen die positiven Grundlagen der Gewinnung der Rechtshaltung deutlich. Mit ihnen wird nur die Kehrseite der zur Rechtshaltung drängenden Züge verdeutlicht. Wie die positiven Gegebenheiten nicht vor dem Verbrechen unbedingt bewahren, führen die negativen Umstände nicht stets zum Verbrechen. Auch bei negativen Umweltverhältnissen vermag der Betroffene infolge seiner seelischen und geistigen Kräfte und seines Bemühens um den richtigen Weg außerhalb des Kriminalitätsbereiches zu bleiben. Es besteht die Möglichkeit einer Umgestaltung der Verhältnisse. Der Betroffene kann einen Menschen finden, zu dem er Vertrauen faßt, der ihn führen kann, der ihm neue Hoffnung gibt und neue Richtung weist. Man denke an die Begegnung des Jugendlichen mit einem Lehrer oder einem anderen Erwachsenen, der ihn versteht und ihm etwas zu sagen hat. Derartige Begegnungen sind auch in späterem Alter möglich. Günstige Einflüsse sind bei häufig vorbestraften Männern keineswegs selten. Sie ergeben sich nicht selten durch die Heirat mit einer tüchtigen und verständigen Frau. Es kann sein, daß der Betroffene trotz seiner negativen Anlagen in zähem Ringen eine durchaus gesellschaftlich und persönlich wertvolle Haltung entwickelt. Es kann sein, daß durch Ausbildung besonderer Eigenschaften die negativen Wirkungen kompensiert werden. Es besteht die Möglichkeit, gefährliche Anlagen in einem entsprechenden Beruf positiv zu lenken. In der Berufswahl kann ein Weg gefunden werden, der den Betroffenen vor einer Überbeanspruchung bewahrt und ihm das Selbstbewußtsein stärkt. Die Umweltverhältnisse können sich ändern, die Anlagen ausgeglichen werden, und schließlich kann die innere persönliche Auseinandersetzung zu einem Persönlichkeitswandel führen. Auch die Möglichkeit einer Begnadung wird der Christ nicht ausschließen. Daß der Abgeglittene den Weg zu finden befähigt wird und daß im rechten Zeitpunkt seine Augen geöffnet sind, ist die Aufgabe des helfenden Menschen. Gerade in dieser Hinsicht kommt dem kriminalpädagogischen Tun eine beträchtliche Bedeutung zu.

§ 5. Allgemeine pädagogische Grundsätze

I. Hat man sich entschieden, der Kriminalität auch in pädagogischer Weise zu begegnen, so folgt aus dieser Entscheidung, daß die zu ergreifenden Maßnahmen pädagogisch gestaltet sein müssen. Sie müssen den Grundsätzen der Pädagogik unterstellt sein. Die Feststellung, daß der Strafe auch ein erzieherischer Charakter zukomme, der Gebrauch erzieherischer Begriffe im Gesetz oder die Bestimmung der Strafe im Einzelfall mit dem Hinweis, aus erzieherischen Gründen sei gerade diese Strafe geboten, bedeuten nichts, wenn nicht mit alledem ein den pädagogischen Grundforderungen entsprechendes Verhalten verbunden ist.

Ein Strafvollzug, der um die hygienischen Bedürfnisse der Gefangenen, um ihre Beschäftigung, um die Sicherung ihrer Rechtsstellung, um Zucht und Ordnung und um Sicherheit bemüht ist, ist noch kein pädagogischer Vollzug. Bei alledem handelt es sich um notwendige Grundlagen jedes Vollzuges, ganz gleichgültig ob es um einen Sicherungs-, Vergeltungs- oder Warnungsvollzug geht. Von einem pädagogischen Vollzug kann man erst dann sprechen, wenn Klarheit über die Erziehungsziele besteht, wenn in der Begegnung mit dem Gefangenen pädagogische Methoden angewandt und pädagogische Wege begangen werden, wenn der kriminalpädagogische Akt, insbesondere auch der Strafvollzug, in die Erkenntnisse und die Erfahrungen der Pädagogik hineingestellt ist.

All das ist sehr viel schwieriger, als es auf den ersten Blick erscheint. Das gilt vor allem für den Strafvollzug, soweit er dem Erziehungsgedanken untersteht, so wie es im Jugendstrafrecht ganz vorwiegend und im Erwachsenenstrafrecht doch zu einem nicht unbeträchtlichen Teil der Fall sein sollte. Jede Art des Vollzuges wurzelt noch in mehr oder minder starker Weise in den Vollzugsvorstellungen der Vergangenheit. Selbst der Jugendvollzug hat sich noch nicht ganz lösen können. Auch hier wirkt noch nach, daß der Strafvollzug der Ausgangspunkt ist, von dem aus man sich dann bemüht, ihn erzieherisch zu gestalten. Arbeitsmethoden, Freizeitgestaltung, äußere Maßnahmen, wie Sicherungsmaßnahmen, werden auch im Erziehungsvollzug vom bisher üblichen Vollzug aus gesehen, von dem dann mehr oder weniger Abstriche gemacht werden. Die Vorstellungswelt ist der Bereich des bisher noch üblichen Strafvollzugs.

Soll die notwendige Verbindung zwischen Pädagogik und den Erziehungsbestrebungen gegenüber Kriminellen oder Kriminell-Gefährdeten hergestellt werden, so bedarf es der Feststellung, welche pädagogischen Forderungen allgemeine Gültigkeit besitzen, welche Grundgesetze vorhanden sind, deren Beobachtung es überhaupt erst ermöglicht, von einem kriminalpädagogischen Tun zu sprechen. Die pädagogischen Sonderzweige mit ihren besonderen Forderungen und Notwendigkeiten beruhen wiederum auf allgemeinen Grundlagen. Um deren Herausarbeitung geht es im Folgenden. Sie kann nur auf Grund der Auswertung des pädagogischen Schrifttums[258]) erfolgen.

II. 1. Den Mittelpunkt des pädagogischen Handelns stellt das Erziehungsverhältnis dar. Es ist sowohl ein zweiseitiger Vorgang innerhalb der „Ich-Du-Beziehung" als auch ein mehrseitiger Akt innerhalb einer Mehrheit von Erziehern und Zöglingen, die in einer Gruppenbeziehung zueinander stehen. Das eine ist für die Erziehung so wesentlich wie das andere.

a) Das „pädagogische Geschäft" vollzieht sich zunächst innerhalb der „Ich-Du-Beziehung". Der Mensch als Gebender und der Mensch als Empfangender stehen in einer Wechselwirkung. Geben und Empfangen gehen hin und her. In den einzelnen pädagogischen Verhältnissen mag der Umfang des gegenseitigen Gebens und Empfangens verschieden sein, jedoch handelt es sich niemals um ein bloß einseitiges Geben und Empfangen[259]). Daraus folgt, daß jeder Beteiligter aktiv mitzuwirken

---

[258]) Aus dem umfangreichen Schrifttum kann nur eine Auswahl angeführt werden. Eine weitere Orientierung ist an Hand der beiden großen Lexika: Lexikon der Pädagogik, Freiburg/Br., Bd. I—IV (1952—1955); (Schweiz.) Lexikon der Pädagogik, Bd. 1—3, Bern 1950; s. a. Pädagogik im Bild, herausgegeben von Franz Hilker, Freiburg/Br., 1956. August Aichhorn: Verwahrloste Jugend, 3. Aufl., Bern 1951; Kurt Bondy: Pädagogische Probleme im Jugendstrafvollzug, Mannheim-Berlin-Leipzig 1925; Julius Drechsler: Das Wirklichkeitsproblem in der Erziehungswissenschaft, Heidelberg 1959; Linus Bopp: Allgemeine Heilpädagogik, Freiburg 1930; Hans Ellger: Der Erziehungszweck im Strafvollzug, Halle 1922; Hanns Finke: Der Rechtsbrecher im Lichte der Erziehung, Weimar 1931; Wilhelm Flitner: Allgemeine Pädagogik, 3. Aufl., Stuttgart 1950; Friedrich Wilhelm Foerster: Schuld und Sühne, München 1911; Göttler, Joseph und B. Westermayr: System der Pädagogik, 9. Aufl., München 1950; Heinrich Hanselmann: Einführung in die Heilpädagogik, 3. Aufl., Erlenbach-Zürich 1946; Heinrich Hanselmann: Andragogik, Zürich 1951; Joachim Hellmer; Erziehung und Strafe, Berlin 1957; Joachim Hellmer: Kriminalpädagogik, Berlin 1959; René Hubert: Traité pédagogie génerale, 1946, übers. von Marlene Mies: Grundriß der allgemeinen Pädagogik, Meisenheim 1956; Ernst Krieck: Philosophie der Erziehung, Jena 1925; Heinrich Meng: Zwang und Freiheit in der Erziehung, 2. Aufl., Bern 1953; Paul Moor: Heilpädagogische Psychologie, Bern 1951; Paul Natorp: Sozialpädagogik, 4. Aufl., Stuttgart 1920; Hilde Ottenheimer: Sozialpädagogik im Strafvollzuge, Berlin 1931; Peter Petersen: Der Ursprung der Pädagogik, Berlin-Leipzig 1931; ders.: Pädagogik der Gegenwart, Berlin 1937; Alfred Petzelt: Grundzüge systematischer Pädagogik, 2. Aufl., Stuttgart 1955; ders.: Grundlegung der Erziehung, Freiburg 1954; Klaus Rehbein: Sozialpädagogik und Sozialethik. Formen der Erziehung im Strafvollzug. Phil. Diss., Münster 1959; Friedrich Schneider: Einführung in die Erziehungswissenschaft, Graz-Salzburg-Wien 1948; Suse Schwarzenberger: Die Bedeutung der modernen Erziehungswissenschaften für das juristische Strafproblem, Heidelberg 1933; Eduard Spranger; Psychologie des Jugendalters, 23. Aufl., Heidelberg 1953; K. F. Sturm; Allgemeine Erziehungswissenschaft, Osterwiek 1927.

[259]) Vgl. über den „erzieherischen Bezug" Flitner; S. 71, über die „Notwendigkeit der Antwort", Flitner; S. 82; eingehend zum Dialog als Grundlage der Erziehung Petzelt; Grundlegung, S. 50ff., 125; Grundzüge, S. 63; Hubert

hat. Die pädagogische Beziehung setzt ein Ja zu dem anderen voraus. Das bedeutet ein gegenseitiges Aufgeschlossensein, eine innere Zustimmung. Darüber hinaus aber auch sucht der pädagogische Vorgang die Entwicklung der Bereitschaft zur Selbsterziehung[260]).

Es gibt pädagogische Beziehungen, in denen diese Voraussetzungen in selbstverständlicher Weise gegeben sind. Das gilt vor allem von den natürlichen Beziehungen der Familie. Die Eltern geben dem Kinde die Möglichkeit, sich zu entfalten, den geistigen und materiellen Gütern sich zu eröffnen, dem Beruf sich zu erschließen. Umgekehrt läßt das Kind die elterlichen Kräfte wachsen, eröffnet den Eltern Einsichten und Erkenntnisse, bestimmt mit den elterlichen Entwicklungsgang. Das auf der natürlichen Hingabe und Zuneigung bestehende Verhältnis führt zum Geltenlassen des andern. Das Erziehungsverhältnis wird von der Zustimmung der Beteiligten getragen. Das bedeutet nicht, daß gegenseitige Auseinandersetzungen, Lieblosigkeiten, Widerstände nicht vorkommen, wohl aber ist normalerweise die pädagogische Grundhaltung vorhanden. Auch in dem familiären Erziehungsverhältnis kann ein Ausbrechen aus der ihm entsprechenden Beziehung erfolgen; so z. B. wenn die Eltern nicht das Kind in seiner Eigenpersönlichkeit beachten, wenn sie ihm eine nicht passende Entfaltung aufzwingen wollen oder wenn sie dem Kinde nicht die genügende Wärme und Hingabe gewähren (Aufgehen in Vergnügungen, im Beruf) oder wenn das Kind sich dem Erziehungsverhältnis infolge seiner Anlage oder einwirkender Umweltsverhältnisse oder aus sonstigen Gründen entzieht.

Das erste gesetzlich auferlegte Erziehungsverhältnis erlebt das Kind in der Schule. In die auferlegten Erziehungsverhältnisse wird der Zögling regelmäßig ohne Rücksicht auf seinen Willen versetzt. Aber nicht die Tatsache des „Schulzwanges“ stellt das Schulerziehungsverhältnis in Frage. Der Zwang[261]) bedeutet nur die formale Grundlage. Er schließt nicht aus, daß das Kind mit der inneren Zustimmung in diese Erziehungsgemeinschaft eintritt. Der Zwang bedeutet in der Regel weniger eine Gefahr für den Zögling als für den Erzieher, insofern er diesem ein falsches Autoritätsgefühl vermittelt, den Abstand zwischen ihm und dem Zögling erweitert und ihn als den allein Gebenden erscheinen lassen kann. Das auf Zwang beruhende Erziehungsverhältnis ist gegenüber dem familiären Verhältnis bedrohter als die natürlichen Bindungen, insbesondere in-

---

spricht von dem Ineinanderübergehen von zwei Bewußtseinen in der Erziehung, von Aufruf des Erziehers und Aufwachen des Zöglings (S. 55). Hier wird der Begriff der Identifikation bedeutsam. Dazu Meng; S. 24; Julia Schwarzmann: Schweiz LdP I, 699.

[260]) „Die Selbsterziehung ist das Ende der Fremderziehung“ (Friedrich Schneider, Art. Selbsterziehung in LdP IV, 275; ders. im Schweiz LdP II, 649); vgl. auch Friedrich Wilhelm Förster: Erziehung und Selbsterziehung, 2. Aufl. Zürich 1921; Hanselmann: Andragogik, S. 59.

[261]) Zum Problem des Zwanges grundlegend Heinrich Meng; Zwang und Erziehung, 2. Aufl., Bern 1953.

sofern, als die gegenseitigen Gefühlsbeziehungen fehlen und es dadurch erschwert wird, über die Besonderheiten und Eigenarten der beteiligten Personen hinwegzukommen, und nicht zuletzt insofern, als es ein Verhältnis unter vielen anderen Erziehungsverhältnissen ist, wobei der Erzieher in die ihm angenehmeren leichter ausweichen kann. Jedoch entspricht das Schulverhältnis dem kindlichen Wachstum und seinem Entwicklungsgang. Das Kind erlebt die Schule als den Durchgang zu dem späteren Leben. Es steht daher diesem von allen anderen Kindern ebenfalls zu bestehenden Erziehungsverhältnis an sich geöffnet gegenüber. Umgekehrt bejaht der Lehrer regelmäßig die Beziehung zu dem Kind. Trotz dieser allgemein vorhandenen Grundeinstellung kann es im Konkreten von beiden Seiten her zu schweren Störungen kommen[262]).

Ganz wesentlich anders sieht das Gefangenenverhältnis aus. Hier steht im Anfang der Widerstand[263]). Die Umstände, durch die das Verhältnis eingeleitet und oft genug fortgesetzt wird, sind bedrückend und einengend. Sie stellen keine Fortsetzung einer fortlaufenden Entwicklung, sondern eine Herausführung aus bisherigen Lebensformen dar. Sie beruhen nicht auf der Weiterführung der natürlichen biologischen Gegebenheiten, auf den sich aus dem Alter ergebenden Entfaltungsnotwendigkeiten. Sie begründen auch nicht die freudigen Erwartungen, die von einem hoffnungsvollen Zukunftsbild getragen sind. Vielmehr enthält die Herstellung dieses Gefangenenverhältnisses den Vorwurf des Versagens. Es wird eingeleitet durch eine Minderbewertung. Es bedeutet ein Herausgerissenwerden aus dem Kreis der Angehörigen und Bekannten und ein Hineingestelltwerden in einen sozial negativ beurteilten Lebensraum. Die Zukunft steht ungewiß vor dem Betroffenen. Sie liegt dunkel und vielfach hoffnungslos vor ihm. Das vergangene Leben erscheint zerbrochen. Die dem Betroffenen gestellten Aufgaben erweisen sich als ungelöst. Das Gefangenenverhältnis bringt Berufsverlust für den Verurteilten, häufig Not und Entbehrung für die Angehörigen mit sich. Als sozial und ethisch Belasteter beginnt der Betroffene das neue Erziehungsverhältnis. Soll sich überhaupt ein fruchtbares Erziehungsverhältnis entwickeln, so bedarf es erst der Schaffung der notwendigen Beziehungen von Erzieher und Gefangenem, die sich zunächst beide völlig fremd gegenüberstehen und meist vollkommen verschiedene Persönlichkeiten sind. Aus dem inneren Widerstand und der inneren Zurückhaltung muß der Wille zur Bejahung des Verhältnisses hervor-

---

[262]) Vgl. M. Tramer, Schülernöte, Basel 1951.

[263]) Zutreffend weist Gustav Radbruch in einem Brief an Paul Meng (a. a. O., S. 210) auf die Schwierigkeiten hin, vor die die Kriminalstrafe in erzieherischer Hinsicht stellt: „Die Erziehungsstrafe ist Strafe im Rahmen der Erziehung, die als Besserungsstrafe aufgefaßte Kriminalstrafe ist Erziehung im Rahmen der Strafe. Dort liegt der Strafe ein persönliches Verhältnis zwischen Erzieher und Zögling zugrunde, hier wird das Erziehungsverhältnis erst durch die Strafe begründet und hat deshalb die zunächst schwierige Aufgabe, die Trotzhaltung des Zöglings zu überwinden."

gerufen werden. Der Gefangene muß erst fähig[264]) und bereit werden, die Situation anzuerkennen. Er muß aber auch den Weg zu den ihm umgebenden Menschen, vor allem den Erziehern, finden. Umgekehrt muß der Erzieher den Gefangenen in seiner Persönlichkeit annehmen, ihm das Zutrauen verschaffen, daß er als Mensch dem Menschen zur Seite steht und daß auch er in der ständigen Situation des Lernens und der Sichweiterentwicklung steht. Diese vom Erzieher zu lösende Aufgabe ist infolge der schwierigen, mangelhaften, und häufig in Wirklichkeit passiven Persönlichkeit des Gefangenen durchaus nicht leicht. Der Erzieher muß sich unter Umständen zu Menschen, die ihrem Wesen nach ihn abstoßen, den Zugang eröffnen, d. h. er muß auch mit sich selbst fertig werden. So ergibt sich hier eine Vorarbeit, die bei den anderen Erziehungsverhältnissen fehlt, eine Aufgabe, die um so schwieriger ist, als das Verhältnis die Aufrechterhaltung der Autorität erfordert und der Zögling selbst gerade von vornherein nicht selten autoritätlos eingestellt ist.

b) Nur ausnahmsweise steht die Ich-Du-Beziehung für sich. Das würde der Fall sein, wenn eine Witwe oder die unverheiratete Mutter ihr einziges Kleinkind mehr oder weniger abgeschlossen erzieht. In aller Regel steht der Erziehungsvorgang in einer Gruppe. Mehrere Erzieher und Zöglinge stehen derart miteinander in Wechselbeziehung, daß nicht nur die Erzieher auf den einzelnen Zögling einwirken und umgekehrt von diesem auf jene Auswirkungen übergehen, sondern daß die Zugehörigen einer Gruppe, auf welcher Seite sie auch stehen, aufeinander Einfluß nehmen. Die Ich-Du-Beziehung ist in das Gruppenverhältnis eingebettet[265]).

Dieser Vorgang wird wiederum in der vollständigen Familie (Eltern mit mehreren Kindern) sichtbar. Wie sehr hier auch Beziehungen zwischen einem einzelnen Elternteil und einem einzelnen Kind lebendig sein mögen, so steht doch dieser Vorgang in der Wechselbeziehung zwischen beiden Eltern und der Gesamtheit der Kinder und der Kinder untereinander. Das Kennzeichnende dieser Gruppe ist normalerweise

---

[264]) Entsprechend ist hier der von Meng, S. 40 für die Kindererziehung entwickelte Gedanke heranzuziehen, daß bei triebstarken, abnormen und gewissenskranken Kindern erst Heilung erforderlich ist.

[265]) L. Grinberg - M. Langer - E. Rodrigué, Psychoanalytische Gruppentherapie Stuttgart 1960; Herbert Lattke: Soziale Arbeit und Erziehung, Freiburg/Br. 1955; ders.: Gruppenführung, Jugendwohl 1951, S. 347—352; ders.: Gruppenerziehung, LdP II, 546—548 mit Schrifttumsangaben; S. R. Slavson: The Practice of Group Therapie, New York 1947; D. Sullivan: Readings in Group Work, New York 1952; G. Wilson-G. Ryland: Social Group Work Practice, New York 1949. Vgl. ferner August Aichhorn: Verwahrloste Jugend, 3. Aufl., Bern 1951; Hanselmann: Andragogik, S. 108ff.; Gisela Konopka: Gruppenarbeit mit 11—17 jährigen Jungen in einem amerikanischen Auffangheim, München-Düsseldorf 1954. M. Tramer; Lehrbuch der allgemeinen Kinderpsychiatrie, 3. Aufl., Basel 1949 (Gruppenpsychotherapie, S. 435—438); Erika Hoffmann, Sozialpädagogik und Gruppenpädagogik UJ. 1959, 305—312.

das Vorhandensein innerer bluts- und gefühlsmäßiger Bindungen. Zwischen den Gruppenzugehörigen bestehen positive Bindungen infolge des Zusammengehörigkeitsbewußtseins, des Heimatgefühls und einer weithin gleichgerichteten Vorstellungswelt. Die in der Pubertätszeit zuweilen entstehenden Schwierigkeiten sind nur ein Beweis für die grundsätzliche Bindungsfähigkeit der Familie, aus der sich der reifende Mensch um seiner Einzelentwicklung willen loszulösen versucht.

Schon in der Schule tritt eine beachtliche Wandlung in dem Gruppenverhältnis ein. Der Erzieherkreis ist (abgesehen von ganz kleinen Schulverhältnissen) nicht nur größer, sondern uneinheitlicher. Die Auswahl der Lehrer erfolgt nicht von dem Erzieherstab her, sondern geschieht von außen durch die vorgesetzte Behörde. Die Schüler selbst finden sich mehr oder weniger zufällig zusammen, zuweilen (in den konfessionellen Schulen) durch die gemeinsame Religionszugehörigkeit bestimmt, aber auch dort — jedenfalls in den Volksschulen — lediglich nach Alter und Wohngegend — zusammengeführt. Immerhin besteht weitgehend Einheitlichkeit des Bildungsstandes, der positiven Erwartung hinsichtlich der Schulgemeinschaft, des Bildungszieles. Die Gruppe ist, selbst wenn sie heute vielfach übermäßig groß ist, immerhin zahlenmäßig begrenzt. Unter der Führung eines geeigneten Pädagogen vermag sie in der Einheit des Unterrichtes und des Raumes zu einer Gemeinschaft mit gegenseitigen günstigen Einflußmöglichkeiten zusammenzuwachsen. Neben diesen mehr natürlich zusammenwachsenden Gruppen ergibt sich in der Schule die Möglichkeit der künstlichen Gruppenbildungen[266]. Auch hier geht es nur um die grundsätzlichen Wege, nicht um das praktisch vorkommende Versagen und Mißlingen.

Ist Erziehung zugleich Gruppenerziehung im Sinne der Erziehung in der Gruppe durch die Gruppe, so entstehen für den Strafvollzug sehr schwierige Probleme. Sie ergeben sich in mehrfacher Hinsicht. Die Bildung des Beamtenstabes erfolgt — und hier sicherlich in viel stärkerem Maß als im Schulsektor — nach behördlichen Gesichtspunkten durch eine Zentralstelle. Erziehungsgesichtspunkte treten stärker zurück, ohne daß sie völlig unberücksichtigt bleiben. Der Beamtenstab ist uneinheitlicher als ein Lehrerkollegium. Das gilt nicht nur hinsichtlich der Ausbildung, sondern auch hinsichtlich der Vorstellungswelt. Die Zusammensetzung der Insassen einer Anstalt ist bei zum Teil zahlenmäßig erheblichen Zusammenballungen negativ bestimmt. Voraussetzung ist ein schweres Versagen gegenüber Gesetz und Sittlichkeit. Das gilt jedenfalls dann, wenn das Strafrecht sinnvoll angewandt wird. Die Gruppenzugehörigen sind häufig intellektuell und charakterlich schwierige, wenn nicht gar minderwertige Menschen. Sozial gehören sie den verschiedensten Schichten an. Nach Bildung, Alter und Zielstrebung in ethischer

[266]) Franz Hilker: Die Schule und ihre erzieherische Aufgabe, Päd. i. Bild, S. 274—288; Hans Leuthold: Gruppenunterricht, Schweiz LdP I 600—602; Karl Wulfert: Gruppenunterricht, LdP II, 549—551.

und beruflicher Hinsicht sind sie vielfach grundverschieden. Zwischen Erzieher und Zögling besteht jedenfalls zunächst eine beträchtliche Kluft. Die Gruppenbildung vollzieht sich wenigstens in den geschlossenen Anstalten in der Isolierung von der Gesellschaft unter einer selbst bei durchaus geordneten Verhältnissen den Menschen wenig ansprechenden Umwelt. Aus alledem ergibt sich die Frage, inwieweit überhaupt eine positive Gruppenbildung als Grundlage des Erziehungsvorgangs im Strafvollzug, sei es in Form der natürlichen Selbstbildung oder der künstlichen Fremdbildung, möglich ist. Die Antwort hierauf hat bei der Erörterung des Strafvollzugs[267]) zu erfolgen.

2. Das Erziehungsverhältnis wird bestimmt durch die Erziehungsbeteiligten. Entsprechend dem Doppelcharakter des Erziehungsverhältnisses kommt es sowohl auf die Persönlichkeit und Einstellung der einzelnen Erziehungsbeteiligten, des einzelnen Erziehers und des einzelnen Zöglings, als auch auf die Gesamthaltung des Erzieherstabes und der Erziehungsgruppen an. Bei dem rein natürlichen Erziehungsverhältnis der Familie sind nach eingegangener Ehe die einzel- und gesamtpersönlichen Gegebenheiten im Grunde festgelegt. Damit ist eine Formung und Bildung der Beteiligten durch dritte Kräfte (kirchliche Bildung, Volksbildungswerke, Ehe- und Erziehungsberatungen, ärztliche Hilfe) nicht ausgeschlossen. Trotzdem liegen aber die Verhältnisse bei der künstlichen Erziehungsgemeinschaft wesentlich anders.

a) Auf seiten des Zöglings erfolgt eine autoritative Unterstellung unter den Erziehungsvorgang. Der Erziehungsvorgang kann in sehr verschiedener Gestaltung vor sich gehen. Für die Schule bestehen mannigfache Schulformen (ordentliche Schulen verschiedener Gattung, Hilfs- und Sonderschulen) zur Verfügung. Weitgehende Differenzierungsmöglichkeiten bestehen auch für den Erziehungsvollzug, neben dem Vollzugsarten gegeben sind, in denen der Erziehungsgedanke unter Umständen ganz zurücktritt. Es gibt die Möglichkeit des Ausschlusses und der Herausnahme aus diesem Erziehungsvorgang oder dem Erziehungsvorgang überhaupt. Die künstliche Erziehung setzt ein Auswahlverfahren voraus, das gerade die für die vorhandenen Erziehungsmöglichkeiten geeigneten Zöglinge heraussucht.

aa) Dabei kommt es zunächst darauf an, die überhaupt Ansprechbaren von den Nichtansprechbaren herauszufinden. Das Ausleseverfahren muß im Hinblick auf die Erziehungsaufgabe durchgeführt werden. Je schwieriger die Erziehungsaufgabe ist, um so sorgfältiger bedarf es der

[267]) Die Bedeutung des Problems nicht nur für den geschlossenen Strafvollzug, sondern auch für die Bewährungshilfe, zeigen Dallinger-Lackner: Jugendgerichts-Kommentar 1953 zu § 24 Anm. 16; ferner Meng: Zur Entwicklung der Bewährungshilfe, Bl. f. Wohlf. Pfl. 1953, S. 340; Obstfeld in Bewährungshilfe 1954, S. 22, 26.

Auswahl. Jedem Erziehungsbereich kommt ein gerade ihm entsprechendes Ausleseverfahren zu. Für den Strafvollzug muß, wenn man überhaupt eine pädagogische Behandlung Straffälliger durchführen will, eine Vorentscheidung dahin getroffen werden, ob der Straffällige überhaupt erziehbar ist. So ergibt sich das Problem der Persönlichkeitsdiagnose.

bb) Bei der Prüfung der Erziehungsfähigkeit geht es als zweites um die Auswahl der Zöglinge für die verschiedenen Erziehungsformen. Diese sind nicht nur im Jugendstrafrecht, sondern auch im Erwachsenenvollzug sehr verschiedenartig. Über die Einzelheiten der Vollzugsformen und die dazu vorhandenen und notwendigen Klassifizierungen sowie über das Problem der reinlichen Sonderungen der verschiedenen Klassen ist erst später zu sprechen. Hier kommt es nur darauf an, generelle Gesichtspunkte herauszustellen.

cc) Die Erziehungsfähigkeit eines Zöglings ist weitgehend nicht absolut, sondern relativ. Das besagt, daß die Erziehungsfähigkeit eines Zöglings abhängt von dem Geiste und den sonstigen Gegebenheiten einer Erziehungseinrichtung. In Betracht kommen vor allem: die Persönlichkeit des einzelnen Erziehers (darüber unter b), die Gesamtheit des Erzieherstabes (darüber ebenfalls unter b), die Bildung der Erziehungsgemeinschaft und Erziehungsgruppe (personelle Zusammensetzung, Größe), die Erziehungsmittel, die Erziehungsmethoden und Erziehungsgrundlagen, das Erziehungsziel. Je schwächer die Seite des zu Erziehenden ist, eines um so stärkeren Ausgleichs bedarf es auf der Seite der Erziehenden und ihrer Möglichkeiten. Je geringer die geistigen, seelischen und sozialen Kräfte des Zöglings sind, um so höhere Anforderungen sind an den Erzieher zu stellen.

b) Das Erziehungsverhältnis beruht entweder auf einer natürlichen Gemeinschaft (Familie) oder auf einer aus einer persönlichen Begegnung erwachsenden Gemeinschaft (Freundschaft) oder auf einer künstlichen (geschaffenen) Gemeinschaft. In der natürlichen Gemeinschaft ist der zur Erziehung Berufene einfach da. In der gewachsenen Gemeinschaft wächst der Erzieher in seine Stellung hinein, ohne daß er als solcher bereits da ist und als solcher berufen wird. In der künstlichen Erziehungsgemeinschaft tritt der Erzieher an seine Aufgabe kraft Berufes heran. Das ermöglicht seine Auswahl. Da er seine Tätigkeit berufsmäßig ausübt, steht er als Angestellter oder Beamter (haupt-, nebenamtlich, besoldet oder ehrenamtlich) in seiner Arbeit. Die Notwendigkeit, seine Aufgaben nicht nur sachlich durchzuführen, sondern die Kontaktgewinnung mit dem Zögling, und die Eigenart des Erziehungsziels, stellen an seine Persönlichkeit besondere Anforderungen, die ihn von den sonstigen Angestellten und Beamten unterscheiden. Das Problem der Erziehung ist geradezu als Problem des Erziehers bezeichnet worden[268]).

---

[268]) Meng: a. a. O., S. 93.

Über die Eigenschaften des Erziehers ist viel geschrieben worden[269]). Eine kurze Zusammenfassung mag genügen. Es sind von ihm menschliche und fachliche Qualitäten zu fordern. Er muß einen Blick für die Wirklichkeit, einen gesunden Menschenverstand, Menschenkenntnis, Takt, die Fähigkeit, Disziplin zu halten, Rechtschaffenheit, Einfühlungsvermögen, Verständnis für die Sorgen des anderen, Hilfsbereitschaft, Selbstbeherrschung, Geduld, Wärme und gute Laune, innere Geschlossenheit besitzen. Er muß für den anderen da sein und Zeit haben. Er kann sich nicht bloß an die Bürostunden halten. Der andere muß wissen, daß er uneigennützig ihm zur Seite steht. Die Erziehungsarbeit ist nur dann möglich, wenn der Erzieher trotz aller Rückschläge im tiefsten optimistisch ist, wenn er den Glauben an den Menschen sich erhält. Der Erzieher muß die rechtliche und sittliche Ordnung, die er vertritt, glaubhaft vorleben. Er muß im Geistigen und Seelischen verwurzelt sein. Das setzt ein hohes Maß an Selbsterziehung und Selbstbildung voraus. Er muß selbst Ringender um das ihm gesetzte Ziel sein. Ohne das religiöse Fundament ist die Kraft, das gerade im Strafvollzug so schwer lastende Amt des Erziehers zu tragen und durchzuhalten, wohl kaum denkbar[270]).

Jede künstliche Erziehungsform erfordert die gerade ihr entsprechende fachliche Vorbildung. So bedeutsam der gute Wille auch sein mag, so reicht er allein nicht aus. Ein bloßes intuitives Arbeiten ist in aller Regel nicht möglich. Welche Forderungen sich daraus für die Strafvollzugsarbeit im einzelnen ergeben, ist später zu erörtern.

Da im Erziehungsverhältnis im allgemeinen eine Mehrheit von Erziehern mitwirkt, ergibt sich das Problem der Zusammenarbeit. Der Erzieherstab muß bei Wahrung der Eigenart des einzelnen eine Einheit darstellen. Regelmäßig arbeitet nicht jeder Erzieher in der gleichen Stärke mit dem Zögling zusammen. Der im Einzelfall vornehmlich für die Erziehung Verantwortliche muß die Unterstützung der anderen finden, sofern nicht Fehlhandlungen begangen werden sollen. Es muß bei einem größeren Erzieherstab der einzelne Erzieher bereit sein, selbst zurückzutreten, wenn sich zwischen ihm und dem Zögling ein echtes Erziehungsverhältnis nicht zu bilden vermag. Sind in einem Erziehungsbereich außer Erziehern andere Kräfte tätig, so müssen diese wenigstens Verständnis für die Erziehungsarbeit besitzen und bereit sein, sich ihr einzuordnen.

Hält man sich die Anforderung, die an den Erzieher vor allem im Strafvollzug zu stellen sind, vor Augen, so fragt es sich, ob der Erziehungsvorgang nicht allein schon an der Überforderung des Erziehers

---

[269]) Göttler-Westermayr: a. a. O., S. 154; Hanselmann: Andragogik, S. 91ff.,; Hubert: a. a. O., S. 508ff.; Meng: a. a. O., S. 24, 101, 103; Petersen: Der Ursprung der Pädagogik, S. 134 ff.; Schneider: a. a. O., S. 115ff.; Eduard Spranger, Der geborene Erzieher, Heidelberg 1958.

[270]) Zur Religiösität des Erziehers Schneider: a. a. O., S. 119.

scheitern muß. Es ergibt sich die Frage, ob in hinreichender Zahl Menschen solcher Qualität bereit sein werden, diese Aufgabe zu übernehmen. Es gehört zu den beglückenden Erfahrungen, daß immer wieder Menschen bereit sind, aufopfernde Arbeit um den Menschen auf sich zu nehmen. Es muß ihnen nur die Größe der Arbeit sichtbar gemacht werden. Zu dieser Hoffnung berechtigt die Tatsache, daß schon heute zahlreiche Männer und Frauen aller Amtskategorien zum Teil unter ungünstigsten Verhältnissen an dem Erziehungswerk im Strafvollzug arbeiten.

3. Die Verwirklichung des Erziehungsverhältnisses wird bestimmt durch das Erziehungsziel[271]). Von ihm aus ergeben sich weitere Einblicke in die an den Erzieher zu stellenden Anforderungen.

a) Wie das Verhältnis des Ich zum Du im Menschlichen begründet ist, kann auch das Ziel nur vom Menschlichen her verstanden werden. Das besagt, daß das Erziehungsverhältnis dazu führen muß, dem zu Erziehenden die menschliche Kraft zu vermitteln und zu erwecken, die ihn in die Lage versetzt, im sozialen Bereich die ihm gestellte Aufgabe mit der Fähigkeit, Gewissensentscheidungen zu treffen, mit dem Empfinden für das Recht und mit Anstand und Sicherheit zu erfüllen. Der Mensch nimmt seine Aufgaben als sittlich verantwortliches Wesen wahr. Er ist dazu berufen, in der Freiheit die sittliche Ordnung im persönlichen und sozialen Bereich zu erfüllen und auf diese Weise zu seiner eigenen geistig-seelischen Entfaltung und der Sicherung und Entwicklung der Gemeinschaft beizutragen.

Die Einhaltung der Strafgesetze setzt eine sittliche Grundhaltung voraus. Ohne diese Haltung besteht keine Gewähr, in den Stunden der Anfechtung und Versuchung wirklich standzuhalten. Diese Haltung ist allein dem menschlichen Wesen angemessen. Mögen im Einzelfall auch andere Gründe, wie Furcht, Gewohnheit, Dressur[272]), vor dem Konflikt mit dem Gesetz bewahren können, so sind sie doch nur eine unvollkommene Gewähr für die Einhaltung des Gesetzes. Sie stellen keine echte Anpassung dar. Sie entsprechen weder der Hoheit des Rechtes noch der Würde des Menschen. Sie sind keine Erziehungsziele, sondern Notziele bei nicht erziehungsfähigen Menschen.

Die Hilfe und Förderung, die die Erziehung bedeutet, kann nicht im Hinblick auf einen ganz bestimmten Akt, sondern nur auf den ganzen Menschen[273]) bezogen sein. Es gibt keine Erziehung, die nur gerichtet ist auf die Achtung des Eigentums, die Wahrung der sexuellen Ordnung oder des Ablassens von übermäßigem Alkoholgenuß. Das Versagen des Menschen, das sich in dieser oder jener Beziehung äußert, liegt tiefer

---

[271]) Hierzu vor allem Hubert: a. a. O., S. 274ff.

[272]) Petzelt: Grundzüge, S. 62, bezeichnet zutreffend Gewöhnung als ein Pseudoprinzip der Pädagogik; ferner Schneider; a. a. O., S. 135; über Gewöhnung, Dressur und Domestikation vgl. Hubert a. a. O., S. 56f.

[273]) Hubert: a. a. O., S. 224f.; Petzelt: a. a. O., S. 277.

in seiner Person verwurzelt und bedarf daher eines allgemeineren Angehens. Erst recht bedeutet es keine Erziehung, die fehlerhafte Grundeinstellung zu umgehen und lediglich legale Verhaltensweisen unter Aufrechterhaltung der bestehenden Fehlhaltung anzustreben.

Wiederum führt das Erziehungsproblem zu Grundfragen. Geht es um die sittlche Formung und Gestaltung, so muß der Gesprächspartner des zu Erziehenden selbst im sittlichen Bereich stehen. Hier wurzelt seine wahre Autorität[274]). Das bedeutet zunächst, daß er kraft eines sittlichen Auftrages[275]) handelt und daß er selbst die sittliche Zielsetzung bejaht. In persönlicher Hinsicht beruht der Auftrag in der Verpflichtung, dem Mitmenschen zur Seite zu stehen, in der Bereitschaft, des anderen Last zu tragen[276]) und in dem durch das Berufsstreben erfolgenden Anruf, zutiefst in dem Anruf Gottes. In beruflicher Hinsicht handelt der Erzieher, soweit er im Bereich des Strafvollzuges und der öffentlichen Ersatzerziehung steht, als Organ des Staates, zum mindesten aber — sofern die Ersatzerziehung durch die freie Jugendhilfe erfogt — im Auftrage des Staates. Der Mißbrauch der staatlichen Gewalt in Diktaturen und der weitgehende Verzicht nicht diktatorischer Staaten auf eine sittliche Herleitung ihrer Gewalt haben den Staatsgedanken verflachen und verblassen lassen. Sie haben die Möglichkeit und Glaubwürdigkeit sittlicher Anforderungen und sittlicher Maßnahmen in Frage gestellt. Damit sind zugleich die Wirksamkeit und Berechtigung des Strafrechtes und vor allem eines Erziehungsrechtes fragwürdig geworden. Die Überwindung der Krisis des Straf- und Erziehungsrechts setzt eine Staatsvorstellung voraus, die dem Staate, ohne ihn als den Anfang und das Ende allen Seins anzusehen, doch ein Stück seiner Hoheit sichtbar macht. Es kommt darauf an, den Staat als eine die Menschen zusammenfassende Ordnung und als ein im Dienste des Menschen und der Menschengesamtheit stehende Einrichtung mit sittlichem Charakter und dem Anspruch auf sittlicheAnerkennung aufzuzeigen. Daß Staaten ihre Hoheit verspielen und Anerkennung und Achtung verlieren können, läßt sich in Anbetracht der tatsächlichen Erscheinungen von Gebilden, die ihre Organisation zur Unterdrückung der Freiheit und zur Selbstverherrlichung mißbrauchen, nicht in Abrede stellen. Hier ist das grundsätzlich anzuerkennende sittliche Fundament zerstört.

Der Staat, der sich bei aller Schwäche und allem Versagen um die Ordnung in seinem Bereich sorgt, der, wenn auch vielleicht von manchen unrichtigen Grundauffassungen aus, sich um einen gerechten Ausgleich der Bereiche des Einzelnen und der Gesamtheit bemüht, steht bereits im

---

[274]) Zum Autoritätsbegriff: Petersen: Ursprung der Pädagogik, S. 139; Petzelt: Grundzüge, S. 295ff.

[275]) Zu dem Auftragsproblem vgl. Hanselmann: Andragogik, S. 98ff.

[276]) „Einer trage des anderen Last“ (Paulus), dagegen: „Bin ich der Hüter meines Bruders?“ (Gen. 4, 9).

sittlichen Bereich und kann mit sittlicher Kraft Aufträge erteilen[277]). Solche Auftragserteilung unterliegt nicht der Willkür, auch sie ist an die naturgegebene Ordnung gebunden. Doch braucht das hier nicht weiter verfolgt zu werden, da die Strafgewalt und die Ersatzerziehungsgewalt kein eigensüchtiges unzulängliches Sichaufdrängen darstellen. In der Erziehungsstrafe wendet der Staat die entsprechende (spiegelnde) Maßnahme an. Wer an seiner eigenen Persönlichkeitsformung versagt hat, wird in der Persönlichkeitsformung unterstützt. Die Ausrichtung auf die sittliche Formung ist notwendig, weil nur sie eine tragfähige Grundlage für eine gesetzliche Haltung bietet.

Der Erzieher muß seinerseits den Auftrag annehmen. Er muß annahmefähig und annahmebereit sein. Erziehung muß der Haltung des Erziehers entsprechen. Jeder Erzieherberuf verlangt eigene Formung. Nicht die Fehlerfreiheit, die es überhaupt nicht gibt, ist entscheidend, aber die grundsätzliche Anerkennung und das Bemühen um die Ordnung sind zu verlangen. Der Erzieher gibt ein Stück eigener Ungebundenheit auf, nicht anders als die Richter.

Mit alledem ist wiederum nur etwas sehr Vages gesagt. Es ist von der sittlichen Aufgabe des Staates und der sittlichen Haltung des Erziehers gesprochen worden. Dabei ist aber offen gelassen worden, worin das Sittliche besteht, wonach es sich bestimmt. Die Auffassungen über das Sittliche gehen nicht selten weit auseinander. Das Erziehungsideal der einzelnen pädagogischen Richtungen ist recht verschiedenartig. Trotz alledem darf man nicht übersehen, daß es über die Haltung des einwandfreien Mannes und der anständigen Frau innerhalb der Gemeinschaft durch die Jahrhunderte geprägte Allgemeinauffassungen gibt. Bei allen Gegensätzen gibt es doch auch heute noch eine gemeinsame Grundlage.

Vom Christlichen her mag ein solcher Ausgang vielleicht dünn und brüchig erscheinen. Sicherlich stellt er kein Ideal dar, aber das hindert nicht die Brauchbarkeit. Dieser Ausgangpunkt ist auch von den Betroffenen her gerechtfertigt. Erziehung kann nicht, wie immer wieder betont worden ist, im Zwang bestehen. Infolgedessen muß der Betroffene das Erziehungsziel bejahen und aus sich in der Unterstützung durch den anderen anstreben. Steht er selbst im christlichen Bereich, wird er sich mit der bloßen Wohlanständigkeit nicht begnügen, sondern nach einer tieferen Verwurzelung streben. Die Leitung und die Hilfe müssen

---

[277]) Auf die grundlegenden staatsrechtlichen Probleme kann nicht näher eingegangen werden. Die Ausführungen im Text geben nur die eigene Meinung wieder. Eingehend zu den Fragen der Staatsethik Johannes Messner: Naturrecht, Innsbruck-Wien, S. 435—634, besonders vgl. die Abschnitte über: Der Staat (Sünde) (S. 468—470), Der Staat (sittlicher Wert) (S. 470—473), grundlegend abweichend Helmut Coing: Grundzüge der Rechtsphilosophie, Berlin 1950, S. 200ff. Zu den Grundproblemen vgl. auch Heinrich Kipp: Mensch, Recht und Staat, Köln 1947. Viel Material zu den allgemeinen Fragen bringt auch für die heutige Zeit noch beachtlich Georg Jellinek: Allgemeine Staatslehre, 2. Aufl., Berlin 1914.

im Vollzug dem Betroffenen auch diese Möglichkeit eröffnen. Der Erziehungsvorgang wird somit vom Betroffenen weitgehend mitbestimmt. Deswegen bedeutet Erziehung — wie immer wieder betont werden muß —, richtig verstanden, auch keinen Eingriff in die sittliche Freiheit.

Auch wer die Notwendigkeit der Verwurzelung der Erziehung im geistigen, vor allem religiösen Untergrunde anerkennt, wird eine zwangsweise Hinführung zu diesem Untergrund nicht befürworten können. Das gilt für Jugendliche wie Erwachsene. Damit ist freilich die Frage noch offen, inwieweit eine Verpflichtung zur Teilnahme an geistiger (religiöser und nicht religiöser) Unterrichtung für den Betroffenen aufgestellt werden kann. Bei Jugendlichen ist entscheidend für den Religionsunterricht die Zugehörigkeit zu einer konfessionellen Gruppe, für den anderen Unterricht kann die Teilnahme allgemein verpflichtend gemacht werden. Für den Bereich des Erwachsenen wird man die Teilnahme an jeglichem Unterricht auf freiwillige Grundlage zu stellen haben. Der Unterricht entspricht hier mehr einer Volksbildung, die auch im freien Leben nach eigener Wahl angenommen werden kann. Die Teilnahme am Gottesdienst muß dem einzelnen überlassen bleiben, wie er auch im allgemeinen Leben die Entscheidung über den Besuch hat, woran das Bestehen einer religiösen Verpflichtung nicht hindert. Erziehung besteht weitgehend im Anbieten der Hilfe. Damit muß sich allerdings auch eine Hinführung zur Annahme verbinden. Voraussetzung jeden Erziehungsbeginns ist das grundsätzliche Ja zur Mitarbeit.

Für den Juristen wird eine solche Betrachtungsweise vielleicht etwas Auffallendes sein, weil er vom Rechte herkommend gewöhnt ist (ob zu Recht sei dahingestellt), das Verhältnis von Ober- und Unterordnung und mehr das Äußerliche und Erzwingbare zu sehen. Für denPädagogen dagegen sind solche Gedanken durchaus naheliegend, ist er doch gewöhnt, das Dialogische im Erziehungsverhältnis zu sehen. Hier liegt der Kern des Hineinfindens in die soziale Ordnung. Das Mitwirken am eigenen Aufbau bedeutet Aktivierung der geistigen und körperlichen Kräfte, ein Umstand, der im heutigen Strafvollzug noch so sehr zu kurz kommt.

b) Das Ziel jeder Erziehung ist die selbständige Lebensführung gemäß der sittlichen Ordnung. Fremderziehung zielt darauf ab, überflüssig zu werden. Das bedeutet, daß Erziehung auf die sittliche Freiheit gerichtet ist. Daraus ergibt sich das grundlegende Problem von Zwang und Freiheit[278]) in der Erziehung. Die Ansicht, Zwang sei kein Erziehungsmittel[279]) dürfte zu allgemein sein. Zwang ist dort am Platz, wo die gegebene Situation es erforderlich macht, dem Zögling vor sich und der Gruppe deutlich zu machen, daß er nicht der Beherrschende ist. Es ist eine auch für die sittliche Entwicklung notwendige Erfahrung, daß das eigene Verhalten auf Grenzen stößt, die nicht überschritten werden können. Der Zwang darf jedoch nicht aus einer sich grundsätzlich auf den Zwang verlassenden Haltung fließen. Er muß in Maßen

[278]) Zu diesem Fragenkreis die mehrfach angeführten Werke von Meng und Hellmer.

[279]) Petersen: Ursprung der Pädagogik, S. 211; zum Problem des Zwanges eingehend Bondy: a. a. O., S. 50.

gehalten werden und darf allein von der Sorge um den Zögling und die Erziehungsgemeinschaft getragen sein. Er muß unumgänglich sein. Er darf vor allem nicht zur Abkürzung eines ohne ihn möglichen, aber beschwerlicheren Weges angewandt werden. Er darf nur aus erzieherischen Gründen und in der erzieherischen Haltung angewandt werden. Dazu ist erforderlich, daß der Erziehende nicht in der Emotion den Zwang anwendet und der Zögling um die Zuneigung des Erziehenden ihm gegenüber weiß.

Zwang ist sicherlich kein prinzipielles Erziehungsmittel. Vielmehr gilt n der Erziehung der Grundsatz der Freiwilligkeit. Hier aber eröffnet sich die Frage, ob mit diesem Grundsatz nicht die für jede Erziehungsgemeinschaft erforderliche „Zucht und Ordnung" aufgelöst wird. Gerade bei künstlichen Erziehungsgemeinschaften sind Zucht und Ordnung nicht zu entbehren. Sie sind ein notwendiges Fundament jeder Erziehungsarbeit. Sie sind aber auch nicht mehr. Mit Zucht und Ordnung allein ist kein Erziehungsziel erreicht, sondern erst eine Voraussetzung eines echten Erziehungsverhältnisses geschaffen. Sie dürfen nicht Selbstzweck werden und alles überwuchern, insbesondere nicht in einer Weise angestrebt und durchgesetzt werden, daß sie zur Erbitterung und Ablehnung des Vollzuges führen und jede Mitarbeit am Erziehungsverhältnis von vornherein in Frage stellen oder gar unmöglich machen. Zucht und Ordnung dürfen vor allem nicht den Raum für die eigene Aktivität einengen. Auch ihre Durchsetzung muß im pädagogischen Gesamtplan liegen.

Pädagogik hat, wo immer sie verwirklicht wird, ihre eigenen Gesetze. Damit ergibt sich für die Kriminalpädagogik die Frage, ob Strafe und Erziehung in Einklang zu bringen sind. Es ist schon früher dargetan worden, daß von den Grundrechten und den allgemeinen Rechtsgrundsätzen her gegen eine Erziehung innerhalb des Strafrechts Bedenken nicht hergeleitet werden können. Hier handelt es sich um ihre tatsächliche Vereinbarkeit.

Es ist die Frage, ob das Maß an Freiheit, das die Erziehung erfordert, mit dem Zwang und der Gebundenheit, die die Strafe mit sich bringt, zu verknüpfen ist. Die Freiheit, um die es in der Erziehung geht, ist eine andere als diejenige, die die Strafe beeinträchtigt. Bei der Erziehung handelt es sich um die innere Freiheit, um die Loslösung von Bindungen und Fesseln in der eigenen Kraft. Die Strafe bedeutet, sofern sie Freiheitsstrafe ist, die Aufhebung der äußeren Freiheit. Sie geschieht zur Entwicklung und Entfaltung der inneren Freiheit. Grundsätzlich stehen Strafe und Freiheit nicht in einem inneren Gegensatz. Strafe kann durchaus eine erziehungsgeeignete Maßnahme sein. Sie kann Erkenntnisse und Erfahrungen vermitteln, die wesentliche Voraussetzungen für den personellen Aufbau darstellen. Sie macht es dem Betroffenen klar, daß er für sein Verhalten verantwortlich ist und einzustehen hat, daß er bei aller Eigenständigkeit der Person doch auch innerhalb einer Gemeinschaft steht, der gegenüber er verpflichtet ist, daß er die Sphäre der anderen Menschen zu beachten hat, daß das Ich und seine Triebe und Wünsche nicht das alleinige Maß sind. Mit alledem wird ein erzieherisch wichtiger Grundsatz deutlich: die Notwendigkeit der Loslösung vom selbstischen Ich. Diese Loslösung ist aber nicht nur um der Gemeinschaft willen, sondern auch um der eigenen Person willen erforderlich. Die personelle Freiheit verlangt nicht weniger als die Sicherung der Gemeinschaft ein Freisein von ungeordneten und ungeregelten Neigungen. Die Strafe namentlich die Freiheitsstrafe, bietet für den Erziehungsvorgang Ausgangspunkte und Rahmen. Für den Erziehungsvollzug kommt es darauf an, den Strafvorgang möglichst für die Gewinnung der inneren Freiheit fruchtbar zu machen. Es ist denkbar, daß damit manche uns heute wesentlich erscheinende Begleitmaßnahme der Strafe wegfallen oder geändert werden muß. Das bedeutet aber keinen Verzicht auf die Strafe als solche.

Selbst wer sich grundsätzlich hiermit einverstanden erklären sollte, wird vielleicht Zweifel äußern, ob nicht das erzieherische Grundverhältnis von einer Vorstellung hinsichtlich der Straffälligen ausgeht, wie sie ihrem Wesen nicht entspricht. Setzt sie nicht die Fähigkeit zu einer Freiheit voraus, wie sie den straffälligen Menschen meistens abgeht? Die Schwierigkeit der Aufgabe soll nicht übersehen werden. Andererseits gibt es aber keine Erziehung, wenn sie nicht von dem Ich-Du-Verhältnis ausgeht, das die Mitarbeit beider, also auch des Betroffenen entscheidend mitberücksichtigt. Bei allen persönlichen Unzulänglichkeiten des Betroffenen muß auf diesem Verhältnis aufgebaut werden. Das bedeutet das Stellen von Anforderungen an den Betroffenen. In ihnen wird zugleich diesem aber auch ein innerer Wert offenkundig. Es wird ihm eine Aufgabe sichtbar. Eine Erziehung ohne eine hohe Zielsetzung ist nicht möglich, zumal sie keinen Anreiz zum Sichbemühen bietet. Nur für ein hohes Ziel sich anzustrengen, lohnt sich. Es darf allerdings auch nicht unerreichbar erscheinen. Das ist aber wiederum ein Problem der Kräftevermittlung und Ermutigung. Es mag sein, daß der Zögling nur langsam Schritt für Schritt weiterkommt und das letzte Ziel nicht erreicht. Aber schon auf dem Wege sein, bedeutet Vorwärtskommen.

4. Der Erziehungs*vorgang* unterliegt einer Reihe allgemein gültiger Regeln.

a) Jedes pädagogische Verhalten muß gerecht[280]) sein. Das bedeutet, daß die Behandlung des Zöglings auf seine Persönlichkeit, auf sein Können und seine Befähigung, sein Lebensschicksal abgestellt wird, daß er in einer Weise behandelt wird, die seiner Individualität entspricht. Individualisation ist eine auch vom Pädagogischen her zu fordernde Methode. Sie

[280]) Vgl. hierzu auch *Natorp*: a. a. O., S. 138.

bedeutet nicht ein schwächliches Nachgeben an Triebe und Wünsche, einen Verzicht auf Hinführung zur Gemeinschaft, sondern eine Anerkennung der Gegebenheit dieses Menschen bei seiner Anpassung an die Gemeinschaftsbedürfnisse, bei seiner Sozialisierung und seiner Hinführung zur ethischen Haltung. Individualisierung bedeutet Anerkennung der Einmaligkeit des Menschen im Hinblick auf die gerade ihn berührenden Gegebenheiten.

Gerecht sein setzt eine angemessene Bewertung des Anderen als Persönlichkeit voraus. In dieser Hinsicht ergeben sich Gefahrenmomente in einer künstlichen Erziehungsgemeinschaft, die Menschen aufnimmt, die im Leben sittlich-sozial versagt haben und in ihrem Charakter mehr oder weniger erhebliche Mängel aufweisen, die sich überdies auch in dem Erziehungsbereich oft genug unerfreulich zeigen. Die Einsicht in den Gedanken der Mitschuld der übrigen Gesellschaftsmitglieder, des Miteinanderverhaftetseins und des gegenseitigen Verpflichtetseins sichert hier vor einseitiger, erziehungsstörender Verwerfung.

Die gerechte Behandlung verlangt von dem Erzieher ein sachliches, gleichmäßiges, geduldiges und unvoreingenommenes Verhalten. Gerechtigkeit kann unter Umständen ein besonderes Bemühen um den stärker gefährdeten Zögling erfordern[281]). Damit wiederum ergeben sich in einer Gruppe Schwierigkeiten gegenüber anderen Gruppenangehörigen, die das Bemühen um den einen möglicherweise als eine Bevorzugung empfinden. So ergibt sich die Notwendigkeit für den Erzieher, der Gruppe sein Verhalten erklärlich zu machen. Hier zeigt sich die Problematik von Gerechtigkeit und Gleichheit. Wie schwierig die sich hieraus ergebenden Aufgaben des Erziehers sind, ergibt sich daraus, daß schon im Alltagsleben vielen Menschen die Einsicht verschlossen bleibt, daß der Schwächere eines erhöhten Maßes an Hilfe bedarf und es beanspruchen kann.

b) Jedes pädagogische Verhalten muß wahrhaftig sein. Das bedeutet einmal Ehrlichkeit in der Begegnung mit dem anderen. Sodann erfordert die Wahrhaftigkeit das Überzeugtsein und Durchdrungensein von den an den anderen gestellten Anforderungen. Der Erziehende muß hinter seinen Forderungen stehen. Er darf nichts anderes verlangen als er selbst von sich verlangt.

Wahrhaftigkeit der Erziehung bedeutet aber noch mehr. Der Auftraggeber des Erziehers muß selbst das Erziehungsziel anerkennen und seine Bejahung bekunden. Als unmittelbaren Auftraggeber für den

---

[281]) Hier wird der Satz von Natorp, S. 140, beachtlich: „Dabei aber stellt sich nun, merkwürdig genug, eine Art umgekehrter Proportion heraus: wie der Kranke mehr leibliche Pflege für sich fordern darf als der Gesunde, so hat der weniger Begabte Anspruch auf desto größere Sorgfalt für seine Bildung. Die Formel, daß dem Besseren Besseres gebühre, dem Schlechteren Schlechteres, versagt hier völlig, sie würde sagen: Wer hat, dem wird gegeben, und wer nicht hat, dem wird auch noch genommen, was er hat."

Strafvollzug wurde der Staat angesehen, der für die in ihm zur Gesellschaft zusammengeschlossenen Menschen seine Aufgaben erfüllt. Auch diese Gesellschaft muß das Zeugnis für ihre Ordnung ablegen. Jede Erziehung im gesellschaftlichen Bereich findet ihre Grenzen in deren eigenen Verhaltungsweisen.

c) Jedes pädagogische Verhalten muß achtungsvoll sein. Damit soll gesagt sein, daß die Begegnung mit dem andern getragen sein muß von der Achtung vor dessen Menschsein. Der andere muß als Persönlichkeit anerkannt werden. Es geht bei der Erziehung um die Entfaltung seiner Kräfte und Möglichkeiten, nicht um die Beseitigung der Sonderheit, sondern um die Entwicklung der eigenen Art. Zugleich ergibt sich aus der Achtung die Form des Gegenübertretens.

d) Jedes pädagogische Verhalten muß Kräfte weckend sein. Die Erziehung kann nicht ständig nur auf das Versagen des zu Erziehenden hin gerichtet sein. Sicherlich muß sich der Betroffene der Ursachen und der Folgen seines Versagens bewußt werden. Jedoch muß sie ermunternd sein.

Aufmunterung bedeutet nicht ein Verdecken des Ernstes vergangenen Verhaltens. Eine innere Belebung und eine gesunde Aufwärtsentwicklung wird ohne eine zur richtigen Zeit vorgenommene Auseinandersetzung mit dem Geschehen nicht möglich sein. Es bedarf einerBefreiung von dem begangenen Unrecht und der aufgeladenen Schuld[282]). Jedoch liegt in einem solchen Rückblick zugleich der Blick in die Zukunft. Jede bewußte Erziehung ist insoweit Präventivpädagogik[283]). Sie setzt voraus, daß der Zögling den Glauben an die Zukunft findet. Dazu bedarf es der Sichtbarmachung der in dem Zögling vorhandenen Kräfte.

Erziehung kann daher niemals in einer bloßen Bewahrung bestehen. Sie muß vielmehr dem Zögling — unter Berücksichtigung seiner derzeitigen Kräfte und Fähigkeiten — Gelegenheit zur Bewährung[284]) geben. Auch von hier aus erfordert jede Erziehungssituation ein gewisses Maß an Freiheit. Bewährt sich der Zögling in der Freiheitssituation nicht, so muß man das Verhalten als das hinnehmen, was es ist, nämlich als ein Versagen in einer Lage, der der Zögling sich noch nicht gewachsen gezeigt hat. Hüten sollte man sich jedoch davor, zu frühzeitig mit hohen ethischen

---

282) Auch für die moderne Kriminalpädagogik haben die Gedanken von Friedrich Wilhelm Foerster; Schuld und Sühne (Einige psychologische und pädagogische Grundfragen des Verbrecherproblems und der Jugendfürsorge) München 1911, noch durchaus Gültigkeit.

283) Petzelt, Grundzüge, S. 318; Schneider, a. a. O., S. 38.

284) Wieweit eine Bewährungssituation ausgedehnt werden kann, ergibt sich aus einem von Petzelt: Grundzüge, S. 303, angeführten Beispiel. Don Bosco (1815—1888) führte 1855 dreihundert junge Verbrecher einen Tag lang außerhalb ihrer Anstalt ohne polizeiliche Überwachung oder Begleitung spazieren. Kein einziger entlief. Die Praxis rechtfertigt immer wieder den Versuch, Zöglinge in Bewährungssituationen zu stellen. Hervorragenden Erziehern gelingen naturgemäß solche Versuche in besonderem Maß.

Formulierungen zu arbeiten, wie Bruch des Vertrauens[285]). Solche Vorwürfe entsprechen nicht nur nicht der wahren Sachlage, sondern gefährden auch das Erziehungsverhältnis, indem sie den Tadel zu hoch ansetzen. Vertrauen[286]) bedeutet einen vom Zögling positiv beantworteten Erziehungsbezug. Vertrauen wird nicht einseitig gegeben, sondern erwidert. Erst nach der Erwiderung kann von einem Vertrauensbruch die Rede sein.

Der erzieherische Akt hat an die vorhandenen positiven Werte anzuschließen. Von ihnen aus sind die Möglichkeiten zu entwickeln, die den Betroffenen sozialfähig und sozialstark machen. Dazu bedarf es der Vermittlung von Werterlebnissen[287]).

e) Jedes pädagogische Verhalten muß realistisch sein. Es wäre unrichtig, die Schwierigkeiten zu übersehen, die sich einer geistig-seelischen Umformung entgegenstellen. Es wäre unrichtig, die Macht des Bösen nicht in Rechnung zu stellen. Ebensowenig kann die Gebundenheit an Anlage und Umwelt unbeachtet bleiben. Ob Erziehungsbereitschaft und Erziehungsfähigkeit vorhanden sind oder herbeigeführt werden können, ist eine vor dem Erziehungsvorgang zu entscheidende Frage, mag sie zunächst auch nur in aller Vorläufigkeit beantwortet werden. Realistik bedeutet aber nicht Pessimismus, ebenso wenig eine voreilige negative Annahme der grundsätzlichen Ungeeignetheit des Strafvollzuges zur Verbesserung der Straffälligen. Wenn sehr geringe Prozentsätze für eine Besserung im Strafvollzug angegeben werden und dann noch in Zweifel gezogen werden, ob diese Besserungserfolge überhaupt auf den Strafvollzug zurückzuführen sind, so darf nicht übersehen werden, daß die heutige Form des Vollzuges — mit Sicherheit bei den Erwachsenen — zu einem wirklichen Erziehungsvorgang noch gar nicht geworden ist. Im Gegenteil, es ist erstaunlich, daß überhaupt noch die angegebenen Prozentsätze Geltung haben.

f) Jedes pädagogische Verhalten erfordert Entsagung und Hingabe. Das hier häufig eingesetzte Wort „Liebe“ soll an dieser Stelle noch vermieden werden. Der Verzicht, den der Erzieher leisten muß, ist in jeder Erziehungsform erheblich. Geht es doch darum, die für den anderen gemäße Lebensweise auffinden und mitbegründen zu helfen. Das enthält die Notwendigkeit, sich auf den anderen einzustellen, für ihn dazusein und ihm gerade in dem entscheidenden — für den Er-

---

[285]) Der Jurist ist, wie die Praxis zeigt, in der Gefahr, den Begriff des Vertrauens zu früh anzusetzen und dadurch zu einer falschen Beurteilung der Handlung des Zöglings zu kommen. Diese Frage hat Klaus Rehbein in einem sehr wertvollen Bericht über Erfahrungen in Jugendvollzugsanstalten (einzusehen in meinem Institut für Strafprozeß und Strafvollzug) und in seiner bereits erwähnten Dissertation behandelt. Es besteht die Gefahr, daß Juristen und Pädagogen denselben Ausdruck in verschiedenem Sinne verstehen.

[286]) Zu den gegenseitigen Beziehungen beim Vertrauen vgl. Petzelt, Grundlegung, S. 123, 193, 204.

[287]) Vgl. Bondy, a. a. O., S. 54.

zieher vielleicht ungelegenen — Augenblick zur Verfügung zu stehen. Jede Erziehung verlangt den Aufwand an Zeit und Kraft, den Verzicht auf eigene Wünsche. Dort, wo zwischen dem Erzieher und dem anderen eine enge Bindung, insbesondere familiärer Art besteht, werden in der Regel die Lasten und Verzichte ausgeglichen durch die Freude des Miteinanderlebens und Miteinanderwirkens, durch das gegenseitige Füreinanderleben und durch den natürlichen Instinkt. Stärkeren Belastungsproben ist unter Umständen schon die schulische Erziehung unterworfen. Im Rahmen der Kriminalpädagogik sieht sich der Erzieher völlig fremden Menschen entgegengestellt, die in ihrem Leben versagt haben, die sich oftmals der Erziehung gegenüber widerstrebend verhalten, die meist mit zahlreichen negativen Auffälligkeiten versehen sind und die nicht selten keinen Dank wissen. Was hier vom Erzieher an innerer Kraft und Haltung aufgebracht werden muß, kann gar nicht hoch genug eingeschätzt werden.

g) Jeder pädagogische Akt muß persönlichkeitsadäquat sein. Daraus folgt Berücksichtigung der persönlichen Gegebenheiten im Hinblick auf Alter, Geschlecht, soziale Herkunft, Anlage, Erlebnisfähigkeit u. a.

h) Jeder pädagogische Akt muß zeitadäquat sein. Damit wird gefordert, daß er den wissenschaftlichen Ergebnissen und praktischen Erfahrungen einer bestimmten Zeit entspricht. Das heutige pädagogische Handeln kann nicht mehr isoliert gesehen werden. Es bedarf vielmehr der Verknüpfung mit den psychologischen, medizinischen und soziologischen Erkenntnissen. Insofern bedarf auch die Grundlage des pädagogischen Handelns einer ständigen Erneuerung, um wirklich das leisten zu können, was von ihm erwartet wird.

5. So sehr auch im Mittelpunkt der pädagogischen Vorgänge die Ich-Du-Beziehung und die Beziehung zur Gruppe steht, so hängen sie doch auch von den vorhandenen Erziehungsmitteln ab. Zu ihnen gehören alle materiellen Mittel, wie solche finanzieller Art, Arbeitsgeräte und Arbeitsmöglichkeiten, Unterrichtsgegenstände, Baulichkeiten und alles, was es sonst sein mag. Es geht hier um das Problem der äußeren Erziehungsform, das für die innere Erziehungsgestaltung von erheblichem Einfluß ist. In den künstlichen Erziehungsgemeinschaften, in denen einerseits die unmittelbaren Gefühlsbezüge fehlen, andererseits besondere Erziehungsaufgaben gestellt sind, kommt dem Problem der Erziehungsmittel eine erhebliche Bedeutung zu. Der Erziehungsvorgang wird zu einem großen Teil durch die vorhandenen Erziehungsmöglichkeiten bestimmt.

Die Erziehung geht in einem Erziehungsmilieu vor sich, das den inneren Antrieb der Beteiligten beeinflußt, diesem Stützen und Möglichkeiten gibt, unter Umständen sie aber auch hemmt. Somit bedeutet Erziehungsfähigkeit die Fähigkeit zur personellen Entwicklung und Entfaltung innerhalb gerade des Milieus, in dem der Erziehungsvorgang abläuft. Die Mindestforderung, die an das Erziehungsmilieu zu stellen ist, sind die Unschädlichkeit und das Fehlen der Erziehungswidrigkeit. Aber das Fernhalten von Schäden ist noch kein erziehungsbezogenes Tun. Erziehung erfordert vielmehr die Gestaltung des Milieus nach erziehungsfördernden Gesichtspunkten. In der Schaffung des Erziehungsmilieus und der Bereitstellung der Erziehungsmittel ist der Erziehungsträger nicht völlig frei. Er ist gebunden an die öffentliche Meinung sowie an die vorhandenen Kräfte, Mittel und sonstige Gegebenheiten. Nur wäre es verhängnisvoll zu glauben, ein einmal bestehendes Erziehungsmilieu als unabänderlich hinzunehmen.

Für den Bereich der Erziehung Straffälliger stellt sich vor allem das Problem der freien, halbfreien und geschlossenen Erziehung. Die geschlossene Erziehung Straffälliger bringt die Problematik der Anstaltserziehung mit sich. Sie muß mit den ihr anhaftenden Schwierigkeiten fertig werden, die vornehmlich sich aus dem Fehlen eines naturgemäßen Milieus, den verschiedenartigen, häufig nicht einwandfreien Charakteren der Einwohner, einer einseitigen Zusammensetzung (z. B. in geschlechtlicher Hinsicht), der Überlegung, den Gefahren der Verführung und des Entstehens einer Vermassung, der Eintönigkeit und Langeweile, der Beschränkung der Bewegungsfreiheit, der Erschwerung der Beschaffung von passenden Arbeitsmöglichkeiten u. a. m. ergeben[288]).

Zu dem Erziehungsmilieu in weiterem Sinn gehören auch die Einflüsse gesellschaftlicher Art. Sie können in positiver wie negativer Weise wirken. Sie für den pädagogischen Akt fruchtbar zu machen, ist die Aufgabe des Erziehers.

6. Der Erziehungsvorgang steht nicht für sich isoliert da. Er steht in einer Kette vorbereitender, begleitender und nachfolgender Vorgänge. Auch der Erziehungsvorgang innerhalb des Strafvollzuges läßt sich nicht losgelöst von den gesamten, mit dem Strafverfahren zusammenhängenden Geschehnissen betrachten. Der Erziehungsvorgang selbst mag einwandfrei gedacht, geplant und durchgeführt werden. Er bleibt zur Wirkungslosigkeit verurteilt, wenn er nicht von den vorhergehenden und nachfolgenden Vorgängen mitgetragen und unterstützt wird. Für die pädagogische Betrachtung sind daher auch die umgebenden Geschehnisse von Bedeutung. Sie hat sich somit auch mit den zu dem Erziehungsvorgang hinführenden, den ihm nachfolgenden und ihn begleitenden Vorgängen zu befassen.

Zu den hinführenden Vorgängen gehört das Strafverfahren. Es stellt vor allem den Juristen vor die Aufgabe, die Erziehungssituation anzuordnen und eine erziehungsgünstige Situation vorzubereiten. Die nachfolgenden Aufgaben bestehen besonders in der Durchführung der Wiedereingliederung oder erstmaligen Eingliederung in den gesellschaftlichen Bereich, nicht zuletzt in die etwa vorhandene ordentliche Familien-

---

[288]) Göttler-Westermayer: a. a. O., S. 154.

gemeinschaft. Für den Juristen ergibt sich nicht zuletzt die Überlegung, wie das Registerrecht in einer Weise geregelt werden kann, die nicht die Bemühungen des Vollzuges zunichte macht, ohne daß die gerichtlichen Interessen zu kurz kommen. Bei den begleitenden Vorgängen handelt es sich darum, die nicht zum Wesen der Strafe gehörenden tatsächlichen vielfach die Familie des Betroffenen oder seine wirtschaftliche Existenz zerstörenden Folgen zu vermeiden. Es ist zu verhindern, daß die Erziehungsarbeit sich als vergeblich erweist, weil die Umwelt des Erzogenen, in der er sich bewahren soll, vernichtet oder so verändert ist, daß er sich nicht mehr zurechtfindet.

III. Die Aufgabe des zweiten Hauptteils besteht darin, die Wirksamkeit der allgemeinen pädagogischen Grundsätze auf die mit der Straferziehung in Zusammenhang stehenden Vorkommnisse und Einrichtungen darzutun und, soweit sie nicht zur Auswirkung kommen, die Gründe dafür zu klären und die Wege einer Umgestaltung aufzuzeigen.

§ 6. Gerechtigkeit und Liebe

I. Kriminalpädagogik zielt auf die Überwindung der dem Verbrechen anheim gefallenen oder zuneigenden Haltung, auf Wiederherstellung der Persönlichkeit und der Gemeinschaftskraft. Der Weg aller Pädagogik ist der Dialog, das Gespräch zwischen zwei Menschen, ein Gespräch, das unter Umständen sehr stumm, aber dennoch tiefgehend geführt werden kann. Der kriminalpädagogische Vorgang vollzieht sich im rechtlichen Raum. Das Verbrechen ist eine vom Rechte erfaßte Erscheinung im sozialen Bereich. Die Reaktion auf das Verbrechen ist eine Antwort der Rechtsordnung. Innerhalb des Rechtlichen liegt auch die pädagogische Tätigkeit, die sich mit dem kriminell gefährdeten oder kriminell gewordenen Täter befaßt. Auch dort, wo sich die Erziehung im familiären Bereich oder in dem von der öffentlichen Gewalt freien Raum vollzieht, ist solches Verhalten in den Rechtsraum einbezogen, indem die Rechtsordnung die Erziehungssphäre umschreibt, ursprüngliche (natürliche) Rechte bestätigt, Ermächtigungen erteilt und gewisse Mindesterfüllung von Pflichten überwacht. Indem die Rechtsordnung den Erziehungsvorgang in sich einbezieht, stellt sie ihn in den Dienst der Gerechtigkeit.

Das pädagogische Handeln wird im Schrifttum[289]) vielfach mit der Liebe in Verbindung gesetzt. Es wird die Forderung aufgestellt, daß der

[289]) Curt Bondy: Pädagogische Probleme im Jugendstrafvollzug, Mannheim-Berlin-Leipzig 1925, S. 31; Alfred Petzelt, Grundlegung der Erziehung, Freiburg 1954, S. 193; Friedrich Schneider, Einführung in die Erziehungswissenschaft, Graz-Salzburg-Wien, 1948, S. 119; vgl. ferner Kurt Haase, in Art. Liebe in LdP III (1954), Sp. 330f. Wilhelm Flitner, Allgemeine Pädagogik, 3. Aufl. 1950, S. 75; Heinrich Hanselmann, Andragogik, Zürich 1951, S. 96; Joachim Hellmer, Kriminalpädagogik, 1959 S. 122ff; René Hubert, Grundriß der allgemeinen Pädagogik, Meisenheim 1956, S. 60, 63; Heinrich Meng, Zwang und Freiheit, 2. Aufl., 1953, S. 116.

erzieherische Akt in der Liebe verwurzelt und von der Liebe getragen sein müsse. Der Begriff der Liebe ist bisher bewußt vermieden worden. Er erschien zu anspruchsvoll, um zur Kennzeichnung kriminalpädagogischen Handelns gebraucht zu werden. Gerade weil der Begriff so leicht mißbraucht und zu früh angesetzt wird, bedarf es einer sorgfältigen Prüfung vor seiner Verwendung. Mit dem Begriff der Liebe wird für den Juristen ein Fragenkreis berührt, der zu dem Gipfel des Rechtlichen führt. Mit ihm wird das Problem des Verhältnisses von Recht, Gerechtigkeit und Liebe[290]) angerührt.

---

[290]) Aus dem Schrifttum seien hervorgehoben: Karl Borgmann, Anruf und Zeugnis der Liebe. Beiträge zur Situation der Caritasarbeit, Regensburg 1948; Karl Borgmann, „Christ und Kirche in der sozialen Welt", Gedanken zu einem Buch, Caritas, 57. Jahrg. (1956), S. 299—307; Emil Brunner, Gerechtigkeit, Zürich 1943; Helmut Coing, Grundzüge der Rechtsphilosophie Berlin 1950; Leopold Cordier, Evangelische Jugendkunde, 3 Bde. 2. Aufl.,Schwerin 1925—1929; Cousin, Justice et Charité, Paris 1849 (neue Ausgabe 1882); Jacques Ellul, Le Fondement théologique du Droit, Neuchâtel et Paris 1945 (deutsch: Die theologische Begründung des Rechts [Beiträge zur Evangelischen Theologie, hrsg. v. Erik Wolf, Bd. 10] 1948); Maria Fuerth, Caritas und Humanitas, Stuttgart 1933; M. S. Gillet, Justice et charité, Revue des sciences philosophiques et théologiques, 18 (1929) S. 5—22; Kurt Haase, Art. Gerechtigkeit in: LdP II (1953) Sp. 352—356, Wilhelm Heinen, Fehlformen des Liebesstrebens; Freiburg 1954; Fritz von Hippel, Zum Verhältnis von Jurisprudenz und Christentum, in: Beiträge zur Kultur und Rechtsphilosophie, (Radbruch-Festgabe) 1948, S. 21—39; Joseph Höffner, Soziale Gerechtigkeit und soziale Liebe, Saarbrücken 1935; Emil Erich Hoelscher, Sittliche Rechtslehre, 2 Bde., München 1928; Franz Klein, Christ und Kirche in der sozialen Welt, Freiburg 1956; Günther Küchenhoff, Naturrecht und Christentum; Düsseldorf 1948; Jacques Leclercq, L'Enseignement de la Morale Chrétienne, Paris 1950 (deutsch: Christliche Moral in der Krise der Zeit, übers. von Joseph Zürcher, Einsiedeln-Zürich-Köln 1954); Wilhelm Liese, Geschichte der Caritas, 2 Bde., Freiburg 1922, Joseph Mausbach-Gustav Ermecke, Katholische Moraltheologie I, Münster 1954; Johannes Messner, Das Naturrecht, 3. Aufl., Innsbruck-Wien 1958; Paul Natorp, Sozialpädagogik, Stuttgart 1920; Anders Nygren, Eros und Agape, 2 Teile, Gütersloh 1930, 1937; Karl Peters, Strafprozeß, Karlsruhe 1952; Karl Peters, Recht und Liebe, in: Jugendwohl 1948, S. 2—6; Karl Peters, Liebe und Gerechtigkeit, in: Borgmann, Anruf der Liebe, 1948 S. 38—56; Karl Peters, Liebe und Gerechtigkeit, in: Carl-Sonnenschein-Blätter 2 (1954) S. 5—12; Karl Petraschek, System der Rechtsphilosophie, Freiburg 1932; Josef Pieper, Über die Gerechtigkeit, München 1953; Wilhelm Sauer, Gerechtigkeit, Berlin 1959, S. 38—42; Theodor Schäfer, Leitfaden der Inneren Mission, 4. Aufl., Hamburg 1903; Werner Schoellgen, Zeitgeist und Caritas, Graz-Salzburg-Wien 1950; Heinrich Scholz, Eros und Caritas, Die platonische Liebe und die Liebe im Sinne des Christentums, Halle 1929; Heinz Horst Schrey, Art. Liebe im Evangelischen Soziallexikon, hrsg. Friedrich Karrenberg, Stuttgart, 1954, Sp. 660—663; Gabriel Séailles, La philosophie du travail, Paris 1923, Wilhelm Schwer, Recht und Liebe, Der katholische Gedanke 2 (1929) S. 124—136; Eduard Spranger, Der geborene Erzieher, Heidelberg 1958, Rudolf Stammler, Lehrbuch der Rechtsphilosophie, 3. Aufl., Berlin-Leipzig 1928; Helmut Thielicke, Theologische Ethik, 3 Bde., Tübingen 1951, 1955, 1958; Fritz Tillmann, Handbuch der Katholischen Sittenlehre, Bd. IV, 2, 4. Aufl., Düsseldorf 1950; A. F. Utz, Thomas von Aquin, Kommentar zur Summa theologica II—VI, S. 57—79 (18. Bd. der deutschen Thomasausgabe) Heidelberg-München, Graz-Wien-Salzburg 1953; Giorgio del Vecchio, Die Gerechtigkeit (übers. von

Dieses Problem aufzuwerfen, liegt im Hinblick auf die Kriminalpädagogik durchaus nahe. Möglicherweise lassen sich von hier aus Einsichten gewinnen, die für das Recht, die Pädagogik und die Ethik überhaupt von Bedeutung sind.

II. Will man über das Verhältnis von Recht, Gerechtigkeit und Liebe sprechen, so muß man über Inhalt und Funktionen der Begriffe im klaren sein. Bei der Verschiedenheit der Auffassungen, die den Begriffen im Schrifttum zugrunde gelegt werden, bedarf es wenigstens der Andeutung, wie sie hier verstanden werden.

Gerechtigkeit kann sowohl als Tugend als auch als Werk und Ziel verstanden werden[291]). Als Tugend steht Gerechtigkeit in einer Reihe mit Klugheit, Mäßigung und Tapferkeit. Sie kennzeichnet den Träger einer solchen Haltung als gerecht. Gerechtigkeit als Werk kennzeichnet eine Handlung, als Ziel ein soziales Ordnungsideal. Jedoch bedeuten diese drei Inhalte nichts Gegensätzliches. Das Tun des Gerechten verleiht nicht nur der Handlung einen bestimmten Charakter, sondern ist Ausdruck der Persönlichkeit des Handelnden und zugleich Verwirklichung einer sozialen Aufgabe. Der Begriff der Gerechtigkeit stellt in seiner dreifachen Richtung eine Einheit dar.

Gerechtigkeit kann sowohl als formaler als auch als materieller Begriff verstanden werden. In formaler Hinsicht umfaßt der Begriff den Gleichheitsgrundsatz[292]). Dieser bedeutet, daß bei gleichen Voraussetzungen eine gleiche Behandlungsweise einzutreten hat. Er besagt aber noch nichts darüber, welches der Maßstab für die Behandlungsweise ist. Mit ihm befaßt sich der materielle Begriff.

Das Wesen der Gerechtigkeit besteht darin, den Menschen und seine Verhältnisse zu bewerten, zu beurteilen und zu behandeln nach dem, was dem Menschen und den Verhältnissen zukommt. Gerechtigkeit bedeutet, das dem Menschen Zukommende an ihm geschehen zu lassen. Daß das im sozialen Bereich geschieht, ist die Aufgabe der Rechtsordnung. Die

---

F. Darmstädter), 2. Aufl., Basel 1950; J. J. M. van der Ven, Recht, Gerechtigkeit und Liebe, Jahres- und Tagungsbericht der Görres-Gesellschaft 1954, Köln 1955; J. J. M. van der Ven, Recht, Gerechtigkeit und Liebe, Hochland 47 (1955) S. 297—309; Gustav Vogel, Tiefenpsychologie und Nächstenliebe, Mainz 1957; Johannes Walterscheid, Das größte Gebot des Evangeliums — eine Geschichte der christlichen Liebestätigkeit in Lebensbildern, Köln 1941; Heinrich Weber: Das Wesen der Caritas, Freiburg 1938; Heinz-Dietrich Wendland, Die Kirche in der modernen Gesellschaft, 2. Aufl., Hamburg 1956; Eberhard Welty: Herders Sozialkatechismus, Bd. I, 2. Aufl., Freiburg 1952; Erik Wolf: Recht des Nächsten. Ein rechtstheologischer Entwurf, Frankfurt a. M. 1958.

Die grundlegenden Probleme sind bereits bei Thomas von Aquin (Summa theologica, insb. II—II 57ff.) behandelt worden.

[291]) Vgl. hierzu van der Ven: Hochland, 47. Jahrg. S. 297.

[292]) Zu den sich aus dem Gleichheitsgedanken ergebenden sozialpädagogischen Problemen vgl. insbesondere Natorp, a. a. O., S. 138ff.

Rechtsordnung ist auf die Gerechtigkeit hingeordnet[293]). Das gilt für die einzelnen Schichten der Rechtsordnung in verschiedener Weise. Das nur formelle Recht dient der bloßen Ordnung. Es bringt eine Regelung, die irgendwie getroffen werden muß, wobei es gleich ist, ob sie so oder so erfolgt. Es werden durch die Art der Regelung keine höheren Interessen berührt. Jedoch ist eine Regelung notwendig, damit sich das soziale Leben in Ordnung und Sicherheit vollziehen kann. Diese Ordnung dient aber auch mittelbar der Gerechtigkeit, weil ohne sie auch die höhere Schicht des Rechtes nicht verwirklicht werden kann. Bei dieser geht es darum, das dem Wesen des Menschen und seiner Gemeinschaften Entsprechende aufzufinden. Zum Recht gehört die Tendenz zur Gerechtigkeit. Eine im formalen Gewand des Rechts (des Gesetzes, der Gewohnheit und der Rechtsprechung) gebildete Gesamtheit sozialbezogener Regelungen ohne diese Tendenz stellt kein Recht, sondern eine Willkürsatzung dar. Es mag vorkommen, daß trotz der Tendenz zum Gerechten die Rechtsordnung nur ein mehr oder weniger schwacher Abglanz der Gerechtigkeit darstellt[294]). Indem sie aber nach ihr hinstrebt, erkennt sie die Abhängigkeit vom Wesenhaften und damit die Gerechtigkeit selbst an.

Es ist für die Klärung des Verhältnisses von Recht und Gerechtigkeit und Liebe bedeutsam, die Schwierigkeiten der Ermittlung des Gerechten[295]) sich zu verdeutlichen.

1. Die Rechtsordnung ist eine Ordnung für den Menschen im sozialen Bereich. Will man dem Menschen das Seine zuteilen, so muß man um das Wesen des Menschen wissen. Wie man den Menschen sieht, ist maßgebend für die rechtliche Ordnung. Was aber ist der Mensch? Wie kann man das Wesen des Menschen überhaupt und die Besonderheit gerade dieses Menschen erkennen und erschauen? Wir können aus der körperlich-geistigen Natur des Menschen, aus seiner geschichtlichen Entwicklung, aus seinem sozialen Verhalten, aus seinem geistig-seelischen Betätigen, Sehnen und Streben eine Vorstellung von dem Bilde des Menschen erhalten. Wir können aus der Philosophie und der Kunst an das Wesen des Menschen herangeführt werden. Wir können aus den religiösen Offenbarungen ein Menschenbild gewinnen. In welcher Höhe die Vorstellung vom Menschen prinzipiell gewonnen wird, ist bei der Mannigfaltigkeit der Grundauffassungen sehr verschieden. Es bleibt daher offen, ob die Rechtsordnung tatsächlich die dem Wesen des Menschen entsprechende Ordnung findet.

---

[293]) Grundsätzlich gehören Recht und Gerechtigkeit zusammen. Zutreffend die grundlegenden Ausführungen von Klein, a. a. O., S. 20f.; vgl. auch van der Ven, a. a. O., S. 298.

[294]) Coing, S. 116.

[295]) Zum Folgenden vgl. Coing, S. 107ff.; Gillet, S 12; Klein, S. 23. In diesem Gedankenkreis spielen die Probleme des Naturrechts und grundlegende theologische Fragen eine Rolle.

Aber selbst damit wäre es noch nicht getan. Die Rechtsordnung selbst muß verwirklicht werden, d. h. sie muß ins Leben umgesetzt werden. Diese Umsetzung geschieht durch den Menschen, den Gesetze schaffenden Abgeordneten, den Richter, den Staatsanwalt, den Verwaltungsbeamten, den Vollzugsbeamten, den einzelnen Staatsbürger. In ihm muß, soll er die Ordnung richtig verwirklichen, ein der Ordnung entsprechendes Menschenbild wirksam sein. Er muß in diesem leben.

2. Die Rechtsordnung ist eine Ordnung nicht nur für den Menschen, sondern der Menschen, der vielen Menschen innerhalb der sozialen Lebensform. Sie muß das Verhältnis der Menschen zueinander innerhalb der sozialen Gesamtheiten (Familie, Volk, Betrieb, Gemeinde, Staat) und der sozialen Gemeinschaften zueinander ordnen. Daraus ergeben sich neue schwierige Aufgaben: der Ausgleich der Menschen untereinander, das Anpassen ihrer Berechtigungen, die Verteilung ihrer Verpflichtungen. Was steht denn überhaupt dem einen gegen den anderen zu? Wozu ist der eine gegenüber dem anderen verpflichtet? Wie ist der einzelne in die Gemeinschaft eingebettet?

Die Antwort hierauf wird in derselben Weise gefunden wie sie bei der Auffindung des Wesens des Menschen aufgezeigt wurde. Auch hier bedarf es eines lebendigen Vorstellungsbildes vom Menschen bei all denen, die im Rechtsbereich schaffen und wirken.

3. Gerade dadurch ergeben sich neue Schwierigkeiten. Da das Recht vom Menschen gelebt und ausgeübt wird, unterliegt es samt der in ihm gesicherten Gerechtigkeit aller menschlichen Unzulänglichkeit und Schwäche. Diese beruhen nicht nur auf Mängeln der Erkenntnis des Gerechten, sondern auch auf solchen der Haltung. Diese Haltung führt zu einer Verschiebung der Vorstellung von den Berechtigungen und Verpflichtungen. Die Sorge um das menschliche Ich führt selbst bei gutwilligen Menschen zu einer Überbelichtung der eigenen Rechtssphäre. So fehlt vielfach selbst bei denen, die die Gerechtigkeit suchen, die Überzeugungsfähigkeit und Durchschlagskraft. Sie werden unter Umständen sogar zum Ärgernis. Vielfach fehlt aber auch der Wille zur Gerechtigkeit und zum Recht. Selbst dort, wo ein äußerliches Anpassen an die Ordnung besteht, fehlt es oft an dem wirklichen inneren Mitschwingen. Nicht weniger blaß ist die Reaktion der anderen Seite, um so mehr dann, wenn es an einem Rechtskönnen bei ihr mehr oder weniger fehlt. So ergibt sich aus alledem eine unvollkommene Verwirklichung der Gerechtigkeit.

III. Das Wort Liebe gehört zu den am meisten mißbrauchten Worten. Dem Leichtsinn gegenüber, mit dem es im Alltagsleben verwandt wird, bedarf es der Herausstellung seines wirklichen Gehalts. In dem Begriff Liebe sind zwei Stufen zu unterscheiden: die humanitäre Liebe und die religiöse Liebe.

In der humanitären Liebe vollzieht sich die Begegnung von Mensch zu Mensch in der rein persönlichen Sphäre. Die Liebe bedeutet das

Sich-gegeneinander-Öffnen, das Sichhingeben von Mensch zu Mensch. Sie bewährt sich im Sichverschenken und im Teilnehmenlassen am Eigenen. Sie verlangt nichts als das den Anderen Bereichern. Sie offenbart sich in der Achtung vor der Würde des Anderen. Sie bekennt und erlebt den Wert des Anderen und seine Erhabenheit. Die Liebe durchdringt den vielfach kärglichen Schein und begreift das Wesen. Es gibt eine natürliche Liebesfähigkeit des Menschen, die sich in aller Welt immer wieder offenbart, die sich als eine tragende Kraft für die Menschheit bewährt. Sie zeigt sich nicht nur in dem engen persönlichen Lebensbereich wie Ehe, Familie, Freundschaft, sondern auch im sozialen Bereich.

Auch wer die Liebe der zweiten Stufe für das Letzte im menschlichen Bereich hält, wird die natürliche Liebeskraft als den Widerschein des Göttlichen nicht hoch genug einschätzen können. Trotzdem ist die Liebe im religiösen Bereich noch etwas anderes und höheres. Damit soll nichts Kränkendes und Überhebliches gesagt werden. Vielmehr ergibt sich die Feststellung daraus, daß die Liebe im religiösen Bereich nicht mehr mit bloßen menschlichen Maßstäben bemessen werden kann[296]).

In der christlichen Religion steht die Liebe im Mittelpunkt. Sie beruht auf der Liebe, die Gott zu den Menschen hat. Der Mensch ist dazu berufen, die empfangene Liebe zurück- und auszustrahlen. Die christlich erfaßte Liebe ist gottdurchwirkt und gottgetragen. Es geht in ihr nicht allein um das Verhältnis von Mensch zu Mensch, sondern um das Verhältnis Gott-Mensch-Gott und von Mensch zu Mensch im Strahlenbereich Gottes[297]).

Hieraus ergibt sich eine besondere Sicht des Menschen. Die christliche Liebe sieht tiefer als alle andere Menschenschau den Abgrund des Bösen, zugleich aber erblickt sie selbst in der Verzerrung und in der Sünde in dem anderen die Züge Gottes. Ihr ist der Mensch das Ebenbild Gottes, nur wenig unter die Engel gestellt, geheiligt und durchtränkt mit Göttlichem durch die Menschwerdung und das Sterben Christi. Im Menschen begegnet der Liebe nicht mehr der bloße Mensch, sondern Christus selbst. Das Evangelium von den Werken der geistigen und leiblichen Barmherzigkeit (Matth. 25, 35ff.) legt das eindringlich klar. Im Nächsten

---

[296]) Die natürliche Liebe wird zuweilen zu niedrig angesetzt, vgl. etwa Gillet, S. 9, 15. Zum Verhältnis von natürlicher und übernatürlicher Liebe vgl. Papst Pius XII. in dem Rundschreiben über den mystischen Leib Christi vom 29. Juni 1943 (abgedruckt in Jansen: Gerechtigkeit schafft Frieden, Hamburg 1946, S. 275ff.): „Denn wenn schon im natürlichen Bereich die Liebe, aus der die wahre Freundschaft entspringt, etwas sehr Erhabenes ist, was muß man dann nicht von jener übernatürlichen Liebe sagen, die von Gott selbst in unsere Herzen ausgegossen ist?" (a. a. O., Nr. 485).

[297]) Eines Eingehens auf die theologischen Auseinandersetzungen über das Verhältnis von Agape und Eros und von Nächstenliebe und Selbstliebe bedarf es hier nicht. Vgl. einerseits Nygren und ihm folgend Maria Fuerth, andererseits Heinen, S. 14ff. Zum Wesen der Agape vgl. auch Natorp, S. 146, Walterscheid, S. 21; zum Spannungsverhältnis Selbstliebe — selbstlose Liebe s. Leclerq, S. 297ff.

treffen wir Gott selbst. Die Liebe zum Nächsten verknüpft sich mit der Gottesliebe, die Gottesliebe mit der Liebe zum Nächsten. Das Gebot der Nächstenliebe ist dem Gebote der Gottesliebe gleichgestellt (Matth. 22, 37). Ohne die Liebe zum Nächsten gibt es keine Gottesliebe (1. Joh. 4, 19ff.).

Die christliche Liebe kann nicht mehr mit menschlichen Maßstäben gemessen werden. Denn der Mensch soll den Nächsten lieben nach dem Maß, wie Christus den Mensch liebt (Joh. 13, 34; 15, 12). Damit offenbart sich die Grenzenlosigkeit der Liebe. Die Liebe, die selbstverständlich für die getauften Brüder untereinander gilt, gilt aber nicht nur unter ihnen, sondern wendet sich, wie die Liebe Christi, auf alle, auf alle ohne Ansehung der Person (Jak. 2, 8). Sie trifft die Feinde wie die Freunde (Matth. 5, 43, Lk. 6, 35), die Guten und Bösen, die Gerechten und Ungerechten (Matth. 5, 46). Die Liebe gilt vor allem auch den Schwachen und Bedrückten (Lk. 14, 12ff.), den Witwen und Waisen, den Armen (Matth. 19, 21), den Gefangenen (Matth. 25, 35ff.).

Diese Liebe ist nicht nur Tat, sondern zutiefst Haltung, eine in Gott ruhende und von Gott getragene Gesinnung. Diese Haltung hat Paulus im 1. Kor. 13, 1ff. gezeichnet. Wie jede echte Haltung drängt auch diese zur Äußerung und zur Bewährung, wie es in dem Kapitel von den Werken der Barmherzigkeit (Matth. 25, 35ff.) aufgezeigt ist.

Wer vermag, wenn er die Liebe in ihrem natürlichen und in ihrem übernatürlichen Glanz sieht, leichthin den Begriff zu gebrauchen? Auch im Bereich von Recht und Gerechtigkeit und Liebe sollte man sich hüten, die Liebe zu früh einzusetzen. Es bedarf daher der Abgrenzung der Begriffe.

IV. 1. Es wird die Auffassung vertreten, daß das Recht sich an das äußere Verhalten des Menschen anschließe und dieses regeln wolle, daß der Gerechtigkeit entsprochen wäre, wenn das äußere Verhalten des Menschen der für dieses gesetzten Ordnung entspräche[298]). Es ist schon bei der Erörterung des Begriffes der Strafe ausgeführt worden, daß mit der Veräußerlichung des Rechtes dessen tieferes Wesen verkannt wird. Es kann auf das früher Gesagte verwiesen werden. Das Recht als eine im Sittlichen wurzelnde Ordnung will vom Menschen bejaht werden. Das gilt erst recht, wenn von Gerechtigkeit die Rede ist. Der nahe Zusammenhang von „gerecht handeln" und „gerecht sein" ist ebenfalls schon angedeutet worden. Gerechtigkeit geschieht nicht bereits dann, wenn die vorgeschriebene Ordnung äußerlich vollzogen wird, sondern erst dann, wenn dieser Vollzug von der Persönlichkeit des Vollziehenden innerlich getragen wird, wenn der Vollziehende „gerecht" ist, d. h. sein Rechttun ein personeller Akt ist.

[298]) Vgl. Messner, S. 398 („Die Pflichten der Gerechtigkeit erstrecken sich nur auf das äußere Verhalten"); Pieper, S. 39 („Die Verwirklichung der Gerechtigkeit geschieht vornehmlich im äußeren Tun").

Das Gegensatzpaar „äußerlich-innerlich“ kann ebensowenig für die Unterscheidung der Rechtsordnung von der sittlichen Ordnung wie für die Deutung des Gegensatzes Gerechtigkeit und Liebe fruchtbar gemacht werden[299]).

2. Der Gegensatz von Gerechtigkeit und Liebe wird vielfach im Objekt gesehen. Die Gerechtigkeit sei unpersönlich, es ginge ihr um den Rechtstitel, die sachliche Regelung, sie kenne kein Du, sie interessiere sich nicht für die Persönlichkeit, für das „Du“. Im Gegensatz dazu wende sich die Liebe gerade an das Du an „diesen-da“[300]).

Diese Gegenüberstellung übersieht, daß es auch bei der Gerechtigkeit darum geht, dem Gegenüberstehenden das ihm Zukommende zu gewähren, daß er auch als Persönlichkeit angesprochen wird. Auch im Rechte geht es um den Nächsten und das Persönliche. Das gilt ganz besonders vom Ehe- und Familienrecht, vom Erziehungsrecht und vom Strafrecht, aber auch von weiten Teilen des Sozialrechts, nicht zuletzt des Verfassungsrechts (Grundrechte!).

3. Es wird eingewandt, daß man bei der Gerechtigkeit und bei der Liebe dem Anderen in verschiedener Weise entgegentrete, indem man ihn in der Gerechtigkeit in seinem Anderssein und in der Liebe in seinem Gleichsein begegne[301]). Die Gerechtigkeit geht von der Trennung aus, die Liebe von der Einheit. Es darf aber nicht übersehen werden, daß auch die Gerechtigkeit eine Einheit anstrebt und die Liebe die Getrenntheit nicht aufhebt.

4. In Verfolg des eben angedeuteten Gegensatzes werden Recht und Liebe vielfach ihrem Charakter und ihrer Wirkung nach als Gegensätze dargestellt. So wird gesagt: „Die Liebe ist milde, warm und lind. Das Recht besteht auf seiner Forderung und ruht nicht bis der letzte Heller bezahlt ist. Die Liebe ist bereit zu schenken und zu erlassen . . . Das Recht reißt die Menschen auseinander und macht Freunde zu Feinden; die Liebe vereint sie und macht Feinde zu Freunden“[302]).

Mit Recht hat Klein[303]) ausgeführt, daß diese Formulierungen in dieser allgemeinen Form nicht unwidersprochen bleiben können. Es ist geradezu unrichtig, daß Recht und Gerechtigkeit ihrem Wesen nach hart sind. Sie können freilich hart sein. Aber zum Wesen der Gerechtig-

[299]) Der Satz, daß Gerechtigkeit von außen her durch einen unbeteiligten Dritten erkannt werden könne (Pieper, S. 40), gibt keinen entscheidenden Unterschied zwischen Gerechtigkeit und Liebe an. Auch ein unbeteiligter Dritter kann unter Umständen das Versagen der Liebe feststellen, wie umgekehrt Fälle der Gerechtigkeit denkbar sind, bei denen die Verpflichtung von einem unbeteiligten Dritten nicht mehr erkannt werden kann.

[300]) Vgl. Brunner, S. 150; Gillet, S. 9.

[301]) Pieper, S. 29; Gillet, S. 9.

[302]) Vgl. Tillmann, S. 326; Weber, S. 134; auch Coing, S. 114 spricht von dem Trennenden und Distanzierenden des Rechts.

[303]) Klein, S. 30.

keit gehört die Billigkeit[304]). Wo das Recht in die Sphäre des einzelnen eingreift, wählt es bei verschiedenen Möglichkeiten den milderen Weg. Dieser Grundsatz ist im Verwaltungsrecht eindeutig herausgearbeitet. Das Strafrecht bemüht sich in immer stärkerer Weise um eine zwar wirksame, aber schonende Reaktion. In dieser Richtung liegen eindeutig die Tendenzen des neuzeitlichen Vollzugsrechts, wie aus den geschichtlichen Ausführungen mit Leichtigkeit zu entnehmen ist. Es ist auch nicht richtig, daß das Recht nicht eher ruht, als bis der letzte Heller bezahlt ist. Als Gegenbeispiele seien die vorzeitige Entlassung aus der Strafhaft oder der zivilrechtliche Vollstreckungsschutz genannt. Schließlich kann auch dem Satz, daß das Recht den Freund zum Feinde mache, nicht zugestimmt werden. Das Recht geht vielmehr seiner Tendenz nach auf den Ausgleich und den Frieden. Das Recht ist Friedensordnung. Umgekehrt braucht auch das Handeln aus der Liebe heraus nicht milde zu sein. Auch der Liebende kann strafen, ohne die Liebe zu verletzen. Es kommt auf die Liebeshaltung an.

5. Ebensowenig ist der Satz haltbar, daß man zur Gerechtigkeit verpflichtet, im Liebeshandeln jedoch frei sei. Sowohl Gerechtigkeit als auch Liebe ist bindend und verpflichtend. Ja, die Liebe bedeutet sogar die tiefere und dringendere Bindung[305]). Sie ruft den Menschen unmittelbarer aus dem rein menschlichen und göttlichen Bereich an. Im christlichen Raum ist sie um so dringender, als die Liebe den Maßstab des Christseins bildet. Das sich dem Liebesanruf Entziehen kann eine nicht minderschwere Schuld darstellen als das Sichentziehen der Gerechtigkeit.

Allerdings ist die Durchsetzbarkeit der Verpflichtungen aus dem einen oder anderen Bereich verschiedenartig. Die Gerechtigkeit, die das soziale Zusammenleben zum Gegenstand hat, kann mit sozialen Mitteln gegen den ungerecht Handelnden prinzipiell durchgesetzt werden. Es kann dem Unrecht mit sozialem Zwang begegnet werden, es sei denn, daß gerade der Inhaber der Zwangsgewalt selbst das Unrecht begeht oder daß er zu schwach ist, dem Unrecht zu steuern. Aber in diesen Fällen liegen Sondersituationen vor. Dieser Zwang gehört zwar nicht zum Wesen des Rechts und der Gerechtigkeit[306]). Immerhin ist aber der soziale Zwang im Bereich von Recht und Gerechtigkeit denkbar. Der Liebesakt kann durch sozialen Zwang nicht herbeigeführt werden;

---

[304]) So auch Coing, S. 115; Hoelscher I, S. 161; Klein, S. 31; Stammler, S. 319; Thielicke, II, Nr. 189.

[305]) Vgl. hierzu das von Leclercq, S. 198 angedeutete Spannungsverhältnis: Pflicht-Freiwilligkeit. — Vgl. auch Welty: S. 284, ferner Thielicke: II, Nr. 1936. Umgekehrt schließen sich nach Coing, S. 149 Liebe und Freiheit aus, weil Liebe unbedingte Hingabe und Freiheit unbedingte Selbstbehauptung bedeute. Hier wird der Freiheitsbegriff mißverstanden. Die Selbstaufgabe in der Liebe führt zu einer immer größeren Freiheit.

[306]) Zutreffend Klein, S. 29.

denn die Liebe liegt auf einer anderen Ebene als der des Sozialen. Damit ist aber nicht gesagt, daß dem Sichverschließen gegenüber dem Liebesanruf nicht das Gericht folgt, das möglicherweise drohender und tiefer empfunden wird als aller staatlicher Zwang.

Sowohl das Handeln aus der Gerechtigkeit als auch das Handeln aus der Liebe stehen unter dem Gebundensein, zugleich aber auch unter der Idee der Freiheit[307]). Beide wollen aus dem inneren Freisein des Menschen, aus seiner personalen Eigenverantwortung strömen.

6. Recht und Gerechtigkeit einerseits und Liebe andererseits können nur in ihren großen positiven Funktionen gesehen werden. Beides sucht den Menschen zu ergreifen, zu formen und weiterzuführen. Bei der Gerechtigkeit (und dem ihr zugrundeliegenden Recht) und der Liebe geht es um den Menschen. Aber der Mensch steht in einer verschiedenen Ebene[308]).

Bei der Gerechtigkeit und dem Recht geht es darum, daß der Mensch in dem sozialen Bereich die ihm naturhaft zukommende Ordnung vollzieht. Es geht bei der Gerechtigkeit um das Verhältnis der Menschen als Gemeinschaftswesen. In der Liebe geht es dagegen um das rein interne Verhältnis von Mensch zu Mensch in dem Bereich des höchsten personalen Bezuges[309]). Wer den religiösen Bereich nicht berührt, sieht den höchstmöglichen personalenBezug noch im Raum des Naturhaften; wer in den religiösen, insbesondere in den christlichen Raum eingetreten ist, sieht den höchsten Bereich im Metaphysischen, in Gott.

Für die sozialen Beziehungen und Bindungen ist es möglich, allgemeine Forderungen aufzustellen und sie in Gewohnheit oder Gesetz nieder-

---

[307]) Ebenso Klein, S. 30.

[308]) Bei dieser Gegenüberstellung ist es nicht möglich, die Ordnung der Gerechtigkeit der Liebe als ein Minimum geforderten sittlichen Verhaltens gegenüberzustellen, hiergegen auch van der Ven, Hochland 47, S. 302.

[309]) Hier entsteht das Problem, ob der neuerdings mehrfach verwandte Begriff der sozialen Liebe sich von dem reinen personalbezogenen Liebesbegriff loslöst. Zum Begriff der sozialen Liebe vgl. Höffner, Soziale Gerechtigkeit und soziale Liebe; Messner, S. 233ff.; Weber, S. 136ff.; Utz, S. 564—571. Unter sozialer Liebe dürfte entweder die Gemeinwohlgerechtigkeit oder aber die echte personalbezogene Liebe zu verstehen sein, die sich im sozialen Leben äußert, aber nicht aus dem sozialen Bereich entstammt und auf ihn als solchen bezogen ist. Utz, S. 571 kommt auf Grund eingehender Erörterungen über das Thema zu dem Ergebnis, daß die caritas socialis keine von der christlichen Liebe in ihrer bisherigen Form gesonderte Tugend ist. Sie ist Liebe zu den Menschen und zur Gesamtheit der Menschen um Gottes willen. Sie ist „nichts anderes als ein besonderer Ausschnitt aus dem umfasenden Aufgaben- und Tätigkeitsbereich der theologischen Tugend der Caritas". Welty, S. 275 spricht im Hinblick auf die soziale Liebe von der „Liebe unter den Gliedern einer Gemeinschaft". Eine Loslösung der Liebe vom höchsten personalen Bezug ist nicht möglich. Nur im personalen Bezug können auch Begriffe, wie Vaterlandsliebe und Heimatliebe verstanden werden. Es ist die Liebe der im Volk und der Heimat verbundenen Menschen. Dem Vaterland und der Heimat als solchen gehört unsere Zuneigung, Einsatzbereitschaft und Hingabe. Der Begriff Liebe hat hier bereits einen übertragenen Sinn.

zulegen. Wie alles Allgemeine ist auch die rechtliche Ordnung begrenzt. Anders dagegen ist das personal Besondere nicht in Gesetzen und Gewohnheiten einfaßbar. Darüber hinaus fließt die in Gott ruhende, aus Gott herrührende Liebe ins Grenzenlose. So geht Liebe über Normen und Gesetze hinaus. Daraus folgt, daß der Versuch, ein Liebesrecht zu schaffen, in sich fehlschlagen muß[310]).

Aus diesem Unterschied der Ebenen der Gerechtigkeit und der Liebe ergeben sich eine Reihe von Folgerungen. Im sozialen Bereich stehen sich die Menschen im Hinblick auf die soziale Ordnung gegenüber. Hier vermögen sich die Beziehungen in geregelten Formen zu vollziehen. Hier können die Beziehungen auf einer oder beiden Seiten durch Organisationen wahrgenommen werden. Das Handeln kann sich von der Einzelpersönlichkeit loslösen. Im Hinblick auf die Vielheit und den Umfang der Beziehungen muß das sogar geschehen, sofern sie einwandfrei ablaufen sollen. So kommt es nicht notwendigerweise auf die Trägerschaft durch Einzelpersonen an. Im sozialen Bereich können Verbände, Vereine, Organisationen oder sonstige Gesamtheiten Subjekt und Objekt der Beziehungen sein. In der höchstpersonalen Liebesebene stehen sich immer nur einzelne gegenüber. Liebe ist nicht Sache einer Organisation, sondern des einzelnen. Wo das Liebeshandeln innerhalb einer Organisation geübt wird, wie in dem Caritasverband oder der Inneren Mission, ist der Verband nur die äußere Form des Ansprechens des einzelnen. Wo der Bezug der einzelnen untereinander vom Verband aufgesaugt würde, würde der Liebesbereich zerstört werden[311]).

Innerhalb des Verbandshandelns gibt es nur Gerechtigkeit, keine Liebe. Das gilt auch für das staatliche Handeln[312]). Ein Staat, der Gerechtigkeit übt, hat das Höchste erfüllt, was er zu erfüllen vermag. Die staatliche Gnade ist kein Liebesakt, sondern ein Akt der Billigkeit, der noch in den Rechtsbereich hineingehört. Nicht der Staat, sondern der einzelne Mensch, der im staatlichen Bereich handelt, ist Subjekt des Liebeshandelns, aber nicht als Staatsorgan, sondern als Mensch. Die Liebesanforderungen richten sich an den Menschen, nicht an den Staat. Der Anruf der Bergpredigt trifft den Menschen, nicht den Staat. Das bedeutet keineswegs eine Verminderung der staatlichen Pflichten, sofern man nur den Bogen der Gerechtigkeit weit genug spannt. Gerade das geschieht vielfach nicht[313]). Das führt tatsächlich dazu, daß man

---

310) Hier liegt das grundsätzliche Bedenken gegen den von Günther Küchenhoff, S. 65ff. vertretenen Gedanken des Liebesrechts. Ablehnend gegen den Gedanken eines Liebesrechts auch Klein, S. 34; Welty, S. 284.

311) Zu diesen Problemen grundlegend die Arbeit von Franz Klein.

312) Siehe hierzu Brunner, S. 152.

313) Zutreffend Brunner, S. 150: „Auch in der Gerechtigkeit liegt ein hohes Pathos, das Pathos der allgemeinen Menschenwürde"; vgl. auch Klein, S. 30.

die Liebestat zu früh ansetzt und die Forderungen der Gerechtigkeit nicht weit genug greifen läßt[314]).

Wenn der moderne Strafvollzug seine Verpflichtung in einer einwandfreien Behandlung des Gefangenen und in dessen Förderung und Weiterbildung sieht, so liegt dieser Vorgang im Rechtsbereich. Was zur Durchführung dieser Aufgabe im staatlichen Bereich geschieht, ist ein Akt der Gerechtigkeit. Der einzelne Beamte steht unter dem Anspruch des Rechts. Etwas anderes ist es, ob er aus seiner eigenen Persönlichkeit noch etwas hinzutut, was die Ebene der Gerechtigkeit überschreitet. Aber als Beamter hat er das Gerechte durchzuführen. Er darf nicht etwa aus einer inneren Hingabe an den Gefangenen diesen freilassen und sich an dessen Stelle setzen. Das wäre ebensowenig zulässig wie ein Betrug oder ein Diebstahl um der Liebe willen. Eine andere Frage ist es, ob und wie er etwa den Akt der Gerechtigkeit in die Ebene der Liebe zu heben vermag.

Das Recht (und mit ihm die Gerechtigkeit) trifft den Menschen in seiner Stellung als Glied der Gesamtheit, die Liebe berührt den Menschen in seiner Einzelpersonalität. Der Anruf des Rechts ist daher allgemeiner Art, der Anruf der Liebe besonderer Art: hier und jetzt, plötzlich aus den Wolken kommend, gerade ihn betreffend, gerade von ihm fordernd.

V. Trotz der grundsätzlich verschiedenen Lagenhöhe von Recht — Gerechtigkeit und Liebe bestehen Abhängigkeiten und Wechselbeziehungen[315]). Die Menschen können sich nicht Liebe erweisen, ohne gegeneinander gerecht zu sein, und sie können nicht im vollen Sinn gerecht sein, ohne einander zu lieben. Diese Wechselbeziehungen sind noch näher zu verfolgen.

1. Auf die Schwierigkeiten des Erkennens des Gerechten ist schon hingewiesen worden. Der Mensch lebt in der Gewohnheit. Er lebt einfach in den nun einmal vorhandenen Gegebenheiten dahin. Er hält sie für unveränderbar und häufig nicht einmal für änderungsbedürftig. Er hält das Gegebene nur allzu leicht für richtig und gerecht. Ihm bleibt das Mangelhafte und Fehlerhafte des Gegebenen weithin dunkel und unbewußt. Er sieht vielfach nicht, wie unzulänglich im Hinblick auf die Gerechtigkeit die Ordnung verwirklicht wird. Aus diesem Verhaftetsein wird der Mensch geführt, wenn er plötzlich die Sicht in das Wesen des Anderen erhält, wenn er sich von sich selbst loslöst und den Anderen

---

[314]) Ein Beispiel für dieses weite Feld der Gerechtigkeit gibt Thomas von Aquin in Summa theol. II—II, 66, 7: „et ideo res quos aliqui superabundatur habent, ex naturali jure debentur pauperum sustentationi". Hier wird die Hergabe aus dem Überfluß zur Erhaltung der Armen als Rechtspflicht angesehen. Vgl. dazu Utz, S. 530. Umgekehrt sei als Beispiel für eine zu weite Einengung der Gerechtigkeit auf Petraschek, S. 89 Anm. 6 hingewiesen. „Die Unantastbarkeit des Menschenlebens ist vielmehr ein metaphysisch-religiöses Postulat, dem daher im Bereich des Sittlichen mehr die Liebe entspricht als die Gerechtigkeit."

[315]) Besonders eingehend zu den Wechselwirkungen das vorzügliche Buch von Klein. Auch meine Abhandlungen haben versucht, das Problem weiter zu klären.

in den Blickwinkel bekommt. Die Liebeskraft macht das Unzulängliche und Mangelhafte sichtbar. Sie erweckt in dem von ihr Ergriffenen die Unruhe. Sie rüttelt das Gewissen auf. Sie drängt zur Tat.

Mancher Wandel im rechtlichen Raum ist dadurch erfolgt, daß die drängende Liebe den Anlaß zur Auffindung der Ansprüche der Gerechtigkeit und zur Herstellung einer entsprechenden gesetzlichen Ordnung gegeben hat. Das läßt sich auf dem Gebiete des Jugend- und Familienrechts, des Fürsorgerechts, des Arbeits- und Sozialrechts aufzeigen. Besonders deutlich zeigt sich dieser Vorgang auf dem Gebiete des Gefängniswesens. Der heutige Stand ist in einer langen Entwicklung erreicht. Das Ergriffensein einzelner Menschen und das Gedrängtwerden einzelner zum Beistehen in der Not und dem Elend anderer und ihr Handeln in dem Willen zur Hilfe und im Verzicht auf vielerlei eigene Interessen sind die Grundlagen des heutigen Gefängnisrechts. Die Hinweise auf die geschichtliche Entwicklung haben das deutlich gemacht. Früh stehen die Bemühungen der Bruderschaften um die Gefangenen da. Namen, wie Vinzenz von Paul, Karl Borromäus, Innozenz X[315a]), John Howard, Elisabeth Fry[316]), Haas[317]), Wichern[318]), Theodor Fliedner[319]), sind nur Beispiele aus unserem Kulturkreis, die sich aus diesem und anderen Kulturkreisen vermehren lassen[320]). Ohne solche Menschen, die noch in einem rechtlich nicht erfaßten Raum Vorarbeit leisten, würde das dem Straffälligen Zukommende nicht so sichtbar gemacht worden

---

315a) Vgl. zu Innozenz X: Liese II, 162

316) Vgl. Wilhelm von Lossow, Elisabeth Fry — der Engel der Gefangenen ZfStrafvollz. 5 (1955) 13—15; Elisabeth Rotten, Elisabeth Fry und Mathilde Wrede ZfStrafvollz. 2 (1951) H. 4. S. 44—47. Einen aufschlußreichen Einblick in die von der Liebe getragenen Grundhaltung gibt Elisabeth Frys Rede an die christlichen Frauen und Jungfrauen Deutschlands (eine als Handschrift in Bern 1840 gedruckte Rede), mitgeteilt in Emil Riecke, Über Strafanstalten für jugendliche Verbrecher Heilbronn 1841, S. 121—144.

317) Franz Weber, Friedrich Haas, ein Freund der Gefangenen ZfStrafvollz. 3 (1952/53) 284—290.

318) Zu Wichern vgl. oben S. 50

319) Albert Krebs, Theodor Fliedner ZfStrafvollz. 1 (1950) H. 4, 17—22.

320) Gute Einblicke in die Entwicklung geben die Bücher von Cordier, Liese, Schäfer und Walterscheid, Auch heute fließt diese Entwicklung weiter. So gehen möglicherweise wichtige Impulse für das Rehabilitationsrecht von der Klostergemeinschaft Bethanien aus. Es handelt sich um einen von Pater Lataste im 19. Jahrhundert gegründeten Dominikanerinnenorden, der zu einem Drittel Schwestern mit uneingeschränkten Ordensrechten aufnimmt, die Kriminalstrafen verbüßt haben. Hier findet der Entsühnungsgedanke volle Entfaltung. Er geht hier über die Schaffung von sogenannten Magdalenengruppen bei den Schwestern vom guten Hirten hinaus. Näheres darüber bei Robert et Claude Evers, Le Père Lataste, apôtre des prisons, Porrentury 1944 (gekürzte deutsche Ausgabe von W. u. E. Mohr, Apostel der Gefängnisse, Marie Jean Joseph Lataste, Freiburg (Schweiz) 1948). S. a. Franziskus M. Stratmann, Bethanienpredigt, Luzern 1946. Der Kampf um das Recht von der Liebe her findet in den Reden des Abbé Pierre (übersetzt von Elisabeth Serelmann-Küchler, Hier spricht Abbé Pierre, Heidelberg 1956) Ausdruck.

sein, daß heute um der Gerechtigkeit willen Forderungen an das Recht gestellt werden können. Schäfer hat schon vor mehr als 50 Jahren feststellen können: „Die gesamte Besserung des modernen Gefängniswesens verdankt christlicher privater Anregung ihr Dasein; erst durch sie ist der Staat auf seine Pflicht aufmerksam gemacht und zu ihrer Erfüllung angeregt worden.“

Was das Handeln aus der Liebe erfüllt hat, waren in Wirklichkeit Forderungen der Gerechtigkeit. Nur waren sie nicht als solche sichtbar. So arbeitet die Liebe vor, um der Gerechtigkeit den ihr gemäßen Raum zu verschaffen. Nur in diesem Sinn kann das Wort: Barmherzigkeit gestern — Gerechtigkeit heute, Gültigkeit beanspruchen[321]). Allerdings darf bei diesem Wort nicht übersehen werden, daß es ungenau ist. Es müßte lauten: „Das immer Gerechte wurde früher als Liebesakt, heute wird es als Rechtsakt erfüllt“[322]).

Wenn das Recht auch die von der Liebe sichtbar gemachten Gerechtigkeitsansprüche aufnimmt, darf doch nicht übersehen werden, daß das Recht nicht alles Liebeshandeln in sich einfangen kann und darf. Es gibt einen eigenen Liebesbereich[323]). Es kann das Recht nicht alle menschlichen Beziehungen zu dem Armen, Bedrückten und Leidenden regeln. Es muß vielmehr sich dessen bewußt bleiben, daß es einen spezifisch rein zwischenmenschlichen Raum gibt. Vielleicht besteht eine gewisse Gefahr auch für den Strafvollzug, wenn er ausschließlich im Rechtsbereich vollzogen und wenn die Einzeltätigkeit mehr oder weniger vollständig unterbunden wird. Der sich immer stärker vollziehende Ausschluß der Öffentlichkeit aus dem Vollzugswesen ist sowohl ein Rechtsproblem als auch ein Problem des Liebesbereiches.

2. Die Liebe trägt das rechtliche Handeln. Das geschieht in mehrfacher Weise. Zunächst stützt die Liebe die Gerechtigkeit insofern, als die Liebe die Erfüllung der Gerechtigkeit voraussetzt. Sie setzt im Grunde erst dort ein, wo das gerechte Handeln aufhört. Sie befreit aber nicht von dem gerechten Handeln[324]). Sodann aber gibt die Liebe die Kraft zur Gerechtigkeit. Rechtlich zu handeln, Gerechtigkeit zu üben

---

[321]) Schon Séailles, S. 177, hat betont, daß die Mildtätigkeit von heute die Gerechtigkeit von morgen ist, ebenso wie die Gerechtigkeit von heute die Mildtätigkeit von gestern ist. Vgl. auch die Aufsatzüberschrift von Hering, Barmherzigkeit gestern — Gerechtigkeit heute, Caritas (Schweiz) 1951, S. 2, 66ff.

[322]) Vgl. hierzu den Hinweis von Utz, a. a. O., S. 530, daß die „Liebestat“ unter Umständen nur die Antizipation einer an sich gesetzlich möglichen Regelung ist, daß ihr tieferer Grund der Gerechtigkeit angehört. S. auch Utz, S. 571.

[323]) Das ist eines der wesentlichen Anliegen des Buches von Klein.

[324]) Vgl. Brunner, S. 153; Klein, S. 34ff.; Messner, S. 397; Utz, S. 464; Del Vecchio, S. 150, Anm. 4; Heinrich Weber, S. 132f.; Welty, S. 281. Der Hinweis von Wilhelm Sauer, Einführung in die Rechtsphilosophie, Berlin 1954 S. 109, daß Liebe oft ungerecht sei, verkennt das Wesen der Liebe. Ein Verhalten, das gegen einen Dritten ungerecht ist, entspringt keiner echten Liebe; ferner ders. Gerechtigkeit, Berlin 1959, 38ff.

und gerecht zu sein, ist schwer. Das gilt erst recht dann, wenn man der Ansicht ist, daß es mit dem äußeren Tun allein nicht getan ist. Entscheidend kommt es darauf an, wie man zu den Forderungen des Rechts und der Gerechtigkeit steht. Das hängt aber wiederum davon ab, wie man den Menschen überhaupt und gerade dem jetzt und hier begegnenden Menschen gegenüber aufgeschlossen ist. Gerecht sein kann nur der, der sich von seiner engen egoistischen Sicht loslöst, der sich von seiner Einseitigkeit und seiner Voreingenommenheit befreit. Gerecht handeln kann nur der, der ohne Erbitterung dem anderen gegenübertritt, der den anderen trotz seiner Mängel und Schwächen gelten läßt, der bereit zum Opfer ist. Recht und Gerechtigkeit können sogar Mut und Leidensbereitschaft verlangen. Es kann sogar vorkommen, daß es um der Gerechtigkeit willen erforderlich ist, Verachtung und Not auf sich zu nehmen. Dafür lassen sich Beispiele aus allen Rechtsbereichen angeben. Man denke etwa an die Gerechtigkeit gegenüber einem ungerechten Gegner oder gegenüber einem besiegten Feind, an die Gerechtigkeit gegenüber dem Ehepartner, selbst wenn er versagt und schwach ist, an die Gerechtigkeit in der Erziehung, die schon um des Rechtes willen unter Umständen hohe Verzichte erfordert, an die Gerechtigkeit gegen Arme, Bedürftige und Vertriebene, die Aufgabe mancher erworbener Rechte an Eigentum und sozialer Stellung (vgl. die bereits oben zitierte Thomas-Stelle), die Gerechtigkeit im politischen Leben, die sich ebenso fordernd an den Gegner, den Schwachen, den der Autorität verpflichteten Menschen, als auch den Inhaber der Macht richtet[325]).

Sich an die Strafrechtsordnung halten, stellt oft hohe Anforderungen an den Menschen. Es fällt dem Menschen zuweilen leichter, in die strafbare Handlung auszuweichen, als sich entsprechend den Normen des Strafrechts zu verhalten, da diese unter Umständen schwere ideelle und materielle Belastungen mit sich bringen. Die Gefahr dieses Ausweichens ist um so größer, als die Tat mit gewisser Wahrscheinlichkeit unentdeckt bleibt, die Unterlassung aber voraussichtlich zur Verachtung und zur Not führt. Es sei etwa an die Abtreibung eines unehelichen Kindes gedacht. Hier kann die Kraft zum rechtgemäßen Verhalten unter Umständen nur aus der höheren Ebene gewonnen werden, die in zweierlei Richtung bestimmend sein kann: einmal von der Liebe zum Kind, dann von dem Wissen, in der Geborgenheit eines Anderen (in der Liebe Gottes oder des Nächsten) zu stehen.

Gerechtigkeit zu üben, ist gerade dort schwer, wo jemandem der Mensch in seiner Schwäche, Niedrigkeit, Fehlerhaftigkeit und gar Boshaftigkeit gegenübertritt. Dem kann man nicht ausweichen, indem man

[325]) Insofern ist die Gegenüberstellung von Klein, S. 38: „Die Tugend der Gerechtigkeit als Maßstab für den Schuldenden, den Geist der höheren Liebe als Richtschnur für den Mächtigen, Starken, Besitzenden und Fordernden" mißverständlich.

die Augen vor den Mängeln verschließt, eine Gefahr, die dazu führen kann, durch eine Abstrahierung und Formalisierung dem Geschehen zu begegnen. Ebensowenig kann man dem Bösen begegnen, indem man es verharmlost. Eine Fehlhaltung in der Begegnung wäre es schließlich aber auch, wenn man sich von den Widerwärtigkeiten und Niedrigkeiten beherrschen ließe, ohne das tiefere Menschliche im andern zu sehen. Allen drei Gefahren ist man im Strafprozeß und Strafvollzug ausgesetzt. Was die Begegnung mit dem vielfach abstoßenden Menschen unter häufig schwierigsten Verhältnissen und bei immer wieder eintretenden Enttäuschungen verlangt, bringt hohe Anforderungen mit sich, die sich bereits aus dem Bereich der Gerechtigkeit ergeben.

Man sollte nicht unterschätzen, was innerhalb des Rechtsbereichs vom Menschen gefordert wird. Die bedauerliche Veräußerlichung des Rechts hat darüber in verhängnisvoller Weise ein Dunkel bereitet. Die Frage ist nun die: woher fließen die Kräfte, die die Rechtshaltung tragen? Die wirksamsten und nachhaltigsten Kräfte fließen aus der die Rechtsordnung überragenden Höhe der personalen Beziehungen.

3. Das Recht bedarf der Ergänzung. Das gilt in mehrfacher Hinsicht:

a) Es kann sein, daß eine Forderung als Rechtsforderung anerkannt ist, daß es aber an den technischen Möglichkeiten ihrer Verwirklichung im Rechtsbereiche fehlt[326]). So unvollkommen es sein mag, so hat hier das Liebeshandeln eine Lücke auszufüllen, die an sich aus der Stufe der Gerechtigkeit beseitigt werden müßte. Auch hierfür gibt die Strafvollzugsgeschichte Beispiele. Von dem Sichtbarwerden der Gerechtigkeitsforderungen bis zur Schaffung der technischen Voraussetzungen ihrer Verwirklichung im Rechtsbereiche liegen unter Umständen lange Zeiträume. Der Stand des Gefängniswesens, wie ihn John Howard der Welt aufgezeigt hat, hat Jahrzehnte zu ihrer Überwindung benötigt. Wer weiß, ob die Überwindung bereits vollzogen ist?

b) Das Recht ist nicht lückenlos. Es gibt weitgehend nur Ermächtigungen an die Rechtsunterworfenen, die innerhalb der Ermächtigung ihre eigene Persönlichkeit einzusetzen haben. Das gilt vor allem vom Erziehungsrecht. Die Eltern sind berechtigt und verpflichtet, ihr Kind zu erziehen. Wie sie aber den Erziehungsvorgang in die Hand nehmen, was sie an Persönlichem in ihn hineinlegen, stellt das Gesetz frei. Wo das Recht den pädagogischen Vorgang in seinen Bereich einbezieht, läßt es den Beteiligten ein weites Feld persönlicher Formung und Ausgestaltung. Die Wirksamkeit der Erziehung hängt geradezu davon ab, was die Beteiligten an Persönlichem mit hineinbringen. So ermöglicht auch der kriminalpädagogische Raum ein Sichauswirkenlassen persönlicher Kräfte,

[326]) Vgl. hierzu van der Ven, Hochland, 47. Jahrg. S. 304.

die möglicherweise aus dem höchsten personalen Bezug gewonnen werden können.

Aber selbst dort, wo das Feld des persönlichen Wirkens begrenzter ist, wie etwa im Strafverfahren[327]) vollzieht sich eine menschliche Begegnung. Die Rechtsordnung kann sie nicht erzwingen oder bewirken, aber sie kann sie tragen und in sich aufnehmen.

4. Die Rechtsordnung kann sehr unvollkommen sein, indem sie weit davon abgeht, was dem Menschen zukommt. Sie kann von einem falschen Menschenbild ausgehen und dennoch kann die auf dieser Rechtsordnung beruhende Sozialbeziehung in einer der Gerechtigkeit entsprechenden Weise vollzogen werden. Ein Beispiel hierfür bietet der Brief des Apostels Paulus an Philemon. In diesem Brief wird die Sklaverei nicht etwa verworfen, vielmehr geht der Brief von ihrer Beibehaltung aus. Es wird jedoch dem Herrn der Sklave und dem Sklaven der Herr ans Herz gelegt. In dieser gegenseitigen Liebeshaltung verliert die soziale Beziehung ihre anstößige Ungerechtigkeit. Hier erfüllt tatsächlich die Liebe das Gesetz. Der Gedanke, daß auch andere in sich ungerechte Sozialbeziehungen auf diese Weise ihre Lösung gefunden haben, liegt nahe. Die Vergangenheit des Strafvollzuges wird auch hierfür manches stille Zeugnis kennen.

Noch in einem anderen Sinn erfüllt die Liebe des Gesetz. Es ist eine Forderung der Gerechtigkeit, daß schwere Schuld vergolten und gesühnt wird. Den Ausführungen über den Sinn der Strafe lag der Gedanke zugrunde, daß um der Gerechtigkeit willen Unrecht und Schuld ihrer Auf-

[327]) Zu dem Problem der persönlichen Haltung des Richters im Strafverfahren vgl. mein Lehrbuch Strafprozeß, S. 35ff.; ferner auch Sonnenscheinblätter, S. 10; Anruf und Zeugnis der Liebe, S. 48; Wilhelm Sauer, Einführung in die Rechtsphilosophie, Berlin 1954, S. 109 weist im Zusammenhang mit dem freilich nicht unbedenklich behandelten Liebesproblem auch auf den Strafprozeß hin. Der Satz von Coing, a. a. O., S. 113: „Wer liebt oder haßt ist ein schlechter Richter" kann nicht unwidersprochen bleiben. Er ist nur in bezug auf den Haß richtig, da der Haß den Geist verdunkelt, unfrei und uneinsichtig macht. Der gegenüberstehende Mensch wird nicht mehr in seinem Wesen erkannt, sondern vom Hassenden nur noch negativ erfaßt. Dagegen ist der Satz in bezug auf die Liebe nicht richtig. Offenbar spielt bei dem Satz der Gedanke eine Rolle, daß die Liebe in starkem Maß auch eine Gefühlsbewegung sei (vgl. in dieser Richtung Natorp, S. 144) und infolgedessen ein objektives Maß nicht vorhanden sei. Es wird hier übersehen, daß die Liebe den Blick für das objektive Wesen des Anderen eröffnet, daß sie die Gerechtigkeit nicht beseitigt, sondern sie überhöht. Mißverständlich kann der Satz von Brunner, a. a. O., S. 152 sein: „Der Mensch der Liebe kann im Staat nur mit Gerechtigkeit dienen." Soweit damit gesagt sein soll, daß der Mensch als Staatsdiener nur der Gerechtigkeit dienen kann, ist ihm beizutreten. Es darf aber nicht übersehen werden, daß der Mensch aber auch im staatlichen Bereich Höchstpersönliches hinzutun kann. Richtig führt Thielicke aus: „Die Liebe im Amte als subjektive Haltung des Amtsträgers entspricht jener Objektivität der Liebe, die Gott hat und wirksam werden läßt wenn er Amt und Ordnung als Erhaltungsmittel stiftet." Über den Raum für die Barmherzigkeit des Richters bei der Ausübung der Gerechtigkeit vgl. Thomas von Aquin, Summa theol. II—II, 67, 4.

lösung und ihres Ausgleiches bedürfen. Dieser Ausgleich findet im Leiden sinen Ausdruck. Aber er findet in der Regel nur in sehr unvollkommener Weise statt. Das gilt gerade für das Strafrecht, sofern der Ausgleich erzwungen und nicht in der Freiheit geleistet wird. Im tiefsten frei ist aber nur der Liebende. Nur der Liebende kann daher im letzten menschliche Schuld sühnen. Es ist gerade für den mit dem Strafrecht befaßten christlichen Juristen eines der erschütterndsten Vorgänge, daß die Liebe selbst sich im freien Entschluß um der Lösung des Unrechts und der Schuld willen unschuldig opferte. So steht das furchtbarste Unrecht aus der Kraft der Liebe im Dienste der Gerechtigkeit.

Sind im menschlichen Bereich derartige Beziehungen auch nur unvollkommen vollziehbar, so liegt doch in ihnen eine für die Menschheit wesentliche Tendenz. Das Leiden des (relativ) unschuldigen Menschen erhält die Möglichkeit einer sinnvollen Gestaltung. Der Justizirrtum mitsamt des sich ihm anschließenden Vollzugs wird aus seiner Hoffnungslosigkeit herausgerissen. Die Beziehungen von Gerechtigkeit und Liebe haben aber auch für den Regelfall des Vollzuges gegenüber dem gerecht Verurteilten ihre hervorragende Bedeutung. In diesem auf dem Recht basierenden Verhältnis sind zwei Menschen zur Begegnung aufgerufen. Je stärker von beiden Seiten dieses Verhältnis in den höchsten personalen Bereich hineingehoben werden kann, um so fruchtbarer wird es auch für den sozialen Bereich sein.

Aber hier entsteht wiederum — und zwar mit noch viel größerem Nachdruck die Frage, ob alle derartigen Erwägungen nicht bloße Phantastik sind. Handelt es sich hierbei wirklich um mehr als ein Spiel mit Worten ? Inwieweit ein Herausheben des gegenseitigen Verhältnisses im Vollzug über den Sozialbereich geschieht, ist von rechtlichen oder sonstigen auf gleicher Ebene ruhenden Einflüssen unabhängig. Was hier geleistet werden kann, beruht auf einem Geschenk, das dem Demütigen, Flehenden und Opfernden möglicherweise gewährt werden kann, ein Geschenk, das dem Straffälligen nicht weniger wie dem Erziehenden gegeben sein kann. Ob der andere die ihm angebotene Haltung aus dem höheren Bereich annimmt, ist für den Liebesbereich gleichgültig. Die Liebe gibt sich hin ohne Erwartung der Antwort, über die sie freilich sich erfreut und beglückt. Sie strömt einfach. Sie läßt sich auch nicht durch die Enttäuschung beengen oder verdrängen. Sie hofft und hat die Gewißheit, daß sie niemals vergeudet ist.

Dieses Ineinandergreifen von Gerechtigkeit und Liebe ist ein für den pädagogischen und juristischen Bereich außerordentlich wichtiger Sachverhalt. Gegenüber der schneidenden Gegenüberstellung erweist sich ein enger ergänzender Zusammenhang[328]).

---

[328]) Vgl. etwa Brunner, S. 153; Gillet, S. 19; Klein, S. 33ff.; Leclerq, S. 292ff.; Natorp, S. 145; Peters, Carl Sonnenschein-Blätter, S. 8ff.; Anruf und Zeugnis der Liebe, S. 45ff.; Pieper, S. 127; Schwer: S. 132; Thielicke; I.

Dieser Zusammenhang ist gerade dort von Bedeutung, wo die Menschen einander in enger Beziehung, wie im Erziehungsverhältnis, verbunden sind. Es zeigt sich in diesem Zusammenhang aber auch, in welche Höhen das Recht hineinweist und aus welchen Höhen Kräfte über das Recht hineinfluten. So steht ein so düsteres Kapitel wie der Strafvollzug und die Kriminalpädagogik im Bereich der Hoffnung.

Nr. 1838, 2123; Utz, S. 564ff.; Del Vecchio, S. 150ff.; Welty: S. 281. Zu dem Verhältnis von Gerechtigkeit und Liebe vgl. auch die Weihnachtsrundfunkbotschaft Pius XII. vom 24. 12. 1942 (abgedr. in Wilhelm Jansen: Gerechtigkeit schafft Frieden, S. 67ff.): „. . . das Werk der Gerechtigkeit ist der Friede. Dies Leitwort ist der Innen- wie der Außenseite des Gemeinschaftsleben in gleicher Weise zugewandt. Es kennt nicht die schneidende Alternative: ‚Liebe oder Recht‘, sondern nur die schöpferische Verbindung „Liebe und Recht“. Beide sind Ausstrahlungen desselben Gottesgeistes, Programm und Siegel der Würde des Menschengeistes. Beide ergänzen sich gegenseitig, wirken zusammen, beleben und stützen sich, reichen sich die Hand auf dem Wege zur Eintracht und Frieden. Bereitet das Recht der Liebe den Weg, so überhöht die Liebe das Recht. Beide zusammen erheben das Menschenleben in jene Atmosphäre der Gemeinschaft, wo inmitten der Unvollkommenheit, Hemmnisse und Härten dieser Erde ein brüderliches Zusammenleben ermöglicht wird“. (Nr. 80, 81 a. a. O.)

Zweiter Teil

Besondere Probleme der Kriminalpädagogik

A. Erziehung und Strafverfahren

§ 7. Der Richter im kriminalpädagogischen Bereich

I. Das pädagogische Handeln beruht auf der Ich-Du-Beziehung mit ihrer menschlichen Wechselwirkung der gegenseitigen Kräfteausstrahlung. Von einem solchen Verhältnis ist in dem richterlichen Akt jedenfalls regelmäßig keine Rede. Die Aufgabe des Richters ist es, sofern es um die typisch richterliche Handlung geht, im Hinblick auf die gegebene Sachlage die Rechtsstellung des Gliedes der Rechtsgemeinschaft gemäß der Rechtsordnung zu regeln. Richten bedeutet, die Rechtsstellung ausrichten. Die richterliche Aufgabe ist es, dem Verhalten des Gemeinschaftsgliedes eine bestimmte Richtung zu geben. Im Strafrecht geschieht das, jedenfalls dann, wenn es sich um einen ernsteren Vorgang handelt, durch einen Eingriff in den Persönlichkeitsbereich. Dieser Eingriff erfolgt im Wege der autoritativen Anordnung und des autoritätsunterworfenen Hinnehmens. Eine unmittelbare Einwirkung auf das Glied der Rechtsgemeinschaft im Sinne eines Persönlichkeitswandels durch das psychische Hin und Her menschlicher Auseinandersetzung ist nicht der Gegenstand der eigentlichen richterlichen Tätigkeit.

Damit ist nicht ausgeschlossen, daß dem Richter auch unmittelbare pädagogische Aufgaben anvertraut werden. Im deutschen Jugendstrafrecht ordnet der Jugendrichter nicht nur Maßnahmen an, sondern vollzieht sie selbst, so z. B. die Verwarnung und den Jugendarrest. § 90 Abs. 2 JGG, Nr. 2 der Jugendarrestvollzugsordnung[329]) bestimmt den Jugendrichter zum Vollzugsleiter des Jugendarrestes. In Nr. 3 JAVO ist von der persönlichen Erziehungsarbeit des Vollzugsleiters und von der „erzieherischen Einheit", die Vollzugsleiter und Aufsichtskräfte bilden sollen, die Rede. In der Jugendarrestvollzugsordnung ist die Erziehungsarbeit des Vollzugsleiters näher behandelt. Nr. 5 stellt in den „Mittelpunkt der Erziehungsarbeit" die Aussprache des Vollzugsleiters mit dem einzelnen Jugendlichen. Im Vollzug der Jugendstrafe, den im Anschluß an § 91 JGG die Jugendvollzugsordnung[330]) regelt, ist da-

[329]) Abgedruckt bei Dallinger-Lackner, JGG, S. 1033ff.; Potrykus, JGG, 4. Aufl., S. 884ff.

[330]) Abgedruckt bei Dallinger-Lackner, JGG, S. 1064ff.; Potrykus, JGG, 4. Aufl., S. 922ff.

gegen der Richter als Erziehungsorgan nicht erwähnt. Der Jugendrichter wirkt im Hinblick auf den Jugendvollzug nur als Vollstreckungsleiter (§ 82 Abs. 1 JGG) mit. Ihm liegen nur Aufgaben der Vollstreckung[331]) ob. Das bedeutet, er hat es lediglich mit der äußeren Regelung des Vollzugshergangs zu tun, insbesondere veranlaßt er die Überführung des Verurteilten in den Vollzug und trifft die notwendigen Rechtsentscheidungen hinsichtlich der Vollzugsdurchführung. Eine unmittelbare Einflußnahme auf den Jugendlichen steht dem Jugendrichter als Vollstreckungsleiter nicht zu. Dagegen weist § 23 JGG dem Jugendrichter wiederum Vollzugsaufgaben bei der Bewährungshilfe zu, indem diese Vorschrift es ihm auferlegt, für die Dauer der Bewährungszeit die Lebensführung des Jugendlichen durch Auflagen zu beeinflussen, die eine umfassende erzieherische Einwirkung gewährleisten. Daß es sich dabei nach dem Willen des Gesetzes nicht nur um die äußere Rechtsgestaltung, sondern um den unmittelbaren Erziehungshergang handeln soll, ist aus § 25 JGG zu entnehmen, in dem der Bewährungshelfer den Anweisungen des Richters bei der Durchführung der Bewährungsaufsicht unterstellt wird[332]).

Eine derartige unmittelbare Tätigkeit im Erziehungsbereich ist jedoch die Ausnahme. Es kann auch gar nicht anders sein. Der Jurist mit seinen vielverzweigten juristischen Aufgaben genießt auf der Universität regelmäßig keine pädagogische Ausbildung[333]). Hieran ändert sich auch nichts in der Referendarzeit. Allein die später erworbenen praktischen Erfahrungen machen den Juristen noch nicht zum Pädagogen. Insofern tut das Gesetz gut daran, den Juristen in ihrer Gesamtheit[334]) nicht Aufgaben zu übertragen, für die wissenschaftliche Grundausbildung und praktische Unterrichtung fehlen. Aber selbst wenn man die Schranken sieht, die dem Juristen in pädagogischer Hinsicht gesetzt sind, darf nicht übersehen werden, daß dem Richter wichtige Funktionen bei der Vor-

---

[331]) Zum Unterschied Strafvollstreckung und Strafvollzug vgl. mein Lehrbuch des Strafprozesses, S. 546f.

[332]) Nach geltendem Recht liegt die Fachaufsicht über den Bewährungshelfer beim Richter, dessen Anweisungen für den Helfer bindend sind. Das Gesetz hat dem Richter die beherrschende Stellung im Aussetzungsverfahren eingeräumt. Vgl. Dallinger-Lackner, JGG, zu § 24 Anm. 29; Potrykus, JGG, 4. Aufl., zu § 24 Anm. 2. Bedenken gegen diese gesetzliche Konzeption bei Krebs, U. J. 1953, S. 473; von Mann, Jw. 1954, S. 97.

[333]) Das besagt selbstverständlich nicht, daß einzelne Dozenten in Vorlesungen und Seminaren über Strafrecht und Strafvollzug auch pädagogische Probleme behandeln, oder daß junge Juristen außer ihren Fachvorlesungen auch pädagogische, insbesondere sozialpädagogische Vorlesungen hören. Jedoch wird von alledem nur ein kleiner pädagogisch interessierter Kreis von Juristen erfaßt.

[334]) Als einzelne können natürlich auch Juristen kraft ihrer persönlichen Befähigung, der durch Studium erarbeiteten Kenntnisse und praktischen Erfahrungen bei Gericht und im Vollzug zur unmittelbaren pädagogischen Arbeit berufen sein. Aber dann muß er mehr sein als nur Jurist.

bereitung, Einleitung, Überwachung und Beendigung des pädagogischen Vorgangs zufallen.

II. 1. Die Anordnung des Erziehungsvorgangs liegt in der Hand des Richters. Als Maßnahmen, bei denen der Besserungsgedanke verfolgt werden kann, kommen nach deutschem Erwachsenenstrafrecht in Betracht: die Freiheitsstrafe, die Strafaussetzung zu Bewährung, die bedingte Entlassung, die Unterbringung in einer Trinkerheilanstalt oder Entziehungsanstalt, die Unterbringung in einem Arbeitshaus und unter Umständen die Unterbringung in einer Heil- oder Pflegeanstalt. Die Geldstrafe hat mehr den Charakter einer Warnstrafe, die übrigen Maßregeln: Sicherungsverwahrung, Untersagung der Berufsausübung, Entziehung der Fahrerlaubnis sind vorwiegend auf die Sicherung ausgerichtet. Die Maßnahmen des Jugendstrafrechts unterliegen sämtlich dem Erziehungsgedanken.

Am Erwachsenenstrafrecht ist der Richter zunächst bei der Strafzumessung mit Besserungs- und Erziehungsfragen befaßt. Die Bedeutung des Besserungs- und Erziehungsgedanken innerhalb der Strafzwecke ist schon in § 3 III der Abhandlung erörtert worden. Die Verwirklichung könnte aber auf den Vollzug beschränkt sein. Selbst wenn der Besserungs- und Erziehungsgedanke theoretisch bei der Straffestsetzung zu berücksichtigen wäre, bleibt noch die Frage offen, inwieweit er bei der Strafzumessung in der Praxis eine Rolle spielt; das bedarf noch eingehender Untersuchung.

In der Zeit nach dem ersten Weltkrieg taucht der Gedanke in der höchstrichterlichen Rechtsprechung erstmalig auf. Allerdings heißt es noch in der Entscheidung vom 12. Februar 1924 (RG 58, 106): „Die sonstigen Strafzwecke, der Besserungs- und Sicherungszweck treten demgegenüber in den Hintergrund.“ Hier wird noch der Vorrang der Vergeltung, der Sühne und Abschreckung ausdrücklich betont. Dagegen erhält später (allerdings unter Berufung auf eine bereits am 3. Juli 1923 ergangene Entscheidung) der Besserungsgedanke eine stärkere Anerkennung. „Die Strafe bezweckt in erster Linie eine gerechte Sühne des begangenen Unrechts, wenn sie auch daneben zugleich den Verurteilten bessern und andere vor gleichen Straftaten abschrecken soll“ (RG 61, 417). In der gleichen Linie liegt ein Urteil des RG vom 13. November 1928: „Unverkennbar geht aber der Gesetzgeber davon aus, daß der Strafzweck der der Vergeltung ist . . . Daneben soll die Strafe zugleich den Verurteilten bessern und andere abschrecken“ (HöchstRR 1929, Nr. 452). Ein Urteil vom 30. Mai 1929 (RG in JW 1924, S. 1006 Nr. 6) meint in Hinblick auf den Zweck, der Strafe, daß sie „jedenfalls auch wenn nicht in erster Linie dazu dienen soll, den verbrecherischen Willen des Missetäters für die Zukunft zu beseitigen oder zu schwächen“. RG 64, 110 hebt hervor, daß zu dem Strafzweck, den § 27b StGB im Auge hat, auch die erziehliche Wirkung gehört. Bis zum Ende der Weimarer

Periode hat demnach der Besserungsgedanke trotz seiner starken Betonung im Strafvollzug in der Rechtsprechung nur zurückhaltende Anerkennung gefunden[335]).

In einer Entscheidung vom 1. Juli 1941 (RG 75, 279, 282), in der sich das RG mit der Anrechnung der Untersuchungshaft beim Jugendarrest befaßt, werden allgemeine Ausführungen im Hinblick auf die Strafe (auch des Erwachsenenrechts) gemacht, dort ist von den Wirkungen der Vollziehung der erkannten Strafe „Sühne, Erziehung, Abschreckung" die Rede. Diese Entscheidung hat ihre Bedeutung für das heutige allgemeine Strafrecht durch die Inbezugnahme des BGH in seinem Urteil vom 3. Mai 1956 (JZ 1956, 695) beibehalten. Ohne den Besserungsgedanken zu erwähnen, weist das Urteil des RG 71, 179 auf die Begründungen zu dem Entwurf 1927 (§ 13 Abs. 2) und zum Gewohnheitsverbrechergesetz vom 27. November 1933 hin, nach denen bei vermindert Zurechnungsfähigen die Beeindruckung des Täters gerade mit Rücksicht auf die abgeschwächte seelische Widerstandsfähigkeit in Rechnung zu stellen sei.

Auf der vom RG bezeichneten Linie legt das Urteil des OLG Dresden vom 15. Oktober 1935 (Deutsches Strafrecht, 1936, S. 369), wenn es ausführt, daß die Strafzwecke in erster Linie Vergeltung und Sühne, daneben Sicherung, Allgemeinabschreckung, Besserung und Erziehung verfolgten. Bemerkenswert ist bei dieser Entscheidung, daß Besserung und Erziehung nebeneinander gestellt sind.

Auch nach 1945 findet der Besserungs- und Erziehungsgedanke nur gelegentlich Erwähnung in der höchstrichterlichen deutschen Rechtsprechung. Der Bayrische Verfassungsgerichtshof (Bayr. VGH 3, 114) geht in einer Entscheidung aus dem Jahre 1950 von dem gerechten Verhältnis von Strafübel zu dem Grad strafrechtlichen Verschuldens und der Schwere der Tat aus, legt also offenbar den Sühne- und Vergeltungsgedanken zugrunde. In einigen Entscheidungen anderer Gerichte wird betont, daß die Strafzumessung „eine allseitige Würdigung von Tat und Täter unter Berücksichtigung der verschiedenen Zwecke des staatlichen Strafens erfordert" (OGHSt. 2, 98; OLG Frankfurt HESt. 1, 82; OLG Hamm, SJZ 1950, 844; ferner NJW 1952, 799; ebenso schon OLG Hessen [Kassel] SJZ 1947, 560). Von den anerkannten Strafzumessungsgründen spricht auch OLG Hamburg (HESt. 2, 228), wobei es außer dem Abschreckungszweck, insbesondere den Sühnezweck, daneben auch den Besserugszweck (S. 230) erwähnt. OLG Bremen (HESt. 3, 62) erklärt: „Anerkannt und außer Streit stehen der Sühnegedanke, Sicherungs-, Abschreckungs- und Besserungszweck, die . . . gegeneinander abzuwägen sind." OGH 3, 150 bemerkt: „Den Strafen . . . kommt daher auch die Bedeutung einer abschreckenden und erzieheri-

[335]) Vgl. über die Strafzumessungspraxis bis 1932 meine kriminalpolitische Stellung des Strafrichters, Berlin 1932, S. 70ff.

schen Wirkung für die Zukunft zu". Aber auch soweit der Besserungszweck nicht ausdrücklich erwähnt wird, kann er den „verschiedenen Strafzwecken" zugerechnet werden. Der BGH erwähnt die Erziehung im Zusammenhang mit dem Strafzumessungsvorgang ausdrücklich in einzelnen Entscheidungen. So wird dargetan, daß die Strafe „nicht nur das Unrecht sühnen, sondern den Täter auch . . . erziehen" soll (NJW 1951, 769). Ohne das Wort Besserung oder Erziehung zu erwähnen, hält BGH (Urt. v. 25. Januar 1955) 7, 214, „maßgebend für die Straftat und -höhe . . . die Täterschuld, die Schwere und Folgen der Tat, die Persönlichkeit des Täters und seine Wiedereingliederung unter Berücksichtigung der Strafzwecke" (S. 216). Das Urteil des BGH vom 3. Mai 1956 (JZ 1956, 695), das von „dem Strafzweck" spricht und zugleich auf das auch die Erziehung erwähnende Urteil des RG 75, 279 (282) Bezug nimmt, ist schon angeführt worden.

Die Auslese aus den höchstrichterlichen Entscheidungen bleibt im Hinblick auf den Besserungs- und Erziehungsgedanken dürftig. Sieht man von dem häufig vermengten Vergeltungs- und Sühnegedanken ab, so ist es oft der Abschreckungsgedanke mit dem sich die Entscheidungen — nicht selten mit der Bezeichnung eines Nebenzweckes — befassen (so schon RG in DJZ 1908, 763; JW 1938, 1748; HöchstRR 1929, Nr. 452; OGH 2, 153; BGH 7, 32 = JZ 1955, 504). Jedoch wird dadurch, wie sich immerhin mit Sicherheit aus den angeführten Beispielen ergibt, die Befugnis und die Verpflichtung auch den Besserungs- und Erziehungsgedanken zu verwerten, nicht beeinträchtigt. Es wäre einer eigenen an Hand von Urteilen durchzuführenden Untersuchung wert, zu prüfen, inwieweit die unteren Gerichte bei der Strafzumessung Besserungs- und Erziehungsgesichtspunkte zu Geltung bringen.

Vielerlei bleibt freilich noch offen. Besserung und Erziehung werden nicht hinreichend geschieden. Die Worte „erzieherische Wirkung" bleiben unklar. Es kann hier sowohl an eine Beeinflussung durch die Strafverhängung als auch durch den Strafvollzug gedacht werden. Sofern der Begriff Erziehung gebraucht wird, ist nicht deutlich, ob damit wirklich der pädagogische Vorgang im Vollzug gemeint ist oder ebenfalls wiederum nur die äußeren Einwirkungen, die sich aus der Strafverhängung und dem Strafvollzug ergeben. Die Zusammenfassung der beiden Begriffe durch das Wort „Resozialisierung", wie es Eberh. Schmidt[336]) vorschlägt, würde gerade im Hinblick auf die Kriminalpädagogik nicht weiterführen, weil sich darunter verschiedene Vorgänge (die bloße Auswirkung von Umständen und die zwischenmenschliche, gerade die Erziehung bestimmende Beziehung) verbergen. Vor allem bleibt in der Rechtsprechung undeutlich, wie die Strafrechtszwecke sich zueinander verhalten. Es sind insoweit verschiedene Möglichkeiten denkbar.

---

[336]) Eberh. Schmidt: Materialien zur Strafrechtsreform, 1. Bd., 1954, S. 22

a) Der BGH 7, 28; 7, 89 geht davon aus, daß sich durch den Gedanken der schuldangemessenen Strafe ein Spielraum ergäbe, der durch die anderen Zwecke ausgefüllt werden könne. Sieht man von der Frage ab, ob tatsächlich die Schuldangemessenheit der entscheidende Ausgangspunkt ist oder ob nicht vielmehr auf einen aus der Verwerfbarkeit, der Gefährlichkeit und dem Erfolg sich ergebenden Spielraum abzustellen ist, der vermutlich ausgedehnter ist als der der Schuld entsprechende Spielraum, so erscheint der grundsätzliche Ausgangspunkt von einem Spielraum haltbar. Er beruht auf einem auch im Schrifttum bereits früher und auch heute noch vertretenen Gedanken[337]). Dieser Gedanke ist allerdings auf Widerstand gestoßen[338]). Es wird die Auffassung vertreten, daß mit der Gerechtigkeit nur eine bestimmte Strafgröße vereinbar sei, daß es nicht denkbar sei, ein und denselben Vorgang, der von einer einheitlichen Schuld, von einer Täterpersönlichkeit getragen und von einem Erfolg begleitet sei, mit verschiedenen Strafgrößen, also uneinheitlich, zu belegen. Infolgedessen könne die Strafgröße nur eine sein. Ich halte diese Gedankenführung nicht für zwingend. Gerechtigkeit erfordert nicht eine völlig gleiche, sondern ein entsprechend angemessene Behandlung. Eine solche kann in einer bestimmten Strafgröße (wie etwa lebenslanges Zuchthaus), aber auch in einer nur rahmenweise festgesetzten Strafgröße bestehen. Da die Straftat, die in ihr zum Ausdruck gekommene Persönlichkeitshaltung und der Persönlichkeitsverlust des Täters mit einer Strafgröße, die auf Geld, Freiheit oder einen sonstigen Eingriff lautet, im Grunde genommen nicht gemessen werden können, entfällt die Möglichkeit einer Festlegung einer bestimmten Größe überhaupt. Es kann überdies gerade die angemessene Antwort auf das Verhalten sein, die künftige Führungsweise mit in Rechnung zu stellen. Das ist nur in einer Rahmengröße möglich. Die Auffassung, nur eine bestimmte (nicht feststellbare) Strafgröße sei „der Idee nach" geboten, führt zu dem Ergebnis, daß die Gerechtigkeit überhaupt nicht zu verwirklichen ist. Sie stellt an den Richter die Aufforderung, etwas zu finden, was er nicht finden kann, möglicherweise nur durch Zufall findet, ohne zu wissen, ob er es gefunden hat. Damit wird die richterliche Tätigkeit im Ansatz gefährdet. Ich halte die Auffassung aber auch nicht

---

[337]) Vgl. R. von Hippel, Deutsches Strafrecht I (1925), S. 499 (S. 503 der Begriff Spielraum); Karl Peters, Die Kriminalpolitische Stellung des Strafrichters, Berlin 1932, S. 56, 68 („Rahmenergebnis"), Art. Strafzumessung HdK II (1936), 738, 739; Günter Spendel, Zur Lehre vom Strafmaß Frankfurt/Main, 1954, S. 176ff. (mit weiteren Literaturangaben). Zu dem Fragenkomplex neuerdings H. J. Bruns, Zum gegenwärtigen Stand der Strafzumessungslehre, NJW 1956 241ff.

[338]) Vgl. vor allem Heinrich Jagusch, Die Praxis der Strafzumessung, Berlin 1956, S. 3 (Leipz. Kom. 8. Aufl., S. 89); Schneidewin, JZ 1955, S. 506ff. Einwände gegen die Spielraumtheorie sind aber keineswegs erst jetzt erhoben. Vgl. Wilhelm Gallas, Kriminalpolitik und Strafrechtssystematik, Berlin-Leipzig 1931, S. 12ff. (mit Literaturangaben).

vom Standpunkt der Stellung des Richters für zutreffend. Wenn der Richter auch das Gesetz verwirklicht, so spricht er doch auch als Persönlichkeit das Urteil. Der Spruch ist sowohl Ausdruck des Gesetzes als auch Ausdruck seiner Persönlichkeit. Mit diesem Gesichtspunkt werden wir uns noch zu befassen haben. Das Urteil ist objektiv-subjektiv gegründet. Das gilt nicht zuletzt vom Strafausspruch. Im übrigen aber ist der Streit müßig, weil niemand die „ideelle Strafgröße des Einzelfalles" ermitteln kann und tatsächlich Strafgrößen innerhalb einer Variationsbreite als angemessen hingenommen werden müssen. Wenn das Gericht, soweit es gesetzlich zulässig ist, wie im deutschen Jugendstrafrecht es bei dem Rahmen beläßt, oder innerhalb der Variationsbreite mit Rücksicht auf bestimmte andere Zwecke als der Vergeltung die konkrete Strafgröße ermittelt, so bleibt es innerhalb der vertretbaren Strafzumessung.

b) Es wäre aber auch denkbar, daß der Richter bei der Strafzumessung nicht von der Vergeltungsvorstellung ausgeht, sondern zunächst die Überlegung anstellt, welcher spezielle Strafzweck zu verfolgen sei, um diesen Vorgang angemessen zu behandeln und der Täterpersönlichkeit gerecht zu werden. Der Richter könnte sich fragen, ob in diesem Fall eine Warnstrafe genügt, ob er im Hinblick auf die Schwere der Schuld, den Grad des Persönlichkeitsverlustes und die Bedeutung der Folgen den Täter vor die Aufgabe stellen müsse, die Tat zu sühnen, ob infolge der Gefährlichkeit der Tat und des Täters der Gedanke der Sicherung Platz greifen müsse oder aber ob bei dem Gewicht der Tat (nicht nur in objektiver Beziehung!), der Haltung und dem Persönlichkeitsverlust des Täters der Versuch seiner Erziehung geboten ist. Es wäre denkbar, daß der Richter auf dieser Grundlage eine feste (oder unbestimmte) Strafe ermittelt, die er dann darauf hin überprüft, ob sie dem Gedanken der (gerechten) Vergeltung entspricht. Hier würde der Weg umgekehrt sein wie unter a. Der Rahmen würde nicht erst unter dem Gesichtspunkt der Vergeltungsidee zu ermitteln und dann auszufüllen sein, sondern die Strafe würde unter den anderen Gesichtspunkten aufzusuchen und dann auf ihre Vereinbarkeit mit dem Vergeltungsgedanken zu überprüfen zu sein[339]).

c) Der dritte Weg, der sich grundsätzlich bietet, wäre der, es dem Richter freizustellen, welches Bewertungsziel und welche Bewertungsgesichtspunkte er überhaupt der Strafzumessung zugrunde legt. Diesem Wege würde von der Auffassung ausgehen, daß die kriminalpolitischen

---

339) Dieser Weg kommt der Ansicht von Eberh. Schmidt: Strafzweck und Strafzumessung in einem künftigen Strafgesetzbuch, Materialien zur Strafrechtsreform, 1. Bd., S. 9ff. entgegen. Das Vergeltungsprinzip würde dann mehr eine negative, die Grenzen sichernde Funktion haben; dazu Heinitz: Der Strafzweck bei der richterlichen Strafbemessung, Arch. f. Rechts- u. Staatsph. XXII (1928/29), S. 263.

Zwecke überhaupt noch nicht geklärt seien und der Richter sie frei auswählen könne. Es gibt höchstrichterliche Entscheidungen, die diesen Gedanken anklingen lassen. So heißt es in einem Urteil des OLG Hessen vom 15. September 1948 (HESt. 2, 115 [118]): „Hängt doch die Festsetzung der Strafe vielfach von Grundsätzen weltanschaulicher Art ab und spielen doch neben den rationalen in Worten faßbaren Zumessungsgründen auch irrationale Gründe, insbesondere aber der persönliche Eindruck des Angeklagten, eine Rolle, die sich schriftlicher Niederlegung entziehen . . Es würde auch über die primäre Aufgabe des Revisionsgerichts . . ., nämlich die Erhaltung der Rechtseinheit, hinausgehen, wenn auf dem Gebiet der Strafzumessung eine Normung erstrebt würde, in einer Zeit, in der die kriminalpolitischen Zwecke der Strafe noch immer nicht geklärt sind, und eine Klärung in absehbarer Zeit auch nicht zu erwarten ist." OLG Koblenz (Urt. v. 16. Dezember 1948 HESt. 2, 120 [122]) spricht von der Verschiedenheit der Strafe „je nach der weltanschaulichen, sozialen und wirtschaftlichen Einstellung das erkennenden Richters und seiner Vorstellung vom Zweck der Strafe überhaupt". Im Sinne eines völlig freien Ermessens hat BGH 7, 29 die Entscheidungen des RG 71, 179; 74, 217 verstanden[340]). In welchem Maß man die persönlichen Ansichten des Richters bei der Strafzumessung mitwirken zu lassen geneigt ist[341]) — sei es, daß man es im Hinblick auf die Persönlichkeitsgrundlage jedes menschlichen Urteils für prinzipiell richtig hält, sei es, daß man infolge der Unabänderlichkeit der Umstände sie einfach hinzunehmen gezwungen ist —, so können doch auf keinen Fall die kriminalpolitischen Zwecke der Strafe dem Richter überlassen bleiben. Mag das Gesetz sich zu ihnen mehr oder weniger deutlich äußern, so kann aus seinen Gesamtformulierungen und dem geistigen Boden, dem es erwachsen ist, und der Entwicklung von Rechtsprechung und Schrifttum die Grundrichtung sichtbar gemacht werden. Wer das leugnet, verkennt die Bedeutung der in der Rechtsprechung entwickelten vorstehend aufgezeigten Grundsätze sowie der Ergebnisse eines jahrzehntelangen wissenschaftlichen Bemühens[342]). Der Boden, auf dem die Strafzumessung im deutschen Recht stattfindet, ist die Anerkennung der verschiedenen Strafzwecke (Vergeltung, Warnung, Sühne, Besserung, Erziehung, Sicherung). Als zweites sicheres Ergebnis ist der Grundsatz des dem angemessenen Maß

---

[340]) Daß das möglicherweise auf einem Mißverständnis beruht, hat Schneidewin, JZ 1955, S. 505 dargetan.

[341]) Zu dieser Frage vgl. in meinem Buch: Die Kriminalpolitische Stellung des Strafrichters, Berlin 1932 (§ 7, Das freie Ermessen bei der Strafbemessung, S. 90ff.).

[342]) Übersichten über das Schrifttum zu der Strafzumessung finden sich in meinem Buch, Die kriminalpolitische Stellung des Strafrichters, 1932 (S. 29—32); Günther Spendel, Zur Lehre vom Strafmaß, 1954 (S. 241—246); Heinrich Jagusch, Die Praxis der Strafzumessung, Berlin 1956, S. 10—11 (Leipz. Kom., 8. Aufl., 96/97).

entsprechenden Rahmens herausgearbeitet. Er findet in dem Gedanken der gerechten Vergeltung Ausdruck. Umstritten ist freilich, ob — wohin heute die herrschende Ansicht neigt — für die Vergeltung allein Schuldangemessenheit oder Angemessenheit im Hinblick auf die durch die Schuld, die Gefährlichkeit und den Erfolg gekennzeichnete Tatbedeutung zu berücksichtigen ist. Erkennt man vom Standpunkt der Schuldangemessenheit einen hinreichend weiten Spielraum an, so werden im praktischen Ergebnis die Strafzumessungsvorgänge nicht allzu verschieden sein.

Scheidet der dritte der oben angeführten Wege aus, so bleibt die Frage offen, ob der Richter zunächst den Strafrahmen nach der Vergeltungsstrafe zu suchen und ihn dann nach anderen Gesichtspunkten auszufüllen hat (Weg a), oder ob er die Strafe nach den anderen Gesichtspunkten zu bestimmen und sie an Hand des Gesichtspunktes der gerechten Vergeltung zu überprüfen hat (Weg b). Es würde auch in dieser Hinsicht eine lohnende Untersuchung an Hand der tatrichterlichen Urteile sein, zu ermitteln, welchen Weg die Praxis geht. Ich habe den Eindruck, daß beide Wege beschritten werden, wenngleich überwiegend von den Vergeltungsvorstellungen ausgegangen wird. An sich sind beide Wege mit dem deutschen Strafzumessungsrecht vereinbar. Die Entwicklung des Strafrechts zu einem täterausgerichteten Verfahren bei den schwereren Straftaten, die mehr als eine bloße Antwort von dem Warngedanken her erfordern, spricht bei diesen Straftaten für den zweiten Weg, d. h. für die Bestimmung der Strafe nach dem Besserungs-, Sühne- oder Sicherungsgedanken mit der Kontrolle der gerechten Vergeltung und angemessenen Allgemeinwarnung. Dagegen ist für den Bereich der Einzelwarnstrafe der Ausgangspunkt von dem Vergeltungsgedanken her, eine mehr äußerliche Betrachtungsweise, geboten.

Aber auch diese Gegenüberstellung gilt nicht ausnahmslos. Auch bei einer täterbezogenen Strafe kann unter Umständen infolge eines noch nicht genügend sicheren Persönlichkeitsbildes eine bestimmte Strafhöhe vom Gericht nicht gefunden werden. Es bleibt dann nichts anderes übrig als eine vom Vergeltungsstandpunkt her tragbare Rahmenstrafe oder sonstige Rahmenmaßnahmen zu verhängen, die dann später im Vollzug je nach der Persönlichkeit des Verurteilten variiert werden. Solche unbestimmte Reaktionen sind nicht nur dem deutschen Jugendstrafrecht bekannt, sondern auch dem deutschen Erwachsenenstrafrecht nicht fremd (vorläufige Entlassung, Maßregeln der Besserung und Sicherung).

Für den Bereich der Kriminalpädagogik ergibt sich damit, daß auch der Gedanke der Besserung und Erziehung bei der Strafzumessung des Erwachsenenrechts seinen Raum hat. Entscheidend ist nun die Frage, wie dieser Gedanke bei der Strafzumessung fruchtbar gemacht werden kann. Das setzt Klarheit voraus: a) über den Begriff der Besserung und

Erziehung, b) über die in Betracht kommenden Bewertungsgesichtspunkte und Bewertungsmaßstäbe[343]).

Besserung bedeutet eine positivere Einstellung gegenüber den sozialethischen Geboten und eine höhere Fähigkeit, den Anforderungen des Gemeinschaftslebens zu entsprechen, als sie der Täter zur Zeit des Urteils aufwies. Besserung ist zunächst ein relativer Begriff, der auf das bisherige Leben vergleichsweise zurückgreift. Damit ist aber zu wenig gesagt. Der Begriff der Besserung setzt ein gewisses Maß der Anpassung an die gesetzliche Ordnung voraus, und zwar derart, daß schwere Konflikte vermieden werden. Die neu erworbene Einstellung und Anpassung ist ein innerer Vorgang. Er bedeutet einen Persönlichkeitszuwachs. Eine bloß äußere Haltung mag ein Zeichen dafür sein, daß der Täter gewarnt oder abgeschreckt ist. Damit ist aber noch nichts über die Besserung gesagt. Die notwendige innere Haltung setzt einen Wandel in den sozialethischen Anschauungen voraus, der in unmittelbarem Zusammenhang mit individualethischen Vorstellungen und Haltungen zusammenhängt. Besserung bedeutet daher mehr als eine bloße legale Haltung, Erziehung bedeutet die Hinführung des Betroffenen zu dieser Haltung, die der unterstützte Erwachsene freilich weitgehend aus eigener Kraft gewinnen muß. Je ausgeprägter infolge des Lebensalters die Persönlichkeitshaltung ist, um so mehr bedeutet Erziehung Weckung der Kräfte der Selbsterziehung. Je weniger geprägt die Persönlichkeitshaltung ist, so z. B. bei Jugendlichen, um so mehr ist Fremderziehung erforderlich, die zwar in ihrem Ziele ebenfalls auf Selbsterziehung ausgerichtet ist. Fremderziehung und Selbsterziehung stehen in jedem Erziehungsvorgang nebeneinander, freilich in verschiedener Stärke.

2. Die Aufgabe der Strafzumessung ist zunächst, die Notwendigkeit der Besserung und Erziehung festzustellen, sodann ist die Angemessenheit der Unterstellung unter den Besserungs- und Erziehungsvorgang und die Aussicht auf Erfolg zu prüfen.

Die Notwendigkeit wird sowohl durch die Sache als auch durch die Person bestimmt. Unerhebliche Vorgänge, die entweder infolge ihres sachlichen Gehalts oder infolge der Persönlichkeitshaltung ohne Bedeutung sind, scheiden für eine Besserungs- und Erziehungsstrafbemessung aus. Die Fülle der Strafgesetze, die zu der beklagenswerten Ausdehnung des Strafrechts geführt hat, rechtfertigt bei zahlreichen Bestimmungen von vornherein einen Verzicht auf die Anwendung des

---

[343]) Die Dreiteilung: Bewertungsgrundlagen, Bewertungsgesichtspunkte und Bewertungsmaßstäbe meiner Arbeit: Die kriminalpolitische Stellung des Strafrichters, 1932 (§§ 5, 6) scheinen mir auch heute noch ein geeigneter Ausgangspunkt. Die Bewertungsgrundlagen stellen die Strafzwecke dar, die Bewertungsgesichtspunkte die sich aus den einzelnen Strafzwecken ergebenden Gesichtspunkte zur Auffindung der Strafzumessungstatsachen, die Bewertungsmaßstäbe führen zu der sich aus den einzelnen Strafzwecken ergebenden Richtung und Wertigkeit der ermittelten Tatsachen.

Besserungs- und Erziehungsgedankens. Bei anderen Tatbeständen wird regelmäßig ein innerer Einstellungswandel nicht erforderlich sein. In den erstgenannten Fällen scheidet der Besserungs- und Erziehungsgedanke ganz, in der zweiten Fallgruppe scheidet er regelmäßig aus. Das bedeutet, daß der Richter eine Prüfung unter diesem Gesichtspunkt im ersten Fall überhaupt nicht, im zweiten Fall nur vorzunehmen braucht, wenn sich aus der Begehungsweise oder den sonst die Persönlichkeit kennzeichnenden Tatumständen (z. B. wiederholte Deliktbegehung) ein erheblicher Persönlichkeitsmangel ergibt. Auch der Besserungs- und Erziehungsgedanke erfordert eine Strafzumessungslehre des besonderen Teils. Auf dieser Erkenntnis beruhen die grundlegenden Arbeiten Sauers[344]). Hier liegt der richtige Kern des Versuches von Sauer in seiner Kriminalsoziologie, den Anteil von Umwelt, Anlage und Willensfreiheit (Persönlichkeitsakt) bei den einzelnen Delikten herauszuarbeiten. Es handelt sich um solche Deliktsarten, deren Begehung keine tiefere Verwurzelung in der Persönlichkeit des Täters, keine Verwahrlosung und keine kriminelle Haltung erwarten lassen[345]). Es gehören weiter hierhin alle diejenigen Deliktsarten, die im Hinblick auf die gesetzlichen Tatfolgen der Gesetzgeber offenbar ohne eine Persönlichkeitzbeurteilung behandelt wissen will[346]). Bereits dadurch wird der Kreis der Besserungs- und Erziehungsfälle von vornherein wesentlich eingeschränkt.

Eine weitere Begrenzung der Anwendung pädagogischer Erwägungen bei der Strafzumessung ergibt sich in den Fällen, in denen die Größe des Erfolges und die Schwere der Schuld ein Hineinstellen in den Sühnevorgang erfordert. Die Allgemeinheit erwartet vom Täter eine Sühneleistung, die ihm selbst die Befreiung von seiner Tat bringt und ihn so der Persönlichkeitsverlust wettmachen läßt, zugleich aber auch den durch das Verbrechen bewirkten Verlust der Gemeinschaft an geistig-sittlicher Kraft durch ethisch wertvolles Verhalten ausgleicht. Wenn auch die meisten für die Sühnestrafe in Betracht kommenden Täter zur Sühnebereitschaft und Sühneleistung im Vollzug hingeführt werden müssen, so steht doch der damit verbundene Erziehungsvorgang nicht im Mittel-

---

[344]) So vor allem in seiner Kriminalsoziologie (1933), Kriminologie (1950) und in dem System des Strafrechts, Besonderer Teil (1954) (vgl. dort das die Tendenz des Buches kennzeichnende Vorwort). Die Bedeutung des besonderen Teils des Strafrechts und der Einzeldelikte für die Strafzumessung ist auch von Schönke richtig erkannt, wie sich deutlich aus den Schrifttumsangaben und den kriminalsoziologischen Bemerkungen zu den einzelnen Delikten ergibt (Schönke-Schröder, Strafgesetzbuch, Kom., 9. Aufl., 1959).

[345]) Hierzu gehören weitgehend die Delikte des Nebenstrafrechts. Aber auch Delikte des allgemeinen Strafgesetzbuches gehören hierhin, wie z. B. Hausfriedensbruch, einfache Körperverletzung, Sachbeschädigung, einfache Beleidigung (§ 185), Vollstreckungs- und Pfändungsdelikte (§§ 136, 137, 288, 289), Widerstand gegen die Staatsgewalt (§ 113).

[346]) Hierhin gehören die Übertretungen, sofern nicht das Gesetz die Möglichkeit der Anordnung des Arbeitshauses eröffnet, ferner alle Vergehen, bei denen nur Geldstrafe oder Freiheitsstrafe bis zu drei Monaten angedroht ist.

punkt der Strafbemessung, vielmehr handelt es sich dabei um eine bloße Strafvollzugsaufgabe. Die richterliche Aufgabe besteht in der Bestimmung eines im Hinblick auf die Tat und die Persönlichkeit des Täters angemessenen Zeitraums der Strafe. Die Größe des Erfolges und die Schwere der Schuld können unter Umständen Strafdauern erforderlich machen, die den Betroffenen lähmen und über seine Leistungsfähigkeit hinausgehen, jedenfalls dann, wenn nicht der Vollzug mit den Problemen der langdauernden Freiheitsstrafen fertig wird. Jedoch wird auch hier bereits bei der Strafbemessung im Rahmen des Möglichen der Richter bemüht sein, die Strafempfänglichkeit, die Strafempfindlichkeit und die individuelle Fähigkeit zur Strafnutzung zu berücksichtigen.

Eine negative Erziehungs- und Besserungsbetrachtung steht am Ausgangspunkt für die Anordnung der Sicherungsstrafe. Die Erwägungen, die der Richter in diesem Fall bei der Strafbemessung anzustellen hat, gehen dahin, ob der Schuldiggesprochene Aussicht bietet, in eine geordnete Rechtsgemeinschaft derart eingegliedert zu werden, daß er ohne erhebliche Gefährdung und Schädigung der Rechtswerte sein Leben in der Freiheit führen wird. Die Sicherungsstrafe setzt zunächst eine erhebliche Gefahr voraus, die sowohl im Hinblick auf die Sache als auch auf die Tätereinstellung zu betrachten ist. Der Vergeltungsgedanke führt zu einer Begrenzung des Sicherungsgedankens. Geringere, wenn auch lästige Störungen kann die Gemeinschaft hinnehmen und verarbeiten. Die Sicherungsstrafe setzt sodann eine Stellungsnahme zu der Besserungsfähigkeit voraus. Damit ist das Gericht vor die Aufgabe der Prognose gestellt, die sich hier nicht mit Einzelfragen des Besserungsvorgangs zu befassen hat, sondern mit dem grundlegenden Ob-überhaupt. Sie setzt eine eingehende Kenntnis von dem Lebensgang und der verbrecherischen Entwicklung, von den Fähigkeiten des Betroffenen und darüber hinaus auch von den Möglichkeiten des Vollzugs gerade im Hinblick auf diesen Menschen sowie von der künftigen Umweltgestaltung voraus. Die Sicherungsstrafe macht eine negative pädagogische Grundentscheidung nötig.

Innerhalb der verschiedenen Zwecke der Straffestsetzung beschränkt sich die eigentliche pädagogische Strafe im Erwachsenenstrafrecht nur auf einen begrenzten, aber durchaus nicht kleinen Raum, während sie im Jugendstrafrecht den Strafbestimmungsvorgang allgemein beherrscht. Dort, wo aber im Erwachsenenstrafrecht der Besserungs- und Erziehungsgedanke eine Rolle spielt, bedarf er einer ebenso zuverlässigen Grundlage wie im Jugendstrafrecht. Voraussetzung ist eine Kriminalität, die den Rahmen der leichteren Kriminalität überschreitet. Diese Begrenzung ist erforderlich, um die Besserungsstrafe vor der Überflutung durch die leichtere Kriminalität zu bewahren. Deren Einbeziehung würde nicht nur eine Menge überhaupt nicht erziehungsbedürftiger Menschen in den Erziehungsvorgang hineinbringen, sondern auch das Gericht und den Strafvollzug vor unübersehbare Aufgaben stellen, die schon zahlenmäßig nicht zu bewältigen sind. Der Gedanke der Erziehungsstrafe erfordert zum mindesten im Erwachsenenstrafrecht eine sorgfältige Umgrenzung. Dabei ist die Frage, was leichte Kriminalität ist, keineswegs eindeutig. Der Erfolg allein ist jedenfalls bei Delikten, die auf einem Hang beruhen können, nicht bestimmend. So können wiederholte kleinere Diebstähle von der Persönlichkeit des Täters aus eine erhebliche Bedeutung erlangen.

Die Bemessung der Strafe nach dem Erziehungsgedanken setzt zunächst eine Überprüfung der Erziehungsnotwendigkeit und der Erziehungsfähigkeit voraus. Die Erziehungsnotwendigkeit betrifft die Frage, ob dieser Schuldiggesprochene den Weg selbst in die Gemeinschaftsordnung zurückfinden wird oder dazu der Hilfe im Vollzug bedarf. Es kann nicht die Aufgabe sein, Erwachsene, die möglicherweise unter dem Eindruck der Strafe, sei es mit oder ohne Freiheitsentzug, künftighin sich einwandfrei führen, unter die Behandlungsmethoden des Erziehungs- und Besserungsvollzuges zu stellen. Derartige Verurteilte mögen vielleicht die Erfolgsquote der Erziehungs- und Besserungsstatistik erhöhen, aber sie gehören in Wirklichkeit überhaupt nicht in diesen Bereich hinein. Eine Anwendung der Erziehungs- und Besserungsstrafe kommt nur dort in Betracht, wo gerade die Strafe in einer konkret ausgewählten Form, sei es mit oder ohne Aussetzung, im geschlossenen oder offenen Vollzug, dem Betroffenen eine Hilfe und Unterstützung zur Herbeiführung einer geänderten Persönlichkeitshaltung bietet. Es muß demnach geprüft werden, ob die vom Gericht zu bestimmende Strafe einen vorhandenen Mangel in der Bildung und Formung dieses Menschen zu zu beheben hat.

Die zweite Frage ist die nach der Möglichkeit der Behebung des Mangels. Sie hat die Erziehungsfähigkeit zum Gegenstand. Sie hängt zunächst von der Einstellung des Betroffenen ab. Der Erfolg einer Erziehung setzt voraus, daß der Betroffene zur Mitarbeit gewillt und in der Lage ist. Selbst wenn zur Zeit des Urteilsspruches der Wille zur Mitarbeit noch nicht vorhanden sein sollte, so muß er doch wenigstens für den Vollzugsverlauf erwartet werden können. Die Erziehungsfähigkeit ist jedoch keine absolute Fähigkeit, sondern eine solche, die unter die bestimmte Gegebenheit des Vollzuges gestellt ist. Infolgedessen wird sie durch den jeweiligen Stand des Vollzuges eines Landes mitbestimmt. Erziehungsfähigkeit bedeutet die Fähigkeit eines Menschen zu seiner Weiterbildung unter konkreten Verhältnissen. Die Erziehungsfähigkeit wird daher maßgebend sowohl von der Seite des Betroffenen als auch von der Seite der Erziehungseinrichtung bestimmt. Es ist daher durchaus möglich, denselben Menschen je nach dem Stand der Erziehungseinrichtung für erziehbar oder unerziehbar zu halten. Er mag die Fähigkeit haben, sich unter bestimmten Gegebenheiten zu entwickeln, während unter anderen Umständen diese Entwicklung nicht in Gang zu bringen ist. Erziehungsfähigkeit ist ein relativer Begriff. Daraus ergibt sich die

Verpflichtung bei der Verneinung der Erziehungsfähigkeit eines Schuldiggesprochenen, sich die Frage vorzulegen, ob dieses Ergebnis vorwiegend eine Folge seiner Persönlichkeit oder aber unzulänglicher Erziehungseinrichtungen ist. Erst dann, wenn die Einrichtungen nach pädagogischen Maßstäben gebildet und geführt werden, kann von einer im Persönlichen ruhenden echten Erziehungsunfähigkeit gesprochen werden.

Der Richter, der nach Erziehungs- und Besserungsgesichtspunkten die Strafe bemißt, muß daher nicht nur die Persönlichkeit des Täters in seiner Entwicklung und in seiner nunmehrigen abgeschlossenen Haltung kennen, sondern auch um die Vollzugsmöglichkeiten wissen. Es bleibt daher völlig unverständlich, daß der Strafrichter nicht näher an den Vollzug herangeführt wird. Das erfordert zunächst eine praktische Ausbildung des Richters im Vollzug, eine theoretische Unterrichtung über die Vollzugsprobleme und eine ständige Berührung mit der Praxis und der Theorie während der Ausübung seiner strafrechtlichen Tätigkeit. Daß selbst Strafrichter so oft kein Bedürfnis zu dem Kontakt mit dem Strafvollzug haben, bleibt ein Rätsel. Es ist selbst dann nicht verständlich, wenn der Richter den reinen Vergeltungsgedanken vertritt, denn auch in diesem Fall muß er wissen, wie eigentlich die Vergeltung vor sich geht. Bereits hierfür genügt nicht ein verschwommenes Wissen, vielmehr sind ganz konkrete Vorstellungen erforderlich.

3. Sind Erziehungsnotwendigkeit und Erziehungsfähigkeit bejaht, bedarf es der Auswahl des Erziehungsweges und der Bestimmung der Erziehungsdauer. Die Entscheidung über den Erziehungsweg hat zunächst den Ausspruch über die Straf- und Maßnahmeart zum Gegenstand. Es sind die Fragen zu beantworten, ob ein tiefergehender Einfluß auf die Haltung des Betroffenen von einer Maßnahme mit oder ohne Freiheitsentzug, mit ausgesetztem oder durchgeführtem Freiheitsentzug und mit welcher Art des Freiheitsentzuges (Strafe einer bestimmten Art, falls das Gesetz mehrere Arten zur Verfügung stellt; Besserungsmaßnahmen, Entziehungsanstalt, Arbeitshaus, Heil- oder Pflegeanstalt) zu erwarten ist. Hat sich der Richter für eine Aussetzung auf Wohlverhalten entschieden, muß er sich klar darüber werden, welche Auflagen er aus erzieherischen Gründen mit ihr verbindet[347]). Wer den Erziehungsweg bestimmen will, muß wiederum den Betroffenen und das Funktionieren der einzelnen Einrichtungen kennen.

Im künftigen Straf- und Vollzugsrecht wird sich die Aufgabe des deutschen Richters noch erschweren, da das neue Strafgesetzbuch nach dem

[347]) Über den sehr verschiedenen Charakter der Auflagen bei der Strafaussetzung zur Bewährung vgl. meine Kriminalpolitische Stellung des Strafrichters, S. 183—221; vgl. ferner JZ 1957, S. 64ff. Unter dem Gesichtspunkt der Erziehung sind nur solche Auflagen zulässig, die dazu geeignet sind, eine der sozialethischen Ordnung entsprechende Ansschauung und Haltung herbeizuführen. Über die sich hieraus ergebenden Probleme vgl. später in dem Abschnitt über die pädagogischen Probleme der Strafaussetzung zur Bewährung.

bisherigen Entwurf noch mehr Maßnahmen zur Verfügung stellt und künftighin voraussichtlich eine größere Anzahl von Vollzugseinrichtungen nebeneinanderstehen, wie geschlossene, halboffene, offene Anstalten, Anstalten für Gefangene mit normaler seelischer und geistiger Anlage, Psychopathenanstalten, Süchtigenanstalten, vorwiegend auf Erziehung und Sicherung abgestellte Anstalten.

Inwieweit das erkennende Gericht sich mit der näheren Konkretisierung der Maßnahme und ihrer Vollzugsart befassen soll, ist eine der schwierigsten Probleme des praktischen Straf- und Strafverfahrensrechts. Es sind folgende Lösungen denkbar:

a) Das Gericht fällt in der Hauptverhandlung nur einen Schuldspruch[348]). Der Strafausspruch bleibt einem Vollzugsgremium überlassen.

b) Das Gericht fällt in einer einheitlichen oder zweigeteilten Hauptverhandlung den Schuldspruch und den Strafausspruch insoweit, als es sich um die Entscheidung Strafe mit oder ohne Freiheitsentzug handelt. Wird auf Freiheitsstrafe ohne Freiheitsentzug entschieden, so bestimmt das erkennende Gericht das Nähere. Wird auf Freiheitsentzug entschieden, so bleibt die nähere Bestimmung der Art nach dem Vollzugsgremium überlassen.

c) Das Gericht fällt in einer einheitlichen oder zweigeteilten Hauptverhandlung regelmäßig die Entscheidung über den Schuld- und Strafausspruch. Es kann jedoch in nicht eindeutigen Fällen bei Strafen mit Freiheitsentzug von längerer Dauer (etwa 10 Monaten ab) die Entscheidung über die Vollzugsart einem Vollzugsgremium überlassen.

d) Das Gericht entscheidet in einer einheitlichen oder zweigeteilten Hauptverhandlung über den Schuldspruch und den Strafausspruch, indem es hinsichtlich der Freiheitsentziehungsmaßnahmen in gewissem Umfang differenziert (z. B. Gefängnis, Unterbringung in einer Trinkerheilanstalt oder in einem Arbeitshaus), ohne aber die nähere Ausgestaltung vorzuschreiben (offener, halboffener oder geschlossener Vollzug).

e) Das Gericht entscheidet in einer einheitlichen oder zweigeteilten Hauptverhandlung über den Schuldspruch und die Strafe in allen Einzelheiten.

Will man zu diesen Möglichkeiten Stellung nehmen, so ist zweierlei zu unterscheiden: einmal die Frage nach der Aufteilung der gerichtlichen Hauptverhandlung, sodann die Frage nach der Aufteilung der Urteilsfunktionen auf verschiedene Gremien (Hauptverhandlungsgremium, Vollzugsgremium).

---

[348]) Über die Bestrebungen im anglo-amerikanischen Bereich, die Tätigkeit des Strafrichters auf den Schuldspruch zu beschränken und für die Behandlung eigene Gremien zu schaffen (treatment tribunals) vgl. Max Grünhut: Neue Aufgaben des Richters bei der Behandlung Straffälliger, Bewährungshilfe 2 (1955/56), S. 140f.

Die Tradition des europäischen Festlands geht im Gegensatz zu der anglo-amerikanischen Entwicklung auf die uno actu erfolgende richterliche Entscheidung über Schuld und Strafe. Nach dem festländischen Denken hängen Schuld- und Strafausspruch eng zusammen. Sie werden auf Grund eines einheitlichen Sachverhalts gewonnen. Der erkennende Richter soll eine Gesamtbeurteilung vornehmen. Somit hat er nach dieser Auffassung zugleich mit dem Schuldspruch auch die Maßnahme zu bestimmen. Gegen die Einheit der Hauptverhandlung läßt sich einwenden, daß im Falle des Freispruchs unnötige Persönlichkeitsermittlungen und Persönlichkeitserörterungen — nicht selten sehr zum Nachteil des Betroffenen — stattgefunden haben. Sodann hat die Einheitsverhandlung die Gefahr, daß die persönlichen Umstände zu kurz kommen. Das Verfahren dient zunächst einmal der Schuldfeststellung, der die Sachverhaltsermittlung zugrunde zu legen ist. Das Augenmerk der Beteiligten ist daher in erster Linie darauf gerichtet, zu ermitteln, was überhaupt geschehen ist. Das gilt sowohl im Hinblick auf die Verfolgungsorgane als auch den Angeklagten und seinen Verteidiger. Dadurch kann auf beiden Seiten die Klärung der persönlichen Umstände zu kurz kommen. Möglicherweise steht der Angeklagte in einem Interessenwiderstreit, in dem er sich nach beiden Richtungen nicht hinreichend äußern oder sonst mitwirken kann. Gerade in der Sachverhaltsaufklärung stehen sich Richter und Angeklagter nicht selten als Gegner gegenüber. Die Persönlichkeitsaufklärung setzt dagegen einen Bezug von Richter und Betroffenen voraus, falls sie wirklich zu einem Ergebnis führen soll.

Ob das festländische Strafverfahren an dem Gedanken der Einheit der Hauptverhandlung ausnahmelos festhalten soll, ist zweifelhaft[349]). Es wäre eine Lösung denkbar, die zwar an der Einheit des Verfahrens grundsätzlich festhält, jedoch die Möglichkeit einer Aufteilung für den Fall eröffnet, daß der Schuldspruch zwar eindeutig geklärt ist, für die Straffrage aber ein hinreichendes Persönlichkeitsbild sich noch nicht ergeben hat. Für das deutsche Strafrecht hat dieser Gedanke bei der Aussetzung des Strafausspruches gemäß § 27 JGG. Anerkennung gefunden.

Wichtiger ist die zweite Frage, ob überhaupt in der Hauptverhandlung ein hinreichendes Persönlichkeitsbild gewonnen werden kann. Verhältnismäßig einfach ist es in der Praxis für das Gericht, sich ein zuverlässiges Bild zu verschaffen, wenn der Angeklagte sich in Untersuchungshaft befindet oder wenn eine psychiatrische Untersuchung zur Frage der Schuldfähigkeit durchgeführt wird.

Schwieriger wird es dann, wenn das Gericht selbst die persönlichen Grundlagen erst sich beschaffen muß. Soweit dafür nicht besondere

[349]) Vgl. Paul Cornil, La césure entre la condamnation et le prononcé de la peine Schweiz Z f. Str. 70 (1955), 225—242; vgl. auch Marc Ancel - J. B. Herzog, L'individualisation des Mesures Prises à l'Egard du Deliquant, Paris o. J. 133—198.

Organe zur Verfügung stehen, wie im deutschen Jugendstrafrecht die Jugendgerichtshilfe, deren Parallelorgan jedoch im deutschen Erwachsenenstrafverfahren fehlt, ist das Gericht auf die (praktisch nur selten erfolgende) Heranziehung von Sachverständigen oder die Auswertung von Zeugenaussagen (Lehrer, Geistliche, Polizeibeamte, Personen, die es früher mit dem Angeklagten zu tun hatten) und von Vorakten angewiesen. Um diese richtig zu verwerten und nicht nur einer rein äußeren Betrachtung zugänglich zu machen, bedarf es einer sorgfältigen Analyse. Sie ist wiederum nur möglich, wenn der Richter kriminologisch interessiert und vorgebildet ist. Die zur Verfügung stehenden örtlichen Sachverständigen besitzen vielfach nicht die ausreichende Vorbildung auf dem Gebiete der Kriminologie und des Vollzuges. Beobachtungszentren fehlen in vielen Ländern. Ob in absehbarer Zeit eine wirklich gründliche Persönlichkeitsforschung, die sich nicht nur auf einige wenige Auswahlfälle beschränkt, herbeigeführt werden kann, ist mehr als zweifelhaft.

So bleibt dem Gericht in der Regel nichts anderes übrig, als die Schuldfrage zu klären und für den Strafausspruch aus dem Tatgeschehen und mit den vorhandenen Beweismitteln zur Persönlichkeit ein vorläufiges, grobes Persönlichkeitsbild sich zu verschaffen. An Hand des Tathergangs und der nur in großen Strichen gewonnenen Vorstellung vom Täter spricht das Gericht je nach der gesetzlichen Lage die Straffestsetzung aus. Die gerichtlichen Erfahrungen mögen dabei in der Regel vor allzugroßen Fehlern bewahren. Immerhin lassen sie sich nicht ausschließen, namentlich dann, wenn der Richter zwischen einer großen Anzahl von Maßnahmen auszuwählen hat.

Die Frage ist: Wie kann man der Gefahr vorbeugen, daß der Verurteilte in eine für ihn nicht passende Vollzugform gelangt, ohne daß die rechtsstaatlich notwendigen Sicherungen entfallen? Dabei ist jedoch zu beachten, daß Rechtsstaatlichkeit nicht einen richterlichen Ausspruch in einem bestimmten Verfahrensabschnitt oder zu einer bestimmten Zeit verlangt, sondern nur die richterliche Garantie erfordert, d. h. einen richterlichen Ausspruch überhaupt. Dieser kann auch im Vollzugsstadium liegen.

Mir scheint eine ausgleichende Lösung darin zu liegen, daß das erkennende Gericht im Urteil nicht auf eine bestimmte Vollzugsart, sondern auf Freiheitsentzug schlechthin erkennt (wegen der Dauer vgl. unter 4[350]). Die weitere Differenzierung ist eine Vollzugsentscheidung. An ihr ist das erkennende Gericht nur insoweit zu beteiligen, als es dem Urteil ein dem Verurteilten bekanntzugebenden Vollzugsplan beifügt,

[350]) Soweit Zuchthausstrafe beibehalten wird, sollte der Ausspruch dieser Strafe, wie später noch näher dargetan wird, nur eine Kennzeichnung der Verwerflichkeit der Tat, nicht aber eine Bestimmung über die Vollzugsart bedeuten. Vgl. § 8 II dieser Arbeit.

aus dem sich ergibt, wie der Vollzug einzuleiten und, falls der Plan nicht durch das Vollzugsgremium geändert wird, durchzuführen ist. Dieser Plan würde zu enthalten haben: die Überstellung zur Klassifikation (nur bei längeren Strafen ab 10 Monaten) oder den Beginn in einer bestimmten Vollzugsart (Sicherungs-, Sühne-, Erziehungsvollzug allgemeiner oder spezieller Art oder bloßer Mahnvollzug mit Bezeichnung der Einrichtungsart). Das bestätigend oder abändernd entscheidende Vollzugsgremium muß ein Gericht sein. Dieses sollte ein besonderes Vollzugsgericht (Vollstreckungsgericht) sein. Auf die näheren Einzelheiten ist hier nicht einzugehen.

4. Inwieweit die Dauer des Freiheitsentzugs vom Richter zu konkretisieren ist, hängt vom Gesetz ab. Es kann eine festbestimmte Dauer vom Richter fordern oder aber auch den Ausspruch einer unbestimmten Dauer zulassen. Das Gesetz kann aber auch die Dauer der Maßnahme für den konkreten Fall selbst bestimmen, sei es in absoluter oder in relativer Form[351]). Soweit der Richter mit der Festsetzung der Dauer beauftragt ist, muß er sich Gedanken darüber machen, welcher Zeitraum für die Änderung der Persönlichkeitshaltung notwendig ist. Eine Schranke ist ihm — wenigstens im Erwachsenenstrafrecht, wie es in Deutschland Geltung hat — durch den Vergeltungsgedanken gesetzt. Die Strafdauer darf über den vom Vergeltungsgedanken als gerecht und angemessen empfundenen Zeitraum nicht hinausgehen. So sehr Erziehungs- und Vergeltungsgedanken entgegengesetzt sein können, so dürfte doch die praktische Bedeutung des Gegensatzes nicht allzu groß sein. Eine vom Vergeltungsgedanken her zu hohe Strafe wird von dem Betroffenen als ungerecht empfunden und hindert damit die Auslösung der zur Mit-

---

[351]) Die positive deutsche Strafrechtsordnung bietet ein buntes Bild.
Im Erwachsenenstrafrecht kennt das Gesetz bei der Freiheitsstrafe sowohl die gesetzlich absolute bestimmte Strafe (lebenslange Strafe) als auch die vom Richter innerhalb eines Rahmens festzulegende Strafe. Dabei führt jedoch die Möglichkeit der vorläufigen Entlassung (§ 26 StGB) zu einer Unbestimmtheit. Im Jugendstrafrecht kennt das JGG die vom Richter bestimmt und relativ unbestimmte (rahmenmäßig) festzusetzende Jugendstrafe. Die Maßregeln der Sicherung und Besserung des Erwachsenenstrafrechts und die die Freiheit berührende jugendrechtliche Erziehungsmaßregel der Fürsorgeerziehung unterliegen keiner zeitmäßigen Festsetzung im Urteil. Ihre Dauer ergibt sich aus dem Gesetz. Von unbeschränkter Dauer sind die Unterbringung in einer Heil- oder Pflegeanstalt (§§ 42b, 42f Abs. 3 StGB) und der Sicherungsverwahrung (§§ 42e, 42f Abs. 3 StGB). Zeitlich begrenzt sind die Unterbringung in einer Trinkerheilanstalt oder Entziehungsanstalt (§§ 42c, 42f. Abs. 1 StGB — zwei Jahre —) und in einem Arbeitshaus (§§ 42d, 42f Abs. 3 StGB — zwei bzw. vier Jahre). Die Fürsorgeerziehung kann bis zur Vollendung des 19. Lebensjahres bzw. bis zur Erreichung der Volljährigkeit des Zöglings dauern (§ 12 JGG, § 72 Abs. 1; 72a Abs. 1 JWG). Entweder ergibt sich das Ende des Erziehungs- und Sicherungsvollzugs kraft Erreichung der gesetzlichen Begrenzung oder kraft vorzeitiger Entlassung infolge richterlichen Spruchs bei Erzielung des Zweckes oder Wegfall des Grundes.

wirkung erforderlichen Kräfte des Verurteilten. Eine vom Vergeltungsgedanken her zu niedrige Strafe würde die Gewinnung einer richtigen Haltung gegenüber Gesetz und Recht und damit die echte Resozialisierung gefährden. Eine Gefährdung der erzieherischen Belange durch den Vergeltungsgedanken würde freilich dann eintreten, wenn er zu starr erfaßt wird. Der Gedanke der gerechten Vergeltung braucht aber nicht einer zweckmäßigen und vernünftigen Reaktion, wie sie unter dem Erziehungsgesichtspunkt gewonnen ist, zu widersprechen. Auch der Erziehungsgedanke trägt eine gewisse objektive Schau in sich, wie umgekehrt der Vergeltungsgedanke auch subjektive Betrachtungsmöglichkeiten eröffnet. Inwieweit der Vergeltungsgedanke Auflockerungen verträgt, hängt von dem allgemeinen Rechtsbewußtsein ab. Nimmt es den Erziehungsgedanken auf, so vollzieht sich auf die Dauer eine Anpassung von Vergeltungs- und Erziehungsvorstellungen. Ein vom Erziehungsgedanken angebrachtes Ergebnis ist im Urteil am ehesten zu erwarten, wenn der Richter bei der Verknüpfung des Vergeltungs- und Erziehungsgedankens von den beiden vorher aufgewiesenen Wegen den zweiten geht, d. h., wenn er sich zunächst Vorstellungen über die Dauer vom Erziehungsgedanken aus macht und dann den Vergeltungsgedanken als Kontrolle einsetzt.

Die für die Bestimmung der Strafe nach dem Erziehungsgedanken entscheidende Frage ist die, welche Dauer dem Erziehungsvorgang zur Verfügung gestellt werden muß. Auch hier ist die Antwort auf diese Frage nicht nur eine solche des Einzelfalles. Es gibt Zeiträume, die für den Erziehungsvollzug allgemein zu kurz sind, wie solche, die allgemein zu lang sind. Die Möglichkeit einer erzieherischen Beeinflussung setzt eine gewisses Einleben des Verurteilten in die neue Lebensform voraus, sie verlangt eine gewisse Loslösung aus dem bisherigen Bereich, sie erfordert das Entstehen eines Bezuges zwischen dem Betroffenen und dem Führenden, schließlich bedarf sie einer gewissen Beständigkeit des Einflusses. Umgekehrt gibt es einen Zeitpunkt, von dem ab die Beeinflussungswirkung sich mindert oder völlig auflöst, da eine bloße Gewöhnung, eine Ermüdung und Erschlaffung, ja sogar Abneigung und innere Auflehnung sich einstellen. Es gibt einen Zeitpunkt, der, wenn er verpaßt wird, den Absprung in das soziale Leben erschwert. So verschieden die menschliche Reaktion des Einzelnen sein mag, so sind die Menschen doch wiederum in ihrer Haltung und Empfindsamkeit weitgehend gleichartig, so daß allgemeine Regeln aufgestellt werden können. Für die Jugenderziehung im Anstaltsbereich sind in dieser Richtung Erfahrungen gesammelt. Der Höchstpunkt der Einwirkungsmöglichkeit auf Jugendliche dürfte bei 1½ Jahren liegen[352]). Unter sechs Monaten ist ein Erziehungserfolg bei

---

[352]) Hierüber sind vor allem in England und den Vereinigten Staaten von Nordamerika Untersuchungen angestellt.

ihnen nicht zu erwarten[353]). Die Frage ist, ob bei Erwachsenen die gleichen Zeiträume in Betracht kommen oder ob der Rahmen ein weiterer oder engerer ist: Vom Jugendvollzug her lassen sich die Erziehungsmaßstäbe nicht ohne weiteres auf den Erwachsenenvollzug übertragen. Im Jugendvollzug muß an den Jugendlichen eine Lebensauffassung vielfach erst herangetragen werden. Er muß meist erst in einem Beruf ausgebildet werden. Andererseits ist der Jugendliche bildsamer und formbarer als der Erwachsene. Für diesen wiederum bedeutet das Herausgerissenwerden aus seiner Umgebung meist mehr als bei dem anpassungsfähigeren Jugendlichen. Im deutschen Bereich fehlen noch genügende Erfahrungen, weil ein eigentlicher Erziehungsvollzug noch nicht durchgeführt worden ist. Mehr als Vermutungen lassen sich daher einstweilen noch nicht aufstellen. Der Zwischenraum von sechs Monaten bis zu vier Jahren als weiteste Grenzmöglichkeit bedeutet nicht mehr als eine vage Schätzung.

Für die Strafbemessung des Einzelfalles genügen solche allgemeine Erwägungen nicht. Sie geben nur einen Rahmen, innerhalb dessen der Richter eine nähere Größe bestimmen muß. Für die Lösung dieser Aufgabe würde es eine große Erleichterung für den Richter sein, wenn er auch hier allgemeine Regeln anwenden könnte und nicht nur auf in Regeln nicht faßbare Einzelheiten des konkreten Falles angewiesen wäre. Es ist die Aufgabe der Zukunft, im Hinblick auf die Strafbemessung aus den psychologischen und charakterologischen Tätertypen pädagogische Typen herzuleiten[354]), die für die Bestimmung der Strafdauer Anhaltspunkte bieten. Auch für die Strafdauer gilt, was bereits für die Auswahl für den Erziehungsvollzug überhaupt betont worden ist, nämlich daß die Bestimmung von der Leistungsfähigkeit des Vollzuges abhängt. Allerdings muß umgekehrt vom Vollzug erwartet werden, daß er im Falle einer verhältnismäßig kurzen Strafdauer (sei es infolge der Grenzen, die der Vergeltungsgedanke gesetzt hat, sei es infolge einer unrichtigen richterlichen Bewertung) einen Vollzug durchführt, der intensiver gestaltet ist[355]),

---

[353]) Über die hindernden Wirkungen der kurzen Strafe für den Erzieher vgl. Franz Weber: Erziehung im Jugendgefängnis in: Friedrich Schneider: Jugendkriminalität, Salzburg 1952, S. 162, Die 6-Monat-Mindestgrenze hat § 18 Abs. 1 deutsches JGG von 1953 gebracht.

[354]) Über die möglichen Gesichtspunkte der Typen vgl. Ernst Seelig, Kriminologie, 2. Aufl. (1951), S. 41ff. Vor allem ist die Prognoseforschung für die Beschaffung pädagogischer Grundlagen wesentlich. Vgl. hierzu Exner, Kriminologie, 3. Aufl. 1949, S. 306ff. Die Prognoseforschung ist vor allem von amerikanischen Forschern weitergeführt worden, insbesondere dem Ehepaar Glueck. Vgl. in grundsätzlicher Hinsicht den bedeutenden Aufsatz von Hermann Mannheim: Über Entwicklungstendenzen in der kriminologischen Forschung, Monatsschrift. 40. Jahrg. (1957) S. 1—22. Die Typenbildung zur Erklärung der Verbrechensursachen reicht für die Behandlungstypen nicht aus (Mannheim, S. 15). Näheres bei der Erörterung des Prognoseproblems im Vollzug.

[355]) Intensität bedeutet einen stärkeren Kräfteeinsatz, nicht aber Verschärfung des Vollzuges.

als es dem Regelfall entspricht und so aus der an sich kurzen Zeitdauer die bestmöglichen Erfolge herausholt.

Das Auswerfen des Strafmaßes nach dem Erziehungsgedanken ruht, wie die Strafbemessung überhaupt, noch immer auf einem unsicheren Boden. Das kann aber nicht dazu führen, den Gesichtspunkt überhaupt auszuschließen. Vielmehr kommt es darauf an, den Erziehungsgedanken ernsthaft verwirklichen zu wollen und die gewonnenen Erfahrungen zu sammeln. Ein solches Verfahren stellt keine Verantwortungslosigkeit dar, da die Strafe nicht über das Vergeltungsmaß hinausgehen darf und im Strafvollzug jederzeit Änderungen, sei es in der Art des Vollzuges, sei es durch bedingte Entlassungen, vorgenommen werden können. Dem geltenden Recht ist die Beweglichkeitsgestaltung von zweckgerichteten Maßnahmen durchaus bekannt[356]). Ist die Strafe oder Maßnahme unter Erziehungsgesichtspunkten ausgewählt, kann sie ohne den Erziehungsgedanken weitergeführt werden (so bei der Gefängnis- und Zuchthausstrafe) oder die Maßnahme kann in ihrem Vollzug geändert oder abgebrochen werden (Anordnung oder Widerruf der Aussetzung zur Bewährung, Vollzug in einer anderen Anstalt oder in einem anderen Vollzugstyp, Wechsel aus dem geschlossenen in den offenen Vollzug, aus dem Erziehungsvollzug in den allgemeinen Vollzug oder umgekehrt). Das moderne Straf- und Vollzugsrecht, das auf die zweckmäßige persönliche Behandlung abgestellt ist, hat an seiner Starre verloren. Gefahren, die sich hieraus im Hinblick auf die Sicherung rechtsstaatlicher Vorstellungen ergeben, kann dadurch vorgebeugt werden, daß die Änderung in die Hand des Richters gelegt wird. Die Frage, ob das der erkennende Richter oder ein Vollstreckungsrichter sein soll, berührt nicht mehr das grundsätzliche Problem.

III. 1. Die Verhängung der Strafe und die Anordnung der Maßregel geschehen innerhalb des Strafverfolgungsvorgangs, der selbst wiederum für die Wirksamkeit des Urteilsausspruches von Bedeutung ist. Setzt die Erziehungsbehandlung auch erst mit dem Vollzug selbst ein, so steht doch dieser wiederum in einer Kette von Handlungen gegenüber dem Betroffenen und von Erfahrungen, die dieser in einem längeren Verfahren gemacht hat. Wie der Verurteilte an den Vollzug herangeführt wird, beeinflußt seine Haltung, mit der er den Vollzugsmaßnahmen begegnet. Daraus folgt die Bedeutung eines in ethisch einwandfreier Weise durchgeführten Strafverfahrens. Wird in dem Verfahren der Beschuldigte als Objekt behandelt, so wird von ihm kaum die im Strafvollzug erforderliche

---

[356]) Beispiele bietet das Jugendgerichtsgesetz (Änderung von Erziehungsmaßnahmen, § 11 JGG, Änderung von Bewährungsauflagen § 23 JGG, Widerruf der Aussetzung § 26 JGG, nachträgliche Entscheidungen über Weisungen und Pflichten § 65 JGG; Entlassung aus der festbestimmten Strafe und der unbestimmten Strafe (§§ 88, 89 JGG). Aus dem Erwachsenenstrafrecht vgl. vor allem § 26 StGB (bedingte Entlassung), aber auch § 24 Abs. 3 StGB (Änderung von Bewährungsauflagen), § 25 Abs. 2 StGB (Widerruf der Aussetzung zur Bewährung).

Subjektstellung, d. h. die Stellung eines mit seinen eigenen Kräften tätig mitwirkenden Menschen erwartet werden können. Wer nicht die Würde und Hoheit des Rechtes in der Begegnung mit dem Gericht erfahren hat, wird nicht den Willen zur Eingliederung in die Rechtsgemeinschaft mitbringen. Wer im Verfahren hintergangen ist, wird auch im Vollzug glauben, weiter hintergangen zu werden. Wer mit Unverständnis, Härte und Hochfahrenheit behandelt worden ist, wird mit Verbissenheit, Verärgerung und Verbitterung die Strafe antreten. Wer sich durch die Art der Behandlung oder durch seine Charakterbeschreibung im Urteil gekränkt fühlt, wird sich den Anforderungen des Vollzuges verschließen. Jeder Richter sollte sich der Auswirkungen seiner Worte und Handlungen auf den Angeklagten bewußt sein. Er sollte auch daran denken, welche Bedeutung sein Verhalten überhaupt für die Anerkennung der Rechtsordnung durch die Gemeinschaftsglieder hat[357]). Der Jurist ist in der Gefahr, die Be-

[357]) Was im Strafverfahren geschieht, sollte auch unter den Auswirkungen auf den Strafvollzug gesehen werden. Auch von hier aus ist eine Antwort auf das Problem der Zulässigkeit von Aufklärungsmethoden, wie die Anwendung des Lügendetektors, der Narcoanalyse, der heimlichen Aufstellung von Tonbandgeräten zur Überhörung von Verdächtigen, Verwendung von Spitzeln in der Untersuchungshaft, zu geben. Die Grenzen der Vernehmungsmethoden ergeben sich für den deutschen Strafprozeß nicht nur aus § 136a StPO, sondern auch aus dem Sinn des Strafverfahrens und der Organstellung. Es kann daher etwas für die Polizei zulässig sein, was für den Richter nicht mehr gestattet ist. Es ist etwas anderes, ob der Beschuldigte weiß, vor einem Beamten zu stehen, mit dem er im Kampf steht, oder vor einem Richter, von dem er ein offenes, objektives Verhalten erwarten darf. Maßnahmen, die unter § 136a StPO fallen, sind allen Verfolgungsbehörden unter allen Umständen verboten (vgl. §§ 136a, 161 Abs. 2, 69 Abs. 3 StPO), so die Narcoanalyse, der Lügendetektor (BGH 5, 332; OLG Hamm DRZ, 50, 212). Andere Methoden wiederum, wie die Verwendung von heimlichen Abhörvorrichtungen im Dienstzimmer (so ein viel erörterter Schweizer Fall vgl, Aeppli SchweizZfStr. 74 (1959) 224f.; J. Graven SchweizZfStr. 73 (1958) 371ff; Pfenninger Rev. Int. d. Crim. 1951, 5) oder von Kriminalbeamten in der Rolle von Mituntersuchungsgefangenen (so in einem mir vorliegenden Urteil aus der ersten Nachkriegszeit — 7 KLs 5/41 StA Koblenz —) widersprechen dem Amt und der Würde des Richters. Daß die richterlichen Vernehmungsformen gebundener sind als die polizeilichen, ergibt sich für den deutschen Strafprozeß eindeutig aus den Vorschriften der §§ 133ff. StPO. Das Strafverfahren, das die Strafrechtsordnung als die die sittliche Grundordnung sichtbarmachende Ordnung zur Verwirklichung bringen soll, muß selbst in sittlich einwandfreier Weise durchgeführt werden. Nicht darauf kommt es an, daß alle Delikte geklärt werden, sondern daß die Klärung in einer der Hoheit der Rechtsordnung entsprechenden Weise erfolgt. Die strafrechtlichen Verurteilungen sind sowieso nur exemplikativ, d. h. Beispiele der sittlichen Grundauffassungen, auf denen die Gemeinschaft beruht. Vom Standpunkt der Kriminalpädagogik aus kann auf die negativen Auswirkungen nicht einwandfreier prozessualer Verhaltungsweisen nicht genügend hingewiesen werden. Bemerkenswert ist, daß es sich im Verlaufe der Prozeßgeschichte immer wieder erweist, daß nicht einwandfreie Verfahrenspraktiken die Gefahr von Fehlurteilen erheblich steigert. Das bereits erwähnte Urteil des LG Koblenz vom 3. 5. 1941 (7 KLs 5/41 StA Koblenz), das im Wiederaufnahmeverfahren ein im Jahre 1926 wegen Raubmordes ergangenes Urteil des LG Neuwied zum Freispruch mangels Verschuldens brachte, zeigt die verheerenden Wirkungen der Verwendung eines Kriminalbeamten als Untersuchungshaftspitzel. Die Verwendung war be-

ziehungen im Prozeß nur sachlich zu sehen. Es ist selbstverständlich, daß sie auch sachlich sein müssen. Aber darüber hinaus müssen personelle Bezüge bestehen. Ich habe Richter kennengelernt, die durchaus nicht einmal milde waren, die aber den beteiligten Menschen, Angeklagten und Zeugen so begegneten, daß diese sich gerecht und menschlich angesprochen fühlten. Bei ihnen kam jeder zu Wort, der Angeklagte hatte hinreichende Möglichkeit, sich zu äußern. Er empfand, daß er unvoreingenommen und nicht herabsetzend behandelt wurde. Hier verstand es der Richter als Persönlichkeit, sowohl dem Rechte als auch den Prozeßbeteiligten zu dienen.

Die Persönlichkeit des Richters begründet die Wirksamkeit des Rechtes und die Stellungnahme der Rechtsgemeinschaft zur Rechtsordnung. Die Dinge wirken auf den Menschen so, wie sie vom Menschen an ihn herangetragen werden. Die Werte werden im Wege der menschlichen Vermittlung sichtbar gemacht. Durch den sie vermittelnden Menschen erlangen sie ihre Glaubwürdigkeit[358]). Es ist ein Zeichen besonderer Reife des Empfangenden, wenn er es versteht, die Sache vom Vermittler zu trennen. Diese Reife kommt aber nur wenigen zu. Die menschlich schlechte Vermittlung bedeutet für sie etwas Anstößiges und Bedauerliches. Die Tätigkeit des Richters beschränkt sich keineswegs auf die äußere Rechtsanwendung, die ebenso gut von diesem oder jenem technisch hinreichend vorgebildeten und sachlich genügend unterrichteten Juristen vorgenommen werden könnte. Jeder Rechtsprechungsakt ist ein einmaliger Vorgang, der sich zwischen diesen Menschen vollzieht. Er ist ein anderer, wenn ihn der Richter A. und wenn ihn der Richter B. vornimmt, selbst wenn das Ergebnis dasselbe ist.

Es ist daher von Bedeutung, wer der Richter ist. Es ist daher nicht gleichgültig, ob der Richter „ein Dieb ist“ (Shakespeare, Maß für Maß), wenn er nur das Recht spricht. Es ist nicht gleichgültig, ob der Richter die Rechtsordnung nur äußerlich anwendet oder ob er sie sich zum inneren Besitz gemacht hat. Es ist nicht unerheblich, ob er nur das Gesetz anwendet oder ob er die Gesetzesanwendung mit seiner Person deckt. Es

---

dauerlicherweise nicht auf einen Einzelfall beschränkt. Die deutsche Strafprozeßwissenschaft ist sich in der Ablehnung nicht einwandfreier Verfolgungsmethoden nahezu einig. Vgl. Heinrich Henkel, Strafverfahrensrecht, 1953, S. 230, 260; Eduard Kern, Strafverfahrensrecht, 4. Aufl. 1956, S. 92; Löwe-Rosenberg, Kom. 20. Aufl. zu § 136a Anm. 9; Karl Peters, Strafprozeß, 1952, S. 258—262; Eberh. Schmidt: Lehrkom. I., S. 59f.; II zu § 136a Anm. 5ff. (mit weiteren Literaturangaben); Werner Niese: ZStrW 63 (1951), S. 199ff. Eine gewisse Sonderstellung nimmt ein Wilhelm Sauer, Allgemeine Prozeßrechtslehre, 1951, S. 137, 172, 180f.; ebenso schon JR 1949, 500. Zu dem gesamten Fragenkreis mein Vortrag: Le respect de la Personne Humaine dans le Procédure Pénale, Les Cahiers du Droit Nr. 41 (1956) 53—62 (= Il rispetto della persona umana nelle procedura penale, Justitia (Rom), Bd. 9 (1956), S. 305—315).

[358]) Zu dem hier in Betracht kommenden Vorgang der „Kommunikation“ vorzüglich Heinrich End, Existentielle Handlungen im Strafrecht, München 1959 S. 90ff.

ist für die Tragweite des Rechtspruches durchaus wesentlich, ob der Richter sich hinter dem Gesetz versteckt und er seinen Spruch mit dem Gesetz entschuldigt oder ob er persönlich den Spruch mitträgt. Derartige Fragen berühren das Problem des richterlichen Gewissens[359]).

Inwieweit sich im Richterspruch die richterliche Persönlichkeit entfalten kann, hängt auch von dem Gesetze ab. Das deutsche Prozeßrecht und die deutsche Prozeßübung weisen manche Züge auf, die Persönlichkeit zurückzudrängen. Beispiele dafür sind die Verpflichtung zum weiteren Mitstimmen im Falle des Überstimmtwerdens bei einer vorangegangenen Grundentscheidung (§ 195 GVG), die Gebundenheit an die Rechtsauffassungen anderer Richter (der Revisionsrichter, §§ 358 StPO, § 565 ZPO), die Mitwirkung derselben Richter im Falle der Aufhebung ihres Urteils durch die höhere Instanz, die Niederlegung der Urteilsgründe durch den überstimmten Richter, die jedenfalls praktisch erhebliche Einschränkung der Abgabe und Bekanntgabe eines Sondervotums. Der Gedanke der Autorität führt zu einem Aufgehen des einzelnen in der Sache, jedoch bedeutet dieses Aufgehen einen nicht unerheblichen Verlust an Überzeugungskraft. Dazu kommt, daß die sich immer mehr ausweitende richterliche Tätigkeit nicht zu einer Vermehrung des richterlichen Ansehens führt, sondern eine immer stärkere Verflachung mit sich bringt. Der Richter gehört, so wie die Entwicklung in Deutschland gegangen ist, einer von vielen Beamtengruppen an. Seine Beamtengruppe ist so umfangreich geworden, daß die Persönlichkeiten notwendigerweise immer stärker zurücktreten. Sie sind auch nicht mehr in einer solchen Zahl zu beschaffen, wie es die Deckung des Bedarfs verlangt.

Kriminalpädagogik rührt somit auch an Probleme der Reform des Richtertums[360]) und der Verfahrensreform. Es ist selbstverständlich, daß derartige Reformen nicht entscheidend unter dem Gesichtspunkt der Kriminalpädagogik in Gang gesetzt werden können. Jedoch trägt auch dieser Gesichtspunkt mit dazu bei, die Reformforderungen zu unter-

[359]) Zu diesem Fragenkomplex vgl. Karl Peters, Das Gewissen des Richters und das Gesetz in der Ebers-Festschrift (Conrad-Kipp: Gegenwartsprobleme des Rechts) Paderborn 1950 I, S. 23—42; ferner mein Lehrbuch des Strafprozesses S. 90ff.; Rotberg: Zu einem Richtergesetz, 1950. Gegen die von Rotberg und mir vertretene Ansicht Eberh. Schmidt: Lehrkom. I. S. 224f.

[360]) In diesem Zusammenhang verdienen auch die Bedenken gegen die Ausbildung der jungen Juristen und die Form, in der eine große Anzahl von ihnen in allzu großer geistiger Enge das Studium betreibt, der Erwähnung. Zu den Problemen der Justizreform gehört die spezielle Ausbildung des Strafrichters, zwar nicht im Studium, wohl aber in der Referendar-, spätestens in der Assessorenzeit. Der Wechsel des Richters von der Zivil- in die Strafjustiz und umgekehrt mag zwar verwaltungsmäßig erfreulich sein, ist aber für die Strafrechtspraxis durchaus bedenklich. Die Kenntnisse des Strafrichters müssen sich auf zahlreiche Gebiete wie Psychologie, Medizin, Ehtik, Pädagogik und speziell die Kriminologie (einschl. Poenologie) und Kriminalistik, erstrecken, wie es beim Zivilrichter nicht der Fall ist. Der Einwand der Gefahr einer verengenden Spezialisierung greift fehl, weil die erforderlichen Kenntnisse des Strafrichters außerordentlich in die Weite gehen.

stützen, die sich aus allgemeinen Erwägungen zur Gerichtsverfassung, zum Strafverfahren und zum materiellen Recht ergeben.

2. Der Wandel vom Tatstrafrecht zum Täterstrafrecht führt auch in kriminalpädagogischer Hinsicht zu einer Reihe von Verfahrensproblemen, die sich aber keineswegs unter dem kriminalpädagogischen Aspekt erschöpfen, sondern ganz allgemeiner Natur sind[361]).

Selbst wenn man die Persönlichkeitsforschung in der Hauptverhandlung nicht so weit vorzutreiben braucht, wie es im Vollzug der Fall ist, werden doch weitgehend familiäre und persönliche Umstände des Angeklagten erörtert werden müssen. Die Unterlagen lassen sich nur zum Teil aus Registern (Strafregister, Erziehungskartei) und Vorakten (Vorstrafakten, Zivilprozeßakten, Personalakten, Anstaltsakten, Krankenblätter) beschaffen. Erhebliche Persönlichkeitsumstände können aus den psychiatrischen und psychologischen Gutachten entnommen werden. Aber solche Gutachten werden nicht immer beigezogen. Sie bedürfen überdies auch der Kenntnis der Verhältnisse. So bleibt für die Persönlichkeitsforschung ein weiter, mit den aufgezählten Mitteln nicht erfaßter Raum. Inwieweit er durch Leumundzeugen ausgefüllt werden kann, bleibt mehr oder weniger dem Zufall überlassen. Die notwendigen Aufgaben können nur durch ein eigenes Ermittlungsorgan durchgeführt werden.

Sachverhaltsermittlung und Persönlichkeitsermittlung stellen zwei wesentlich verschiedene Aufgabenbereiche dar, die jeder seine besonderen Kenntnisse, Erfahrungen und Methoden erfordern. Die Sachverhaltsaufklärung zielt auf die Beschaffung der Unterlagen für den Schuldspruch ab, bei dem es sich vorwiegend um die Feststellung des objektiven Geschehens handelt. Er ist auf die Vergangenheit gerichtet. Die Persönlichkeitsforschung geht auf die Beschaffung der Grundlagen für den Straf- und Behandlungsspruch. Mit ihm setzt bereits die Regelung des zukünftigen Schicksals des Betroffenen ein, das, soweit es möglich ist, fördernd gestaltet werden soll. Die beiden Aufgaben sind zweierlei. Infolgedessen können sie auch nicht in eine Hand gelegt werden. Die Sachverhaltsaufklärung gehört zum Bereich der polizeilichen, die Persönlichkeitsaufklärung zu dem Bereich der sozialen Aufgaben. Dabei dürfen Wohlfahrtsbereich und Sozialbereich nicht identifiziert werden. Die Persönlichkeitsaufklärung, die notwendigerweise in den familiären und persönlichen Bereich eindringt, bedarf des Taktes, der Aufgeschlossenheit für den persönlichen Bereich, der Bindungsfähigkeit und der sozialpflegerischen Kenntnisse. Stärker noch als bei einem Versagen oder Fehlgreifen in der Sachverhaltsaufklärung rufen Taktlosigkeiten und Mißgriffe in der Persönlichkeitsforschung Ablehnung und Opposition hervor. Gerade hier ist die Gefahr, daß der Beschuldigte in eine Gegenhaltung getrieben wird, die auch im Vollzug nicht mehr zu beseitigen ist, besonders groß.

[361]) Zur prozessualen Bedeutung des Wandels vom Tat- zum Täterstrafrecht vgl. meinen Strafprozeß, S. 10, 40ff.

So ergibt sich für das Strafverfahren die Notwendigkeit, ein eigens für die Persönlichkeitsforschung bestimmtes Organ[362]) zu schaffen. Mängel in dem Vorverfahren können sich geradezu verhängnisvoll auswirken[363]).

Das weitere Problem der Persönlichkeitsforschung ist ihre Durchführung in der Hauptverhandlung[364]). Zu einer Erörterung der Persönlichkeitsfragen ist die Hauptverhandlung aus mancherlei Gründen wenig geeignet. Zunächst liegt ihr Schwerpunkt bei der Sachverhaltsaufklärung. Auf die hieraus sich ergebenden Schwierigkeiten ist schon hingewiesen worden. Weitere sollen hier noch angefügt werden.

Verwicklungen können sich daraus ergeben, daß der Betroffene, der sich möglicherweise einem Beauftragten der Gerichtshilfe oder einem psychiatrischen oder psychologischen Sachverständigen erschlossen hat, nun sein Persönlichkeitsbild entrollt sieht. Die Notwendigkeit, die Persönlichkeitserforschung bis zum Stattfinden der Hauptverhandlung durchführen zu müssen, kann dazu führen, daß der Zeitpunkt, sich mit der Person des Beschuldigten zu befassen, denkbar ungünstig ist. Es ist unter Umständen vom Pädagogischen her nicht selten zweckmäßig, nicht zu drängen, sondern abzuwarten, bis der Betroffene sich selbst erschließt und zum Reden bereit ist[365]).

Es ist notwendig, sich mit diesen Tatsachen auseinanderzusetzen. Für den Juristen bleibt nicht weniger wie für den Pädagogen die Frage, wie sich das Verfahren sowohl im Hinblick auf die Strafrechtszwecke und die Rechtsstaatlichkeit als auch auf die menschliche Beeinflussung als Grundlage des pädagogischen Erfolges gestalten läßt. Das Täterstrafrecht verlangt eine andere Verfahrensdurchführung als das Tatstrafrecht.

Zu den unantastbaren Grundsätzen gehört das Recht auf Verteidigung. Alles, was das Gericht verwertet, muß dem Angeklagten und seinem Verteidiger bekanntgegeben und erörtert werden. Es kann daher die Persönlichkeitsforschung nicht auf die Verwertung bloßer schriftlicher Unterlagen gestützt werden. Die Unmittelbarkeit und Mündlichkeit des Verfahrens können nicht aufgegeben werden, um dem Angeklagten oder auch dem Sachverständigen oder dem Beauftragten der Gerichtshilfe eine unangenehme Situation zu ersparen. Jedoch bedarf der Grundsatz der Öffentlichkeit einer Einschränkung. Die Öffentlichkeit hat einen Anspruch darauf, die Klärung des Sachverhalts zu erfahren und auch das

---

[362]) Zu dem Problem der Gerichtshilfe vgl. Rudolf Sieverts: Zur Notwendigkeit und Gestaltung der Gerichtshilfe im allgemienen Strafverfahren, MschrKim. 36 (1953) 129ff.; mein Strafprozeß, S. 148ff. Ein wichtiges Vorbild stellt die Jugendgerichtshilfe dar. Dazu Dallinger-Lackner: JGG 1953 (S. 322—341 mit weiteren Literaturangaben).

[363]) Dazu ein Beipiel in: 50 Jahre Allgemeiner Fürsorgeerziehungstag, Hannover-Kleefeld, 1956, Referat Alice Borchert, S. 48.

[364]) Hierzu Gutachten, 41. DJT, a. a. O. S. 51f.

[365]) Vgl. hierzu mein Gutachten für den 41. DJT, Berlin 1955, Verhandlungen Bd. I, 2, S. 48, Anm. 101.

Urteil zu vernehmen, sofern nicht besondere gesetzliche Gründe ihren Ausschluß von der Verhandlung verlangen. Dagegen sollten Umstände aus der persönlichen und familiären Sphäre nicht vor die Allgemeinheit gezerrt werden. Der Sinn des Prinzips der Öffentlichkeit liegt nicht zuletzt darin, dem Angeklagten einen Schutz zu gewähren. Er entfällt dort, wo die Erörterung persönlicher Dinge gegen ihn ausschlägt. Es sollte dem Angeklagten wenigstens ein Recht zur Ausschließung der Öffentlichkeit auf seinen Antrag bei der Erörterung der persönlichen Umstände gewährt werden[366]). Die Hauptverhandlung würde demnach im Falle eines Antrags des Angeklagten in einem öffentlichen Teil zur Sachverhaltsaufklärung und in einem nicht öffentlichen Teil zur Persönlichkeitsaufklärung bestehen. Das würde voraussetzen, daß der Aufbau der Verhandlung derart wäre, daß die Persönlichkeitserörterungen für den späteren Verfahrensteil aufgespart würden[367]). Eine solche Verfahrensdurchführung würde auch im Interesse einer zuverlässigeren Beweiswürdigung liegen, die zunächst einmal die Vorgänge rein sachlich betrachtet. Sie würde es im Falle des Freispruchs ermöglichen, überhaupt auf die Erörterung der Persönlichkeitsfragen zu verzichten.

Auch die prozessuale Betrachtungsweise führt zu einer Begrenzung der Persönlichkeitsforschung[368]). Der bei der Erörterung der Maßnahmen-

---

[366]) Vgl. mein Gutachten a. a. O., S. 51f.

[367]) Im deutschen Strafprozeß wird die Persönlichkeitserörterung vorangestellt. Diese Praxis beruht auf einer nicht notwendigen, ja nicht einmal richtigen Auslegung des § 243 Abs. 2 StPO. Danach schließt sich an den Aufruf der Zeugen und Sachverständigen die Vernehmung des Angeklagten über seine persönlichen Verhältnisse. Diese Vernehmung hat sich auf die Identitätsfeststellung zu beschränken. Dafür spricht die Vermeidung unnötiger den Beschuldigten belastender Umstände, namentlich im Falle des Freispruchs. Der Gedanke der Gewährleistung einer unvoreingenommenen Sachverhaltsaufklärung und schließlich der Umstand, daß diese Vernehmung vor der Verlesung des Eröffnungsbeschlusses liegt, also noch nicht einmal bekannt ist, was die Erörterung der persönlichen Verhältnisse überhaupt mit der Sache zu tun hat, erfordern eine Zurückstellung der eigentlichen Persönlichkeitsprüfung. Soweit persönliche Umstände für die Sachaufklärung notwendig sind, gehören sie ebenfalls erst in die Verhandlung nach Verlesung des Eröffnungsbeschlusses. Sie mögen dann bei dem Sachverhaltsaufklärungsteil behandelt werden. Das hier vertretene System setzt nicht notwendigerweise das anglo-amerikanische geteilte Verfahren voraus. Dazu bereits mein Gutachten, 41. DJT, a.a.O., S.49ff. Für die derzeitige Praxis Eberh. Schmidt, Lehrkom. II zu § 243 Anm. 16 (nicht ganz konsequent die Ausführungen für den Fall, daß die Vereidigung eines Schöffen erst nach den Erklärungen zur Person erfolgt, da hier darauf abgestellt wird, ob die späteren Erklärungen „eine Wiederholung seiner persönlichen Identifizierung" darstellen [zu § 338 Anm. 10a]).

[368]) Das Problem der Zurückhaltung bei der Klärung des Persönlichkeitsbildes ist nicht nur im Hinblick auf den Angeklagten, sondern auch auf den Zeugen von Bedeutung. Die Notwendigkeit, zu der Frage der Glaubwürdigkeit Stellung zu nehmen, führt, wie die Praxis beweist, unter Umständen zu einem Hineinleuchten in den Lebensgang und den intimen Persönlichkeitsbereich des Zeugen hinein. Das ist für den Zeugen nicht selten wenig erfreulich. Es bestehen aber auch Gefahren für die Haltung des Angeklagten selbst, wenn er in der Hauptverhandlung erlebt, wie sich das Interesse des Gerichtes von ihm abwendet und der Zeuge in

bestimmung erfolgte Hinweis, daß die richterliche Festsetzung sich auf ein gewisses Maß von Persönlichkeitsumständen beschränken kann, erhält vom Prozeß her gesehen eine weitere Stütze. Es bleibt aber infolge der notwendigen Individualisierung und Psychologisierung des Strafverfahrens auch so noch genug zu erörtern. Daß das mit hinreichender Zurückhaltung und vollendetem Takt geschieht, gehört zu den richterlichen Verpflichtungen. Dabei kommt es nicht nur auf ihn an, sondern auch auf die übrigen Prozeßbeteiligten, wie den Staatsanwalt, Verteidiger, Nebenkläger, Privatkläger und deren Prozeßvertreter, Beauftragten der Gerichtshilfe und den Sachverständigen an. Eine gut geführte Verhandlung, die von einer anerkannten Richterpersönlichkeit geleitet wird, wird vor allzu großen Entgleisungen bewahrt bleiben.

Sie können immer vorkommen und lassen sich auch von einem guten Richter nicht ausschliessen. Der Staatsanwalt kann die Anklage mit einer erregenden Einseitigkeit vertreten oder sich zu herabsetzenden Äußerungen gegen den Angeklagten hinreißen lassen. Der Verteidiger kann bestrebt sein, aus schwarz weiß zu machen[369]) und den Zeugen in die Enge zu treiben, namentlich indem er seine Glaubwürdigkeit antastet. Der Beauftragte der Gerichtshilfe kann den Bericht in einer Form erstatten, die den Angeklagten lächerlich macht oder ihn zur Scham treibt. Die Praxis kennt für alles das Beispiele. Hier tritt gerade vom kriminalpädagogischen Ziel des Verfahrens eine erhebliche Gefährdung des Loslösungsvorganges des Täters von seiner Tat ein.

---

die Rolle des Inquirierten gerückt wird. Auch dieser Gefahrenpunkt des psychologisierten Strafverfahrens muß gesehen werden. Die Untersuchungen, denen ein Zeuge sich unterwerfen muß, sind eingeschränkter als diejenigen des Angeklagten. Es ist in Literatur und Rechtsprechung anerkannt, daß der Zeuge sich nicht zu einer Untersuchung durch einen Psychologen oder Psychiater zu stellen braucht (KM. 4. Aufl. zu § 81c Anm. 2a; Karl Peters, Strafprozeß S. 254; OLG Hamm, JZ 1957, S. 186). Soll nicht die Gefahr der Umkehr eines Strafprozesses (vom Angeklagten auf den Zeugen) entstehen, so verdient diese Auffassung Anerkennung. Auch hier muß die Lösung in der Ermittlung allgemeiner Erfahrungstatsachen bestehen. Wenn eine bestimmte Zeugensituation gegeben ist (z. B. Selbstschutzgefahr, Beeinflussungsmöglichkeit, Gruppenbildung, Gerüchteeinwirkung), die erfahrungsgemäß Beweisschwierigkeiten macht, so reicht der Beweis nicht aus. Psychologische Untersuchungen entfallen in solchen Situationen. Auch hier bedarf es eines Ausgehens von Erfahrungen, wie sie in langer Gerichtspraxis und wissenschaftlichen Untersuchungen gewonnen worden sind. Wo sie zu Zweifeln führen, wirken sie sich zugunsten des Angeklagten aus. Das ist weniger verhängnisvoll, als wenn hier Untersuchungen durchgeführt werden, die auf Kosten der geistigseelischen Entwicklung des Zeugen gehen und unter Umständen Lebenschancen vernichten. Was hieraus für den die Persönlichkeitsforschung des Angeklagten zu folgern ist, ist freilich nicht mehr als das, daß das Eindringen in die Persönlichkeitssphäre Grenzen unterliegt, die freilich beim Schuldigen weiter zu rücken sind als beim Zeugen.

[369]) Die Haltung des Verteidigers ist für die Entwicklung des Rechtsbewußtseins des Beschuldigten von außerordentlicher Bedeutung — im Positiven wie im Negativen. Dieser Gedanke wird vor allem im Jugendstrafrecht betont. Vgl. meinen Kom. z. RJGG 1943 zu § 42 Anm. 3.

Die Hauptverhandlung sollte ein Beginn der Löslosung sein. Ob sie dazu führt, hängt von der Einstellung des Angeklagten und seiner Bereitschaft zur Abkehr ab. Alles, was er in dieser Richtung tut, muß aber auf dem selbständig gewonnenen freien Entschluß beruhen. So angenehm für den Verfahrensgang (Abkürzung, innere Beruhigung des Richters) auch sein Geständnis sein mag, so kann seine Herbeiführung gerade auch im kriminalpädagogischen Interesse nicht erzwungen oder auch nur in milderer Form abgenötigt werden. Das Recht, seine Tat abzuleugnen und den Beweis der Täterschaft zu verlangen[370]), kann auch von der Kriminalpädagogik her nicht beeinträchtigt werden. Die Gründe für ein Bestreiten der Tat können so verschiedenartig sein, daß sehr sorgsam abzuwägen ist, welche Folgerungen aus dem Ableugnen zu ziehen sind. Ebenso kann das Geständnis auf positiv wie negativ zu bewertenden Gründen beruhen. Geschieht es, um sich von der Tat zu trennen und einen anderen Weg durch das Leben zu suchen, so ist damit freilich ein wichtiger Anfang für einen Erziehungserfolg gesetzt. Hat ihm der Richter hierzu den Weg geebnet, so hat er einen wichtigen Beitrag zu dem Erziehungsvorgang geleistet.

Die Haltung, mit der der Angeklagte in die Hauptverhandlung tritt, hängt auch von den vorher ergriffenen Untersuchungsmaßnahmen ab. Eine erhebliche Bedeutung kommt der Untersuchungshaft zu. Ihre Anwendung sollte streng auf die gesetzlichen Voraussetzungen beschränkt sein. Es wird von ihr offensichtlich ein zu weiter Gebrauch gemacht. Vor allem darf die Untersuchungshaft nicht eine Vorwegnahme der Strafe oder gar als Denkzettel angeordnet werden. Letzteres kommt bei Jugendlichen gelegentlich vor. Pädagogisch bedeutet die Untersuchungshaft in der Regel eine Gefahr, weil sie keinen Raum für eine erzieherische Einwirkung bietet, da sie infolge der psychischen Auswirkungen den Angeklagten in eine gestörte Beziehung zum Gericht bringt, und schließlich, weil sie die Gefahren der kriminellen Infizierung mit sich bringt[371]). Dort wo sie unentbehrlich ist, sollte eine Vorbereitung auf die Hauptverhandlung durch den Verteidiger oder die Straffälligenhilfe erfolgen. Auch

[370]) Dieses Recht bedeutet kein Recht zu lügen. Vgl. hierzu meinen Strafprozeß, S. 163. Das Recht des Abstreitens geht allerdings tatsächlich sehr leicht in die Lüge über, weil das bloße Verneinen der Schuld ohne Äußerung zur Sache als ein Schuldzeichen angesehen wird. Wenn der Richter den Angeklagten gemäß §§ 243 Abs. 3, 136 Abs. 3 StPO befragt, ob er etwas auf die Beschuldigung erwidern wolle, so stellt ihn die Frage nicht vor eine echte Freiheit, solange das Nein im Rahmen der freien richterlichen Beweiswürdigung zu seinem Nachteil verwertet werden kann. Wenn die Lüge auch keine prozessualen Nachteile mit sich bringt, kann sie jedoch von materiell-rechtlicher Bedeutung sein, so für die Strafbemessung, für das Vorliegen einer üblen Nachrede. Eingehend zu dem gesamten Fragenkomplex mit teilweise abweichender Grundauffassung Eberh. Schmidt, Lehrk. II, zu § 136 Anm. 10—18.

[371]) Zur Untersuchungshaft vgl. meinen Artikel „Untersuchungshaft" HdK II (1936) 850—864; Rudolf Sieverts, Die Wirkungen der Freiheitsstrafe und Untersuchungshaft auf die Psyche der Gefangenen, Mannheim - Berlin - Leipzig 1929.

in manchen sonstigen Fällen würde für eine richtige Aufnahme der Verhandlung eine vorherige Hinführung an die Geschehnisse einer Verhandlung angebracht sein[372]).

Der Richter begegnet dem Angeklagten nicht nur in dem Gespräch, das in der Hauptverhandlung stattfindet, sondern er legt im Urteil ein mehr oder weniger eingehendes Persönlichkeitsbild nieder. Die deutschen Gerichte sehen sich dazu genötigt, weil die Gründe des Strafurteils die Umstände anführen müssen, die für die Zumessung der Strafe, die Entscheidung über die Strafaussetzung zur Bewährung und die Maßregeln der Sicherung und Besserung bestimmend waren (§ 267 Abs. 3, 6 StPO). Sosehr diese Bestimmungen dem durchaus begrüßenswerten Zweck dienen, eine rationale begründete Strafbemessung und Maßnahmeanordnung zu sichern, so dürfen doch die Schwierigkeiten nicht übersehen werden, ein wirklich zutreffendes Persönlichkeitsbild niederzulegen. Es entsteht darüber hinaus ein weiteres ernstes Problem. Die gedrängte Zusammenfassung, selbst wenn sie fehlerfrei ist, übt ihre Wirkung auf den Verurteilten aus, wenn er sich mit dem Urteil befaßt. Der Inhalt kann zur Unzufriedenheit und Ablehnung durch den Verurteilten führen, allein weil er infolge eines möglicherweise einseitigen Lebensausschnittes das Empfinden eines Mißverstandenseins hervorruft. Manches klingt geschrieben härter als im gesprochenen Wort. Manches schockiert durch die der Schriftform entsprechenden Dauerhaftigkeit und anhaftende Kälte. Manches belastet ihn einseitig[373]). Manches stellt sich dem Verurteilten als schief gesehen dar. Bei Beurteilungen hält sich der Betroffene zu ungünstig beurteilt. Er vermißt manches, was ihm wichtig erscheint. Mit alledem wird das Problem der Urteilsbegründung angeschnitten, eine Frage, die die für Deutschland übliche Begründungsweise im Gesamten

---

[372]) Rudolf Sieverts, Straffälligenhilfe vor der Verurteilung, Bewährungshilfe 3 (1956/57) 149—166.

[373]) Kürzlich bekam ich ein Aktenstück in die Hand, in dem sich ein Urteil einer Strafkammer befand, durch das jemand zu 6 Wochen Gefängnis wegen Diebstahls unbedeutender Sachen verurteilt worden war, die er einem entfernten Verwandten des Geschädigten unentgeltlich übergeben hatte und die an den Geschädigten zurückgelangt waren. Dieses Urteil begann mit der Lebensentwicklung des Verurteilten. Die Darstellung betrug mehrere Seiten. Sie enthielt: die uneheliche Geburt, den Streit der Mutter mit dem Stiefvater, deren Selbstmordversuch mit ihren beiden Kindern, von denen eins der Angeklagte, der andere dessen Bruder war, der dabei ums Leben kam, das deswegen gegen die Mutter eingeleitete Strafverfahren, in dem die Mutter wegen Geisteskrankheit freigesprochen wurde, den Aufenthalt des Angeklagten in Heimen und bei Pflegeeltern, wo er sich schlecht führte, kleinere früher begangene Diebstähle und eine größere Vorstrafe als Heranwachsender. Volle und verminderte Unzurechnungsfähigkeit wurde auf Grund früherer Akten abgelehnt. In einer Bagatellsache wurde ein völlig vernichtendes Lebensbild entwickelt. Wem wird eigentlich damit geholfen? Die Persönlichkeitsmitteilungen wurden in einer Form gebracht, als ob es sich um ein Kapitaldelikt oder einen Schwerverbrecher oder doch wenigstens um einen echten Behandlungsfall handelt. In einem solchen Urteil sind die Grenzen des Takts erreicht.

berührt. Die vom Richter geforderte Schreibarbeit zum Schuld- und Strafausspruch kann gar nicht überschätzt werden. Sie hängt freilich auch mit der Arbeitsweise der Revisionsgerichtsbarkeit zusammen. Hier ist noch vielerlei zu klären und auszugleichen[374]). Man sollte glauben, daß die Urteilsgründe sich an die Prozeßbeteiligten, insbesondere den Angeklagten wenden, tatsächlich stellen sie aber weitgehend eine vorweggenommenen Auseinandersetzung mit der höheren Instanz dar. Für die Beteiligten, insbesondere den Angeklagten, verlieren die Urteile dadurch viel an überzeugender Kraft. Sie bleiben ihm oftmals unverständlich und zuweilen machen sie ihm Ärger. Kriminalpädagogisch sind sie meist bedeutungslos, zuweilen sogar erziehungswidrig[375]).

B. Erziehung und Vollzug

§ 8. Der Erziehungsvollzug innerhalb des Strafvollzuges

I. Der Gedanke, daß der Strafvollzug schlechthin auf die Erziehung des Verurteilten ausgerichtet sei, wird von niemand vertreten. Er würde eine Forderung aufstellen, die nicht erfüllbar wäre und daher dem Erziehungsgedanken Abbruch täte. Aber auch gegen einen auf einen begrenzten (wenn auch nicht unerheblich umfangreichen) Erziehungsvollzug werden Bedenken erhoben. Die Gegner des Erziehungsvollzuges setzen sich aus verschiedenen Gruppen zusammen. Die einen halten den Erziehungsvollzug für einen unerträglichen Eingriff in die Persönlichkeitssphäre und eine Verletzung der persönlichen Freiheit. Dieser Einwand beruht auf einer Verkennung des erzieherischen Vorgangs. Er zielt nicht auf eine Selbstaufgabe des zu Erziehenden ab, sondern auf dessen Freiheit, auf die Loslösung der in ihm enthaltenen Kräfte und eine Befreiung von den seinem Wesen widersprechenden Bindungen. Er geht auf die Entfaltung

[374]) Die Revisionsgerichtsbarkeit übt eine wichtige Kontrolle zur Sicherung eines sorgfältigen Straf- und Maßnahmeausspruches aus. Immerhein darf nicht übersehen werden, daß ein geschickt begründetes Urteil in der Revision durchgeht, während ein Urteil, das sachlich möglicherweise weit besser ist, der Aufhebung verfällt. Entscheidend ist auch die Richterpersönlichkeit in der unteren Instanz. Mehr als alles Schreibwerk sichert sie die Rechtsstaatlichkeit.

[375]) So heißt es in den Strafbemessungsgründen in einem Landgerichtsurteil wegen öffentlicher Ärgerniserregung: „Er ist aber seiner Persönlichkeit nach ein recht labiler Mensch, dem es offenbar schwerfällt, sich in dieser Hinsicht zu beherrschen, weil er bei seiner Frau eine normale geschlechtliche Befriedigung nicht findet." Ist jemand, vor allem dem Verurteilten mit einem solchen Satz gedient?

Vielfach enthalten auch Beschlüsse, durch die eine vorläufige Entlassung oder Gnadenerweise abgelehnt werden, verletzende Formulierungen. Hierbei geht es nicht nur um eine Frage des Takts, sondern auch der Würde und Eindruckskraft der vom Richter vertretenen sittlichen Ordnung. Man gewinnt nicht selten den Eindruck, als ob das Bewußtsein der menschlichen Beziehungen zwischen Verfasser und Adressaten verloren gegangen ist.

seiner Persönlichkeit. Erziehung ist nur unter der Mitwirkung des zu Erziehenden möglich. Sie setzt dessen ungezwungenes Ja voraus. Wo ein solches Ja nicht zu erzielen ist, ist kein Raum für einen Erziehungsvollzug.

Eine andere Gruppe sieht in dem Erziehungsgedanken eine innere Bedrohung des Strafrechts, dessen Ernst und Unverbrüchlichkeit er auflöse. Nur bei einer ungeprüften, zu weiten Ausdehnung des Erziehungsgedankens, kommt diesem Einwand Gewicht zu. Der Erziehungsgedanke verdrängt nicht den Sühne- oder Sicherungsgedanken dort, wo Sühne oder Sicherung geboten sind. Der Erziehungsgedanke ist nur einer neben anderen Strafgedanken. Darüber ist bereits eingehend gesprochen worden. Unrichtig ist vor allem der Vorwurf der Gefährdung des sittlichen Ernstes und der Rechtsidee. Dieser Einwand geht fehl, weil die Erziehung auf ethischen Grundlagen beruht, die die Stütze des Strafrechts sind, und gerade zur sittlichen Formung des Menschen führen will, weil überdies Erziehung von dem Erziehungspartner die Mitwirkung und die Anstrengung der Kräfte, die sittliche Selbstentfaltung fordert. Sie legt dem Betroffenen weit mehr auf als bloße Vergeltung.

Schließlich wird dem Erziehungsgedanken im Strafvollzug Fruchtlosigkeit vorgeworfen. Es wird erklärt, er zeitige keine Ergebnisse. Dabei wird gern auf die angeblich geringe Erfolgsquote hingewiesen[376]). Die Zahlen mögen höher oder niedriger geschätzt werden; es bleibt zu beachten, daß bereits ohne eine systematische Grundlegung des Erziehungsvollzuges und seine konsequente Durchführung immerhin Erfolge erzielt werden.

Der Erfolg bleibt eindeutig nicht feststellbar[377]). Das liegt zunächst einmal an der bereits erwähnten Schwierigkeit der Festlegung des Erfolgsbegriffs. Es ist durchaus zweifelhaft, ob man ihn vom Rückfall her allein oder vorwiegend bestimmen kann. Es ist fernerhin die Kausalität zwischen Strafvollzug und Nichtrückfälligkeit schwer erweisbar. Es besteht die Möglichkeit, daß ein Rückfall auch ohne Strafvollzug nicht eingetreten wäre. Ebenso ist es umgekehrt oftmals nicht möglich zu behaupten, daß der Vollzug für das Versagen des Entlassenen verantwortlich gemacht werden kann. Die Verhältnisse können so liegen, daß auch nicht bestrafte ordentliche Menschen der Tat anheim gefallen wären. Die Verhinderung jeglichen Rückfalls als Wirkung des Vollzugs zu verlangen, würde eine Überforderung des Vollzuges bedeuten.

Der an sich unbegründete Vorwurf der Fruchtlosigkeit und Irrealität des Erziehungsgedankens erhält Nahrung, wenn er zu weit ausgedehnt wird. Es bedarf daher der Aufzeigung seiner Grenzen. Erziehungsvollzug scheidet zunächst dort aus, wo trotz des zu erreichenden Ja des Verurteilten die persönlichen und sachlichen Gegebenheiten nicht vorliegen. Es fallen aus dem Bereich des Erziehungsvollzuges jedenfalls grundsätzlich

[376]) Annemarie Weber, Der Mensch im Gefängnis, Rheinischer Merkur vom 25. Jan. 1957, S. 16, gibt den Prozentsatz der besserungsfähigen Verbrecher mit 5% an. Diese Zahl dürfte erheblich zu tief gegriffen sein.

[377]) Bedenken gegen Versuche eines zahlenmäßigen Nachweises von Erfolgen bei Hanselmann: Andragogik, S. 116.

heraus diejenigen, die nicht erziehungsbedürftig sind. Es gibt eine große Anzahl von Verurteilten, bei denen es von vornherein feststeht, daß sie auch ohne Erziehungsvorgang ein der rechtlichen und sittlichen Ordnung entsprechendes Leben künftig führen werden. Es sind die einmal Gestrauchelten, die echten Konflikttäter. Sie finden sich mit oder ohne Strafvollzug wieder zurecht. Sie verstehen die Mahnung, die in der Verurteilung liegt. Ihre Aufnahme in den Erziehungsvollzug ist um ihrer selbst willen an sich nicht notwendig. Allerdings kann es bei längeren zur Mahnung verhängten Strafen angebracht sein, sie in den eine größere Lebensfülle ausstrahlenden Erziehungsvollzug zu übernehmen, um sie vor den Gefahren der Eintönigkeit des üblichen Strafvollzuges zu bewahren, aber auch um sie in ihrer positiven Haltung in den Erziehungsvollzug als erzieherisch fördernde Kräfte, namentlich im Hinblick auf die Gruppenarbeit, einzubauen. Soweit sie auf diese Weise in den Erziehungsvollzug gelangen, können sie von der Wirksamkeit des Erziehungsvollzuges ein falsches Bild geben, indem sie auf die Seite der Erziehungserfolge gebucht werden. Das geschähe sicherlich zu Unrecht. Der Erziehungsvollzug hat es mit dem der Erziehung bedürftigen Straffälligen zu tun. Sie gilt es, für die Gemeinschaft und für sich selbst zu gewinnen. Damit bleibt immer die Möglichkeit der Erfolglosigkeit des Versuchs, sie anzusprechen.

Aus dem Erziehungsvorgang scheiden weiterhin diejenigen aus, die mit den Mitteln des Strafvollzuges nicht hinreichend gefördert werden können. Dieser Satz bedarf der näheren Erläuterung. Er soll nicht besagen, daß es für die Entscheidung, ob ein Verurteilter förderungsfähig ist oder nicht, auf die heutigen Vollzugszustände mit allen Unzulänglichkeiten ankäme. Der Satz soll nicht dazu dienen, es bei den heutigen änderungsbedürftigen Zuständen zu belassen und sie zum Maßstab der Förderungsfähigkeit oder Förderungsunfähigkeit zu machen. So wie die Dinge im deutschen Strafvollzug liegen — für den ausländischen Strafvollzug tragen wir nicht die Verantwortung —, kann von einer Erziehungsgeeignetheit jedenfalls beim Erwachsenenvollzug so gut wie gar nicht und im Jugendvollzug nur mit gewissen Einschränkungen gesprochen werden. Der Ausgangssatz setzt einen einigermaßen intakten Erziehungsvollzug voraus. Erst dann, wenn ein Verurteilter in diesem nicht mehr gefördert werden kann, kann von seiner Nichteignung für den Erziehungsvollzug die Rede sein. Der Begriff der Nichteignung ist ein relativer. Je besser die pädagogischen Kräfte, Mittel, Einrichtungen und Erkenntnisse werden, um so mehr grenzt sich der Umfang der Nichteignung ein. Jedoch wird es wohl immer absolut Unerziehbare geben. Nur sollte man mit dieser Feststellung sehr vorsichtig sein und nicht eigene persönliche Unzulänglichkeiten und sachliche Unzuträglichkeiten damit entschuldigen. Das Ziel des Erziehungsvollzuges müßte es sein, in immer stärkerem Umfang Schwererziehbare in den Erziehungsvorgang einzubeziehen.

Aus dem Bereich des Erziehungsvollzuges sind weiterhin die gefährlichen Verbrecher herauszunehmen, bei denen der Vollzug vornehmlich die

Aufgabe der Sicherung zu übernehmen hat. Der Begriff der Gefährlichkeit ist nach einer doppelten Richtung zu verstehen: einmal im Hinblick auf die Rechtsgemeinschaft, die des Schutzes bedarf; dann aber auch im Hinblick auf die in der Strafanstalt zusammengefaßte Erziehungsgemeinschaft, die gegen Ansteckungsgefahren abgeschirmt werden muß. Allerdings ist zu beachten, daß die Ansteckungsgefahr sich bei einem übersehbaren Vollzug erheblich herabmindern läßt, auch wenn gefährdende Persönlichkeiten in der Gemeinschaft sein sollten. Für das Maß der Ansteckung kommt es nicht nur auf den Ansteckungsherd, sondern auch auf das Ansteckungsmilieu und die Ansteckungsbereitschaft an. Soweit das Sicherungsbedürfnis überwiegt, kommt Erziehungsvollzug nicht in Frage, da dieser Freiheiten verlangt, die mit dem Sicherungsvollzug nicht vereinbar sind, andererseits aber auch Zeitgrenzen mit sich bringt, die vom Standpunkt der Sicherung nicht hingenommen werden können.

Ohne Rücksicht auf ihre persönliche Einstellung und Haltung scheiden grundsätzlich diejenigen Verurteilten des Erziehungsvollzuges aus, bei denen das Gericht nicht auf eine erziehungsgeeignete Strafe erkannt hat. Solche Strafen sind einmal die leichteren Strafen, wie Geldstrafe (Geldbuße), Freiheitsstrafe mit Strafaussetzung zur Bewährung ohne Erziehungsauflagen, Aussetzung des Strafausspruches zur Bewährung ohne Erziehungsauflagen und die kurze Freiheitsstrafe, sodann die schwersten Strafen: Freiheitsstrafen von mehr als vierjähriger Dauer (langjährige Gefängnis- oder Zuchthausstrafe, Sicherungsverwahrung).

Die leichteren Strafen haben nur Mahncharakter. Sie dienen dazu, dem Betroffenen die Hoheit der Rechtsordnung und ihre Unverbrüchlichkeit, zugleich aber auch die Verantwortlichkeit und das Einstehenmüssen für Unrecht und Schuld sichtbar zu machen. Zu den Mahnstrafen gehört auch die kurze Freiheitsstrafe. Die kurze Freiheitsstrafe ist eine solche Strafe, die infolge der Kürze ihrer Dauer eine individualisierende Behandlung im Vollzug mit Freiheitsentziehung nicht zuläßt. Vom Betroffenen her gesehen ist die kurze Freiheitsstrafe eine solche, bei der ihr Ende als ein bald bevorstehendes Ereignis das Vorstellungsbild des Betroffenen beherrscht. Der Strafvollzug muß sich auf eine beeindruckende und mahnende Wirkung beschränken. Diese Wirkung ergibt sich allein aus ihrer Verhängung (so bei der Aussetzung) oder ihrem Vollzug. Den kurzen Freiheitsstrafen sind mit Sicherheit die Strafen bis zu drei Monaten zuzurechnen. Diese zerfallen in die Bagatellstrafen (bis zu einem Monat oder bis zu 6 Wochen) und die normalen Kurzstrafen (von einem Monat bzw. 6 Wochen bis zu drei Monaten). In den Bereich der kurzen Freiheitsstrafen können aber auch noch die Strafen von drei bis sechs Monaten einbezogen werden, bei denen allerdings schon Ansätze einer individuellen Behandlung möglich sind, die aber einen eigentlichen planmäßigen Erziehungsvollzug noch nicht zulassen. Sein Beginn ist auf sechs Monate anzusetzen, vorausgesetzt, daß die Vollzugsdauer nicht noch durch angerechnete Untersuchungshaft verkürzt wird[378]). Umgekehrt entfällt die Aussicht auf einen erfolgreichen Erziehungsvollzug dort, wo die festgesetzte Strafdauer zu lang ist, um auf den Gefangenen einen fördernden Einfluß auszuüben[379]). Nach einer gewissen Zeitdauer treten Gewöhnung, geistige Abschaltung, bloßes Hingehenlassen und Gleichgültigkeit ein. Im Anschluß an dies für die unbestimmte Verurteilung des deutschen Jugendstrafrechts festgesetzte Höchstmaß wird hier ein solches von vier Jahren angesetzt. Wahrscheinlich ist diese Strafdauer als erziehungsgeeignete Höchstdauer noch zu hoch angesetzt. Höhere Strafen als vier Jahre können sowohl aus Gründen der Sühne als auch der Sicherung geboten sein. Die Aufgaben des Sühnestrafvollzuges können nur darin bestehen, dem Gefangenen den Sinn der auf das Leiden gerichteten Strafe verständlich zu machen, ihn negativ vor dem Persönlichkeitszerfall zu bewahren und ihm positiv das Bewußtsein von dem Wert auch dieses Lebens zu vermitteln. Soweit es sich um ungefährliche Menschen handelt, sollte eine Übernahme in den Erziehungsvollzug mit seinen aufgelockerten Formen (selbst offener Vollzug) zulässig sein.

Sowie eine Herübernahme aus dem Bereich des Mahnvollzuges in den Erziehungsvollzug nicht ausgeschlossen sein sollte, sollte sie auch nicht in bezug auf den Sühnevollzug unterbunden werden. Entscheidend kommt es darauf an, ob der zu einer Sühnestrafe Verurteilte störungsfrei in den Erziehungsvollzug eingegliedert werden kann. Der Erziehungsvollzug würde die Hinführung des Verurteilten zur Sühnebereitschaft zu leisten haben. Der Sühnebereite würde als einer, der den Strafsinn erfüllt, den Erziehungsvollzug bereichern. Die Erziehungsgemeinschaft findet in der Mitbehandlung der Langjährigen eine erzieherische Aufgabe.

Soweit es sich um den Vollzug der Sicherungsstrafe (einschließlich Sicherungsverwahrung) handelt, beruht der Vollzug vornehmlich auf dem Gedanken der äußeren Abwehr. Er ist auf die Sicherung der Allgemeinheit gerichtet. Daher ist die Vollzugsform durch Maßnahmen zur Durchführung einer sicheren Verwahrung bestimmt (Mauern, Gitter, Bewaffnung der Beamten, strenge Disziplin, Überwachung). Er ist nicht vornehmlich auf die zwischenmenschliche Beziehung zwischen Gefangenen und Vollzugsbeamten ausgerichtet. Das schließt nicht aus, daß auch diese Vollzugsform in humaner Weise vor sich geht und um ein menschliches

---

378) Über einen erfolgreichen Kurzvollzug von höchstens vier Monaten berichten Ashley Weeks u. a., Youthful Offenders at Higfields (An Evaluation of the Effects of the Short-Term Treatment of Deliquent Boys) Michigan 1958. Dabei ist zu beachten, daß es sich um einen äußerst intensivierten Erziehungsvorgang an kleinen Gruppen von 20 Jungen unter sehr aufgelockerten Verhältnissen handelt. Diese Erfahrungen können nicht ohne weiters auf den Strafvollzug im allgemeinen übertragen werden.

379) Zu den Problemen der Langverurteilten vgl. R. Rijksen, K. H. Niekerk, P. A. H. Baan, W. P. J. Pompe, De lange gevangenisstraf, Assen 1957, dazu Monatsschrift 1959, 124; vgl. auch A. Ohm, Haltungsstile Lebenslänglicher, Berlin 1959.

Ansprechen des Einzelnen und um die Begründung eines erträglichen Zustandes bemüht ist. Im Falle der Entlassung ist durch fürsorgerische Vorbereitung einem einigermaßen gesicherten Lebensweg vorzuarbeiten. Doch kann man bei alledem noch nicht von pädagogischen Maßnahmen sprechen.

Der Erziehungsvollzug umfaßt demnach die Verurteilten mit Strafen von 6 Monaten bis 4 Jahren mit Ausnahme derjenigen, bei denen die Strafe nur einen Mahncharakter hat (unter Zulassung deren Übernahme) und bei denen die Strafe vorwiegend aus Sicherungsgründen verhängt worden ist. Verurteilte, denen eine reine Sühnestrafe bis zu vier Jahren auferlegt ist, werden in den Erziehungsvollzug übernommen. Ferner ist eine Übernahme von Verurteilten, die eine Strafe über vier Jahre erhalten haben, zulässig, wenn die Strafe lediglich aus Sühnegründen ausgesprochen ist. Aus dem Erziehungsvollzug auszuschließen sind diejenigen, die mit angemessenen Vollzugsmitteln nicht erziehbar sind.

Der Vollzug hat demnach drei Formen: den Mahnvollzug, den Sicherungsvollzug und den Erziehungsvollzug. Der Mahnvollzug umfaßt bei den Erwachsenen den großen Bereich der kürzeren Strafen, der Sicherungsvollzug den nicht allzu großen Bereich der Langbestraften und der gefährlichen Verbrecher mit mittlerem Strafmaß. Der Erziehungsvollzug umfaßt den Zwischenbereich. Zu ihm gehört im Hinblick auf den Strafvollzug mit Freiheitsentzug die mittelgroße Gruppe der Freiheitsstrafe der mit Strafen von 6 Monaten bis zu 4 Jahren belegten Personen, um eine kleine Anzahl Langverurteilter vermehrt, und im Hinblick auf den Strafvollzug ohne Freiheitsentzug diejenigen mit kurzen oder mittleren Strafen (6—9 Monaten) Belegten, denen Strafaussetzung zur Bewährung unter Auflage von Erziehungsanordnungen, insbesondere von Bewährungshilfe, gewährt worden ist. Zum Erziehungsvollzug gehören ferner sämtliche Jugendlichen und die Heranwachsenden, auch die Heranwachsenden, soweit sie aus dem Jugendvollzug herausgenommen worden sind, es sei denn, daß sie auch für den Erwachsenenerziehungsvollzug ungeeignet sind.

II. Für die Einbeziehung in den Erziehungsvollzug ist die verhängte Strafart unerheblich. Es können sowohl Gefängnisgefangene als auch Zuchthausgefangene für den Erziehungsvollzug geeignet sein. Die Verhängung der Zuchthausstrafe kann mit der Schwere der Schuld und der Tragweite der Tat zusammenhängen. Beides ist kein Anlaß zur Annahme der Unerziehbarkeit. Die Verhängung der Zuchthausstrafe wiederum gibt nicht die Berechtigung, auf einen möglicherweise erfolgreichen Erziehungsvollzug nur um der Straftat willen zu verzichten. Der Erziehungsvollzug ist für Gefängnis- und Zuchthausgefangene einheitlich. Es besteht sowohl wegen der Begrenztheit der vorhandenen Kräfte und Mittel als auch wegen der Einheitlichkeit der Aufgabe kein Grund zur Sonderung. Der Einheitsvollzug ist bei einer geeigneten Auswahl der Verurteilten auch erzieherisch vertretbar. Allerdings liegt die Frage nahe, ob bei einer Verkleinerung der Belegungszahlen nicht eine Sonderung der Zuchthaus- und Gefängnisgefangenen durchführbar und empfehlenswert ist. Demgegenüber ist jedoch zu beachten, daß nach Möglichkeit regionale Gesichtspunkte für den Erziehungsvollzug maßgeblich sein sollten, um den Gefangenen nicht zu weit von seiner Familie zu entfernen und häufigere Besuche zu ermöglichen. Daraus würde sich ergeben, daß jeder für den Erziehungsvollzug geeignete — gleichgültig ob Gefängnis- oder Zuchthausgefangener — möglichst heimatnah untergebracht wird. Gilt für den Erziehungsvollzug der Grundsatz des Einheitsvollzuges, so kann für den Sicherungsvollzug nichts anderes gelten. Es folgt daraus, daß die Verurteilung zu Gefängnis und Zuchthaus nur eine das Verbrechen im Urteil kennzeichnende Bedeutung hat. Dieser Umstand ist sowohl für die Sozialwirkung als auch für die Individualwirkung des Urteils von Bedeutung. Während die einen der Ansicht sind, daß auf diese Wirkung nicht verzichtet werden könne, sind die anderen der Auffassung, daß die Wirkung nicht die Nachteile aufwiege, die durch die mit dem Zuchthausurteil verbundene Diffamierung vor allem im Hinblick auf die Wiedereingliederung verbunden sind. Ich habe Zweifel, ob die Allgemeinheit den Verzicht auf die Kennzeichnung der Tat und des Täters heute schon hinnimmt. Dadurch entstehende Härten können durch spätere Strafumwandlung, möglicherweise bei der Strafentlassung, ausgeglichen werden. Für die Mahnstrafe entsteht das Problem der Einheitsstrafe nicht, da sie in der Form der Zuchthausstrafe nicht verhängt wird.

III. Erziehungsvollzug umfaßt nur einen Teil des Gesamtvollzuges. Er stellt aber den wichtigsten Teil dar, weil es in ihm um die Gewinnung des Verurteilten für die Rechtsordnung und ihre sittlichen Grundlagen geht, weil in ihm ein Dienst für den Menschen, sowohl für den einzelnen Gefangenen als auch für seine Familie und die Rechtsgemeinschaft geleistet wird, weil in ihm die Vergangenheit um der Zukunft willen überwunden werden soll. Es geht im Erziehungsvollzug darum, aus der Vergangenheit die Folgerungen zu ziehen und einer besseren Zukunft entgegenzugehen. Es geht darum, den Menschen sich selbst finden zu lassen, seine Schuld fruchtbar werden zu lassen. Der Erziehungsvollzug strebt an, künftiges Unglück für den Verurteilten und die möglichen späteren Opfer einer etwaigen sonst begangenen Straftat zu vermeiden, und zwar nicht in erster Linie durch Zwang und Drohung, sondern durch Entfaltung der Kräfte des Verurteilten.

Erziehungsvollzug erfordert einen hohen Einsatz an Kräften und Mitteln. Beides ist nur in beschränktem Maß vorhanden. Ein halber Versuch ist von vornherein zum Scheitern verurteilt. Er schadet der Sache mehr als er nutzt. Erziehungsvollzug muß mit vollen Mitteln und Kräften durchgeführt werden. Er muß grundsätzlich und auf das einzelne Unternehmen durchdacht und geplant sein. Eines läßt sich freilich schon von vornherein sagen: Wenn die Kräfte und Mittel des

Vollzuges nicht auf das Wesentliche konzentriert werden, wird ein hinreichender Erziehungsvollzug niemals entstehen. Die schweren Mängel im Strafvollzug beruhen zu einem nicht geringen Teil darauf, daß er vor unlösbare Aufgaben gestellt wird, indem er zu einer Massenvollzugseinrichtung degradiert ist. Es gibt für den Aufbau eines sinnvollen Vollzuges, bei dem die angewandten Gelder nicht sinnlos vertan sind, nur die eine Lösung: endlich einmal mit dem Massenvollzug aufzuhören. Das bedeutet, daß eine Strafvollzugsreform mit einem als Mittelstück dienenden Erziehungsvollzug nur möglich ist, wenn das Strafrecht von den Bagatellhandlungen und der Strafvollzug von den Bagatellstrafen befreit wird. Es ist erstaunlich, welcher Aufwand im wesentlichen ergebnislos vertan wird[380]). Strafen unter drei Monaten sollten, sofern der Gesetzgeber oder Richter nicht überhaupt auf ihre Verhängung verzichtet, stets unter Strafaussetzung gestellt werden. Da die ausgesetzte Strafe im Falle der Nichtbewährung in der Regel gemeinsam mit einer später verhängten Freiheitsstrafe zu verbüßen ist, würde der Vollzug kurzer Freiheitsstrafen außerordentlich selten sein.

IV. Der Erziehungsvollzug ist nicht einheitlich. Er wird vielmehr in verschiedenen Formen durchgeführt. Es gibt verschiedene Unterscheidungsgesichtspunkte.

1. Die Durchführung des Erziehungsvollzuges mit oder ohne Freiheitsentzug. Inwieweit Maßnahmen mit oder ohne Freiheitsentzug zum Erziehungsvollzug gehören, folgt daraus, ob sie eine Behandlung anstreben, bei der ein zwischenmenschlicher Bezug zur Herbeiführung einer gemeinsamen Arbeit zur Persönlichkeitsformung stattfindet. Wie

[380]) Über die Nachteile der kurzen Freiheitsstrafen für den Betroffenen ist schon so viel gesagt und geschrieben worden, daß sich Wiederholungen erübrigen. In dieser Arbeit kommt es vor allem darauf an, die Nachteile vom Gesamtvollzug her zu betonen. Völlig aufgelöst wird bei Erwachsenen die kurze Freiheitsstrafe, wenn sie im Wochenendvollzug ratenweise vollzogen wird. Hier zeigt sich, daß die Strafe entweder von der staatlichen Gewalt nicht ernst genommen wird oder daß sie Angst vor dem Ernst hat. Daß gegen den Wochenendvollzug aus kulturellen Gründen (Mißachtung der kirchlichen und staatlichen Feier- und Ruhetage) Bedenken bestehen, sei nur kurz angemerkt. Die sich hieraus ergebende negative sozialpädagogische Bedeutung darf nicht unterschätzt werden. Der richtige Gedanke, der im Wochendvollzug enthalten ist, ließe sich, wenn auf die Bagatellstrafe im Erwachsenenrecht nicht verzichtet werden soll, im Ferienvollzug verwirklichen. Im Jugendstrafrecht ist infolge der stärkeren Eindrucksaufnahme der Jugendlichen der Kurzvollzug wirksamer als beim Erwachsenen. Auch sind die sozialen Nachteile nicht in gleicher Weise so erheblich wie bei Erwachsenen. Aber auch hier bleiben die kulturellen Bedenken gegen den Wochenendvollzug bestehen. Auch bei Jugendlichen ist der Kurzvollzug kein Erziehungsvollzug, sondern Mahnvollzug. Vgl. dazu die späteren Ausführungen.

Zur kurzen Freiheitsstrafe vgl. neuestens: Charles Germain, Essai d'individualisation du traitement en matière, de courtes peines d'emprissonement in: Fondation, Cycle d'Études de Strasbourg 1959 I, 183—188; ferner meine Abhandlung: Observations sur les peines privatives de liberté de courte durée ebenda 189—206.

bereits ausgeführt, unterliegen Kurzstrafen und Langstrafen über vier Jahre grundsätzlich nicht dem Erziehungsvollzug. Ebenso aber bedeutet die Strafaussetzung zur Bewährung an sich noch keine Erziehungsmaßnahme, da sie allein noch nicht den persönlichen Bezug anstrebt. Sie hat zunächst einen mehr negativen Zweck: die Bewahrung vor dem Gefängnis. In positiver Hinsicht hat sie die Funktion, die eigenen Kräfte des Verurteilten anzuregen. Dieser gestaltet ohne fremde Mitwirkung sein Verhalten. Das macht die Strafaussetzung aber noch nicht zur Erziehungsmaßnahme. Die Möglichkeit des Fortgangs des Verfahrens bei schlechter Führung stellt keinen persönlichkeitsgetragenen, sondern nur einen mechanischen Antrieb dar. Der Charakter der Strafaussetzung zur Bewährung als eine Form der mahnenden Strafe ändert sich auch nicht ohne weiteres durch Hinzufügung einer Auflage. Nicht alle Auflagen sind Erziehungsanordnungen. Sie haben sehr verschiedenen Charakter. Nicht ganz ausreichend scheint mir[381]) heute die früher von mir gegebene Unterscheidung: Erschwerungsanordnungen (Anordnungen, um vom Vergeltungsgedanken die Maßnahme erst tragbar erscheinen zu lassen, z. B. Auferlegung einer Geldbuße), Wiedergutmachungsanordnungen (wie Auflagen der Abbitte oder Schadensersatzleistung), Führungsanordnungen (Anordnungen, die nicht mehr besagen als was ohnehin gilt, z. B. die Auflage, sich gegenüber den Eltern oder im Betriebe anständig zu verhalten) und Erziehungsanordnungen (Anordnungen, die dem Betroffenen eine ihn bisher nicht berührende Verpflichtung auferlegen, durch die sein einwandfreies Verhalten gestützt, gefördert und gesichert werden soll, z. B. die Annahme einer Arbeitsstelle, das Verbot des Besuchs eines bestimmten Betriebes). Der Begriff der Erziehungsanordnung ist hier zu weit gefaßt. Man könnte höchstens von einer Erziehungsanordnung im uneigentlichen Sinne (besser als Unterstützungs- oder Förderungs- oder persönliche Hilfsanordnung bezeichnet) sprechen. Eine echte Erziehungsanordnung liegt nur dann vor, wenn die Anordnung der Herstellung eines erzieherischen Bezuges zwischen zwei Personen dient. Das wäre der Fall bei einer Anordnung zur Unterstellung unter eine psychotherapeutische oder heilpädagogische Behandlung oder unter Schutzaufsicht oder Bewährungshilfe.

Nicht im Bereich des Erziehungsvollzuges liegen die besonderen Verpflichtungen des JGG (§§ 13 Abs. 2 Z. 2, 15). Das JGG zählt sie zutreffend zu den Zuchtmitteln. Ebenso wenig gehören hierin ohne weiteres die Weisungen (§§ 9 Ziff. 1, 10 JGG), wenn sie auch vom JGG unter die Erziehungsmaßregeln eingereiht werden. Es gilt hier das gleiche wie bei den Auflagen zur Aussetzung auf Bewährung. In der Regel handelt es sich um bloße Unterstützungs- oder Hilfsanordnungen, die dazu dienen, dem Jugendlichen einen Hinweis zu geben, wie er zu einer un-

---

[381]) Vgl. meine kriminalpolitische Stellung des Strafrichters, S. 183ff.

gefährdeten Situation kommen kann, in der er zu einer ordentlichen und anständigen Haltung finden kann. Überwiegend fehlt es bei ihnen an der Herbeiführung eines persönlichen Bezuges. Nur bestimmte Maßnahmen führen hier, wie bei der Strafaussetzung zur Bewährung, zu erzieherischen Verhältnissen. Für das Jugendstrafrecht kommt etwa die Anordnung, eine Erziehungsberatungsstelle aufzusuchen oder eine bestimmte Lehrstelle mit persönlicher Beziehung zu einem Lehrherrn anzunehmen, in Betracht. Gerade bei den Weisungen besteht die Gefahr, zu früh mit der Vorstellung eines in Gang gesetzten Erziehungsvorgangs zu arbeiten.

Nicht in den Erziehungsbereich fallen Verweis und Verwarnung. Sie erschöpfen sich ebenfalls in der Mahnfunktion. Damit ist nicht gesagt, daß diese Maßnahmen nicht in einer persönlichen Atmosphäre vor sich gehen können. Es fehlt ihnen aber eine gewisse Dauer, ohne die von einem persönlichen Bezug keine Rede sein kann.

Schließlich fallen aus dem Erziehungsbereich die typischen Mahnstrafen wie Geld- und Haftstrafe sowie die typischen Schutzmaßnahmen wie Berufsverbot, Entziehung der Fahrerlaubnis, Einziehung usw. Selbst wenn sie auf den Betroffenen die Wirkung ausüben, sich künftighin, sei es aus Überzeugung, sei es aus Vorsicht, ordnungsgemäß zu verhalten, stellen sie keine Erziehungsmaßnahme dar. Gleiches gilt für Wiedergutmachungsmaßnahmen (Widerruf, Veröffentlichung, Buße).

Zusammenfassend ist zu sagen: Zum Erziehungsvollzug ohne Freiheitsentziehung gehören nur die Aussetzung zur Bewährung mit der Auflage von Erziehungsmaßnahmen, die Bewährungshilfe, die ein Erziehungsverhältnis begründeten Weisungen und die Schutzaufsicht.

2. Der Erziehungsvollzug mit Freiheitsentzug ist in den Regel- und Sondervollzug zu gliedern.

a) Der Regelvollzug ist wiederum kein einheitlicher. Die Unterscheidungsgesichtspunkte sind Alter und Geschlecht. Beide Unterscheidungsmerkmale führen zu wesentlich verschiedenen Formen.

aa) Dem Alter nach ist der Erwachsenen- und Jugendvollzug zu unterscheiden. Daß im Erwachsenenvollzug nur ein Teilgebiet (der mittlere Vollzugsvorgang zwischen Kurz- und Langstrafen, zwischen Mahnstrafvollzug einerseits und Sicherungsvollzug andererseits, ferner ein Teil des Sühnevollzugs) erfaßt wird, ist eingehend dargelegt. Aber auch im Jugendvollzug sind gewisse Vollzugsformen ausgeschieden. Es gehört zum Erziehungsvollzug zwar der gesamte Jugendstrafvollzug. Gegenüber dem Erwachsenenvollzug treten noch die langen Freiheitsstrafen hinzu. Zweifelhaft ist es dagegen, ob der Jugendarrestvollzug Erziehungsvollzug im eigentlichen Sinn darstellt. Die Frage ist zu verneinen. Die Unklarheit in diesem Punkte führt zu einer zu weiten Ausdehnung des Jugendarrestes. Es werden Jugendliche von ihm betroffen, die erziehungsbedürftig sind. Zu einer echten erzieherischen Begegnung ist der Jugendarrest nicht nur in der Form als Freizeitarrest, sondern auch als Dauerarrest ungeeignet. Die Kürze der Dauer läßt trotz der bei dem Jugendlichen stärker als beim Erwachsenen vorhandenen Eindrucksfähigkeit eine Persönlichkeitsformung durch ein Erziehungsverhältnis nicht zu. Versuche, den Jugendarrest zu einem Erziehungsvorgang umzugestalten, sind trotz allem Bemühen und Idealismus zum Scheitern verurteilt. Werden erziehungsbedürftige Jugendliche in den Jugendarrest gebracht, so wird der Jugendarrest überfordert und der Jugendliche kommt zu kurz. Der Gedanke, daß der Jugendarrestvollzug nicht als Erziehungsvollzug angesehen werden kann, ist von weittragender Bedeutung. Damit wird nicht der Jugendarrest als solcher abgelehnt. Sein Aufgabenbereich wird lediglich eingeengt.

Im Jugendvollzug mit Freiheitsentzug findet außer im Jugendstrafvollzug nur in der Durchführung der Fürsorgeerziehung ein echter Erziehungsvorgang statt.

Im Erwachsenenvollzug verdient der Vollzug gegen alte Leute (Greise) Beachtung.

bb) Dem Geschlecht nach ist der Männer- und Frauenvollzug zu unterscheiden.

b) Der Sondervollzug schließt sich an persönliche Umstände an, die von der Norm abweichen. Es kommen unter pädagogischen Gesichtspunkten in Betracht:

aa) Der Vollzug bei Süchtigen (Alkohol- und Rauschgiftsüchtige) in Trinkerheilanstalten, Entziehungsanstalten oder Heil- oder Pflegeanstalten. Neben diesem Vollzug mit Freiheitsentziehung ist der Vollzug ohne Freiheitsentzug nicht zu übersehen.

bb) Der Vollzug bei Gemeinlästigen (insbesondere Bettlern, Landstreichern, Dirnen, aber auch kleinen gewohnheitsmäßigen Dieben). Für diese kommt das Arbeitshaus in Betracht. Den Charakter einer Bewahrungsmaßnahme hat das Asyl (§ 42d Abs. 4 StGB). Es gehört nicht mehr in den Erziehungsbereich.

cc) Der Vollzug bei Psychopathen.

dd) Der Vollzug bei geistig Erkrankten. Die Unterbringung in einer Heil- oder Pflegeanstalt hat verschiedenen Charakter. Sie stellt eine im wesentlichen medizinische Maßnahme dar, die teils einer Bewahrung, teils einer Heilung auf rein ärztlichem Wege, teils aber auch einer medizinisch-pädagogischen Behandlung dient. Nur im letzteren Sinne kann sie als Erziehungsvorgang angesehen werden. Insoweit gehört sie in den Untersuchungsbereich dieser Arbeit.

ee) Der Vollzug bei Tuberkulösen.

Sowohl hinsichtlich des Erwachsenenvollzuges als auch hinsichtlich des Jugendvollzuges ist der Bereich des Erziehungsvorgangs auf einen beschränkten Kreis strafrechtlicher Reaktionen eingegrenzt worden. Diese

Eingrenzung dient dazu, den Erziehungsgedanken sich nicht verflüchtigen zu lassen, vielmehr mit ihm wenigstens an bestimmten Stellen ernst zu machen. In seiner Begrenzung läßt er am ehesten eine praktische Durchführung erwarten und Erfolg erhoffen.

§ 9. Die Minima und der Erziehungsvollzug

I. Der erste Kongreß der Vereinten Nationen zur Verbrechensvorbeuge und Rechtsbrecherbehandlung vom 22. August bis 3. September 1955 hat die Gesamtheit der Mindestregeln für die Behandlung der Inhaftierten in seiner Entschließung vom 30. August 1955 angenommen[382]). Diese Regeln beruhen auf den Vorarbeiten der regionalen Gruppen von Europa, Lateinamerika, Mittelorient, Asien und dem fernen Orient. Sie stellen eine Äußerung der Sachverständigen der Kulturwelt dar. Ohne daß sie eine unmittelbare rechtliche Wirkung haben, sind sie doch Empfehlungen und Anregungen von einem hohen moralischen Gewicht[383]). Das Wort „Minima" zeigt an, daß es sich nicht um Regeln handelt, die ins Belieben gestellt werden sollen, sondern um solche, die als Grundlage und als Ausgangsbasis für jede Verbesserung und Vollendung des Strafvollzuges dienen sollen. Die „Minima" beziehen sich auf den Strafvollzug schlechthin, gleichgültig welchen Vollzugszielen er im einzelnen dient. Sie gelten für den Vergeltungs-, Mahn- und Sicherungsvollzug nicht weniger als für den Erziehungsvollzug. Schon daraus ergibt sich, daß ein nach den Minimaregeln durchgeführter Vollzug noch keinen ausreichenden Erziehungsvollzug darstellt. Die Minima geben nur eine Basis, auf der nach den eigenen Regeln die Erziehung aufgebaut werden kann. Die Minima sind für den Vollzugsaufbau etwas sehr Wichtiges, aber eben nur das Mindestmaß und damit noch nicht alles.

II. Die Minima zerfallen in zwei Hauptteile, von denen der erste jede Form des richterlichen Freiheitsentzuges (Strafe, Maßnahmen der Sicherung und Besserung, Untersuchungshaft, Schuldhaft) zum Gegenstand hat und der zweite sich mit speziellen Vollzugsformen (Verurteilte, Schwachsinnige und Geisteskranke, festgenommene Personen und Untersuchungshäftlinge, Zivilschuldner) befaßt.

---

[382]) Vgl. hierzu den vom Sekretariat vorgelegten Kongreßbericht (A/Conf/6/1) fr. Ausgabe, S. 73ff.; engl. Ausg., S. 67ff.

Der englische Text ist mit deutscher Übersetzung in ZfStrafvollz. 1958, S. 141—183 abgedruckt, auch als Sonderdruck erschienen. Zugleich sind dort die Empfehlungen für die Auswahl und Ausbildung des Personals der Vollzugsanstalten, die Empfehlungen bezüglich offener Vollzugsanstalten und die Empfehlungen bezüglich der Gefangenenarbeit mitgeteilt.

[383]) Über die allgemeine Bedeutung der Regeln verhalten sich die einleitenden Bemerkungen (Nr. 1—5).

Für den Vollzug von Maßnahmen gegen Verurteilte ergeben sich folgende Hauptlinien:

1. Die Beschränkung des Strafübels auf den Freiheitsentzug (Nr. 57). Die die Freiheit berührenden Maßnahmen wirken als Übel durch den Freiheitsentzug. Mit ihm verbinden sich notwendigerweise Schranken für die Lebensführung. Der Gefangene ist einer Ordnung unterworfen, die sich zugleich auf eine größere Anzahl von Mitgefangenen erstreckt. Innerhalb dieser Lebensgemeinschaft läuft sein Dasein ab. Die Lebens gemeinschaft erfordert eine Anpassung an die Gesamtheit. Der Lebensstandard wird durch die Bedürfnisse der Vielzahl bestimmt. In Kleidung und Ernährung, Arbeit und Freizeit, Besuch und Briefverkehr ergibt sich notwendigerweise eine Einheitstendenz. Sie benachteiligt nicht nur den Gefangenen, sondern bedeutet auch einen Schutz des Gefangenen gegen Angriffe von Mitgefangenen. Der mit dem Freiheitsentzug verbundene innere Betrieb kann Erschwerungen für den einzelnen mit sich bringen, wie im Falle der Notwendigkeit einer Absonderung aus persönlichen Gründen oder als disziplinäre Maßnahme. Alles das hält sich im Rahmen des durch den Freiheitsentzug Gebotenen. Der Grundsatz der Beschränkung des Strafübels auf das durch den Freiheitsentzug Geforderte schließt jede Ergänzung durch Maßnahmen aus, die dem Gefangenen aus Gründen der Vergeltung oder Abschreckung ein schweres Leiden auferlegen sollen. Diesen Grundsatz mit um so größerem Nachdruck auszusprechen besteht um so mehr Anlaß, als der Gedanke, die Strafe möglichst eindringlich und fühlbar zu gestalten, durchaus Verschärfungen nahelegt. So könnte man geneigt sein, zur wirksamen Durchführung der Vergeltung oder zur Unterstützung des Abschreckungsgedankens Arbeitsschärfungen vorzunehmen (ausdrücklich verboten durch Nr. 71), schlechte, insbesondere ungenügend beleuchtete oder gelüftete Räume zur Verfügung zu stellen (ausdrücklich verboten durch Nr. 10, 11), ungepflegte Mahlzeiten zu geben (ausdrücklich verboten durch Nr. 20). Selbst, wenn man den Grundsatz als richtig anerkennt und ihn auch anzuwenden bereit ist, bleibt aber doch die Frage nach der Höhe des Lebensstandards. Aus der Idee der Vergeltung oder Abschreckung könnte sich die Tendenz ergeben, diesen Lebensstandard möglichst tief anzusetzen. Man könnte der Auffassung sein, daß damit dem Gefangenen kein Leiden zugefügt, sondern nur Lebensvorteile und Bequemlichkeit versagt werden sollen. Eine solche Auffassung findet propagandistisch ihren Ausdruck in Worten wie: „Die Gefängnisse sind keine Sanatorien“, „Die Gefängnisse sind keine Einrichtungen zum Unterhalt von Staatspensionären“. Solche Äußerungen finden immer wieder Anklang. Die Frage ist, ob der Grundsatz der Beschränkung des Strafübels auf den Freiheitsentzug als solchen gegenüber solchen Tendenzen zur Herbeiführung eines möglichst tiefen Lebensstandards hemmend eingreift. Das ist jedenfalls in einer Beziehung

der Fall. Soweit solche Tendenzen auf dem Vergeltungs- oder Abschreckungsgedanken beruhen, sind sie mit den Minima-Regeln nicht vereinbar. Soweit es sich darum handelt, das Leben in und außerhalb des Vollzuges (Freiheit und Gefangenschaft) in ein angemessenes Verhältnis zu stellen, werden Bestrebungen, den Lebensstandard nicht zu hoch anzusetzen und ihn nach den übrigen Regeln der Minima zu bestimmen, nicht im Gegensatz zu der Gesamtregelung stehen. Inwieweit der Lebensstandard darüber hinaus angehoben wird, hängt von dem jeweiligen Zivilisationsstand in einem Lande und von der Bereitschaft ab, durch den Vollzug auf die Betroffenen sozial beispielhaft einzuwirken. Dort, wo der allgemeine Lebensstandard nicht einmal den Regeln der Minima entspricht, bleibt es bei den Minima. Der Lebensstandard im Vollzug kann aber auch den speziellen Lebensstandard des Gefangenen in der Freiheit oder freier Mitbürger übertreffen, wenn dieser in einem Lande mit hohem Lebensstandard besonders niedrig ist[384]). Über das durch die Minima bestimmte Maß wird sich der Lebensstandard dann zu erheben haben, wenn der Vollzug sich in besonderer Weise zum Ziele gesetzt hat, den Gefangenen durch Erschließen seines Empfindens und Wollens für eine geordnete Lebensführung zu bilden und zu formen. Der spezielle Erziehungsvollzug, wie er als besondere Vollzugsart hier vorgeschlagen ist, wird unter Umständen den allgemeinen Vollzugsstandard anheben, ohne freilich dem Gefangenen das auch für seine Formung und Bildung erforderliche Bewußtsein zu nehmen, im Vollzug zu sein.

Der Gedanke, das Übel auf den Freiheitsentzug zu beschränken, führt zu einem Zurückdrängen des Übelgedankens und zu einer Hinlenkung auf eine sinnvolle, fördernde Gestaltung des Vollzuges. Damit erhält der Grundsatz eine Wendung zum Positiven. Nicht nur unerlaubt ist es, das Maß des Übels zu vermehren, vielmehr gilt der auch im Verwaltungsrecht für Eingriffe in den Persönlichkeitsbereich gültige Satz von einem möglichst sparsamen Gebrauch belastender Handlungen. Das bedeutet für den Strafvollzug: nicht mehr an Loslösung aus dem Zusammenhang mit der Allgemeinheit als nötig (Nr. 63 Z. 2). Sicherungen sind nur soweit anzubringen, als sie im Hinblick auf den Gefangenen erforderlich sind, sei es in Rücksicht auf seine Person oder seine Formung und Bildung. In Verfolg dieses Gedankens ergibt sich der offene Vollzug (sei es der halboffene oder der ganz offene Vollzug).

2. Befähigung des Gefangenen zur Gesetzesachtung und eigenen Bedarfsbefriedigung (Nr. 58). Jeder Vollzug (selbst der lebenslängliche) ist auf das Leben in der Freiheit hin gerichtet. Der Vollzug ist nicht zurück- sondern vorwärts gerichtet. Als Mindestziel sehen die Mi-

[384]) So kann es sein, daß der Gefangene im Gefängnis ein eigenes Bett hat, das ihm und anderen draußen fehlt, daß er einen eigenen Raum hat, daß er Wärme hat, daß er Bücher lesen kann oder eine ihm sonst nicht mögliche Freizeitgestaltung hat.

nima die Weckung der Fähigkeit zur Gesetzesachtung und zur eigenen Bedarfsbefriedigung an. In welchem Maß dieses Ziel erreichbar ist und inwieweit der einzelne Gefangene zur Mitarbeit gewonnen werden kann, hängt von den jeweiligen Gegebenheiten ab. Vollzugsformen, die sich bei geeigneten Gefangenen nach echten pädagogischen Grundsätzen um eine vertiefte Erreichung des Zieles bemühen, entsprechen selbstverständlich den Minima. Zu beachten ist jedoch dabei, daß die Durchführung eines speziellen pädagogischen Vollzugs nicht den Verzicht auf das Bemühen um die Erreichung des angezeigten Mindestzieles im allgemeinen Vollzug mit sich bringt. Der pädagogische Vollzug in seiner speziellen Form darf nicht ein Aufgeben der von ihm nicht erfaßten Gefangenen bedeuten.

3. Erhaltung und Stärkung der Selbstachtung und des Gefühls für die Würde der Person (Nr. 60). Dieser Grundsatz geht von der Überzeugung aus, daß das rechtmäßige Verhalten eine positive Einstellung zur eigenen Person voraussetzt. Das Gefühl für die eigene Verantwortung erwächst in einer gefestigten Persönlichkeit. Infolgedessen sind die Minima bestrebt, die äußeren Verhältnisse so zu gestalten, daß sie nicht verletzend sind. Beispiele hierfür sind mehrfach vorhanden. Nr. 17 verbietet herabsetzende und erniedrigende Kleidung, Nr. 31 schließt unmenschliche und herabsetzende Disziplinarstrafen aus. Nr. 45 fordert eine schonende Form des Transportes. Die Bedeutung des allgemeinen Grundsatzes in Nr. 60 ist sehr groß. Er weist hin sowohl auf das Behandlungsziel (Nr. 65) als auch auf die Notwendigkeit der Beseitigung der das Verantwortungs- und Ehrgefühl antastenden Besonderheiten gegenüber dem allgemeinen Leben, sofern diese eine Schwächung der Persönlichkeit bedeuten.

4. Sicherung der Individualität und Bewahrung vor der Vermassung. Dieser Grundsatz beruht nicht nur auf der Tendenz, nach Möglichkeit einer Ansteckung vorzubeugen, sondern vor allem auf dem Gedanken, dem Gefangenen seine ihm einmalige gestellte Lebensaufgabe bewußt zu machen. Aus dem Grundgedanken ergeben sich wichtige Forderungen: Nr. 9 schreibt Unterbringung des Nachts in einer Einzelzelle, im Ausnahmefall Unterbringung zu mehreren (mindestens drei) in Zellen oder Schlafsälen nur nach vorheriger sorgfältiger Auswahl vor. Diese Forderung kann nicht mit genügend Nachdruck vertreten werden. Der Vollzug, insbesondere auch der deutsche Vollzug, ist von der Verwirklichung leider noch weit entfernt. Eine Belegung von Zellen mit mehreren Gefangenen ist nur bei einer zeitweisen Überbeanspruchung der Anstalt zuzulassen. Dort, wo Überbelegungen zur Regel werden, wo eine Auswahl der einzelnen Gefangenen nicht mehr möglich ist, liegt ein Grundverstoß gegen die Regel eines modernen Strafvollzuges vor. Ein solcher Strafvollzug ist weder sittlich noch rechtlich vertretbar. Ein Verstoß gegen die Sittlichkeit liegt vor, weil ein derartiger Vollzug eine Hin-

führung zur ethischen Wandlung nicht nur unmöglich macht, sondern die noch vorhandenen ethischen Kräfte des Gefangenen geradezu bedroht. Ein Verstoß gegen das Recht liegt vor, weil mit dem Gefangenenverhältnis der Staat eine Obhuts-, Sorge- und Treuepflicht übernimmt, die ihn zu einer angemessenen Unterbringung des Gefangenen verpflichtet. Aus dem Persönlichkeitsrecht (Art. 1, 2 GG) ergibt sich ein Anspruch auf eine angemessene Unterbringung des Gefangenen. Aus der sich hieraus ergebenden Verpflichtung folgt zwingend die Aufgabe, die Vollzugseinrichtungen in ein entsprechendes Verhältnis zu dem Umfang der Strafvollstreckungen zu stellen. Das bedeutet entweder: Vermehrung der Vollzugseinrichtungen oder Verminderung der freiheitsentziehenden Urteile. Letzteres setzt die Einschränkung des Strafrechts und einen Wandel der Strafzumessung voraus. Nur einer der beiden Wege ist statthaft. Die zur Zeit übliche Überbelegung entspricht bereits nicht mehr dem geltenden Recht, wie man auch immer die Obhuts-, Sorge- und Treuepflicht umschreibt.

Der Verhütung drohender Vermassung und des Verlustes des Persönlichkeitsbewußtseines dient der allerdings sehr vorsichtig gehaltene Hinweis der Minima auf die Vermeidung zu stark belegter Anstalten (Nr. 63 Z. 3). Der Hinweis ist in der Form eines Wunsches vorgebracht. Als eine vorsichtige Schätzung wird unter Wiedergabe von Meinungen in einigen Ländern die Zahl von 500 Gefangenen für geschlossene Anstalten angegeben, während für die offenen Anstalten eine möglichst kleine Belegungszahl empfohlen wird. Die Schwierigkeiten, die eine zu geringe Belegungszahl für die ausreichende Unterhaltung und Durchführung von Betrieben innerhalb einer geschlossenen Anstalt bietet, dürfen nicht als zu gering angesehen werden (Nr. 63 Ziff. 4). Jedoch dürfte die Zahl von 500 mit Rücksicht auf die Beschaffung und Rentabilität von Arbeitsmöglichkeiten nicht zu niedrig sein. Soll in einer Anstalt der Erziehungsgedanke an die erste Stelle gerückt werden, so wird die Zahl der Gefangenen erheblich geringer sein müssen (etwa 250—300).

5. Sicherung der allgemeinen und persönlichen Hygiene. Die körperliche Gesundheit ist nicht nur eine Sicherung des äußeren Vollzugshergangs, sondern infolge der engen Wechselbeziehungen von Körper und Geist auch eine Voraussetzung der erfolgreichen individuellen Behandlung. Körperliche Sauberkeit und Gesundheit haben zwar nicht notwendigerweise eine geistige und seelische Sauberkeit und Gesundheit zur Folge, erleichtern jedoch den Zugang dorthin, indem sie überhaupt den Sinn für diese Gegebenheiten eröffnen und den Drang zu ihnen stärken. In einer sauberen, gesunden Umwelt zu leben, gewährt ein Empfinden für den Wert der Persönlichkeit und begründet oder vermehrt damit Selbst- und Fremdachtung. Das geordnete Milieu bessert den Menschen an sich nicht, wohl aber kann es anregend und auf-

schließend wirken, wie das ungeordnete Milieu antriebshemmend und gleichgültig machend wirkt. Die Maßnahmen zur allgemeinen und persönlichen Hygiene nehmen in den Minima einen großen Umfang ein (Nr. 10—26, 62). Sie betreffen die Ausgestaltung der Zellen, Aufenthalts- und Arbeitsräume, sie haben die sanitären Anlagen, die Dusch- und Baderäume, die Arbeit, die Ernährung, den Aufenthalt im Freien, den Sport und den medizinischen Dienst zum Gegenstand.

6. Maßnahmen zur Erhaltung und Förderung des geistigen Lebens. Als solche werden in den Minima die religiöse Betreuung (Nr. 41, 42), das Vorhandensein einer Bibliothek (Nr. 40), der Unterricht (Nr. 77), die Freizeitgestaltung mit erholenden und kulturellen Veranstaltungen (Nr. 78) und die ärztliche Überwachung und Hilfe (Nr. 25, 62) genannt.

7. Maßnahmen zur Erhaltung und Förderung sozialer Bindungen. Bedeutsam ist die Grundtendenz der Vollzugsbehandlung, den Gefangenen auf das Leben in der Freiheit vozubereiten, unnötige Absonderungen zu vermeiden und das Anstaltsleben als eine Teilnahme am Gesellschaftsleben aufzufassen (Nr. 61). Der Beamte soll daher das Bewußtsein haben, daß seine Arbeit ein Sozialdienst ist (Nr. 46 Ziff. 2). Soweit die Beziehungen zur Familie erwünscht sind, sollen sie aufrechterhalten und gefördert werden (Nr. 79). Der Gefangene soll ermuntert werden, die Beziehungen mit Personen und Organisation zu pflegen, die seiner Familie und ihm selbst zur Anpassung an das Gesellschaftsleben helfen können (Nr. 80). Mit den amtlichen und freien Organisationen der Gefangenenhilfe soll der Gefangene in Verbindung stehen, und die Organisationen sollen daher Zutritt zu ihm haben. Schriftverkehr und Besuchempfang sollen das persönliche Band stärken (Nr. 37). Die Unterrichtung über die Ereignisse draußen (durch Zeitungen, Zeitschriften, Radio und Aussprachen) soll den Gefangenen Anteil an den Geschehnissen der Außenwelt nehmen lassen können (Nr. 39). Alles das dient dazu, den Gefangenen nicht als Isolierten und Entfremdeten in die Freiheit zurückkehren zu lassen.

8. Sicherung der Rechtsstaatlichkeit. Die völlige Abhängigkeit des Gefangenen von den Vollzugsbeamten macht objektiv eine Regelung des Disziplinarrechts, des Rechts zur Anwendung von Gewalt und des Beschwerderechts, subjektiv die Schaffung einer Atmosphäre erforderlich, in der der Gefangene sich in seinen Rechten unangetastet fühlt. Die Minima enthalten eine eingehende Regelung der Ordnung und Disziplin der Disziplinarstrafen (Nr. 27—32), der Anwendung von Zwang (Nr. 33, 34) und der Unterrichtung über die Rechte und Pflichten des Gefangenen und sein Beschwerderecht (Nr. 35, 36). Der Rechtsstaatlichkeit dient die regelmäßige Inspektion durch qualifizierte und erfahrene Personen, die übrigens nicht notwendigerweise beamtete

Kräfte zu sein brauchen (Nr. 55). In den Bereich der Rechtsstaatlichkeit gehören auch wichtige Fragen aus dem Bereich der Gefangenenarbeit wie die Sicherung gegen Ausnutzung, der Gesundheitsschutz, die Arbeitszeit, die Regelung des Arbeitsentgelts (Nr. 71—76).

9. Sicherung einer Behandlung (Nr. 65, 66). Der Vollzug besteht nicht in einem bloßen Ablauf eines auf eine kürzere oder längere Zeit ausgerichteten Vorgangs, sondern in einem aktiven Wirken für den Gefangenen, in seiner Behandlung. Diese Behandlung hat zum Ziele, die Kräfte des Gefangenen zu wecken und zu stärken, so daß er den Willen und die Fähigkeit gewinnt, in der Freiheit zu bestehen. Behandlung schließt schon um dieses Zieles willen aus, daß der Gefangene lediglich passiv am Vollzug beteiligt ist. Vielmehr ist er wesentlich als aktives Subjekt im Vollzugsvorgang anzusehen. Dieses Ziel setzt Klassifikation und Individualisation voraus. Wobei es noch eine offene Frage bleibt, ob und inwieweit die Klassifizierung und Individualisierung zu einer Überführung in völlig getrennte Anstalten oder Abteilungen führt. Das Problem wird vor allem bei den Psychopathen akut.

Die Individualisierung ist darauf gerichtet, Kenntnis von der Person im Hinblick auf die Einzelbehandlung zu erlangen. Die Individualisierung folgt der Klassifizierung nach. Über den Umfang der Individualisierung geben die Minima keine nähere Auskunft.

10. Sicherung der Durchführung der Vollzugsaufgaben. Diese erfolgt durch die Auswahl des geeigneten Personals, durch vielseitig ausgerichtete Kräfte, durch deren Verbundenheit mit der Anstalt, durch eine ausgeglichene Ausübung ihres Amtes und eine echte Zusammenarbeit. Die Regeln der Minima (Nr. 46—54) werden ergänzt durch die Vorschläge über die Auswahl, Bildung und Stellung des Vollzugspersonals, die auf dem ersten Kongreß der Vereinten Nationen neben die Minima gestellt worden sind[385]).

III. Obwohl die Minima sich sehr eingehend mit der individualisierenden Behandlung des Gefangenen befassen, wird der Begriff der Erziehung nur zweimal gebraucht. In Nr. 59 wird ausgeführt, daß zur Erreichung des Vollzugszieles der Vollzug sich aller fürsorgenden, erzieherischen, moralischen, geistigen und sonstigen Mittel und aller Hilfseinrichtungen bedienen soll, über die er verfügen kann, um sie gemäß den Erfordernissen einer individuellen Behandlung anzuwenden. Nr. 66 führt die Mittel an, um in dem Gefangenen Selbstachtung und Verantwortungsbewußtsein zu entwickeln. Dabei werden als notwendige Mittel bezeichnet: die religiöse Sorge, der Unterricht, die Berufsausbildung, die soziale Hilfe, die Berufsberatung, die körperliche Entfaltung und die

[385]) Siehe deutschen Sonderdruck der ZfStrafvollz. a. a. O., S. 46ff.; franz. Bericht, S. 79ff.; engl. Bericht, S. 73ff.

Erziehung des sittlichen Charakters gemäß den Bedürfnissen der individuellen Behandlung[386]). In den Regeln über die Arbeit im Vollzug[387]) werden unter IV (Abs. 2) die Notwendigkeit der Anpassung der Arbeit an die Bedürfnisse des Arbeitsmarktes, das Erziehungsniveau, die Fähigkeiten und den Geschmack des Gefangenen betont. In diesem Satz ist nicht mehr von einer Erziehungstätigkeit, sondern dem Erziehungsstand die Rede.

Dieser seltene Gebrauch des Wortes Erziehung ist bemerkenswert. Er zeigt, daß Strafvollzug nicht nur Erziehungsvorgang sein kann und daß es zunächst einmal zahlreicher Vorbedingungen bedarf, um überhaupt an eine erfolgreiche Erziehung denken zu können. Zugleich aber ist in den Minima auch das Wort Besserung (amendement) zurückgedrängt. Es wird mehr durch Vorstellungen wie adaptation, resocialisation, reclassement ersetzt. Das Behandlungsziel wird nüchterner mit Begriffen wie Selbstachtung, Verantwortungsbewußtsein bezeichnet. Es könnte hierin eine Abneigung gegen ethisierende Begriffe zum Ausdruck kommen, wie etwa im materiellen Strafrecht des Auslands die Tendenz sichtbar wird, Begriffe wie Schuld, Zurechnungsfähigkeit, Vorwerfbarkeit, Sühne, auszuscheiden. So betrachtet würde der seltene Gebrauch des Wortes Erziehung sich aus Grundauffassungen vom Menschen und der menschlichen Behandlung ergeben. In dieser Richtung liegt die Tatsache, daß das Buch über die „Methoden moderner Strafvollzugsbehandlung“ auch nur beiläufig das Wort Erziehung erwähnt[388]). Es ist auch nicht ohne Interesse zu sehen, wie in dem Sach- und Namensindex über die Akten der zwölf internationalen Strafvollzugskongresse (1872—1950) das Stichwort „Erziehung“ nur auf die früheren Kongresse verweist und das Stichwort „Besserung“ lediglich Hinweise auf andere Stichworte bringt[389]). Allerdings läßt sich auch nicht ausschließen, daß die die Strafvollzugsreform beeinflussende nordamerikanische Auffassung in stärkerer Weise den Einfluß der gestaltenden Umwelt in Rechnung stellt als den unmittelbaren persönlichen Bezug. Auch Vorstellungen von der Gefahr eines geistigen Zwanges mögen zu einer gewissen Zurückhaltung Anlaß geben[390]).

---

[386]) Zugrunde gelegt ist hier der französische Text. Der englische und der darauf beruhende deutsche Text bringt zwar auch das Wort Erziehung in Nr. 66, jedoch an anderer Stelle. Erziehung steht dort statt Unterricht. Anstatt von „Erziehung des moralischen Charakters“ ist dort die Rede von der „Stärkung“. Hierbei dürfte es sich um mehr als nur eine formelle Unterscheidung handeln.

[387]) Vgl. hierzu den angeführten Kongreßbericht: Travail pénitentiaire. Deutsche Übersetzung a. a. O., S. 58ff.

[388]) Fondation Internationale Pénale et Pénitentiaire: Les méthodes modernes de traitement pénitentiaire, o. J. z. B. S. 43.

[389]) Vgl. Actes des douze Congrès pénitentiaires internationaux (1872—1950) (Proceedings of the twelve international penitentiary congress), Index analytique et des noms (Analytical an name Index) von Thorsten Sellin und Valy Degoumois, Bern o. J.

[390]) Zur Lage der Erziehungsphilosophie in den Vereinigten Staaten von Nordamerika vgl. M. J. McKeough, Vereinigte Staaten, LdP IV, S. 764.

Gegenüber der Behandlung stellt die Erziehung ein Mehr dar, insofern sie den mehr äußerlichen Beziehungen und Maßnahmen eine persönliche Verbindung hinzufügt. Ein solches Mehr ist durch die Minima nicht ausgeschlossen. Sie stellen nur Regeln für die Mindestmaßnahmen dar. Wie sie erweitert und vertieft werden, bleibt freigestellt.

Die Behandlungsmethoden der Minima sind relativ. Neben den sachlichen Gegebenheiten, die für jede Vollzugsform zu schaffen sind, stehen die Behandlungsmethoden, die sich nach der Persönlichkeit des Gefangenen und dessen Bedürfnissen richten. Die Behandlungsmethoden stehen unter dem Gesichtspunkt der Gebotenheit und Angemessenheit (Conformität). Sie kommen daher nur insoweit in Anwendung, als sie für den Einzelvorgang erfolgsversprechend sind. Daher ist jeweils ein individueller Behandlungsplan aufzustellen (Nr. 69). Alles das entspricht einem Strafvollzug, der neben anderen Funktionen auch die Erziehungsaufgabe wahrnimmt.

Erziehung ist eine Behandlungsform. Das Verhältnis von Erziehung und Behandlungsform kann verschieden sein. Es ist denkbar, ein System durchzuführen, in dem die Behandlung wesentlich in der Form der äußeren Gestaltung der Lebensverhältnisse durchgeführt wird, eine Erziehungsbehandlung nur am Rande steht. Auf der anderen Seite läßt sich ein System denken, in dem die Erziehungsbehandlung im Vordergrund steht, die äußeren Behandlungsmethoden nur die Grundlage bilden oder sogar mehr oder weniger zurückgestellt werden. Es besteht die Möglichkeit, den Erziehungsgedanken zum tragenden Gedanken bestimmter Vollzugsformen zu machen, so im Jugendstrafvollzug, im Erwachsenen-Erziehungsvollzug, oder aber man kann in einer Vollzugsform die äußeren und erzieherischen Behandlungsformen kombinieren und innerhalb dieses Vollzuges je nach der Eigenart des Gefangenen diese oder jene Seite der Vollzugsmethoden stärker zur Anwendung bringen (so etwa in einer Trinkerheilanstalt: die rein medikamentöse Behandlung mit Entwöhnung oder aber die psychische Behandlung mit einer unterstützenden medikamentösen Behandlung). Schließlich ist eine Vollzugsform denkbar, die rein auf die äußere Ordnung und Sauberkeit sowie auf Rechtlichkeit abstellt, aber auf den persönlichen Bezug verzichtet, weil er nicht nötig oder nicht möglich ist (Mahn- und Sicherungsvollzug). Jede dieser Vollzugsformen ist mit den Minima vereinbar.

Es ist aber nicht möglich, die objektiven Behandlungsmethoden und die Erziehungsmethoden nur in der gegenseitigen Ergänzung und Harmonie zu sehen. Sie können auch in Widerstreit treten. Besserung durch Erziehung bedeutet eine auf Grund eines menschlichen Bezuges eintretende Persönlichkeitsgestaltung. Die Persönlichkeitsgestaltung folgt aus der gemeinsamen Arbeit von Erzieher und Erziehendem. Sie beruht auf der gewonnenen inneren Freiheit. Sie ist die Folge einer geistigen Auseinandersetzung. Erziehung drängt auf diese Auseinandersetzung.

Andere Behandlungsmethoden verzichten auf das Anstreben dieser Auseinandersetzung, weil sie nicht zu erwarten ist oder nicht als ausreichend angesehen wird. Um einen bestimmten äußeren Erfolg herbeizuführen, sind die von außen dem Gefangenen auferlegten Mittel und Maßnahmen nicht selten die sicheren und schneller wirkenden. Es kann daher zu einer Gegensätzlichkeit hinsichtlich der Methoden kommen. Man stelle etwa medizinische und pädagogische Maßnahmen gegenüber wie Kastration und Sexualerziehung, Leukotomie oder Schockbehandlung und eine pädagogische Behandlungsmethode. Soweit die pädagogische Behandlungsmethode oder andere auf Gewöhnung zielende Methoden erfolglos sind, ergibt sich das Problem des medizinischen Eingriffs oder der Verwahrung. Ob das eine oder andere zu tun oder zu lassen ist, hängt von der Art des Eingriffs ab. Dabei ist nicht nur auf den Einzelfall abzustellen, sondern vorweg die Frage zu entscheiden, ob ein so tiefgehender Eingriff in das Wesen des Menschen überhaupt statthaft ist (sittliche Zulässigkeit) und bejahendenfalls, ob sie innerhalb eines Gewaltverhältnisses (Staat-Gewaltunterworfener) zulässig ist (rechtliche Zulässigkeit) und ob der Eingriff innerhalb des Gewaltverhältnisses generell als zweckmäßig zu erachten ist (verwaltungsmäßige Zweckmäßigkeit)[391]). Es sind dreierlei verschiedene Fragen, ob die Kastration sittlich erlaubt ist, ob sie rechtlich tragbar ist und ob es zweckmäßig ist, sie im Strafvollzug durchzuführen. Dort, wo zulässige und in angemessener Weise den Vollzug durchführbare äußere Mittel zur Verfügung stehen, hat jeweils die Frage nach der pädagogischen Behandlung den Vorrang. Da der pädagogische Vorgang die Persönlichkeit unangetastet läßt, stellt sie den geringeren Eingriff dar. Daß auch medizinische Behandlungsmethoden pädagogische sein können, läßt sich an psychiatrischen, psychotherapeutischen und sonstigen ärztlichen erzieherischen Methoden dartun.

Die nur gelegentliche Erwähnung erzieherischer Behandlung in den Minima könnte der Meinung Vorschub leisten, daß sie gegenüber den anderen Methoden im Hintergrund stände. Es könnte sich daher die Gefahr ergeben, daß sie verdrängt werden. Diese Gefahr ist umso größer, als pädagogische Probleme dem jedenfalls auf dem europäischen Festland maßgeblich am Strafvollzug beteiligten Juristen vielfach fern liegen. Eine Einschränkung eines Erziehungsvollzuges im Rahmen der möglichen Grenzen wird von den Minima sicherlich nicht beabsichtigt. Das ergibt sich aus den wenn auch spärlichen Hinweisen auf die Erziehung sowie aus der Tendenz, alle nur brauchbaren Methoden anzuwenden. Schließlich darf der Gesichtspunkt nicht außer acht gelassen werden, daß die Minima nur das geringste Maß des Vollzuges abgeben und überdies sich auf den Vollzug in seinen vielfachen Anforderungen gegenüber allen Tätergruppen bezieht.

---

[391]) Diese Fragen werden in den Minima (Nr. 62) noch nicht hinreichend geschieden. Der Satz: „Tout traitement médical, chirurgical et psychiatrique jugé nécessaire doit être appliqué à cette fin“ ist in dieser Allgemeinheit unhaltbar.

IV. Als Ergebnis dieses Abschnittes ist festzustellen: die Minima regeln die notwendigen Voraussetzungen jedes Vollzuges. Sie enthalten Hinweise auf Sondervollzugsarten. Sie geben das Fundament auch eines pädagogisch ausgerichteten Vollzuges, ohne jedoch die Erziehungsprobleme näher zu entwickeln. Diese Aufgabe bleibt demnach weiterer Prüfung vorbehalten.

§ 10. Grundzüge des allgemeinen Erziehungsvollzuges

I. Während nach den Minima der allgemeine Satz gilt, daß dem Strafvollzug zur Betonung des Strafgedankens kein Übel hinzugefügt werden dürfe, das nicht unmittelbar aus dem Freiheitsvollzug folgt, ergibt sich für den Erziehungsvollzug[392]) die Forderung, daß gegenüber dem Erziehungsgedanken alle anderen, seine Durchführung mindernden Gesichtspunkte zurückzutreten haben.

Das gilt zunächst von dem Vergeltungsgedanken. Der Freiheitsentzug trägt ihm in sich Rechnung. Nicht nur eine Vermehrung des Übels um der Vergeltung willen ist vom Erziehungsgedanken abzulehnen, sondern bereits die Durchführung des Vollzuges unter dem Gesichtspunkt, daß der Gefangene um der Tat willen das Übel spüren solle. Er spürt es ohnehin. Vielmehr muß der Erziehungsvollzug von vornherein darauf gerichtet sein, den Gefangenen als einen lebenstüchtigen Menschen mit einer anständigen Gesinnung und Haltung in die Freiheit zurückzuführen. Es mag in dem Ablauf des Erziehungsvorgangs der Zeitpunkt kommen, in dem es angebracht ist, mit dem Gefangenen über die Strafe als Folge seiner Tat zu sprechen. Wann dieser Zeitpunkt gegeben ist, hängt von der Lage des Einzelfalles ab. Was im Erziehungsvollzug geschieht, erfolgt immer im Hinblick auf die Förderung des Gefangenen. Der Blick ist in die Zukunft gerichtet. Was der Zukunft des Gefangenen dient, geschieht. Das bedeutet keineswegs ein Vergessen der Vergangenheit, sondern ein Fruchtbarmachen des früheren nicht auszulöschenden Geschehens durch

[392]) Wolfgang Mittermaier, Gefängniskunde 1954, S. 5, 82; ders., Über den Erziehungsstrafvollzug, ZfStrafvollz. 7 (1957) S. 4—19; reiche Schrifttumsangaben bei Ignaz Klug, Kriminalpädagogik 1930, S. 141; H. R. Gautschi, Die Erziehung im Strafvollzug, in: Heinrich Meng, Psychohygienische Vorlesungen, Basel-Stuttgart 1958, S. 292—304. Wichtige Hinweise in dem Aufsatz von Gerd Hiete, Probleme des Strafvollzugs und der Strafvollzugsgesetzgebung, Z. 68 (1956), S. 213—232. Regelmäßig werden Erziehungsprobleme in der Zeitschrift für Strafvollzug behandelt: Walter Buhl, Erziehungsvollzug? Eine kritische Betrachtung, ZfStrafvollz. 3 (1952/53), S. 67—77; Klaus Keck, Der Erziehungsstrafvollzug, ZfStrafvollz. 7 (1957), S. 372—376; Fritz Trost, Sozialpädagogische Fragen im Strafvollzug, ZfStrafvollz. 7 (1957), S. 78—83; Werner Voigt, Resozialisierung in eine schuldige Gesellschaft, ZfStrafvollz. 7 (1957), S. 372—376. Wichtig das Werk der Fondation Internationale Pénale et Pénitentiaire, Cycle d'Études de Strasbourg I, II, Bern 1959. Auf das in § 1 dieses Buches zitierte Schrifttum sei im übrigen hingewiesen.

Loslösen und Befreien von ihm, durch die geistige Überwindung und die innere Neuwerdung. Von dieser Grundhaltung muß jeder im Erziehungsvollzug tätige Beamte ausgehen. Was in der Vergangenheit an Gutem wie an Schlechtem geschehen ist, wird als Material für die Lebensformung verwertet, ist aber nicht der Kern der Behandlung. Es mag sein, daß im Laufe des Erziehungsvorgangs die Auseinandersetzung mit früheren Fehlhaltungen erfolgen muß. Das kann aber erst geschehen, wenn der Gefangene reif dazu geworden ist. Es kann auch nur in der ihm gegebenen persönlichen Art erfolgen. Das bedeutet wiederum, daß eine schablonenmäßige Auferlegung von Übeln oder aber auch ein schablonenmäßiges Ablaufenlassen von scheinbar weiterführenden Vollzugsmaßnahmen nicht am Platze ist.

Für den Erziehungsvollzug scheidet eine verschiedenartige Behandlung der Gefangenen nach der Schwere der Tat und der Größe der Schuld durch äußere Strafformen aus. Es mag seinen Sinn haben, im Urteil eine Wertung durch verschiedene Strafarten zum Ausdruck zu bringen. Wenn aber die Entscheidung getroffen ist, den Gefangenen dem Erziehungsvollzug zuzuführen, so sollten nur Erziehungsgesichtspunkte maßgebend sein. Einen Unterschied zwischen Zuchthaus- und Gefängnisvollzug in der Durchführung des Erziehungsvollzuges ist schon oben abgelehnt worden (§ 8 II).

II. 1. Den Bedürfnissen der Erziehung des einzelnen Gefangenen muß sich die Vollzugsform anpassen. Der Vollzug muß infolgedessen möglichst mannigfache Formen aufweisen. Ihre Anwendung darf nicht automatisch durch Zeitablauf bestimmt sein, sondern muß sich nach der Haltung des Gefangenen zu dem jeweiligen Zeitpunkt richten. Deswegen muß der Erziehungsvollzug alle in dem Freiheitsentzug möglichen Variationen enthalten. Er muß in der geschlossenen Anstalt, in der offenen oder halboffenen Einrichtung und in der Bewährungsform durchführbar sein. Innerhalb der einzelnen Formen müssen mehr oder weniger weitere Auflockerungen zulässig sein. Ein Stufensystem im Sinne einer Belohnung für einwandfreie Führung mit zeitlich berechenbarem Eintritt der Vergünstigung ist nicht angebracht. Es geht nicht um Lohn und Tadel, sondern um die jeweilige beste Form der Hilfeleistung.

Da der Erziehungsvollzug eine Einheit sein muß, wenn nicht unerwünschte Schwankungen vorkommen sollen, müssen die einzelnen Vollzugsformen unter einer einheitlichen Leitung stehen. Damit ist die Frage, ob der offene Vollzug selbständig sein soll, in gewissem Umfang verneinend entschieden worden. Jedoch wird damit keine völlige Abhängigkeit der offenen Einrichtung empfohlen. Vielmehr bedarf es sowohl des abhängigen als auch des autonomen offenen Vollzuges. Der autonome offene Vollzug ist für diejenigen Gefangenen, bei denen ein geschlossener Vollzug von vornherein nicht erforderlich ist. Die Notwendigkeit des geschlossenen Vollzuges kann sich aus Mahngründen, aus Erziehungsgesichtspunkten, aus Sühne- oder Sicherungserfordernissen ergeben. Vor allem wäre es falsch, den offenen Vollzug etwa bei der kurzen Freiheitsstrafe als die angemessene Vollzugsform anzusehen. Hier würde die Gefahr eines Ausweichens bestehen, das die abschaffungswürdige kurze Freiheitsstrafe mit neuem Leben erfüllen würde, in Wirklichkeit aber den offenen Vollzug seiner Leistungsfähigkeit berauben würde. Die Möglichkeit einer mit einer geschlossenen Anstalt verbundenen offenen Anstalt ist in den Beschlüssen des 1. Kongresses der Vereinten Nationen 1955 vorgesehen, wobei der Ausgangspunkt die autonome Einrichtung ist[393]).

Auch die Aussetzung zur Bewährung nach erfolgter Teilverbüßung in der Form der vorläufigen Entlassung stellt einen Abschnitt des Vollzuges dar. Infolge der milderen Vollzugsform (Freiheit anstatt Freiheitsentzug) ist eine längere Beobachtungszeit, als sie der Strafdauer entspricht, zulässig. Die früher im deutschen StGB (1871, §§ 23, 26) geregelte vorläufige Entlassung mit dem Erlaß der Freiheitsstrafe bei Ablauf der festgesetzten Strafzeit hat sich nicht bewährt, da die Zeit der Erprobung infolge der Abhängigkeit vom Strafrest zu kurz war. Infolgedessen fand die vorläufige Entlassung nur einen geringen Anwendungsbereich. Die Angleichung der vorläufigen Entlassung an die Strafaussetzung zur Bewährung ist hinsichtlich der Bewährungszeit richtig. Dagegen ist die Anpassung der vorläufigen Entlassung an die Strafaussetzung zur Bewährung im übrigen keineswegs unproblematisch. Vor allem ist es durchaus erwägenswert, ob bei der vorläufigen Entlassung der Bewährungshelfer nicht dem Gericht, sondern dem Vollzugsleiter zu unterstellen ist, so daß er nach dessen Anweisungen zu verfahren hat. Ein stärkerer Einbau des Bewährungshelfers in den Vollzugsbereich innerhalb des Rahmens der vorläufigen Entlassung würde den Vorteil haben, daß engere Beziehungen zwischen Anstalt und Bewährungshelfer hergestellt würden. Das ist schon deswegen erwünscht, um die vorläufige Entlassung von der Anstalt aus in geeigneter Weise vorbereiten zu können. Über die hier noch bestehenden Mängel wird häufig geklagt.

Die Verbindung der Bewährungshilfe mit der Vollzugsanstalt bei der vorläufigen Entlassung läßt die organisatorischen Fragen offen. Es ist durchaus möglich, es bei der bestehenden Organisation (Bewährungshelfer im Justizbereich, im Bereich der inneren Verwaltung oder innerhalb der freien Organisationen) zu belassen. Gedacht ist nur an die Aufgabenverbindung des Vollzuges mit und ohne Freiheitsentzug.

Die dreifache Vollzugsform des Erziehungsvollzuges unter einheitlicher Leitung setzt voraus, daß weder die einzelnen Vollzugsformen zu groß

[393]) Vgl. hierzu den vom Sekretariat herausgegebenen Bericht über den Genfer Kongreß 1955 mit dem Anhang C (Offene Einrichtungen) — deutsche Übersetzung ZfStrafvollz. 1958, Heft 3/4 — Sonderdruck —; dazu die im Sekretariatsbericht unter Anhang III 3 angeführten Einzelberichte mit aufschlußreichem Material aus zahlreichen Ländern.

sind, noch die Gesamtvollzugseinrichtung unübersichtlich ist. Eine Belegung von 250—300 Gefangenen in der geschlossenen Form, 100—150 Gefangene in der offenen Form und die sich aus diesen Belegungszahlen ergebenden Entlassungen in der Bewährungsform dürften bereits als Höchstleistungen anzusehen sein.

2. Die Einheit des Erziehungsvollzuges muß aber auch eine innere Einheit sein. Das bedeutet, daß der Erzieherstab vom Direktor bis zum letzten Aufseher in dem Bestreben um den gefangenen Menschen nach einheitlichen Grundvorstellungen arbeitet. Das bedeutet nicht Uniformierung der Meinungen, wohl aber ein Einverständnis in den Grundlinien, ein gegenseitiges Vertrauen der Beamten, eine gegenseitige Achtung und ein gegenseitiges Verstehen.

Für die Zusammensetzung des Erzieherstabes ergibt sich hieraus als bedeutsame Folge ein Mitwirkungsrecht des Vollzugsleiters bei der Zusammensetzung des Beamtenkörpers. Der Vollzugsleiter im Erziehungsvollzug sollte ein Vorschlags- und Ablehnungsrecht bei Beamtenernennungen haben. Da es im Erziehungsbereich vor allem um die Persönlichkeit des Erziehers geht, liegt in der Bildung des Erziehungsstabes eine der wichtigsten Voraussetzungen des Vollzugserfolges. Das Vorschlags- und Ablehnungsrecht des Vollzugsleiters soll, um eine zu große autoritäre Ausweitung seiner Macht zu verhindern, auf Grund der Mitbestimmung oder wenigstens des Anhörens der engeren Beamtenkonferenz erfolgen. Um den Erzieherstab frisch und handlungsfähig zu erhalten, sollte jedem Erzieher nach einer Anzahl von Jahren (etwa 5 Jahre) die Möglichkeit eröffnet werden, aus seiner Tätigkeit auszuscheiden und in eine gleichbesoldete Stellung anderer Vollzugsart oder eines anderen Amtes überhaupt herüberzuwechseln. Die höhere Verwaltungsstelle sollte das Recht haben, eine solche Auswechslung auch von sich aus vorzunehmen.

3. Die Einheitlichkeit des Erziehungsvollzuges macht es erforderlich, den Vollzugshergang in seiner ganzen Weite dem Erziehungsgedanken zu unterstellen. Daraus folgt, daß zu jeder Tätigkeit innerhalb des Erziehungsvollzuges mit der Pädagogik vertraute Beamte tätig sind. Ihr Anteil an dem Erziehungsvorgang mag verschieden sein, er fehlt jedoch an keiner Stelle. Das gilt bereits für die Aufnahme, die Einkleidung, den Büroverkehr, das gilt für die Aufsicht in der Einrichtung, insbesondere bei der Arbeit, ganz zu schweigen von der Erziehungsarbeit im engeren Sinn. Wer im Erziehungsvollzug tätig ist, muß eine pädagogische Vorbildung haben, deren Intensität sich je nach dem Amt richtet. Alle Beamte müssen außer der üblichen Vorbereitung zum Vollzugsdienst eine pädagogische Unterrichtung erhalten[394]). Für den eigentlichen Erziehungs-

---

[394]) Eingehend hat sich der Genfer Kongreß 1955 mit der Auswahl, Ausbildung und dem Stand der Vollzugsbeamten befaßt. Regelmäßige Erörterungen zu den Beamtenfragen bringt die Zeitschrift für Strafvollzug, Schriftleitung A. Krebs.

bereich ist die Absolvierung einer sozialpädagogischen Schule, einer pädagogischen Akademie oder einer Universität zu fordern. Das Universitätsstudium sollte mit einem Abschlußexamen in einer der Fakultäten beendet sein und je nach der Art des Abschlußexamens durch intensives Studium des Strafrechts, der Kriminologie, der Psychologie, der Pädagogik, der Psychiatrie und Psychotherapie ergänzt sein. Die Beamten des Erziehungsvollzuges üben in erster Linie eine sozialpädagogische Funktion aus. Das gilt nicht zuletzt von dem Leiter. Die Verwaltungstätigkeit darf nicht die eigentliche Aufgabe überwuchern. Nicht die Verwaltungstätigkeit, sondern die Vollzugstätigkeit steht im Mittelpunkt. Der Leiter der Vollzugseinrichtung sollte in einer der Erziehung dienenden Anstalt das pädagogische Programm entwickeln und gewährleisten. Der Leiter muß, auch wenn er die Gesamtleitung überwacht, zur Entlastung einen Beamten des höheren Vollzugsdienstes für die Verwaltungsaufgaben als Vertreter neben sich haben. Leiter und Vertreter sollten verschiedener wissenschaftlicher Vorbildung sein (Jurist, Pädagoge, Psychologe, Mediziner). Allerdings sollte im Hinblick auf die vielen anfallenden Rechts- und Verwaltungsprobleme der Leiter oder der Vertreter Jurist sein, der aber die für den Erziehungsvollzug erforderliche Vorbildung besitzen muß.

Notwendig ist, daß die Erziehungseinrichtungen über die erforderlichen Spezialbeamte verfügen. Dazu gehören außer Geistlichen, Lehrern und Sozialpädagogen ein Psychiater und ein Psychologe. Ein Psychiater, dem ein Arzt der allgemeinen Heilkunde zur Seite stehen sollte, sollte — was leider nicht der Fall ist — in jeder größeren Anstalt des Erziehungs- und Sicherungsvollzuges als notwendiges Glied des Beamtenkörpers vorhanden sein. Er könnte zugleich die kleineren Anstalten des Bezirks mitbetreuen. Der Psychiater sollte die Grundlagen des Psychotherapie beherrschen.

4. Keiner der im Erziehungsvollzug tätigen Beamten kann isoliert seine Arbeit leisten. Soll für eine nicht allzu große Gruppe (20—25 Gefangene) auch ein bestimmter Erzieher die unmittelbare Verantwortung tragen, so kann er die Betreuung und Leitung der Gruppe nur in der Zusammenarbeit mit den anderen Beamten durchführen. Erziehung erfordert Teamarbeit. Es gibt kein pädagagisches Handeln eines Erziehers losgelöst von den anderen. Es wäre auch unerwünscht, daß der Gefangene einer Gruppe nur in dieser seinen Aufenthalt zubrächte. In der Arbeit, im Unterricht, in der Unterhaltung, im Spiel, in der Interessengemeinschaft oder sonst auch immer mischen sich die einzelnen Gruppen, wie sich ja auch die Familienangehörigen immer wieder in verschiedene Lebensgruppen trennen. Eine Erziehungsgruppe kann nur das „zu Hause sein" darstellen, eine Gemeinschaft zum Essen, zum gelegentlichen Zusammensein, zu Aussprachen und zur wechselseitigen Hilfe und Unterstützung, zur Entwicklung menschlicher Begegnung und auch notfalls zum Hinflüchten, wenn der Einzelne nicht

mehr mit sich und seinem Dasein fertig wird. Daß auch im Erziehungsvollzug erwachsener Männer die Frau mit eingesetzt werden sollte, scheint mir durchaus bejahenswert zu sein.

5. Die Erziehungsgruppe wird nicht nur vom Erzieher getragen, sondern trägt sich auch selbst. Der eine trägt den anderen mit. Hier hat jeder Gefangene eine Aufgabe gegenüber dem anderen. Das setzt eine sorgfältige Bestimmung der Gruppen voraus.

6. Erziehungsvollzug setzt trotz der Gruppenbildung Erhaltung und Förderung der Einzelpersönlichkeit voraus. Jeder einzelne muß daher seine Privatsphäre haben und das Gefühl für seine Eigenpersönlichkeit erhalten. Wie in jedem Vollzug eine Vermassung vermieden werden muß, so gilt das erst recht im Erziehungsvollzug. Hier bedarf es der die Einzelpersönlichkeit fördernden positiven Maßnahmen in besonderer Weise. Daher können die Minima nicht allein die Grundlage bilden.

Der Grundsatz, daß jeder Gefangene eine Einzelzelle des Nachts hat, muß im Erziehungsvollzug ausnahmslos durchgeführt werden, sofern nicht aus psychischen oder physischen Gründen eine Mehrbelegung geboten ist. Daß die Zahl der Gefangenen zu groß ist (Überbelegung), darf im Erziehungsvollzug kein Grund für eine Mehrbelegung sein. Der Erziehungsgedanke darf nicht bereits im Ansatz durch erziehungsfremde Erwägungen gefährdet werden. Es würde besser sein, mit ihm überhaupt nicht zu beginnen, als ihn mit schwerwiegenden Belastungen anzufangen, und damit den Gegnern geradezu das Material für die von ihnen behauptete Unmöglichkeit einer Straferziehung zu liefern. Die Zelle oder der Wohnraum ist das Heim des Gefangenen, das er in angemessener Form ausgestalten kann. Angemessen bedeutet den Aufwand, der erforderlich ist, um eine Atmosphäre zu schaffen, die die geistig-seelischen Antriebskräfte stärkt, den Geschmack und das Ordnungsempfinden weckt und Lebenswerte, wenn auch in einfacher, der Situation entsprechenden Weise, fühlbar macht. Angemessen heißt aber auch, dem menschlichen Empfinden und dem menschlichen Geborgenheitsgefühl entsprechend. Es muß aus dem Raume sichtbar werden, daß hier ein Mensch nicht eingerichtet worden ist, sondern sich etwas eingerichtet hat, wohin er nach der Arbeit, der religiösen oder weltlichen Feier, der Gemeinsamkeit zu sich zurückkehrt. Der Raum muß eine gewisse Heimwärme ausstrahlen. Schon klingt das gehäßige Wort „Sanatorium“ in den Ohren. Im ursprünglichen Sinn des Wortes „Stätte der Heilung“, der seelischen Umstellung, wäre der Begriff gar nicht einmal so übel. Auch der Gefangene bedarf der Heilung und des Heils wie jeder andere Mensch. Der Heilungsprozeß bedarf jedenfalls in der Regel einer gewissen Wärme. Wer sie von vornherein ablehnt, erschwert oder verhindert den Wandlungsprozeß. Erziehung bedeutet, Bindungen an Werte entstehen lassen. Die Zelle oder der Wohnraum ist eine der sich entwickelnden Wertbindungen, sofern sie für den Gefangenen wirklich einen Wert darstellt und nicht nur eine bloße Behausung, in der er schläft, ißt, seinen Bedürfnissen nachgeht und im übrigen sich ausgestoßen fühlt.

In der Wohn- und Schlafzelle muß der Gefangene ein gewisses Eigenleben führen können. Dazu gehört, daß er in den Abendstunden einer Selbstbeschäftigung nachgehen kann. Sie ist ausgeschlossen, wenn das Auslöschen des Lichtes zu Zeiten erfolgt, die weder dem allgemeinen Leben entsprechen, noch dem Alter des Gefangenen angemessen sind[395]).

7. Der Gefangene muß es erreichen, zu sich selbst und zu seinen Mitmenschen in ein richtiges Verhältnis zu kommen. Es gibt sicherlich Rechtsbrecher, die von einer erheblichen Selbstüberschätzung beseelt sind. Sie sind aber wohl doch nicht allzu häufig. Jedenfalls habe ich in mehr als zwanzigjähriger Justiztätigkeit den starken Verbrecher selten gesehen. In aller Regel ist er schwach, ohne inneren Halt und von mangelnder Selbstachtung. Was zuweilen als Selbstbewußtsein, als Ausdruck ironisierender Überlegenheit oder sogar als gefühllose Kälte erscheint, ist nichts anderes als Unsicherheit und ein maskenhaftes Verstecken der Unzulänglichkeit. Es ist mir eigentlich immer wieder vor Gericht aufgefallen, wie leicht eine in der Verlegenheit zum Ausdruck gebrachte Geste als Ironie, Hochmut, Gefühllosigkeit angesehen wurde, obwohl sie in Wirklichkeit nichts anderes als Hilfslosigkeit bedeutete. Auch das nach schweren Taten nicht selten auffallende Abschalten, wie es auf den Betrachter völlig unverständlich wirkt (Besuch von Wirtschaften oder üblen Orten, Sichschlafenlegen), ist oft genug nichts anderes als die Flucht vor dem Furchtbaren, das Erschrecken vor dem Geschehenen. In der Hauptverhandlung entsteht oft genug ein falscher Eindruck, der sich dann im Vollzug verwischt, weil hier der Verurteilte viel stärker in seiner wirklichen Haltung gesehen wird.

Die Achtung vor sich selbst wird durch den Einblick in den Sinn des Lebens, auch des scheinbar verpfuschten Lebens gewonnen. Es ist eine der wesentlichen Aufgaben des Vollzuges, dem Gefangenen den Sinn seines Lebens, die Unvertretbarkeit seines speziellen Daseins und die Wesentlichkeit der ihm als Person und Gemeinschaftsglied trotz allem gestellten Aufgaben lebendig zu machen.

Die Hinführung zur Selbstachtung ist eine ebenso wichtige wie schwierige Aufgabe. Die Wurzeln des unrichtigen Verhältnisses zu sich selbst, liegen oftmals sehr tief. Sie können schon in den frühen Kindheitserlebnissen begründet liegen (unerwünschtes Kind, uneheliche Geburt, fehlende Mutterliebe, verachtetes Milieu). Ein verfehlter Lebensgang (Fehltritte, Mißerfolge in Schule und Beruf, schlechter Verkehr, sittliche Entgleisungen) kann zu einer Störung der Selbstachtung geführt haben. Es muß unter Umständen erst viel den Kern überdeckender Schutt weggeräumt werden. Das Gefängnis selbst, so wie es ist, fördert nicht die

[395]) Vgl. Nr. 103 VStrVollzO: 21 Uhr; reichlich früh.

Gewinnung der Selbstachtung. Der Gefangene sieht sich einer ihn verachtenden Gesellschaft gegenübergestellt. Die Zukunft liegt für ihn im Dunkel, vor allem in sozialer Hinsicht. Tatsächlich bieten sich ihm durch die Aussicht, daß mit der Strafverbüßung keineswegs ein Strich durch die Vergangenheit gemacht ist, einer der Selbstachtung förderlichen Hoffnung erhebliche Hemmnisse. Trotzdem muß der Versuch, die Selbstachtung zu begründen, unternommen werden. Er muß von dem Bemühen getragen sein, den Weg in ein geordnetes Leben nach der Entlassung zu ebnen.

Der Anfang des Gewinnes der Selbstachtung muß während des Vollzuges gemacht werden. Voraussetzung ist, daß die Beamten dem Gefangenen mit Achtung begegnen. Wenigstens jeder erwachsene Gefangene sollte nicht nur mit dem Hausnamen oder gar mit „Du" angeredet werden[396]). Notwendig ist ein ruhiger, persönlicher Ton. Erforderlich ist eine auf die Einzelpersönlichkeit ausgerichtete Lebensformung. Dazu gehört auch die Beachtung einer gewissen Eßkultur (gemeinschaftliches Essen in kleineren Gruppen an gedeckten Tischen)[397]). Es sind nicht zuletzt die kleinen Dinge des Lebens, in denen die Wertung des Menschen ihren Ausdruck findet. Damit ist freilich das Letzte noch nicht gesagt. Inwieweit das Selbstbewußtsein geweckt werden kann, hängt von der Persönlichkeit des Erziehers ab. Die Achtung, die dieser dem Gefangenen entgegenbringt, darf keine künstliche oder nur äußerlich vorgebrachte sein. Sie muß vielmehr der Ausdruck einer echten menschlichen Begegnung sein. Damit wird die Grundlage des gegenseitigen Bezuges zum entscheidenden Faktor. Was der Erzieher an humanen und religiösen Vorstellungen in das Verhältnis zum Gefangenen mitbringt, wirkt sich hier aus.

Der Erzieher ist in der schwierigen Lage, das Schlechte als schlecht zu sehen, die Fehler und Mängel des Gefangenen deutlich vor Augen zu haben und ihn dennoch als Menschen voll bejahen zu müssen. Er darf nicht einfach über die Schuld des Gefangenen hinwegsehen und darf zugleich nicht dessen Verstrickung in die Erbschuld, seine Anlage, seine nähere Umwelt und das gesellschaftliche Versagen vergessen. Er muß sich zu der Gerechtigkeit der Strafe bekennen (falls sie angemessen ist) und zugleich sich doch auch des Vorläufigen aller weltlichen Gerichtsbarkeit bewußt sein. Er muß die Schuld des Gefangenen in ihrer Schwere sehen (sofern eine echte Schuld vorliegt) und doch in dieser Schuld den Anlaß einer möglichen Umkehr und eines sittlichen Aufstiegs erblicken können. Er muß den Blick dafür haben, daß der Gefangene sich von seiner Schuld zu lösen berufen ist, damit aber auch eine soziale und ethische Aufgabe der Gesamtheit miterfüllt, indem er die Folgen der alle umfassenden Schuld mitträgt. Wer die Vielschichtigkeit der Gefangenensituation lebendig in sich trägt, wird dem Gefangenen mit der notwendigen

[396]) Zur Anrede im Jugendvollzug vgl. § 11.

[397]) Beachte Erziehungsvollzug, daher keine Gefahr (Messer, Gabel!).

Achtung entgegentreten. Nur so läßt sich das hin- und herwirkende Vertrauen begründen, ohne das irgendeine menschliche Aussprache tieferer Art nicht möglich ist.

Schließlich muß der Gefangene aber auch die Achtung vor dem Mitmenschen gewinnen. Wiederum sind nicht selten jahrzehntelange Erfahrungen daheim, in der näheren Umwelt, mit Freunden und Freundinnen, mit Lehrherren, mit Frauen und mit wem es alles sein mag, aus dem Weg zu räumen. Der Mensch ist in seiner Würde vielen der Gefangenen selten oder nie begegnet[398]). Der Erzieher soll dem Gefangenen eine andere Welt auftun. Das stellt an ihn die Forderung, selbst glaubwürdig zu sein. Erst über den menschlichen Bezug in der Anstalt ist es möglich, den noch nicht vorhanden gewesenen oder nicht mehr vorhandenen Bezug zu den Menschen überhaupt herzustellen. Gerade darum handelt es sich um einen echten Erziehungsvorgang. Vor allem sind innere Beziehungen an Eltern, Frau, Verwandte, Lehrherrn, Bekannte, aber auch die Glieder der Gemeinschaft wieder oder erstmalig herzustellen, sofern hier Bindungen einen echten Wert darstellen. Gewinnt der Gefangene sachliche und persönliche Bindungen (an die Arbeit, an die Mitmenschen), so wachsen die Aussichten einer Wiedereingliederung.

III. Scheidet im Erziehungsvollzug jeder erziehungsfremde Gedanke aus, so bedarf es der Überprüfung, ob der vielfach übliche strengere Anfangsvollzug (Einzelhaft bei völligem Alleinsein bei Tag und Nacht, Ausschluß vom Unterricht und von der Leistungsbelohnung, grundsätzliches Besuchs- und Schreibverbot [bei Zuchthaus 6 Monate, bei Gefängnis 3 Monate])[399]) ein zweckmäßiger Beginn ist. Diese Zeit soll der Besinnung dienen und dem Gefangenen die Härte seines Schicksals deutlich machen. Der Gedanke des Anfangsvollzugs beruht offenbar auf Vergeltungsvorstellungen, die schablonenhaft angewandt werden. Es ist durchaus zweifelhaft, ob die Einzelhaft gerade zu Beginn des Vollzuges sinnvoll ist, ob sie nicht vielmehr eine vergebliche Vergeudung an wertvoller Zeit darstellt und nicht unter Umständen die Erziehungsaussichten mindert. Von vielen Gefangenen wird die Zeit nutzlos verstrichen gelassen, da sie mit dem Alleinsein nichts anfangen können. Es gibt ein Abstellen des Denkens. Bemerkenswert ist, daß manche Gefangene aus sozial scheinbar gefestigter Stellung innerhalb kurzer Zeit sich wirklichen Verbrechern angleichen. Diese Tatsache beweist, daß sofort ein bewußter Erziehungsvollzug zu beginnen hat. Möglicherweise würde eine strenge Abgeschlossenheit zu einem späteren Zeitpunkt, in dem der Gefangene schon weiter ist, fruchtbarer sein.

[398]) Von hier aus sind auch die Sexualfragen anzugehen, die nur in einer ethisch einwandfreien Weise der Lösung zugeführt werden können. Über die hiermit zusammenhängenden Probleme in Männeranstalten, Franz Kroh, ZfStrafvollz. 5 (1955) 120—122; Josef Braun, ZfStrafvollz. 5 (1955) 355—358; Hermann Riemenschneider, ZfStrafvollz. 5 (1955) 358—365.

[399]) Nr. 153, 155, 54 VStrVollzO.

Soll der Erziehungsvollzug sofort mit dem Betreten der Einrichtung beginnen, so bedarf auch die Aufnahme der Beachtung. Es ist selbstverständlich, daß sie in einer die Würde des Gefangenen beachtenden Weise vor sich geht. Zu überlegen wäre auch, ob dem Eintretenden ein persönlich gehaltenes Merkblatt zu übergeben ist, das ihn mit dem Sinn des Vollzuges, dem Zweck der Erziehungsbemühungen, mit den Lebensverhältnissen und auch mit seinen Rechten bekannt macht. Zugleich sind in dem Merkblatt die einzelnen Beamten, die es mit ihm zu tun haben, bekannt zu geben[400]). Auch wäre an ein Gespräch vor Strafantritt zu denken, in dem die Straffälligenhilfe Aufklärung über den Sinn und die Form des Vollzuges gibt, das Anstaltsprogramm schildert, die Angst nimmt, die feindliche Einstellung des Betroffenen behebt und die Bereitschaft zum Vollzug weckt[401]).

IV. Unter dem Erziehungsgedanken muß auch die Arbeit[402]) betrachtet werden. Es muß die Arbeit geeignet sein, einem Arbeitsethos und einer Arbeitsfreude den Weg zu bereiten. Arbeit darf nicht nur als Last oder Zeitvertreib angesehen werden, sondern als ein Mittel, das den Menschen auf eigene Füße stellt, ihm die Möglichkeit zur Selbständigkeit und Freiheit gibt, ihn an der Schaffung eines Gesamtwerkes teilnehmen läßt und so ihm eine innere Kraft und ein Vertrauen zu sich selbst einflößt. Arbeit fördert das Eigenbewußtsein und öffnet die Sicht für die Teilnahme des einzelnen an dem Ganzen. Diese Wirkung übt die Arbeit aber nur dann aus, wenn sie anregend, sinnvoll und fruchtbringend ist. Wer arbeitsfähig ist, muß an eine Arbeit herangeführt werden, die in dem Gesamtarbeitsvorgang der Gemeinschaft bedeutungsvoll ist. Die Arbeit muß modernen Ansprüchen nach Art und Weise der Durchführung entsprechen, und der Arbeitserfolg muß ermunternd sein. Alle bloßen Beschäftigungen mit Arbeiten, die im freien Leben nichts bedeuten, sollten für Arbeitsfähige unzulässig sein. Die Arbeit muß ein Spiegelbild der Arbeit draußen in der

---

[400]) Die Aufnahmesituation und ihre Bedeutung behandelt im Hinblick auf eine Heilanstalt Manfred In der Beek, Praktische Psychiatrie Berlin 1957, 17ff. Dort ist ein bemerkenswertes Heftchen mitgeteilt, das den Kranken bei der Aufnahme übergeben wird, S. 21—27. An etwas Entsprechendes könnte man auch beim Erziehungsvollzug denken.

[401]) Vgl. hierzu Albert Wahl, Precommitment counseling Fed. Prob. 21 (1957) Nr. 3.

[402]) Zu den Problemen der Gefängnisarbeit gibt es eine umfangreiche Literatur. Sie sind auch immer wieder auf den Strafvollzugskongressen erörtert worden. Vgl. die in Betracht kommenden Schlagworte im Index analytique et des noms (Analytical and Name Index) zu den Akten der zwölf internationalen Strafvollzugskongresse (herausgegeben von Thorsten Sellin-Valy Degoumois), Bern. Eingehend hat sich auch der Genfer Kongreß mit der Gefängnisarbeit befaßt. Vgl. Anhang I D des Sekretariatsberichts A/Conf, 6/1; ferner Un, Prison Labour 1955. Vgl. auch Manuel Lopez-Rey, Some considerations on the character and organization of prison labour Journ. Crim. Law 49 (1958) 10—26.

Zum deutschen Schrifttum vgl. Wolfgang Mittermaier, Gefängniskunde, Berlin-Frankfurt 1954, S. 87—95, insbes. S. 87 Anm. 1.

Welt sein. Sie darf in der heutigen Zeit sich nicht nur auf landwirtschaftliche oder handwerkliche Arbeit beschränken. Sie muß vor allem industriell durchgeführt werden.

Soweit der Vollzug offen durchgeführt wird, bestehen verschiedene Möglichkeiten der Arbeit: eigene Arbeitsbetriebe, Teilnahme an der Arbeit der Allgemeinwirtschaft, Teilnahme an den Arbeitsbetrieben der geschlossenen Anstalt. Die Mischung von Gefangenen des offenen und geschlossenen Vollzuges birgt freilich die Gefahr des Hinein- und Herausschmuggelns von Gegenständen und Mitteilungen.

Auch die Arbeit ist im Erziehungsvollzug durch die Bedürfnisse der Gefangenen zu bestimmen. Für Art und Dauer der Arbeit dürfen nicht fiskalische Interessen von Bedeutung sein. Es ist eine Fehlrechnung, die Kosten des Vollzuges und die Einkünfte des Unternehmens gegenüberzustellen. Jeder erfolgreich durchgeführten Vollzug bedeutet nicht nur einen menschlichen Gewinn, sondern auch einen hohen materiellen Vorteil. Hier sind Berechnungen mit dem Stift nicht mehr möglich. Jede später unterlassene Straftat wäre mitzubuchen. Jede Resozialisierung wirkt sich auf die Familie und die Nachkommenschaft aus. Im übrigen ist gar nicht gesagt, daß der Erziehungsvollzug teuerer ist als der Bewahrungsvollzug. Er mindert die Kosten an Sicherungsmaßnahmen und an festen Häusern. Die mit dem Erziehungsvollzug zu fordernde Beschränkung des Strafrechts führt zu erheblichen Einsparungen auf der anderen Seite. Schließlich geht es um ein allgemein menschliches Problem: dem Mitmenschen nach Kräften zu helfen und ihn zu fördern. Daß der Straffällige stärker den von der Gesellschaft ausgehenden Gefährdungen ausgesetzt ist als der Großteil der anderen, ist, wenn auch ihm, aber nicht nur ihm in Rechnung zu stellen. Der Rechtsbruch ist eine Art des menschlichen Versagens, dem kraft der durch die Erbschuld bedrängten menschlichen Natur in irgendeiner Weise jeder ausgesetzt ist. Wie jeder mit dieser Schuld verbunden ist und in irgendeiner Weise an ihrer Auflösung mitzutragen hat, ist jeder angerufen, helfend mitzuwirken. Nicht nur der Rechtsbrecher schuldet uns etwas, sondern auch wir ihm. Die Kostenprobleme sollten auch in dieser Sicht gesehen werden. Will man alle derartigen Erwägungen nicht nachgehen, so soll man sich überlegen, daß der Kostenaufwand für den Erziehungsvollzug letzten Endes dem eigenen Schutz dient. Nicht mit Unrecht bringen die Minima unter Nr. 58, 59 Schutz der Gesellschaft und sorgenden Beistand zusammen.

Die Arbeitsprobleme sind in Ländern mit guter Konjunktur verhältnismäßig einfach zu lösen. Schwierig werden sie in Zeiten des schlechten Wirtschaftsganges mit Arbeitslosigkeit und Überangebot an Arbeitskräften. Die Widerstände, die sich dann gegen eine produktive Gefängnisarbeit richten, sind durchaus verständlich. Es mag dann durch Vorratsarbeit, Arbeit für den eigenen Bereich, Verschiebung der Arbeiten auf andere Formen berechtigten Forderungen nachgekommen werden. Das Prinzip nutzbringender Arbeit ist für den Erziehungsvollzug jedoch unentbehrlich.

Jede geleistete Arbeit muß einwandfrei sein. Nur die gute Arbeit wirkt bildend. Das setzt voraus, daß die Werkbeamten selbst befähigt sind oder von draußen befähigte Aufsichtskräfte mitarbeiten. Es setzt weiter voraus, daß die geleistete Arbeit sorgfältig überprüft wird. Schließlich muß die geforderte Arbeitsleistung mit den vorhandenen Mitteln und der angesetzten Zeit ordentlich zu leisten sein. Nicht ein Schnellbetrieb mit großen (dafür mäßigen) Arbeitsergebnissen, sondern eine Arbeitsweise, die ein ordentliches, solides Arbeitsergebnis gewährleistet, ist menschenformend.

Mit der Arbeit ist jedenfalls der erwachsene Mensch am ehesten anzusprechen. Der Grund dafür liegt darin, daß auf dem Arbeitsgebiete die Begegnung von Vollzug und Gefangenen am sachlichsten ist. Dazu kommt, daß jeder sich notgedrungen Gedanken über die Arbeit gemacht hat. Bei der Arbeit muß auch die Vertiefung in geistiger Hinsicht ansetzen. Berufs- und Arbeitsunterricht gehören daher ergänzend neben die tatsächlich geleistete Arbeit. Die hierauf angewandte Zeit ist nicht nutzlos vertan. Ein solcher Berufs- und Arbeitsunterricht gehört auch in die Erwachsenenanstalten.

Notwendig ist auch die Errichtung von Arbeitslehrstätten, namentlich für junge Gefangene. Bei diesen Lehrstätten kommt es darauf an, daß der Gefangene Arbeitsweisen und Arbeitsmethoden kennenlernt, die ihn zu selbständiger Arbeit befähigen, seine Vorstellungen erweitern und seinen Geschmack formen. Dafür kommen auch Modellarbeiten in Betracht, die möglicherweise zu keinen Einkünften für den Fiskus führen[403]).

Inwieweit durch eine der Außenwelt angepaßte Lohnzahlung der Arbeitswille gefördert werden kann, ist eine sehr vielschichtige Frage. Es ist ein durchaus erwägenswerter Gedanke, einen vollen Arbeitslohn zu zahlen, von dem der verdienende Arbeiter allerdings nur einen Teil zur freien Verfügung erhält, während von ihm ein Beitrag für die Unkosten der Gefangenschaft selbst, ferner ein Beitrag für den Unterhalt seiner Angehörigen und schließlich ein Beitrag für die Schadensgutmachung zu leisten ist. Mit alledem würde der Gefangene seinen Anteil an den Geschehnissen drinnen und draußen leisten. Allerdings bleibt die Frage, was mit den Gefangenen geschieht, die nicht zur Arbeit befähigt sind oder die für die Anstalt selbst eine Angestelltentätigkeit ausüben (Bücherei, Küche, Wäscherei). Wie läßt sich verhindern, daß in dem

[403]) In englischen Anstalten konnte ich sehen, wie jungen Menschen Räume zur Verfügung gestellt wurden, die sie nach Belieben ausmalen konnten. In einer deutschen Anstalt für junge Gefangene wurde diesen Gelegenheiten gegeben, bestimmte Formen von Maurerarbeiten zu erlernen. Die Probestücke wurden dann wieder zur erneuten Verwendung beseitigt. Das Sinnvolle dieser Arbeiten bestand in der Gewinnung sonst nicht erzielbarer Erkenntnisse und Fähigkeiten. Um dieser willen verzichtete der Vollzug insoweit auf eigene Einkünfte.

Freiheitsentzug selbst soziale Klassen entstehen, und was geschieht in Zeiten daniederliegender Konjunktur? Die heute vielfach übliche Lösung, eine recht niedrige Arbeitsprämie ohne jeden Rechtsanspruch zu gewähren und dafür stillschweigend die Unkosten des Vollzuges in Rechnung zu stellen, ist allerdings wohl nicht der Weisheit letzter Schluß[404]).

V. So wesentlich die Hinführung zur Arbeit auch sein mag, so ist sie doch nur ein Mittel der Wegweisung für den Gefangenen. Menschen, denen eine regelmäßige Arbeit fremd war, bedeutet eine regelmäßig pünktlich und einwandfrei geleistete Arbeit für die Zeit seiner Entlassung eine wertvolle Erfahrung. Sie reicht aber nicht hin, um das alltägliche Leben auszufüllen. Ganz wesentlich kommt es darauf an, die von der Arbeit nicht in Anspruch genommene Zeit sinnvoll zu nutzen[405]). Arbeit kann auch eine Flucht vor seiner menschlichen Verantwortung gegenüber der Familie oder den Mitmenschen sein. Sie kann ein Sich-selbst-aus-dem-Weg-gehen bedeuten.

Der Gefangene muß lernen, mit seiner Leere, mit der Langeweile, mit dem Nichtausgefülltsein fertig zu werden. Hierzu bringt er häufig wenig genug mit. Allzu oft hat er die Leere mit leerem Tun und Geschehenlassen auszufüllen versucht. Es geht um das Erschließen von Werten. Es muß unternommen werden, ihn Bindungen finden zu lassen. Auch im Vollzug müssen die menschlichen Werte in ihrer ganzen Skala sichtbar gemacht werden. Religion, Kunst, Literatur sind dem Gefangenen innerlich vielfach verschlossen. Ein tieferer Blick in die Zusammenhänge des menschlichen Lebens, in die politischen Aufgaben, in die geschichtlichen Geschehnisse, in die Verbundenheiten und die Besonderheiten der Völker fehlt ihm. Aber auch die guten Unterhaltungen sind ihm vielfach fremd. Es ist keineswegs eine Humanitätsduselei, für Belehrung und Unterhaltungen im Vollzug Sorge zu tragen (Film, Rundfunk, Fernsehen, Zeitung, Büchereien, Vorträge). Geht es doch darum, dem Gefangenen Möglichkeiten aufzuzeigen, Anregungen zu geben und ihn Lust und Freude an Lebenswerten gewinnen zu lassen. Wer sich das Gefängnis nur als ein dunkles Loch vorzustellen vermag, wird derartige Vorstellungen für eine frivole Entharmlosung von Schuld und Sühne halten. Ein solcher Vorwurf ist durchaus unrichtig. Ein Vollzug, der sich nicht ernsthaft um die Entfaltung der Kräfte des Gefangenen bemüht, wirkt möglicherweise abschreckend, sicher aber abstumpfend und aushöhlend.

---

[404]) Georg Guggenheim, Zur Frage des Arbeitsertrages im Straf- und Sicherungsvollzug, Berlin 1923; B. Holl, Ist die Angleichung der Arbeitsbelohnung des Gefangenen an den Lohn der vergleichbaren freien Arbeiter notwendig oder erstrebenswert? ZfStrafvollz. 7 (1958) S. 368—376.

[405]) Zur Freizeitgestaltung; Feige, Aufgaben und Grenzen der Freizeitgestaltung, ZfStrafvollz. 8 (1958) 263—265, ferner ders., Monatsschrift 1959, 206—213; Michael Gallmeier, Zur Psychologie der Freizeitgestaltung, ZfStrafvollz. 8 (1958) 117—123; Karl-Heinz Habel, Der Strafgefangene und sein Feierabend, ZfStrafvollz. 8 (1958) 110—117.

VI. Liegt der Erfolg auch wesentlich bei dem Erzieher, so kann dieser doch nur wirken, wenn er von der Gesamterzieherschaft der Anstalt, aber auch von der Gemeinschaft draußen mitgetragen wird. Worum es im Erziehungsvollzug geht, muß die Allgemeinheit wissen. Sie muß sich ihrer Verpflichtung für die Gefangenen bewußt werden. Der Vollzug ist keine Angelegenheit allein der Juristen, Psychiater, Psychologen, Sozialpädagogen, der Werk- und Aufsichtsbeamten, sondern der Gesamtheit. Daraus ergeben sich unmittelbare Folgen. Die Allgemeinheit muß an die Aufgabe herangeführt werden. Das kann durch Einführung von Laienkommissionen bei allen Gefängnissen und Anstalten geschehen. Wie sie auszuwählen sind, ist eine Frage für sich, auf deren Lösung es hier nicht ankommt. Die Beteiligung von Laien im Strafvollzug würde eine Parallele zur Laienbeteiligung bei der Gerichtsbarkeit sein. Es würde auch denkbar sein, sie zu den Vollstreckungsentscheidungen hinzuziehen. Um zu einer derartigen Betätigung der Laien zu kommen, bedarf es der Überwindung mancher Widerstände. Es besteht die Furcht vor unsachlichen und parteiischen Stellungnahmen, vor parteipolitischen Einflüssen, vor Irreführungen der Laien durch die Gefangenen u. dgl. mehr. Auch bürokratische Bedenken mögen bestehen. Die möglichen Gefahren sollen nicht bestritten werden. Mir scheint auf der anderen Seite der Gewinn groß genug zu sein, der dadurch eintritt, daß das Interesse der Allgemeinheit an dem Vollzug geweckt wird. Auf diesem Weg wird die notwendige Erneuerung des Strafvollzuges zweifellos Antrieb erhalten. Kommt es doch nicht zuletzt einmal darauf an, den Strafvollzug aus seiner Aschenbrödel-Stellung herauszuführen. Er ist ein durchaus legitimes Kind der Strafjustiz, dessen sich niemand zu schämen braucht.

VII. Wie tief die gewonnenen Bindungen gehen, hängt einmal davon ab, wieweit sich der Gefangene erschließt, dann aber auch davon, wieweit der Erzieher selbst in der Bindung steht. Die anzustrebende Herstellung von Bindungen sollte in der möglichsten Tiefe erfolgen. Damit stellt sich als Problem die religiöse Bindung.

Jede Erziehung besteht in einem Aufzeigen, Bewußtmachen, Vor-die-Entscheidung-Stellen. Der Erzieher selbst kann keine Entscheidung für den zu Erziehenden treffen. Noch weniger kann er den zu Erziehenden zu einer Entscheidung zwingen. Die Selbstentscheidung bleibt stets beim Zögling. Das gilt auch für den religiösen Bereich. Je tiefergehend die Entscheidung ist, um so mehr ist sie die eigene Sache des betreffenden Menschen.

Die Möglichkeit der religiösen Entfaltung muß der Staat dem Gefangenen geben, weil er diesem seine Bewegungsfreiheit nimmt und ihn von dem religiösen Leben abschneidet. Er nimmt ihm Möglichkeiten, die er ihm in entsprechender Weise eröffnen muß. Er versetzt ihn in eine Lage, in der er der Auseinandersetzung mit den letzten Fragen des menschlichen Daseins bedarf. Das Recht des Gefangenen auf religiöse Betreuung und religiösen Kult ist in den deutschen Landesverfassungen anerkannt[406]). Es hat auch in den „Minima“ seinen Ausdruck gefunden (Nr. 41, 42). Der Staat selbst steht, wenn er nicht ausgesprochen antireligiös eingestellt ist, der religiösen Betreuung und Förderung meist positiv gegenüber[407]), da er in ihr einen Weg zur Resozialisierung sieht. So sehr die Religion auch ein Hilfsmittel für ein soziales Wohlverhalten sein mag, darf sie nicht in erster Linie in dieser Sicht gesehen werden. Auch im Bereich des Strafvollzuges muß die Religion in ihrem Wesen gesehen und geübt werden. Dieses besteht in dem Verhaftetsein des einzelnen Menschen und der Menschheit an Gott. Es geht um den Ruf Gottes und das Sich-ihm-öffnen. Gott sucht den Menschen und die Menschen. Er erwartet die Antwort.

Die Religion im Strafvollzug ist kein Mittel des Zeitvertreibs, der Ausfüllung nun einmal empfundener Leere; sie ist nicht ein Mittel der psychologischen Beeinflussung zu einer geordneten Lebensführung. Sie ist auch nicht in ihrem tieferen Sinn ein technisches Mittel, den Gefangenen an das Unrechts- und Schuldbewußtsein gegenüber der Rechtsordnung heranzuführen. Es geht vielmehr darum, ihm eine ganz andere Lebenssicht zu öffnen oder sie ihm wieder aufzuschließen. Religiöse Führung des Gefangenen bedeutet, ihm behilflich zu sein, ihm die Bruderschaft Christi, die Herrlichkeit Gottes, die Größe und Fülle seiner Macht und Güte aufzuschließen und sich als ein zur Verherrlichung Gottes berufenes Glied der Kirche zu erkennen. Der Gefangene soll aufgeschlossen werden, das Ja zu Gott zu sprechen.

Diese Hilfe kann ihm nicht über den moralisierenden Weg geleistet werden. Wie keinem anderen kann auch dem Gefangenen nicht die Auseinandersetzung mit seinem Lebensgang erspart bleiben. Aber insofern ist die Lage des Gefangenen nicht anders als jedes anderen Menschen.

---

[406]) Zu der verfassungsrechtlichen Lage und den allgemeinen Problemen der religiösen Fürsorge vgl. meine Abhandlung, Die religiösen Kräfte in der Jugendfürsorge in: Werner Schmauch, In memoriam, Ernst Lohmeyer, Stuttgart 1951.

[407]) Zur Seelsorge im Strafvollzug vgl. Wolfgang Mittermaier, Gefängniskunde S. 98ff.; ferner Karl Kraus, Im Kerker vor und nach Christus, Freiburg (Schweiz), 1895; Heinrich Seyfarth, Hinter eisernen Gittern, Leipzig 1898; H. F. Beneke, Gefängnisstudien mit besonderer Berücksichtigung der Seelsorge im Untersuchungsgefängnis, Hamburg 1903; Heinrich Seyfarth, Aus der Welt des Gefangenen, Leipzig 1913; A. Bertsch, Schuld und Sühne, Stuttgart 1929; Ignaz Klug, Kriminalpädagogik, Paderborn 1930; Gunther Hess, Die Kirche im Strafvollzug, Sonderheft zu Bl. f. Gefk. 63 (1932); Carl Meyer, Gefangenen-Seelsorge in: Die Kirche in der Welt, Jahrg. 1 (1948) S. 79ff.; Hans Brandenburg, Christus auch im Zuchthaus, Gladbeck 1952; Erwin Ringel-Wenzel van Lun, Die Tiefenpsychologie hilft dem Seelsorger, Wien 1953; Lothar E. Herrwigh, Menschen ohne Schlüssel, Witten 1955; weitere Schrifttumsangaben in Heft 9 des „Wegweiser“ (1956) S. 16—20.

Zum Verhältnis Fürsorge und Seelsorge: Reidick, Das Bild des guten Hirten in der Hl. Schrift, Wegweiser Heft 11 (1956), Elisabeth Zillken, Unsere Arbeit in der Strafanstalt als Hilfe und Ergänzung des Seelsorgers, Wegweiser, Heft 8 (1956).

Gefangenschaft oder Nichtgefangenschaft ist jedenfalls im christlichen Bereich kein die einzelnen Glieder wesentlich trennendes Merkmal. Kirche endet nicht mit Mauern. Der Anruf dringt durch die Mauern. Es gibt im religiösen Bereich während der Dauer des Lebens keinen „Abgeschriebenen". Die Religionsvermittlung ist daher wesenhaft immer die gleiche, wo auch immer sie geschieht. Die Anpassung an Ort, Zeit und Gegebenheit trifft nur die Form, nicht das Wesen.

Religion macht den ungeheuren Abstand jedes Menschen von Gott, zugleich aber die ungeheure Berufung wiederum jedes Menschen sichtbar. In ihr liegen unermeßliche Kräfte der Demut und Selbstachtung verschlossen. Der von der Erziehung erstrebte Umwandlungsprozeß vollzieht sich in der höchsten Form, im höchsten Bereich. Dort, wo er sich vollzogen hat, kommt er auch dem Gemeinschaftsleben zugute.

Dieser Umwandlungsprozeß untersteht letztlich der Gnadenwirkung. Er kann aber vorbereitet werden. Diese Vorbereitung erfordert eine festgegründete Kraft des im Gespräche mit dem Gefangenen stehenden Menschen, darüber hinaus aber das Getragensein durch die Gesamtkirche. Wie im sozialen Bereich die Verbindung des Gefangenen und der erziehenden Kräfte mit der Außenwelt nicht abbrechen darf, wie sie sogar durchaus einer Intensivierung zur Gemeinschaft bedarf, ist auch im religiösen Bereich eine Isolierung nicht möglich, ohne daß der Umwandlungsprozeß gestört oder gehindert wird. Das Hineindrängen der Außenwelt in den abgeschlossenen Raum muß glaubhaft sein. Die Gemeinschaft muß den Gefangenen als ihr Glied annehmen, wie umgekehrt der Gefangene die Gemeinschaft annehmen muß. Welch gewaltiges Mißtrauen muß auf der einen wie auf der anderen Seite fortgeräumt werden, im religiösen Bereich nicht weniger als im weltlichen!

VIII. Jede Entfaltung der Persönlichkeit erfolgt in der Bewährung. Sich bewähren bedeutet, in der Verantwortung seine Aufgabe zu erfüllen. Das Gefangenenleben ist jedoch weithin davon bedroht, den Gefangenen seiner Verantwortung zu entheben und ihm sein Dasein mechanisch und automatisch abrollen zu lassen. Das Wecken, das Aufstehen, das Sichwaschen, das Kaffeetrinken, das Antreten, das Abrücken zur Arbeit, das Arbeitspensum, das Arbeittempo, die Arbeitspause, das Mittagessen, die Freizeit, der Unterricht, das Gespräch mit den Beamten, der abendliche Einschluß, das Auslöschen des Lichtes — kurz, der Tageslauf vom Morgen bis zum Abend steht unter einem Mechanismus, dem man sich nicht entziehen kann, ob man will oder nicht. Eine ständige Aufsicht gibt nur die geringe Möglichkeit, in den Eigenbereich auszuweichen. Dieser für die geschlossene Anstalt typische Ablauf findet in der offenen Anstalt und dann später mit der Entlassung eine immer weitere Auflockerung. Aber auch das gebundene Leben gibt Möglichkeiten der Bewährung. Die Arbeit kann so oder so geleistet, die Teilnahme an der Freizeit so oder so verbracht werden. Das Leben in der Gruppe und das Verhältnis zu den Gruppengliedern untereinander kann geformt werden. Innerhalb der Gruppe kann der eine dem anderen beistehen.

Die Gefahr, daß das Leben innerhalb dieses Ablaufs die innere Kraft verliert, kann nicht groß genug eingeschätzt werden. Die Überwindung der Eintönigkeit durch eine den Geist in Anspruch nehmende Arbeit, durch hinreichende Unterhaltung, durch Gruppenbildung und durch Schaffung einer gewissen Eigensphäre ist eine vordringliche Aufgabe, ohne die ein Persönlichkeitsaufbau nicht möglich ist. Auch das Hineinstellen in Situationen, in denen der Gefangene versagen kann, gehört in den Erziehungsvorgang. Das geschieht durch Übertragen von Aufgaben, Beurlaubungen[408]), Gewährung von sonstigen Freiheiten unter Inkaufnahme von Fluchtmöglichkeiten (wie beim offenen Vollzug). Zu den individuellen Behandlungsmethoden im Sinn der Stärkung der Bewährungskraft gehört das Einzelgespräch zwischen dem Erzieher und den Gefangenen. Es muß immer wieder geführt werden. Es braucht sich nicht immer um wesentliche Dinge zu handeln. Es muß aber eine persönliche Atmosphäre zwischen dem Gefangenen und dem Erzieher schaffen. Es darf nicht dazu dienen, in die Geheimnisse des Gegenüber eindringen zu wollen. Was in der Intimsphäre des Gefangenen vor sich geht, gehört ihm. Nur wenn er den Erzieher daran teilnehmen lassen will, soll dieser davon Kenntnis nehmen. Dann soll er freilich auch hinhören. Er soll vor allem aber auch da sein, wenn der Gefangene sprechen will, und Zeit haben. Der Augenblick des aufhellenden Gesprächs ist nicht voraussehbar. Er kann sich bei einer zufälligen Begegnung oder im Laufe eines zunächst belanglosen Gespräches ergeben. Er muß genutzt werden, weil er sonst unwiderruflich verloren gegangen sein kann. Daraus ergeben sich wiederum weittragende Folgen; ein echtes Erziehungsverhältnis duldet keine Dienststunden. Es fordert von dem Erzieher, daß er von einem festbestimmten Plan abgeht, daß er auf die Einmaligkeit einer Situation eingeht. Unter Umständen erfordert es aber auch von dem Aufsichtspersonal eine Durchbrechung der alltäglichen Regeln. Es kann sein, daß gerade unmittelbar vor dem Einschluß eine sich vom Erzieher zu nutzende Situation ergibt. Die Erziehungssituation geht stets vor. Die Verhältnisse liegen ähnlich wie beim Arzt, der auch kommen muß, wenn es notwendig ist, gleich zu welcher Zeit. Was für den Erzieher gilt, gilt auch für den Seelsorger. Jeder wirkliche Helfer muß immer erreichbar sein.

Selbst unter idealen Erziehungsverhältnissen tritt ein Zeitpunkt ein, in dem das Höchstmaß des Erziehungseffektes erreicht ist. In jedem Erziehungsbereich ist die Dauer der erzieherischen Auswirkung begrenzt.

---

[408]) Alfred Fuchs, Beurlaubung von Strafgefangenen ZfStrafvollz. 3 (1952/53) 366—369; über Beurlaubungen zur Aufrechterhaltung ehelicher Beziehungen Eugene Zemans-Ruth Shonle Cavan, Marital Relationships of Prisoners Journ. Crim. Law 49 (1958) 50—57.

Das Kind drängt aus der reinen Familienerziehung in neue Erziehungsverhältnisse, der junge Mensch löst sich von den Eltern als den Erziehern los und begegnet ihnen in der Verbundenheit des erwachsenen Abkömmlings. Der Versuch, Erziehungsverhältnisse über die ihnen angemessene Dauer aufrecht zu erhalten, führt zum Scheitern möglicherweise des ganzen Erziehungsvorgangs. Das gilt auch für den Erziehungsvollzug. Es ist bereits versucht worden, allgemeine Zeitspannen für die Mindest- und Höchstdauer zu geben. Höhepunkt der Erziehungseinwirkung ist bei den einzelnen Gefangenen verschieden anzusetzen. Er kann nur aus der Einzelsituation bestimmt werden. Ist er erreicht, so ist die vorläufige Entlassung geboten. Soweit es sich um den Erziehungsvollzug handelt, ist es folgerichtig, die Entlassung allein auf diesen Zeitpunkt abzustellen. Die Entscheidung sollte in die Hand des der Anstalt beigegebenen Vollstreckungsgerichts gelegt werden.

X. Die Entlassung muß rechtzeitig vorbereitet werden, damit der Entlassene den ungestörten Übergang in die Freiheit findet und er nicht Belastungen ausgesetzt wird, die über seine Kräfte hinausgehen[409]).

Es muß gesichert sein, daß der Entlassene eine ordentliche Unterkunft findet. Soweit es eben möglich ist, muß die Verbindung mit der Familie wiederhergestellt werden. Dort, wo die Familie sich für die Aufnahme des Entlassenen als ungeeignet erweist, muß ihm in anderer Weise eine Wohnstätte verschafft werden. Es muß, falls dem Entlassenen in der Heimat besondere Schwierigkeiten erwarten, etwa durch die Einstellung der Bevölkerung gegen ihn, eine Umsiedlung in eine andere Gegend ermöglichst werden.

Bei der Entlassung muß feststehen, daß der Entlassene einen Arbeitsplatz findet, der seinen Fähigkeiten und Interessen entspricht, der ihm auch hinreichende Lebensmöglichkeiten gibt.

Der Entlassene muß für die Rückkehr und die Aufnahme der Arbeit hinreichend ausgerüstet sein. Er muß die notwendige Kleidung besitzen. Zugleich muß er aber auch über einen für den Neuanfang notwendigen Geldbetrag verfügen. Wo ihm selbst der Betrag nicht ausgehändigt werden kann, da Zweifel an seiner Festigkeit begründet sind, ist der in der Einrichtung erworbene Arbeitsgewinn ganz oder zum Teil an einen Menschen seines Vertrauens auszuhändigen. Da die vorläufige Entlassung mit Auflagen verbunden werden kann, ist eine entsprechende Weisung zu geben. Sie muß aber mit dem Entlassenen besprochen werden. Es sollte das Einverständnis des Entlassenen gewonnen werden.

Die Entlassung muß aber auch in psychologischer Hinsicht vorbereitet werden. Die sich mit der Entlassung ergebenden Probleme und Schwie-

---

[409]) Vgl. F. Gundermann, Straffälligenhilfe während des Vollzuges, Bewährungshilfe 3 (1956/57) 167—179; F. Bauer, Straffälligenhilfe nach der Entlassung, Bewährungshilfe 3 (1956/57) 180—199.

rigkeiten müssen rechtzeitig mit dem Gefangenen besprochen werden. Es wäre erwünscht, wenn der Entlassene einige Tage vor der Entlassung in einen besonderen Annex der Einrichtung käme, in der mit ihm und anderen vor der Entlassung stehenden Gefangen alles Notwendige erörtert werden kann[410]). Zugleich könnte auch schon ein Ausgang gestattet werden, der dem Entlassenen auch Besorgungen ermöglicht.

Die Entlassung ist aber nicht nur mit dem Gefangenen, sondern auch mit seiner Familie vorzubereiten. Auch sie ist auf ihre Aufgaben hinzuweisen. Möglicherweise ist eine Nachfürsorge oder Bewährungshilfe vorzubereiten. Dem Bewährungshelfer würde zu ermöglichen sein, seinen Probanden rechtzeitig in der Anstalt aufzusuchen, damit er mit ihm alles Notwendige für die Entlassung und Arbeitsaufnahme besprechen kann.

Alle auf die Entlassung bezogenen Maßnahmen dürfen nicht den Eindruck erwecken, als ob durch sie der Entlassene bevormundet werden solle. Sie müssen dem Entlassen so verständlich gemacht werden, daß er in ihnen das sieht, was sie sein sollen: eine Hilfe und eine Stütze auf einem neuen Lebensweg.

Für die Vorbereitung der Entlassung ist der Fürsorger verantwortlich, der mit den erforderlichen Stellen und Privatpersonen in Verbindung tritt. Vor allem ist eine enge Zusammenarbeit zwischen dem Fürsorger der Einrichtung und den Sozialarbeitern draußen erforderlich. Die Arbeit draußen kann sowohl von amtlichen als auch freien Kräften geleistet werden.

§ 11. Die Klassifizierung

I. Der Erfolg des Erziehungsvollzugs hängt nicht nur von seinem Ausbau ab, wie er in dem vorhergehendenParagraphen näher entwickelt worden ist, sondern auch von der Auswahl der Verurteilten. Der Auswahl der Gefangenen dient die Klassifikation. Das Wort Klassifikation wird in verschiedenem Sinn verstanden[411]). Es wird hier im Sinne der Gruppierung verschiedener Klassen von Rechtsbrechern in spezialisierten Anstaltsformen auf der Grundlage von Alter, Geschlecht, Rückfall, geistigem Stand usw. sowie im Sinne einer Unterteilung in verschiedene Gruppen innerhalb einer Vollzugseinrichtung gebraucht. Diese Bedeutung hat der Begriff vorwiegend im europäischen Sprachgebrauch, während er in Amerika im Sinne einer Methode der Durch-

[410]) Über einen derartigen Versuch in Dänemark vgl. Fondation, Cycle, S. 323, 326.

[411]) Zur Klassifikation vgl. Fondation Internationale Pénale et Pénitentiaire, Les méthodes modernes de traitement pénitentiaire, S. 45ff. (auch engl. Ausgabe). Vgl. auch Rodney M. Coe and Albert J. Shafter, Survey of Classification Systems in the United States Journ. Crim. Law 49 (1958) 315—320.

führung des Vollzuges verstanden wird. Er umfaßt die auf Grund der Beurteilung (Diagnose), Planung und Behandlung erfolgte Koordination der Mittel. Die Behandlungsweise ist, wenn man die Begriffe nicht verwischen will, jedoch besser als eine Folge der Klassifikation anzusehen.

Der Klassifikation dient die Persönlichkeitsforschung. Das Persönlichkeitsbild wird stufenweise gewonnen[412]). Drei Stufen kommen in Betracht:

a) die Charakterisierung des Verurteilten im Urteil,

b) die Untersuchung beim Vollzugsbeginn,

c) die Überprüfung während des Vollzuges.

Die Beobachtung im gerichtlichen Stadium dient in erster Linie dazu, das Unwerturteil über Tat und Täter zu gewinnen, seine Schuldfähigkeit zu ermitteln, und erst zuletzt dazu, die Bestimmung der Art und Dauer der Maßnahme durchzuführen. Das gewonnene Persönlichkeitsbild bleibt aber mehr oder weniger grob. Häufig reicht es für die Bedürfnisse des Vollzuges nicht aus. Somit ergibt sich die Notwendigkeit der Untersuchung beim Vollzugsbeginn und die Überprüfung während des Vollzuges.

II. Die Aufgabe der Klassifizierung zu Beginn und während des Vollzuges hat nichts mehr damit zu tun, die Grundlagen für das Unwerturteil zu legen. Der Blick ist vielmehr ausschließlich auf die Behandlung gerichtet. Innerhalb des von dem Gericht gesteckten Behandlungsrahmens soll die Beobachtung dazu dienen, die dem Täter angemessene Einrichtungsart und unter mehreren in Betracht kommenden Einrichtungen derselben Art die am besten geeignete Einrichtung auszuwählen sowie einen Behandlungsplan vorzuschlagen. Will man dieses System verwirklichen, so ist die in Deutschland geübte Methode, die Verurteilten einer ihrem Wohnort entsprechende Anstalt oder Einrichtung zuzuweisen, nicht aufrechtzuerhalten. Zwar hat auch das regionale System seine Bedeutung, da es die Beziehung zu den Angehörigen ermöglicht. Jedoch kann das allein nicht ausschlaggebend sein. Als Mittelweg wären größere Regionen mit den hauptsächlichsten Einrichtungen zu bilden. Soweit sich für Angehörige aus wirtschaftlichen Gründen Schwierigkeiten für Besuche ergeben, sollten sie durch Fahrtunterstützungen behoben werden.

Die Beobachtung ist individuell. Sie geht darauf, zu ermitteln, was gerade mit diesem Menschen geschehen soll und wie seine Verhaltungsaussichten sind. Infolgedessen können allgemeine Einteilungsschemata nur mit Vorsicht verwandt werden. Sie können nicht mehr als Finger-

[412]) Eingehende Untersuchungen zu dem Beobachtungsproblem bringt der erste Teil des von der Fondation Internationale Pénale et Pénitentiaire herausgegebenen Buches Cycle d'Études de Strasbourg Bd. I (Rapports Préparatoires), Bern 1959, S. 1—116.

zeige dafür sein, die Untersuchungen nach der einen oder anderen Richtung mit besonderer Sorgfalt fortzuführen. Sie können nicht mehr als den einen oder anderen Gesichtspunkt, der neben vielen berücksichtigenswert ist, hervortreten zu lassen.

Von den verschiedenen Typisierungsmöglichkeiten[413]) seien hervorgehoben:

1. Die juristische Einteilung. Diese geht überwiegend vom verletzten Rechtswert aus. Die Strafgesetzbücher legen diesen Gesichtspunkt der Einteilung der Delikte im sog. Besonderen Teil zugrunde. Die juristische Einteilung läßt aber nicht die psychologischen Grundlagen des jeweiligen Delikts erkennen. Die Verletzung des Eigentums kann aus völlig voneinander abweichenden psychologischen Gegebenheiten zu erklären sein. Selbst bei einem so primitiv erscheinenden Tatbestand, wie dem des Diebstahls, können die Ursachen außerordentlich verwickelt liegen. Daß nicht immer Habsucht oder Gewinnsucht oder die Befriedigung dringender Lebensbedürfnisse materieller Art die Tat tragen, ergibt sich häufig schon aus der Art des entwendeten Gegenstandes, der den Diebstahl unter Umständen als Sexualdelikt kennzeichnet. Zuweilen können die Entstehungsursachen aber viel komplizierter liegen. So kann etwa der Diebstahl eine nicht einmal vom Täter als solche erkannte Protesthandlung, vor allem auch gegen Liebesentzug sein[414]).

Mag die Einteilung der Delikte nach dem verletzten Rechtswert zwar einen klaren, einfachen Gesetzesaufbau geben, so besagt sie doch über die Persönlichkeit des Täters und über die Hintergründe seiner Verhaltungsweise nur wenig. Immerhin ist zu beachten, daß die Deliktseinteilung im Gesetz nicht nur unter dem Gesichtpunkt der Rechtswerte erfolgt, daß vielmehr auch subjektive Elemente in die Tatbestände einfließen und hinter den Tatbeständen nicht selten Persönlichkeitsbilder stehen. Der Umstand, daß den Juristen hierfür vielfach der Blick verloren gegangen ist, hat dazu geführt, die Tatbestände in einzelne Tatbestandsmerkmale zu zerlegen und den Tatbestand als Summe einzelner, teils objektiver, teils subjektiver Merkmale anzusehen. Die Folge dieses Verfahrens ist die außerordentlich weite Anwendung der Tatbestände[415]). Es gibt auch in der gesetzlichen Einteilung der Tatbestände solche, die wenigstens in den ihren Kern treffenden Vorgängen die Tat als ein vorwiegend vom Täter getragenes und durch ihn gekenn-

---

[413]) Über die Gliederung der Verbrecher vgl. Seelig-Weindler, Die Typen der Kriminellen, 1949.

[414]) Vgl. hierzu die psychoanalytische Verbrechenserklärung. Dazu etwa Hans Zulliger, Helfen statt Strafen auch bei jugendlichen Dieben, Stuttgart 1956.

[415]) In sorgfältigen Untersuchungen zum Unterschlagungstatbestand hat Jürgen Baumann, Der strafrechtliche Schutz bei den Sicherungsrechten des modernen Wirtschaftsverkehrs, Berlin 1956, S. 217—255, die Bedeutung des dem Gesetz zugrunde liegenden Persönlichkeitsbildes dargelegt. Vgl. auch Franz Mertens, Der Tätertyp im Strafrecht, Diss. Münster 1955.

zeichnetes Geschehnis erkennen lassen. Der Sprachgebrauch — zuweilen auch die gesetzliche Formulierung — bedient sich hier einer Täterbezeichnung: Dieb, Einbrecher, Betrüger, Hehler, Räuber, Mörder. Verbergen sich unter diesen Bezeichnungen auch sehr verschiedene Haltungen und Einstellungen, so sind sie doch ein Hinweis auf die Notwendigkeit, sowohl in der Tatbewertung (Tatbestandsauslegung, Strafzumessung) als auch in der Täterbehandlung im Vollzug die Persönlichkeitsseite zu klären. Naß hat bestimmte Strukturen der Täterpersönlichkeit bei den einzelnen Delikten herausgearbeitet[416]).

Unter den gesetzlichen Delikten können zwei große Gruppen geschieden werden: die mehr sachbezogenen und die persönlichkeitsbezogenen. Der Unterschied ist sowohl im Hinblick auf den Täter als auch auf das Opfer bemerkenswert. Eine Reihe von Delikten berührt in der Regel die Persönlichkeitssphäre nicht oder nur oberflächlich, andere wiederum lassen in der Regel eine tiefere Verhaftung in der Persönlichkeit vermuten. Die Begehung bestimmter Tatbestände legt schon vom äußeren Tatgeschehen den Verdacht einer Betroffenheit der Persönlichkeit nahe. Sie ist häufig ein Zeichen von Fehlhaltungen und Fehlvorstellungen allgemeiner Art, so daß sich die Angemessenheit und Notwendigkeit einer sorgfältigen Beobachtung und Untersuchung ergibt.

Die Persönlichkeitsbezogenheit im Hinblick auf das Opfer ist nicht nur für die rechtliche Bewertung des Vorgangs, sondern auch für die Behandlung des Täters eine bedeutsame Tatsache, da die Tat regelmäßig ein Zeichen für die Störung des zwischenmenschlichen Bezugs ist. Die hier in Betracht kommenden Tatbestände wie Mord, Totschlag, Notzucht, Mißbrauch von Kindern, Rohheitsdelikte gegen Menschen, Raub finden daher zutreffend nicht nur eine besondere rechtliche, sondern auch kriminologische Beachtung.

Inwieweit sich aus den gesetzlichen Deliktsgruppen Hinweise und Anhaltspunkte für eine persönlichkeitsbezogene Sicht ergeben, ist eine von der Kriminalsoziologie noch zu lösende Aufgabe[417]). Möglicherweise erweist sich dann die Kluft zwischen Tat- und Täterstrafrecht nicht als so groß, wie sie theoretisch vielfach betont wird. Für die Beurteilung des Täters und die Festlegung des Behandlungsplans bedeutet die juristische Betrachtungsweise nur eine unter anderen.

Für die Behandlung läßt sich von der Deliktsart her ein Schluß nicht ziehen. Nur kann die Begehung bestimmter Delikte Anlaß geben, dem

[416]) Gustav Nass, Der Mensch und die Kriminalität (Teil I Kriminalpsychologie), Köln-Berlin 1959: Räuber S. 45 ff., Einbrecher und Diebe S. 68 ff., Betrüger S. 168 ff., Unzuchttäter S. 197 ff. Über die Betrugsaffinität bestimmter Charakterzüge und das Vorhandensein einer spezifischen Strukturierung von Betrügern vgl. auch Nass, Der Betrüger, in: Monatsschrift 1958, S. 14 ff.

[417]) In besonderer Weise bemüht sich Wilhelm Sauer, Kriminalsoziologie 1933, System des Strafrechts, Besonderer Teil 1954, um die Klärung der kriminologischen Grundlagen der Tatbestände des besonderen Teils. Vgl. auch Hans von Hentig, zur Psychologie der Einzeldelikte I—IV Tübingen 1954—1959.

Gefährlichkeitsgrad eine besondere Beachtung zukommen zu lassen. Der Gefährlichkeitsgrad schließt je nach seinem Gewicht bestimmte Behandlungsformen, wie etwa offenen Vollzug, von vornherein aus. Auch kann er wegen der Notwendigkeit sicherer Verwahrung und der damit verbundenen Haftdauer dazu führen, daß der Verurteilte nicht für den eigentlichen Erziehungsvollzug geeignet ist. Jedoch läßt sich ausschließlich vom Tatbestand her eine Behandlungsform nicht finden.

2. Die ätiologische Einteilung.

a) Die Anlage—Umwelt—Einteilung[418]) zielt darauf ab, das Schwergewicht der Verbrechensursache auf die Anlage oder die Umwelt zu verteilen. Sie bedeutet eine Verkürzung der Ursachenreihe, insofern sie sich auf zwei Wirkungen beschränkt, dabei jedoch nicht das Ausgesetztsein dem Bösen gegenüber außerhalb der biologischen Gegebenheiten innerhalb der metaphysischen Ordnung und schließlich den höchstpersönlichen Bestimmungsbeitrag außer acht läßt. So ergibt sich eine Viererreihe. Der Einwand, daß hiermit philosophische und religöse Auffassungen in die Ursachenlehre hineingetragen werden, ohne daß sie allgemein beweisbar sind, rechtfertigt nicht den Ausschluß der neben den Anlage- und Umweltfaktoren stehenden sonstigen Gegebenheiten. Weder die eine noch die andere Auffassung ist zur Überzeugung aller naturwissenschaftlich beweisbar. Für die Erklärung der Verbrechensursache und für die Behandlung des Täters, vor allem für die pädagogische Behandlung, sind die Folgerungen außerordentlich weitgehend. Es ist ein Unterschied, ob ich mich darum bemühe, den Betroffenen dazu zu bringen, in mechanischer Weise mit seinen Anlagen und seiner Umwelt fertig zu werden oder in der Erweiterung seines Freiheitsbereiches mit der Verhaftetheit der Anlage, der Umwelt und dem Bösen gegenüber sich auseinanderzusetzen.

Die Anlage-Umwelteinflüsse werden heute nicht mehr als zwei getrennte Reihen, sondern als ineinander verwobene Ketten angesehen. Die Anlage reagiert auf die Umwelt, die Umwelt formt die sich aus der Anlage ergebenden Möglichkeiten. In der jeweiligen Wechselbeziehung bildet sich unter der zugleich stattfindenden Auseinandersetzung des Menschen mit den sittlichen Kräften die Persönlichkeitshaltung, die im Zeitpunkt der kriminellen Gefahr das Bestehen oder Versagen begründet. Anlage und Umwelt können nicht als zwei für die Verbrecherklassifizierung getrennte, möglicherweise auch kombinierte Reihen (A, M, AM, MA) verwandt werden, sondern nur im Gesamtbild der Persönlichkeit berücksichtigt werden. Auch pädagogisch ist die Gegenüberstellung von beschränkter Bedeutung. Es gilt weder der Satz, daß gegenüber der

---

[418]) Zum Verhältnis Anlage-Umwelt vgl. Franz Exner, Kriminologie, 3. Aufl. 1949, S. 272ff., 213ff.; Ernst Seelig, Lehrbuch der Kriminologie, 2. Aufl. 1951, S. 42.

Anlage Erziehung unwirksam ist[419]), noch daß den Umweltwirkungen immer durch Erziehung begegnet werden könne. Es ist ebenso möglich, pädagogisch dazu beizutragen, die Auseinandersetzung mit der Anlage erfolgreich durchzuführen, wie es unmöglich sein kann, der Umwelteinflüsse im Wege pädagogischer Maßnahmen Herr zu werden. Entscheidend ist, in welchem Maß die ungünstigen Anlage- und Umwelteinflüsse im Laufe der Entwicklung die Persönlichkeitshaltung verfestigt haben. Was an erzieherischen Möglichkeiten offen ist, läßt sich nur aus dem Gesamtbild der Persönlichkeit herleiten. Um dieses richtig zu erkennen, bedarf es freilich einer Mitberücksichtigung von Anlage und Umwelt im Hinblick auf den Entwicklungsverlauf.

b) Die psychologische Einteilung stellt auf das Motiv des Täters ab. Hiernach sind zu unterscheiden die „Verbrecher aus Gewinnsucht, aus Geschlechtsbegierde, aus Rache und anderen Leidenschaften, Verbrecher aus politischen Motiven“[420]).

Läßt das Motiv auch einen Einblick in die persönliche Haltung gewinnen, so bleibt doch die für die Erkennung der Persönlichkeit und die Behandlung des Verurteilten entscheidende Frage des Zusammenhangs des die Tat tragenden Motivs mit der Gesamteinstellung und Gesamthaltung des Täters offen. Selbst wenn ich das Motiv einer Tat kenne — wobei oftmals die Klärung verwickelter ist, als es scheint —, so weiß ich noch längst nicht über die Persönlichkeit und den Behandlungsweg Bescheid. Das Motiv bedeutet zunächst nur Tatanlaß. Es braucht unter Umständen nur in einer lockeren Beziehung zum Persönlichkeitskern zu stehen.

3. Charakterliche Einteilungen[421]) beschränken sich regelmäßig auf die Verbindung einzelner Charakterzüge mit dem Verbrechen. So spricht Gruhle[422]) vom Verbrecher aus Neigung, Verbrecher aus Schwäche, Verbrecher aus Leidenschaft und Verbrecher aus Ehre und Überzeugung. Exner[423]) verbindet die Charaktereigenschaften aktiv und passiv mit dem kriminologischen Begriffspaar Zustandsverbrecher und Gelegenheitsverbrecher und findet auf diese Weise vier charakterologische Verbrechertypen: aktive und passive Zustandsverbrecher, aktive und passive Gelegenheitsverbrecher. Seelig[424]) weist auf die vielfachen Ein-

---

419) Vgl. Gustav Pfahler, Warum Erziehung trotz Vererbung? 5. Aufl. 1943.

420) Exner, a. a. O., S. 212.

421) Georg Kerschensteiner, Charakterbegriff und Charaktererziehung, 4. Aufl. 1929; Ludwig Klages, Grundlagen der Charakterkunde, 11. Aufl. 1951; Felix Krueger, Der Strukturbegriff in der Psychologie, 2. Aufl. 1931; Philipp Lersch, Aufbau der Person, 6. Aufl. 1954, S. 39ff.; Hans W. Gruhle, Charakterologie, HdK I, S. 200ff.; Hubert Thurn, Charakter, LdP I Sp. 612ff.; Exner, a. a. O., S. 205ff.

422) Gruhle, a. a. O., S. 203.

423) Exner, a. a. O., S. 205.

424) Seelig, a. a. O., S. 42.

teilungsgesichtspunkte hin, indem er aufbauend auf die Temperamentenlehre Kretschmers zyklothyme, schizothyme und visköse Verbrecher, nach der psychologischen Typenlehre Jungs introvertierte und extravertierte Verbrecher oder nach der Persönlichkeitslehre von E. Jaensch integrierte und desintegrierte Verbrecher unterscheidet.

Solche Gegenüberstellungen haben nur einen beschränkten Wert. Sie lassen die Schwierigkeiten nicht erkennen, die sich mit dem Begriff des Charakters verbinden. Die Herausstellung von isolierten Einzelzügen löst die Zusammenhänge auf. Bezeichnet man mit Lersch[425]) als Charakter „die individuelle Eigenart des Menschen, wie er sich, aufsteigend aus den unbewußten Tiefen lebendiger Natur zur Bewußtheit menschlicher Existenz, fühlend und handelnd, in Willensentscheidungen, Wertungen und Zielsetzungen, in Urteilen und geistigen Stellungnahmen mit der Welt auseinandersetzt und dadurch ein erfaßbares Gepräge seines individuellen Daseins im Unterschied und in Abgehobenheit von anderen Menschen erhält," so wird die Vielschichtigkeit des Begriffes deutlich. Der Hinweis auf ein einzelnes nach außen sichtbar gewordenes Merkmal besagt für die Persönlichkeitsdeutung wenig. Wesentlich ist vielmehr, wie das einzelne Merkmal im Gesamt der Dispositionen ruht, wie sich die einzelnen Eigenschaften gegenseitig durchdringen und bestimmen, wie die Eigenschaften zueinander im Ordnungsverhältnis[426]) stehen und welche persönlichkeitsbeherrschend sind. Hinzu kommt, daß der Charakter nicht nur in seiner Erscheinungsform gesehen werden darf, sondern auch im Hinblick auf die zugrunde liegende Struktur als ein Gesamt von möglicherweise nicht zur Entfaltung gebrachten, nach außen nicht hervorgetretenen Dispositionen betrachtet werden muß. Der Charakter als Erscheinung braucht die vorhandenen Dispositionen und die Möglichkeiten ihrer Verknüpfung keineswegs erschöpft zu haben[427]). Gerade hierauf kommt es aber pädagogisch maßgeblich an. Nicht welche Möglichkeiten sich entfaltet haben, ist für die Behandlung eines Menschen bestimmend, sondern welche Möglichkeiten überhaupt vorhanden sind und angesprochen werden können. Es geht um die Frage, inwieweit verdrängte oder verkümmerte Dispositionen zur Nachentfaltung gebracht werden können. Das erfordert eine eingehende Prüfung der Charakterentwicklung auf Grund des Lebensganges. Erst auf diese Weise lassen sich aus den charakterlichen Gegebenheiten (Erscheinung und Dispositionen) fruchtbare Schlußfolgerungen ziehen. Die charakterologische Verbrechereinteilung bedeutet nicht mehr als ein Einteilung nach einem äußerlich hervorstechenden Merkmal, das im Gesamtzusammenhang eine völlig verschiedene Bedeutung haben kann. Zur Erklärung des Verbrechens und zur Deutung der Verbrecherpersönlichkeit

[425]) Lersch, a. a. O., S. 40.

[426]) Lersch, a. a. O., S. 45.

[427]) Über die gegensätzlichen Auffassungen von Felix Krueger und Philipp Lersch vgl. Lersch, a. a. O., S. 46.

bedeutet das Merkmal nicht mehr als eine unter vielen anderen Gesichtspunkten in Betracht zu ziehende Gegebenheit.

4. Die psychologisch-medizinische Einteilung dient der Unterscheidung zwischen den im geistig oder medizinisch im normalen Bereich und in der Abweichung stehenden Rechtsbrechern. In intellektueller Hinsicht ist hier an den Schwachsinn in seinen drei Graden (Debilität, Imbezillität, Idiotie), in der Willens- und Triebsphäre an die Psychopathen, im Krankheitsbereich an die Geisteskranken und im Bereich gestörter Entwicklung an die Neurotiker zu denken. Bei Jugendlichen sind Erscheinungen der Pubertätszeit in diesem Zusammenhang zu erwähnen, wobei freilich zu bemerken ist, daß vom Jugendlichen her gesehen die Pubertätszeit mit ihren Besonderheiten an sich im Normalbereich liegt. Die Bedeutung dieser Gruppierung für das Verständnis für die Tat und die Behandlung des Täters ist erheblich. Auch hier kann freilich die Persönlichkeit nur in der Gesamtbetrachtung verstanden werden. Sie ist auch deswegen notwendig, weil die Abgrenzung zwischen Psychopathie und Neurose im Einzelfall außerordentlich schwierig sein kann[428]). In gleicher Weise bedarf es bei einem Jugendlichen sehr sorgfältiger Prüfung, ob ein Verhalten vornehmlich pubertätsbedingt oder auf neurotischer, psychopathischer oder gar krankhafter Grundlage beruht und inwieweit die Ursachen sich vermengen.

5. Die kriminologischen Einteilungen legen etwa den kriminellen Lebenslauf, das kriminelle Gesamtbild oder die kriminelle Prognose zugrunde. So werden nach dem Beginn der Kriminalität Früh- und Spätkriminelle[429]), nach der Häufigkeit der Kriminalität Erstkriminelle oder Gestrauchelte und Rückfällige unterschieden. Bedeutsam kann diese Unterscheidung erst bei älteren Rechtsbrechern werden. Bei den jüngeren Kriminellen bleibt die Frage offen, ob es sich bei der Früh- und Erstkriminalität um Einzelkriminalität oder aber den Beginn einer Kettenkriminalität handelt, ob die Kettenkriminalität als noch unentschiedene Möglichkeit oder aber als Wahrscheinlichkeit, als verhinderbar oder als vermutliches Schicksal anzusehen ist. Der Rückfall wiederum braucht nicht notwendig ein Indiz unausweichlicher Kriminalitätsfortsetzung zu sein[430]). So bedeutsam die genannten Gegenüber-

[428]) Vgl. hierzu den außerordentlich instruktiven Fall bei R. Ganal, Biographien jugendlicher Rechtsbrecher, in: Kriminalbiologische Gegenwartsfragen Heft 3 (1958), S. 117.

[429]) Zur Frühkriminalität Erwin R. Frey, Der frühkriminelle Rückfallverbrecher, 1951; Reform des Maßnahmerechts gegen Frühkriminelle, 1951; ferner Kriminologie und Kriminalpolitik, in: Kriminalbiologische Gegenwartsfragen, Heft 3 (1958), S. 1ff.; ebendort H. Bellavić, Frühkriminalität, Rückfallformen, Rückfallprognose, S. 26ff.

[430]) Die Vorstrafen, die nach landläufigen Vorstellungen dem Täter Mahnung und Anlaß zur Besserung sein sollen, sind infolge der gesellschaftlichen Einstellung gegenüber dem Vorbestraften zuweilen auch bei Rückfälligen mit günstiger Persönlichkeitsprognose ein immer wieder die Wiedereingliederung verhindernder

stellungen sein mögen, so enthalten sie doch generell gesehen nur Möglichkeiten, deren Verwirklichung — immer nur mit einem Wahrscheinlichkeitsgrad behaftet — nur auf Grund eingehender Persönlichkeitsprüfung im Einzelfall vorausbestimmt werden kann.

Die Einteilung von Liszt-Schmidt geht von dem Gegensatz akuter und chronischer Kriminalität[431]) aus und stellt den Gelegenheits- oder Augenblicksverbrechern die Charakter- und Tendenzverbrecher als Zustandsverbrecher gegenüber. Die Zustandsverbrecher werden wieder in Besserungsfähige und Unverbesserliche untergeteilt. In dieser Gruppierung wird deutlich, daß die Frage der Besserung bei der ernsteren Kriminalität auftritt. Diese Einteilung ist jedoch nicht geeignet, als Grundlage der Beobachtung zu dienen. Sie weist vielmehr auf ihr Ziel, die Trennung von Besserungsfähigen und Nichtbesserungsfähigen. Sie leitet zu den Prognoseproblemen über.

III. Die Prognose[432]) hat je nach dem Zeitpunkt ihrer Vornahme eine verschiedene Aufgabe zu erfüllen. Zu Beginn des Strafvollzugs soll sie die Aussichten der Behandlung, zum Ende des Strafvollzuges die Wirkung der Behandlung und das künftige Verhalten einschätzen. Sieht die Anfangsprognose auch schon über den Vollzug hinaus, so stehen doch die Möglichkeiten der Beeinflussung durch den Vollzug auf diesen Verurteilten im Vordergrund. Das setzt voraus, daß das beurteilende Gre-

Umstand. Über eine günstige Entwicklung eines mehrfach Vorbestraften — allerdings Spätkriminellen — nach einer sehr sorgfältigen, in persönlicher Hinsicht menschlich ansprechend durchgeführten Hauptverhandlung und mit nach dem Strafvollzug beibehaltener Verbindung mit dem Richter gaben kürzlich meinem Institut vorliegende Akten einen interessanten Aufschluß.

431) Liszt-Schmidt, Lehrb. 26. Aufl. (1932), S. 12f.

432) Über die ältere Prognoseforschung vgl. Franz Exner, Kriminologie, 3. Aufl., 1949. Über die weitere Entwicklung geben die Vorträge von Erwin R. Frey, Bellawić, Leferenz und Nass bei der IX. Tagung der Kriminalbiologischen Gesellschaft 1957 Auskunft (vgl. Heft 3 der Kriminalbiologischen Gegenwartsfragen). Ernest W. Burgess, Faktors determining success or failure on parole, in: Journal of Criminal Law and Criminology, XIX (1928), S. 239ff. Erwin Frey, Der frühkriminelle Rückfallverbrecher, 1951, Glueck, Sheldon and Eleanor, Juvenile Delinquents grown up, New York 1940 — Unraveling Juvenile Delinquency, Cambridge (Mass), 2. Aufl., 1951 — Delinquents in the Making Paths to Prevention, New York 1952 — Physique and Delinquency, New York 1956; Langelüddecke, Gerichtliche Psychiatrie, 2. Aufl., 1959, S. 112ff.; Heinz Leferenz, Zur Problematik der kriminologischen Prognose, Z. 68 (1956), S. 233; Hermann Mannheim, Über einige neuere Entwicklungstendenzen in der kriminologischen Forschung, Monatsschrift 1957, S. 1ff. (11ff.); Hermann Mannheim-Leslie T. Wilkins, Prediction methods in relation to Borstal Training, London 1955, Hermann Mannheim, Betrachtungen zu dem Entwurf des Allgemeinen Teils eines Strafgesetzbuchs, Z. 71 (1959), 204—209. Fritz Meyer, Der kriminologische Wert von Prognosetafeln, Monatsschrift 1959, 214—245; Hermann Stutte, Die soziale Individualprognose bei verwahrlosten und kriminellen Jugendlichen, in Handbuch d. Heimerziehung, (1956) S. 567ff. Zur Prognoseforschung bei einzelnen Deliktsgruppen vgl. Günther Brückner, Untersuchungen über die Rückfallprognose bei Vermögensverbrechern, Monatsschrift 1958, S. 93—100.

mium sowohl den Verurteilten als auch den Vollzug genau kennt. Das Ergebnis der Persönlichkeitsforschung kann eine absolut ungünstige, eine relativ ungünstige, eine relativ günstige und eine absolut günstige Voraussage sein. Es kann sein, daß die Ergebnisse der Persönlichkeitsforschung derart sind, daß ein wie auch immer gearteter Vollzug wirkungslos bleiben wird. Es kann aber auch sein, daß Einwirkungen auf den Verurteilten nur im Hinblick auf die heute noch allgemein bestehenden Unzulänglichkeiten oder nur im Hinblick auf die Unzulänglichkeit bestimmter Einrichtungen (möglicherweise im Hinblick auf die personelle Besetzung) oder nur im Hinblick auf die Ungeeignetheit einer bestimmten Einrichtung gerade für diesen individuellen Verurteilten nicht zu erwarten sind. Umgekehrt wiederum ist es möglich, daß infolge der Persönlichkeitsstruktur des Verurteilten eine bestehende Einrichtung trotz all ihren Unzulänglichkeiten fördernd wirken kann. Aus alledem ergibt sich, daß das Prognosegremium über die Art und Weise der Einrichtungen, ihre Arbeitsmethoden und Arbeitsmöglichkeiten sowie die Fähigkeit des Personals unterrichtet sein muß. Zugleich unterstehen dadurch die einzelnen Vollzugseinrichtungen einer ständigen Fachkontrolle. Darüber hinaus dient diese Fachkontrolle auch der Förderung des Vollzugs. Das Prognoseurteil: „Vermutlich unansprechbar mit Rücksicht auf die vorhandenen Vollzugsmängel" stellt eine Mahnung an die höheren Vollzugsbehörden und das Parlament dar, Abhilfe zu schaffen.

Das Prognoseurteil kann ein annähernd sicheres oder ein unsicheres sein. Die Zweifel in der Beurteilung der Auswirkungen des Vollzuges innerhalb einer bestimmten Vollzugsart können mehr oder weniger groß sein. Der in solchen Fällen vorzulegende Behandlungsplan wird nicht so sehr die Rückfallmöglichkeit als vielmehr die Art des möglichen Rückfalls in Betracht ziehen. Sind Delikte gegen die Person (Totschlag, Sittlichkeitsverbrechen, Raub, Erpressung, Heiratsschwindel) oder schwerwiegende Eigentumsdelikte (Brandstiftung, schwerwiegende Einbrüche oder Betrugsfälle) nicht mit annähernder Gewißheit auszuschließen, so werden die Behandlungsmöglichkeiten auf geschlossene Einrichtungen beschränkt bleiben. Je nach der Art der künftigen Gefährdung kann sich der Schutzgedanke stärker auswirken.

Für die Gewinnung des Prognoseurteils gibt es drei Wege:

1. die mechanische Methode[433]). Sie legt ein Punkteverfahren zugrunde. Die Technik dieses Verfahrens ist uneinheitlich[434]). Es können zahlreiche Faktoren berücksichtigt werden, ohne daß sie nach ihrem eigenen Schwergewicht abgewogen werden. Es kann aber die Auswahl der für die Entscheidung maßgeblichen Faktoren beschränkt sein. Die so ausgewählten

---

[433]) In dieser Richtung die Untersuchungen des Ehepaares Glueck und von Mannheim-Wilkins.

[434]) Darüber Heinz Leferenz, Probleme der kriminologischen Prognose, in: Kriminalbiologische Gegenwartsfragen, Heft 3 (1958), S. 39.

Punkte werden nach einem die Erfahrungen sorgfältig verwertenden System gegeneinander abgewogen. Der Vorteil der mechanischen Methode wird darin gesehen, daß sie eine objektive Wertungsgrundlage abgibt. Subjektive Wertungen des Untersuchenden werden ausgeschlossen. Die Methode eines beschränkten Punktesystems macht das Verfahren handhabbar. Der Umstand, daß das Punkteverfahren keine jeden Einzelfall richtig treffende Prognose gewährleistet, sondern nur prozentuale Werte liefert, würde allein die Methode noch nicht unbrauchbar machen, da jede Beurteilung einen Unsicherheitsgrad in sich trägt. Bedeutsamer ist schon, daß der Unsicherheitsgrad auf einem von der Einzelpersönlichkeit losgelösten, generellen Umstand beruht, daß die Untersuchung nicht auf die persönlichen Besonderheiten abstellt. Jeder einzelne Punkt hat keine Eigenbedeutung, sondern kann nur im Hinblick auf die Gesamtpersönlichkeit gewertet werden. Die Punktemethode hat auch insofern eine Unsicherheit, als die einzelnen Punkte in sich schon nicht mit voller Sicherheit gewertet werden können. Die Fehlerquellen müssen sich bei einer Anzahl von Punkten vermehren. Entscheidend ist jedoch die Erwägung, daß das menschliche Verhalten nicht ausschließlich generell bestimmt werden kann.

2. Die individuelle Methode[435]). Sie stützt das Prognoseurteil auf die Einzeluntersuchung. Auch hier gibt es verschiedene Wege. Die Strafvollzugspraxis bedient sich auch heute noch weitgehend des intuitiven Verfahrens. Niemand wird die Bedeutung einer anlagemäßigen, durch Erfahrungen gestärkten Befähigung zur personellen Erfassung eines Menschen in Abrede stellen. Jedoch kann auf Intuition allein kein allgemeines Erforschungssystem aufgebaut werden. Das intuitive Urteil muß vielmehr wissenschaftlich gestützt und getragen sein. Das zwingt zu einer eingehenden Einzeluntersuchung.

3. Die gemischte Methode[436]). Sie bedient sich des Punkteverfahrens als Ansatzpunkt. Es weist auf bestimmte Gefährdungs- und Erwartungssituationen hin. Es mahnt unter Umständen zu besonderer Wachsamkeit. Die gemischte Methode nimmt das Punkteergebnis nicht absolut. Vor allem aber vermeidet sie, das dem augenblicklichen Zustand entsprechende Erscheinungsbild überzubewerten. Die individuelle Untersuchung forscht nach den nicht ausgenutzten und entfalteten Möglichkeiten (Potenzen). Sie nimmt das menschliche Verhalten insgesamt. Sie stellt die negativen und — was nicht genug gefordert werden kann — die positiven Merkmale und Möglichkeiten zur Gesamtpersönlichkeit und zur Gesamtwirklichkeit in Beziehung. Die Vollzugsanfangprognose gewinnt damit das Urteil, ob und in welcher Weise der Verurteilte positiv angesprochen werden kann. Die Aufstellung des Behandlungsprogramms nötigt mehr zur Auffindung

---

[435]) Heinz Leferenz, a. a. O., S. 36; ferner kritisch Hermann Mannheim, Monatsschrift 1957, S. 14.

[436]) Erwin Frey, Der frühkriminelle Rückfallverbrecher, 1951, S. 321ff.

positiver Ansatzpunkte als zur Zusammenstellung von Schlechtpunkten. Der Vollzugsendprognose liegt dann das Urteil ob, ob der Behandelte im Vollzug ein solches Maß an Eigenkraft erworben hat, daß er nach der Entlassung allein oder mit Hilfe (nachhelfende Sorge) in der sozialen Gemeinschaft im wesentlichen bestehen kann.

Sowohl die Vollzugsbeginnprognose als auch die Vollzugsendprognose darf, jedenfalls soweit es sich nicht um gefährliche Schwerkriminalität handelt, nicht nur als kriminelle oder Rückfallprognose angesehen werden. Vielmehr muß auch die Prognose auf ein menschliches und gesellschaftliches Gesamtverhalten ausgerichtet sein. Die Prognose muß die Frage beantworten, ob der Verurteilte in seinem eigenen und im gesellschaftlichen Lebensbereich Wertmaßstäbe anzuwenden und nach ihnen zu leben bereit ist. Ein Versagen, selbst ein Rückfall, braucht nicht notwendigerweise eine Fehlprognose oder gar eine Fehlbehandlung im Vollzug darzutun. Welches Gewicht das Versagen oder die Rückfalltat hat, hängt von der gesamten Lebensbewältigung nach der Entlassung ab. Ein Abstellen lediglich auf das spätere kriminelle Verhalten in der Prognose und in der Behandlung schränkt unter Umständen die Möglichkeiten der Ansprechbarkeit ein, gibt zu wenig positive Ziele und überbetont einen Gesichtspunkt, dem nur unter anderen Bedeutung zukommt.

IV. Die Prognose setzt eine eingehende Persönlichkeitsforschung voraus. In welchem Maß in einzelnen Ländern eine solche Forschung bereits in Angriff genommen ist, lassen die vorbereitenden Berichte der Fondation Internationale Pénale et Pénitentiaire für die Straßburger Arbeitstagung September 1959 erkennen[437]). Es lassen sich folgende Forderungen aufstellen:

a) Schaffung von Beobachtungszentren. Solche Zentren sind notwendig, weil die Zahl der Sachverständigen begrenzt ist, weil sich in den Zentren hinreichende Erfahrungen sammeln lassen, weil sie allein die Einheitlichkeit gewährleisten, weil eine Übersicht über einen größeren Bezirk mit verschiedenartigen Einrichtungen erforderlich ist und weil der Kostenaufwand geringer ist. In größeren Ländern würde sich die Einrichtung mehrerer Zentren empfehlen. Solange der Vollzug in Bundesstaaten Angelegenheit der Gliedstaaten ist, können mehrere Gliedstaaten Vollzugsgemeinschaften beschließen. Sollen die Zentren ihre Aufgabe lösen können, dürfen sie nicht mehr als 100—150 Probanden gleichzeitig umfassen.

b) Bildung von Beobachtungsgremien. Die Beobachtung muß auf breiter Grundlage erfolgen. Sie muß wissenschaftlich und erfahrungs-

[437]) Dort berichten Frank Loveland und Benjamin Frank über die USA (S. 22), K. Stürup über Dänemark (S. 29), Gunnar Rudstedt über Schweden (S. 40), die Prisoners Commissioners über England und Wales (S. 47), Hector Beeche über Latein-Amerika (S. 59), Charles Andersen über Belgien (S. 72), Charles Germain über Frankreich (S. 79), Pietro Nuvolone über Italien (S. 95), C. J. F. van Veen und H. A. C. Roem über die Niederlande (S. 106).

mäßig durchgeführt werden. Die wissenschaftliche Beobachtung muß medizinisch-psychiatrisch, psychologisch, soziologisch und pädagogisch sein. An ihr müssen ein oder zwei Psychiater, ein Psychologe, ein Lehrer, zwei Sozialhelfer (Fürsorger und Sozialermittler) und ein Pädagoge (Sozialpädagoge) beteiligt sein. Dazu tritt die Beobachtung durch die Vollzugsbeamten (Anstaltsleiter, Werk- und Aufsichtspersonal). Jeder Beteiligte arbeitet sein Sondergutachten aus. Die Koordination erfolgt in dem Gremium, das unter der Leitung des Richters, am besten Vollstreckungsrichters, steht. Das Gremium stellt den endgültigen Behandlungsplan auf, der der richterlichen Zustimmung bedarf. Die richterliche Zustimmung bedeutet die Anerkennung der Ordnungsmäßigkeit des Verfahrens.

c) Wahrung der Persönlichkeitsrechte des Verurteilten[438]). Die Beobachtung steht unter dem Schutz der verfassungsmäßigen Grundrechte und der anerkannten sittlichen Gebote. Ausgeschlossen sind alle Erkenntnismittel, die die Intimsphäre in unangemessener Weise berühren oder die auf einer grundsätzlichen verächtlichen Menscheneinstellung beruhen. In erster Hinsicht ist die Narcoanalyse, in zweiter Hinsicht der Lügendetektor auszuschließen. Wo die Grenzen der Anwendung von Tests oder wo die Anwendung bestimmter Tests von der Zustimmung des Probanden abhängig zu machen ist oder ob überhaupt jede intensivere psychische Exploration der Zustimmung des Richters oder des Probanden unterstellt werden soll, bedarf noch der Prüfung. Die Grenzen der Forschung ergeben sich einmal aus der im Besserungsvollzug durchzuführenden Erziehung. Der Betroffene darf sich nicht als hilfloses Objekt empfinden. Vielmehr muß seine Mitwirkung von vornherein angestrebt werden. Sodann steht der Verurteilte unter dem Mißtrauen gegenüber der staatlichen Gewalt, das eine besondere Empfindlichkeit gegenüber Eingriffen hervorruft. Schließlich erfordert gerade das letzten Endes auf Zwang beruhende Vollzugsverhältnis besondere Zurückhaltung, um nicht gegenüber der Allgemeinheit und dem Betroffenen anstößig zu wirken. Die klinischen Erfahrungen des Psychiaters werden der Einhaltung der Grenzen dienlich sein. Medizinisch-psychiatrisch nicht anerkannte Methoden sind auch im Straf- und Beobachtungsvollzug ausgeschlossen. Soweit im medizinisch-psychiatrischen Bereich die Einwilligung eines Patienten erforderlich ist, sollte man sich im Straf- und Beobachtungsvollzug bewußt sein, daß die Einwilligung des im Gewaltverhältnis stehenden Verurteilten echt sein muß.

d) Die Dauer der Untersuchung ist auf höchstens 6—8 Wochen zu begrenzen. Dieser Zeitraum wird allerdings als Regel zur Beobachtung notwendig sein.

e) Auswahl für die Beobachtung. Es scheiden zunächst für die Vollzugsbeginnbeobachtung alle diejenigen Verurteilten aus, die mit Geldstrafe

[438]) Über die Achtung der Menschenwürde Charles Germain, a. a. O., S. 81.

belegt worden sind; ferner diejenigen, die eine kurze Freiheitsstrafe oder aber eine Freiheitsstrafe mit Strafaussetzung zur Bewährung erhalten haben. Die Beobachtung zu Beginn des Vollzuges dient der Klassifizierung innerhalb des Freiheitsentzuges. Erst wenn die Strafaussetzung widerrufen ist, kann eine zentrale Beobachtung in Frage kommen. Kurze Freiheitsstrafen eignen sich für den Behandlungsvollzug nicht[439]). Sie scheiden daher für die Klassifikation aus. Als kurze Freiheitsstrafen sind nicht nur die Bagatellstrafen (bis 6 Wochen), sondern auch die darüber bis drei Monate hinausgehenden Freiheitsstrafen anzusehen[440]). Aber auch die untere Gruppe der mittleren Strafen eignet sich noch nicht für das eigentliche Klassifizierungsverfahren. Da der Behandlungsvollzug einer längeren Einflußnahme bedarf, und die Beobachtung in der Regel 6—8 Wochen dauert, so werden nur Freiheitsstrafen von 10 Monaten Voraussetzung der Beobachtung sein. Vor der Verurteilung kommen Untersuchungshäftlinge für die Beobachtung in Betracht, die geständig sind und eine längere Strafdauer als 10 Monate nach der Verurteilung voraussichtlich zu verbüßen haben werden. Der Beobachtung unterliegen Verurteilte, gleichgültig ob das Gericht die Strafe nach dem Sicherungs-, Sühne-, Besserungs- oder Warngesichtspunkt bestimmt hat. Die etwaige Persönlichkeitsbeschreibung im richterlichen Urteil ist für das Beobachtungsgremium nicht mehr als ein Ausgangspunkt. Eine Bindung an die richterliche Würdigung der Täterpersönlichkeit besteht nicht. Gebunden ist das Gremium nur an den Urteilsspruch.

f) Durchführung der Beobachtung. Am Anfang der Beobachtung wird in aller Regel die Einzelhaft stehen, um den Probanden möglichst unbeeinflußt kennenzulernen und ihn vor Einflüsterungen der Mitgefangenen zu bewahren. Jedoch wird ein hinreichender Zeitraum, etwa 3—4 Wochen, für eine gemeinschaftliche Haft (am Tage in der Gemeinschaft, nachts getrennt) zur Verfügung stehen müssen. Der Proband muß auch in seiner Haltung innerhalb der Gruppe, bei der Arbeit, beim Spiel, bei der Mahlzeit, bei der Unterhaltung, im Unterricht beobachtet werden.

g) Der Behandlungsplan enthält den Vorschlag der Verbringung in eine bestimmte Art der Behandlung (Sondervollzug, Sicherungsvollzug, Besserungsvollzug, offener, halboffener, geschlossener Vollzug) und in eine bestimmte Anstalt (etwa Trinkerheilanstalt in X, geschlossene Anstalt in Y, offene Einrichtung in Z, Psychopathenanstalt in P usw.). Die Bestimmung der Anstalt geschieht durch den Richter. Sie ist für die be-

[439]) Über den Versuch der Nutzbarmachung der kurzen Freiheitsstrafe für eine Behandlung vgl. Charles Germain, Essai d'individualisation du traitement en matière de courtes peines d'emprisonnement, in: Fondation Internationale Pénale et Pénitentiaire, Cycle d'Etudes, Bern 1959, S. 183. Zu dem gleichen Thema ebend. meine Abhandlung Observations sur les peines privatives de liberté de courte durée, S. 189ff.

[440]) Über die Begriffsbestimmung vgl. meine in Anm. 439 genannte Abhandlung S. 189.

zeichnete Anstalt bindend. Jedoch kann im Laufe des weiteren Vollzugs auf Antrag des Leiters der Einrichtung oder im Besserungsvollzug auch auf Antrag des Gefangenen der für die Zentralbeobachtung zuständige Richter eine Verlegung anordnen. Ein Antragsrecht des Gefangenen ergibt sich für den Besserungsvollzug aus der für den Erziehungsbereich notwendigen Aktivstellung.

Im übrigen enthält der Behandlungsplan nur Behandlungsvorschläge. Wie die Behandlung tatsächlich durchgeführt wird, ist von dem Leiter der betreffenden Einrichtung nach Anhören des Behandlungsgremiums in der Vollzugseinrichtung zu bestimmen. Jedoch sollten Abweichungen in einem oder mehreren Ergänzungsplänen niedergelegt werden. Wenigstens alle zwei Monate sollte auf Grund der in der Zwischenzeit gemachten Erfahrungen ein Meinungsaustausch des Behandlungsgremiums erfolgen. Die Ergebnisse und weitere Planungen sollten aufgezeichnet werden. Auf diese Weise wird eine ständige Behandlung gewährleistet.

Das Behandlungsgremium sollte aus dem Leiter der Einrichtung, dem Gruppenleiter, dem Arzt (möglichst Psychiater), dem Psychologen, dem Lehrer, dem Pädagogen, dem Fürsorger, dem Geistlichen, einem Werk- und einem Aufsichtsbeamten bestehen. Das Behandlungsgremium schlägt dem Gericht, möglichst einem an der Einrichtung ständig tätigen Vollstreckungsgericht, die vorläufige Entlassung vor. Das Vollstreckungsgericht sollte aus einem bzw. drei Berufsrichtern (je nach der Besetzung des erkennenden Gerichts) bestehen. Der oder die Richter sollen ständigen Zugang zu den Gefangenen haben und an jeder Gremiumssitzung teilnehmen können. Außerdem sollten dem Gericht zwei Laien angehören, die das Recht haben, die Gefangenen, über deren Entlassung zu entscheiden ist, nach freiem Belieben nach Ansetzung des Termines unbeaufsichtigt zu sprechen. Nach der Entlassung gehen die Beobachtungsunterlagen an die Zentralstelle zurück.

V. Fehlt eine Zentralstelle zur Beobachtung, so muß die Klassifizierung innerhalb des allgemeinen Vollzuges erfolgen. Die Nachteile dieses Weges liegen offen. Der allgemeine Vollzug verfügt nicht über ein ausreichendes wissenschaftliches und sonstiges Beobachtungspersonal. Die Erfahrungen sind beschränkter. Die zahlreichen Aufgaben des allgemeinen Vollzuges verhindern eine genügende Befassung mit der Klassifikation. Der Weg der Verlegung ist meist umständlicher, als wenn die Einweisung von der Zentrale erfolgt.

Es müssen die geeigneten Einrichtungen für die Durchführung der Klassifizierung meist erst noch geschaffen werden.

Da die Vollzugseinrichtungen in der Regel nur eine bestimmte Vollzugsform (z. B. geschlossene, halboffene, offene Einrichtung, Entziehungsanstalt) umfaßt, fehlt, wenn auch nicht theoretisch, so doch praktisch die gleiche Verteilungsmöglichkeit wie bei der Verteilung durch eine Zentralinstanz. Vor allem fehlt die Überblick über die Art und Weise der Arbeit anderer Einrichtungen. Die Klassifizierung wird sich im allgemeinen auf eine Einteilung zur Durchführung des Vollzuges im eigenen Bereich beschränken.

Soweit Klassifizierungen im Vollzug selbst vorgenommen werden, dürften sie am ehesten dort von Nutzen sein, wo verschiedene Einrichtungen unter einer Leitung stehen. Das ist aber nur möglich, wenn die Einrichtungen nicht zu groß sind.

Immerhin wäre es für Länder mit einem unentwickelten Klassifizierungssystem ein Fortschritt, wenn wenigstens im Bereich des allgemeinen Vollzuges ernsthaft mit der Inangriffnahme begonnen würde.

VI. Bei der Feststellung der Aussichtslosigkeit des Besserungsvollzuges durch das Beobachtungsgremium der Zentralstelle sollte auch zu der Frage Stellung genommen werden, auf welchen Umständen die Aussichtslosigkeit beruht, insbesondere welche Maßnahmen verabsäumt und welche Fehler in der Vergangenheit gemacht worden sind.

Nach der Entlassung des Verurteilten aus dem Vollzug ermöglicht die Durchsicht der Beobachtungsakten der Vollzugseinrichtung dem Beobachtungsgremium der Zentralstelle eine Überprüfung der seinerzeit eingenommenen Stellung. Auf diese Weise werden die Erfahrungen der Vollzugseinrichtung der Beobachtungszentrale zugänglich gemacht. Umgekehrt kann auch die Zentralstelle ungenügendes Verhalten im Vollzug erkennen.

Pädagogisch wichtig ist nicht nur die in die Zukunft gerichtete Betrachtungsweise, sondern auch der Blick in die Vergangenheit. Hier lassen sich sogar sicherere Ergebnisse erwarten. Die hierzu notwendigen Nachforschungen sind, soweit die Erziehungsfrage für die Zukunft geklärt werden soll, ohnehin erforderlich. Es ist anzunehmen, daß jede schwere Straftat auch auf Erziehungsmängel zurückzuführen ist. Um diese Annahme zu untermauern, bedarf es einer Untersuchung des Lebenslaufs unter Berücksichtigung der dem Täter zugekommenen Erziehung in Elternhaus, Schule, Erziehungsheim, Kirche, Verbänden und Vereinigungen, Beruf, ggf. Strafanstalten u. a. m. Es wäre festzustellen, ob die Erziehungsaufgaben, so wie sie sich gerade im Hinblick auf diesen Täter ergeben haben, überhaupt gesehen worden sind, welche Erziehungsmahnahmen ergriffen worden sind, welche unterblieben sind. Es wäre von Bedeutung zu wissen, ob im Falle sich ergebender Schwierigkeiten ein Erziehungsplan aufgestellt und wie er verwirklicht worden ist, ob überhaupt der Versuch gemacht worden ist, persönliche Bindungen innerhalb eines Erziehungsvollzuges herzustellen, wie der Übergang von Fremderziehung zur Selbsterziehung mit zunehmendem Alter vor sich gegangen ist, ob mit zunehmendem Alter der Täter sich schließlich selbst überlassen war. Derartige Untersuchungen ermöglichen es unter Umständen, die für das Versagen des Täters entscheidende Erziehungssituation aufzudecken, und in anderen Fällen, Wege zu einer wirksamen Begegnung gegenüber dem Abgleiten aufzufinden. Notwendig für derartige Untersuchungen sind die genaue Kenntnis des Lebenslaufs an Hand objektiver Unterlagen (Schulbogen, Personalakten, Erziehungs- und Strafakten, ärztliche Gutachten, Krankenblätter) und einer eingehenden Selbstdarstellung und Darstellung durch Verwandte und Bekannte. In einem gemeinsamen Arbeitskreis von Pädagogen, Psychologen, Medizinern, Theologen und Juristen sollten im Vollzug oder innerhalb des wissenschaftlichen Bereiches das Material durchgearbeitet werden. Dabei käme es auf die Feststellung an, ob der — jetzt nicht mehr für den Erziehungsvollzug geeignete — Verurteilte von jeher auf diesen Lebensweg festgelegt war oder ob und wie ihm mit Hilfe erzieherischer Mittel (ggf. unterstützt durch sonstige Behandlungsmethoden) ein anderer Lebensgang hätte eröffnet werden können.

VII. Für die Bundesrepublik ist die Einrichtung eines Klassifizierungssystems mit Zentralstellen eine unerläßliche Forderung. Die zur Zeit im gerichtlichen Verfahren und im Vollzug durchgeführten Beobachtungen reichen für ein neuzeitliches Strafrecht und einen sinnvoll durchgeführten Vollzug nicht aus. Selbst das am weitesten vorangetragene Jugendstrafrecht befriedigt noch nicht. Die Verteilung der Gefangenen nach dem Geschlecht und nach dem Gesichtspunkt der Erst- und Mehrbestrafung innerhalb des allgemeinen Vollzugs bleibt an der Oberfläche. Die scharfe juristische Scheidung zwischen Strafe und Maßnahmen verhindert überdies die zweckmäßige Unterbringung bei verhältnismäßig offensichtlichen Vollzugsnotwendigkeiten.

Erforderlich ist die Einrichtung eines sich über das ganze Gebiet der Bundesrepublik erstreckenden kriminologischen Dienstes. Entsprechend der Größe des Gebietes ist an die Errichtung mehrerer Zentralstellen zu denken. Im Wege der Ländervereinbarung sollten sich mehrere Länder, für die ein kriminologischer Dienst allein nicht in Betracht kommen kann, zusammenschließen. Die Weimarer Zeit hatte das Klassifizierungsproblem ernsthaft in Angriff genommen. Was damals auf dem Gebiete des kriminologischen Dienstes angefangen und dann weiterentwickelt worden war[441]), ist nach der Beendigung des zweiten Weltkrieges abgebrochen worden. Zu dieser Auflösung hat die irrige Auffassung der Besatzungsmächte beigetragen, daß die kriminologischen Untersuchungs- und Sammelstellen vornehmlich rassischen und erbbiologischen Zwecken des nationalsozialistischen Regimes gedient hätten. Der langsame Wiederaufbau des kriminologischen Dienstes beruht allerdings auf der fehlenden Initiative und dem in der Allgemeinheit äußerst schwachen Interesse an Fragen des Vollzuges, nicht zuletzt an der Überbewertung des Dogmatischen im Bereiche des Strafrechts, wohl auch an der für den Vollzug nicht glücklichen Entscheidung, zunächst die materielle Strafrechtsreform durchzuführen. Ansätze in der Neubegründung des kriminologischen Dienstes, namentlich in Bayern[442]) und Hamburg[443]), lassen hoffen, daß das Versäumte nachgeholt wird. Das Fehlende ist auch nicht durch hin-

---

[441]) Einen guten Überblick über die Entwicklung des kriminologischen Dienstes bietet Edmund Mezger, Kriminalpolitik auf kriminologischer Grundlage, 1934, S. 111ff.; 3. Aufl. 1944, S. 204ff. Führend war in Deutschland Bayern; vgl. dazu die Denkschrift des Bayerischen Staatsministeriums der Justiz „Der Stufenstrafvollzug und die kriminalbiologische Untersuchung der Gefangenen“ (1926/27). Das vom Preußischen Justizministerium herausgegebene Buch: Strafvollzug in Preußen (1928) enthält, obwohl es vorzügliche Einzelabhandlungen bringt, keine Abhandlung über den kriminologischen Dienst.

[442]) Über den Wiederaufbau in Bayern, vgl. Edmund Mezger, Kriminologie, 1951, S. 234.

[443]) Hermann Hörnemann, Die Einweisungskommission der Hamburger Gefängnisbehörde — ein weiterer Schritt zum individuellen Strafvollzug — ZfStrafvollz. 4 (1954) 300—306; Hans Krüger, Die kriminalpsychologische Abteilung der Gefängnisbehörde der Freien und Hansestadt Hamburg ZfStrafvollz. 6 (1956) 243—256. 299—312. 366—375.

reichende Untersuchungsstellen in den einzelnen Anstalten ersetzt worden. Selbst große Anstalten verfügen nicht über Fachpsychiater, geschweige denn psychiatrische oder sonst wissenschaftliche Beobachtungsstellen. Vor allem im Erwachsenenvollzug fehlt das zur Durchführung von hinreichend gründlichen Untersuchungen ausgebildete Fachpersonal. Auch der Jugendvollzug hat noch keineswegs eine ideale Lösung gefunden.

C. Vollzugsformen des Freiheitsentzuges

§ 12. Jugendvollzug

I. Der Jugendvollzug hat gegenüber dem Erwachsenenvollzug vom Erziehungs- und Besserungsstandpunkt eine sehr viel günstigere Position. Beim Jugendvollzug wird wenigstens theoretisch allgemein anerkannt, daß er der Gestaltung und Formung des jungen Menschen dient und daß es vor allem darauf ankommt, dem Jugendlichen den Lebensweg zu eröffnen und seine Eingliederung in die Gemeinschaft durchzuführen. Das Schwergewicht der Spezialprävention hat sich der Idee nach durchgesetzt. Dazu trägt bei die Tatsache der Erziehungsnotwendigkeit der Jugendlichen überhaupt und vor allem der jedenfalls regelmäßig vorhandenen Bildsamkeit und Formbarkeit des jungen Menschen. Die Vorstellung von einer meist verminderten Schuld gegenüber der Verantwortlichkeit des Erwachsenen erleichtert es, den Vergeltungsgedanken einzuschränken oder gar auf ihn zu verzichten. Im Grundsätzlichen ist daher in der Behandlung junger Menschen vieles problemloser als bei der strafrechtlichen Reaktion gegenüber Erwachsenen. Die Erkenntnis, daß eine vorwiegend von einem Vergeltungsgedanken getragene Strafbehandlung der Eingliederung oder Wiedereingliederung des Jugendlichen abträglich ist, hat innerhalb der strafrechtlichen Reformbewegung schon vor Jahrzehnten sowohl zu einem Wandel der theoretischen Grundlagen des Strafrechts im Hinblick auf die jungen Menschen als auch zu einer Änderung der Vollzugspraxis geführt. Die Pädagogik des Jugendvollzuges konnte sich an die allgemeine Jugendpädagogik anschließen. Somit steht auf diesem Gebiete ein umfangreiches Schrifttum zur Verfügung, das sich auch mit dem Verhältnis Jugendstrafrecht und Pädagogik befaßt[444]. Infolgedessen

[444]) Vgl. etwa Bleidt, Jugendgefängnisse, in: Strafvollzug in Preußen, Mannheim/Berlin/Leipzig 1928, S. 134ff.; Curt Bondy, Pädagogische Probleme im Jugend-Strafvollzug, Mannheim/Berlin/Leipzig 1925; L. W. Fox, The English Prison and Borstal systems, London, 1952; Gotthilf Flick, Psychologische Gegebenheiten des Jugendstrafvollzuges, in: Psychologische Rundschau, 4 (1953), S. 1—10; Margery Fry, Max Grünhut u. a., Lawless Youth, London 1947, Max Grünhut, Penal Reform, Oxford 1948; Max Grünhut, Juvenile Offenders before the Courts, Oxford 1956; Joachim Hellmer, Erziehung und Strafe, Berlin 1957; Walter Hermann, Das Hamburgische Jugendgefängnis, Hahnöfersand, Mannheim/Berlin/Leipzig 1926; Albert Krebs, Hauptfragen einer Rechtsverordnung über den Vollzug von Jugendstrafen, in: Monatsschrift, Bd. 37 (1954), S. 129—138; Wolf Middendorf, Jugendkriminologie, Ratingen 1956; Wolfgang Mittermaier, Gefängniskunde, Berlin/Frankfurt 1954; Wilhelm Mollenhauer, Die

bedarf es auf diesem an sich pädagogisch so hervorragendem Gebiet nur ergänzender Bemerkungen. Vielleicht würden sich selbst diese erübrigen, wenn den vielen schönen Worten ebenso gute Taten zur Seite ständen, wenn nicht eben doch tatsächlich der Strafgedanke immer wieder übermäßig betont würde und wenn trotz der theoretischen Anerkennung des Erziehungsgedankens dieser praktisch nicht doch zu kurz kommen würde. Die vielen ermunternden Beispiele, die es in der weiten Welt gibt, sind wohl doch nicht überall hinreichend zündend gewesen[445]).

---

erzieherische Ausgestaltung des Jugendstrafvollzuges, Z. 55 (1935), S. 591—612; Klaus Rehbein, Formen der Erziehung im Jugendstrafvollzug, Münsterische phil. Diss. 1959; Friedrich Schaffstein, Jugendstrafrecht, Stuttgart 1959; Rudolf Sieverts, Der Jugendliche im Strafvollzug, in: Studium generale Jahrg. 5 (1952), S. 298—305; Rudolf Sieverts u. Franz Weber, Jugendstrafvollzug, LdP II (1953) Sp. 1030—1036; Robert Werner, Erziehungsmöglichkeiten und -methoden im Jugendstrafvollzug, Sonderdruck aus Bl. d. Wohlfahrtspflege 1958 Nr. 11. Vorzüglich unterrichtet über die neuesten Probleme das Buch des Centre d'Etude de la Délinquance Juvenile, Bruxelles, Evolution d'une notion: la délinquance juvenile, Brüssel 1958. Eine Fülle Material enthalten die Druckschriften zum ersten Kongreß der Vereinten Nationen über die Verbrechensvorbeuge und Rechtsbrecherbehandlung in Genf vom 22. August bis 3. September 1955. Vgl. etwa den Gesamtbericht des Sekretariats, ferner den Bericht des Sekretariats The Prevention of Juvenile Delinquency (ST/SOA/Ser.M/7—8) oder den Bericht der Vereinten Nationen (Department of Economic and Social Affairs Bureau of Social Affairs) The Prevention of Juvenile Delinquency in Selected European Countries 1955 (ST/SOA/SD/6).

[445]) In der folgenden Darstellung bildet der deutsche Jugendvollzug der Bundesrepublik sowohl in seiner Grundlegung als auch in seiner tatsächlichen Gestaltung den Ausgangspunkt.

Einzelschilderungen über heutige deutsche Jugendvollzugsanstalten gibt es im Schrifttum zahlreich. Hervorgehoben seien:

Falkenrott (Offene Einrichtung in Niedersachsen): Hans Dübbers ZfStrafvollz. 6 (1956) 321—327.

Groß-Gerau (Fliedner-Haus, Übergangsheim für Strafgefangene innerhalb des Vollzugs): A. Krebs, ZfStrafvollz. 5 (1955) 141—144; Otto Schott ZfStrafvollz. 5 (1955) 144—149; 6 (1956) 184—191; Max Gebhardt ZfStrafvollz. 5 (1955) 152—157; ohne Name ZfStrafvollz. 5 (1955) 150—152.

Hahnöfersand (Jugendstrafanstalt Hamburg): Eggers ZfStrafvollz. 3 (1952/53) 79—86; Fischer ZfStrafv. 8 (1958) 3—22; vgl. auch Walter Herrmann a.a.O.

Herford (Jugendstrafanstalt Nordrhein-Westfalen, geschlossene Einrichtung) Edgar Selge ZfStrafvollz. 4 (1954) 22—32; vgl. ferner Klaus Rehbein a. a. O. S. 104—109.

Neumünster (Jugendstrafanstalt Schleswig-Holstein) Adolf Fratzscher ZfStrafvollz. 6 (1956) 65—69.

Remscheid (Jugendarrestanstalt) Richard Janssen, ZfStrafvollz. 4 (1954) 293-300.

Staumühle (halboffene Einrichtung Nordrhein-Westfalen): Theodor Kemming ZfStrafvollz. 3 (1952/53) 247—260; dazu Klaus Rehbein a. a. O., S. 110.

Vechta (Jugendstrafanstalt Niedersachsen): Fred Krüttner, ZfStrafvollz. 4 (1954) 194—200.

Wolfenbüttel (Niedersachsen; als Jugendanstalt wieder aufgehoben): Walter Herrmann-Wilhelm Mollenhauer, Die Sammlung, 1948, 424—443.

Jugendhaus Dessau (Ostdeutschland) Klaus Rehbein a. a. O. S. 94—104.

Diese freilich etwas willkürliche Auswahl gibt einen Einblick in die deutschen Bestrebungen nach 1945.

II. Der Erziehungsvollzug bei jugendlichen Tätern bedarf einer eindeutigen Verwurzelung im pädagogischen Bereich. Hier bieten sich aber offenbar Schwierigkeiten. Sie rühren daher, daß das Jugendstrafrecht einen Doppelcharakter als Erziehungs- und Kriminalstrafrecht hat. Dieser Doppelcharakter steht unter der ständig drohenden Möglichkeit, zu einseitig den Strafgedanken im Sinne einer kriminalistischen Haltung zu betonen. Wenn nicht alles täuscht, ist eine solche Gefahr für die Entwicklung in Deutschland nicht ganz von der Hand zu weisen. Es scheint, daß das Schwergewicht, das das Jugendgerichtsgesetz 1923 in der Jugendstrafrechtspflege auf den Vormundschaftsrichter gelegt hat, sich auf den Jugendrichter verlagert hat. Der Jugendrichter ist aber stärker vom Strafrecht als vom Erziehungs- und Fürsorgerecht her bestimmt. Der Gedanke der einheitlichen strafrechtlichen Behandlung führt zu einer Herausstellung der Bezirksjugendgerichte und Bezirksjugendschöffengerichte[446]) und damit zur Loslösung vom Vormundschaftsrichter. Die nicht nur strafrechtlich, sondern auch pädagogisch wichtige schwere Kriminalität liegt bei der Zuständigkeit der vom Amtsgericht und damit auch vom Vormundschaftsgericht getrennten Jugendkammer. Das Gesetz, nach dem ein Jugendgericht seinen Weg antritt, ist von nicht zu unterschätzender Bedeutung. Es kann das Strafgesetz sein, und damit liegt das Übergewicht beim Strafgedanken. Es könnte aber auch das Jugendwohlfahrtsgesetz sein, und damit würde das Übergewicht beim Erziehungs- und Fürsorgegedanken liegen. Der letztere Ausgangspunkt entspricht dem Grundgedanken des neuen Jugendstrafrechts. Er ist aber vielfach nicht lebendig. Das hängt damit zusammen, daß der Jugendrichter Glied der allgemeinen Prozeßgerichtsbarkeit ist, zuweilen auch noch Strafgerichtsbarkeit gegenüber Erwachsenen ausübt und nicht selten im Wechsel der Dezernate auch einmal Jugendrichter wird. Der Gedanke, die Jugendgerichtsbarkeit in engen sachlichen und räumlichen Zusammenhang mit den Jugendbehörden zu bringen, wie es etwa in Italien geschehen ist[447]), ist nicht nur von organisatorischer, sondern auch von sachlicher Bedeutung. Die Verschiebung zu einem stärkeren Strafgerichtscharakter der Jugendgerichte findet auch ihren Grund in einer an sich begrüßenswerten, von mir bereits frühzeitig empfohlenen Entwicklung, nämlich in der Regelung

---

[446]) Vgl. zu der Frage des Für und Wider die Zuständigkeitskonzentration Dallinger-Lackner, a. a. O. zu § 33 Anm. 32—34; ferner meinen Kom. z. Reichsjugendgerichtsgesetz, 1943, Berlin (1944) zu § 21 Anm. 5. Vor allem finden die Bezirksjugendschöffengerichte Befürwortung, so außer Dallinger-Lackner, a. a. O. (Anm. 37) Grethlein, Jugendgerichtsgesetz, Berlin (1959) zu § 33 Anm. 1c; Potrykus, Jugendgerichtsgesetz, 4. Aufl. Darmstadt 1955 zu § 33 Anm. 9; Sieverts, Der Entwurf eines Gesetzes zur Änderung des Reichsjugendgerichtsgesetzes (III), UJ. 1952, S. 328; Bedenken bei von Schlotheim, Gemeinsame Jugendschöffengerichte als Regel, UJ. 1954, S. 130.

[447]) Gerhard Luther, Das italienische Jugendstrafrecht und Jugendfürsorgerecht, Bonn 1958, S. 40, 43.

des Strafrechts der Heranwachsenden[448]). Diese hat zu der Begründung der Zuständigkeit der Jugendgerichte für alle Heranwachsenden geführt. Ich habe sehr stark den Eindruck, daß die Übernahme einer für die Kriminalität bedeutsamen Gruppe von Tätern, die erhebliche Straftaten begehen und ihrer Persönlichkeit nach unter Umständen gefährliche Verbrecher sein können, die Jugendrichter allzu stark in die Rolle des Strafrichters drängt und daß damit die eigentlichen Jugendlichen (14—18jährigen) nicht selten zu kurz kommen und in den Sog der Strafgerichtsbarkeit hineingezogen werden[449]). Der Gesetzgeber hat sich nun einmal entgegen ursprünglichen Vorschlägen im Schrifttum[450]) dafür entschieden, nicht nur die den Jugendlichen gleichstehenden, sondern alle Heranwachsenden vor den Jugendrichter zu bringen. Der Jugendrichter als der mit der

---

[448]) Vgl. meine Abhandlung: Die Behandlung der Halberwachsenen im kommenden Strafrecht, Z. 56 (1936/37), S. 495ff.

[449]) Über den Gesamtanteil der Heranwachsenden an der Kriminalität im Jahre 1954 vgl. A. Wahl, The penal treatment of young adults in the Federal Republic of Germany, in: Fondation, Cycle I S. 206. Nach den statistischen Berichten hrsg. vom Statistischen Bundesamt in Wiesbaden (Arb.-Nr. VIII/22/10, VIII/23/9) ergeben sich folgende Verurteilungszahlen in der Bundesrepublik für das Jahr 1957:

Gesamtkriminalität:		männl.	weibl.
Nach Jugendrecht Verurteilte:	63659	57818	5841
Nach Erwachsenenrecht Verurteilte:	500367	442638	57729
	564026	500456	63570
Heranwachsenden-Kriminalität:		männl.	weibl.
Nach Jugendrecht Verurteilte:	21225	19332	1893
Nach Erwachsenenrecht Verurteilte:	54165	49065	5100
	75390	68397	6993
Jugendlichen-Kriminalität:		männl.	weibl.
	42434	38486	3948

1957 sind demnach von den durch das Jugendgericht Abgeurteilten verurteilt worden:

nach Jugendstrafrecht:		männl.	weibl.
Jugendliche	42434	38486	3948
Heranwachsende	21225	19332	1893
	63659	57818	5841
nach Erwachsenenstrafrecht:			
Heranwachsende	54165	49065	5100
Insgesamt Abgeurteilte:	117824	106883	10941

Die Heranwachsenden machen 1957 etwa 13,3% und die Jugendlichen etwa 7,4% der Gesamtkriminalität aus. Somit haben es die Jugendgerichte mit mehr als einem Fünftel der gesamten strafgerichtlich verurteilten Personen zu tun. Jedoch sind nur 11,3%, etwa ein Neuntel, nach Jugendstrafrecht verurteilt worden. Das hängt damit zusammen, daß bei den Heranwachsenden 72%, also fast $^3/_4$ nach Erwachsenenstrafrecht verurteilt wurden.

[450]) Vgl. meine Abhandlung, Die Behandlung der Heranwachsenden im kommenden Strafrecht, Z. 56 (1936/37), S. 515—521; Werdendes Jugendstrafrecht (1947), S. 33, 61.

Jugendpsyche vertraute Richter soll — auch das hat manches für sich — auf Grund der Hauptverhandlung entscheiden, wie der Heranwachsende anzusehen ist, ob er einem Jugendlichen entspricht oder einem Erwachsenen. Jedoch erscheint auch das noch nicht als eine Ideallösung. Die außerordentlichen Schwierigkeiten, die diese richterliche Entscheidung mit sich bringt, hat zu dem Vorschlag geführt, die Unterscheidung überhaupt aufzugeben und alle Heranwachsenden nach Jugendstrafrecht zu behandeln[451]). Es spricht vieles für den Vorschlag. Freilich sollte man nicht übersehen, daß diese Verschiebung das Jugendstrafrecht noch mehr zum Strafrecht hin lenkt[452]). Das wird voraussichtlich die eigentlich Jugendlichen noch stärker der strafrechtlichen Einstellung des Jugendrichters unterwerfen. Soll das vermieden werden, so kann das nur dadurch geschehen, die Jugendlichen grundsätzlich aus dem Jugendgerichtsverfahren herauszunehmen und — abgesehen von den verhältnismäßig geringen Ausnahmen echter, schwerer Kriminalität — dem vormundschaftsgerichtlichen Verfahren zuzuweisen, in dem die Erziehungs- und Zuchtmittel ausgesprochen werden können[453]).

Aber auch schon unter dem geltenden Jugendgerichtsgesetz sollten die Möglichkeiten ausgeschöpft werden, mehr vormundschaftsgerichtlich und weniger jugendgerichtlich, mehr im vereinfachten Verfahren und weniger im formellen Verfahren zu entscheiden[454]). Die Bedeutung des „erziehe-

---

[451]) Dazu vgl. vor allem Friedrich Schaffstein, a. a. O., S. 47f. unter Hinweis auf die auf dem 10. Jugendgerichtstag in Marburg (1956) erhobenen Forderungen.

[452]) Würden alle Heranwachsenden nach materiellem Jugendstrafrecht verurteilt werden, so würde das eine ganz wesentliche Verschiebung innerhalb des materiellen Jugendstrafrechts ergeben. Während die Jugendlichen heute $^2/_3$ der danach Abgeurteilten ausmachen, würden sie nur noch knapp über einem Drittel liegen. Das würde bedeuten, daß das materielle Jugendstrafrecht immer stärker auf die Heranwachsenden ausgerichtet wird.

[453]) Die Überweisung der Jugendlichen an die Jugendgerichtsbarkeit könnte bei besonders schweren Deliktsgruppen (Mord, Totschlag, Brandstiftung, Raub) kraft Gesetzes, bei den anderen Deliktsgruppen durch die von der Zustimmung des Vormundschaftsrichters abhängige Erhebung der staatsanwaltschaftlichen Anklage erfolgen. Die Aufstellung eines obligatorischen Jugendgerichtskataloges ist im einzelnen schwierig, wie etwa der Raub zeigt, der beim Jugendlichen von außerordentlich verschiedener Bedeutung sein kann.

[454]) Die Möglichkeit, die Regelung der Angelegenheit aus dem Jugendgerichtsverfahren in das vormundschaftsrichterliche Verfahren zu überführen, ergibt sich durch die Beschränkung des Strafverfolgungszwangs nach § 45 JGG, insbesondere Abs. 2 Ziff. 1. Der Staatsanwalt kann vor allem dann von der Verfolgung absehen, wenn „eine erzieherische Maßnahme, die eine Ahndung durch den Richter entbehrlich macht, bereits angeordnet ist". Der Staatsanwalt ist nicht gehindert, sie herbeizuführen. Die Meinung des Rechtsausschusses des Bundestages, auf den die keineswegs glückliche Neufassung des § 45 JGG (1953) zurückgeht, ging zwar dahin, dem Staatsanwalt ein Ausweichen auf den Vormundschaftsrichter nicht zu gewähren (dazu Dallinger-Lackner, a. a. O. zu § 45 Vorbem. 3). Sie hat jedoch im Gesetz keinen hinreichenden Ausdruck gefunden. Die Rechtslage dürfte sich daher gegen früher (§ 30 JGG 1943 — besser! —) nicht geändert haben. Zu § 30 JGG 1943 vgl. meinen Kommentar. Zum vereinfachten Verfahren vgl. § 78 JGG.

rischen Einflusses" der förmlichen Hauptverhandlung wird vielfach überschätzt. Das förmliche Verfahren wird vom Jugendlichen oftmals nicht recht verstanden. Die Angst, die von vielen als ein heilsamer Schock angesehen wird, läßt einen echten Bezug zwischen Richter und Jugendlichem nicht entstehen. Dazu kommt die für den Jugendlichen ungewohnte Umgebung. Das Äußerliche läßt eine tiefere Einwirkung auf den Jugendlichen nicht zustande kommen, weil es dessen Aufmerksamkeit in Anspruch nimmt. Der Eindruck der Hauptverhandlung verflüchtigt sich, wenn das Endergebnis milde ausfällt. Zudem verzögert jedes formelle Verfahren die schnelle Durchführung. Gerade bei einem Jugendlichen kommt es darauf an, zwischen Tat und Behandlung keine langen Zeiträume einzuschieben. Das Verfahren vor dem Vormundschaftsrichter ist nicht nur von der Sache, sondern auch der Form her das angemessenere.

Der Einwand, daß die Erledigung strafbarer Handlungen durch den Vormundschaftsrichter die Bedeutung der Verletzung der Rechtsordnung nicht hinreichend klarstelle, und daß sie einen Verzicht auf das nachdrückliche Einwirken durch Strafe bedeute, schlägt bei einem jugendlichen Täter, der nicht besonders schwere Taten begangen hat, nicht durch. Die Entscheidung, die durch § 1 Abs. 1 JWG (Recht auf Erziehung) bestimmt wird, stellt das Strafrecht gegenüber Minderjährigen[455]) unter den Erziehungsgedanken. Jedenfalls beim Jugendlichen ist das Kriminalstrafverfahren und die Kriminalstrafe, selbst wenn das Jugendgerichtsgesetz zur Anwendung gebracht wird, in der Regel der erzieherisch schlechtere Weg. Das Zurücktreten des Kriminalstrafverfahrens und Kriminalstrafrechts bedeutet nicht, daß der Jugendliche nicht vor die Verantwortung gestellt werden soll, sondern nur, daß das in anderer Weise geschehen soll. Die Einschränkung der Kriminalstrafe bedeutet weiterhin auch nicht, daß der pädagogische Strafgedanke ausgeschlossen werden soll. Aufgegeben werden soll allerdings ein Verfahren, das dem Jugendlichen das Hineinwachsen in die Rechtsordnung erschwert, statt erleichtert[456]). So erfreulich es ist, daß das Jugendgerichtsgesetz auf den Heranwachsenden angewandt werden kann, so wenig wird die Behandlung jedoch dem Jugendlichen gerecht, wenn nicht der Unterschied dieser beiden Gruppen gesehen wird.

---

[455]) Kind im Sinne des § 1 Abs. 1 JWG bedeutet Minderjähriger (Potrykus, Jugendwohlfahrtsgesetz, München/Berlin 1953 zu § 1 Anm. 3).

[456]) Gelegentlich kann man sich nicht des Eindrucks erwehren, daß so, wie die Dinge heute liegen, es zuweilen besser wäre, wenn die Tat, sofern es sich nicht um schwere Kriminalität handelt, überhaupt nicht vor die Justizbehörden kommt. Daß es pädagogisch nicht unbedingt nachteilig zu sein braucht, wenn Taten Jugendlicher nicht justizbekannt werden, zeigen die Untersuchungen von J. Barron Mays. J. Barron Mays hat 80 Jungen eines Armenviertels in Liverpool untersucht, von denen 68% strafbare Handlungen begangen haben. 27,5% blieben unverfolgt. Zahlreiche Fälle heilten von selbst aus, ohne äußeres Dazwischentreten und ohne Sanktion. A. Racine in: Evolution d'une notion la délinquance juvénile, Brüssel 1958, S. 70.

III. Der Jugendvollzug kennt im deutschen Recht vier Formen: den Jugendarrest, die Fürsorgeerziehung, den Jugendstrafvollzug und den allgemeinen Vollzug gegen Heranwachsende.

1. Der Jugendarrest, der als Freizeitarrest, Kurzarrest und Dauerarrest angeordnet werden kann und nicht über vier Freizeiten oder vier Wochen hinausgeht, ist ein Mittel der Mahnung. Er soll dem jungen Menschen zum Bewußtsein bringen, daß er Unrecht begangen hat und daß er dafür einstehen muß. Wie schon in § 8 a. E. hervorgehoben, läßt der Jugendarrest jedoch keinen echten Erziehungsvollzug[457]) zu. Erziehungsbedürftige junge Menschen gehören nicht in den Jugendarrestvollzug. Das Jugendgerichtsgesetz bezeichnet den Jugendarrest durchaus zutreffend nicht als Erziehungsmaßregel, sondern als Zuchtmittel. Als Fallgruppen kommen für Zuchtmittel vor allem in Betracht: Delikte, bei denen der Täter vorwiegend aus Unachtsamkeit gehandelt hat, Delikte, die vornehmlich durch jugendliches Kraftgefühl und Streben bestimmt sind, Delikte, die sich aus der Jugendentwicklung ergeben, ohne daß sie in der Persönlichkeit verankert sind, Delikte aus mangelnder Selbständigkeit und Delikte des Augenblicks[458]). In diesen Fällen darf der Mangel nicht tiefer verwurzelt sein, so daß eine Umgestaltung der Persönlichkeit nicht erforderlich ist. Die Handlung muß eine einmalige, mehr äußerliche Entgleisung darstellen, bei der nach einer mehr oder weniger eindringlichen Warnung ein dem jungen Menschen an sich entsprechendes einwandfreies Verhalten künftighin erwartet werden kann. Der Jugendarrest bleibt daher weiterhin außer Betracht.

2. Die reine Erziehungsform mit Freiheitsentzug ist für den Jugendlichen die Fürsorgeerziehung[459]). Fürsorgeerziehung als Familienerziehung scheidet in diesem Zusammenhang aus. Die Anordnung der Fürsorgeerziehung setzt voraus, daß der Minderjährige regelmäßig noch nicht das 18. Lebensjahr, ausnahmsweise noch nicht das 19. Lebensjahr vollendet hat (§ 63 JWG). Sie dient zur Verhütung und Beseitigung der Verwahrlosung. Sie

---

[457]) Zutreffend betont Joachim Hellmer, Erziehung und Strafe, S. 244ff., daß dem Zuchtmittel die erzieherische Kraft des täglichen Erlebnisses ebenso fehlt wie die Möglichkeit der Umpflanzung und der Herbeiführung personaler Bindungen. Die erzieherische Chance des Jugendarrests sieht Hellmer, (S. 246) in der Schaffung einer „höheren Bindung", die durch die Heranführung an den Sühnegedanken erfolgt. Hellmer sieht die Zuchtmittel gewissermaßen als Vorschule des Sühnegedankens an (S. 248). Damit wird ein zu tiefer Gedanke an das Zuchtmittel herangetragen. Vom Pädagogischen her sieht Wilhelm Patschke, Pädagogischer Jugendarrestvollzug, Sammlung 1956, 85ff., den Jugendarrest.

[458]) Diese Fallgruppen sind von mir näher in Z. 60, S. 559ff., und in meinem Reichsjugendgerichtsgesetz-Kommentar, 1944, zu § 7 Anm. 1, umschrieben worden. Vgl. auch Friedrich Schaffstein, Jugendstrafrecht, S. 96.

[459]) E. Bamberger, Die Fürsorgeerziehung, in: Handb. d. Jugendwohlfahrt (1950) S. 90ff.; H. Thoma, Differenzierte Fürsorgeerziehung, ebend. S. 108ff.; A. Bruder, Art. Fürsorgeerziehung, in: LdP (1953) II, 185; wichtig Lieselotte Pongartz-Hans-Odo Hübner, Lebensbewährung nach öffentlicher Erziehung Darmstadt-Berlin-Spandau-Neuwied 1959.

setzt demnach Erziehungsmängel voraus. Sie scheidet aus, wo offensichtlich ein Erziehungserfolg nicht zu erwarten ist (§ 63 Abs. 2 JWG). Sie dient nicht dazu, erziehungsungeeignete junge Menschen zu verwahren[460]). Sie endet daher auch, wenn sich die Unausführbarkeit aus Gründen ergibt, die in der Person des Minderjährigen liegen[461]).

Die Fürsorgeerziehung erwächst aus dem ausschließlich pädagogischen Bemühen um die Entfaltung und Umgestaltung eines jungen Menschen. Sie ist losgelöst von dem strafrichterlichen Vorwurf. Sie ist die vom Kriminalstrafrecht abgetrennte Antwort auf das Versagen des Jugendlichen. Ihrer Anordnung geht daher regelmäßig auch nicht das Kriminalverfahren voraus. Wenn das Jugendgerichtsgesetz zwar auch ihre Anordnung durch den Jugendrichter zuläßt, so ist dieser Weg im Grunde genommen sinnwidrig[462]). Damit wird nicht nur der Charakter der Fürsorgeerziehung generell angetastet, sondern auch im Einzelfall erhält die Maßregel eine ihr nicht angemessene Färbung[463]). Es ist nicht einmal nötig, daß überhaupt eine gerichtliche Anordnung vorliegt. Fürsorgeerziehung kann auch als freiwillige Erziehungshilfe[464]) durchgeführt werden. Sie beruht in diesem Fall auf dem Einverständnis der Eltern, die mit der Erziehungsbehörde einen Erziehungsvertrag abschließen[465]). Der Vorzug dieses Weges besteht darin, daß er auf der Mitwirkung der Eltern beruht. Allerdings haben die Eltern die Möglichkeit, den Erziehungsvertrag wieder aufzuheben. In einem solchen Fall ist die behördliche Anordnung nach wie vor möglich. Selbst bei schwereren Fällen steht dieser Weg offen. Von Nutzen ist er allerdings nur, wenn die Eltern wirklich aus ihrer Überzeugung heraus und nicht nur aus Furcht vor der

---

[460]) Hier entsteht das Problem der Verwahrung unerziehbarer junger Menschen.

[461]) Die näheren Einzelheiten ergeben sich aus § 73 JWG.

[462]) Zu dem Problem Dallinger-Lackner, JGG-Kom. § 12 Anm. 42—46.

[463]) Es sollte daher auch schon die vorläufige Fürsorgeerziehung nicht durch das Jugendgericht angeordnet werden, Dallinger-Lackner, a. a. O., § 12 Anm. 46.

[464]) Zur freiwilligen Erziehungshilfe vgl. Einführung in die Jugendfürsorge, hrsg. v. Caritasverband für das Erzbistum Köln (1946), S. 91; Fritz Gräber, Jugendwohlfahrtsgesetz, Münster (1954), S. 131; Gerhard Potrykus, Jugendwohlfahrtgesetz, München/Berlin (1953) S. 231; Riedel, Jugendwohlfahrtsgesetz, Berlin/München 2. Aufl. (1955) zu § 62, 7 b und § 63, 8 d nn; ferner Schultz, Die freiwillige Erziehungshilfe, Heft 6 der neuen Schriftenreihe des AFET; A. Bruder, Art. Fürsorgeerziehung, Freiwillige Erziehungshilfe, in: LdP II S. 185.

[465]) Die früher strittige Frage, ob die freiwillige Erziehungsfürsorge, d. h. die Unterbringung ohne gerichtliche Entscheidung, mit Art. 104 Abs. 2 GG vereinbar sei, ist heute richtig im positiven Sinn entschieden. Nach § 2 Abs. 2 des Gesetzes über das gerichtliche Verfahren bei Freiheitsentziehungen vom 28. Juni 1956 liegt eine Unterbringung gegen den Willen des Unterzubringenden nicht vor, wenn der Inhaber der elterlichen Gewalt, der Vormund oder Gebrechlichkeitspfleger einverstanden sind. Zutreffend betonen Maunz-Düring, Grundgesetz, Kom. zu Art. 104 Anm. 3, daß die bürgerlich-rechtlich fundierten Gewaltverhältnisse der Eltern und des BGB-Vormunds von Art. 104 nicht berührt werden. Vgl. zur Entwicklung der Frage: Franz Klein, Um den Sinn des Artikels 104 des Grundgesetzes: Jw 1953, S. 249.

behördlichen Anordnung handeln. Die Möglichkeit der freiwilligen Erziehungshilfe zeigt, daß der Fürsorgevollzug nicht notwendigerweise auf einer Zwangsanordnung beruht.

Dazu kommt ein weiterer Wesensunterschied der Fürsorgeerziehung gegenüber dem Jugendstrafvollzug. Die Fürsorgeerziehung hat vor allem ihre Behandlungsformen und Behandlungsmethoden nicht aus dem Gefängniswesen entnommen. Der Jugendstrafvollzug ist aus dem Erwachsenengefängnis heraus entwickelt worden. Die Anstalten sind vielfach ehemalige Erwachsenengefängnisse oder sogar Zuchthäuser. Die Beamten wechseln aus dem Erwachsenen- in den Jugendvollzug und zurück. Die Verwaltung beider Vollzugsformen untersteht denselben Aufsichtsbehörden. Die Fürsorgeerziehung dagegen liegt in der Hand von privaten Organisationen oder aber von öffentlichen Körperschaften (Kommunalverwaltungen, Kirchen, kirchlichen Organisationen). Sie unterliegen der Aufsicht der Fürsorgeerziehungsbehörde. Schon aus dieser unterschiedlichen Grundlage der Fürsorgeerziehung und des Jugendstrafvollzuges ergibt sich die die Durchführung prägende andersartige Geisteshaltung.

Das Bestimmtwerden durch den Erziehungsgedanken und die Loslösung vom Strafgedanken findet sowohl im äußeren Aufbau als auch in der inneren Gestaltung seinen Ausdruck. Der Bau einer Erziehungsanstalt oder eines Erziehungsheims unterscheidet sich von dem einer Strafeinrichtung. Geschlossene Abteilungen sind in der Erziehungsanstalt Ausnahmen. Die Anlage geht nicht von der grundsätzlichen Notwendigkeit der Sicherheit aus. Sie ist von vornherein auf Auflockerung und gemüthaftes Ansprechen ausgerichtet. Das zugrunde liegende Verhältnis ist das Erziehungs- und nicht das Strafverhältnis. Daraus ergeben sich wesentlich verschiedene Grundlagen der Durchführung. Das Erziehungsverhältnis ist von vornherein auf die Partnerschaft abgestellt, die im Strafverhältnis infolge des vom Strafgedanken herrührenden gegenseitigen Mißtrauens erst gewonnen werden muß. Die Gefahr, daß der Jugendliche sich als Objekt fühlt und auch als solches angesehen wird, ist im Strafverhältnis bei weitem größer. Das Strafverhältnis beginnt im Gegensatz zum Erziehungsverhältnis mit einem bewußt herbeigeführten, im Urteil unterstrichenen personalen Selbstverlust, der erst überwunden werden muß[466]).

[466]) Die Verschiedenheit des Erziehungs- und Strafverhältnisses kann sich bis in Einzelfragen auswirken. Im Erziehungsverhältnis ist es ohne Persönlichkeitsminderung möglich und überdies angebracht, den Zögling allgemein mit „Du“ anzureden. Im Strafverhältnis ergeben sich bereits Bedenken. Ganz abgesehen davon, daß im Strafverhältnis die Mehrzahl der Inhaftierten über 18 Jahre alt ist und daß die Behandlung mit dem Kriminalvorwurf voraussetzt, den Verurteilten als vollverantwortliches Gemeinschaftsglied anzusehen (— es sollte ein Maßstab für die Anwendung des Strafvorwurfs sein, ob das „Du“ oder „Sie“ angebrachter ist —), bringt das Strafverhältnis eine Distanz mit sich, die jedenfalls das allgemeine „Du“ nicht rechtfertigt. Was beim reinen Erziehungsverhältnis als bindend empfunden wird, kann im Strafverhältnis herabsetzend wirken. Das

Das Erziehungsverhältnis bezieht die Außenwelt von vornherein mit ein, während das Strafverhältnis jedenfalls zunächst auf die Isolierung von außen aufbaut. Wanderungen, aktive Beteiligung an Vorgängen der Außenwelt, gehören grundsätzlich in den Bereich des Erziehungsverhältnisses hinein, während sie im Strafverhältnis, auch wenn es erzieherisch ausgestaltet wird, die Ausnahme von der Regel sind. Die Angleichung an die Formen der Außenwelt, etwa durch Bildung von Familiengruppen, entspricht dem Erziehungsverhältnis. Die Unterbringungsverhältnisse sind von vornherein andere als im Jugendstrafvollzug. Die Gemeinsamkeit ist die regelmäßige Lebensform der Erziehungseinrichtung. Die Einzelunterbringung ist daher die Ausnahme. Sie scheidet jedenfalls aus, soweit sie im Strafvollzug dazu dient, den Jugendlichen dazu zu bringen, über sich und seine Tat nachzudenken. Die Einzelunterbringung kann im Erziehungsheim nur den Sinn haben, für die Gruppenunterbringung ungeeignete Jugendliche abzusondern oder aber dazu durchaus geeigneten Jugendlichen — vor allem vor der Entlassung — das Erlebnis eines Eigenbereichs zu vermitteln. Die Beendigung des Erziehungsverhältnisses hängt allein von dem Erziehungserfolg ab, während beim Strafverhältnis die Gefahr besteht, daß erziehungsfremde Gesichtspunkte, etwa der Vergeltung, zur Auswirkung kommen[467]).

Die Auswahl des Personals erfolgt im Bereich des Erziehungsverhältnisses vorwiegend nach erzieherischen und fürsorgerischen Gesichtspunkten. Gesichtspunkte der Sicherheit, der äußeren Ordnung und der betonten Autoritätswahrung treten in den Hintergrund. Die gleichzeitige Mitwirkung von Männern und Frauen vollzieht sich reibungsloser. Die hier aufgezeigten inneren und äußeren Gegensätze von Erziehungs- und Jugendstrafanstalt zeigen die auch heute noch anzuerkennende Berechtigung des bereits vor annähernd 25 Jahren aufgestellten Satzes von Wilhelm Mollenhauer[468]): „Und deshalb wird auch der strukturelle Unterschied

„Du" sollte sich, jedenfalls bei allen über Achtzehnjährigen, im Strafverhältnis auf die Fälle der Begründung eines personalen Bezugs, immer aber nur auf das Verhältnis unmittelbar Erzieher—Zögling beschränken. Vgl. zur Frage der Anrede die Kontroverse Middendorf-Fischer, U. J. 1954, S. 129, 330, 332. Zur Wandlung der Auffassungen über die Anrede vgl. Dallinger-Lackner, a. a. O. vor § 33 Anm. 13.

[467]) Sehr aufschlußreich zeigt die Abhandlung von Walter Gerson, Zur Frage der Strafaussetzung auf Bewährung (§ 88 JGG) bei einem jugendlichen Mörder (unter pädagogischen und juristischen Aspekten, Monatsschrift, Bd. 42 (1959), S. 40ff.), die Gegensätze der Auffassungen der Pädagogen und der Juristen bei der Aussetzung eines Strafrestes. Es werden in der Abhandlung sowohl die Stellungnahme der Pädagogen als auch die der Strafjuristen mitgeteilt. Die Pädagogen empfehlen aus Gründen der Wirksamkeit des erfolgreichen Strafvollzuges unter erzieherischen Gesichtspunkten die Strafaussetzung, während die Strafjuristen aus Gründen der Schwere der Tat und der in der Tat erwiesenen Haltung für die Straffortdauer eintreten. Erst auf Grund eines Gutachtens des psychiatrischen Sachverständigen kam es zur Strafentlassung, die freilich erheblich später erfolgte, als es der Vollzug angeregt hatte.

[468]) Mollenhauer Z 55 (1935) 598.

zwischen einer Erziehungsanstalt und einem Jugendgefängnis immer größer sein als der zwischen einem Jugendgefängnis und einem Gefängnis für Erwachsene.“ Diese Feststellung ist von außerordentlicher Tragweite. Sie gilt für die Bundesrepublik auch noch nach der Umbenennung des Jugendgefängnisses in Jugendstrafanstalt.

Zusammenfassend ist demnach zu sagen: Fürsorgeerziehung ist diejenige mit Freiheitsentzug versehene rein erzieherische Behandlungsmethode, die bei dem Jugendlichen (14—19jährigem) regelmäßig zur Anwendung kommt. Sie scheidet dann aus, wenn aus erzieherischen Gründen oder (ausnahmsweise) aus Gründen der Schwere der Schuld oder bei Fällen mit schlechten erzieherischen Aussichten infolge des unter Umständen sogar bei einem Jugendlichen bestehenden Sicherungsbedürfnisses der Allgemeinheit eine Jugendstrafe und damit verbunden der Jugendstrafvollzug erforderlich sind. Die bloße Tatsache, daß ein Jugendlicher ein Delikt, möglicherweise eine Reihe schwerer Delikte (Diebstähle, Einbrüche) begangen hat, schließt nicht aus, daß er mit Mitteln der Fürsorge angesprochen werden kann. Vielmehr kommt bei der allgemeinen Kriminalität Jugendstrafe nur in Frage, wenn in der Tat solche schädliche Neigungen hervorgetreten sind, daß sie in anderer Weise nicht mehr beseitigt werden können (§ 17 Abs. 2 JGG). Sie liegen vor, wenn der Jugendliche aus einer in der Persönlichkeit wurzelnden falschen Trieb- oder Willensrichtung handelt und dieses Handeln von einer Einstellung und Haltung zeugt, das die Tat als persönlichkeitsentsprechend erscheinen und weiteres kriminelles Verhalten erwarten läßt[469]). Aber selbst wenn das der Fall ist, gilt der Grundsatz der Subsidiarität. Die Fürsorgeerziehung hat also bei Jugendlichen den Vorrang[470]). Eine Verhängung von Jugendstrafe allein wegen der Schwere der Schuld (§ 17 JGG) kommt nur bei Kapitaldelikten in Betracht. Es muß sich sowohl um eine kriminell bedeutsame Straftat als auch ein schweres persönliches Versagen handeln[471]). Es muß eine echte Schuldverstrickung vorliegen. Damit sind der Anwendung der Jugendstrafe bei Jugendlichen unter diesem Gesichtspunkt enge Grenzen gesetzt.

3. Die Jugendstrafe ist Erziehungsstrafe. Hier verknüpft sich Strafe als Kriminalstrafe und als Erziehungsmaßregel. Die Erziehung ist in den Strafvollzug eingebaut. Der junge Mensch tritt als Verurteilter in den Erziehungsbereich ein. Im Gegensatz zur Fürsorgeerziehung ist er kriminell abgestempelt. Damit wird er stärker mit seinem Verhalten, aber auch seiner Persönlichkeitsminderung konfrontiert. Notwendigerweise rankt sich die Erziehung um den kriminellen Vorgang und die kriminell berührte Persönlichkeit. Sein Verhalten ist nicht nur Ansatzpunkt, son-

---

[469]) Zum Begriff der schädlichen Neigungen vgl. meinen Kom. zum RJGG (1944) S. 41; Dallinger-Lackner, JGG (1955) S. 193.

[470]) Es ist zweifelhaft, ob die Jugendstrafe bei Jugendlichen nicht zu häufig verwandt wird.

[471]) Dazu mein Kom., S. 41; Dallinger-Lackner, a. a. O., S. 194.

dern auch Bezugspunkt. Daher geht der Erziehungsvorgang unter anderer Schwergewichtsverteilung als in der Fürsorgeerziehung vor sich. Infolge der Einschränkung der Anordnung der Jugendstrafe sind die im Jugendvollzug befindlichen Jugendlichen (abgesehen von den wegen der Schwere der Schuld zu Jugendstrafe Verurteilten) im Verhältnis zu einem großen Teil der Heranwachsenden, die die Hauptmasse der Insassen einer Jugendstrafanstalt ausmachen, die komplizierteren Sträflinge[472]). Bei den Heranwachsenden scheidet die Fürsorgeerziehung regelmäßig wegen ihres Alters aus, so daß bei ihnen auch reine Erziehungsfälle in den Jugendstrafvollzug gelangen. Für Jugendliche ist der Jugendstrafvollzug der einzige Raum für die Verbüßung einer echten Freiheitsstrafe.

Die grundsätzliche Scheidung zwischen der Erziehungsmaßregel der Fürsorgeerziehung und der Jugendstrafe als Kriminalstrafe machte eine Auswechslung der Maßnahmen nicht ohne weiteres möglich[473]). Die beiden Maßnahmen werden im deutschen Jugendstrafrecht nicht durch ein einheitliches Band verknüpft, wie es etwa im englischen Borstalsystem[474]) der Fall ist. Hier fehlt die scharfe grundsätzliche Trennung von Straf- und Erziehungsmaßnahme. Innerhalb des Borstalsystems findet sich ein Bogen von Einrichtungen mit reinem Erziehungscharakter bis zu Anstalten mit strengem Strafcharakter, von offenen Landhäusern bis zu festvergitterten, abgeschlossenen Häusern.

---

[472]) Vgl. etwa neuerdings A. Wahl, The Penal Treatment of Young Adults in the Federal Republic of Germany, in: Fondation Internationale Pénale et Pénitentiaire, Cycle Études de Strasbourg I, (1959) S. 206—214. Nach der gerichtlichen Kriminalstatistik 1957 (hrsg. vom Statistischen Bundesamt — Arb.-Nr. VIII/23/9 1959 — sind in diesem Jahr in der Bundesrepublik insgesamt 8820 junge Menschen zu Jugendstrafe verurteilt worden. 3231 Strafen wurden ausgesetzt. Unter den zu Jugendstrafe Verurteilten waren 3969 jugendlich (Strafaussetzung in 1528 Fällen) und 4851 heranwachsend (18—21 Jahre, Strafaussetzung in 1703 Fällen). Dazu kommen in den Jugendanstalten noch die zu Gefängnis verurteilten Heranwachsenden, die nach § 114 JGG in den Jugendvollzug übernommen werden.

[473]) Eine Herausnahme aus der Fürsorgeerziehung und Überstellung in eine Jugendstrafanstalt ist nur in der Weise möglich, daß der Jugendliche, sofern er auf Grund eines Beschlusses im Rahmen der freiwilligen Gerichtsbarkeit in der Fürsorgeerziehung oder auf Grund eines freiwilligen Erziehungsvertrages untergebracht worden ist, nunmehr im Jugendgerichtsverfahren zu Jugendstrafe verurteilt wird. Der FE-Beschluß begründet keine res judicata, anders jedoch, wenn die Überweisung in die Fürsorgeerziehung durch Jugendgerichtsurteil erfolgt ist. Ebenso erlangt das Urteil des Jugendrichters, das den Jugendlichen an den Vormundschaftsrichter überweist (§ 53 JGG), volle Rechtskraft.

[474]) Zum Borstalsystem vgl. S. Barman, The English Borstal System, London 1934; Margery Fry-M. Grünhut, Lawless Youth, London 1947; Wolfgang Mittermaier, Gefängniskunde, Berlin/Frankfurt 1954, S. 174, 190ff.; Wolf Middendorf, Jugendkriminologie, Ratingen 1956, S. 241ff.; Rudolf Sieverts, Das englische Borstalsystem Z. 56 (1936) 551—576; Leopold Quentin-Rudolf Sieverts, Die Behandlung der jungen Rechtsbrecher im Alter von 17—23 Jahren in England unter besonderer Berücksichtigung des Borstalsystems, in: Bl. f. Gefk. 68 (1937) S. 163—239.

Zur Frage der Verteilung der Jugendlichen auf die einzelnen Borstalanstalten R. L. Morrison, Borstal allocation, Brit. Journ. Delinquency 8 (1957) S. 95—105.

Das deutsche Jugendgerichtsgesetz kennt die Jugendstrafe in der Form der bestimmten Jugendstrafe (bis zu 5 bzw. 10 Jahren) und der relativ unbestimmten Strafe (bis zu 4 Jahren, §§ 18, 19 JGG). Der Mindestbetrag ist sechs Monate. Die kurze Freiheitsstrafe ist demnach im deutschen Jugendstrafrecht überwunden. Als Vollzugsform steht der geschlossene, halboffene und offene Vollzug zur Verfügung. Während der Richter über die Anordnung der Fürsorgeerziehung, den Dauer- und Freizeitjugendarrest, die bestimmte und unbestimmte Jugendstrafe zu entscheiden hat, ist die Unterbringung in eine bestimmte Vollzugsform der Jugendstrafe Vollzugsangelegenheit. Auch im Jugendstrafrecht hat der Richter, wenn auch nicht in demselben Umfang wie im Erwachsenenstrafrecht[475]), in seiner Entscheidung die Auswahl unter einer Reihe von Grundformen der die Freiheit betreffenden Maßregeln zu treffen. Das entspricht der in Deutschland üblichen Vorstellung von dem Gedanken der Rechtsstaatlichkeit. Denkbar wäre es freilich auch hier, daß dem erkennenden Richter nur eine freiheitsentziehende Maßnahme zur Verfügung gestellt und diese im Vollzug unter Mitwirkung des Vollstreckungsrichters konkretisiert würde[476]).

4. Heranwachsende können außer im Jugendvollzug auch im allgemeinen Vollzug behandelt werden. Das ist der Fall, wenn sie zu Erwachsenenstrafe (Gefängnis) verurteilt werden und wenn von der Überführung in die Jugendstrafanstalt kein Gebrauch gemacht wird (§ 114 JGG) oder wenn sie zwar zu Jugendstrafe verurteilt worden sind, sie aber nach § 92 Abs. 2, 3 JGG vom Jugendvollzug ausgenommen werden. Eine solche Herausnahme ist bei einem jungen Menschen möglich, der vor oder während des Vollzuges das achtzehnte Lebensjahr vollendet hat, wenn sich der Gefangene nicht für die Vollzugsform eignet. Nichteignung liegt vor, wenn der junge Mensch mit den Kräften und Mitteln des Jugendvollzuges nicht mehr gewandelt werden kann. Die Entscheidung ist sehr schwer. Mir sind Fälle bekannt, in denen die Auffassung der Erwachsenenanstalt für den jungen Menschen weit positiver hinsichtlich der Beeindruckbarkeit und Führbarkeit war als die Ansicht der Jugendanstalt. Es kommt wohl tatsächlich vor, daß in einer bestimmten Jugendanstalt gerade dieser junge Mensch nicht angesprochen wird. Das kann sowohl an

---

[475]) Im Erwachsenenstrafrecht ergeben sich für den Richter insofern noch mehr Möglichkeiten, als er neben den Freiheitsstrafen (Zuchthaus, Gefängnis, Haft) auch noch über die die Freiheit entziehenden Maßregeln (Unterbringung in einer Heil- oder Pflegeanstalt, Unterbringung in einer Trinkerheilanstalt oder einer Entziehungsanstalt, Unterbringung in ein Arbeitshaus und Sicherungsverwahrung) anordnen kann. Nach § 7 JGG kann der Jugendrichter bei Jugendlichen und nach Jugendstrafrecht zu behandelnden Heranwachsenden von den Maßregeln der Sicherung und Besserung nur die Unterbringung in einer Heil- oder Pflegeanstalt anordnen.

[476]) Zu dem Problem vgl. Wanda Grabinska, Measures to be taken by the juvenile court, in: Margery Fry-M. Grünhut u. a., Lawless Youth, London 1947, S. 104.

dem jungen Menschen als an der Anstalt liegen. Es kann auch sein, daß der junge Mensch sich besser aufschließt, wenn er als Erwachsener behandelt wird. Mancher junge Mensch ist schon im sozialen Bereich zu einer gewissen Selbständigkeit gelangt, sei es, daß er bereits festen Fuß im Berufsleben gefaßt hat, sei es, daß er schon vor oder gar in der Ehe steht, so daß er nicht mehr wie ein „Kind" behandelt werden will. Herausnahme aus dem Jugendvollzug bedeutet nicht notwendig Verzicht auf Erziehung, sondern unter Umständen nur Behandlung in anderer Weise.

IV. Wo auch die Erziehung des jungen Menschen vor sich geht, immer muß der Vorgang, falls wirklich von einer Erziehung gesprochen werden soll, den pädagogischen Grundgesetzen entsprechen. Die Gefahr, daß wir zu frühzeitig einen gegenüber dem Erwachsenenvollzug aufgelockerten Jugendstrafvollzug als Erziehungsvollzug ansprechen, ohne daß er pädagogisch hinreichend unterbaut ist, läßt sich infolge der Nähe von Erwachsenen- und Jugendstrafvollzug nicht von der Hand weisen. Es ist eigentlich auffallend, wie schwach der Einfluß der Pädagogen, insbesondere der Sozialpädagogen, an der Erziehungsgestaltung im Jugendstrafvollzug ist. Der Grund hierfür liegt wiederum in der Herkunft des Jugendstrafrechts von dem Strafrecht, also dem Bereich des Juristen. Dem Juristen fehlt aber in der Regel die pädagogische und soziale Ausbildung. Selbst im Jugendstrafvollzug scheint es schwer zu sein, eine echte Verbindung herzustellen.

1. Wie jeder pädagogische Vorgang muß auch das Erziehungsverhältnis gegenüber dem straffällig gewordenen Jugendlichen auf der Ich-Du-Beziehung gegründet werden. Erzieher und Jugendlicher stehen sich als Partner gegenüber. Die Gefahr, daß das gerade im Verhältnis zum jungen Menschen übersehen wird, ist im Strafvollzug in besonderer Weise gegeben. Der junge Mensch tritt dem Vollzugsbeamten als noch nicht ausgereifter entgegen. Dazu kommt, daß er sozial schiffbrüchig geworden ist und erwiesen hat, daß er mit den sozialen Anforderungen nicht fertig wird. Der Jugendliche tritt meist, wenn vielleicht auch versteckt, mit einer oppositionellen Haltung in den Strafvollzug ein. Sein angeschlagenes Selbstgefühl ist er bestrebt zu überdecken. Umgekehrt ist der Vollzugsbeamte leicht geneigt, den jungen Menschen als Eigenpersönlichkeit nicht voll zu nehmen und ihn sein Autoritäts- und Machtübergewicht fühlen zu lassen, zumal der junge Mensch meist durch das Urteil als moralisch minderwerrtig abgestempelt ist.

Das richtige Ich-Du-Verhältnis ist gerade im Strafvollzug sehr schwer herzustellen. Es setzt ein pädagogisch qualifiziertes Beamtentum voraus. Die Schwierigkeiten der Erziehungssituation erhöhen sich dadurch, daß der zu Jugendstrafe Verurteilte — nach deutschem Recht jedenfalls bis zur Vollendung des 18. Lebensjahres — im Erziehungsvollzug behandelt wird. Es besteht die Vermutung der Erziehbarkeit. Tatsächlich lassen sich beim Jugendlichen nicht die Fälle der Erziehbarkeit und

Unerziehbarkeit mit hinreichender Sicherheit trennen. Selbst zunächst unerziehbar erscheinende junge Menschen haben einen Persönlichkeitswandel durchgemacht, der gegen alle ursprünglichen Erwartungen zu einem positiven Ergebnis führte[477]). Trotzdem bleiben manche junge Menschen, die eine erfolgreiche Lebensführung nicht erwarten lassen, die aber dennoch in dem Erziehungsvollzug mitgetragen werden müssen. Bei ihnen würde es bereits ein Erfolg sein, wenn das Abgleiten derart aufgefangen würde, daß es nicht in die sonst zu erwartende Tiefe hin erfolgt und wenn der junge Mensch das eine oder andere an Werten mitgenommen hat. Ihr Aufenthalt im Erziehungsvollzug stellt diesen vor Aufgaben, die ihm gegenüber dem normalen jungen Menschen des Vollzugs nicht erwachsen. Wenn auch das Mittragen dieser Verurteilten als eine sich möglicherweise positiv für den Gesamtvollzug auswirkende Aufgabe angesehen werden kann, so bleibt umgekehrt die Gefahr einer ungünstigen Beeinflussung der anderen jungen Menschen bestehen.

Jedoch dürfen nicht nur die ungünstigen Einflüsse gesehen werden, die von den Mitzöglingen und Mitgefangenen ausgehen können. Ihnen kann man durch die Ausgestaltung des Vollzuges weitgehend begegnen, sofern der Vollzug als ganzes in Ordnung ist. Auch der Erzieher kann negativ wirken. Wie der gute Erzieher bildend und fördernd wirkt, mißbildet der schlechte Erzieher. Der gute Geist einer Anstalt vermag den jungen Menschen zu heben, wie ihn der schlechte Geist senkt. Ein Versagen des Vollzuges schafft falsche Lebensauffassungen und Lebenshaltungen.

2. Nicht selten wird hervorgehoben, daß nur der junge Mensch durch Erziehung ansprechbar sei, der Erwachsene dagegen außerhalb erzieherischer Beeinflussungsmöglichkeiten stände. Tatsächlich besteht beim Jugendlichen in der Regel die Möglichkeit, in stärkerem Maß als der Erwachsene sich der Auseinandersetzung gegenüber aufgeschlossener zu zeigen. Die Lebensvorstellungen sind noch nicht gefestigt. Die Lebenserfahrungen haben regelmäßig noch nicht den Weg eindeutig geformt. Der junge Mensch befindet sich noch im Wege des Experimentierens. Er ist auch aufnahmebereiter, weil er zutiefst weiß und empfindet, daß er noch führungs- und hilfsbedürftig ist. Er ist meist noch gefühlsoffen, in der Regel optimistisch und lebensmutig. Er hat den Drang, etwas zu werden und sich Geltung zu verschaffen. Er ist bereit, Förderung und Unterstützung anzunehmen, wenn sie zu dem ihm richtig erscheinenden Ziel hinführen. Die Zielbildung selbst ist noch keine endgültige. In diesem Zustand der Bewegung, der Unfertigkeit und der Unklarheit kann der Erzieher dem jungen Menschen behilflich sein, Festigkeit, Fertigkeit und Klarheit zu finden. Diese Möglichkeit

[477]) Solche Erfahrungen macht die Praxis immer wieder. Äußerst lehrreich ist der Fall von Walter Gerson, Zur Frage der Strafaussetzung auf Bewährung (§ 88 bei einem jugendlichen Mörder), Monatsschrift 1959, S. 40—61.

kann der Erzieher allerdings nur dann wahrnehmen, wenn es ihm gelingt, das Zutrauen des jungen Menschen zu gewinnen.

Es darf aber nicht übersehen werden, daß das jugendliche Alter den jungen Menschen infolge seiner Unfertigkeit und Unsicherheit in erziehungsgefährdende Gegebenheiten hineindrängt. Er ist in einem Massenbetrieb, wie ihn eine große Belegschaft einer Anstalt mit sich bringt, in vielfacher Hinsicht Gefahren ausgesetzt, die in gleicher Weise nicht den Erwachsenen bedrohen. Der junge Mensch ist in stärkerem Maß den nivellierenden Einflüssen einer Masse ausgesetzt. Er läßt sich mehr als der Erwachsene von dem Üblichen beeinflussen und mittragen. Er ist verstärkt dem negativen Einfluß anderer ausgesetzt. Er kann ihnen Einsicht und Erfahrung nur in beschränktem Maß entgegensetzen. Diese Gefahren sind um so größer, als er im Strafvollzug sich sowieso schon unter jungen Menschen befindet, die sich nach einem negativen Auswahlprinzip zusammengefunden haben. Kameradschaftlichkeit und Gemeinsamkeit gegenüber einer Zwangsautorität verbinden zu einer Gegnerschaft. In dieser Gegnerschaft wird die scheinbare Freiheit erweitert. Sie gewährt Reiz und Lust. Das negative Zusammengehörigkeitsgefühl wird verstärkt, wenn der junge Mensch sich verlassen und unverstanden fühlt und er der Erzieherschaft kritisch und ablehnend gegenübersteht. Gerade bei einem jungen Menschen kann die Ablehnung zu einer völlig negativen Haltung gegenüber den zu ihrer Führung und Unterstützung berufenen Personen führen, die ihn blind und taub gegenüber den sich für ihn bemühenden Kräften macht. Daraus ergibt sich eine erhöhte Gefahr seines weiteren Abgleitens, falls der Jugendliche nicht als Einzelpersönlichkeit fest in der Beziehung zum Erzieher steht.

Gegenüber der Betonung des Gedankens der Erziehungsfähigkeit des jungen Menschen muß hervorgehoben werden, daß sie nur Möglichkeiten und Aussichten gewährt, die zugleich aber auch ins Negative ausschlagen können, während der Erwachsene infolge der Verfestigung seiner Stellungnahme und infolge seines Erfahrungsmaterials zwar schwerer beeinflußbar ist, damit aber zugleich auch in stärkerem Maß Sperrungen gegenüber ungünstigen Einflüssen bestehen, ist beim jungen Menschen eine größere Offenheit gegeben, die aber ebensosehr zum Negativen wie Positiven ausschlagen kann.

3. Daraus ergeben sich wichtige Folgerungen für den Jugendvollzug. Die vom Vollzug ausgehenden negativen Wirkungen bedürfen einer noch intensiveren Ausschaltung, die positiven Möglichkeiten bedürfen eines noch stärkeren Einbaus als im Erwachsenenvollzug.

a) Eine Überbelegung von Jugendvollzugsanstalten wirkt für den Jugenderziehungsvollzug tödlich. Es ist besser, auf Jugendstrafen zu verzichten, als Jugendstrafen unter unzuträglichen Voraussetzungen zu vollziehen. Was im Erwachsenenvollzug bedauerlich und schädlich genug ist, ist im Jugendvollzug geradezu verhängnisvoll. Eine Überbelegung muß unter allen Umständen verhindert werden. Entweder müssen die Anstalten vermehrt oder die Unterbringungsfälle verringert oder die Unterbringungszeiten beschränkt werden. Es besteht kein inneres Recht sowohl dem einzelnen als auch der Öffentlichkeit gegenüber, mehr Erziehungsvorgänge zu übernehmen, als geleistet werden können. Will man sich dazu nicht bekennen, so gebe man es auf, den Jugendvollzug als Erziehungsvollzug zu bezeichnen.

b) Jugendvollzugsanstalten müssen kleiner sein als Erwachsenenvollzugsanstalten. Die zahlenmäßige Belegung muß so sein, daß der einzelne nicht in der Masse verloren geht. Das Verlorensein droht sowohl dem jungen Menschen als auch dem Anstaltsleiter. Der junge Mensch muß sein Persönlichkeitsgefühl wahren. Zugleich muß der Anstaltsleiter einen derartigen Überblick über die Gefangenen haben können, daß er sie als einzelne sieht, ihre Entwicklung kennt und um ihre Führung Bescheid weiß. Darüber hinaus muß der Anstaltsleiter von den Beziehungen der einzelnen Beamten zu den einzelnen jungen Menschen Kenntnis haben. Seine Mitarbeiter wiederum müssen in kleineren Erziehungs- und Arbeitsgruppen tiefere Erfahrungen sammeln können. Ebenso aber muß er auch das Verhältnis der Gefangenen zueinander beurteilen können. Alles das erfordert kleinere Einrichtungen. Jugendanstalten sollen nicht mit mehr als 200 Gefangene belegt werden.

c) Die Unterbringung in Jugendeinrichtungen des Strafvollzugs muß derart sein, daß der Jugendliche einen Eigenraum hat, in dem er sich aufhalten und allein schlafen kann. Schlafräume zu mehreren sollten im Jugendstrafvollzug unzulässig sein, da die jungen Menschen infolge der nach kriminellen Gesichtspunkten erfolgten Auswahl für die anderen gefährdend sein können. Dazu kommt, daß der junge Mensch im Alter von 18 Jahren, dem hauptsächlichen Alter des Jugendstrafvollzuges, dahin geführt werden muß, auch eine Eigensphäre zu haben und mit ihr fertig zu werden[478]).

Je stärker die Entmassung gelingt, um so geringer werden die Gefahren der gegenseitigen Ansteckung, weil das anonyme Sein in einer Masse die Eigenverantwortung zum Verschwinden bringt, während die kleine persönlichkeitsfördernde Gruppe[479]) das Verantwortungsbewußtsein stärkt und das Versagen sichtbarer macht.

---

[478]) Auf die verfassungsmäßige Pflicht des Vollzuges, eine Unterbringung zu gewährleisten, die die Menschenwürde wahrt und die Entfaltung der freien Persönlichkeit gewährleistet (Art. 1, 2 GG) ist schon hingewiesen. Dazu kommt beim Jugendlichen, daß ihm § 1 JWG einen Anspruch auf Erziehung zur leiblichen, seelischen und gesellschaftlichen Ertüchtigung zusagt.

[479]) Zu dem Problem der Erziehungsgruppen vgl. Ludolf Bernstorf, Die Arbeit mit zu großen Erziehungsgruppen, ZfStrafvollz. 8 (1958) S. 73—86. Bernstorf tritt für Gruppen von 40 ein (gegenüber tatsächlich vorhandenen von 100 würde das schon ein Vorteil sein). Das UNO-Seminar Wien 1954 hält 25 für die beste Zahl.

4. Der Erziehungsvorgang gegenüber jungen Menschen hat einen besonderen Charakter.

a) Die Erziehung im Jugendvollzug ist im Gegensatz zum Erwachsenenvollzug nicht Nacherziehung, sondern Ersatzerziehung. Damit soll gesagt werden: es wird nicht nur versucht, einem in der Vergangenheit vielleicht weit zurückliegenden Erziehungsverhältnis (Elternhaus, Schule, Lehrverhältnis) nachträglich noch eine Formung hinzuzufügen, vielmehr übernimmt der Jugendvollzug Aufgaben, die sonst den noch vorhandenen Erziehungsberechtigten und Erziehungsverpflichteten obliegen. Was die Eltern, was die Schule, was der Lehrherr infolge der Anstalts- und Heimunterbringung nicht verwirklichen können, muß jetzt der Vollzug als Aufgabe auf sich nehmen. Er tritt damit an die Stelle der an sich zur Erziehung berufenen Kräfte. Unterläßt der Vollzug die Erfüllung dieser Aufgabe, so entzieht er dem jungen Menschen ein wesentliches Stück seiner Entwicklung. Grundrichtung und Grundhaltung seines erzieherischen Verhaltens kann der Vollzug nur aus den beiseite geschobenen Erziehungsverhältnissen entnehmen. Der Gedanke, der junge Mensch habe seinen Erziehungsanspruch verwirkt, widerspricht der in § 1 JWG übernommenen Erziehungsverpflichtung der Allgemeinheit. Der grundlegende Erziehungsanspruch wird nicht durch das Vollzugsverhältnis beseitigt, sondern nur verschoben. Es tritt ein Erzieher an Stelle des anderen. Zugleich ergibt sich damit aber auch ein gegenseitiges Band zwischen den ursprünglichen Erziehern und den Ersatzerziehern, sofern nur der ursprüngliche Erzieher erziehungsbereit und erziehungsfähig ist. Die Tatsache des Vollzugsverhältnisses bedeutet nicht Aufhebung der ursprünglichen Erziehungsgewalt, insbesondere der Erziehungsgewalt der Eltern. Das kann sich etwa auswirken bei der Berufsausbildung oder der Ausbildung besonderer Fähigkeiten. Vor allem aber wirken sich derartige Vorstellungen für den Geist des Vollzuges aus. Eindeutig wird er dadurch von dem Gedanken des Kriminalvollzuges auf einen echten Erziehungsvollzug gelenkt.

In der Gegenüberstellung Nacherziehung und Ersatzerziehung kommt auch die verschiedene Intensität des Erziehungsvorgangs zum Ausdruck. Er bedeutet beim Jugendvollzug in erster Linie nicht so sehr Bildung und Führung als vielmehr Formung und Gestaltung.

b) Die Erziehung im Jugendvollzug ist im Gegensatz zum Erwachsenenvollzug stärker betonte Fremderziehung. Der Einfluß vom Erzieher geht beim jungen Menschen tiefer. Der junge Mensch bedarf der Hilfe und Sorge des Erziehers in höherem Maß als der Erwachsene. Das bedeutet nicht, daß der Erwachsene dessen überhaupt nicht bedarf und der junge Mensch nicht der Eigenkraft bedürfte. Auch er muß selbst mit Hand anlegen. Jedoch sind die Akzente andere.

c) Die Erziehung im Jugendvollzug dient der Hinführung zum Leben, insbesondere zum Sozialbereich, während der Erwachsenenvollzug es mit Menschen zu tun hat, die bereits im Leben, vor allem im Sozialbereich, stehen. Die Erziehung im Jugendvollzug bedeutet daher Lebensvorbereitung und nicht nur Lebenskorrektur. Das Leben bedeutet für den Menschen Entfaltung seiner Einmaligkeit, seiner geistigen und seelischen Kräfte und Möglichkeiten, Teilhabe und verantwortliche Mitwirkung an dem Staats-, Gemeinschafts- und Gesellschaftsdasein, Wirken in Ehe und Familie[480]), Arbeit im Beruf und Entwicklung und Vertiefung der gottmenschlichen Beziehungen. Der Gegenstand des erzieherischen Bemühens mag im Jugend- und Erwachsenenvollzug derselbe sein. Die Durchführung ist aber infolge der verschiedenen Zielsetzung eine grundsätzlich verschiedene. Es geht bei dem jungen Menschen vor allem darum, ihn mit der Fülle der Lebenserwartung zu versehen, ihm damit die Kraft zu vermitteln, in das Leben mit bejahender und hoffender Haltung einzutreten. Die Hinführung geht auf das Künftige noch Ungewisse. Im Erwachsenenvollzug geht es vornehmlich um das Fertigwerden mit einer im wesentlichen festliegenden Lebensform.

Auch hier darf man nicht nur die Gegensätzlichkeiten sehen oder sie zu einseitig übertreiben, auch hier geht es um Akzentuierungen. So steht unter Umständen sowohl der Erwachsenenvollzug als auch der Jugendvollzug vor der Aufgabe, dem ihm anvertrauten Straffälligen behilflich zu sein, die Lebensleere zu überwinden, der er sich ausgesetzt fühlt. Es scheint, daß gerade in wirtschaftlich und sozial sehr hohen Verhältnissen das innere Nichtausgefülltsein Wurzel für sehr schwerwiegende Handlungen sowohl bei jungen Menschen[481]) als auch bei Erwachsenen sein kann. Bei beiden Gruppen kommt es darauf an, erfüllende und packende Lebensempfindungen und Lebensvorstellungen zu erwecken. Insofern besteht nicht nur Gleichheit der Grundlage, sondern auch des Zieles. Der Weg freilich wird, selbst wenn die Mittel (Arbeit, Berufsausbildung, Freizeitgestaltung, Gruppentherapie, Unterricht, religiöse Aussprache usw.) die gleichen sind, verschieden sein. Es ist eben ein Unterschied, ob der Erzieher an Erfahrungen und verfestigte Anschauungen anknüpft oder ob er einen jungen Menschen vor sich hat, der zwar auch Erlebnisse gehabt hat, aber sie doch nicht so tief und eindeutig registriert hat und so im Eigentlichen noch nicht festgelegt ist. Zu beachten ist aber auch der Generationsunterschied. Die jüngere Generation tritt mit einer anderen Haltung und Einstellung an das Leben heran als die ältere[482]).

---

[480]) Hier hat auch die Sexualpädagogik ihren Raum. Vgl. dazu Peter Kratz, Zu dem Versuch einer systematischen Sexualpädagogik in der Jugendstrafanstalt Rockenberg, ZfStrafvollz. 7 (1957) S. 280—283; Gerhard Ockel, Der Psychotherapeut in der Strafanstalt (Systematische Sexualpädagogik in einer Jugendanstalt), ZfStrafvollz. 7 (1957) S. 275—279.

[481]) Aufschlußreich die Abhandlung von Rüdiger Herren, Mord ohne Motiv, Psych. Rdsch. IX (1958) S. 273—290.

[482]) Vgl. zu den Grundproblemen: Helmut Schelsky, Die skeptische Generation, eine Soziologie der deutschen Jugend, Düsseldorf-Köln 1957.

5. Der Eigenart des jungen Menschen müssen die Methoden entsprechen. Der ansprechbare junge Mensch und der ansprechbare Erwachsene können nicht auf dieselbe Art und Weise angesprochen werden. Das gilt für die Aussprache, den Unterricht, den Sport und das Spiel, die Freizeitgestaltung. Auch hier wiederum zeigt sich, wie wenig aus dem Erwachsenenvollzug übernommen werden kann. Die Loslösung des Jugendvollzuges kann gar nicht stark genug durchgeführt werden. Das gilt sowohl für die geistige Konzeption als auch für die Organisation. Es wäre durchaus denkbar, den Jugendvollzug enger mit der Jugendpflege und Jugendfürsorge zu verbinden.

Es kann hier nicht ein in die Einzelheiten gehendes Programm der Methoden entwickelt werden. Als Beispiel einer unterschiedlichen Methode sei etwa auf die Gruppenerziehung hingewiesen, die im Jugendbereich wesentlich anders und intensiver verwirklicht werden kann.

6. Die Erziehung kann in geeigneten Fällen mit besseren Aussichten als bei Erwachsenen durch medizinische Maßnahmen, insbesondere durch psychotherapeutische Behandlung[483]), ergänzt werden. Ihre Wirksamkeit ist bei den jungen Gefangenen allgemein anerkannt.

7. Liegt das Schwergewicht des Jugendvollzuges in der Erziehung, so muß für die Auswahl der Beamten auch der Erziehungsgesichtspunkt maßgebend sein. Das gilt für alle Beamtenkategorien, für den Anstaltsleiter, die Geistlichen, die Lehrer, Sozialarbeiter und Fürsorger, die Ärzte, die Psychologen, nicht zuletzt für die Werk- und Aufsichtsbeamten. Ausgebildete Beamte müssen in hinreichender Zahl eingestellt werden. Die Intensität und Ausdehnung des Erziehungsvorgangs fordert eine höhere Zahl von Beamten als im Erwachsenenvollzug. Ein Wechsel der Beamten vom Erwachsenenvollzug in den Jugendvollzug sollte nicht zulässig sein, falls der Beamte, welcher Kategorie er auch angehört, nicht in besonderer Weise für den Jugendvollzug vorgebildet ist.

8. Soll der Jugendvollzug den Ansprüchen genügen, so können noch weniger als im Erwachsenenvollzug fiskalische Erwägungen ausschlaggebend sein. Es geht um Menschenschicksale. Der materielle Vorteil läßt sich überdies nicht berechnen, da nicht zu sagen ist, welcher materielle Schaden künftig durch eine vernünftige Gestaltung des Jugendvollzuges verhindert wird.

9. Der Einwand, der gegen das Jugendstrafrecht und den Erziehungsgedanken im Jugendvollzug so leicht erhoben wird, ist der Vorwurf der Verweichlichung. Die Jugend müsse hart angefaßt werden. Hier

---

[483]) Über die Probleme der Psychotherapie wird im Zusammenhang mit dem Sexualdelinquenten näher gesprochen. Jedoch bezieht sich die psychotherapeutische Behandlung nicht nur auf diese. Vgl. Karl Pietsch, Die Behandlung frühkrimineller Täter im Strafvollzug aus der Sicht des Psychotherapeuten in: Mezger-Würtenberger, Kriminalbiologische Gegenwartsfragen Heft 3, Stuttgart 1958, S. 73—85.

wird Härte verwechselt mit Stellen von Anforderungen. Es ist ganz selbstverständlich, daß eine Jugenderziehung nur möglich ist, wenn von dem jungen Menschen etwas verlangt wird. Das bedeutet aber keineswegs Unterwerfung unter einen autoritativen Zwang, Herausstreichen einer äußeren Autorität, Überbetonung einer glatt ablaufenden Ordnung und Unpersönlichkeit. Es müssen von dem Jugendlichen sowohl körperliche als auch geistige Leistungen, Leistungen in der Arbeit und in der Freizeit gefordert werden. Der junge Mensch muß Ziele vor sich sehen, für die es sich lohnt, seine Kräfte einzusetzen. Der junge Mensch ist im Grunde genommen bereit, Mühen und Opfer auf sich zu nehmen, sofern er richtig, d. h. vor allem menschlich angesprochen wird. Solche Ziele können ihm sowohl als einzelnem als auch als Gruppe vorgestellt werden. Als Gruppenziele kommen sowohl Aufgaben gemeinsamer Arbeit für die Allgemeinheit, die Einrichtung oder die Gruppe als auch Aufgaben in Sport und Spiel in Betracht. Der Erzieher muß es verstehen, daß die jungen Menschen getrieben werden, aus echter Bejahung, aus dem Ehrgefühl und dem Gemeinschaftsempfinden begeistert und froh dem Ziel nachzustreben.

10. Die Dauer des Erziehungsvollzuges kann nur durch das Erziehungsziel bestimmt werden. Die der Erziehungsmaßnahme angemessene Form ist daher die unbestimmte Maßnahme, wie sie im deutschen Jugendrecht als Fürsorgeerziehung und als unbestimmte Jugendstrafe vorkommt. Aber auch die festbestimmte Strafe ist durch die vorläufige Entlassung beweglich zu gestalten. Wenn die reine Erziehungsmaßnahme sich ausschließlich nach erzieherischen Gesichtspunkten ausrichtet, ist der Erziehungsstrafe, falls vom Strafgedanken her eine weitere Strafdauer angemessen erscheint, die äußerste Grenze jedenfalls dort gesetzt, wo die weitere Verbüßung erzieherisch schädlich wirkt. In einem Erziehungsstrafrecht kann die Dauer der Strafverbüßung nicht soweit erstreckt werden, daß der Erziehungserfolg in Frage gestellt wird. Hier ist der Punkt gegeben, wo der Strafgedanke eindeutig vor dem Erziehungsgedanken zurückzutreten hat. Das ist allerdings bedauerlicherweise selbst im Jugendstrafrecht noch nicht Allgemeinauffassung geworden[484]):

11. Erziehung ist ein auf den Zögling abgestellter Vorgang. Infolgedessen ergibt sich auch im Jugendvollzug die Notwendigkeit der differenzierten Durchführung.

a) Die Unterscheidung des Jungen- und Mädchenvollzuges trifft nicht nur das Problem der geschlechtlichen Trennung, sondern vor allem das Problem der Verschiedenheit der Erziehungsverwirklichung[485]). Es tauchen im Jungmädchenvollzug andere Fragestellungen oder Frage-

---

[484]) Vgl. hierzu den bereits mehrfach genannten Aufsatz von Walter Gerson.

[485]) Helene Reichert, Jugendstrafvollzug in der Jugendfrauenanstalt Rothenfeld, ZfStrafvollz. 2 (1951), Heft 4, S. 15—19.

stellungen in anderer Form auf[486]). Die Tatsache, daß die Kriminalstrafe und ihr Vollzug das Mädchen tiefer im Individualbereich und Sozialbereich trifft, legt eine stärkere Betonung der Fürsorgeerziehung gegenüber der Jugendstrafe nahe. Der fürsorgerische Gedanke tritt überhaupt stärker hervor[487]). Dafür spricht auch, daß sich die Erziehung durch freie Kräfte, insbesondere solche der Wohlfahrtsverbände, der religiösen Organisationen und Gesellschaften, in besonderem Maß bei den Mädchen bewährt, weil sie aus dem caritativen Bereich besser ansprechbar sind als aus dem autoritär-staatlichen. Dazu kommt, daß die Zahl der zum Strafvollzug gelangenden jungen Mädchen nicht sehr groß ist, so daß es schwer ist, den Anforderungen entsprechende Strafererziehungseinrichtungen zu schaffen. Schließlich ist die ältere Gruppe straffälliger minderjähriger Mädchen infolge ihrer Entwicklung vielfach nicht mehr für den Jugendvollzug geeignet, so daß diese in den Erwachsenenvollzug hinübergenommen werden. Dort bedürfen diese Minderjährigen allerdings besonderer Betreuung[488]).

b) Unter den jungen Menschen gibt es solche, die weder mit den normalen Jugendeinrichtungen noch mit den Erwachseneneinrichtungen ansprechbar sind. Das bedeutet nicht ohne weiteres, daß sie unerziehbar und unverbesserlich sind. Es ist die absolute und die relative Unerziehbarkeit zu unterscheiden[489]). Relativ bedeutet im Hinblick auf die vorhandenen Mittel. Es ergibt sich daher die Notwendigkeit der Schaffung von Einrichtungen, die den besonderen Gegebenheiten entsprechen. Einrichtungen für Schwersterziehbare sind nicht zu umgehen. Sie haben diejenigen jungen Menschen zu erfassen, die von den normalen Einrichtungen nicht mitgetragen werden können, die einer Einrichtung mit ausgesuchtem Spezialpersonal bedürfen, die überdies die jungen Menschen in den Normaleinrichtungen gefährden. Es kommen für diese Sondereinrichtungen vor allem psychisch schwierige junge Menschen in Betracht, denen eine sorgfältige psychiatrische Führung nottut[490]). Ob

---

[486]) Vgl. die Abhandlung von Christel Berg, Ist die Behandlung von Sexualfragen im weiblichen Jugendstrafvollzug ratsam? ZfStrafvollz. 3 (1952/53) S. 59—61. Verfasserin bejaht die Frage mit dem Hinweis auf die häufig völlig unzulängliche Behandlung der Fragen durch das Elternhaus.

[487]) Gudrun Kynast, Aus der Arbeit einer Fürsorgerin an der Jugendstrafanstalt, ZfStrafvollz. 6 (1956) S. 75—84.

[488]) Vgl. die angeschnittenen Sonderprobleme bei A. Illchmann-Christ, Ein Beitrag zur Struktur der weiblichen Fürsorgezöglinge, unter besonderer Berücksichtigung der introverierten Abnormisierung, Monatsschrift 1954, S. 82ff.

[489]) Vgl. Walter Piecha, Die Lebensbewährung der als „unerziehbar“ entlassenen Fürsorgezöglinge, Göttingen 1959; Walter Gerson, Die Frage der Unerziehbarkeit, Die Sammlung, 9. Jahrg. (1954) S. 152—157, ders. zur Frage der Heimsituation und sozialen Prognose bei „unerziehbaren“ Fürsorgezöglingen, Rundbrief des AFET Jahrg. 1954/55, S. 37ff.

[490]) H. Stutte, Über praktisch unerziehbare jugendliche Dissoziale und ihre Sonderbehandlung in Festschrift für Werner Vellinger: Psychiatrie und Gesellschaft, Bern/Stuttgart, S. 236—241.

es bei diesen sehr schwierig zu behandelnden jungen Menschen richtig ist, zwischen Fürsorgezöglingen und Bestraften zu unterscheiden, ist durchaus zweifelhaft. Die sachliche Behandlung ist wegen der Art der Schwierigkeiten die gleiche. Der Charakter der Einrichtung ist der einer erzieherischen Heilstätte[491]).

Die Auswahl dieser jungen Menschen braucht nicht durch besondere Aufnahmeheime zu geschehen. Sie kann vielmehr, wenn sie in besonders auffallenden Fällen nicht unmittelbar durch das Gericht erfolgt, von den einzelnen Erziehungs- und Strafeinrichtungen veranlaßt werden.

12. Jeder Entlassung eines jungen Menschen muß eine eingehende Vorprüfung der Verhältnisse, in die er kommt, vorangehen. Es muß für eine geordnete und einwandfreie Unterkunft sowie für einen Arbeitsplatz gesorgt sein. Häufig wird eine Nachfürsorge, sei es von der Entlassungseinrichtung aus, sei es von der örtlichen Fürsorgestellen aus, sei es von einem Bewährungshelfer aus, erforderlich sein. Hier schließt sich die pädagogische Hilfe ohne Freiheitsentzug an.

§ 13. Frauenvollzug

I. Die Regelung des Frauenvollzugs geht von dem Männervollzug als Muster aus. Der Vollzug wird, da die Männer als Insassen zahlenmäßig weit überwiegen, auf diese ausgerichtet. Hinzu kommt, daß das Vollzugswesen von Männern konzipiert ist. Für den Frauenvollzug werden regelmäßig nur wenige zusätzliche oder abweichende Bestimmungen gegeben, die überdies mehr den äußeren Aufbau vor allem im Hinblick auf den sexuellen Schutz der Gefangenen betreffen[492]). Es ist demgegenüber erforderlich, die Probleme des Frauenvollzugs selbständig zu durchdenken und zu überprüfen, welche Vollzugsform den weiblichen Verurteilten angepaßt wäre.

---

[491]) Da die Einrichtung nicht eine Jugendstrafanstalt ist, müßte die Unterbringung entsprechend den Regeln über den Aufenthalt Strafgefangener in Heil- und Pflegeanstalten während des Vollzuges geschehen oder die Anstalten müßten den Charakter auch einer Vollzugsheilanstalt erhalten.

[492]) Auch die Minima enthalten nur wenige Hinweise auf den Frauenvollzug. Ziff. 8 spricht von dem allgemein anerkannten und durchgeführten Grundsatz der Trennung von Männern und Frauen aus. Ziff. 53 befaßt sich mit dem Grundsatz der Leitung von Frauenabteilungen durch eine weibliche Direktorin und mit der weiblichen Überwachung sowie mit der Verwendung von Männern aus beruflichen Gründen. Die näheren Einzelheiten sind aus den vom Genfer Kongreß 1955 aufgestellten Regeln über das Vollzugspersonal (Nr. XV) zu ersehen.

Kennzeichnend ist die vorläufige Strafvollzugsordnung für das Land Nordrhein-Westfalen vom 11. 8. 1948. Sie erwähnt in 217 Ziffern den Frauenvollzug an vier Stellen: Nr. 23: Übernahme des Aufsichts- und Pflegedienstes allein durch Frauen, des übrigen Dienstes nach Möglichkeit durch Frauen; Nr. 52 (Abs. 5) Hinweise auf das Verhalten männlicher Beamter gegenüber weiblichen Gefangenen; Nr. 76: Frauenarbeit; Nr. 172: Durchsuchung weiblicher Gefangener. Die Bestimmungen befassen sich mehr mit der Absicherung gegen den Beamten als mit der Behandlung der Verurteilten!

Unterschiedliche Gesichtspunkte ergeben sich zunächst einmal aus äußeren Gegebenheiten. Die sehr viel geringere Zahl der zur Freiheitsstrafe verurteilten Frauen erschwert eine so weit gehende Differenzierung in den Anstaltstypen, wie es bei Männern durchführbar ist. Die ohnehin schon fragwürdige Trennung nach Zuchthaus- und Gefängnisgefangenen ist bei den Frauen schon wegen der Unerheblichkeit der Zahlen der Zuchthausgefangenen nicht durchführbar. Trotzdem sollte aber auch bei den Frauen der Klassifizierungsgedanke grundsätzlich nicht aufgegeben werden. Der Jugendvollzug sollte auch bei den jungen Mädchen nicht nur als Vollzug in besonderen Abteilungen einer Anstalt, sondern in selbständigen Einrichtungen durchgeführt werden. Die Gefahr angehängter Abteilungen besteht darin, daß den eigentlich jugendlichen Belangen nicht hinreichend Rechnung getragen wird. Einem besonderen Vollzug sind auch die Frauen zuzuführen, denen gegenüber eine Sicherung der Allgemeinheit erforderlich ist. Jedoch ist die Zahl der gefährlichen Gewohnheitsverbrecherinnen gering. Berufsverbrecherinnen bilden nur eine seltene Ausnahme[493]). Man gewinnt den Eindruck, daß selbst unter den sicherungsverwahrten Frauen sich solche befinden, die mehr lästig als wirklich gefährlich sind. Der Sicherungsvollzug wird zugleich auch Bewahrungsvollzug für diejenigen Frauen sein müssen, die zwar nicht gefährlich, aber unansprechbar sind. Dagegen läßt sich eine Trennung des Mahn-, Besserungs- und Sühnevollzugs bei Frauen nicht verwirklichen.

Schon nach dieser groben Einteilung: jugendliche Gefangene einerseits und Verwahrungs- und Bewahrungsgefangene andererseits und als Zwischengruppe das Gros der Verurteilten erfordert drei Kategorien von Einrichtungen. Die Notwendigkeit kleinerer Einrichtungen im Frauenvollzug als im Männervollzug erleichtert wiederum die Schaffung selbständiger Einrichtungen. Auch können innerhalb eines Bundesstaates die einzelnen Länder Vollzugsgemeinschaften gründen. Es wäre nicht einmal ausgeschlossen, dem Gedanken näher zu treten, daß auch befreundete Länder gemeinsame Vollzugseinrichtungen durchführen, wenn eine mehrfache Einrichtung derselben Vollzugsform in jedem Land im Verhältnis zu der Gefangenenzahl übermäßig viel Kräfte und Mittel in Anspruch nehmen würde[494]).

Soweit eine Differenzierung nach Anstalten und Einrichtungen im Frauenvollzug nicht möglich oder geboten ist, sind die Differenzierungen innerhalb der Anstalt oder Einrichtung durchzuführen.

II. Die Sonderprobleme des Frauenvollzuges ergeben sich jedoch nicht in erster Linie aus den äußeren durch die Gefangenenzahlen bestimmten

---

[493]) Vgl. hierzu Max Hagemann, Weibliche Kriminalität HdK II S. 1059.

[494]) Eine solche internationale Vollzugsgemeinschaft setzt eine enge Zusammenarbeit im allgemeinen und auch im wissenschaftlichen Bereich voraus, wie es mustergültig der Fall ist bei den Benelux-Staaten und den Nordischen Staaten. Für den nordischen Bereich vgl. die Jahrbücher der nordischen kriminalistischen Vereinigungen.

Umstände, als vielmehr durch die Verschiedenheit der männlichen und weiblichen Eigenschaften und Erlebnisformen. Sie führen weitgehend zu einer anderen Verwurzlung und Struktur der Kriminalität bei Männern und Frauen. Allerdings muß man sich von leeren Schlagworten und gedankenlosen Äußerungen freihalten. Das gilt etwa von der Bezeichnung der Frau als Sexualverbrecherin[495]). Nicht besser steht es mit der Behauptung, daß die Frau gegenüber dem Mann unwahrhaftiger sei[496]). Eins ist so unrichtig wie das andere. Soll das Wort Sexualverbrecher überhaupt einen Sinn haben, so kann es nur dahin verstanden werden, daß der Täter aus einem Trieb zur Befriedigung sexueller Wünsche handelt. Das ist jedoch beim Mann mehr der Fall als bei der Frau, ohne daß man deswegen vom Mann als Sexualverbrecher schlechthin sprechen könnte. Ebensowenig rechtfertigt sich die Bezeichnung dadurch, daß biologische geschlechtsbedingte Vorgänge sich in der Kriminalitätsbegehung auswirken können[497]). Nicht weniger kann die vom pädagogischen Standpunkt sehr wesentliche Behauptung der gesteigerten Unwahrhaftigkeit der Frau einer ernsthaften Nachprüfung standhalten. Dem widersprechen die Erfahrungen des täglichen Lebens[498]) ebensosehr wie der Ablauf der Weltgeschichte[499]). Die Gerichtspraxis liefert keinen Beweis[500]). Angebliche statistische Nachweise lösen sich bei näherer Betrachtung auf[501]).

Es läßt sich nur das eine feststellen: die Frau ist, soweit es sich um die für die Behandlung maßgebliche Kriminalität handelt, tiefer mit ihrem Handeln persönlichkeitsverbunden und persönlichkeitsverletzt. Die weibliche Kriminalität berührt mehr den Persönlichkeitskern als die männliche, da die Frau im Grunde tiefer handelt. Damit tritt bei ihr ein größerer Persönlichkeitsverlust ein. Die Handlung kommt stärker aus der Emp-

---

[495]) Erich Wulffen, Das Weib als Sexualverbrecherin, Berlin 1923.

[496]) Vgl. dazu Hansgeorg Teichmann, Meineidige und Meineidsituationen, Krim. Abh., Heft XXI, Leipzig 1935, S. 18f.

[497]) Vgl. dazu Hans Heinz Heldmann, Strafrechtliche Sonderbehandlung der Frau? Monatsschrift 1957, 86ff. Die Frage wird zutreffend verneint (S. 103), da die Bestimmungen über Schuld, Strafe und Maßnahmen so weit gefaßt sind, daß der Richter dem Einfluß biologischer Gegebenheiten hinreichend Rechnung tragen kann.

[498]) Es spiegeln mehr Männer Frauen bewußt unwahr Heiratsabsichten vor als umgekehrt.

[499]) Man denke an die großen lügnerischen Propagandisten der Weltgeschichte, die fast ausschließlich Männer sind.

[500]) Aufschlußreich das aus der Praxis stammende Material meines Buches Zeugenlüge und Prozeßausgang Bonn 1939. An den Meineidskomplexen waren überwiegend Männer beteiligt. Die wenigen Frauen waren durch persönliche Bindungen an die mitwirkenden Männer in die Angelegenheit verwickelt worden.

[501]) Vor allem besagt die Meineidstatistik nichts. Zunächst ist zu beachten, daß die Frauen gerade in die sehr starken Affekten unterliegenden Prozesse wie Haus- und Wohnungsstreitigkeiten, Ehescheidungssachen und Unterhaltssachen hineingezogen werden. Gerade bei den Unterhaltsprozessen ist der Meineid infolge der Blutgruppenuntersuchungen im Gegensatz zu den sonstigen falschen Aussagen objektiv beweisbar. Die Frau ist daher in besonderem Maß der Überführbarkeit ausgesetzt.

findungswelt und formt wiederum stärker die Empfindungswelt. Mag es sich bei alledem auch nur um allgemeine Linien handeln, so sind solche Feststellungen von erheblicher praktischer Bedeutung.

So sehr Untersuchungen über die Kriminalität der Frau[502]) erwünscht sind, so sehr kommt es jedoch im Zusammenhang dieser Untersuchungen auf etwas anderes an, nämlich auf die Auswirkungen des Vollzuges auf die Frau und die Art und Weise des Ansprechens der Frau durch die Methoden des Vollzugs. Nicht nur Haftmemoiren von Frauen sind verhältnismäßig wenig vorhanden[503]), auch die Darstellungen des Frauenvollzuges sind weit seltener[504]). Vor allem aber ist das vorhandene Material noch nicht hinreichend ausgewertet.

Um die Grundsätze eines behandelnden Vollzuges an Frauen zu entwickeln, bedarf es nicht nur der psychologischen und biologischen Erkenntnisse[505]), sondern auch des Wissens um das geistige Wesen der Frau und um ihre Symbolhaftigkeit[506]). Nur eine allseitige tiefgehende Erkenntnis kann Weg und Ziel der pädagogischen Behandlung erschließen.

---

[502]) Vgl. etwa Max Hagemann, Weibliche Kriminalität, HdK. II, 1049ff., mit reichen Angaben des Schrifttums.

[503]) Eine Übersicht über Haftmemoiren gibt Rudolf Sieverts, Die Wirkungen der Freiheitsstrafe und Untersuchungshaft auf die Psyche der Gefangenen, Mannheim-Berlin-Leipzig 1929 (S. 175ff.); ferner HdK. I, 640. Es werden dort aufgeführt an Haftberichten von Frauen: Vera Figner, Nacht über Rußland, Berlin 1926; Kate O'Hare, In Prison New York, 1923; Maria Hoft, Drei Jahre im Weiberzuchthaus Leipzig, 1906; diess., Neun Monate in Untersuchungshaft, Leipzig 1909; Rosa Luxemburg, Briefe aus dem Gefängnis; Berlin 1922 Linda Murri, Das Verhängnis meines Lebens, Aufzeichnungen aus dem Kerker Wien, 1906.

[504]) Zum Strafvollzug an Frauen: grundlegend das vorzügliche Buch von Eugenia C. Lekkerkerker, Reformatories for Woman in the United States, Groningen-The Hague-Batavia 1931; ferner Maria Reuß, Der Strafvollzug an Frauen, München 1927; Leonore Seutter, Die Gefängnisarbeit in Deutschland mit besonderer Berücksichtigung der Frauen-Gefängnisse, Tübingen 1912; Agnes Neuhaus, Die Frau im Gefängnis, in: Strafvollzug in Preußen (1928) S. 114ff. Léon Hengen, Le traitement pénitentiaire des femmes au Luxembourg in Fondation, Cycle I, S. 215ff. Nur kurze Bemerkungen zum Frauenvollzug bringt Wolfgang Mittermaier, Gefängniskunde Berlin-Frankfurt 1954, S. 48ff. Einzelschilderungen aus dem neueren deutschen Frauenvollzug: Helga Einsele, Straf- und Untersuchungsanstalt für Frauen, Frankfurt-Preungesheim, ZfStrafvollz. 1 (1950) Heft 8, 3—9; Herta Grieger, Das Frauengefängnis Tiergarten in Berlin, ZfStrafvollz. 2 (1951) Heft 1, 19—22; M. Kraus, Frauenanstalt Aichach/Obb., ZfStrafvollz. 2 (1951) Heft 6, 35—38; Helene Reichert, Jugendstrafvollzug in der Frauenjugendstrafanstalt Rothenfeld, ZfStrafvollz. 2 (1951) Heft 4, 15—19.

[505]) Vgl. August Mayer, Reifungsprobleme im Leben der Frau München 1959; Heinrich Többen, Der Lebenswille der Frau, Bonn 1947; Theodorich Kampmann, Anthropologische Grundlagen ganzheitlicher Frauenbildung (2 Bände), Paderborn 1946; Joseph Mörsdorf u. a., Art. Frau im Staatslexikon, 6. Aufl. Bd. 3 (1959) mit sehr eingehenden Schrifttumsangaben. S. a. Marianne Leibl, Eine Frau über Frauen, Stuttgart 1951.

[506]) Dazu vor allem: Gertrud von Le Fort, Die ewige Frau, München 13. Aufl. 1934, Maura Böckeler, Das große Zeichen, Apokalypse 12, 1. Die Frau als Symbol göttlicher Wirklichkeit, Salzburg-Leipzig 1941.

Ein Weg und ein Ziel ohne tiefere Begründung machen die Aussichten auf ein Ansprechen der im Vollzug befindlichen Frau von vornherein aussichtslos. Eine Vermittlung des Selbstgefühls, der Selbstachtung und der Selbsterhebung ist ohne Sichtbarmachung des „Selbsts" nicht denkbar. Damit ergibt sich als vordringliche Aufgabe die Weckung und Entwicklung des Gefühls- und Empfindungslebens, des Bewußtseins der wesenhaften Hoheit und Würde.

Ein in männlichen Formen vollzogener Strafvorgang ist zur Erreichung dieses Zieles völlig ungeeignet. Vermassung, Uniformierung und Kommandierung wirken sich im Frauenvollzug noch verheerender aus als im Männervollzug. Daraus folgt: die Einrichtungen müssen klein sein. Sie sollten nicht mehr als hundert Frauen aufnehmen. Möglicherweise ist schon diese Zahl zu hoch gegriffen[507]). Der Gefangenen muß auch in einer Anstalt oder Einrichtung die Führung eines individuellen Lebens gesichert sein. Ist die Frau ihrer Natur nach auf die Hingabe und Sorge für den anderen Menschen ausgerichtet, so bedeutet das nicht Aufgehen in der Vielheit, sondern Vermittlung spendender Kraft aus ihrer eignen Persönlichkeit. Infolgedessen geht es vor allem um die Bildung ihrer Eigenart und Sonderheit, aus der sie für den anderen lebt und wirkt. Daraus ergibt sich die erhöhte unabwendbare Notwendigkeit eines eignen Wohn- und Schlafraums[508]). Die bei dem Mann noch tragbare Zellengröße ist für die Frau nicht geeignet. Der ihr zugewiesene Raum muß von ihr mit einer eigenen Note versehen werden können. Sie muß die Möglichkeit haben, Pflanzen und Blumen, eigene Bilder und Decken zu verwenden. In der Regel wird der Eintritt der Frau in die Abgeschlossenheit des Strafvollzugs tiefer wirken. Das trotz ihrer Individualität bestehende Bedürfnis nach Äußerung und Verbindung[509]) mit anderen, läßt bei der Frau in noch stärkerem Maß als beim Mann einen Anfangsvollzug in Einzelhaft fragwürdig erscheinen. Die Einzelhaft sollte im Anfang nicht länger dauern, als sie zur Gewinnung eines Persönlichkeitsbildes erforderlich ist. Selbst wenn eine Beobachtung in einer Zentralstelle nicht stattgefunden hat[510]), wird eine hinreichende erste Orientierung (physische und psychische Untersuchung, eugenische und anthropologische Prüfung, Aufnahme von Erziehungs- und Berufstests, Sozialaufnahme, Gespräch der verschiedenen Beamten mit der Insassin) innerhalb der ersten zwei

---

[507]) Von den siebzehn Reformatories in USA., die für Frauen in den Jahren 1928—1930 bestanden, hatten fünf unter 100 Insassinnen, zwei über 450, die meisten 100—200. Vgl. die Übersicht bei Lekkerkerker, a. a. O., S. 188. Einsele, a. a. O., S. 4 spricht für Frankfurt-Preungesheim von einem Bestand von 170—200 Gefangenen (1950).

[508]) Ausnahme nur im Falle der ärztlichen Anordnung aus medizinischen Gründen.

[509]) Insoweit richtig der Hinweis bei Mittermaier a. a. O., S. 49.

[510]) Die Problematik der Frage, ob die Klassifizierung vor der Einweisung in die endgültige Anstalt oder in dieser stattfinden soll, wird eingehend von Lekkerkerker a. a. O., S. 218ff. behandelt.

Wochen stattfinden können. Im übrigen bedarf die Frau gerade in der Zeit des Einlebens in die Welt des Vollzuges eines nicht nur ausnahmsweisen Zusammentreffens mit anderen Menschen.

Die Individualität muß auch in der Haartracht und in der Kleidung zum Ausdruck kommen. Eine monotone, gar schlecht sitzende Kleidung, die den Eindruck von Säcken erweckt[511]), mindert das Persönlichkeitsbewußtsein und erschwert den pädagogischen Beginn. Die Anstalt selbst muß hell, freundlich sein und gepflegt werden. Der Anstaltsbau von Häusern für weibliche Gefangene läßt sich nicht ohne weiteres nach den Maßstäben des Männervollzuges errichten. Die klassischen Gefängnisse mit ihrem vorwiegend auf Sicherheit ausgerichteten Charakter sind bei den Frauen, die in der Regel nicht zu Gewalttaten neigen, entbehrlich. Die notwendige Begrenzung der Gefangenenzahlen einer Einrichtung verhindert kasernenmäßige Bauten. Für den Erziehungsvollzug kommen draußen im Freien liegende Komplexe mit kleineren Gebäuden in Betracht. Anstatt einer Mauer sollte die Einrichtung mit Hecken umgeben sein. Um die Häuser herum sollten gepflegte Grünanlagen mit Blumen liegen. Die Einrichtung muß mehr einen Heimcharakter als Anstaltscharakter haben. Sie kann geschlossen, halboffen oder offen sein. Bei den offenen Einrichtungen geht es mehr um den Schutz gegen außen als um die Sorge von Ausbrüchen. Erweist sich eine Gefangene als ungeeignet für den Erziehungsvollzug, wird sie in den auf strengere Abschließung bedachten Sicherungs- und Verwahrungsvollzug überführt.

Der äußere Rahmen ist der Ausdruck eines inneren Geistes. Wie die äußeren Verhältnisse und Umstände im Frauenvollzug anders gestaltet sein müssen als im Männervollzug, muß auch der Erziehungsvorgang nach anderen Gesetzen vor sich gehen. Unterliegt der Strafvollzug als Gebiet der Sonderpädagogik auch eignen Regeln, so wird er doch durch die allgemeine Pädagogik wesentlich mitbestimmt. Wer der Frau den Weg zur sittlichen, geistigen, körperlichen und sozialen Gesundung eröffnen will, muß um die Ziele, Methoden und Wege der Erziehung und Bildung intakter Frauen Bescheid wissen. Die Besonderheit der weiblichen Vollzugspädagogik erfordert daher einen wissenschaftlichen Ausbau, der von der weiblichen Pädagogik überhaupt ausgeht[512]). Dabei darf freilich nicht übersehen werden, daß Frauenerziehung und Frauenbildung in sehr wesentlichen Bereichen der Schule (insbesondere der höheren Schule und Hochschule) sowie der Berufsausbildung infolge der einseitigen Sicht auf die Sachleistung gegenüber der Persönlichkeitsleistung vom männlichen Erziehungs- und Bildungsideal bestimmt wird. Das Erziehungsbild der Frau wird bestimmt durch die Braut, die Ehefrau, die Mutter und die

[511]) Ich denke an die Eindrücke einer eigenen Besichtigung.

[512]) Vgl. Theodorich Kampmann a. a. O., ferner: Die Frau, Wesen und Aufgaben (Wb. der Politik Heft 6, herausgegeben von A. Scherer Freiburg/Br., 2. Aufl. 1954); Madeleine Daniélou, Erziehung aus dem Anspruch des Geistes [Original: L'éducation selon l'esprit], übersetzt von Marietta Rest, Reckinghausen 1953.

Helferin. Ihre menschlichen Aufgaben können der Frau nicht vorwiegend über den Intellekt, sondern den Gefühls- und Empfindungsbereich nahegebracht werden. Es geht daher um den Persönlichkeitsaufbau, um den Ausgleich des Persönlichkeitsverlustes und der Persönlichkeitszerstörung.

Das setzt die Schaffung einer gesunden und offenen Atmosphäre voraus. Sie läßt sich nicht auf Mißtrauen und Enge aufbauen. Soweit es im Rahmen einer auf Zwang beruhenden Welt möglich ist, muß ein selbständiger Bereich der Frau gewährleistet sein. Das gilt besonders für die Freizeit. Auch Probleme der Beteiligung an der Gestaltung des Lebens innerhalb der Anstalt tauchen hier auf (Selbstverwaltung). Die Verbindung mit der der Frau zugeordneten Außenwelt muß, wenn dieAußenwelt dazu geeignet ist, hergestellt oder aufrecht erhalten werden. Briefempfang und Briefschreiben, Besuch, Urlaub lassen sich nicht nur unter dem Gesichtspunkt des Männervollzuges regeln. Die geistige Bildung und Führung durch die Anstaltsleiterin, den Geistlichen, die Lehrerin und die Fürsorgerin müssen in einer die Frau anregenden und ergreifenden Form verwirklicht werden. Die Arbeit muß nicht nur dem fraulichen Wesen angepaßt sein, sie muß vielmehr die Frau für ihr künftiges Leben fördern. Es kann nicht die Aufgabe des Frauengefängnisses sein, die Wäsche für die in der Nähe liegenden Männeranstalten zu besorgen, zu waschen und zu flicken. Die Arbeit muß vielmehr vielseitig sein, wie sie später die Frau erwartet. Zunächst sind Beschäftigung mit hauswirtschaftlichen Arbeiten und Anlernen dazu erforderlich. Jedoch genügt das allein nicht. Es müssen Arbeitsmöglichkeiten zur Verfügung stehen, die die Frau befähigen, in der Freiheit für sich und ihre Kinder den Lebensunterhalt zu sichern. Die Frau muß, je nach dem sozialen Lebenskreis, in den sie zurückkehrt, hinreichend gefördert werden. Es muß daher Gelegenheit zur Ausbildung als Hausfrau, als Hausgehilfin, als Arbeiterin, als Handwerkerin, als Kunstgewerblerin, als Bürokraft (Schreibmaschinen- und Stenographiekurse, Sprachunterricht) oder was gerade der besonderen Befähigung der betreffenden Frau entspricht, gegeben sein. Soweit die Haltung der Frau die Durchführung des Vollzugs in gelockerter Form zuläßt, kann die Arbeitsausbildung auch außerhalb der Einrichtung erfolgen.

Der Unterricht muß entsprechend der Stellung und den Aufgaben der Frau in Familie und Gesellschaft gestaltet sein. Bei vielen Frauen wird ein Elementarunterricht erforderlich sein. Bei manchen wird aber ein anspruchsvollerer Unterricht mit Diskussionen möglich sein. Zum Unterricht gehört auch Haushaltslehre, Kinderpflege und Jugenderziehung.

Die moralische und religiöse Lebensgestaltung erfordert sowohl das Einzelgespräch als die Gruppenaussprache. Ihre Wirksamkeit hängt davon ab, inwieweit es gelingt, ein gesundes Klima in der Anstalt zu schaffen. Das selbstverständliche Vorbild der Beamtinnen ist entscheidend.

Wesentlich ist es, inwieweit diese die moralische und religiöse Arbeit mittragen. Gegen einen falschen Klang ist die Frau noch empfindlicher als der Mann. Religiöse Führung kann im Gefängnis sich nicht wesentlich von der Führung draußen unterscheiden, da letzten Endes die streitende Kirche eine Gemeinschaft der Sünder ist, die die Menschen draußen und drinnen erfaßt. Gerade die Sichtbarmachung der Zugehörigkeit und der Vollgliedschaft zu einer Gemeinschaft, für die es keine Mauern gibt, stellt eine der größen Antriebsmöglichkeit für die sozial abgeschlossene Frau dar. Freilich erfordert das das unbedingte Einheits-, Sünden- und Erlösungsbewußtsein der religiösen Gemeinschaft und nicht zuletzt das Empfinden der schwesterlichen Verbundenheit der Frauen untereinander. Was drinnen bewirkt wird, wird durch die Haltung draußen entscheidend mitbestimmt. Es ist nicht ausgeschlossen, daß die Frauen eher befähigt und gewillt sind, die starren Zonengrenzen zwischen draußen und drinnen vor allem im geistigen und seelischen Bereich aufzulockern.

Im Frauenvollzug kommt der musischen Anleitung infolge des damit verbundenen Ansprechens des Gemütes eine besondere Bedeutung zu. Zu denken ist hier an Musik, Gesang, Volkstanz, Vorführungen. Wenn auch Vorführungen von draußen (etwa durch Künstler oder Jugendgruppen) durchaus erwünscht sind, so bedarf es doch vor allem einer Weckung der Initiative und der eigenen schöpferischen Kraft durch Darstellungen der Frauen selbst. Es werden dadurch nicht nur sozialbildenden Leistungen der Gruppe und in der Gruppe hervorgerufen, sondern auch die Kräfte der einzelnen Gefangenen geweckt und entwickelt. Auch Einzelbegabungen, etwa kunstgewerblicher oder gar künstlerischer Art, sollten gefördert werden. Entscheidend ist bei alledem die Auffindung und Weckung der schlummernden geistigen und seelischen Kräfte, deren Entfaltung Selbstachtung, Befriedigung und Freude wachrufen.

Die hygienische Förderung kann nicht nur in Gesundheitsunterricht bestehen. Vielmehr bedarf es auch hygienischer Maßnahmen. Das gilt nicht nur für eine entsprechende Herrichtung des Wohn- und Schlafraums, was selbstverständlich sein sollte. Vielmehr bedarf es ausreichender Erholungszeit und einer entsprechenden Gestaltung, insbesondere durch Sport und Gymnastik. Jede Einrichtung sollte einen dafür geeigneten Raum haben, damit Sport und Gymnastik nicht nur im Sommer im Freien, sondern auch im Winter drinnen stattfinden können. Für den aufgelockerten Vollzug kommen Wanderungen und Schwimmen in Betracht.

Neben den der Erholung dienenden angeordneten Maßnahmen steht selbstständig die Freizeit. Jeder Anstaltsbetrieb steht in der Gefahr, ständig regulieren zu wollen. Eine Frau, die künftig in der Familie oder im Beruf Selbständigkeit erweisen soll, kann nicht unter ständiger

Leitung stehen. Sie muß auch im Strafvollzug die Möglichkeit haben, selbst zu bestimmen, was sie tun will, ob sie mit anderen zusammen sein oder allein sein will, ob sie lesen, schreiben oder Musik hören will, ob sie sich beschäftigen oder ausruhen oder nachdenken will. Die mit der Selbstbestimmung verbundenen Gefahren müssen in Kauf genommen werden. Sie sind um so geringer, je besser der von der Leitung in die Einrichtung hineingetragene Geist ist.

Wird der Frau ein Eigenbereich gelassen, so wird sie auch nicht eines Gruppenlebens überdrüssig. Das Gruppenleben kann sich in verschiedener Form abspielen. Es können kleine Gruppen des Zusammenlebens bei den Mahlzeiten, bei Sport, Gymnastik und Spiel gebildet werden. Darüber hinaus können Sachgemeinschaften, etwa für die Arbeit, den Unterricht, die Vorführungen usw. eingerichtet werden. Jede Gemeinschaft sollte einer bestimmten Beamtin unterstellt sein. Soweit das Leben der Gefangenen gelenkt ist — und es muß als Leben in einer vom Zwang ausgehenden Einrichtung weithin gelenkt sein —, muß die Gefahr vermieden werden, daß es zum Betrieb wird. Entscheidend ist, daß das Leben von einem natürlichen, frohen und frischen Geist getragen ist, der sich auf die Gefangenen mitteilt.

Damit läuft auch hier alles auf den sich immer wiederholenden Punkt aus: die Bildung des Beamtenkörpers[513]). Wenn auch nicht der Mann völlig aus dem Frauenvollzug ausgeschlossen sein sollte, wie umgekehrt die Frau auch nicht völlig aus dem Männervollzug, so ist doch der Frauenvollzug in erster Linie der Aufgabenbereich der Frau. Sie muß eine solche Stellung eingeräumt erhalten, daß sie in der Lage ist, die Vollzugsgestaltung im Sinne eines echten Frauenvollzuges zu formen. Dazu gehört, daß die Frau auch im höheren Verwaltungsbereich, insbesondere auch im ministeriellen Bereich, tätig ist.

Eine besondere wichtige Aufgabe kommt im Frauenvollzug der Sozialhelferin zu. Die Situation des Gefangenseins ist für die Frau nicht selten belastender als für den Mann, weil sie aus dem ihr angemessenen häuslichen und familiären Lebenskreis (sofern sie in einem solchen stand und nicht bindungslos war) herausgerissen worden ist und ihn nicht mehr besorgen kann. Das trifft die Frau in ihren tieferen Schichten, da sie natürlicherweise auf die Pflege, die Hilfe und den Dienst an den Ihrigen ausgerichtet ist und sie um die durch sie verursachten Not der Ihrigen weiß. Hier geht es zunächst einmal darum, der Frau ganz einfach menschlich ihre Not mildern und tragen zu helfen. Das kann allerdings nicht mit guten Worten geschehen, sondern mit der Hilfe und Sorge für die Zurückgebliebenen. Die Frau muß die Gewißheit haben, daß die Familie versorgt ist. Es muß vor allem versucht werden sicher-

---

[513]) Zum Aufsichtsdienst vgl. Helga Einsele, Ausbildung im weiblichen Aufsichtsdienst, ZfStrafvollz. 4 (1954) 203—208; Anni Dimpfl „. . . und nochmals: Die weiblichen Beamten", ZfStrafvollz. 4 (1954) 208—212.

zustellen, daß die durch die Frau gebildete Einheit der Familie nicht zerbrochen wird. So hat die Sozialhelferin zunächst einmal die Aufgabe, mit den örtlichen behördlichen und freien Organisationen, insbesondere auch mit den religiösen Gemeinden, die Familie zu sichern und der Gefangenen die nötige innere Ruhe zu verschaffen. Während des Vollzuges sind die Bindungen zur Familie zu pflegen und aufrechtzuerhalten. Vor der Entlassung ist die Rückkehr vorzubereiten.

Fehlt es an der familiären Bindung, so ergibt sich die Frage, ob sie herzustellen ist oder das Leben der Gefangenen neu außerhalb der Bindung zu gestalten ist. Der Sozialhelferin fällt vor allem die schwierige Aufgabe der Entlassungsvorbereitung zu. Das bedeutet Sicherstellung einer Unterkunft, Gewinnung eines Arbeitsplatzes, Herstellung von menschlichen Beziehungen, insbesondere auch Vermittlung von Lebenskreisen, in die die Frau aufgenommen wird. Auch hier ergibt sich die Notwendigkeit der Zusammenarbeit mit vielen örtlichen Stellen, im Falle der Bewährungshilfe auch mit dem Bewährungshelfer oder der Bewährungshelferin.

Stärker noch als im Männervollzug ist im Frauenvollzug die Mitwirkung freier Kräfte notwendig. Die Frau erträgt es noch weniger als der Mann, nur Behörden und amtlichen Kräften übergeben zu sein. Noch notwendiger als dem Mann ist der Frau das Bewußtsein, nicht in der völligen Isolierung zu leben und von draußen verlassen zu sein. Die Mitwirkung freier Kräfte hat sicherlich ihre Gefahr. Diese Gefahr besteht freilich nicht darin, daß Außenstehende in den internen Betrieb des Strafvollzugs Einblick nehmen. Das bedeutet nur für alle einen Gewinn. Die Gefahr besteht auch nicht darin, daß Klagen von drinnen nach draußen dringen können. Auch das wäre nur von Vorteil. Auch nicht die Gefahr von Durchstechereien ist erheblich. Die eigentliche Gefahr besteht darin, daß der Mensch von draußen nicht in der richtigen Haltung die Verbindung nach drinnen aufnimmt. Bringt der Mensch von draußen aber den Geist der Natürlichkeit und Selbstverständlichkeit, der Offenheit und Ehrlichkeit mit, ohne daß ein Gefühl des Abstandes, des Besserseins und des Bessernwollens mitklingt, so wird dadurch die Anstaltsatmosphäre nur Gewinn haben. Die Mitwirkung freier Kräfte könnte vor allem bei dem Unterricht (besondere Fächer wie Sprachen, Musik), bei der Erholung (Gymnastik, Aufführungen) stattfinden. Sie könnte aber auch organisatorisch ausgeformt werden: etwa durch die Bildung von Gefängniskommissionen und im Fürsorgebereich. Gefängniskommissionen sollten wie im Männervollzug der Zusammensetzung nach gemischt sein. Die Beteiligung außenstehender Kräfte soll vor allem den pädagogischen Vorgang unterstützen, indem dadurch sichtbar gemacht wird, daß die Außenwelt die Bindung sucht, den Häftling nicht vergißt und den Weg in die Gesellschaft eröffnen hilft. Zugleich wirkt die Beteiligung der Außenwelt aber auch auf sie bildend zurück, indem sie dieser ihre Verpflichtung gegenüber der Gefangenen bewußt macht.

Diese Verpflichtung besteht vor allem in der Wiederaufnahme nach der verbüßten Strafe. Wer gesühnt hat oder wer sich um die Neugestaltung seines Lebens im Strafvollzug ernsthaft bemüht hat, hat einen sittlichen und rechtlichen Anspruch auf die Anerkennung der neu gewonnenen Persönlichkeitsstellung. Hier entscheidet sich bei den Frauen in noch stärkerer Weise als bei den Männern, die eher in einer beruflichen Betätigung wieder ihren Halt finden können, was aus ihnen wird. Die Gemeinschaft der Schwestern von Bethanien[514]) wirkt als Mahnung und Vorbild!

III. Sonderprobleme.

1. Junge Mütter befinden sich namentlich im Ausland nicht selten im Strafvollzug[515]). Auch finden Geburten im Vollzug statt. Die Kinder werden der Mutter vielfach belassen, vor allem solange die Mutter ihr Kind nährt. Als Regel wird jedoch der Satz aufzustellen sein, daß für Kinder im Strafvollzug kein Raum ist. Geburten müssen, soweit es eben angängig ist, außerhalb des Vollzuges stattfinden. Vor allem gilt das für die deutschen Verhältnisse. Die Stellung der Allgemeinheit gegenüber dem Strafvollzug bedeutet für das spätere Fortkommen des Kindes eine ständige Belastung. Erfährt das Kind später den Ort seiner Geburt und seines Aufenthaltes, so läßt sich der Eintritt eines folgenschweren Schocks nicht ausschließen. Möglicherweise sind anderwärts andere Auffassungen gegenüber dem Vollzug denkbar. Auch ist nicht von der Hand zu weisen, daß die Pflege des Kindes sowohl für die gefangene Mutter als auch für die anderen Gefangene Ansatzpunkte pädagogischer Art mit sich bringen kann[516]).

2. Aufenthalt über die Strafdauer hinaus und Rückkehr einer Entlassenen in den Vollzug. Ein Bedürfnis hierzu kann bestehen, wenn für die zu Entlassende rechtzeitig keine hinreichende Unterbringung und Arbeitsmöglichkeit beschafft werden kann, oder wenn sich die Entlassene der Gefahr ausgesetzt sieht, sich nicht halten zu können. Es ist vor allem die Aufgabe der Wohlfahrtsorganisationen und auch der Kirche einem solchen Menschen zur Seite zu stehen. Immerhin kann es wirklich vorkommen, daß jede Hilfe fehlt. Für einen solchen Fall müßte der Einrichtung ein Gästehaus beigegeben sein, in dem die Frau sich aufhalten kann und gegen Arbeit ihren Unterhalt selbst tragen kann. Eine solche Bleibe kann nur vorübergehend sein. Sie kann selbstverständlich nur auf Wunsch der betreffenden Frau gewährt werden.

---

[514]) Vgl. oben Anm. 320

[515]) Über Zahlen von Kindern in den Reformatories für Frauen vgl. Lekkerkerker a. a. O., S. 188.

[516]) Zu den hier in Betracht kommenden Problemen eingehend Lekkerkerker a. a. O., S. 524—531. Verf. steht der Frage, falls es sich um geeignete Anstalten handelt, durchaus nicht negativ gegenüber.

3. Aufenthalt in Übergangsheimen ohne Strafcharakter auf freiwilliger Grundlage kann dazu dienen, den Übergang in die Freiheit zu erleichtern, vor allem auch persönliche Schwierigkeiten besser zu lösen[517]).

4. Die Behandlung von Prostituierten wird im Zusammenhang mit den Delikten aus dem Sexualgebiet und der Behandlung Asozialer erörtert[518]).

5. Zum Vollzug gegen junge Mädchen vgl. die Ausführungen zum Jugendvollzug[519]).

§ 14. Der Sondervollzug

I. 1. Unter den Verurteilten befindet sich eine große Anzahl seelisch Abnormer, die in ihren Willenskräften, Triebkräften und empfindungsmäßigen Reaktionsformen außerhalb der Breite des noch als üblich Hinzunehmenden liegen. Sie stören oftmals die gemeinschaftliche Ordnung, weil sie mit ihr nicht verwachsen. Sie tragen häufig selbst an dem Sich-nicht-einleben-können. In diesem Sinn ist die Formel von Kurt Schneider zu verstehen, mit der er den Psychopathen als einen Menschen kennzeichnet, der an seiner Abnormität leidet oder an dessen Abnormität die Gesellschaft leidet[520]). Vielfach trifft beides zu. Der so verstandene Psychopathiebegriff ist außerordentlich weit. Infolge nicht genügender Unterscheidung zwischen anlagebedingten und umweltbedingten Abweichungen von der Norm ergeben sich außerordentlich hohe Zahlen für Psychopathen unter den Rechtsbrechern[521]). Die Erkenntnis, daß Fehleinstellungen und Fehlhaltungen oftmals infolge nicht verarbeiteter Erlebnisse und Erfahrungen erworben sind, führt zu einer vorsichtigeren Kennzeichnung als Psychopath. Ob es sich um einen psychopathischen oder neurotischen Vorgang handelt, ist im Einzelfall nicht immer leicht zu entscheiden[522]).

Soll die Frage nach der Sonderbehandlung psychopathischer Rechtsbrecher aufgeworfen werden, so kann sich die Fragestellung nur auf einen engeren Kreis eindeutig festgestellter schwerer Psychopathie be-

---

517) Vgl. dazu: Lorraine O'Ponnell Williams, Short term treatment of women, an experiment, Fed. Prob. 21 (1957) Nr. 3.

518) Vgl. § 14 V, § 15 III a. E.

519) Vgl. § 12 IV Nr. 11a

520) Kurt Schneider, Die psychopathischen Persönlichkeiten, 9. Aufl., Wien 1950; Karl Jaspers, Allgemeine Psychopathologie, 6. Aufl. Berlin/Heidelberg 1953; K. Birnbaum, Die psychopathischen Verbrecher, 2. Aufl. 1926; Hans W. Gruhle, Psychopathie und Psychose, in: HdK II (1936), S. 446—448.

521) Vgl. Exner, Kriminologie, 3. Aufl., S. 183.

522) Vgl. R. Ganal, Biographien jugendlicher Rechtsbrecher, in: Krim.Gegenwartsfragen, Heft 3, S. 117f.

grenzen[523]). Der normale Vollzug wird, so weit es vom Vollzug und vom Verurteilten her eben möglich ist, den Psychopathen minderen Grades mittragen. Für den Verurteilten ist die Aufnahme unter normale Gefangene beruhigend. Auch können schwierige Menschen in einer Gruppe normaler Menschen mitgezogen werden, ohne daß sie besondere Schwierigkeiten für die Gemeinschaft mit sich bringen.

Erst bei dem schwer psychopathischen Rechtsbrecher ergibt sich das Problem seiner Sonderbehandlung, sei es in besonderen Abteilungen, sei es in besonderen Anstalten[524]). Gegen die Einrichtung von Sonderabteilungen und Sondereinrichtungen könnte angeführt werden, daß eine Häufung derart schwieriger Menschen nicht nur den Vollzug als solchen erschwere, sondern auch die abnormen Reaktionsweisen verstärke. Auch Bedenken vom Strafrecht her werden geltend gemacht. Die Hervorhebung einer Gruppe von Gefangenen nach anlagebedingten Umständen könne, wie man meint, den Gedanken der persönlichen Verantwortlichkeit verdunkeln. Es bedeute die Einrichtung von Sonderanstalten eine Überantwortung des Straffälligen an den Mediziner und an medizinische Methoden. So taucht auch hier das Problem des Schuldstrafrechts auf.

Die Schuldgrundlage der Strafe ist bereits näher erörtert worden. Eine Strafe ohne Schuldgrund ist tatsächlich nicht begründbar. Jedoch bedeutet das nicht, daß die Strafdauer und der Strafvollzug nach Schuldmaßstäben bestimmt werden muß. Hier geht es vielmehr um die Überwindung und Beseitigung der in der Tat zum Ausdruck kommenden persönlichen Fehleinstellung, gleichgültig ob und inwieweit sie auf Verschulden beruht. Findet der Straffällige infolge seiner seelischen Veranlagung nicht oder nur schwer den Weg in die Gemeinschaftsordnung, so muß die Strafe der Art und dem Vollzug nach im Rahmen des Möglichen dem Verurteilten Hilfsmöglichkeiten und Hilfsquellen eröffnen.

Wie für die Straffälligen aller Kategorien stehen auch für den Psychopathen der Mahnvollzug, der Erziehungsvollzug, der Sühnevollzug und der Sicherungsvollzug offen. Im Rahmen der Kriminalpädagogik geht es um die Frage, ob die schweren Psychopathen auch im Erziehungsvollzug eine angemessene Behandlung finden können oder ob ihnen bei schweren Verbrechen nur mit dem Sicherungsvollzug begegnet werden

---

[523]) Vgl. hierzu in den vom Bundesjustizministerium mitgeteilten Gutachten und Stellungnahmen zu den Fragen der Strafrechtsreform mit ärztlichem Einschlag, Bonn 1958 (= Gutachten), die Gutachten von K. Ernst, R. Gaupp, Langelüddecke, Ziehen sowie der Deutschen Gesellschaft für Psychotherapie und Tiefenpsychologie e. V., fernen neuerdings Paul Würfler, Die Behandlung der Psychopathen und geistig Minderwertigen im Vollzug in: Materialien zur Strafrechtsreform Bd. 8, II (1959), S. 5—90.

[524]) Vgl. hierzu die zusammenfassende Übersicht bei Mittermaier, Gefängniskunde, S. 56 mit Schrifttumsangabe.

kann. Sicherlich werden sie zu einem Teil als antisoziale Gewohnheitsverbrecher in Anstalten mit Sicherungscharakter untergebracht werden müssen. Jedoch bleibt die Behandlung derer offen, bei denen ein Bemühen um eine mehr oder weniger weitgreifende Resozialisierung keineswegs aussichtslos ist. In den pädagogischen Regelvollzug werden sie schwerlich einbezogen werden können, weil die Behandlungsumwelt nicht auf die Eigenarten des schweren Psychopathen abgestellt werden kann, ohne die Anpassung an die anderen Gefangenen zu stören. Gerade wenn sie nicht nur vereinzelt einem behandelnden Vollzug zugeführt werden sollen, würden sie schon wegen ihrer Häufung den Charakter der Einrichtung bestimmend beeinflussen. In stärkerem Maß, als es bei anderen Gefangenen der Fall ist, würden besondere Sicherungs- und Disziplinarmaßnahmen erforderlich sein. Der Beamte muß mit den Problemen der Behandlung von Psychopathen vertraut sein.

Während in Deutschland ein Sondervollzug für Psychopathen fehlt, sind Versuche vor allem in den nordischen Ländern[525]) und in Belgien[526]) unternommen worden. Die Ergebnisse sind ermunternd. Ansatzpunkte enthalten die Minima[527]).

2. Für die Sonderbehandlung von behandlungsfähigen Psychopathen ergeben sich eine Reihe von Gesichtspunkten, die gegenüber dem Regelvollzug zu Abweichungen führen.

a) Der Psychopathenvollzug erfordert einen anderen Beamtenstab als der Regelvollzug. Der Schwerpunkt der Psychopathenbehandlung verschiebt sich auf den Arzt, der die Erkenntnisse der Psychiatrie und Psychopathologie beherrscht und anzuwenden versteht. Ihm zur Seite stehen andere, für den Spezialvollzug ausgewählte und befähigte Mitarbeiter.

b) Der Psychopathenvollzug ist Strafvollzug. Infolgedessen darf er nicht das Bild eines Krankenhauses bieten[528]). Dabei geht es nicht in erster Linie um die Sicherung als vielmehr darum, bei dem Verurteilten nicht den Eindruck zu erwecken, daß er ein Kranker sei. Für seine Eingliederung in die Gemeinschaft ist die Weckung des Bewußtseins seiner Verantwortung wesentlich. Er muß verstehen lernen, daß er sein Schicksal in die Hand nehmen kann, daß seine Fehlhaltung etwas anderes ist als das Befallenwerden von einer Krankheit. Inwieweit der Häftling innerhalb des Vollzuges an die Schuldauseinandersetzung mit

---

[525]) Jan Sachs, Zur Behandlung von kriminellen Psychopathen in Dänemark, in: Monatsschrift 1955, S. 69—82; vgl. den Bericht über den Haager Kongreß 1950 in: Schweiz ZStr. 65 (1950), 465—468. Über Norwegen vgl. Mittermaier, a. a. O. S. 56.

[526]) Marcel van Helmont, Le traitement pénitentiaire des délinquants récidivistes et des anormaux, in: Cycle I (1958), S. 221 ff., 229.

[527]) Premier Congrès des Nations Unies pour la prévention du crime et le traitement des délinquants (Genf. 22. 8.—3. 9. 1955) A/Conf/6/1), Minima Art. 82, 83.

[528]) Sachs, a. a. O. S. 74.

dem vergangenen Geschehen herangeführt wird, hängt von den Notwendigkeiten der Einzelbehandlung ab. Mit einer vorwiegend medizinisch getragenen Behandlungsmethode ist nicht notwendigerweise ein Eingehen auf die Verantwortlichkeit für die Tat, die zur Verurteilung geführt hat, ausgeschlossen. Jedoch ist der Blick in die Vergangenheit nicht das Primäre. Es geht vor allem um den Aufbau der Persönlichkeit zur Zukunft hin. Die ärztliche Methode wird zu einer Auseinandersetzung mit der Vergangenheit nur dann Anlaß finden, wenn sie notwendig ist, die Zukunft aufzubauen. Auch ohne daß das Schuldproblem erörtert wird, wird das Schuldgefühl vielfach vorhanden sein[529]). Die Verantwortlichkeit für sein Tun ist dem Verurteilten bereits im Strafverfahren und im Urteilsspruch nahegebracht. Möglicherweise kann es richtig sein, im Vollzug nicht auf den Schuldvorwurf zurückzugreifen. Unter Umständen ist sogar eine Loslösung von dem Schuldempfinden notwendig, wenn es einen übermäßig beherrschenden Raum einnimmt oder gar in einer verschobenen Weise die Psyche beherrscht[530]).

c) Die Schwierigkeit des Charakters der Gefangenen erfordert eine beschränkte Anzahl von Häftlingen bei einer verhältnismäßig starken Beamtenzahl. Die Anstalt von Ila (Norwegen) ist für 120 Insassen errichtet[531]). Die Anstalt in Herstedvester (Dänemark)[532]) zählt ungefähr 170 untergebrachte kriminelle Psychopathen, zu denen noch 25 Verwahrte in einer offenen Abteilung kommen[533]). In Herstedvester sind fünf Ärzte tätig, die entweder Spezialisten der Psychiatrie sind oder sich zu Spezialisten ausbilden. Außerdem sind noch ein Psychologe und ein psychologischer Assistent beschäftigt. Dazu kommt das sonstige Personal[534]).

d) Der Psychopathenvollzug ist in erster Linie geschlossener Vollzug. Die Schwierigkeit der Behandlung der Verurteilten, die nicht selten schwere Taten begangen haben, erfordert, daß der Vollzug sie zunächst fest in der Hand hat. Geschlossener Vollzug schließt nicht aus, daß innerhalb der Anstalt eine gewisse Bewegungsfreiheit besteht[535]). Als Übergang kommt auch offener Vollzug in Betracht, sofern der Gefangene sich dazu eignet. Die vorläufige Entlassung ist ebenfalls nicht auszuschließen[536]). Sie gibt dem Entlassenen die Möglichkeit, seine Kräfte zu üben. Das Bewußtsein, noch einer weiteren Strafverbüßung im Falle

---

[529]) Sachs, a. a. O. S. 78.

[530]) Vgl. Gerhard Bartning, Schuldvorwurf und Schuldeinsicht — eine Schwierigkeit in der Straffälligenbetreuung, in: Die innere Mission 1959, S. 97—111.

[531]) Mittelmaier, a. a. O. S. 56.

[532]) Daneben hat Dänemark eine zweite Psychopathenanstalt gleicher Größe in Horsens. Vgl. Sachs, a. a. O., S. 70.

[533]) Sachs, a. a. O. S. 70.

[534]) Sachs, a. a. O. S. 69f.

[535]) Sachs, a. a. O. S. 73.

[536]) Van Helmont, a. a. O. S. 228.

der Nichtbewährung unterworfen zu werden, stärkt den Willen zur Anstrengung. Jede Entlassung sollte mit einer Fortdauer der medizinisch-psychiatrischen Betreuung verbunden sein, sei es daß diese durch die Anstalt oder eine örtliche Stelle erfolgt[537]). Der Mediziner sollte sich der Mitwirkung eines Bewährungshelfers bedienen können.

e) Die besondere Aufgabe des behandelnden Psychopathenvollzuges besteht darin, den Gefangenen trotz seiner schwierigen Persönlichkeitsanlage ansprechbar zu machen. Vom Erziehungsstandpunkt aus bedeutet das, daß sowohl die Anstaltsgestaltung als auch die Individualbehandlung dazu dienen muß, zunächst das persönliche Band zwischen Helfendem und dem zu Fördernden herzustellen, das erst zur Vermittlung der Hilfe die notwendige Grundlage schafft. Der Psychopathenvollzug muß gegenüber dem normalen Vollzug im Vorraum arbeiten. Zutreffend führt Sachs als Hauptprinzip der Anstaltsbehandlung gerade bei dieser Gruppe der Verurteilten „die Etablierung einer freundlich verstehenden, zu einem gewissen Grade heimische Atmosphäre“ an[538]). Bei den menschlich vielfach sehr unangenehm wirkenden und sich verhaltenden Verbrechern ist ein solcher Ausgangspunkt für die Allgemeinheit und die Beamten keineswegs leicht. Er ist aber deswegen nicht weniger notwendig.

Wie jedes Erziehungsziel ist auch das Behandlungsziel gegenüber den Psychopathen hoch zu stecken. Im Ergebnis wird freilich Anlaß zur Zufriedenheit bestehen, wenn der Verurteilte befähigt wird, in sich eine gewisse Harmonie herzustellen, die innere Rechtfertigung der Gemeinschaftsansprüche anzuerkennen und sich ihnen anzupassen. Neben den allgemeinen Behandlungsmethoden (Arbeit, Unterricht, Diskussion, Sport, Spiel, Feier) treten die individuellen, vor allem die medizinische Behandlung (das Gespräch, die religiöse Führung, die Entwicklung besonderer Fähigkeiten, die Herstellung der Beziehungen zur Familie). Die erschwerten Aufgaben gegenüber dem normalen Vollzug liegen darin, daß fehlerhafte Grundhaltungen des Willens- und Trieblebens, verbunden mit dadurch hervorgerufener fehlerhafter Verarbeitung von Lebenserfahrungen ausgeräumt werden müssen. Psychopathie und Neurose laufen zusammen[539]). Die individuelle Behandlung muß die Verschiedenheit der fehlerhaften Grundlagen[540]) berücksichtigen, indem sie sie von positiven Ansatzpunkten zurückzudrängen versucht und damit eine

---

[537]) Sachs, a. a. O. S. 71; Van Helmont, a. a. O. S. 228. In Belgien bleibt der Entlassene noch wenigstens ein Jahr unter psychiatrischer Aufsicht, Minima Art. 83.

[538]) Sachs, a. a. O. S. 78.

[539]) Harald Schultz-Henke, Bemerkungen zum Problem der Psychopathie, in: Psych. Rdsch. 1 (1949/59), S. 148/155.

[540]) Die Verschiedenheit der Aufgaben etwa bei einem Gemütskalten oder Explosiblen oder Depressiven bedürfen keiner weiteren Begründung. Die zehn Gruppen Kurt Schneiders sind auch Behandlungsgruppen. Vgl. auch Sachs, a. a. O. S. 79.

erfolgreiche Lebenserwartung hervorruft. Zugleich muß der Versuch unternommen werden, die Kontrolle über die negativen Reize und Triebe als einen anstrebenswerten Wertvorgang zu erleben. Das Verhältnis zum Mitmenschen muß im Gefühls- und Empfindungsbereich positiver begründet werden. Wo eine solche Begründung infolge Gefühlskälte nicht möglich ist, zugleich aber auch infolge Geistesschwäche eine Verstandeskontrolle nicht eingebaut werden kann, sind die Behandlungsaussichten gering. Die Behandlung setzt zugleich aber auch eine Unterstützung in der Verarbeitung der Erlebnisse und Erfahrungen voraus. Hier setzt die Aufgabe der Psychotherapie ein[541]). Auch eine psychotherapeutische Behandlung ist bei Psychopathen nicht von vornherein ausgeschlossen. Wiederum tauchen neue Schwierigkeiten dadurch auf, daß der Vollzug nicht nur Individualbehandlung sein kann, sondern die Gesamtheit der Insassen im Auge haben muß. So ergibt sich die keineswegs leichte Aufgabe des Ausgleichs zwischen der Berücksichtigung des Gesamt- und Einzelinteresses. Die grundsätzliche Milderung des Gegensatzes liegt in dem Gedanken, daß der Einzelne an das Leben in einer Gesamtheit herangeführt werden muß.

f) Die medizinische Behandlung führt zu der Frage ihrer Grenzen. Mit Sicherheit läßt sich der Satz aufstellen, daß medizinische Maßnahmen und Methoden ausschließlich nach den Regeln der ärztlichen Ethik und Kunst bestimmt werden können. Auch gegenüber Gefangenen gibt es kein Mehr an Rechten zu medizinischen Eingriffen und Behandlungsformen als gegenüber Kranken. Jede angewandte Maßnahme muß in sich medizinisch einwandfrei und anerkannt sein. Sie muß insbesondere mit der Achtung vor der Menschenwürde vereinbar sein[542]). Somit ergibt sich bei jeder Behandlungsmethode die Frage nach ihrer grundsätzlichen Zulässigkeit. Ist sie zu bejahen, so entsteht die weitere Frage, ob die Anwendung der Methode oder des Mittels die volle Entscheidungsfreiheit des Betroffenen voraussetzt. Sie kann wegen der geistigen Konstitution des Betroffenen entfallen (Geisteskrankheit, Geistesschwäche) oder wegen der augenblicklichen Situation des Betroffenen, die eine wirklich freie Entscheidung nicht zuläßt. Dieses Problem taucht gerade im Strafvollzug auf, in dem der Gefangene sich bei seiner Willensbestimmung dem gewollten oder nichtgewollten Einfluß der Einrichtung und der Aussicht auf eine Besserung seiner Verhältnisse, gegebenenfalls auf Entlassung, gegenübergestellt sieht. Schließlich stellen sich bei Eingriffen während des Vollzuges auch Zweckmäßigkeitsfragen. Inwieweit ist es überhaupt richtig, schwerwiegende medizinische Eingriffe gegenüber dem Menschen mit kriminalistischen Erwägungen zu verkoppeln? Inwieweit verliert die Maßnahme durch diese Verkopplung den

---

[541]) Mittermaier, a. a. O. S. 57; Sachs, a. a. O. S. 81.

[542]) Giacomo Delitala, Le respect de la Personne Humaine dans l'exécution de la peine, in: Cahiers du Droit, Nr. 41, (1957) S. 109—116.

Charakter einer echten Heilmaßnahme? Inwieweit empfiehlt es sich, mit unumgänglichen Fehlergebnissen den Vollzug in der öffentlichen Meinung zu belasten ? Jede einzelne Maßnahme bedarf einer besonderen Untersuchung.

aa) Die Anwendung der Narcoanalyse[543]) kommt als Mittel zur Beseitigung von Hemmungen bei Erinnerungsverdrängungen und Gesprächen in Betracht. Sie erfolgt durch Einspritzung eines leichten Schlafmittels oder durch Eingabe von Drogen. Auf diesem Wege lassen sich in vereinfachter Weise Auflockerungen herbeiführen, die sonst nur unter großem Zeitaufwand und unter Umständen überhaupt nicht herbeigeführt werden können. Die Anwendung der Methode erfolgt auch in der klinischen Praxis im Einverständnis mit dem Patienten[544]).

Während die Anwendung im Strafverfahren sowohl gegenüber dem Beschuldigten als auch gegenüber Zeugen unter allen Umständen als unzulässig anzusehen ist, da die Freiheit der Aussage[545]), auf der die Durchführung eines ethisch einwandfreien Strafverfahrens beruht, beschränkt wird, ist die Zulässigkeit im Heilverfahren im Grundsatz zu bejahen. Voraussetzung ist die ausschließliche Verwendung durch einen zuverlässigen Arzt im Heilvorgang, die Gewährleistung der Geheimniswahrung und der Nichtausnutzung für andere Zwecke. Soll die Anwendung bei einer medizinischen Behandlung im Strafvollzug erfolgen, so muß die Sicherheit bestehen, daß die Äußerungen des Patienten in keinem Fall im weiteren Vollzugsverfahren, etwa für die Frage der Entlassung, verwertet werden. Die Äußerungen dürfen keinem Vollzugsbeamten bekannt gegeben werden. Es muß die rein ärztliche Sphäre gesichert sein. Wo das nicht der Fall ist, entfällt die Berechtigung der Anwendung[546]).

bb) Die Anwendung des Lügendetektors zur Überprüfung von Angaben eines Patienten scheidet in einem Heilverfahren schon deswegen aus, weil sie auf der Basis des Mißtrauens erfolgt, jedes Heilverfahren aber ein Vertrauensverhältnis voraussetzt. Die darüber hinausgehenden grundsätzlichen Bedenken gegen die Verwendung des Lügendetektors in und außerhalb des Strafverfahrens brauchen daher hier nicht erörtert zu werden[547]).

---

[543]) Über ihre Anwendung im Vollzug vgl. Sachs, a. a. O. S. 81.

[544]) Eugen Bleuler, Lehrbuch der Psychiatrie, 9. Aufl. (von Alfred Bleuler) Berlin/Göttingen/Heidelberg, 1955, S. 147.

[545]) Zur Narcoanalyse im Strafverfahren vgl. meinen Strafprozeß (1952), S. 68, 164, 259ff.; ferner meinen Bericht auf dem 2. Internationalen Kongreß katholischer Juristen (Rom—Ostia 1956): Le Respect de la Personne Humaine dans la Procédure Pénale, in: Cahiers du Droit Nr. 41 (1957) S. 53—62 (insbes. S. 58); Eberh. Schmidt, Lehrkom. z. StPO I (1952) Nr. 94.

[546]) Nicht grundsätzlich die Narcoanalyse als Hilfsmittel des Heilverfahrens ablehnend, jedoch mit durchaus berechtigter Zurückhaltung Bernhard Häring, Das Gesetz Christi. Moraltheologie, Freiburg/Br. 1957, S. 1037.

[547]) Dazu Eberh. Schmidt, Lehrkom. I Nr. 95; II zu § 136a Anm. 9; mein Lehrb. S. 257; Le Respect de la Personne Humaine . . ., S. 59; grundlegend für die deutsche Rechtsprechung BGH Str. 5, 332 (absolut verneinend).

cc) Elektroschockbehandlung wird im ausländischen Strafvollzug gelegentlich angewandt[548]). Ihre Anwendung innerhalb des Strafvollzuges ist infolge der mit dem Verfahren verbundenen Gefahren einer Schädigung des Betroffenen abzulehnen[549]).

dd) Die Kastration kommt bei gefährlichen Sittlichkeitsverbrechern in Betracht. Für welche der verschiedene Sittlichkeitsdelikte sie mit Aussicht auf Verminderung der Kriminalität angewandt werden kann, bedarf der Untersuchung. Bei Homosexualität und Exhibitionismus scheidet ihre Anwendung aus. Auch bei jungen Tätern ist von ihr Abstand zu nehmen. Daß bei sehr schweren Abnormitäten die Kastration zu einem Abgleiten in andere schwere Kriminalitätsformen führen kann, ist durch Beispiele belegt[550]). Aber auch die günstigen Mitteilungen über die Ergebnisse durchgeführter Kastrationen sowohl im Hinblick auf die Vermeidung von Rückfällen als auch im Hinblick auf die Wiedereingliederung in die Gesellschaft und in den Beruf sind nicht zu übersehen[551]). Allerdings bleiben noch manche Fragen wie die Eignung der einzelnen kriminellen Persönlichkeiten für eine Kastration und die Sicherheit der Rückfallprognose offen[552]).

Die Maßnahme kann nicht nur durch ihren unmittelbaren Erfolg gerechtfertigt werden. Vielmehr bedarf es grundsätzlicher Überlegungen[553]). Als Straf- oder Sicherungsmaßnahme mit Zwangscharakter kommt sie

---

[548]) Sachs, a. a. O. S. 81 teilt mit, daß Schockbehandlung in der Anstalt Herstedvester so gut wie niemals benutzt wird.

[549]) Vgl. zur Schockbehandlung: Lothar B. Kalinowsky — Paul H. Hoch, Shock Treatments, Psychosurgery and other somatic treatments 2 ed. New York 1952 (deutsch von H. Kranz — H. Viefhues Bern-Stuttgart 1954); Eugen Bleuler, a. a. O. S. 156f., 375ff.; Karl Jaspers, Allgemeine Psychopathologie, 6. Aufl. Berlin/Göttingen/Heidelberg 1953, S. 694.

[550]) Sachs, a. a. O. S. 81f.; vgl. auch Hackfield, Über die Kastration bei 40 sexuell Abnormen, in: MPsychNeurol. 1933/34 S. 1ff. Nach Hackfield wirkt die Kastration nur bei geistig gesunden Sexualverbrechern bessernd.

[551]) Meywerk, Das soziale Verhalten entmannter Sittlichkeitsverbrecher nach der Haftentlassung, in: Monatsschrift 1938, S. 503ff.; Albrecht Langelüddeke, Die Nachuntersuchung der Entmannten, in: Kriminalb. Gegenwartsfragen Heft 1 (1953) S. 48ff.; neuerdings ders. Gerichtliche Psychiatrie, 2. Aufl., Berlin 1959; vgl. auch Louis le Maire, Danish Experiences regarding the Castration of Sexuel Offenders, Journ. Crim. Law 47 (1956) 294—310.

[552]) Langelüddeke, Nachuntersuchung, S. 54f.

[553]) Das Problem der Kastration von Sittlichkeitsverbrechern ist sowohl unter ethischen als auch medizinischen und juristischen Gesichtspunkten zu behandeln. Von theologischer Seite vgl. etwa: Bernhard Häring, Das Gesetz Christi, Moraltheologie, Freiburg/Br. 1957. S. 1034; Mausbach-Ermecke, Katholische Moraltheologie III, 9. Aufl. 1953, S. 74. Von medizinischer Seite: Ch. Wolf, Die Kastration bei sexuellen Perversionen und Sittlichkeitsverbrechern, Basel 1934; neuestens Albrecht Langelüddeke, Gerichtliche Psychiatrie, 2. Aufl., Berlin 1959; vgl. auch R. Maykemper, Zur Frage der Entmannung von Sexualverbrechern, ZfStrafvollz. 7 (1957) 220—228. Von juristischer Seite: Ernst Walter Hanack, Die strafrechtliche Zulässigkeit künstlicher Unfruchtbarmachungen, Marburger Rechts- u. Staatswissenschaftliche Abhandlungen, Reihe A Heft 2, 1959.

in einem Recht, das dieLeibesstrafen überwunden hat, nicht inBetracht. Zur Beseitigung von Krankheiten dient sie als Heiloperation und insoweit ist sie bedenkenlos. Ob ihre Durchführung selbst im freiwillig gegebenen Einverständnis zur Bewahrung vor künftigen Sittlichkeitsverbrechen ethisch einwandfrei ist, ist nicht zweifelsfrei, da sie dem Menschen wesentliche Funktionen nimmt, die auch für sein geistig-seelisches Leben von Bedeutung sind. Die Not, in der ein ehrlich um die Gesetzestreue ringender Mensch sich befinden kann, soll nicht unterschätzt werden. Es soll auch nicht in Abrede gestellt werden, daß die Beschreitung eines solchen Ausweges verständlich erscheint. Jedoch bleibt die Frage, ob ein solcher Weg nicht die dem Menschen gesetzten Grenzen der Achtung vor den körperlich-geistig-seelischen Gegebenheiten überschreitet. Darüber hinaus geht es bei der Kastration im Strafvollzug noch um etwas anderes. Hier werden amtliche Stellen, meist staatliche, mit der Durchführung betraut. Der Betroffene kann sich mit der Maßnahme Strafverkürzung verschaffen und von der Strafe loskaufen[554]). Er steht unter dem Eindruck der Strafverfolgung. Damit fehlt es an der erforderlichen Freiheit. Eine Kastration im Strafvollzug kann daher nicht empfohlen werden.

ee) Eine Sterilisation[555]) scheidet als Vollzugsmaßnahme aus. Sie läßt den Persönlichkeitskern unangetastet, schließt aber die Ausübung einer wesentlichen menschlichen Funktion, die Fortpflanzungsmöglichkeit, aus. Sie verhindert zwar den Nachwuchs, der infolge erblicher Belastung möglicherweise in erhöhtem Maß verbrecherischen Versuchungen ausgesetzt ist, sie unterbindet auch die Auswirkungen eines Notzuchtsattentats und mag insofern kriminalpolitisch erwünschte Ziele verfolgen. Sie stellt jedoch die geschlechtlichen Beziehungen außerhalb der naturgegebenen Sinnerfüllung. Überdies steht der Sterilisierte nicht unter der sittlichen Verantwortung des Geschlechtsverkehrs. Damit mindert sie das Verantwortlichkeitsbewußtsein des Betroffenen. Vom pädagogischen Standpunkt aus ist die Sterilisation nicht nur ein erziehungsungeeigneter, sondern erziehungswidriger Vorgang. Sterilisationshandlungen, die anläßlich von Heileingriffen erfolgen, werden von dieser Beurteilung natürlich nicht berührt[556]).

---

[554]) Vgl. dazu Sachs, a. a. O. S. 81 „. . . aber es ist nun einmal eine Tatsache, daß ein Verwahrter, der sich der Operation unterzieht, mit einer sehr baldigen Freilassung rechnen kann, während Weigerung einen langen Aufenthalt mit sich bringt."

[555]) Grundlegend die Arbeit von Ernst Walter Hanack (Anm. 553).

[556]) Sterilisation als Heileingriff deckt sich nicht mit Sterilisation aus medizinischer Indikation. Sie stellt dieser gegenüber einen Unterfall dar. Es handelt sich bei ihr lediglich um einen Eingriff, der zur Beseitigung einer Krankheit erforderlich ist und bei der die Unfruchtbarmachung ein nicht beabsichtigtes Accidenz ist. Über den Unterschied des direkten und indirekten Eingriffs vgl. in meiner Abhandlung: Die Abtreibung in der Schau des Juristen, in: Baumeister-Smets, Das Lebensrecht der Ungeborenen, Mainz 1955, S. 51 Anm. 1, auch unter Bezugnahme auf die Sterilisation.

ff) Erwähnung bedarf noch das Problem der Leukotomie oder Lobotomie[557]). Sachs[558]) berichtet, daß in einigen wenigen Fällen bei besonders aggressiven und affektlabilen Verwahrten derartige Gehirnoperationen vorgenommen worden seien, immer nur mit dem ausdrücklichen Einverständnis des Betroffenen oder besser auf seinen nachdrücklichen Wunsch. Van Helmont[559]) wirft das Problem der chirurgischen Eingriffe bei rückfälligen anomalen Verbrechern fragend auf. Auch auf dem Zweiten Internationalen Kongreß Katholischer Juristen in Rom-Ostia 1956 ist der Fragenkreis angeschnitten worden[560]).

Die sich hier ergebenden Probleme sind außerordentlich schwierig[561]). Es geht auch hier um die Frage, ob es überhaupt zulässig ist, operative Eingriffe vorzunehmen, die mit der Möglichkeit oder Wahrscheinlichkeit von erheblichen Persönlichkeitsveränderungen verbunden sind. Derartige Persönlichkeitsänderungen liegen vor, wenn sich die Willens- und Antriebskräfte, die Vorstellungswelt, die Beweglichkeit und die Ausdrucksform in einer vom ursprünglichen Persönlichkeitsbild her nicht zu erklärenden Weise geändert haben, wenn vielmehr die Änderungen als Folgen eines mechanischen Vorgangs anzusehen sind. Persönlichkeitsänderung liegt vor, wenn der Mensch sich nicht mehr in seiner typischen und charakteristischen Art zu äußern und zu geben vermag[562]). Es ist die Frage, ob die mit der Menschenwürde gegebene Grenze für operative Eingriffe bei der Leukotomie erreicht ist. In diesem Fall würde auch die Zustimmung des Betroffenen unbeachtlich sein. Darüber hinaus fragt es sich, ob, wenn überhaupt, der chirurgische Eingriff nicht nur zur Behebung von schweren Krankheiten zulässig ist. Kriminalität ist jedoch keine Krankheitserscheinung. Sie bedeutet auch nicht ein Zeichen des Persönlichkeitszerfalls. Es ist natürlich nicht

---

[557]) Zur Leukotomie vgl. vor allem Walter Freeman — James Watts, Psychosogery, Springfield — Baltimore 1942 (deutsch von A. von Braunmühl, Psychochirurgie, Stuttgart 1959); Eugen Bleuler, a. a. O. S. 164—166d.

[558]) Sachs, a. a. O. S. 81; Lothar B. Kalinowski — Paul H. Hoch, a. a. O. (deutsche Ausg.) 210—262; ferner in den Gutachten a. a. O. Kretschmer, S. 9f.; Villinger-Erhardt, S. 58.

[559]) Van Helmont, a. a. O. S. 226, 229.

[560]) Delitala, a. a. O. S. 111.

[561]) Die grundsätzliche Schwierigkeit zeigt sich auch in der Stellungnahme der katholischen Sittenlehre, vgl. Mausbach-Ermecke, Katholische Moraltheologie, 9. Aufl. III (1953) S. 79; Bernhard Häring, a. a. O. S. 1039 (für Zulässigkeit bei Vorhandensein der erforderlichen Fachkenntnisse, falls es sich um einen Patienten handelt, der ohnehin keiner persönlichen Entscheidung und sittlichen Verantwortung fähig ist und sein wird, so daß die Operation keine Zerstörung der Persönlichkeitsentfaltung ist, sondern lediglich eine Verlagerung psychischer Defekte auf ein weniger verhängnisvolles Gebiet bedeutet).

[562]) Für die Frage der Grenzen der Zulässigkeit von chirurgischen Eingriffen ist bedeutsam die Ansprache von Papst Pius XII. an den Internationalen Kongreß der Psychiater vom 14. 9. 1952. Der für das Problem entscheidende Passus ist bei Mausbach-Ermecke, a. a. O. S. 79, mitgeteilt. Die Ansprache in deutscher Übersetzung findet sich in der Herder-Korrespondenz, Jahrg. VII (1952/53) S. 71—76.

ausgeschlossen, daß ein in der Persönlichkeit zerfallener Kranker an sich strafbare Handlungen begehen kann. Die Operation kann jedoch im Falle ihrer grundsätzlichen Zulässigkeit nicht an der Tatsache der Kriminalität ausgelöst werden. Die Gefahr, daß die Kriminalität das auslösende Moment ist, besteht im Strafvollzug immer. Infolgedessen muß der Strafvollzug als Bereich für derartige Eingriffe ausscheiden. Hinzu kommt, daß der Strafvollzug nicht die Stelle ist, derartige gefährliche, im Erfolg nicht annähernd übersehbare Eingriffe vorzunehmen. Das Gefangenschaftsverhältnis trägt solche Maßnahmen nicht.

Die Maßnahmen im Vollzug müssen in die kulturellen Gesamtvorstellungen einbezogen werden. Kein Vollzugsproblem kann allein für sich betrachtet werden. Der Eingriff in die Persönlichkeitsstruktur, vor allem im staatlichen Bereich, aber nicht nur dort, bedeutet die Öffnung von Schranken, deren Bedeutung in ihren weiteren Folgen für die Allgemeinheit und den einzelnen Menschen nicht zu übersehen sind. Die Möglichkeit der Anwendung operativer und technisch-mechanischer Mittel, die die Persönlichkeit in weitreichender Weise berühren, bietet sich auf verschiedenen Lebensgebieten, wie dem Gesundheitswesen, dem Sozialwesen, dem materiellen und formellen Strafrecht. Das Erfordernis der Zustimmung des Betroffenen gewährt keine hinreichende Sicherheit, da die Freiheit der Zustimmung häufig nicht gewährleistet ist und die Übung mit Zustimmung des einzelnen oft genug — wie historische Beispiele zeigen — den Weg zu ihrer demnächstigen Anwendung ohne Zustimmung eröffnet.

Pädagogisch fällt der Eingriff in das Persönlichkeitsgefüge nicht mehr in den Aufgabenbereich der Erziehung. Erziehung bedeutet Formung und Gestaltung des Betroffenen unter Wahrung seiner Persönlichkeit im Verhältnis der Partnerschaft. Eine bloß äußerliche, wesentlich mit technischen und mechanischen Mitteln herbeigeführte Anpassung an die Gemeinschaftsordnung stellt keinen erzieherischen Vorgang dar. Wohl aber können medizinische Maßnahmen und Methoden unter Wahrung der Persönlichkeit den Weg zur Erziehung freilegen. Auf der so geschaffenen Grundlage die Erziehung durchzuführen, ist innerhalb des Psychopathenvollzuges die Aufgabe der Mediziner in der Zusammenarbeit mit den übrigen Erziehungskräften.

g) Die Dauer des Vollzuges wird im allgemeinen länger sein als im normalen Erziehungsvollzug. In Herstedvester beträgt die Durchschnittsdauer des Aufenthalts drei Jahre[563]). Die angemessene Strafform ist die der relativ unbestimmten Verurteilung oder eine bestimmte Verurteilung von längerer Dauer mit der Möglichkeit der vorläufigen Entlassung. Wo mehrere Anstalten für Psychopathen sind, sollte ein Anstaltswechsel möglich sein, da die Gefangenen vielfach dieselbe Um-

[563]) Sachs, a. a. O. S. 71.

welt auf die Dauer nur schlecht ertragen[564]). Auch ein Wechsel in den Normalvollzug sollte offen stehen.

II. Wiederholt Rückfällige sind, soweit sie nicht in den Sicherungsvollzug oder Psychopathenvollzug gelangen, in den normalen Erziehungsvollzug aufzunehmen. Innerhalb desselben sind eigene Einrichtungen für sie vorzusehen[565]).

III. Schwachsinnige[566]), soweit der Grad des Schwachsinns nicht so groß ist, daß der Täter außerhalb der Verantwortung steht, sind vom Psychopathenvollzug wegen ihrer charakterlichen andersartigen Struktur zu trennen. Sie sind, soweit es sich nicht um Verurteilte handelt, die wegen ihrer Gefährlichkeit in den Sicherungsvollzug oder wegen der Kürze ihrer Strafe oder wegen ihrer inneren Unansprechbarkeit in den Warnvollzug aufzunehmen sind, im normalen Erziehungsvollzug zu behandeln. Die Bemühungen um ihre Mitarbeit sind in einer ihrer Geisteslage entsprechenden Weise durchzuführen. Die Gefahr besteht in der Überforderung. Ihnen muß nach dem Vollzug der Weg in eine Berufstätigkeit eröffnet werden, die sie ausfüllen kann, die ihnen Lebensmut gibt und ihnen in Krisenzeiten Sicherheit gewährt. Um nicht den Vollzug im übrigen zu hemmen, bedarf es bei ihnen einer gesonderten Behandlung im Normalvollzug.

IV. Einer Sonderbehandlung bedürfen die Süchtigen (Trunksüchtige, Rauschgiftmittelsüchtige[567]). Eine Unterbringung in Einrichtungen des

[564]) Van Helmont, a. a. O. S. 227.

[565]) Marcel Van Helmont, Le traitement pénitentiaire des délinquants récidivistes et des anormaux, in: Cycle I, S. 221; vgl. auch Albert Krebs, Probleme der Behandlung Rückfälliger in der Strafanstalt Z. 68 (1956) 198—212.

[566]) Mittermaier, a. a. O. S. 57.

[567]) E. G. Dresel, Die Ursachen der Trunksucht und ihre Bekämpfung durch die Trinkerfürsorge in Heidelberg/Berlin 1921. Hans Werner Janz, Aufgaben der Suchtbekämpfung in der ärztlichen Praxis, Hamm (Westf.) 1958; E. M. Jellinek, Recent trends in alcoholism and alcohol consumption, New Haven, 1947; Oskar Diethelm, Etiology of chronic alcoholism, Springfield (USA) 1955; P. O. Wolff, The Treatment of Drug Addicts, in: Bulletin of the Health Organisation Vol XII (1945/46) Nr. 4; Villinger, Behandlung der Suchten, in: Öffentl. Gesundh. 12 (1950) S. 362—372. Vgl. ferner die Lehrbücher der Psychiatrie, etwa Eugen Bleuler, a. a. O. S. 242—277; M. M. Glatt, Alcoholism, Crime and Juvenile Delinquency Brith. Journ. of Delinquenz 9 (1958/59) 89—93. Über die Probleme der Süchte unterrichtet die von der Deutschen Hauptstelle gegen die Suchtgefahren herausgegebene Zeitschrift: Suchtgefahren, Beiträge aus Fürsorge und Forschung (seit 1955), ferner den von derselben Stelle herausgegebenen Informationsdienst (seit 1947). Vgl. insbesondere Felix Stemplinger, Medikamentöse und fürsorgerische Behandlung der Alkoholkranken, in: Suchtgefahren, 3. Jahrg. (1957) Heft 1, S. 11—27; Theo Gläß, Die Bekämpfung der Alkohol- und Tabakgefahren als pädagogische Aufgabe, in: Suchtgefahren, 3. Jahrg. (1957), Heft 2, S. 2—14; Wilhelm Hohlmann, Die Psychologie in der Suchtkrankenfürsorge, in: Suchtgefahren, 3. Jahrg. (1957), Heft 3, S. 13—15; Fr. Panse, Die Aufgaben einer Landesheilanstalt an den Suchtkranken, in: Suchtgefahren, 4. Jahrg. (1958) 3. Heft S. 16—22; dazu ferner Bericht in: Suchtgefahren, 4. Jahrg. (1958) Heft 1, S. 26—29 (insbesondere über die Anstalten Grafenberg und

allgemeinen Vollzuges erweist sich in der Regel als verlorene Zeit. Die bloße Tatsache, daß der Gefangene Alkohol oder sonstige Mittel nicht erhält, reicht für eine Behebung der tiefer liegenden Ursachen nicht aus. Der Süchtige bedarf vielmehr einer von Sachkennern getragenen Behandlung.

Der Vollzug in einer Einrichtung für Suchtgefährdete wird in den äußeren Formen und dem inneren Hergang allein bestimmt durch die Notwendigkeiten der Suchtbehandlung. Der Vollzug kann als offener und geschlossener durchgeführt werden. Die Dauer richtet sich nach der Persönlichkeitsstruktur des Süchtigen, der Ursache der Sucht und der Tiefe der Verwurzelung. Alter, Umfang des Genusses, Suchtdauer, vorhandene Abbaukräfte, frühere Bekämpfungsversuche sind zu berücksichtigende Umstände. Selbst bei Erstbehandlungen sollte die Dauer nicht unter 3—4 Monaten liegen[568]). Bei schwierigen Fällen kann sie nicht unter neun Monaten liegen[569]). Die Höchstdauer dürfte auf 2—3 Jahre anzusetzen sein[570]). Jedoch bedarf es insoweit noch näherer Untersuchungen. Die Leitung der Behandlung muß in der Hand des Mediziners liegen. Ihm ist daher auch die Gesamtleitung der Einrichtung anzuvertrauen. Neben ihm muß ein in der Suchtbekämpfung ausgebildetes Personal stehen. Der Untergebrachte hat in erster Linie eine medizinischen und heilpädagogischen Behandlung nötig. Der einzelne Süchtige bedarf eines individuellen Eingehens auf sein Leiden. Die tieferen psychischen und sozialen Hintergründe bedürfen der Aufklärung. Dem Süchtigen müssen der Wille und das Zutrauen zu einer Lebensbeherrschung vermittelt werden. In der Individualbehandlung gewinnt die Psychotherapie Bedeutung. Arbeitspädagogische Maßnahmen sollen dem Süchtigen das Bewußtsein seiner Arbeitsfähigkeit verschaffen. Die Behandlung ist in erster Linie auf die geistig-seelische Festigung ausgerichtet und stellt daher einen Erziehungsvorgang dar. Durch Sport und sonstige Freizeitgestaltung sind die körperlichen Kräfte zu wecken und zu entfalten. Entziehungsmaßnahmen und medikamentöse Behandlung stellen nur die notwendige Behandlungsgrundlage dar.

Beachtung bedarf die Entlassung. Sie macht eine Fortsetzung der Betreuung durch sachkundige Ärzte und die offene Suchtfürsorge erforderlich. Ein Übergang in die Freiheit ohne Nachfürsorge gefährdet die vorher geleistete Arbeit. Die Entlassung ist durch familienfürsorgerische Maßnahmen vorzubereiten.

Brauweiler sowie die offene Suchtkrankenfürsorge); Michael Soeder, Wer gehört in die offene Heilstätte? in Suchtgefahren, 5. Jahrg. (1959), 2. Heft, S. 11—16, ferner Herbert Riemenschneider, Einleitung einer Alkoholentziehungsbehandlung während des Strafvollzugs? Monatsschrift 1956, 24—33.

[568]) Janz, a. a. O. S. 23.

[569]) Bericht in: Suchtgefahren, 4. Jahrg. (1958), Heft 1,

[570]) Das deutsche Strafgesetzbuch hat in § 42f. Abs. 2 eine Höchstdauer von zwei Jahren festgesetzt. Der Entwurf verlängert die Zeit der Unterbringung im Wiederholungsfall auf vier Jahre.

2. Für unansprechbare Süchtige ist die Unterbringung in einem Arbeitshaus (als Verwahrungseinrichtung) vorzusehen.

3. Der Gedanke einer Zweispurigkeit ist im Hinblick auf die Süchtigenbehandlung unzweckmäßig, ja schädlich. Die Vorstellung, daß der Verurteilte erst der Vergeltung wegen die Strafe verbüßen und dann der Heilung wegen einer Trinkerheilanstalt oder Entziehungsanstalt zu überweisen sei, beruht auf einem Denken, das die Bedeutung des Urteilsausspruches verkennt. Der Schuldspruch mit der angeordneten Maßnahme verleiht dieser sowohl in dem Empfinden des Betroffenen als auch in der Wirklichkeit Strafcharakter. Infolgedessen entbehrt es auch des theoretischen Sinnes — vom Praktischen ganz zu schweigen —, wenn der Verurteilte zunächst eine allgemeine Freiheitsstrafe verbüßen soll. Trotz der grundsätzlichen Anerkennung des Grundsatzes der Zweispurigkeit eröffnet der Entwurf zum neuen StGB hinsichtlich der Unterbringung (mit Ausnahme der Sicherungsverwahrung) die Möglichkeit, zunächst die Maßnahmen zu vollstrecken und nachträglich auf den Vollzug der Strafe ganz oder teilweise zu verzichten. Damit ist für die hier in Betracht kommenden Maßnahmen ein Schritt zum Einheitsprinzip getan.

Neben der vom erkennenden Gericht ursprünglich angeordneten Unterbringung in einer Entziehungsanstalt sollte es zulässig sein, einen Gefangenen aus dem allgemeinen Strafvollzug auf Antrag der Vollzugsbehörde durch nachträgliche Anordnung des Gerichtes (sei es des erkennenden, sei es eines zu schaffendenVollstreckungsgerichts) herauszunehmen und ihn einer Entziehungsanstalt zu überweisen. Die Dauer der Unterbringung zählt bei der Berechnung der Vollzugsdauer mit. Umgekehrt ist die Möglichkeit zu eröffnen, einen in der Sondereinrichtung Untergebrachten in den normalen Strafvollzug zu verbringen. Da ein grundsätzlicher Unterschied zwischen Strafe und Maßnahme in diesem Buch nicht gemacht wird, besteht gegen ein derartiges Hinüberwechseln kein Bedenken.

4. Da die Ursachen der Suchtgefahr häufig in mangelnder Lebenskraft und fehlendem Lebensmut liegen, wird sich die Unterbringung in einem Strafverfahren auf Grund eines Strafurteils nicht selten als ein Hemmnis für die Resozialisierung erweisen. In geeigneten Fällen wird es zweckmäßig sein, von der Strafverfolgung abzusehen, oder, falls das nicht möglich ist, Bewährungsaussetzung mit der Auflage, sich einer Heilkur zu unterziehen, zu bewilligen. Dieser für den Heilungsvorgang unter Umständen bessere Weg darf nicht an Kostenfragen scheitern.

V. Arbeitsscheue, heimatlose und haltlose Asoziale mit leichterer Kriminalität werden im Arbeitshaus[571]) untergebracht. Vielfach wurzelt

[571]) Zum Arbeitshaus vgl. Mittermaier, a. a. O. S. 157ff., mit eingehenden Schrifttumsangaben; Georg Steigerthal, Besserungs- und Bewahrungsanstalten, in: HdK I (1933) S. 143—152 (144ff.); ders., Die gemeinlästigen Leute — Asoziale,

ihre Lebensweise tief in ihren Anlagen und den Umweltverhältnissen. Psychopathen und Schwachsinnige sind unter ihnen zahlreich vertreten. Bei den Frauen handelt es sich vorwiegend um Prostituierte, so daß hier besondere Probleme der Behandlung auftreten. Unter den Männern befinden sich viele alte Leute. Das Arbeitshaus geht bei ihnen in ein Verwahrungsheim über.

Die kriminalpädagogische Behandlung stößt auf erhebliche Schwierigkeiten, die sich durch die Häufung intellektuell schwacher, antriebsarmer, hoffnungsschwacher Menschen kennzeichnen. Dem Behandlungsziel sind weitgehend Grenzen gesetzt. Gewöhnung an Arbeit, Hinführung zu einer gewissen Eigenständigkeit und gewisse Heranführung an sittliche und gesellschaftliche Werte sind schwer erreichbare Mindestziele. Das Arbeitshaus steht in der Gefahr, ohne inneren Schwung und ohne Zielbewußtsein die Behandlung durchzuführen und aus einem Erziehungsheim zu einer bloßen Beschäftigungseinrichtung zu werden.

VI. Tuberkulöse Verurteilte bedürfen im Strafvollzug nicht nur wegen der Ansteckungsgefahr gegenüber anderen Gefangenen einer gesonderten Unterbringung, sondern auch aus ärztlichen und pädagogischen Gründen. Die Erkrankung bringt eine erhöhte Empfindlichkeit und einen eigenartigen Erlebnishunger mit sich, die eine entsprechende Behandlung durch die Beamten notwendig machen.

VII. Gebrechliche. Taubstummheit kann unmittelbar persönlichkeitsbestimmend sein oder aber nur ein Umstand, der zu einer die Persönlichkeit ohnehin kennzeichnenden Grundhaltung hinzutritt[572]). Die Zahl der taubstummen Gefangenen ist nicht groß. Da die Behandlung ein sachverständiges Umgehen mit ihnen erfordert, empfiehlt sich ihre Zusammenziehung in einigen wenigen Anstalten. Anstatt Unterbringung in einer Vollzugsanstalt oder in einer Heil- oder Pflegeanstalt ist, soweit es die Persönlichkeit des Verurteilten zuläßt, Unterbringung in einer Taubstummenanstalt ratsam[573]). Ähnliche Probleme tauchen bei anderen Gebrechlichen (Blinden, Krüppel) auf[574]).

Für alte Gefangene sind, soweit sie gebrechlich sind, Pflegeheime erforderlich. Der hohe Anteil alternder Menschen, von Rentnern und Pensionären vor allem an Sittlichkeitsdelikten stellt ein ernsthaftes

---

Sozialschwierige, Gefährdete, in: Monatsschrift 1955, S. 1—26; Ernst Seelig, Das Arbeitshaus im Land Österreich, Graz 1938; Rudolf Ploß, Das Arbeitshaus, Leipzig 1928. Historisch neuerdings die Abhandlung von Mathilde Schlemmer, Der Arbeitszwang. Eine geschichtliche Betrachtung, Hochland 51 (1958/59) 544—559.

[572]) H. D. Klinghammer, Der taubstumme Täter und die Beurteilung seiner Zurechnungsfähigkeit, Monatsschrift 1959, 68—106.

[573]) Langelüddeke, Gerichtliche Psychiatrie, 2. Aufl. 1959, S. 57.

[574]) Zur Kriminalität der Gebrechlichen vgl. Max Hagemann, Gebrechen, HdK. I 493—502.

Vollzugsproblem dar[575]). Bei alten Gefangenen scheidet eine pädagogische Behandlung aus. Es geht hier nur um Verwahrung.

VIII. Schuldunfähige und vermindert Schuldfähige sind, soweit die Schuldunfähigkeit auf Geisteskrankheit oder schwerer Geistesschwäche beruht, in Heil- und Pflegeanstalten unterzubringen. Mit Recht wehren sich diese Anstalten gegen die Einweisung von Personen, die nicht geisteskrank sind oder in ihrem Schwachsinnsgrad nicht Geisteskranken entsprechen. Kriminelle Psychopathen sind in einer für Kranke eingerichteten Anstalt nicht einfügbar. Da Verurteilte, die nicht geisteskrank oder nicht schwer schwachsinnig sind, im Strafvollzug selbst untergebracht sind, scheiden für eine Unterbringung aus kriminellen Gründen in einer Heil- und Pflegeanstalt mindere Fälle des Schwachsinns oder von Neurosen aus. Kriminalpädagogisch beschränkt sich demnach das Behandlungsproblem auf die Erziehung Geisteskranker und Schwerschwachsinniger. Auch bei ihnen ist eine Erziehung nicht völlig ausgeschlossen. Der Zustand der Krankheit ist vielfach ein abklingender, zuweilen ein sich in Kurven vollziehender. Neben Behandlungsformen, die bei gewissen Gruppen auf eine reine Übung gerichtet sind, stehen solche, die in einem Ansprechen des Kranken und Geistesschwachen bestehen und darauf abzielen, ihn im Rahmen der Gegebenheiten dazu hinzuführen, das Leben zu bestehen. Daß auch geistige Kräfte geweckt und entfaltet werden können, beweist die Seelsorge bei Geisteskranken und Geistesschwachen. Es wäre unrichtig, hier von einem Ausschluß erzieherischer Aufgaben zu sprechen.

Als Mittel erzieherische Behandlung kommen in Betracht: die Beratung über die Lebensgestaltung, die Erweckung von Mut, Lebensfreude und Lebensbejahung, die Hinführung zur Arbeit und zum Arbeitsethos, Anwendung der Psychotherapie. Auch in den Krankenanstalten stellt die Arbeitstherapie ein wichtiges Erziehungsmittel dar[576]).

D. Besondere Gefangenengruppen im Freiheitsvollzug

§ 15. Täter im Sexualbereich

I. Die gesetzliche Gruppierung der Delikte nach Rechtsgüterverletzungen gibt, wie bereits in § 11 hervorgehoben worden ist, keine hinreichende Grundlage für eine Täterklassifizierung. Die einzelnen Tat-

[575]) Gerhard Rommeney, Zur Sexualkriminalität der männlichen Rückbildungsjahre, in: Kriminalbiologische Gegenwartsfragen, Heft 1 (1953), S. 57—70; F. J. M. Winzenried—W. Rasch, Homosexuelle Handlungen mit Jugendlichen als Symptom einer Persönlichkeitsveränderung, Monatsschrift 1958, S. 214.

[576]) Die hier in Betracht kommenden pädagogischen Probleme werden in den Lehrbüchern der Psychiatrie behandelt. Vgl. etwa Eugen Bleuler, Lehrbuch der Psychiatrie, 9. Aufl., 1955; M. Reichardt, Allgemeine und spezielle Psychiatrie, 4. Aufl., hrsg. v. E. Grünthal und G. E. Störring, Bern 1955.

bestände wie Mord, Brandstiftung, Unzucht mit Kindern umfassen sehr verschiedene Tätergruppen. Hinzu kommt, daß Delikte des einen gesetzlichen Tatbestandes trotz der gleichen Rechtsgutrichtung der Tat in ihrem Grundgeschehen und der Motivlage einem Delikt der anderen Gruppe nahestehen. So können Sittlichkeitsdelikte auch außerhalb der Tatbestände der Delikte gegen die Sittlichkeit begangen werden. Ein Diebstahl, eine Brandstiftung, eine Körperverletzung oder ein Mord können dem Motiv nach (sexuelle Befriedigung) zu den Sittlichkeitsdelikten gehören, wie umgekehrt in die sittliche Ordnung eingreifende Delikte ihrem Charakter nach Bereicherungsdelikte ohne sexuelle Triebrichtung vom Täter her sein können.

Es wäre denkbar, daß das Motiv zur Tat im Täter vorhandene Grundstrebungen aufdeckt, die zu besonderen Behandlungsaufgaben führt. Dabei ist allerdings zu beachten, daß nicht einzelne Motive behandelt werden. Die Behandlung bezieht sich vielmehr auf die Gesamtpersönlichkeit. Somit ist darauf abzustellen, inwieweit das Motiv in seiner Verwurzelung, Durchschlagkraft, Wechselwirkung mit anderen Strebungen und Gestaltungsmöglichkeit die Persönlichkeit beherrscht und kennzeichnet. Die Zugehörigkeit einer Tat zu einer Motivgruppe besagt noch nichts Entscheidendes über die Gesamtpersönlichkeit. Infolgedessen kann allein die Feststellung, daß die Tat einer bestimmten Motivgruppe zuzurechnen ist, noch keine bestimmten Behandlungsprobleme aufwerfen. Wohl aber ist es denkbar, daß bei Motiven, die den Menschen in seiner tieferen Schicht berühren, eine Kennzeichnung der Persönlichkeit in dem Maß eintritt, daß der Täter einer begrenzten Anzahl von typischen Persönlichkeitsgruppen angehört, deren Behandlung ganz bestimmte Probleme aufwirft. Das ist bei den Sittlichkeitsdelinquenten etwa im Gegensatz zum Bereicherungsdelinquenten der Fall. Daher ist es möglich, Behandlungsfragen im Hinblick auf den Sittlichkeitsdelinquenten aufzuwerfen, während das im Hinblick auf andere Motivgruppen nicht möglich ist, weil bei ihnen das Motiv keine die Persönlichkeit beherrschende oder tragende Kraft hat.

II. Die Behandlung von Sittlichkeitsverbrechern verdient eine besondere Erörterung, weil sich unter ihnen eine große Anzahl von Tätern befindet, die im übrigen ein sozial einwandfreies Leben führen, die infolge von Störungen im Laufe ihrer Entwicklung trotz an sich vorhandener Gesundheit[577]) und normaler Grundstruktur straffällig geworden sind und bei denen ein Verhaltenswandel durchaus möglich ist. Wenn sie aus sich zu dem Entschluß kommen, mit ihren Anfechtungen sich auseinanderzusetzen, erfährt oftmals nur der Arzt etwas von ihrem Verhalten. Allerdings kann eine Verstrickung der Umstände sie in ein

---

[577]) Die Entgleisungen Gesunder hat das Buch von J. H. Schultz, Organstörungen und Perversionen im Liebesleben (Bedeutung, Entstehung, Behandlung, Verhütung), München/Basel 1952, zum Gegenstand.

Strafverfahren verwickeln. Andere wiederum werden erst mit der Entdeckung durch die Polizei und der Einleitung eines Strafverfahrens vor die Entscheidung der Umkehr gestellt. Nicht selten drängt sich das Empfinden auf, daß sowohl das Strafverfahren als auch der Vollzug manchen dieser Täter nicht gerecht wird und zur Behebung der Mängel kaum etwas Entscheidendes beiträgt. Der Ernst der Problematik kommt deutlich in der mahnenden Frage eines Strafanstaltsgeistlichen: „Wie helfen wir den Sittlichkeitsverbrechern?“[578]) zum Ausdruck.

Die Erörterung dieses Themas stößt auf eine Reihe beträchtlicher Schwierigkeiten. Das Antasten der üblichen Reaktionsformen erscheint manchen als ein Aufschließen von Schleusen. Die Angriffe auf die Sexualordnung, wie sie den christlichen Auffassungen und den herrschenden gesellschaftlichen Vorstellungen entspricht, glauben viele, mit einem starren Verhalten beantworten zu müssen, wenn nicht die Ordnungsgrundsätze ins Wanken geraten sollen. Tatsächlich können Sexualauffassungen, wie sie von extremen Kreisen im Hinblick auf Ehe und Natürlichkeit der geschlechtlichen Beziehungen und Äußerungen entgegengestellt werden, eine Bedrohung wesentlicher Werte des menschlichen Daseins bedeuten. Eine Verwischung der Grundlagen der sexuellen Ordnung würde in der Tat sowohl für die Gemeinschaft als auch für viele im Ringen um die der Ordnung entsprechenden Persönlichkeitshaltung verhängnisvolle Folgen haben. Die sexuelle Ordnung will, wie jede Ordnung, nicht Fessel, als die sie immer wieder empfunden wird, sondern Garantie der Entfaltung der inneren Freiheit und der Gewinnung neuer Persönlichkeitswerte innerhalb des menschlichen Bezuges sein. Wer innerhalb eines pädagogischen Vollzugs einem Gefangenen, der sich als Sittlichkeitsdelinquent erwiesen hat, helfend und fördernd zur Seite stehen will, muß ein Ordnungsbild haben. Das bedeutet aber nicht, daß er sich darum nicht mit dem Weg, den der Verurteilte gegangen ist, mit seinen Erfahrungen und Erlebnissen, mit seinen Reaktionen auf diese und mit einem auch der Persönlichkeit entsprechenden bestmöglichen Behandlungsplan auseinandersetzt. Ein klares Ordnungsbild haben heißt nicht, in erster Linie Vorwürfe erheben und seinen Abscheu zum Ausdruck zu bringen. Vielmehr dient es der Verwirklichung des Ordnungsbildes allein, wenn man dem Verurteilten nach besten Kräften als Freund hilft, in der Zukunft eine richtige Lösung zu finden. Nicht die in der Vergangenheit liegende Verletzung des Ordnungsbildes, sondern die in der Zukunft in einem möglichsten Maß von Freiheit bewirkte Bejahung und Vollziehung des Ordnungsbildes ist der entscheidende sittliche Maßstab. Es liegt kein Grund vor anzunehmen, daß diese Haltung die sexuelle Ordnung herabsetzt, vielmehr offenbart sie ihre Hoheit und Dringlichkeit, weil sie ein viel

[578]) Rohlfs, Wie helfen wir den Sittlichkeitsverbrechern? Monatsschrift 1954, S. 113.

stärkeres Einsetzen der persönlichen Kräfte und Sichbemühen des Erziehungsbeamten erfordert, als das bloße Verbüßenlassen für moralisch verwerfliches Verhalten. Das Ringen um die Zukunft des Gefangenen ist das lebendige Zeugnis für die Ordnung. Dabei macht es nichts, wenn die helfenden Menschen in der Behandlung selbst, wenigstens zunächst einmal, die moralische Seite, die im Hintergrund steht, außer acht lassen und den Gefangenen von Mensch zu Mensch ansprechen, sich dabei der natürlichen und sozialen Gegebenheiten, die zur Katastrophe führten, sowie der gesunden natürlichen und sozialen Aufbaukräfte im Gefangenen bewußt werden, nicht um ihn moralisch zu demütigen, sondern um ihn aufzurichten.

Das Herausstellen der Persönlichkeit des Täters stößt gerade bei den Sittlichkeitsdelikten auf den Einwand, daß damit die Gefahr einer zu geringen Achtung des Opfers verbunden ist. Dieses Bedenken bezieht sich vor allem auf die Gewaltdelikte und die Delikte gegen Kinder und Jugendliche. Bei derartigen Sittlichkeitsdelikten muß ohne Zweifel die Sicherheit der Allgemeinheit durch die Strafe oder sonstige Maßnahmen gewährleistet sein. Dieses Ziel setzt aber bereits eine eingehende Persönlichkeitskenntnis voraus. Auch kann infolge der Schwere der Tat und die Größe der Schuldverstrickung eine Sühnestrafe angebracht sein. Aber auch sie erfordert die Persönlichkeitsforschung und macht ein Hinführen des Täters zu einer fruchtbaren Strafeinstellung notwendig.

Wie bei allen Straftaten ist auch bei den Sittlichkeitsdelikten der Bogen des Gefährlichkeits-, Schuld- und Erfolgsgrades sehr weit gespannt. Neben dem tiefgehenden Eingriff in den Persönlichkeitsbereich des Opfers steht die mehr äußerliche Antastung und Belästigung; neben dem Eingriff in die Freiheit und der Nötigung des Willens des Opfers steht die Bereitschaft zur Beteiligung, wenn nicht gar die Initiative des Opfers[579]); neben der Gleichgültigkeit des Täters gegen die rechtliche und ethische Ordnung überhaupt steht die Rechtstreue im übrigen; neben dem Sichgehenlassen des Täters steht das von Mißerfolgen begleitete Bemühen. Wie bei den anderen Delikten muß daher auch bei den Sittlichkeitsdelikten eine differenzierte Behandlung erfolgen. Als Behandlung muß die Art des Vorgehens durch das Ziel des Ansprechens des Täters bestimmt sein.

Daraus folgt, daß, sofern eine Strafe nicht aus Sicherungsgründen geboten ist, sie nur dort am Platze ist, wo sie dem Täter einen Weg in die Zukunft weist, sei es, daß sie bei schweren Taten mit echter, sorgsam zu prüfender schwerer Schuld ihm die Loslösung von der Schuld in der

---

[579]) Vgl. hierzu F. J. M. Winzenried—W. Rasch, Homosexuelle Handlungen mit Jugendlichen, Monatsschrift 1958, S. 195—218; P. Cornil, Contribution de la „Victimologie" aux Sciences Criminologiques Rev. de Droit Pén. et de Crim. 39 (1958/1959), S. 587—600.

Sühne eröffnen soll, sei es, daß sie ihm den Weg zu einer Besserung erschließen soll oder sei es, daß sie ihm eine Mahnung und Warnung vermitteln soll. Jedoch sollte nicht übersehen werden, daß eine Warnstrafe nur angeordnet werden sollte, wenn sie nicht mehr Schaden als Nutzen anrichtet. Dabei ist auch die Wirkung auf den Täter zu beachten. Gelegentlich drängt sich bei gewissen Sittlichkeitsdelikten, wie etwa bei Fällen der Ärgerniserregung oder der Homosexualität oder bei Affekt- und Augenblickshandlungen ohne allzu große Tragweite das Gefühl auf, daß die Einleitung eines Strafverfahrens und die Verhängung einer Strafe unzweckmäßig ist und den Täter (damit auch die Gemeinschaft) weiter in das Unheil hineinstößt. Eine unzweckmäßige Strafbehandlung kann unter Umständen den Täter erst recht auf das gesetzwidrige Verhalten fixieren[580]), während eine nicht strafrechtliche, medizinische, insbesondere psychotherapeutische Behandlung bessere Wirkungen ausübt. Dieser Weg ist nur dann eröffnet, wenn die Verwirklichung des Tatbestandes, der als solcher wiederum notwendig ist, um die Sexualordnung sichtbar zu machen, nicht notwendigerweise die Strafverfolgung nach sich zieht. Das bedeutet Auflockerung des Legalitätsprinzips. Im deutschen Strafprozeß besteht die Möglichkeit der Einstellung des Verfahrens bei unerheblicher Schuld und unbedeutendem Erfolg (§ 153 StPO). Aber gerade bei Sittlichkeitsdelikten wird im Hinblick auf die Bedeutung der Sexualordnung nur ungern von einer Bagatelle die Rede sein. Mir selbst schiene es eine Lösung auch dieses Problems zu sein, wenn sich der Gesetzgeber entschließen würde, von Bestrafung abzusehen, falls nicht wenigstens eine Freiheitsstrafe von sechs Wochen (oder drei Monaten) oder eine Geldstrafe von einer größeren Anzahl von Tagesbußen zu erwarten ist. Es würde dann möglich sein, manches kriminell weniger bedeutsame Sittlichkeitsdelikt aus dem Bereich des Strafverfahrens auszuschließen. Welchen Weg man technisch auch gehen will: die Notwendigkeit, den Verfolgungszwang aufzulockern, besteht.

Soweit es zum Strafverfahren kommt, wird auch bei Sittlichkeitsdelikten Strafaussetzung zur Bewährung zu prüfen sein. Dabei geht es nicht nur darum, den Täter vor den sozialen Folgen der Strafverbüßung zu bewahren, sondern um eine ihm entsprechende Behandlungsmöglichkeit zu finden. Das bedeutet, daß der Betroffene in der Regel nicht auf sich allein gestellt bleiben kann. Als Auflagen kommen die Unterstellung unter einen Bewährungshelfer und das Aufsuchen einer ärztlichen Beratung in Betracht. Inwieweit sich der Verurteilte zu einer ärztlichen Behandlung, insbesondere einer hormonalen oder psychotherapeutischen,

---

[580]) Zu der Gefahr der verbrechensfördernden Wirkung der Strafe bei Sittlichkeitsverbrechen vgl. Mitscherlich, Gutachten, in: Bundesjustizministerium, Gutachten und Stellungnahmen zu Fragen der Strafrechtsreform mit ärztlichem Einschlag, S. 109 (unter Bezugnahme auf Binder und Meng).

entschließt, sollte seiner Entscheidung überlassen bleiben[581]). Von außen her wird das Gericht nicht mehr als eine Kontaktaufnahme anordnen können. Arzt und Bewährungshelfer haben die Aufgaben, das Vertrauen und die Behandlungsbereitschaft zu wecken.

Bei der Strafe mit Freiheitsentzug steht der Vollzug vor einer Reihe schwer lösbarer Aufgaben. Rein äußerlich bieten sich bei den Sittlichkeitsverbrechern nicht selten Schwierigkeiten einer richtigen Klimagestaltung im Vollzug. Sie sind oft den Spötteleien oder gar der Verachtung der Mitgefangenen und der Beamten ausgesetzt, Besucher oder nur vorübergehend Beschäftigte interessieren sich für sie zuweilen mit taktloser Neugier. Dort wo eine seelisch geistige Aufmunterung vonnöten ist, erfolgt weitere Verkrampfung und Verbiegung. So bleibt der Vollzug vielfach fragwürdig.

Die Durchführung des Vollzuges macht eine sorgfältige Klassifizierung erforderlich, um die Behandlungsgeeignetheit des Täters, die voraussichtlich erforderliche Intensität der Behandlung, ihre Art und ihren Umfang sowie die etwaige Aussichtslosigkeit einer Behandlung zu ermitteln. Zu sondern sind die geistig-seelisch normalen, die intellektuell schwachen, die psychopathischen sowie die geisteskranken Sittlichkeitsverbrecher, die in ihrer Lebenskraft stehenden und die sich im Altersabbau befindlichen Rechtsbrecher. Die für den pädagogischen Vollzug geeigneten Delinquenten müssen von den gefährlichen Sittlichkeitsverbrechern getrennt werden. Das Maß der Gefährlichkeit wird bestimmt durch den Ursprung der Verhaltungsweise (Anlage, Umwelt, Entwicklungsstörungen), die Intensität der Handlungen (aktiver, passiver Täter oder Täter mit Beherrschungstendenzen oder Tendenz zum Sichtreibenlassen), die Häufigkeit und Dauer der Handlungen (mit und ohne innere Auseinandersetzung), die Deliktsart und die Begehungsweise, den Grad der Mißachtung der personalen Würde des Opfers (Eingriff in seine Freiheit und in seine Unerfahrenheit, mehr nur belästigende Handlungen), durch das sonstige allgemeine Sozialverhalten (Tat Ausdruck der allgemeinen Sozialhaltung oder im Widerspruch zu ihr). Auf Grund des durch die Beobachtung gewonnenen Persönlichkeitsbildes muß ein eingehender Behandlungsplan ausgearbeitet werden. Für manche Sittlichkeitsdelinquenten ist der offene Vollzug empfehlenswert, bei dem sich allerdings für die Homosexuellen Beschränkungen ergeben.

Es mag sein, daß bei dem einen oder anderen Gefangenen die Tatsache der Verurteilung und der Verbüßung einen heilenden Einfluß ausübt. Jedoch ist es gerade bei den Sittlichkeitsdelinquenten oft damit allein noch nicht getan. Man kann sie während der Strafverbüßung nicht einfach sich selbst überlassen. Sie bedürfen in der Regel einer verständnisvollen Leitung und Führung durch das pädagogische Ge-

---

[581]) Vgl. H. Giese, Die fachärztliche Behandlung von Sexualdelinquenten, Monatsschrift 1958, S. 219—225.

spräch, durch eine psychotherapeutische Behandlung, sei es in Form der individuellen oder Gruppenbehandlung, durch die religiöse Betreuung, durch eine genau ausgewählte Arbeitstherapie, durch eine geeignete Freizeitgestaltung und durch eine sorgfältig durchdachte Herstellung der Verbindung zur Außenwelt. Möglicherweise ist auch eine Behandlung der Alkoholsucht erforderlich[582]).

Inwieweit die einzelnen Maßnahmen ausgestaltet werden können, insbesondere inwieweit eine psychotherapeutische Behandlung Aussicht auf Erfolg hat und mit welcher Intensität die Behandlung durchgeführt werden kann, hängt von dem gewonnenen Grad der Verfestigung der Haltung (Dauer der Verhaltungsweise, Alter des Täters — Grenze etwa 35—40 Jahre —, innere Widerstandsneigung, Bereitschaft zur Mitarbeit, geistigeAufgeschlossenheit), aber auch von den vorhandenen sozialen Bindungen (Familie, Freundschaften, Beruf, Möglichkeit der Rückkehr in den Beruf oder sonstiger Berufsbeschaffung) ab[583]). Eine psychotherapeutische Behandlung wird bei Gefangenen mit geringem Intelligenzniveau oder mit Abbauerscheinungen der Persönlichkeit ausscheiden[584]). Hier wird es vor allem darauf ankommen, in einer ihnen verständlichen Sprache eine ethische Grundhaltung wachzurufen und ihnen die negativen Folgen ihres Verhaltens als einen bestimmenden Bewußtseinsfaktor lebendig zu machen.

Die pädagogisch-psychische Lenkung kann im Rahmen der ärztlichen Betreuung auch durch medikamentöse Behandlung unterstützt werden. Immer muß es sich um medizinisch erprobte und allgemein anerkannte Mittel handeln, die auch bei Patienten in der freien ärztlichen und klinischen Behandlung angewandt werden. Die Einwilligung des Ge-

---

[582]) Über Alkohol und Sexueldelikte F. Walther, Das klinische Bild der Alkoholwirkungen auf das Nervensystem und Seelenleben, in: Die Alkoholfragen der Schweiz (1954), S. 539.

[583]) Zu den Problemen der psychotherapeutischen Behandlung bei Sexualverbrechern vgl. in den vom Bundesjustizminister herausgegebenen Gutachten und Stellungnahmen zu Fragen der Strafrechtsreform mit ärztlichem Einschlag, Bonn 1958, die Äußerungen von Bitter, Kretschmer, Villinger-Erhardt, Hallermann, Wiethold und Mitscherlich mit verschiedener Beurteilung der Aussichten. Am besten sind die Aussichten bei den sozial meist isolierten und einsichtigen Exhibitionisten (Bitter, S. 2, Mitscherlich, S. 96f., 108, Giese, S. 138). Bei der psychotherapeutischen Behandlung Homosexueller stellt Mitscherlich, S. 91, im Gegensatz zu den anderen Sachverständigen günstige Prognosen auf. Doch fehlt hier häufig die Einsicht in den negativen Charakter der Handlung und der Gesundungswille. Wenn auch eine psychotherapeutische Behandlung an sich erfolgreich sein kann, mindern sich die Aussichten jedoch ganz erheblich unter den heutigen Vollzugsgegebenheiten. Vgl. dazu Mitscherlich, a. a. O. S. 95. Vgl. ferner K. Pietsch, Der Psychotherapeut in der Strafanstalt, ZfStrafvollz. 7 (1957) S. 102ff., 143ff.; ferner ders., Die Behandlung frühkrimineller Täter im Strafvollzug aus der Sicht des Psychotherapeuten, in: Mezger-Würtenberger, Kriminalbiologische Gegenwartsfragen, Heft 3, Stuttgart 1958, S. 73—85.

[584]) Es scheiden etwa die präsenilen und senilen Kinderschänder und die debilen Exhibitionisten aus. Villinger-Erhard, a. a. O. S. 61.

fangenen ist, da er im Verhältnis zum Arzt Patient ist, erforderlich. Eine operative Behandlung von Sittlchkeitsdelinquenten, insbesondere Kastration, liegt außerhalb des pädagogischen Vollzugs. Bedenken gegen operative Eingriffe bei Kriminellen[585]) aus kriminalpolitischen Gesichtspunkten sind bereits an anderer Stelle hervorgehoben worden.

Ein Sondervollzug für Sittlichkeitsdelinquenten ist abzulehnen. Die Häufung gleichartiger Delinquentengruppen trägt eher zu einer Verfestigung als zu einer Auflockerung bei. Auch hier muß vermieden werden, das Gefühl von etwas Besonderem wachzurufen. Schließlich könnte, da sich unter diesen Delinquenten im Gegensatz zu anderen Gruppen verstärkt Angehörige höherer Sozialschichten befinden, der Eindruck einer Klassenbevorzugung[586]) entstehen, die weder der Allgemeinheit gegenüber noch dem Täter gegenüber erwünscht ist. Daß innerhalb des Vollzuges die durch die Gesellschaftsschichtung, vor allem auch durch den Beruf bewirkte Persönlichkeitshaltung berücksichtigt werden kann und muß, ergibt sich aus der Notwendigkeit der Kontaktbegründung.

Erfolgt die Behandlung bei den Sittlichkeitsdelinquenten mit gesunder Grund-Struktur im ordentlichen Vollzug, so setzt das voraus, daß die Beamten des Vollzuges, insbesondere der Leiter, der Arzt, der Psychologe, der Pädagoge und der Fürsorger über die Grundlagen der Sexualkriminalität[587]), ihre verschiedenen Formen, die allgemeine

---

[585]) Vgl. dazu § 14 d. Buches.

[586]) Zum Problem der Bevorzugung von Gesellschaftsschichten im Strafrecht vgl. Arthur Wegner, Strafrecht Allgemeiner Teil (1951), S. 53; mein Lehrbuch des Strafprozesses (1952) S. 22f.

[587]) Das Schrifttum ist außerordentlich umfangreich: H. Giese, Die Sexualität des Menschen, Handbuch der medizinischen Sexualforschung, Stuttgart 1955; J. H. Schultz, Organstörungen und Perversionen im Liebesleben, München/Basel 1952; Gustav Nass, Der Mensch und die Kriminalität I, Köln-Berlin 1959, S. 197ff.; Benjamin Karpman, The Sexual Offender and his Offenses (Etnology, Pathology, Psychodynamics and Treatment), New York 1954; Wiethold, Kriminalbiologische Behandlung von Sittlichkeitsverbrechern, Beitr. z. Sexualf. Heft 2 (1952), S. 37ff.; P. A. H. Baan, Zur Frage der Behandlung von Sittlichkeitsdelinquenten, ebend.; S. 24ff.; ferner Louise Viets Friesbie, The Treated Sex Offender, Fed. Prob. 22 (1958) Heft 1, 18—24; L. Ley—J.-P. de Waele, Le traitement pénitentiaire des délinquants sexuels, in: Fondation, Cycle (1959) I, S. 230ff.; wichtig auch H. H. T. Broicher, Die seelische Situation des Probanden, Bewährungshilfe 4 (1958), S. 143—165. Vgl. auch Bundeskriminalamt Sittlichkeitsdelikte Wiesbaden 1959.

Zur Homosexualität: H. Giese, Der homosexuelle Mann in der Welt, Stuttgart 1958; F. J. M. Winzenried—W. Rasch, a. a. O. Monatsschrift 1958, S. 195ff.; Mary Woodward, Diagnosis and Treatment of Homosexual Offenders, in: The British Journal of Delinquency, 9. Bd. (1958/59), S. 44—59; das erste Heft des Jahrgangs 1958/59 ist ganz der Homosexualität gewidmet; Theo Lang, Die Homosexualität als genetisches Problem, in: Monatsschrift 1956, S. 167ff.; vgl. ferner Heft 5 der Beiträge zur Sexualforschung (1954) mit Abhandlungen von G. Th. Kempe u. R. Redhardt.

Zum Inzest: Joachim Gerchow, Neue Ergebnisse über die Bedeutung soziologischer, psychologischer und psychopathologischer Faktoren bei Inzesttätern der Nachkriegszeit, Monatsschrift 1955, S. 168ff.

Sexualpädagogik und die speziellen Behandlungsmöglichkeiten im Vollzug Bescheid wissen. Sie müssen ethisch selbst intakt, psychisch ungestört sein, keine Überheblichkeit zeigen und von ehrlicher Hilfsbereitschaft sein. Sie müssen befähigt sein, auch mit seelisch differenzierten und intellektuell hochstehenden Menschen umzugehen.

Der Übergang in die Freiheit sollte niemals unvermittelt sein. Die Entlassung sollte vorläufig und an die Auflage geknüpft sein, ambulatorisch sich weiter beraten zu lassen. Auch Aufenthaltsgebote und Bewährungshilfe kommen in Betracht. Bei intellektuell niedrigen Entlassenen ist nach Möglichkeit anzustreben, daß sie in die feste Hand jemandes kommen, zu dem sie Vertrauen und Zuneigung haben.

III. Die im Bereich der Sexualordnung tätigen Bereicherungsdelinquenten stellen vor andere Behandlungsprobleme als die Sittlichkeitsdelinquenten. Auch hier handelt es sich nicht um eine einheitliche Gruppe. Es gehören hierhin einerseits berechnende aktive Geschäftsleute, die aus einem Kuppelbetrieb oder der Herstellung und Veräußerung unzüchtiger Schriften und Darstellungen sich Gewinn verschaffen, andererseits haltlose, schwache Menschen, die sich dem ihnen bequemer erscheinenden Leben der Prostitution, der Zuhälterei oder der primitiven Kuppelei ergeben. Der Bogen spannt sich von den Menschen, die von Anfang an planmäßig ihre Tätigkeit aufbauen, zu denen, die hineinschliddern. Bald sind es Täter, die die Situation beherrschen, bald solche, die von der Situation beherrscht werden. Unter den letzteren sind solche zu finden, die durch ein nicht bewältigtes Ereignis oder ein Nichtgewachsensein sich wiederholender Entwicklungsstörungen auf die gesetzwidrige Bahn gekommen sind. Ihr Verhalten ist meist rein geschäftsmäßiger Art, wenigstens ohne tiefere sexuelle Bindung. Nur ausnahmsweise entspringt es sexuellen Eigenmotiven. Durch all das ergeben sich zahlreiche Variationen. Im Gegensatz zu dem reinen Sittlichkeitsdelinquenten verteilen sich die Täter auf beide Geschlechter.

Die einzelnen Gruppen erfordern verschiedene Behandlungsmöglichkeiten und -methoden. Der berechnende aktive Geschäftsmann wird in der Regel nicht ansprechbar sein. Die Strafe wird hier meist nur ihre Warnfunktion auszuüben haben. Bei manchen der schwachen Haltlosen

---

Zur Unzucht mit Kindern: Gustav Nass, Unzucht mit Kindern — Das Sexualproblem unserer Zeit, Monatsschrift 1954, S. 69ff.

Zur Notzucht: Friedrich Bschor, Notzuchttäter und Sicherungsprobleme, Monatsschrift 1958, S. 146ff.; K. Peschke—P. Plaut, Notzuchtsdelikte, ihre forensische Bedeutung und Begutachtung, Stuttgart 1930; Ernst Seelig, Triebkoppelung, Triebkompensation und Ambivalenz bei Notzüchtern der Nachkriegszeit, in: Seelig, Schuld, Lüge, Sexualität (1955) S. 215ff.

Zum Transvestitismus: H. Bürger-Prinz, H. Albrecht u. H. Giese, Zur Phänomenologie des Transvestitismus bei Männern, Beitr. z. Sexualforschung, Heft 3 (1953).

wird der Strafvollzug dann, wenn es sich um verfestigte Haltung langjähriger Delinquenten höheren Alters (etwa 40 Jahre) handelt, nicht mehr als eine warnende und bewahrende Funktion haben.

Im pädagogischen Vollzug ergibt sich bei den haltlosen Schwachen als Ziel die Weckung eines Verlangens nach einer geordneten Lebensgrundlage, die Begründung einer Lebenshoffnung und die Gewinnung eines Arbeitsethos. Ansatz bilden die möglicherweise nur latent vorhandenen positiven Kräfte und Wünsche. Vielfach muß erst ein neues Selbstbewußtsein wieder wachgerufen werden. Das Selbstwertbewußtsein muß wieder zur tragenden Grundlage werden. Das setzt voraus, daß dem Gefangenen Achtung entgegengebracht und er von der Vergangenheit losgelöst wird. Im Gefangenen muß ein echtes Persönlichkeitsempfinden geweckt werden. Bloße Arbeitsbeschäftigung mit dem Ziel der Arbeitsgewöhnung reicht nicht aus. Selbstverständlich ist die Hinführung zu einer ansprechenden Arbeit und damit die Gewährung einer Berufsausbildung von Bedeutung für die Resozialisierung. Wesentlich muß damit eine gemüthafte Bildung, ein Aufschließen für Lebenswerte und ein Wachrufen von Freude verbunden sein.

Das gilt vor allem für die weiblichen Gefangenen, deren Kriminalität in Zusammenhang mit der Prostitution steht[588]). Psychotherapeutische Behandlung kommt in Frage, wenn die Fehlentwicklung auf Störungen innerhalb des Lebensweges beruht. Ob sie im Einzelfall Aussicht verspricht, ist vom Psychotherapeuten festzustellen. Der Vollzug muß sich langsam lockern. Der Arbeit innerhalb der Einrichtung sollte die Arbeit außerhalb zunächst mit Aufenthalt im Vollzug, dann mit Wohnen außerhalb der Anstalt, aber nachfolgender fürsorgerischer Hilfe folgen. Ob diese im Rahmen der allgemeinen Bewährungshilfe stattfinden kann, ist zweifelhaft[589]). Eine besondere Hilfe durch Ärzte, Fürsorger und sonstige Helfer, die mit den Problemen und Schwierigkeiten der Prostitution vertraut sind, erscheint erforderlich. Notwendig ist eine eingehende Berufsberatung und Stellenvermittlung, wobei eine Reihe von Berufen infolge der Gefährdung der Entlassenen ausscheidet. Zu denken ist ferner an Aufnahmeheime, die losgelöst von Polizei und Gesundheitsbehörde sind, in denen auch Berufsausbildungen vermittelt oder gar selbst stattfinden können. Diese Heime sollten nicht nur Strafentlassenen offenstehen, sondern auch Frauen, die sich von der Prostitution loslösen wollen. Der Charakter des Heimes muß derart sein, daß alles Verletzende und Herabwürdigende vermieden wird, daß der Be-

---

[588]) Beachtlich Siegfried Borelli — Willy Starck, Die Prostitution als psychologisches Problem, Berlin-Göttingen-Heidelberg 1957, in ihrem Ausblick auf die Resozialisierungsmöglichkeiten, S. 255ff. Vgl. auch Rüdiger Herren, Zur Psychologie der Dirnenmentalität, Monatsschrift 1959, S. 245–261.

[589]) Sehr wichtig: Nr. 13 der Revue Internationale de Politique Criminelle (International Review of Criminal Policy) (1958). Das Heft befaßt sich mit der Prostitution. Vgl. insbesondere die Vorschläge S. 7—12.

reitschaft zum Neuanfang mit Achtung begegnet wird und eine Atmosphäre geschaffen wird, in der eine Umwandlung der Lebensform und eine Sicherung der Selbstachtung ermöglicht wird.

Das heutige Gefängnis bringt das notwendige Klima für die Erfüllung der Aufgabe nicht mit. Die kurze Freiheitsstrafe erschwert die Wiedereingliederung, weil sie den haltlosen Schwachen noch mehr in seinem Selbstbewußtsein und im Ansehen der Umwelt schmälert, ohne eine Aufbaumöglichkeit zu bieten. Das Arbeitshaus macht die Bewältigung der Aufgabe geradezu unmöglich.

§ 16. Der Überzeugungstäter

Niemand kann einen anderen zu einer Überzeugung zwingen oder ihn auch nur zwingen, von einer bestehenden Überzeugung abzulassen. Der Überzeugungstäter[590]) handelt bewußt gegen das Gesetz, weil er glaubt, durch den Gesetzesverstoß einer höheren Idee einen Dienst zu leisten. Die Gefährlichkeit des Überzeugungstäters ist möglicherweise sehr groß, weil sein Handeln gegen die Grundlagen einer Rechtsgemeinschaft gerichtet sein kann, weil es sich unter Umständen gegen eine legale Ordnung wendet, deren Bedrohung oder gar Zersetzung für ein Volk von schwerwiegenden Folgen sein kann. Die Frucht der Überzeugungstäterschaft können Ströme von Blut sein. Die Abwehr der Überzeugungstäter ist aber nicht nur durch die Gefährlichkeit des Täters gerechtfertigt, sondern auch durch dessen Schuld. Ein Strafrecht, das an irgendeiner Stelle den Schuldgedanken als Voraussetzung des strafrechtlichen Eingriffs aufgeben würde, verliert an seiner ethischen Gewißheit und Wirkkraft. Die Schuld des Überzeugungstäters liegt darin, daß er seine von der die Ordnung tragenden Gemeinschaft abweichende Vorstellungen in illegaler Weise zu verwirklichen sucht. Der Ungehorsam gegenüber dem Gesetz und der Mangel der Anerkennung der Autorität in einem auf das Recht und die sittliche Ordnung hin tendierenden Staat begründen den sittlichen Vorwurf. Ein Staat, der die sittliche Verpflichtung zur Innehaltung der Grundordnung und der Strafgesetze in eine lediglich formale Verpflichtung umdeuten würde, würde zeigen, daß er selbst nicht mehr sich seiner eigenen sittlichen Begründetheit bewußt ist und an seiner sittlichen Aufgabe selbst irre geworden ist.

[590]) Johannes Nagler, Der Überzeugungsverbrecher, GS. 94 (1927) 48—71; Gustav Radbruch, Der Überzeugungsverbrecher, Z. 44 (1924) 34—38, ferner in seinem Referat auf dem 34. DJT. (1926), Bd. 2, S. 354—373; Erik Wolf, Verbrechen aus Überzeugung, Tübingen 1927; vgl. auch Jagusch im LK. 8. Aufl. 1957, 115f. Zum Strafvollzug: Wolfgang Mittermaier, Gefängniskunde 1954, 59; Reinhold Stade, Der politische Verbrecher und seine Gefängnishaft, Leipzig 1905; Preuß, Der Überzeugungstäter, in: Strafvollzug in Preußen, 1928, 141—152; Jürgen von Bülow, Sonderstrafvollzug am Überzeugungstäter, ZfStrafvollz. 7 (1957), 34—43.

Innerhalb der politischen Rechtsbrecher gibt es viele, die mehr Mitläufer sind. Bei ihnen setzt die Strafe regelmäßig in ihrer mahnenden Funktion ein. Bei den tragenden Kräften politischer Delikte ist die Handlung häufig der Ausdruck einer gewonnenen Überzeugung, die auch der Strafvorgang nicht abzuwenden vermag. In solchen Fällen dient die Strafe dem Sicherungsgedanken. Eine Sühne wird nur verlangt werden können, wenn sich mit dem politischen Delikt echte Kapitalverbrechen verbinden. Sofern von vornherein der Sühnegedanke bei der Unfähigkeit des Täters zu deren Verwirklichung ausscheidet, bleibt auch hier nur der Sicherungsgedanke. Beim Überzeugungstäter, namentlich in seiner politischen Untergruppe[591]), wird ein Erziehungsvollzug nur ausnahmsweise in Betracht kommen. Er würde nur am Platze sein, wenn eine geistige Umformung des Täters in der freien Auseinandersetzung erwartet werden kann. Das setzt voraus, daß sich die von dem Gesetz gewährleistete Rechts- und Gesellschaftsordnung als sittlich überlegen erweist und zugleich die Auseinandersetzung in der persönlichen Überlegenheit (Sachkenntnis, Ehrlichkeit, Wahrhaftigkeit, Einsatzbereitschaft und Uneigennützigkeit) des sich mit dem Täter Befassenden vor sich geht. Die Schwierigkeit einer erfolgreichen Behandlung des Überzeugungstäters liegt vor allem darin, daß der Überzeugungstäter vielfach intellektuell hervorragend, zuverlässig unterrichtet, opferbereit und von seinen Vorstellungen fanatisch eingenommen ist. Er ist zumeist kritisch[592]). Er sieht die mit einem großen Anstaltsbetrieb notwendigerweise und überflüssigerweise verbundenen Schwächen. Die Ablehnung des einzelnen Gesetzes und der ganzen Gesellschaftsordnung setzt ihn in den inneren Widerspruch zum Vollzugshergang. Für eine „politische Umerziehung" oder „weltanschauliche Umgestaltung" ist der Strafvollzug regelmäßig ungeeignet. Erreichbar kann unter günstigen Umständen, insbesondere in personaler Hinsicht, nur sein, daß der Verurteilte die Überzeugung gewinnt, daß das Gesetz oder die Gesellschaftsordnung nicht in gesetzwidriger Weise angetastet werden dürfe. Aber

---

[591]) Daneben steht der Überzeugungstäter aus religiösen und sittlichen Gründen. Je ein Beispiel aus älterer und neuer Zeit zu der Gefangenschaft aus religiösen und sittlichen Gründen: Die Briefe des Heiligen Thomas More aus dem Gefängnisse, herausgegeben von Karlheinz Schmidthüs, Freiburg/Br. 1939; Max Josef Metzger, Gefangenschaftsbriefe, herausgegeben von Hannes Bäcker, 2. Aufl. Meitingen 1948.

[592]) Über die Einstellung von politischen Häftlingen vgl. die bei von Bülow angegebenen Haftmemoiren: F. Fechenbach, Im Haus der Freudlosen, Berlin 1925; Karl Plättner, Gefangen, Berlin 1928; Hartmut Plaas, Wir klagen an, Berlin 1928; Ernst von Salomon, Die Geächteten, Berlin 1930; G. Regler, Wasser, Brot und blaue Bohnen, Berlin 1932. Weitere Angaben bei Rudolf Sieverts, Die Wirkungen der Freiheitsstrafe und der Untersuchungshaft auf die Psyche der Gefangenen 1929; B. Kruse, Als politischer Gefangener, Jena 1925; Carl Liebknecht, Briefe, Berlin 1920; Rosa Luxemburrg Briefe aus dem Gefängnis, Berlin 1922; Karl Plättner, Eros im Zuchthaus, Berlin 1929; Ernst Toller, Justizerlebnisse, Berlin 1927. Aus der großen Literatur vgl. Dostojewski, Aus einem Totenhaus und Fritz Reuter, Ut mine Festungstid.

selbst dieses bescheidene Vollzugsziel entfällt bei Überzeugungstätern, die an sich gesetzestreu sind, jedoch mit einzelnen Einrichtungen und Anordnungen aus einer Gewissenentscheidung in den Konflikt mit dem Gesetze gekommen sind, wie etwa die Verweigerer des Wehr- oder Kriegsdienstes in Ländern, in denen die Gewissensentscheidung nicht anerkannt wird.

Die äußere Anpassung des Überzeugungstäters an den Vollzug vollzieht sich meist reibungslos, da die ethischen Gesetze im einzelmenschlichen Verkehr durchaus gewahrt werden. So wird meist nichts anderes als ein in menschlich angemessener Form durchgeführter Vollzug übrigbleiben, der sich auf die Bewahrung und bei aktiven politischen Gefangenen auf die Abschirmung anderer möglicherweise ansteckungsgefährdeter Gefangener, die Verhinderung der Bildung politischer Klubs und den Schutz der Überzeugungstäter vor den anderen Gefangenen beschränken muß.

Bei den Überzeugungstätern aus religiösen und sittlichen Gründen und den mehr passiven politischen Tätern kann der offene Vollzug durchgeführt werden. Bei aktiven politischen Überzeugungstätern wird regelmäßig geschlossener Vollzug geboten sein. Erleichterungen können ohne Gefahr des Mißbrauchs gewährt werden. Sie sind bei geistig differenzierten und empfindsamen Inhaftierten schon deswegen gerechtfertigt, weil sie die Haft schwer ertragen[593]). Das Gewähren von Vergünstigungen[594]) setzt sie allerdings leicht Angriffen der Mitgefangenen aus. Daher ist der Vorschlag eines Sondervollzuges[595]) gemacht worden. Immerhin taucht bei den aktiven politischen Überzeugungstätern das Bedenken gegen eine Häufung auf[596]).

§ 17. Fahrlässigkeitstäter

I. In ständig wachsendem Umfang werden Fahrlässigkeitstäter vom Strafrecht erfaßt. Die Entwicklung der Technik und des Straßenverkehrs führt zu immer größeren Gefahrenquellen, die an die Menschen erhöhte Sorgfaltspflichten stellen. Menschliches Versagen ist nicht selten von weitgehenden Folgen begleitet. Eine Vermehrung der Fahrlässigkeitsdelikte bringt jedoch nicht nur die Gefährdungssteigerung mit sich, die die Aufmerksamkeit der Beteiligten im konkreten Fall in besonderem Maß erfordert, sondern auch die durch die Lebensanforderungen schlechthin gesteigerte Inanspruchnahme des Menschen. Unruhe, Hast, Übermaß an Arbeit und Aufgaben ergreifen fortwährend den Menschen und mindern die Achtsamkeit, die ein konkreter Gefahrenpunkt erfordert,

---

593) Darauf weist Mittermaier S. 59 hin.
594) Zu dem Vergünstigungsproblem vgl. Preuß, S. 144f.
595) J. von Bülow, S. 38f.
596) Warnend Preuß, S. 147.

von dem aber die Aufmerksamkeit abgelenkt ist. In diesem Zusammenhang denke man an die durch vielerlei Aufgaben beschränkte Achtsamkeit der Mutter gegenüber den Gefahren, denen ihre Kinder ausgesetzt sind. Noch ein weiteres kommt hinzu: der Mensch unserer Tage hat das Bestreben, möglichst die Folgen eines Unglücks abzuwälzen, indem er nicht nur sich gegen die vielen Unglücksfälle des Lebens versichert, sondern auch den Schuldigen sucht und nach dessen Bestrafung verlangt. Das zeigt sich etwa bei dem Suchen nach dem schuldigen Lehrer, dem das Unglück widerfahren ist, daß sich bei einem Ausflug ein Schüler Verletzungen zugezogen hat.

Der Fahrlässigkeitstäter kann auch in den Strafvollzug mit Freiheitsentziehung hineingeraten. Die Schwere der Folgen (etwa bei einem Eisenbahnunglück oder einem schwerwiegenden Autounfall) wecken das Vergeltungs- und Abschreckungsbedürfnis. Die Höhe der Strafe oder eine bereits gewährte Strafaussetzung oder eine Vorstrafe kann die Aussetzung des Vollzuges gesetzlich ausschließen[597]). Somit ergibt sich die Frage nach der Behandlung von Fahrlässigkeitstätern im Strafvollzug.

II. Die Fahrlässigkeitstäter gehören in sich verschiedenen Gruppen[598]) an[599]):

a) Die reinen Fahrlässigkeitstäter sind solche, die infolge einer mangelnden Anspannung der Aufmerksamkeit im Augenblick versagen und in einer normalen Situation den schädigenden Erfolg ohne ein Sichbewußtwerden der Gefahr herbeiführen. In ein derartiges Geschehnis kann jeder Mensch verwickelt werden. Zu Tausenden kommen vornehmlich im Straßenverkehrsstrafrecht Menschen vor die Gerichte. Selbstverständlich kann ihnen der Vorwurf gemacht werden, sie hätten besser aufpassen müssen. Aber das Fehlen der notwendigen und möglicherweise auch vorwerfbaren Unachtsamkeit ist mit der menschlichen Natur verknüpft. Handlungen, die einen üblichen Grad von echter Fahrlässigkeit enthalten, gehören überhaupt nicht vor die Strafgerichte

---

[597]) Vgl. deutsches StGB § 27b StGB (Ersatz einer Freiheitsstrafe durch eine Geldstrafe nur bei an sich verwirkten Freiheitsstrafen bis zu drei Monaten), keine Strafaussetzung zur Bewährung bei Gefängnis von mehr als 9 Monaten und überhaupt bei einer in den letzten fünf Jahren gewährten Strafaussetzung oder bei innerhalb dieses Zeitraums erfolgten Verurteilungen von insgesamt mehr als 6 Monaten Freiheitsstrafe (§ 23 StGB).

[598]) Über Gruppierungen der Fahrlässigkeitstäter vgl. Paul Cornil, Le traitement pénitentiaire des condamnés du chef d'infractions involontaires, in: Fondation Internationale Pénal et Pénitentiaire, Cycle d'études I, S. 236.

[599]) Aus dem deutschen juristischen Schrifttum zur Fahrlässigkeit vgl. vor allem Karl Engisch, Untersuchungen über Vorsatz und Fahrlässigkeit, im Strafrecht 1930; Gottfried Boldt, Zur Struktur der Fahrlässigkeitstat, Z. 68 (1956), S. 335ff., August Wimmer, Die Fahrlässigkeit beim Verletzungsdelikt, Z. 70, (1958); S. 196ff.; ferner Hellmut Mayer, Strafrecht (1953), S. 269ff.

und somit auch nicht in den Strafvollzug[600]). Die Praxis hilft sich, wenn Staatsanwalt und Richter großzügig sind, mit der streng genommen unzutreffenden Feststellung, daß die Fahrlässigkeit nicht mit hinreichender Sicherheit nachgewiesen sei[601]). Es kann aber ebenso gut sein, daß der Täter verurteilt wird. Aus Gründen der Generalprävention wird vielfach der Fahrlässigkeitsbegriff anstatt ihn strafrechtlich auf Leichtfertigkeit zu beschränken, von den Strafgerichten im Sinne des zivilrechtlichen Fahrlässigkeitsbegriffs verstanden, d. h. es wird auf die zu erfordernde Sorgfalt (objektive Fahrlässigkeit) abgestellt und die Frage der vom Täter nach seiner Persönlichkeit anwendbaren Sorgfalt bleibt unberührt[602]). Geraten diese in den Strafvollzug, so haben sie häufig Bagatellstrafen zu verbüßen; d. h. sie belasten den Vollzug ohne einen sinnvollen Gewinn für die Allgemeinheit und für sich. Eine pädagogische Einflußnahme ist regelmäßig nicht erforderlich. Diese Täter könnten vielfach ebenso gut auf der Erzieherseite stehen. Allein wichtig ist, sie vor negativen Beeinflussungen zu bewahren und sie nicht in ihrem Persönlichkeitsgefüge durch Ehrminderungsgefühle zu stören. Die Einrichtung besonderer Anstalten oder Einrichtungen für diese Gruppe würde zwar negative Einflüsse beseitigen, würde aber dem eigentlichen Vollzug die notwendigen Kräfte und Mittel entziehen und würde überdies die Neigung der Gerichte zur Bestrafung erhöhen[603]). Jedoch ist die Möglichkeit besonderer Unterbringung innerhalb des allgemeinen Vollzugs zu schaffen, wenn man in solchen Fällen nicht uneingeschränkt Strafaussetzung zuläßt oder — was besser wäre — ganz auf ein Kriminalverfahren und auf Strafe verzichtet.

b) Die leichtfertigen Fahrlässigkeitstäter sind solche, die sich auch nicht ihres gefährdenden Handelns oder der von ihr zu bewältigenden Gefahr bewußt sind, bei denen aber dieses Sichnichtbewußtwerden auf einem Mangel der Haltung beruht. Bei ihnen liegt möglicherweise ein nicht bewältigter Charakterfehler vor. Sie sehen und werten nicht richtig, weil sie das Leben nicht ernst genug nehmen. Sie werden mit der Situation leicht fertig. Sie halten es nicht für nötig, sich an die übliche Disziplin

---

[600]) Inwieweit die Angehörigen dieser Gruppe aus Sicherungsgründen polizeilichen Beschränkungen zu unterstellen sind, ist eine Frage des Verwaltungsrechts, nicht des Strafrechts. Jedenfalls sollte man auf diese Gruppe nicht die Bezeichnung: Verkehrssünder anwenden. Der Begriff des Sünders enthält, wenn man ihn nicht völlig seines eigentlichen Sinns entkleiden und verharmlosen will, eine sehr schwerwiegendes Persönlichkeitsurteil. Auch an dem Gebrauch dieses Wortes zeigt sich die Entwertung ethischer Begriffe im alltäglichen, aber auch im juristischen Sprachgebrauch.

[601]) So vor allem in den Fällen des Versagens einer Mutter bei einem das Kind in der Wohnung treffenden Unglücksfall.

[602]) Das gilt vor allem für das deutsche Straßenverkehrsstrafrecht.

[603]) Gerade auch für Verkehrstaten ist die Strafhaft im Entwurf 1958 (Begr. S. 50 unten) vorgesehen. Zweifellos wird sie dort auch einen breiten Raum einnehmen.

zu halten[604]). In der Regel wird bei ihnen eine Mahnstrafe in Form des gerichtlichen Vorwurfs und einer Geldstrafe ausreichen. Erst bei dem Vorliegen erheblicher Defekte ist ein pädagogischer Vollzug erforderlich: Freiheitsstrafe mit Aussetzung zur Bewährung oder Freiheitsstrafe mit Vollzug. Die Bedenken gegen eine besondere Strafart bestehen aus den angeführten Grunden auch bei ihnen. Meist werden sie sich zum offenen Vollzug eignen.

c) Die leichtsinnigen Fahrlässigkeitstäter sind diejenigen, bei denen die den Erfolg herbeiführende Fahrlässigkeitstat auf einer vorsätzlich herbeigeführten Gefahrenlage beruht, jedoch die Erwartung besteht, es werde schon alles gut gehen. Im Kern nähern sich hier die Fahrlässigkeitsdelikte den Vorsatzdelikten[605]). Vielfach ist es nur eine Frage der juristischen Technik, ob das Delikt formal eine Fahrlässigkeits- oder Vorsatzdelikt ist. Der Gesetzgeber kann den Erfolg als ein echtes Tatbestandsmerkmal oder als ein bloßes durch den Erfolg qualifiziertes Merkmal oder als eine Bedingung der Strafbarkeit einbauen[606]). An der Qualität der Grundhandlung ändert sich nichts. Ob sie zu einer Verletzung eines Grundwertes führt, hängt vielfach vom Zufall ab, etwa davon, ob ein anderer Mensch im Augenblick der Handlung dazwischentritt oder nicht. Trotzdem bleibt es sinnvoll, die Bestrafung überhaupt oder ihre Art von dem Eintritt des Erfolges abhängig zu machen, weil der Erfolg meist erst die Bedeutung des Versagens der Allgemeinheit und dem Täter deutlich macht, weil die ethische Grundordnung der Allgemeinheit und dem Täter nur an äußerlich eindrucksvollen Vorgängen

---

604) Seelig, Lehrb. d. Kriminologie (1951), S. 111, führt den „Verkehrssünder" unter der Gruppe der Verbrecher aus Mangel an Gemeinschaftsdisziplin an. Hierbei handelt es sich aber nur um eine der Möglichkeiten, die aber keineswegs generell zutrifft.

605) Vgl. Cornil, a. a. O. S. 236.

606) Das wird besonders deutlich an dem Delikt der Verkehrsgefährdung im deutschen StGB (§§ 315a, 316 Abs. 2). § 315a stellt die vorsätzliche, § 316 Abs. 2 die fahrlässige Verkehrsgefährdung unter Strafe. Der Tatbestand des § 315a ist zweigeteilt: die Beeinträchtigung der Sicherheit des Straßenverkehrs (z. B. infolge Führen eines Wagens nach übermäßigem Alkoholgenuß) und die Herbeiführung einer Gemeingefahr. Nach der allgemeinen Ansicht (vgl. Floegel-Hartung, Straßenverkehrsrecht, 12. Aufl. 1959, S. 1425) muß sich der Vorsatz auch auf den zweiten Umstand beziehen. In der Regel sollte die Annahme des Dolus eventualis zu angemessener Vorsatzbejahung ausreichen. Tatsächlich weichen die Gerichte aber weitgehend in den Fahrlässigkeitstatbestand aus. Es wäre denkbar, die Herbeiführung der Gemeingefahr lediglich als erfolgsqualifizierenden Umstand anzusehen, dann würde insoweit nach § 56 StGB Fahrlässigkeit genügen, das Delikt insgesamt aber wegen des Grundtatbestandes als Vorsatzdelikt anzusehen sein. Schließlich wäre es denkbar, das Verschulden lediglich auf die Beeinträchtigung der Sicherheit des Straßenverkehrs zu beschränken, die Gemeingefahr ausschließlich als Bedingung der Strafbarkeit, d. h. als einen nicht vom Vorsatz oder der Fahrlässigkeit erfaßten Umstand, mithin als ein bloßes Risikomoment erhöhter Bestrafung hinzuzufügen. Die zweite Lösung (Vorsatz hinsichtlich der Sicherheitsbeeinträchtigung, Fahrlässigkeit bezüglich der Gemeingefahr) scheint mir für § 315a zutreffend zu sein.

nahe gebracht werden kann und weil schließlich die Rechtspflege aus Praktikabilitätsgründen sich auf derartige Vorgänge beschränken muß.

Unter dieser Gruppe der Fahrlässigkeitstäter können sich Menschen mit sehr verschiedener Haltung befinden. Es sind darunter sozialintakte und sozialtüchtige Personen, die ihren Platz im sozialen Bereich voll ausfüllen. Diese Täter erkennen die rechtliche Grundordnung ganz allgemein an und sie bejahen auch die in der Strafrechtsordnung geschützten Rechtswerte. Sie machen sich Vorwürfe wegen ihres Verhaltens und sie sind auch bereit wiedergutzumachen[607]). Diese Fahrlässigkeitstäter unterscheiden sich weitgehend von der Menge der Vorsatztäter. Aber wie auch unter diesen sozialintakte und sozialtüchtige Personen sein können, können umgekehrt unter den Fahrlässigkeitstätern Personen mit erheblichen Persönlichkeitsmängeln sein, die Fahrlässigkeitstaten können der Ausdruck schwerwiegender Persönlichkeitsdefekte sein, wie etwa Gleichgültigkeit gegen die Gemeinschaft, fehlende Achtung vor dem Mitmenschen.

Im letzteren Fall besteht für einen Sondervollzug kein Anlaß. Er würde um so weniger zu rechtfertigen sein, als der Eindruck entstehen könnte, daß die Fahrlässigkeitstat ihrem Wesen nach ein Kavaliersdelikt sei und der Fahrlässigkeitstäter notwendigerweise über dem Vorsatztäter stände. Diese Gruppe der Fahrlässigkeitstäter sollte demnach in dem ordentlichen Vollzug behandelt werden. Meist wird offener Vollzug angebracht sein.

Jedoch bleibt die Frage offen, wie der ersten Gruppe zu begegnen ist. Wer als Fahrlässigkeitstäter nicht in den ordentlichen Strafvollzug gehört, sollte nicht mit einem Freiheitsentzug belegt werden. Geldstrafen Freiheitsstrafe mit Aussetzung, Berufsverbot, Erlaubnisentziehung (z. B. bzgl. der Fahrerlaubnis), Einziehung[608]) sind die in Betracht kommenden Maßnahmen, die sowohl dem Gedanken der gerechten Vergeltung als auch dem gerechtfertigten Sicherungsbedürfnis Rechnung tragen. Die vielfach verwandte kurze Freiheitsstrafe ohne Strafaussetzung ist der kriminologisch schlechteste Weg[609]). Allerdings scheint seine

[607]) Diese Bereitschaft wird freilich durch das derzeitige Versicherungssystem gemindert, worauf Cornil, a. a. O., S. 241, zutreffend hinweist. Die Bindung des Täters an die Versicherung verhindert vielfach das menschlich richtige Verhalten des Täters (Aufsichnehmen der Schuld gegenüber dem Opfer, Inverbindungtreten mit diesem usw.).

[608]) Die Einziehung ist im deutschen Recht nur bei vorsätzlichen Verbrechen und Vergehen zulässig (§ 40 Abs. 1 StGB). Die Struktur der zusammengesetzten Fahrlässigkeitstaten macht eine Ausdehnung der Einziehungsmöglichkeit auf Fahrlässigkeitsdelikte geboten. Es fehlt die Möglichkeit einer zeitweisen Einziehung. Die vorübergehende Einziehung des Wagens würde plastischer wirken als die bloße Entziehung des Führerscheins.

[609]) Alfred Wehner, Freiheitsentzug für jugendliche Verkehrssünder, ZfStrafvollz. 6 (1956), 364—366, bezeichnet die kurze Freiheitsstrafe zutreffend als wenig pädagogisch.

Angemessenheit und Richtigkeit ein für viele Juristen unumstößliches Dogma zu sein. Die Bedenken gegen die Anordnung einer besonderen Strafart sind schon bei der Gruppe der reinen Fahrlässigkeitstäter erwähnt worden.

Die Behandlung im ordentlichen Vollzug[610]) würde zwar nicht bedeuten, daß nicht besondere Aufgaben sich gegenüber anderen Gefangenen ergeben. So kann bei längerer Strafdauer mit Berufsverbot oder Führerscheinentzug eine neue Berufserlernung erforderlich werden[611]). Möglicherweise kann auch eine Alkoholbehandlung geboten sein[612]). Zuweilen wird auch ein Bemühen um ein richtiges Sozialverhalten, um eine richtige Einstellung zum Mitmenschen und zum Beruf am Platz sein, so daß sich echte pädagogische Aufgaben ergeben. Bei Verkehrsdelinquenten ist auch Verkehrsunterricht vorgeschlagen worden[613]). Jedoch handelt es sich bei den kriminellen Fahrlässigkeitstätern nicht um bloße äußerliche Unkenntnisse, sondern um tiefverwurzelte Mängel, so daß es eines ernsthaften Erziehungsvorgangs bedarf[614]).

§ 18. Fehlerhaft Verurteilte

I. Fehlerhafte Verurteilungen können in verschiedener Form vorkommen. Nicht alle Formen sind für den Vollzug von Bedeutung. Beruht die Fehlerhaftigkeit nur auf unrichtiger Rechtsanwendung, ist das Ergebnis aber angemessen, so entstehen dadurch keine Schwierigkeiten. Ob der Angeklagte wegen vorsätzlicher Körperverletzung oder wegen Volltrunkenheit, wegen Unterschlagung oder Betruges zu der Strafe verurteilt worden ist, ist vollzugsmäßig gleichgültig, wenn ihn die Strafe in der Art und Höhe nach zu Recht trifft. Bedeutungsvoll ist für das Behandlunngsproblem nur das im Ergebnis falsche Urteil.

Insoweit gibt es drei Möglichkeiten: die Strafe ist unangemessen niedrig, die Strafe ist unangemessen hoch und die Verurteilung ist überhaupt zu Unrecht erfolgt. Jeder der drei Fehler stellt den Vollzug vom Erziehungsgedanken her vor schwierige Aufgaben.

Eine zu milde Beurteilung durch das Gericht kann dazu führen, daß das Urteil zu einer pädagogisch nicht auswertbaren Strafdauer oder Strafart kommt, daß der Vollzug notwendigerweise ergebnislos verläuft und ein wichtiger Zeitpunkt verpaßt bleibt. Beispiele hierfür sind der

---

[610]) Zum Strafvollzug gegen Verkehrsdeliquenten: Konrad Händel, Verkehrssünder im Strafvollzug, ZfStrafvollz. 6 (1956) 18—27; 7 (1957) 284—290; Alfred Wehner, a. a. O. 364—366; s. a. Wolfgang Mittermaier, Gefängniskunde, S. 58 zur Frage des Vollzugs gegen Fahrlässigkeitstäter überhaupt.

[611]) Dazu Cornil a. a. O. S. 240.

[612]) Cornil a. a. O. S. 240.

[613]) Zutreffend macht Cornil, S. 241, hiergegen Bedenken geltend.

[614]) So zutreffend Händel ZfStrafvollz. 7 (1957) 286. Die von Händel (287) erwähnte Schocktherapie durch Vorführung von Lichtbildern erscheint mir nicht unbedenklich als Erziehungsmittel. Mit Recht lehnt Händel (285) den Wochenendvollzug auch bei Verkehrsdelinquenten ab.

unangebracht angeordnete Jugendarrest[615]), eine kurze Freiheitsstrafe, wo eine längere geboten wäre, und eine bestimmte Freiheitsstrafe, wo Unterbringung in einer Trinkerheilanstalt notwendig wäre. Eine zu harte Strafe kann zur Folge haben, daß die Strafe über den für den erzieherischen Effekt maßgeblichen Zeitpunkt hinausgeht oder daß infolge der inneren Ablehnung des Urteils durch den Betroffenen der pädagogisch notwendige Bezug nicht zustande kommt[616]). Ein zu schwerwiegendes Urteil kann zwar später durch eine vorläufige Entlassung oder einen Gnadenerweis ausgeglichen werden. Ob es aber dazu kommt, liegt nicht in der Hand des Vollzugs. Selbst wenn er eine Entlassung für angebracht hält, sind Gerichte und Gnadenbehörden frei. Die keineswegs sichere Aussicht auf eine künftige Regelung wird meistens zur Herbeiführung einer erziehungsbereiten Haltung nicht ausreichen.

Eine angemessene Strafbemessung ist eine wesentliche Grundlage für einen sachrichtigen Ablauf des Erziehungsvorgangs. Wiederum ergibt sich von hier aus die Forderung nach einer sachlich zuverlässigen Beschaffung der Strafzumessungsgrundlagen und nach einem klaren Strafbemessungsprogramm für die Praxis. In dem vielfach übertriebenen Dogmatismus des deutschen Strafrechts kommen die Probleme nicht selten zu kurz. Das große Heer der Strafrichter kann die hiermit verbundenen schwierigen Probleme um so weniger lösen, als die juristische Betrachtungsweise Lehre und Praxis überwuchert und die Ausbildung auf der Universität und in der Referendarzeit vorwiegend juristisch-dogmatisch ist.

II. Fehlurteile im engeren Sinn sind Urteile, durch die ein Unschuldiger verurteilt wird. Die mangelnde Schuld kann darauf beruhen, daß der Verurteilte die ihm zur Last gelegte Tat überhaupt nicht getan hat, oder aber daß er sie zwar getan hat, aber schuldunfähig ist. Beide Möglichkeiten sind zu unterscheiden.

Die Ansichten darüber, wie häufig Unschuldige verurteilt werden, gehen auseinander[617]). Die Schwierigkeit einer Stellungnahme zu der

---

[615]) Vgl. hierzu schon meine Abhandlungen: ZStrW 60 (1940) 559; Monatsschrift 1942; S. 176ff.; RJG. Kom. 1942 zu § 7 Anm. 1; ferner eingehend Dallinger-Lackner, Jugendgerichtsgesetz Kom. 1955 zu § 16 Anm. 16ff.

[616]) Besonders schwierige Probleme ergeben sich, wenn bei einem Verfahren gegen mehrere Angeklagte einer eine nach den Umständen zu harte Strafe erhält, während die anderen äußerst milde behandelt werden. Über einen solchen Fall berichtet unter genauer Analyse Klaus Rehbein, Sozialpädagogik und Sozialethik Münst. (phil.) Diss. 1959, S. 57—73. Zutreffend weist Rehbein darauf hin, daß auch im Jugendstrafrecht sich eine Loslösung von der Bedeutung des Tatgeschehens selbst unter Betonung des Erziehungsgedankens nicht durchführen läßt. Das unangemessen scharfe Urteil führt bei dem Betroffenen zu einem ständigen Vergleich mit der Strafe der Mittäter oder anderer Gefangener mit ähnlichen Taten, die völlig anders behandelt worden sind. Alles das hindert den Erziehungsvorgang.

[617]) Mit dem Problem des Fehlurteils befassen sich meine Arbeiten: Zeugenlüge und Prozeßausgang, 1939; Strafprozeß (Lehrbuch). 1952 § 70, Ein Beitrag zum Fehlurteil, Mezger-Festschrift 1954, 477—501. In allen drei Arbeiten befinden

Frage der Häufigkeit von Fehlurteilen zum Nachteil eines Angeklagten ist um so größer, als es vielfach unmöglich ist, den Nachweis der Unschuld zu erbringen. Jedoch wird man so eng den Begriff des Fehlurteils nicht fassen dürfen. Das entscheidende Kriterium ist die Erschütterung der hinreichenden Urteilssicherheit. Ein Urteil ist als Fehlurteil zu bezeichnen, wenn so schwerwiegende Bedenken gegen das ergangene Urteil bestehen, daß bei Kenntnis aller Umstände eine Verurteilung nicht mehr getragen ist. Ein unbedingt zuverlässiger Maßstab ist häufig nicht vorhanden. Selbst eine erfolgreiche Wiederaufnahme des Verfahrens gibt keine Gewähr. Mir sind Freisprüche im Wiederaufnahmeverfahren bekannt geworden, die berechtigte Zweifel obwalten lassen, ob das verurteilende Urteil nicht die richtige Entscheidung war. Ebenso sind mir mißglückte Wideraufnahmeverfahren bekannt, bei denen zum mindesten erhebliche Zweifel berechtigt sind, ob die richtige Lösung gefunden ist. Es gibt auch Fehlurteile, die überhaupt nicht zum Gegenstand eines Wiederaufnahmeverfahrens gemacht werden, weil keine neuen Beweismittel oder keine neuen Tatsachen beizubringen sind. So bleibt alles im Bereich der Schätzung, die durch eigene Erfahrungen und Auffassungen bestimmt wird. Ich möchte annehmen, daß Fehlentscheidungen doch häufiger sind, als vielfach angenommen wird. Sie kommen nicht nur in Romanen und Berichten, illustrierten Zeitschriften vor. Wie oft oder selten sie auch sein mögen, so lassen sie sich aus einer Untersuchung über den Erziehungsvollzug nicht ausschließen.

1. Die Situation ist, wenn man zunächst einmal den Fall des schuldunfähigen Täters außer acht läßt die: Der Angeklagte ist zu einer Erziehungs- oder Sühnestrafe unschuldig verurteilt. Der Vollzug hat die Aufgabe, einen Persönlichkeitswandel herbeizuführen oder wenigstens die Bereitschaft zur Sühne zu eröffnen. Der Ausgangspunkt für die Durchführung dieser Aufgabe ist falsch. Die Bemühungen um den Wandel der durch das Urteil in einer bestimmten Weise gekennzeichneten Persönlichkeit oder um die Sühnebereitschaft hängen in der Luft. Ablehnung oder Apathie begegnen dem Vollzug seitens des Verurteilten.

Aber auch eine solche Situation muß menschlich gemeistert werden. Für den Vollzug ergibt sich eine durchaus schwierige Ausgangsposition. Die Urteilskritik ist nicht seine Sache. Aber doch kann sich der Erzieher einer Stellungsnahme nicht entziehen, da er den Einwänden des Verurteilten Antwort schuldet. Ein Sichentziehen würde unter Umständen der Verzicht auf die Herstellung jeglichen Bezuges bedeuten. Ein kritikloses Nachgeben würde bedeuten, daß der Erzieher sich der Sicherheit seiner Stellung begibt, die notwendig ist, um sachgemäß

---

sich nähere Hinweise auf das Schrifttum und auf zahlreiche Einzelfälle. Neuerdings wird das Thema von Max Hirschberg, Das Fehlurteil im Strafprozeß, Stuttgart 1959, s. a. ders. Das Fehlurteil in der Strafjustiz, Zur Pathologie der Rechtsprechung, Monatsschrift 1955, 129—150 behandelt.

handeln zu können. Es eröffnen sich drei Möglichkeiten: der Erzieher hält die Einwände gegen das Urteil für ungerechtfertigt, er hält sie für möglicherweise begründet, aber für nicht sicher, er hält sie für gerechtfertigt. Mit dieser Einstellung zur Sache muß er den persönlichen Bezug aufnehmen und den Behandlungsplan aufstellen. Der Erziehungsvorgang geht in einem solchen Fall über den strafrechtlichen Bereich hinaus, den er nicht einmal betrifft. Es geht darum, dem Verurteilten das Strafleiden trotz seines unrichtigen Ansatzes sinnvoll zu machen und ihn nicht in der Hoffnungslosigkeit versinken zu lassen. Das fehlerhafte Urteil stellt auch an den Betroffenen Anforderungen. Der Jurist ist leicht geneigt, von dem Verurteilten zu verlangen, daß er die rechtskräftig ausgesprochene Verurteilung bei Fehlen von Wiederaufnahmegründen um der Sicherheit des Ganzen willen auf sich nehmen müsse. Die Ansicht, man müsse auch Unrecht erdulden können, ist sehr schnell gesagt. Tatsächlich bedeutet das Aufsichnehmen eines nicht mehr abänderbaren Unrechts eine hohe sittliche Leistung, die jedoch nicht von jedem erwartet werden kann. Fruchtbar kann das Fehlurteil für den Betroffenen und die Rechtsgemeinschaft nur gestaltet werden, wenn es hingenommen wird, zur Lösung von anderer eigener menschlicher Schuld und als stellvertretende Sühne. Damit wird aber der metaphysische Raum berührt.

2. Erfolgt die Verurteilung unter Übersehen des Vorliegens einer die Schuldfähigkeit ausschließenden Geisteskrankheit oder Geistesschwäche, so wird das nachträgliche Erkennen des geistigen Zustandes einen Anlaß zur Wiederaufnahme des Verfahrens geben. Die Übernahme zunächst in den Erziehungsvollzug bis zur richtigen Beurteilung des Zustandes des Verurteilten führt zu einer Behandlung, die strafrechtlicher statt medizinischer Art ist. Sie hat eine erzieherisch unzulängliche Behandlung zur Folge. Unter Umständen ergeben sich unerfreuliche Störungen im Vollzug, dem sich der Häftling nicht richtig anzupassen vermag.

E. Vollzug ohne Freiheitsentziehung

§ 19. Bewährungshilfe

I. 1. Die Bewährungshilfe[618]) hat sich aus der Aussetzung auf Wohl-

[618]) Grundlegend das umfangreiche, vom Sekretariat der Vereinten Nationen herausgegebene Werk: Probation and Related Measures, New York 1951; in franz. Sprache: La Probation (Régime de la mise à l'épreuve) et les mesures analogeus; dazu ergänzend im Auftrag der Vereinten Nationen Max Grünhut, Practical results and financial aspects of adult probation in selected countries, New York 1954; Marc Ancel, L'institution de la mise à l'épreuve, Revue Internationale de Droit comparé 1950, 405—439; Charles Germain, Éléments de science pénitentiáire, Paris 1959, S. 135—158; Le Mesurier, A Handbook of Probation, The Natio-

verhalten entwickelt[619]). Während es bei der Aussetzung auf Wohlverhalten zunächst um die Vermeidung kurzer Freiheitsstrafen und die Verschonung des unter Umständen auch zu längeren Strafen verurteilten oder eine längere Strafe erwartenden Beschuldigten mit dem Ziele der bloßen Anregung seiner Kräfte ging, dient die Bewährungshilfe der Unterstützung, Förderung und Leitung des Beschuldigten durch einen anderen Menschen. Die Aussetzung auf Wohlverhalten als solche stellt den Betroffenen auf sich. Sie setzt voraus, daß der Betroffene voraussichtlich aus sich selbst ohne fremde Hilfe so viele Kräfte entfalten kann, daß er nicht mehr straffällig wird und auch sonst ein den gesellschaftlichen Erfordernissen entsprechendes und angemessenes Leben führen wird. Die Aussetzung auf Wohlverhalten ohne Bewährungshilfe ist dort angebracht, wo bereits der Strafausspruch eine hinreichende Mahnung enthält.

---

nal Association of Probation Officers London 1935, L. Radzinowicz, The results of probation, London 1958; Jay Rumney and Joseph P. Murphy, Probation and Social Adjustment, New Brunswick, New Jersey 1952.

In deutscher Sprache: Karl Peters, Die kriminalpolitische Stellung des Strafrichters, Berlin 1932, S. 124—232; Dora von Caemmerer, Probation (Aufbau und Praxis des englischen Systems der Bewährungshilfe); Wolf Middendorf, — Manfred Schnitzerling, — Hermann Jung, Praktische Bewährungshilfe, Berlin 1957.

Zu allgemeinen Problemen sei auf folgende Zeitschriftenaufsätze hingewiesen: Jean Graven, Le sens du sursis conditionel et son développement Schweiz ZfStr. 69 (1954) 261—297; Max Grünhut, Neue Aufgaben des Richters bei der Behandlung Straffälliger, Bewährungshilfe 2 (1955/56), S. 136—148; Max Grünhut und Gerhard Simson, Bedingte Verurteilung (Referate auf der Kölner Tagung für Rechtsvergleichung 1951) Z. 64 (1952), S. 127—140, 140—155; Hermann Mannheim, Das englische Probation-System vom Standpunkt des Gesetzgebers und Richters, Bewährungshilfe 3 (1956/57) S. 101—118; ders., Das englische Probation-System vom Standpunkt des Bewährungshelfers und Sozialarbeiters, Bewährungshilfe 3 (1956/57), S. 235—250; Hans Schultz, Die kriminalpolitische Bedeutung der Strafaussetzung zur Bewährung (Bericht über schweizerische Erfahrungen) Bewährungshilfe 4 (1957/58) S. 3—35; Karl Peters, Die Bewährungshilfe im Wandel der kriminalpolitischen Auffassungen, Bewährungshilfe 4 (1957/58), S. 133—142; Walter Raeburn, Die Probation im englischen Gerichtssystem, Z. 70 (1958), S. 681—693; Alfons Wahl, Neue Wege der Kriminalpolitik, Bewährungshilfe 1 (1954/55), S. 11—22; ders., Grundsätzliches zur Bewährungshilfe in den USA und in Deutschland, Bewährungshilfe 2 (1955/56), S. 85—98.

Mit den Problemen der Bewährungshilfe befassen sich vor allem die Zeitschriften: Bewährungshilfe (Bonn) seit 1954; Federal Probation (Washington) seit 1936; National Probation and Parole Assoziation (NPPA), Journal (New York) seit 1954; Probation (London) seit 1950. Auch The British Journal of Delinquency enthält Beiträge zur Bewährungshilfe, so die Sondernummer über Probation, 8. Jahrg. (1957/58) Heft 3, S. 159—238.

[619]) Der Begriff „Aussetzung auf Wohlverhalten" umfaßt alle Systeme, bei denen im Falle guten Verhaltens das Verbrechenbekämpfungsverfahren nicht durchgeführt wird. Es fallen unter den Begriff das englisch-amerikanische System, das belgisch-französische System sowie das deutsche System. Über die Einzelheiten vgl. meine Kriminalpolitische Stellung des Strafrichters, S. 148ff., ferner Probation and Related Measures.

Die Aussetzung auf Wohlverhalten ändert ihren Charakter auch noch nicht durch die Hinzufügung von Auflagen und Weisungen, sofern diese nicht auf die Herstellung eines persönlichen Bezuges gerichtet sind[620]. Die nicht ein persönliches Band herstellenden Auflagen sind nur Hinweise und Hilfsmittel, den richtigen Weg selbständig zu finden.

Die Bewährungshilfe dagegen beruht auf der Vorstellung, daß der Betroffene nicht mehr selbst mit sich fertig werden kann, daß er sich aus der Verstrickung in die Kriminalität nicht mehr aus eigener Kraft lösen kann, daß er hierzu fremder Hilfe bedarf, ohne daß es der Person nach und der Art der Tat nach einer Verbringung in einer Anstalt bedarf. Im Gegensatz zur bloßen Strafaussetzung auf Wohlverhalten setzt die Bewährungshilfe eine gewisse Verhaftung an die Kriminalität und ein gewisses Bedrohtsein in krimineller Hinsicht voraus. Insofern ist es durchaus zweifelhaft, ob die Ausschließung der Strafaussetzung zur Bewährung im Falle des Versagens des Betroffenen bei einer früheren bloßen Strafaussetzung oder im Falle einer bereits erlittenen Freiheitsstrafe von sechs Monaten innerhalb der letzten fünf Jahre vor Begehung der Straftat (§ 23 Abs. 3, Z. 2, 3 StGB) sachgemäß ist. Gerade weil eine bloße Strafaussetzung oder selbst die Vollstreckung einer Freiheitsstrafe den Rückfall nicht verhindert hat, bedarf es der Überlegung, ob nicht die noch nicht angewandte Bewährungshilfe eine geeignete Maßnahme darstellt. Das Gesetz verschließt die unter Umständen angemessene Reaktion.

2. Gegen die Bewährungshilfe lassen sich Bedenken unter dem Gesichtspunkt des Eingriffs in die Freiheit vorbringen. Sie könnten etwa folgenden Inhalt haben: Die Bewährungshilfe unterstelle den Betroffenen der Aufsicht eines Organs, das auf das weitere persönliche Schicksal des Betroffenen einen maßgeblichen Einfluß ausübe. Infolgedessen ergebe sich die Gefahr, daß der Betroffene der Willkür oder doch wenigstens der einseitigen kriminologischen und ethischen Vorstellungswelt des Helfers ausgesetzt sei. Der Helfer könne durch seine Lenkungsbefugnisse und durch seine Berichterstattung in entscheidender Weise in das Leben des Betroffenen eingreifen. Es sei weder rechtlich noch menschlich statt-

---

[620]) Das Schrifttum zu der Frage der Auflagen ist umfangreich: Vgl. meine Kriminalpolitische Stellung des Strafrichters 1932, S. 183—221 (mit reichen Schrifttumsangaben); Hellmut Meng, Bewährungsauflagen in ihrer kriminalpädagogischen Bedeutung, Bewährungshilfe 1 (1954), S. 69—79; De bijzondere voorwaarden (Die besonderen Bewährungsauflagen), Schriften der holländischen Vereinigung für Wiedereingliederung Nr. 13 (1957); ferner die grundlegenden, in Anm. 618 genannten Schriften. Die Probleme werden vor allem in der Jugendstrafrechtsliteratur zu dem Thema Weisungen und Bewährungsauflagen behandelt, vgl. Dallinger-Lackner, JGG zu § 10; Karl Peters, RJGG, 2. Aufl. (1944) zu § 12; Schaffstein, Jugendstrafrecht, S. 68ff.; s. a. Joachim Hellmer, Erziehung und Strafe (1957). Zum Erwachsenenstrafrecht vgl. die Kommentierungen zu § 24 StGB, insbesondere Schönke-Schroeder, StGB Kom. 9. Aufl. 1959 zu § 24 mit Schrifttumsangaben.

haft, in solcher Weise den Betroffenen von der Entscheidung eines Sozialarbeiters abhängig zu machen. Solche Einwände sollten durchaus ernst genommen werden.

Die rechtliche Zulässigkeit erzieherischer Auflagen, zu denen auch die Unterstellung unter den Bewährungshelfer gehört, ist schon früher erörtert worden[621]). So ist zugegeben, daß es einer Sicherung der Rechte des Betroffenen bedarf. Die Garantie einer objektiven Handhabung der Maßnahme liegt zunächst in der richterlichen Kontrolle; dann vor allem aber in einer sorgfältigen Ausbildung und Auswahl des Bewährungshelfers, in seiner ständigen Weiterbildung und in einer regelmäßigen Aussprache der Bewährungshelfer untereinander. Ein Verzicht auf die Bewährungshilfe würde eine Vermehrung der Vollstreckung der Freiheitsstrafen mit sich bringen. Das würde bedeuten, nicht nur über viele Menschen ein nicht mehr gut zu machendes familiäres, berufliches und wirtschaftliches Unglück abrollen zu lassen, das Ehrgefühl zu erschüttern und damit die psychischen Aufbaukräfte zu mindern, sondern auch den Vollzug in unnötiger Weise zu belasten, d. h. ihn mehr oder weniger aktionsunfähig zu machen und ihn darüber hinaus zu verteuern. Eine Gefängnisreform ohne Entlastung der Gefängnisse ist nicht denkbar. Bewährungshilfe entspricht der Menschlichkeit, der Sicherung eines geordneten Strafvollzuges, der Strafökonomie und der Wirtschaftlichkeit. Sie trägt dazu bei, die Wiedergutmachung zu ermöglichen[622]).

3. Die Bewährungshilfe ist ein Akt des Strafverfahrens. Sie ist strafrechtliche Reaktion gegenüber dem Rechtsbrecher. Sie stellt einen Zweig innerhalb des Vollzuges der Strafmaßnahmen dar. Das zu betonen besteht gegenüber den Einwänden Anlaß, die Strafaussetzung löse das Strafrecht auf. Der Proband ist bei der Bewährungshilfe Strafgewaltunterworfener[623]).

Bewährungshilfe ist daher eine amtliche Aufgabe. Das hindert jedoch nicht die Mitbeteiligung freier Kräfte. Von amtlicher Seite ist der ordnungsgemäße, d. h. rechtmäßige und sachgemäße Ablauf der Bewährungshilfe zu gewährleisten. In der Durchführung der Bewährungshilfe können freie Organisationen und Kräfte mitwirken. Als Muster könnte für die deutschen Verhältnisse die Gemeinschaft von Jugendamt und freier Jugendhilfe dienen, wie sie dem Jugendwohlfahrtsgesetz entspricht. Dieses Gesetz enthält allgemein wertvolle Gedanken für einen Aufbau behördlicher und freier Arbeit. Die Einbeziehung freier Kräfte setzt voraus, daß sie auf eine längere Zeitdauer mit Gewißheit zur Verfügung stehen und daß sie den an den Bewährungshelfer zu stellenden Anforde-

---

[621]) Vgl. § 3 IV.

[622]) Hierzu Raeburn, Z. 70 (1958), S. 692.

[623]) Alexander Holtzhoff, Duties and Rights of Probationners, Fed. Prob. 21 (1957) Nr. 4, S. 3; Raeburn, Z. 70 (1958), S. 192, stellt die beiden Strafarten: „intra-murale“ und „extra-murale“ Erziehung gegenüber.

rungen entsprechen. Sie kommen insbesondere dann in Betracht, wenn sie Autorität besitzen und zum Probanden in einem Vertrauensverhältnis stehen, wenn sie die Möglichkeit der Förderung des Probanden haben und die Lösung der Schwierigkeiten besser im nichtamtlichen Bereich zu finden ist[624]). Auch der freie Helfer übt Vollzugstätigkeit[625]) aus.

4. Die Einordnung der Bewährungshilfe in den Vollzugsbereich trägt die Möglichkeit in sich, daß sie organisatorisch zu eng an die Strafgerichtsbarkeit oder gar an die Staatsanwaltschaft angeknüpft wird. Damit könnte die Gefahr entstehen, daß von vornherein das Mißtrauen der Betroffenen gegen diese Einrichtung entsteht oder daß der Bewährungshelfer zu sehr die in der Strafgewalt verkörperte Autorität ausspielt. Trotz der hier vorgenommenen Einbeziehung in den Vollzug ist der Bewährungshelfer Sozialarbeiter. Das ist nicht nur von theoretischer Bedeutung. Vielmehr ergibt sich hieraus ein in die Praxis übergreifendes Arbeitsprogramm. Das wesentliche Ziel der Arbeit ist die Wiedereingliederung in eine geordnete Gemeinschaft.

Solange und soweit in der Bundesrepublik noch keine eigenen Vollzugsämter geschaffen sind, fehlt es an einem hinreichenden organisatorischen Einbau. Die Bewährungshelferschaft eines Bezirkes sollte als Zwischenglied zwischen dem Vollzugsamt einen Hauptbewährungshelfer haben, dessen Aufgabe es ist, den Bewährungsplan zu billigen, die Bewährungsakten (Notizen, Berichte über getroffene Maßnahmen, Beurteilungen von Probanden, Gesprächsgegenstand) ständig zu überprüfen, Stichproben über Beziehungen zwischen Helfer und Probanden vorzunehmen, zu Beschwerden an den Richter Stellung zu nehmen, Behandlungsmethoden mit dem Helfer zu besprechen und die Helfer zu Aussprachen zusammenzurufen. Er sollte den Bewährungshelfer auch vor der Vereinsamung in seiner Arbeit bewahren. Der Hauptbewährungshelfer sollte die unmittelbare, das Vollzugsamt die mittelbare Fachkontrolle, der Richter die Rechtskontrolle ausüben. Die Übertragung der Fachkontrolle an einen Richter ist abzulehnen, grundsätzlich weil die richterliche Tätigkeit rechtsentscheidender Art ist, praktisch weil der Richter in aller Regel keine sozialpädagogische und sozialpsychologische Ausbildung genossen hat.

---

[624]) Der ehrenamtliche Helfer ist nicht nur zur Lückenausfüllung da, sondern hat eine ihm speziell zukommende Aufgabe. Die Entwicklung ist zwar richtig von der ehrenamtlichen Arbeit zum amtlichen fürsorgerischen Beruf gegangen (von Caemmerer, a. a. O., S. 28ff.). Diese Entwicklung entspricht der Einsicht in das Wesen der Bewährungshilfe. Doch schließt das nicht aus, daß auch heute für den freien Helfer ein ihm eigenes Arbeitsfeld offen bleibt. Die ehrenamtliche Mitwirkung hat sich bewährt. Über die Hamburger Erfahrungen bei Erwachsenen vgl. Bewährungshilfe 3 (1956/57), S. 35; über Schweden: Alfons Wahl, Bewährungshilfe in Schweden, Bewährungshilfe 2 (1955/56), S. 37. Zum Jugendstrafrecht vgl. Dallinger-Lackner, JGG zu § 24 Anm. 24—28.

[625]) Es liegt eine Parellele zum Laienrichter vor.

Die Aufgaben des Bewährungshelfers bringen es mit sich, daß sie nicht in bürokratischer Form gelöst werden können. Daraus ergeben sich Folgerungen für den Tätigkeitsort und die Tätigkeitsform. Die Arbeitsstätte des Bewährungshelfers muß möglichst privat sein. Sie muß vom Gericht oder der Staatsanwaltschaft losgelöst sein. Besprechungen finden unter Umständen am besten an einem dritten Ort statt. Der Einzelfall bestimmt die äußere Durchführung.

5. Die Bewährungshilfe kommt in zwei sich der Durchführung und auch den Aufgaben nach wesentlich unterscheidenden Formen vor: als ursprüngliche und nachfolgende Bewährungshilfe. In der ursprünglichen Bewährungshilfe handelt es sich um einen Probanden, bei dem unmittelbar mit dem Urteilsspruch der Bewährungsvorgang beginnt. Die nachfolgende Bewährungshilfe schließt sich dem Strafvollzug mit Freiheitsentzug an. Im ersten Fall ist die Bewährungshilfe ein selbständiger, in sich geschlossener Behandlungsakt, während sie im zweiten Fall der Teilakt eines Gesamtvorgangs darstellt.

Die ursprüngliche Bewährungshilfe hat es vor allem mit kriminell weniger angeschlagenen Menschen, besonders mit Ersttätern und Umwelttätern, mit Rechtsbrechern in an sich geordneten Verhältnissen zu tun. Unter ihnen können sich auch recht komplizierte Menschen befinden. Ihre Schwierigkeiten können sich aus unverarbeiteten Lebensschicksalen oder auch aus angenommenen schlechten Gewohnheiten ergeben. Das besondere dieser Bewährungshilfesituation ist das Verbleiben der Probanden in ihrer bisherigen Umgebung. Das erleichtert in der Regel die Arbeit des Bewährungshelfers, sofern die Umgebung in Ordnung ist und der Proband einer geregelten Arbeit nachgeht. Es erschwert aber die Arbeit des Bewährungshelfers, sofern sich aus der Umgebung Widerstände ergeben und der Proband aus seinen bisherigen Verhältnissen loszulösen ist.

Die nachfolgende Bewährungshilfe übernimmt den Probanden aus dem Strafvollzug mit Freiheitsentziehung. Der Proband hat bereits eine eingehende Behandlung erfahren. Es muß das vorhandene Behandlungsprogramm fortgesetzt werden. Es muß erst wieder eine Eingliederung in das gesellschaftliche Leben, in Familie und Beruf erfolgen. Es müssen erst wieder Verbindungen hergestellt werden. Unter Umständen handelt es sich um kriminell erheblich belastete Menschen. Im Gegensatz zur ursprünglichen Bewährungshilfe bedeutet die nachfolgende für den Probanden eine Auflockerung der bisherigen Situation. Der Proband bringt auch die Erfahrungen aus der bisherigen Vollzugszeit mit, so daß er von vornherein sich tiefer des Ernstes seiner Lage bewußt ist.

Die gesetzliche Zielsetzung ist bei beiden Formen der Bewährungshilfe gleich. Das zeigt der Wortlaut der §§ 23, 26 StGB. Es wird von dem Probanden erwartet, daß er in Zukunft ein gesetzmäßiges und geordnetes Leben führt. Der tatsächliche Inhalt dieser Erwartung ist aber in den beiden Formen der Bewährungshilfe verschieden anzusetzen, da die Lebenssituation nicht die gleiche ist. Vielmehr kann der Begriff der gesetzmäßigen und geordneten Lebensführung nur relativ verstanden werden. Die Erwartungen können bei einem Menschen, der einmal straffällig geworden ist, der an sich in geordneten Verhältnissen lebt und in diesen Lebensverhältnissen geblieben ist, höher sein, als bei einem Menschen, dessen Kriminalität tiefer wurzelt, dessen Verhältnisse mehr oder weniger durcheinander sind und der nach der Entlassung aus dem Freiheitsvollzug zum Teil unter außerordentlich schwierigen Lebensverhältnissen neu beginnen muß. Geordnet heißt ein unter den Gegebenheiten und Anschauungen des Probanden hinnehmbares Gesamtverhalten, ein sich vorwärts bewegendes Bemühen um eine Lebensregelung.

6. Der äußeren Gruppierung der Probanden nach ist die Bewährungshilfe bei Erwachsenen und die Bewährungshilfe bei Jugendlichen zu unterscheiden[626]). Als Untergruppen erscheinen die männlichen und die weiblichen Bewährungsfälle.

Die Auffassung, daß es sich bei der Bewährungshilfe keineswegs nur um Hilfe zugunsten Jugendlicher handelt, hat sich zu Recht durchgesetzt. Der Erfolg ist sogar bei Erwachsenen größer[627]). Der Erwachsene sieht stärker den Ernst des Strafverfahrens, auch wenn es nicht zur Verbüßung der Freiheitsstrafe geführt hat. Die Verfestigung der Lebenshaltung des Erwachsenen, die so oft als Grund gegen seine Erziehbarkeit angeführt wird, gibt ihm andererseits aber auch einen stärkeren Halt gegen ungünstige Einflüsse. Die Lebenserfahrungen, die der Erwachsene gesammelt hat, lassen ihn stärker die Chance erkennen, die ihm geboten wird.

Auf die Verschiedenheit der Aufgaben, die sich für die Bewährungshilfe bei Erwachsenen und bei Jugendlichen stellen, ist im Folgenden noch näher einzugehen.

7. Die Bewährungshilfearbeit läßt sich mit Aussicht auf Erfolg nur durchführen, wenn die Zahl der dem einzelnen Bewährungshelfer anvertrauten Probanden nicht übermäßig groß ist. Einheitliche Zahlen können allerdings nicht angegeben werden. Die tragbare Zahl richtet sich nach dem Geschlecht, dem Alter, den örtlichen Verhältnissen (Großstadt mit besonders schwierigen Aufgaben, Landkreis mit weiten Entfernungen), der Art der Kriminalität und dem Beginn der Betreuungs-

---

[626]) Vgl. § 23 StGB, ff. 20, 27 JGG.

[627]) Vgl. vor allem Max Grünhut, Practical results and financial aspects of adult probation in selected countries, New York 1954. Über englische Zahlen vgl. von Caemmerer, a. a. O., S. 93—95, Mannheim, a. a. O., Bewährungshilfe 3 (1956/57), S. 111, 116. Von Interesse sind die Berichte der Bewährungshilfe für Erwachsene in Hamburg, Bewährungshilfe 3 (1956/57), S. 34—36; 4 (1957/58) S. 103—106. Vgl. auch den Gesamtbericht über die Beratungen und Beschlüsse des Europäischen Seminars der Vereinten Nationen über Probation bei Erwachsenen (1952), mitgeteilt in Bewährungshilfe 1 (1954/55), S. 46—54.

fälle. So wird es bei hinreichender Mischung der Probanden möglich sein, bei erwachsenen Männern etwa 60 zu betreuen, sofern sich die Probanden in verschiedenen Betreuungsstadien befinden. Es ist ein Unterschied, ob die Betreuungsvorgänge gleichzeitig einsetzen oder ob sie etwa je ein Drittel im Anfang, in der Mitte und am Ende der Betreuungszeit stehen. Bei Jugendlichen, die eine eingehendere Betreuung verlangen, liegt die tragbare Zahl niedriger (etwa bei 50). Eine besonders intensive Betreuung verlangen die weiblichen Probanden, so daß auch bei ihnen die Zahlen noch tiefer liegen müssen (etwa 40[628]).

Jeder Bezirk muß mehrere Bewährungshelfer zur Verfügung haben. Er muß über Bewährungshelfer und Bewährungshelferinnen verfügen. Eine Mehrzahl ist schon aus dem Gedanken der Herstellung des persönlichen Bezuges zwischen Bewährungshelfer und Probanden notwendig, da ein Aufeinanderabstimmen mit einem einzigen Helfer nicht immer möglich ist.

Wie groß die Zahl der Bewährungshelfer innerhalb eines Bezirks sein muß, ist schwer zu bestimmen, weil die Anordnung durch die Gerichte noch ungewiß ist. Die deutschen Gerichte sind jedenfalls im Erwachsenenstrafrecht noch zurückhaltend. Die Gründe dafür mögen darin liegen, daß sich die Maßnahme, vor allem im Rahmen der bedingten Entlassung, erst einspielen muß, daß oftmals die Zahl der Bewährungshelfer noch gering ist und daß schließlich noch vielfach Gesichtspunkte der Vergeltung, Sühne und Allgemeinabschreckung vorwiegen. Die fiskalische Sorge, „nicht genügend ausgelastete" Bewährungshelfer zu haben, gibt dem Aufbau eines Helferstabes ein langsames Tempo. Dabei gibt es innerhalb des Rechtsbereiches genug Sozialarbeit — man denke etwa an die fehlende Erwachsenengerichtshilfe oder die überbelastete Jugendgerichtshilfe oder Gerichtshilfe in Familienstreitigkeiten[629]). Freilich steht die Zugehörigkeit der Helfer zu verschiedenen Ressorts oder gar Dienstherren einer Auswechslung als unüberbrückbares Verwaltungshindernis entgegen. Hier offenbart sich die Bedeutung organisatorischer Lösungen.

---

[628]) Meyer-Margreth (Bewährungshilfe 4, S. 103 ff.) hält für die Hamburger Verhältnisse eine Höchstzahl von 50 Probanden (gegenüber tatsächlich 65) für angemessen. Die Bewährungshelferin Nobereit bezeichnet bei weiblichen Probanden 45 als Höchstzahl, wobei freilich diese Zahl schon ein dauerndes erhebliches Überschreiten der wöchentlichen Arbeitszeit erforderlich macht. Die Bewährungshelferin Jensen hält 35—40 Fälle für noch gerade zu bewältigen. Nach Raeburn, Z. 70 (1958), S. 686, hat in England jeder männliche Bewährungshelfer im Durchschnitt 56 Probanden, jeder weibliche (für Frauen, Mädchen und Jungen bis zu 12 Jahren) im Durchschnitt 38 Probanden zu betreuen, wozu freilich noch familienrechtliche Angelegenheiten hinzukommen.

[629]) Vgl. dazu Raeburn, Z. 70 (1958), S. 686 über das Arbeitsgebiet des englischen Probation Officer: Vermittlungen in Ehestreitigkeiten, Unterhaltsstreitigkeiten u. dgl. m., Aufgaben die in Deutschland z. T. das Jugendamt und die freien Organisationen wahrnehmen.

8. Die Grundlage der Bewährungsarbeit bilden die Beziehungen zwischen dem Bewährungshelfer und dem Probanden. Diese Beziehungen erfordern sowohl ein Autoritätsverhältnis als auch ein Vertrauensverhältnis. Das Autoritätsverhältnis bedeutet, daß dem Bewährungshelfer gegenüber dem Probanden eine aus der Überordnung hergeleitete Gewalt zukommt. Daß diese Gewalt gesund und tragfähig ist, daß sie von der anderen Seite angenommen und bejaht wird, ist die Aufgabe des Autoritätsträgers. Das Vertrauensverhältnis besagt, daß zwischen zwei Menschen eine Partnerschaft derart besteht, daß jeder Teil weiß, daß der andere ihm ehrlich und offen gegenübertritt, daß man sich ihm offenbaren und mit ihm seine Sorgen teilen kann.

Ob beides innerhalb der Bewährungshilfe zutrifft, hängt von der Person sowohl des Bewährungshelfers als auch des Probanden ab. Daraus ergibt sich bezüglich beider das Problem der Auswahl.

a) Der Bewährungshelfer[630]) muß zunächst einmal die erforderliche Sachkunde haben. Da sich seine Arbeit innerhalb des Strafvollzuges vollzieht, muß er die Grundzüge des Strafrechts kennen, er muß kriminologische und psychologische Kenntnisse besitzen[631]). Er muß eine eingehende Unterrichtung und Erfahrung auf dem Gebiet der Sozialarbeit haben. Er muß sich über das pädagogische Ziel seiner Arbeit im klaren sein. Er muß die sozial- und individualpädagogischen Möglichkeiten kennen. Er muß Einfühlungsvermögen besitzen. Er muß dem anderen Menschen gegenüber offen, ehrlich, verständnisvoll, aber auch zielbewußt entgegentreten können. Er muß schließlich selbst ein geordetes und einwandfreies Leben führen. Wie bei jeder sozialen Arbeit muß er bereit sein, zu helfen und Zeit, Kräfte und manches Persönliche zu opfern.

b) Um eine abschließende Gruppierung der für die Bewährungshilfe geeignete Probanden[632]) geben zu können, fehlt es noch an hinreichenden Erfahrungen. Die Aussprache gerade zu diesem Punkt ist außerordent-

---

[630]) Zur Persönlichkeit des Bewährungshelfers vgl. die zahlreichen Abhandlungen in der Zeitschrift „Bewährungshilfe“. Sie stammen zum großen Teil von Bewährungshelfern selbst. Diese Abhandlungen geben einen trefflichen Einblick in den lebendigen Geist der Bewährungshelferschaft. Vgl. etwa Theo Quadt, Der Bewährungshelfer, Bewährungshilfe 2 (1955/56), S. 159—170. Auch in den ausländischen Zeitschriften wird das Thema immer wieder angeschnitten: McHugh, How professional are probation and parole? Fed. Prob. 21 (1957) Nr. 1, S. 7—11; Green, The Probation Officer as the Social Adviser to the Court, Probation 8 (1957) Nr. 5; Donald R. Cressy, Professional Correctional Work and Professional Work in Correction, NPPA-Journal 5 (1959) Nr. 1, Bernard C. Kirby, Judging the Offender, ebend.

[631]) Soweit es sich um ehrenamtliche Bewährungshelfer handelt, die derartige Kenntnisse nicht besitzen, bedarf es eines unterstützenden amtlichen Helfers.

[632]) H. H. T. Brocher, Die seelische Situation des Probanden, Bewährungshilfe 4 (1957/58), S. 143—165 (sehr wichtig!); Norbert Schaeffer, Der Proband in Familie, Beruf und Gesellschaft, Bewährungshilfe 4 (1958), S. 166—196; s. a. die Bemerkungen von Blunk, Bewährungshilfe 5 (1958) S. 29.

lich lebendig. Die vielfachen Äußerungen aus der Praxis der Gerichte und der Bewährungshelfer in den Fachzeitschriften zeigen, wie brennend das Problem ist. Jedoch wird überwiegend davor gewarnt, zu früh mit dem Ausschluß von Gruppen aus der Bewährungshilfe zu beginnen.

Zwei Grenzen sind notwendigerweise zu beachten: Bewährungshilfe darf nur angewandt werden, wo sie wirklich erforderlich ist. Ein großer Teil der Straffälligen wird nach Gewährung der Strafaussetzung oder Strafentlassung auf Bewährung den Weg zur geordneten Lebensführung mit oder ohne Weisungen selbst finden. Manchen wird bei der Entlassung aus dem Freiheitsentzug eine von der Strafanstalt durchgeführte Betreuung eine genügende Hilfe sein. Bewährungshilfe setzt voraus, daß der Proband ohne eine intensive Behandlung zwischenmenschlicher Art sich nicht zurechtfindet. Der Bewährungshelfer darf nicht mit unnötigen Hilfsvorgängen belastet werden.

Umgekehrt wiederum scheiden aus der Bewährungshilfe solche Straffällige aus, die eine Beeinflußbarkeit nicht erwarten lassen. Voraussetzung jeder erfolgreichen Arbeit ist die Bereitschaft des Probanden, seine Lebensform zu ändern und geordneten Verhältnissen zuzustreben. Wo diese Bereitschaft nicht vorhanden ist oder voraussichtlich nicht herbeigeführt werden kann, ist kein Raum für die Bewährungshilfe. Dazu muß die Fähigkeit treten, mit Hilfe des Bewährungshelfers dem von der Bereitschaft erfaßten Ziel näher zu kommen. Die Frage ist, ob diese Vorgegebenheiten bei bestimmten Gruppen kriminell gewordener Personen fehlen, so daß sie ein für allemal ausgeschlossen sind, oder aber ob bei bestimmter Gruppen nicht lediglich besondere Zurückhaltung in der Anwendung der Bewährungshilfe und eine besonders eingehende Prüfung im Falle ihrer Anordnung geboten ist. Der letztere Weg ist richtig. Als Gruppen, bei denen Zurückhaltung und sorgfältige Prüfung geboten sind, kommen vor allem schwere Psychopathen, Schwachsinnige, Trinker, bei Frauen vor allem Prostituierte und verwahrloste Kriminelle in Betracht[633]). Jedoch kann unter Umständen schon der vorangegangene Freiheitsentzug eine solche Vorarbeit geleistet haben, daß der Versuch der Bewährungshilfe gemacht werden kann. Denkbar ist auch, daß der Bewährungshelfer bei der Durchführung der Bewährungshilfe von anderer Seite, so z. B. von der Trinkerfürsorge, unterstützt wird, etwa indem diese die eigentliche Durchführung der Lenkung und Leitung übernimmt, der Bewährungshelfer selbst nur eine lockere Aufsicht führt. Bewährungshilfe bedeutet nicht, daß der Bewährungshelfer die ganze Arbeit allein leisten muß. So bedarf er beim neurotischen

[633]) Vgl. vor allem die Abhandlungen von Wilhelmine Müller-Heigenkam, Eva-Maria Warnatsch, Eva Werner, Hilda Bender, Margot Lange, Dorothea Schenker, Annemarie Jensch und Rosemarie Marquardt zu dem Gesamtthema Frauen und Mädchen in der Bewährungshilfe, Bewährungshilfe 6 (1959), S. 67—110.

Sittlichkeitsdelinquenten der Unterstützung des psychotherapeutisch gebildeten Arztes. Auch die Hilfe eines Psychologen kann in Betracht kommen[634]).

9. Die Arbeit des Bewährungshelfers beginnt mit der Kontaktaufnahme. Bei der nachfolgenden Bewährungshilfe hat sie schon während des Freiheitsentzuges stattzufinden. Bei der ursprünglichen Bewährungshilfe ist die Kontaktaufnahme möglicherweise dadurch erschwert, daß der Proband gegenüber behördlichenEinrichtungen zurückhaltend ist und er den Umgang mit ihnen nicht gewöhnt ist. Erschwert ist vor allem die Kontaktaufnahme bei Frauen, die regelmäßig gegenüber amtlichen Einflußnahmen abgeschlossener sind. Die größere Zurückhaltung des Probanden zu Beginn der Kontaktaufnahme[635]) kann durchaus ein positives Zeichen sein. Sie kann der Ausdruck einer stärkeren Eigenweltbetonung und eines Schamgefühls sein, Umstände, die durchaus von Wert sind. Kontakt bedeutet Sichberühren, Sich-äußerlich-Kennenlernen. Ein Eindringen in den Intimbereich ist weder die Aufgabe der Kontaktaufnahme noch der weiteren Verbindung. Was dem Bewährungshelfer aus dem Intimbereich nahegebracht wird, kann nur die Frucht eines echten Vertrauensverhältnisses sein.

Kontaktaufnahme ist auch erforderlich mit der Familie des Probanden, unter Umständen auch mit dem Arbeitgeber und sonstigen Personen. Immer ist freilich zu beachten, daß keine Bloßstellung des Probanden erfolgt.

Vor der eigentlichen Bewährungshilfe liegt die Schaffung geregelter äußerer Verhältnisse. Das gilt sowohl für den Fall der ursprünglichen als auch der nachfolgenden Bewährungshilfe. Es müssen häusliche Schwierigkeiten ausgeräumt werden. Es müssen Spannungen zwischen Arbeitgeber und dem Probanden beseitigt werden. Es muß der vom Probanden angerichtete Schaden geregelt werden. Der aus dem Freiheitsentzug Entlassene muß einen Wohnraum erhalten, er muß in ein Arbeitsverhältnis untergebracht werden. Es müssen die vielleicht völlig abgebrochenen Familienbeziehungen wieder hergestellt werden. Es müssen Gänge zu den Behörden gemacht werden. Sicherlich soll dem Probanden nicht alles abgenommen werden. Manchmal mag es genügen, den Weg zum Arbeitgeber zu öffnen, die Besprechung mit dem Arbeitgeber kann dann dem Probanden selbst überlassen bleiben. Zuweilen mag es genügen, wenn der Bewährungshelfer dem Probanden nur den

---

[634]) Gotthilf Flik, Einsatzmöglichkeiten der Psychologie in der Bewährungshilfe, Psych. Rdsch. 6 (1955), S. 172—187.

[635]) Auch hier bieten die in der vorhergehenden Anmerkung angeführten Abhandlungen wichtige Hinweise. Zu der Bewährungshilfe bei Frauen ferner: Geneviève C. O'Connell, Casework with the female probationer NPPA Journal 3 (1957), Nr. 1; Margaret A. Teachout, Problems of Woman Parolees ebend.; Meyer-Margreth, Bewährungshilfe für Erwachsene in Hamburg, 1956, Bewährungshilfe 4 (1957/58), S. 103—107.

Weg zeigt. Nur wo der Proband selbst nicht zum Ziele kommen kann, sollte der Bewährungshelfer selbst eingreifen. Vielleicht ist es die Gefahr jeder helfenden Tätigkeit, zu viel selbst zu tun. Die unterstützende Hilfe soll nicht die Lebensaktivität mindern. Der Proband muß erfahren, daß ihm nichts geschenkt wird, daß er vielmehr das Erreichen des Zieles eigener Kraft verdankt.

Zu den zu schaffenden äußeren Verhältnissen gehört unter Umständen auch die Überwindung des Abgeschlossenseins und der Vereinsamung. Hier liegen die Gefahren eines Hineingleitens in schlechte Verhältnisse, aus denen erneut Verwahrlosung und Kriminalität erwachsen. Im Anfang wird der Bewährungshelfer selbst viel Zeit dem Probanden zur Verfügung stellen müssen. Für die Folgezeit wird er gesunde Bindungen des Probanden an andere Menschen, sei es durch Vereinigungen oder einzelne Personen, herbeiführen.

Diese unterstützenden Aufgaben können bei Männern und Frauen durchaus verschieden sein. Die betreute Frau wird häufig dahin zu führen sein, die Wohnung anheimelnd zu gestalten, sie ordentlich und sauber zu halten, pünktlich für die Mahlzeiten zu sorgen, für Mann und Kinder da zu sein, wirtschaften zu lernen. Andere Aufgaben ergeben sich bei Verheirateten und Unverheirateten.

Je nach den gegebenen Verhältnissen wird sich der Helfer an Dritte wenden, um von ihnen für den Probanden Hilfe zu erhalten. Es ist sogar möglich, daß die Schwierigkeiten selbst nicht einmal in der Hauptsache vom Probanden, sondern von dessen Angehörigen ausgehen, etwa der unordentlichen, schlampigen, verschwenderischen Frau, dem trinkenden Mann, dem leichtlebigen Kind. Die Schwierigkeiten können auch an Vorkommnissen und Gegebenheiten an der Arbeitsstelle liegen.

So wichtig diese vielerlei Aufgaben auch sind, sie dringen noch nicht zu dem eigentlichen Kern der Bewährungshilfe vor. Sie bedeuten noch keine eigentliche pädagogische Arbeit. Das pädagogische Wirken beginnt erst dort, wo auf Grund des geschaffenen Vertrauensverhältnisses der Bewährungshelfer den Probanden zu der Auseinandersetzung mit seiner Lebensführung hinlenkt, wo er umgestaltende Kräfte in dem Probanden zur Entfaltung bringt. Das Schwergewicht der pädagogischen Tätigkeit liegt in dem Gespräch. Sicherlich steht es nicht isoliert da. Es nutzt nichts, wenn der Proband nicht das menschliche Bemühen des Bewährungshelfers um die äußere Lebensformung und zugleich die innere Ehrlichkeit der Ratschläge und Hinweise erspürt. Es muß offen und im gegenseitigen Vertrauen geführt werden. Der Bewährungshelfer muß unter Umständen dem Probanden erst einmal klarmachen, wie sich die Schwierigkeiten aus seinem eigenen Wesen und Verhalten ergeben. Nicht selten wird dabei sichtbar zu machen sein, was er selbst falsch gemacht hat und wie er es besser machen kann. Unter Umständen kommt es darauf an, dem Probanden den bisher von ihm nicht verstandenen

Standpunkt der anderen Seite vor Augen zu führen. Bald wird er das Selbstgefühl des Probanden auf das richtige Maß zurückführen, bald wird er es heben müssen. Bei dem Strafentlassenen wird es vor allem darauf ankommen, die Eigeninitiative zu stärken. Immer kommt es auf den Einzelfall an. So sehr der Helfer auch für die Sorgen und Nöte des Probanden offen sein muß, so sehr er sich um das Verstehen bemühen und an dem Schicksal des ihm anvertrauten Menschen Interesse haben muß, so bedarf es doch eines gewissen Abstandes zwischen ihm und dem Probanden, damit der Proband seine Selbständigkeit nicht verliert und der Helfer nicht an der Not des Probanden zerbricht.

Das Vertrauensverhältnis kann den Helfer vor menschlich und rechtlich schwierige Situationen stellen. Gibt der Proband dem Helfer einen Vertrauensbeweis, indem er ihm intime Dinge erzählt und den Behörden völlig unbekannte Verhaltensweisen offenbart, so erwartet der Proband Verschwiegenheit. Der Richter wiederum erwartet in dem Bericht Vollständigkeit. Es gibt nur zwei Möglichkeiten, entweder man verpflichtet den Bewährungshelfer, über alles auszusagen und verzichtet auf das vertrauensvolle Gespräch, oder man gibt dem Bewährungshelfer — möglicherweise unter der Voraussetzung der Zustimmung des oben bereits geforderten Hauptbewährungshelfers oder des Vollzugsamts — ein Recht zur Verschwiegenheit. Solche Verschwiegenheit ist vor allem dann erforderlich, wenn der Proband bemüht ist, mit den Schwierigkeiten fertig zu werden und vorwärts zu kommen.

Hier ergibt sich wiederum das schwierige Problem, was man von dem Probanden erwarten kann. Vielfach wird es nur ein langsames Vorwärtsschreiten sein, bei dem der Proband gelegentlich heftig ausgleitet. Das gilt vor allem für seine sittliche Führung. Das Gesetz der Juristen und Pädagogen erfordert zu Recht mehr als ein gesetzmäßiges Verhalten. Wie aber, wenn der Proband in die Unordnung gerät und er sich zugleich bemüht, ihr wieder zu entrinnen? Wie, wenn er zwar vorwärtskommt, aber die von einem hochstehenden Beurteiler geforderte Ordnung noch nicht oder nur sehr minimal gefunden hat? Das oben angedeutete Prinzip der Relativität läßt sich nicht umgehen, sofern nur ein Weiterkommen zu sehen ist. Allerdings dürfen damit nicht unverrückbare Grunsdätze zur Auflösung kommen. Eine Weiterführung der Prostitution oder ähnlicher Verhältnisse entsprechen nicht dem Mindestmaß der Ordnung. Es gibt Grenzen, deren Überschreitung Selbstaufgabe der Ordnung bedeuten würde[636]).

10. Das Handeln des Bewährungshelfers muß planvoll sein. Das bedeutet, daß der Bewährungshelfer nach der Kenntnisnahme von den Verhältnissen einen Plan entwirft, nach dem er vorgeht. Dieser Plan

[636]) Die damit zusammenhängenden Probleme werden in den Abhandlungen, Bewährungshilfe 6 (1959), Heft 2, wiederholt angeschnitten, z. B. S. 73, 87, 93.

ist, wie es immer bei einem Plan der Fall ist, nur ein Ausgangspunkt. Er ist jederzeit abzuändern, wenn er sich als zu schwerfällig, hinderlich oder gar irrig erweist. Ein solcher Plan ist schriftlich niederzulegen. Er soll die wesentlichen Gegebenheiten, ihre Beurteilung und den einzuschlagenden Weg enthalten. Auf diese Weise ist der Bewährungshelfer gezwungen, sich mit dem Einzelfall auseinanderzusetzen. Der Plan wird von dem hier vorgeschlagenen Hauptbewährungshelfer eingesehen.

Soweit mit der Strafaussetzung nur die Auflage der Bewährungshilfe verbunden ist, liegt die Aufstellung des Behandlungsplans im deutschen Erwachsenenstrafrecht in der Hand des Bewährungshelfers und des ihn kontrollierenden Richters (künftig nach meinem Vorschlag des Hauptbewährungshelfers). Die Frage, ob der Bewährungshelfer dem Probanden rechtlich bindende Anweisungen geben dürfen soll, wie es gelegentlich gefordert wird, ist zu verneinen. Es sprechen nicht nur Gründe der Rechtssicherheit dagegen, sondern auch pädagogische Erwägungen. Das Vertrauensverhältnis soll auf Ratschlag und Annahme beruhen. Wo es eines Zwanges bedarf, mag sich der Bewährungshelfer an das Gericht wenden.

Das Gericht ist dazu berufen, Auflagen zu erteilen. Solche Auflagen können beispielsweise medizinischer Natur[637]) sein, etwa sich einer Entziehungskur oder einer ärztlichen Behandlung (psychotherapeutischer Art, Behandlung einer Geschlechtskrankheit) zu unterziehen. Solche Auflagen können für die Durchführung der Bewährungshilfe sowohl eine Erleichterung als auch eine Erschwerung sein[638]). Die Auflage, sich einer ärztlichen Behandlung zu unterziehen, steht leicht in der Gefahr die ärztlichen Maßnahmen zu Zwangsmaßnahmen zu machen. Das kann die innere Bereitschaft des Betroffenen hemmen, an dem Heilungsvorgang mitzuwirken. Unter Umständen ist es zweckmäßiger, es dem Bewährungshelfer zu überlassen, die Notwendigkeit einer ärztlichen Behandlung dem Betroffenen klar zu machen. Auch bei anderen Auflagen kann das der Fall sein. Neben der Bewährungshilfeanordnung sollten daher nur aus besonderen Gründen Zusatzauflagen erteilt werden. Es wäre sehr viel leichter, über Anordnung und Umfang der neben der Bewährungshilfe stehenden Auflagen zu entscheiden, wenn der Bewährungshelfer bereits in solchen Fällen, in denen Bewährungshilfe zu erwarten ist, an der Hauptverhandlung teilnehmen würde. Für die deutschen Verhältnisse ist das einstweilen nicht zu erwarten. Es müßte, was heute nicht der Fall ist, ein Gerichtshilfebericht auf Grund der vor dem Urteil erfolgten Persönlichkeitsermittlungen vorliegen, in dem bereits ein entsprechender Vorschlag gemacht ist. Aber im Erwachsenenstrafrecht fehlt für die Persönlichkeitsermittlung noch so gut wie alles. Vor allem fehlt die

---

[637]) R. Redhardt, Strafaussetzung zur Bewährung, Monatsschrift 1958, S. 164—182.

[638]) Vgl. zum Problem des Handelns gegen ablehnend eingestellte Patienten M. Schmideberg, Treating of the Unwilling Patients, Brit. Journal of Delinquency, 9 (1958/59) 117—121.

Gerichtshilfe. Sie fehlt auch dort, wo es für das Gericht sehr angenehm wäre, Näheres über den Angeklagten zu wissen. Die hiermit in Zusammenhang stehenden prozessualen und organisatorischen Fragen harren noch der Lösung. Einstweilen scheitert auch hier die notwendige Regelung an der Überdehnung des Strafrechts.

11. Die Arbeit des Bewährungshelfers ist um so verantwortungsvoller, als er den Widerruf der Strafaussetzung anzuregen hat, wenn die Bewährungshilfe aussichtslos erscheint. Er steht unter Umständen vor der Entscheidung, ein Versagen des Probanden als Zeichen der Aussichtslosigkeit oder aber als ein zwar unwillkommenes, aber nicht entscheidendes Ereignis anzusehen. Er wird sich fragen müssen, ob das Versagen auf Mängeln der von ihm durchgeführten Maßnahme beruht oder ob es unabwendbar war. Er wird in Zweifelsfällen den Vorgang mit den anderen Bewährungshelfern und dem die Fachaufsicht führenden Organ besprechen. Schon um solcher Besprechungen willen ist es besser, daß dieses Organ nicht der Richter ist, damit nicht das beratende und beschließende Organ ein- und dasselbe ist. Die Entscheidung über den Widerruf ist schwierig und verantwortungsvoll. Es wird häufig zweifelhaft sein, ob der Zeitpunkt des Widerrufs gekommen ist oder ob noch abgewartet werden kann. Erweist sich der Proband später als geeignet, so war der Verzicht auf den Widerruf richtig. Muß dagegen später doch widerrufen werden, so ist nicht nur Zeit vertan, sondern auch unter Umständen die spätere Strafverbüßung härter. Da die Widerrufsentscheidung in der Hand des Richters liegt, erscheint es angebracht, daß der Bewährungshelfer in regelmäßigen Abständen dem Gericht berichtet und seine Beurteilung abgibt.

II. Bei Jugendlichen kommen Erziehungsvorgänge im rechtlichen Rahmen der Bewährungshilfe, der Auflagen mit und ohne Strafaussetzung und Erziehungsmaßregeln vor.

Die Bewährungshilfe hat bei dem Jugendlichen [639]) infolge seiner Unfertigkeit und Wandelfähigkeit eine stärkere Fremdwirkungsfunktion. Die Bildungs- und Gestaltungsfähigkeit des jungen Menschen macht ihn positiven, aber auch negativen Einflüssen gegenüber dem Erwachsenen in erhöhtem Maß zugänglich. Deswegen bedarf es beim jungen Menschen einer intensiveren Verbindung mit ihm als beim Erwachsenen. Die Hilfs- und Unterstützungsmaßnahmen müssen auf einer breiteren Grundlage aufgebaut sein. Der Bewährungshelfer kann sich mit dem persönlichen Bereich des jungen Probanden befassen, weil es

---

[639]) Vgl. hierzu das in Anm. 618 angeführte Schrifttum. Außer den dort genannten Zeitschriften sind hier vor allem noch: Evangelische Jugendhilfe, Jugend und Recht, Jugendwohl, Unsere Jugend, Zentralblatt für Jugendrecht zu nennen. Grundlegend für das Jugendstrafrecht der Kommentar zum JGG von Dallinger-Lackner; ferner Joachim Hellmer, Erziehung und Strafe, 1957, Schaffstein, Jugendstrafrecht, 1959.

auf diesen nicht in gleicher Weise wie bei Erwachsenen verletzend wirkt. Der junge Mensch eröffnet sich in der Regel leichter, nimmt eher gebotene Hilfe an und probiert erteilte Ratschläge aus. Er ist der Mitwirkung des Bewährungshelfers bei der Freizeitgestaltung zugänglicher als der Erwachsene, der sich bereits eine feste Lebensform geschaffen hat. Entscheidend kommt es darauf an, daß der junge Mensch etwas Gutes und Ansprechendes geboten bekommt, daß ihm Wege und Möglichkeiten gezeigt werden, die ihm reizvoll und lohnend erscheinen.

Damit wächst dem Bewährungshelfer innerhalb der Jugendlichen-Bewährungshilfe ein Mehr an Verpflichtungen und Aufgaben zu, als es beim Erwachsenen der Fall ist. Versteht der Bewährungshelfer ihnen nicht zu entsprechen, so ist es eben nicht so, als wenn nichts geschehen wäre, vielmehr bedeutet ein Versagen des Bewährungshelfers sehr leicht ein Abgleiten des jungen Menschen in die Hände unzuverlässiger, verführender Menschen und Kräfte.

Der Unterschied in der Führung der Bewährungshilfe bei einem Jugendlichen und einem Erwachsenen ist groß. Nur mit Vorsicht wird der Bewährungshelfer beim erwachsenen Probanden Hausbesuche machen. Er wird ihn zu sich oder an eine dritte Stelle bitten. Der Erwachsene wird vielfach geneigt sein, Hausbesuche als eine unangenehme Kontrolle zu empfinden. Beim Jugendlichen sind regelmäßige Hausbesuche unentbehrlich. Der Bewährungshelfer wird in ihnen ein wichtiges Mittel sehen, sein Interesse an der Lebensform des jungen Menschen zu erweisen. Der junge Mensch erwartet geradezu das Verständnis für seine Welt. Solche Besuche sind notwendig, auch um die Beziehungen zu den Angehörigen, insbesondere den Eltern, aufzunehmen. Für den Erwachsenen erscheint eine Unterredung des Bewährungshelfers mit den Angehörigen, die nicht einem ganz bestimmten Zweck dient, etwa einer konkreten Konfliktslösung, möglicherweise wie eine Komplottbildung oder ein Stellen unter eine Vormundschaft. Ein enger Kontakt des Helfers mit den Angehörigen ist beim Jugendlichen sachentsprechend. Der Erwachsene kann ihn als eine Minderung seiner Autorität in seinem eigenen Haus ansehen. Dem Jugendlichen kann der Bewährungshelfer in einen Klub oder Kameradenkreis derart einführen, daß der junge Mensch völlig und freudig mitgeht. Bei dem Jugendlichen kann erfolgreich die Gruppenbehandlung[640]) durchgeführt werden, indem der Bewährungshelfer selbst Gruppen für Freizeit, Sport und Spiel errichtet oder die Aufnahme in andere Jugendgruppen vermittelt. Selbst gemeinsame Ferienfreizeit mit Probandengruppen kommt in Betracht[641]). Im Ausland hat man auch Versuche mit Lagern ohne

---

[640]) Herbert Kuhlbarsch, Gruppenarbeit mit Probanden in der Bewährungshilfe, Bewährungshilfe 6 (1959), S. 19—22; ferner das Referat von Frau Sühlau, Gruppen arbeit mit kriminell gefährdeten Jugendlichen, Bewährungshilfe 6 (1959), S. 40-41.

[641]) Über einen derartigen Versuch Quadt, Bericht über eine Ferienfreizeit für Probanden der Bewährungshilfestelle Essen, Bewährungshilfe 6 (1959), S. 111—115.

Umzäunung und besondere Bewachung in schön gelegenen Gegenden mit Aufenthalt in der Natur, Unterricht und Gruppenarbeit gemacht[642]).

Die Tätigkeit des Bewährungshelfers ist beim jungen Menschen vielseitiger und beweglicher als beim Erwachsenen. Sie ist in den Erfolgsaussichten besser, wenn der Bewährungshelfer sich wirklich einsetzt, zugleich aber ist sie im Falle des Versagens mit höhere Verantwortung belastet, weil der junge Mensch an sich eher anzusprechen ist. Der grundsätzliche Unterschied in der Arbeit und der Einwirkungsmöglichkeit berechtigt allerdings nicht, nur die Bewährungshilfe bei jungen Menschen als einen pädagogischen Vorgang ansehen zu wollen.

Die Notwendigkeit einer intensiveren Arbeit macht in der Regel den amtlichen Bewährungshelfer erforderlich, bei dem zu den allgemeinen Kenntnissen und Befähigungen eines Bewährungshelfers noch eine jugendpflegerische Ausbildung hinzukommen muß. Aber auch beim Jugendlichen ist der freie Bewährungshelfer nicht auszuschließen[643]). Er kommt vor allem in Betracht, wenn ein Erwachsener aus dem Lebenskreis des jungen Menschen in besonderem Maß in einem Vertrauensverhältnis zu ihm steht und eine günstige Beeinflussung zu erwarten ist. In der Regel soll es jedoch niemand sein, der sowieso schon an der Ausbildung und Erziehung des jungen Menschen beteiligt ist, wie etwa der Arbeitgeber. Gerade in diesem Fall können unerwünschte Interessengegensätze auftauchen. Ein Sonderproblem ergibt sich bei jungen Soldaten, bei denen die Frage der Unterstellung unter einen militärischen Bewährungshelfer auftaucht[644]).

Wird das Jugendgerichtsverfahren zugunsten des vormundschaftsrichterlichen Verfahrens eingeschränkt, wie es oben vorgeschlagen worden ist, so gewinnt möglicherweise die Schutzaufsicht wieder einen weiteren Raum. Sie ist im nächsten Abschnitt zu behandeln.

§ 20. Andere Maßnahmen ohne Freiheitsentzug

Als andere Maßnahmen ohne Freiheitsvollzug kommen solche kraft behördlicher Anordnung und solche aus eigener Initiative in Betracht.

I. Unter den Maßnahmen ohne Freiheitsentzug kraft behördlicher Anordnung sind zu nennen:

---

[642]) Hier nähert sich allerdings der Probationsvollzug dem offenen Vollzug an· Vgl. hierzu Bernard Kogon, Probation Camps, Fed. Prob. 22 (1958), Nr. 3.

[643]) Bedenken dagegen offenbar bei Blunk, Bewährungshilfe 5 (1958), S. 29, der mitteilt, daß bei Jugendlichen in Hamburg der ehrenamtliche Bewährungshelfer keine Anwendung gefunden habe, vor allem weil die unbedingte Wahrung der Diskretion nicht gewährleistet sei. Dieser Grund ist allerdings nicht recht überzeugend, da auch der Laie sonst — etwa als Schöffe — zur Verschwiegenheit verpflichtet ist. Entscheidend ist die Auswahl.

[644]) Schnitzerlingk, Der Bewährungshelfer im militärischen Bereich, Bewährungshilfe 4 (1957/58), S. 95—98; Günther Roestel, Zivile oder militärische Bewährungshelfer für Soldaten, UJ 1959. S. 220—223.

1. Die Schutzaufsicht[645]). Bei dieser Maßnahme handelt es sich um die Unterstellung einer Person unter die helfende Aufsicht einer anderen, derart, daß diese ihm in einer schwierigen Situation beisteht. Die Maßnahme liegt vorwiegend im fürsorgerischen Bereich. Sie hat keinen Strafcharakter. Es geht um eine lockere Form der Persönlichkeitshilfe. Sie bedeutet nicht dieselbe intensive Einflußnahme auf den Schützling wie die Bewährungshilfe[646]). Die gerichtliche und behördliche Lenkung tritt gegenüber der Bewährungshilfe zurück. Dem Wesen der Einrichtung entspricht nicht die Betreuung durch Organe des Strafvollzugs, sondern durch Fürsorgebehörden oder freie Organisationen oder Privatpersonen.

Inwieweit aus dem vom Gesetz mehr als Aufsicht gedachtem Verhältnis ein echter Erziehungsbezug entsteht, hängt von der Persönlichkeit des Helfers ab.

Der Anwendungsbereich liegt vor allem bei den Minderjährigen. Nach § 56 JWG ist ein Minderjähriger unter Schutzaufsicht zu stellen, wenn sie zur Verhütung seiner körperlichen, geistigen und sittlichen Verwahrlosung geboten und ausreichend erscheint. Auch bei Fällen bereits eingetretener Verwahrlosung ist sie statt Fürsorgeerziehung zulässig (argumentum a majore ad minus). Anlaß zu ihrer Anwendung können Verletzungen von Strafgesetzen geben, sofern durch die Schutzaufsicht eine Verhinderung weiteren Abgleitens sich erwarten läßt. Der Helfer hat nach § 58 Abs. 1 JWG vor allem die Aufgabe, die Erziehungsberechtigten bei der Sorge für die Person des Minderjährigen zu unterstützen und zu überwachen. Er hat das Recht auf Zutritt zu dem Minderjährigen (§ 58 Abs. 4 JWG). Zwangsbefugnisse stehen dem Helfer nicht zu. Jeden Fall, in dem das Vormundschaftsgericht zum Einschreiten berufen ist, hat er diesen anzuzeigen. Die Anordnung geschieht durch das Vormundschaftsgericht oder das Jugendgericht. Ohne gerichtliche Anordnung kann das Jugendamt die Schutzaufsicht ausüben, solange der Erziehungsberechtigte damit einverstanden ist (§ 60 Abs. 3 JWG[647]).

Bei Erwachsenen kann die Schutzaufsicht nur als Auflage bei der Strafaussetzung zur Bewährung angeordnet werden. Früher kam ihr in diesem Zusammenhang gewisse Bedeutung zu. Die Einführung der Bewährungshilfe hat sie weitgehend verdrängt. Immerhin sind Fälle denkbar, in denen auch diese Form der Betreuung anläßlich einer Strafaussetzung

---

[645]) Grundlegend Rupert Angermair, Die Schutzaufsicht — eine Pflicht der christlichen Gemeinschaft, 2 Bde., Freiburg/Br. 1934 (mit reichen Schrifttumsangaben). Eine kurze Übersicht gibt Josef Schreiber, Schutzaufsicht, LdP IV (1955), S. 219—221.

[646]) Zum Verhältnis von Schutzaufsicht und Bewährungshilfe vgl. Dallinger Lackner, JGG (1955) zu § 12 Anm. 18; Gerhard Potrykus, JGG, 4. Aufl. (1955) zu § 12 Anm. 2 mit weiteren Schrifttumsangaben.

[647]) Vgl. zu den Einzelheiten vor allem die Kommentare zum Jugendwohlfahrtsgesetz von Gräber (1954), Potrykus (1953), Riedel, 2. Aufl. (1955) u. a.

ihren Sinn hat. So kann Unterstellung unter Schutzaufsicht einer Vertrauensstelle, wie eines Fürsorgevereins, eines Gefängnisvereins, einer Trinkerfürsorgestelle, einer Berufsorganisation, erfolgen. Voraussetzung ist, daß sich eine helfende Organisation oder ein geeigneter Helfer zur Übernahme der Schutzaufsicht bereit erklärt.

2. Auflagen bei der Strafaussetzung zur Bewährung.

a) Pädagogische Auflagen bei der Strafaussetzung zur Bewährung außerhalb der Bewährungshilfe sind im eigentlichen Sinn bei Erwachsenen sehr selten. Besteht das Wesen des Erziehungsvorgangs in der zwischenmenschlichen Beziehung, so kommt den meisten Auflagen kein pädagogischer Charakter zu[648]). Wiedergutmachung des Schadens, Zahlung des Unterhalts oder Entschuldigung bedeuten nicht mehr als ein Akt der Angemessenheit. In ihm erfüllt der Verurteilte nur etwas, was er ohnehin tun sollte. Die entsprechende Auflage kann für den Verurteilten ein Hinweis oder eine Belehrung sein. Sie kann ihn möglicherweise zum Nachdenken bringen. Aber alles das bedeutet nicht Erziehung. Was der Verurteilte aus der Auflage macht, inwieweit er ihr einen inneren Wert gibt, steht ganz bei ihm. Seine Entscheidung erwächst nicht aus dem Dialog. Andere Weisungen wiederum zielen nur darauf ab, dem Verurteilten Möglichkeiten und Stützen für die Bewährung zu geben oder ihn vor Gefahren zu bewahren, die ihn voraussichtlich zum Scheitern bringen (Weisungen hinsichtlich des Aufenthaltsorts, der Ausbildung, der Arbeit oder der Freizeit). Erst wenn solche Weisungen eine menschliche Beziehung herstellen oder beibehalten wollen, aus der heraus der Verurteilte eine Gestaltung seiner Persönlichkeit gewinnen soll, kann man von einer pädagogischen Situation sprechen. Eine solche könnte geschaffen werden, wenn dem Verurteilten auferlegt würde, ein bestimmtes Arbeitsverhältnis einzugehen oder aufrecht zu erhalten, wenn dieses Verhältnis zugleich als eine persönliche Beziehung gedacht ist, in der es um mehr als bloß um einen geeigneten und nützlichen Arbeitsplatz geht. Bedeutung kommt vor allem in diesem Zusammenhang der Auflage zu, sich einer ärztlichen Behandlung oder einer Entziehungskur zu unterziehen. Eine ärztliche Behandlung kann zwar auch in einer mehr unpersönlichen Form vor sich gehen. Der Arzt kann es vermeiden, eine echte persönliche Beziehung herzustellen und seine Persönlichkeit in dem Behandlungsprozeß einzusetzen. Es kann aber auch Behandlungsformen geben, in denen der Arzt über die rein sachliche ärztliche Betreuung als Persönlichkeit eine Beziehung zum Patienten herzustellen versucht und über sie ihm seelische und geistige Hilfe zukommen läßt. Eine Behandlung mit psychotherapeutischem oder heilerzieherischem Charakter ist ohne ein persönliches Band nicht möglich. Das gilt auch für Entziehungskuren, vor allem für die Behandlung von Trinkern.

---

[648]) Vgl. hierzu auch § 8 IV 1 des Buches.

b) Die Möglichkeiten, mit pädagogischen Auflagen den jungen Menschen zu stützen und fördern sind naturgemäß bei ihm umfangreicher als beim Erwachsenen. Die innere Einstellung des jungen Menschen ist Erziehungsmaßregeln und Auflagen gegenüber offener. Er hat seine Eigenwelt noch nicht so gefestigt, als daß er Weisungen von außen nicht noch innerlich annehmen kann. Das für den Erwachsenen Ausgeführte gilt auch hier. Nur solche Maßregeln, Auflagen und Weisungen sind von pädagogischem Gehalt, die auf die Herstellung und Aufrechterhaltung eines fördernden menschlichen Bezuges gerichtet sind. Hierhin gehören zunächst solche Auflagen, die die elterliche Gewalt oder die Gewalt sonstiger Erziehungsberechtigter, sofern sie in einer den Jugendlichen fördernden Weise geübt werden, stützt. Das Jugendgerichtsgesetz von 1923 kannte als Erziehungsmaßregel die Überweisung in die Zucht des Erziehungsberechtigten oder der Schule (§ 7 Ziff. 2). Der Jurist konnte mit dieser Maßregel wenig anfangen. Dennoch enthielt die Maßregel eine Erklärung von moralischer Bedeutung. Sie stützte das Erziehungsverhältnis, das zwischen den Eltern, dem Lehrherrn, der Schule und dem Jugendlichen bestand. Der Gedanke einer Erziehungsmaßregel, die im Grunde genommen nur bei dem Bemühen beider Seiten sinnvoll war und deren Vollzug strafrechtlich nicht erzwingbar (als bloße stützende Möglichkeit bestand lediglich die Überwachung des Jugendlichen durch den Vormundschaftsrichter) ist durchaus nicht abwegig, weil Erziehungsverhältnisse in einem tieferen Sinn dem Zwang entzogen sind. Ferner gehören hierhin Auflagen, die ein Arbeits- und Berufsverhältnis begründen. Auch Schutzaufsicht und Fürsorgeerziehung, soweit es sich um die Unterbringung in einer Familie handelt, sind in diesem Zusammenhang zu erwähnen. Ein besonderes Gewicht kommt Weisungen mit medizinischem Gehalt (ärztliche, insbesondere psychotherapeutische Behandlung und sonstige Heilbehandlungen) zu.

3. Die Bürgschaft ist dem deutschen Recht unbekannt. Es handelt sich um die freiwillige Bereitstellung eines Geldbetrages durch einen Dritten als Bürgschaft für die einwandfreie Führung des Probanden. Sie stellt einen Vertrauensbeweis für den Straffälliggewordenen dar. In der englischen Praxis hat sich erwiesen, daß selbst in Fällen, in denen der Richter kein Zutrauen zu dem Straffälligen hatte, die Stellung einer Bürgschaft durch einen Dritten die Selbstdisziplin gestärkt und ein einwandfreies Verhalten gesichert hat. Der Begünstigte fühlt sich in seinem Ehrgefühl angesprochen[649]).

4. Maßnahmen von Behörden und Organisationen außerhalb des gerichtlichen Bereiches. In Betracht kommen Hilfen aus dem Berufs- und Arbeitsbereich, in dem sich der Verwahrloste oder Gefährdete befindet (Unternehmen, Arbeitsstelle, Schule) oder aus dem sonstigen Lebensbereich (Kirche, freie Organisationen, Vereinigungen) oder aus

---

[649]) Vgl. Walter Raeburn, Z. 70 (1959), S. 691.

dem amtlichen oder freien Sozialbereich (Gesundheits-, Wohnungs- Familien-, Altersfürsorge u. dgl. m.). Der Jugendliche kann durch die vielfachen Möglichkeiten der Jugendhilfe und Jugendpflege angesprochen werden. Loslösung von gefährdenden Bindungen und Hinführung zu gesunder Lebensgestaltung durch Einrichtung von Jugendklubs[650]) und Jugendvereinigungen, durch Schaffung von Freizeitheimen (Heime der offenen Tür), durch Berufsberatung und Berufsförderung kommen als Hilfsmöglichkeiten in Betracht. In den pädagogischen Raum gelangen derartige Maßnahmen allerdings erst, wenn sie zu einem zwischenmenschlichem Band führen.

II. Oft wird die Initiative zur Behebung kriminellen Verhaftetseins oder krimineller Gefährdung von dem Betroffenen oder seinen Angehörigen selbst ausgehen. Der freiwillige Entschluß führt zu dem Bemühen um die Loslösung von Neigungen und Bindungen zu strafbaren Handlungen. Vor allem ist hier zu denken an das Aufsuchen von Ärzten, Psychotherapeuten, Psychologen und Pädagogen zu einer intensiven Behandlung, an die Durchführung von Entziehungskuren bei Trinkern und Süchtigen, an die Inanspruchnahme von Eheberatungen und Berufsvermittlungen, an das Anrufen des Seelsorgers. Bei Jugendlichen und jungen Menschen kommen vor allem die Inanspruchnahme von Erziehungsberatungsstellen[651]) und Organisationen der Jugendhilfe und Jugendfürsorge in Betracht. Die Einzelberatung durch den Seelsorger, Arzt, Psychologen oder Pädagogen wird oft dazu beitragen müssen, kriminalfördernde Umstände in der Familie zu beseitigen und das innere Band zwischen den Familienangehörigen herzustellen.

Mit alledem schließt sich der Kreis zu der vorbeugenden Kriminalpädagogik. Was außerhalb der offiziellen Reaktion auf straffälliges Verhalten oder zur Vorbeuge geschieht, kann in seiner Bedeutung gar nicht überschätzt werden. Nicht selten ist die Lösung im Bereich des Nichtoffiziellen und vor allem des Nichtstrafrechtlichen menschlich vorzuziehen und überdies nachhaltiger und tiefer.

F.

§ 21. Die Rehabilitation

I. Jede Kriminalverurteilung mindert das soziale Ansehen des Verurteilten. Die Verbüßung einer Freiheitsstrafe verstärkt den Makel in

---

[650]) Recht aufschlußreich das Buch von Otto Wilpert, Jugend-Gangs (Entstehung, Struktur und Behandlungsmögllichkeiten der Komplizengemeinschaft Jugendlicher), Wien 1959.

[651]) Zu den Möglichkeiten der Erziehungsberatung E. Bornemann, Sozialpsychologische Grundlagen der Erziehungsberatung, Prax. d. Kinderpsych. 5 (1956) 206—210; ders. Erziehungsberatung in soziologischer Sicht U. J. 9 (1957) 438—444; ders. Erziehungsberatung — eine Hilfe für die Eltern UJ. 10 (1958) 287—296; ders. Erziehungsberatung als Lebenshilfe in: Prohaska, Die zwischenmenschliche Erziehung und ihre Formen, Wien-München 1958 62—88.

der gesellschaftlichen Wertung. Es wäre unrichtig, die sozialethische Abwehrstellung in ihrer positiven Bedeutung unterschätzen zu wollen. In ihr kommt zum Ausdruck, daß die Allgemeinheit auf die sozialethische Integrität Wert legt, daß sie sich um die Grundlagen der ethischen Ordnung sorgt und bemüht, ohne die eine Gemeinschaft nicht bestehen kann, und daß sie Anforderungen an die Gemeinschaftsglieder stellt. Die Abwehrhaltung gegen den Straffälligen ist ein Zeichen dafür, daß die Gemeinschaft die strafrechtliche Ordnung ernst nimmt, und daß sie an der Strafrechtspflege teilhat. Es kann mit der Abwehrstellung auch das Gefühl der Unruhe und des Unbehagens verbunden sein, weil die Menschen sich durch das Verbrechen bedroht fühlen, und ihnen der Rechtsbrecher eine Gefährdung bedeutet. Die Erfahrungen zeigen, daß manche die eingeschrittene Bahn nicht verlassen. Derartige Vorstellungen machen die Haltung der Allgemeinheit verständlich und geben ihr auch eine Berechtigung.

Mit dieser Abwehrstellung können sich auch weniger anerkennenswerte Haltungen verbinden. Es kann sein, daß sie auf einer zu großen Selbstsicherheit und der mangelnden Erkenntnis von der Verwobenheit aller in die Schuld des Einzelnen beruht. Man spricht hier leicht vom Pharasäismus, ein Wort, das wiederum den abwertet, der den anderen abwertet und so zu einem Kreis von gegenseitigen Vorwürfen führt. Sicherlich gibt es auch ihn. Zuweilen beruht die Abwehrstellung aber auch auf bloßer Unkenntnis der Verhältnisse, manchmal auf Bequemlichkeit, nicht selten auf Lieblosigkeit.

So können sich billigenswerte, ja für die Geschlosenheit der Rechtsgemeinschaft notwendige Gründe mit verwerflichen Motiven verbinden. Wer aber zu der gesellschaftlichen Abwehrhaltung gegenüber dem Verurteilten und Sträfling Stellung nehmen will, wird dieser Erscheinung nicht gerecht, wenn er nicht — zum mindesten nicht auch — die positiven Grundlagen sich verdeutlicht.

Eine Gesellschaft kann sich, will sie die sozialethische Ordnung nicht auflösen, gar nicht so verhalten, als sei nichts geschehen. Sie kann aber andererseits auch nicht in der Haltung des Nichtvergessenkönnens und des Nichtverzeihenwollens verharren. Sie muß auf der einen Seite der sozialethischen Grundordnung Nachdruck verleihen, sie darf aber auch auf der anderen Seite nicht den Rückweg verschließen und muß den Willigen und der Hilfe Bedürftigen ehrlich und vorbehaltlos wieder aufnehmen. Es gibt auch hier nur die Möglichkeit einer differenzierten Haltung.

II. Die Probleme, um die es hier geht, werden unter dem Begriff der Rehabilitation[652]) erfaßt. Diese berührt das Strafrecht nicht nur unter

[652]) Aus dem deutschen Schrifttum seien die grundlegenden Arbeiten von Ernst Delaquis, Die Rehabilitation Verurteilter 1906, Die Rehabilitation im Strafrecht 1907; ferner Z. 37 (1916) 576; Schweiz ZfStr. 25 (1912) 99 hervorgehoben. Dazu ist auf Delaquis-Polec: Materialien zur Lehre von der Rehabilitation 1905 hinzuweisen.

dem Gesichtspunkt der Erziehung und Besserung, sondern als eine allgemeine strafrechtliche Frage. Sie hat aber auch ihre kriminalpädagogische Seite.

Rehabilitation bedeutet die rechtliche Wiederbegründung des sozialen Ansehens eines Verurteilten. Sie zielt darauf, den Verurteilten wieder in die Gemeinschaft einzugliedern, ihm die Möglichkeit zu geben, ein ordentliches, seinen Kräften entsprechendes Leben neu zu beginnen und durchzuführen, ihn vor allem wieder als vollberechtigtes Gemeinschaftsglied anzunehmen. Die tiefgreifenden Folgen der Verurteilung durch die Kriminalgerichtsbarkeit und der Strafverbüßung legen den Gedanken nahe, von der Waffe des Strafrechts einen sparsamen Gebrauch zu machen. Wie unter dem Gesichtspunkt des Kampfes gegen die kurzen Freiheitsstrafen, der Durchführung eines echten Täterstrafrechts und einer sozialen Strafrechtspflege, die Begrenzung des Strafrechts zu fordern ist, so findet auch vom Rehabilitationsgedanken diese Forderung eine nachdrückliche Stütze. Doch liegt dieser Gedanke nicht im eigentlichen Blickwinkel der Kriminalpädagogik. Von ihr aus ergibt sich die Verbindung zur Rehabilitation durch die Notwendigkeit, sowohl die erzieherische Behandlung im Vollzug zu unterstützen, als auch dem Verurteilten, der im Erziehungsvorgang mitgearbeitet hat, die verdiente Anerkennung zu gewähren. Im ersten Fall bedeutet Rehabilitation einen die Erziehung begleitenden, im zweiten Fall einen die Erziehung beendenden Vorgang[653]).

III. 1. Die Strafe reicht in ihrer Tragweite über den Vollzug hinaus. Das ist nicht nur eine Folge gesellschaftlicher Auffassungen, sondern ergibt sich aus der gesetzlichen Regelung selbst. Als nachfolgende Umstände kommen die Nachstrafen, die als Ehrenstrafen verhängt werden und erst nach dem Vollzug in Wirksamkeit treten, und die Registrierung der Strafen in Betracht.

Die Nachstrafen, wie Aberkennung der bürgerlichen Ehrenrechte, Anordnung der Eidesunfähigkeit u. dgl. m., gefährden das Ergebnis des Erziehungsvollzuges. Sie stehen der vollen Wiedereingliederung des Be-

---

Mit Delaquis setzt die Diskussion über die Rehabilitation in Deutschland ein. In der Lehrbuchliteratur wird sie vor allem materiellrechtlich von Liszt-Schmidt: Lehrbuch des Deutschen Strafrechts I, 26. Aufl. 1932 (§§ 78, 78a) und strafprozessual in meinem Lehrbuch (1952) S. 556ff. behandelt. Einen Überblick über den Fragenkreis bringen Bumke, HdR. IV, 774ff.; Noetzel, HdK. II, 482ff.; ferner Hartung, Der Stand der Rehabilitationsfrage in Deutschland, Mezger-Festschrift (1954) 503ff. Die Fragen der Rehabilitation haben namentlich durch die Strafrechtsreformarbeiten eingehende Untersuchungen gefunden, so durch Schottelius: Rehabilitation und Resozialisierung, in: Materialien zur Strafrechtsreform, 2. Bd., I Allg. Teil (1954), S. 149ff. und mein Gutachten über die Rehabilitierung Straffälliger für den 42. D.J.T. (1958) Bd. II, Teil G 3—30. Zum Rehabilitationsproblem bringt vor allem das französische Schrifttum Bedeutsames. Vgl. dazu Anm. 189

[653]) Dieser Gesichtspunkt kommt auch für die Sühnestrafe in Betracht.

troffenen entgegen, indem sie ihn nach der vollständigen oder teilweisen Verbüßung der Freiheitsstrafe als ehrlos ansprechen, seine möglicherweise ernsthaften Bemühungen um die Eingliederung außerachtlassen und auf ihn herabsetzend und entwürdigend wirken, gerade wenn er das zur Resozialisierung notwendige Ehrgefühl besitzt. Die nachfolgenden Ehrenstrafen wirken, wenn sie nicht auf die Gleichgültigkeit des Betroffenen stoßen, verbitternd. Gerade der, den die Ehrenstrafe berührt, interessiert vom Erziehungsgedanken her, gerade er sollte vor den Wirkungen der Ehrenstrafe bewahrt bleiben.

Es könnte scheinen, als ob es ausreichend wäre, demjenigen, dessen Strafe ganz oder zu zwei Dritteln vollstreckt ist, durch gerichtlichen Beschluß die Ehrenstrafe zu erlassen. Dem ist entgegenzuhalten, daß ein derartiges Verfahren zu verwickelt und zu ungewiß ist. Das Gericht neigt leicht dazu, die Frage der Beseitigung von Straffolgen unter dem Gesichtspunkt der Tatschwere und der Vergeltung zu entscheiden. Die Rechtsprechung der Gerichte zu § 26 StGB läßt deutlich erkennen, wie sehr vergeltende Vorstellungen die Anordnung oder Nichtanordnung der bedingten Entlassung bestimmen und wie häufig demgegenüber die individualisierenden Gedanken zurücktreten. Es ist kaum anzunehmen, daß die Ermächtigung der Gerichte zum Erlaß der Ehrenstrafe eine hinreichende Hilfe darstellt. Möglicherweise wird bei Ersetzung des erkennenden Gerichts durch das Vollstreckungsgericht, das in engerer Fühlung mit dem Strafvollzug steht, die Entwicklung des Verurteilten im Strafvollzug besser berücksichtigt. Jedoch ist bei den nachfolgenden Ehrenstrafen die Gefahr von unbilligen Nachteilen so groß und ihr Nutzen so gering, daß sich ihre Abschaffung überhaupt empfiehlt. Niemals sollte ihre Anordnung obligatorisch vorgeschrieben werden, und niemals sollte sie bei einer Erziehungs- oder Sühnestrafe ausgesprochen werden. Wer die Erwartung auf Besserung im Vollzug rechtfertigt oder wem eine Sühneleistung, d. h. eine höchstpersönliche Leistung zu Entsühnung von Schuld zugetraut wird, fällt aus dem Bereich derer, die überhaupt für eine nachfolgende Ehrenstrafe in Betracht kommen. Es ist nicht sinnvoll, im Vollzug sein Ehrgefühl anzusprechen, ohne das eine Mitwirkung des Zöglings bei der Erziehung oder der Sühneleistung nicht möglich ist, und ihn zugleich für die Zeit nach Beendigung dieses Vorgangs als ehrlos zu bezeichnen. Da die nachwirkende Ehrenstrafe bei der Warnstrafe unangemessen und bei der Sicherungsstrafe sowohl in sich schon gleichgültig ist, als auch überdies keine Sicherheit gewährt, bleibt überhaupt kein Raum für die nachwirkenden Ehrenstrafen[654]).

---

[654]) Gegen die Ehrenstrafen überhaupt Liszt-Schmidt: a. a. O., S. 398 (mit Schrifttumsangaben); gegen die nachwirkenden Ehrenstrafen mein Referat zum 42. D.J.T. Zu dem Gesamtproblem: Albert Esser: Die Ehrenstrafe, Stuttgart 1956 (befürwortend).

Auch die vielfach befürwortete Beseitigung der Zuchthausstrafe[655]) würde die Wiedereingliederung mancher Häftlinge erleichtern. Es ist bereits ausgeführt worden, daß ein Unterschied des Vollzuges bei erziehungsfähigen Häftlingen, gleichgültig ob sie zur Gefängnisstrafe oder Zuchthausstrafe verurteilt worden sind, vom Erziehungsgedanken her nicht gemacht werden kann, da die beste Erziehungsmethode in dem einen wie dem anderen Fall anzuwenden ist. Es läßt sich aber auch vom Sicherungsgedanken her kein wesentlicher Unterschied im Sicherungsvollzug durchführen. Wenn trotzdem die Abschaffung der Zuchthausstrafe zur Zeit als noch verfrüht erscheint, so dürften ihre Gefahren für den Wiedereingliederungsvorgang nicht unterschätzt werden. Hier bleibt nur der Weg offen, dem Gericht eine Umwandlung der Zuchtstrafe in eine Gefängnisstrafe zu ermöglichen, falls der vollständige oder teilweise Vollzug zur Erreichung des Strafzwecks geführt hat und die Umwandlung zur Weiterführung der Eingliederung geboten oder zur Anerkennung des Bemühens des Verurteilten gerechtfertigt ist[656]).

2. Die Registrierung der Verurteilung kennzeichnet den Verurteilten auf die Dauer der Eintragung als Straffälligen[657]). Es kommen vor allem das Strafregister und das auf Grund der polizeilichen Listen ausgestellte Führungszeugnis in Betracht. Das Strafregister ist unentbehrlich, um die Gedanken des Täterstrafrechts zu verwirklichen. Die Verhängung von Kriminalstrafen stellt eine für die Beurteilung späterer Taten erhebliche Tatsache dar. Der in der späteren Sache tätige Richter muß an Hand der Vorakten ein Bild von dem Lebensgang des Angeklagten gewinnen können. Ebenso müssen Polizei, Vollzug, kriminalanthropologische Untersuchungsstellen und kriminologische Forschungsinstitute die Möglichkeit haben, sich ein Bild von der Persönlichkeit des Betroffenen zu machen. Allerdings sollte der Kreis der auskunftsberechtigten Stellen äußerst eng gefaßt sein. Das Strafregister sollte im Wesentlichen gerichtlichen und Strafverfolgungszwecken und im übrigen nur sehr eng begrenzten allgemein staatlichen Zwecken dienen. Mit der Begrenzung der Auskunftsberechtigung würde ein wichtiger Beitrag zur reibungslosen Wiedereingliederung getan sein. Allerdings ergeben sich nicht unbedeutende Probleme hinsichtlich der Auswertung der Vorstrafen durch die Gerichte, vornehmlich im Strafprozeß. Es seien hier nur als Einzelpunkte hervorgehoben: Zeitpunkt der Erörterung der Vorstrafen und Vortaten (regelmäßig erst nach der Sachverhaltsfeststellung bei voraussichtlicher Verurteilung), Möglichkeit des Ausschlusses der Öffentlichkeit bei Erörterung persönlicher Verhältnisse, (insbesondere der Vorstrafen sowohl des Angeklagten wie des Zeugen), Befragung der Zeugen nach Vorstrafen nur durch den Richter. Es kommt darauf an,

---

[655]) Zu dieser Frage vgl. oben § 8 II.

[656]) Vgl. hierzu mein Referat auf dem 42. D.J.T., S. 12.

[657]) Die Einzelheiten zur Registerreform und den damit zusammenhängenden Fragen vgl. mein Referat auf dem 42. D.J.T., S. 15—22.

die Notwendigkeit der Kenntnis von der Persönlichkeit und der Schonung des sich möglicherweise in der Wiedereingliederung befindlichen Angeklagten oder Zeugen gegeneinander auszugleichen.

Regelmäßig wichtiger als die Strafregistereintragung ist für den Verurteilten die Eintragung im Führungszeugnis: es besteht zwar insoweit ein Schutz des Verurteilten, als das Führungszeugnis nur ihm ausgehändigt wird, er es damit in der Hand hat, wer von dem Führungszeugnis Kenntnis nimmt. Jedoch findet der Stellungssuchende weithin keine Stellung, wenn er nicht das Führungszeugnis vorlegt. Wenn das Führungszeugnis nicht alle Verurteilungen enthält, insbesondere nicht die kurzen Freiheitsstrafen (Gefängnis nicht unter einem Monat, Haft)[657a]), so erscheinen doch gerade die Erziehungsstrafen, da es sich bei ihnen sowohl im Falle der Vollstreckung als auch der Aussetzung zur Bewährung um höhere Strafen handelt. Erst wenn die Strafen der bebeschränkten Auskunft unterliegen, sind sie nicht mehr aus dem Führungszeugnis ersichtlich.

Damit ist die Frage der Rehabilitierung aufs engste mit der im Straftilgungsgesetz vom 9. April 1920 und den ergänzenden Bestimmungen[658]) getroffenen Regelung verknüpft. Das Straftilgungsgesetz (§§ 6, 7; ferner § 95 JGG 1953) beruht auf dem Grundsatz der gesetzlichen Rehabilitation, der jedoch ergänzt wird durch die Rehabilitation kraft Verwaltungsakt (§ 8 StrafTilgG) und neuerdings durch die richterliche Rehabilitation (§§ 71 ff. JGG 1943, §§ 97 ff. JGG 53; § 25 Abs. 1 StGB). Die Rehabilitation tritt demnach stufenweise (unbeschränkte Auskunft-beschränkte Auskunft — Tilgung) ein. Sie erfolgt in der Regel automatisch, kann jedoch auch uneingeschränkt, d. h. weder an die Strafart (z. B. auch bei Zuchthausstrafe) noch an eine Frist gebunden, durch Verwaltungsakt des Justizministers erfolgen, bei Jugendlichen und im Erwachsenenstrafrecht nach erfolgreicher Bewährung im Fall der Strafaussetzung auch durch richterlichen Akt. Das Gesetz eröffnet somit weitgehend die Möglichkeit, den Erziehungsvorgang durch eine Rehabilitationsmaßnahme zu fördern oder zum Abschluß zu bringen. Immerhin bedarf der heutige gesetzliche Zustand des weiteren Ausbaus.

Es ist denkbar, daß ein Strafgefangener sich im Vollzuge bewährt hat, daß er tüchtig an sich gearbeitet und die vom Vollzuge ihm gewährten Hilfe zu nutzen verstanden hat. In einem solchen Fall könnte es angebracht sein, nicht erst die Verurteilung nach der völligen Strafvollstreckung der beschränkten Auskunft zu unterwerfen, sondern schon mit der bedingten Entlassung nach § 26 StGB. Das würde bedeuten, daß die

---

[657a]) Näheres bei Hermann Schütze, Führungszeugnis und Führungsliste, Köln-Berlin 1957, S. 26.

[658]) Zum Straftilgungsgesetz vgl. Hartung, Das Strafregister, 1926; Bumke, Straftilgung, HdK, V, S. 784; Kelz, Straftilgung, HdK. II, S. 690. Zum Jugendstrafrecht: Dallinger-Lackner: Jugendgerichtsgesetz, 1955, S. 771—807; Potrykus, Jugendgerichtsgesetz, 4. Aufl. 1955, S. 676—704.

Verurteilung der beschränkten Auskunft zu unterstellen wäre, obwohl sie noch nicht voll verbüßt oder erlassen ist und im Gegensatz zu § 25 Abs. 1 StGB noch keine Bewährung in der Freiheit erwiesen ist. Der Ausgleich für letztere könnte dadurch herbeigeführt werden, daß wenigstens eine Strafe von 1½ Jahren verbüßt sein müßte und die beschränkte Auskunft auf Widerruf für den Fall der Nichtbewährung vorgesehen würde. Damit würde der Rehabilitationsvorgang in das Bewährungssystem eingebaut sein, mit dem er sich, da bei mehreren Verurteilungen nur alle gleichzeitig der beschränkten Auskunft unterliegen, sowieso schon berührt.

Die große Bedeutung, die die Frage der beschränkten Auskunft und der Straftilgung für den Resozialisierungsvorgang hat, läßt es geboten erscheinen, die durch besonderen Akt vorzunehmende Rehabilitation völlig in die Hand der Gerichte und in § 8 StrafTilgG an Stelle des Verwaltungsaktes einen richterlichen Akt treten zu lassen[659]. Rechtstheoretisch ist diese Forderung dadurch gerechtfertigt, daß auch die Rehabilitationsmaßnahmen Maßregeln der Individualisation und Differenzierung, Maßregeln der Reaktionsbeweglichkeit sind. Wie die Anordnung und Gestaltung der Aussetzung zur Bewährung, der Maßregeln der Besserung und Sicherung, der unbestimmten Verurteilung im Jugendstrafrecht, dient auch die Rehabilitationsmaßnahme dazu, die Strafrechtsfolgen den Möglichkeiten und Bedürfnissen des einzelnen Täters anzupassen. Die Entscheidung über die strafrechtliche Reaktion ist Sache des Richters. Es handelt sich bei der Rehabilitation um eine Rechtsprechungsaufgabe, nicht um eine Verwaltungsaufgabe. Das hindert nicht, daß auch das öffentliche Interesse bei der Prüfung, ob die Maßnahmen anzuwenden sind, mitzuberücksichtigen ist. Entscheidend sollte aber sein — soweit die Strafe im konkreten Fall nach dem Besserungs- und Erziehungszweck bestimmt ist —, was für die Wiedereingliederung des Betroffenen am dienlichsten ist.

Mit der Anordnung der Rehabilitationsmaßnahme ist in dem Strafverfahren der letzte Schritt getan, um dem Betroffenen die rechtliche Vollstellung des Gemeinschaftsgliedes wieder zu verschaffen. Ist die Strafe getilgt, so hat der Betroffene wieder den rechtlichen Status des Unbestraften. Das heutige Recht kennt davon nur die Ausnahme, daß das Gericht und der Staatsanwalt aus besonderen Gründen anordnen können, daß der Verurteilte auch über bereits getilgte Strafen Auskunft zu geben hat (§ 4 Abs. 5 StrafTilgG). Diese Ausnahme empfiehlt sich noch weiter einzuschränken. Das Recht, Auskunft zu verlangen, ist auf das Strafgericht zu beschränken und nur gegenüber dem Angeklagten

[659]) In diesem Fall würde sich die Frage ergeben, ob neben § 8 StrafTilgG noch die richterliche Rehabilitation in § 25 Abs. 1 StGB und im Zusammenhang mit der bedingten Entlassung sowie im JGG besondere Erwähnung finden soll. Es wäre durchaus denkbar, eine einheitliche Bestimmung mit Hervorhebung der besonders zu beachtenden Fälle zu schaffen.

(also nach Eröffnung des Hauptverfahrens) auf Grund eines ausdrücklichen Gerichtsbeschlusses zuzulassen. Dem Zeugen gegenüber sollte ein Fragerecht nach getilgten Strafen überhaupt nicht bestehen. Bei Strafen, die der beschränkten Auskunft unterliegen, sollte der Zeuge ein Aussageverweigerungsrecht besitzen. Die Vollrechtsstellung nach erfolgter Rehabilitation sollte schließlich im Ehrenschutz seinen Ausdruck finden. Wenn auch keine eigene Strafbestimmung, durch die das schmähende Vorwerfen von Vorstrafen oder das Vorhalten getilgter Verurteilungen unter Strafe gestellt wird, zu empfehlen ist, so ist das deswegen der Fall, weil die Beleidungsvorschriften als hinreichend erachtet werden. Es wäre ein Widerspruch, die Begrenzung des Strafrechts zu verlangen und gleichzeitig neue Ehrenschutzbestimmungen zu fordern. Zur Verhinderung von Beweisaufnahmen über getilgte Strafen sollte insoweit der Wahrheitsbeweis ausgeschlossen sein[660]). Nimmt man noch den zivilrechtlichen Ehrenschutz (über § 823ff.BGB[661]), soweit ein vermögensrechtlicher Schaden eintritt) und den Schutz durch die Verwaltungsgerichte[662]), so offenbart damit die Rechtsordnung, daß sie dem Willigen den Weg zurück öffnet, daß sie es mit dem Erziehungs- und Sühnegedanken ernstnimmt.

§ 22. Schlußbemerkungen

I. Kriminalpädagogik ist Teil der Kriminologie und Teil der Pädagogik. Als kriminologisches Teilgebiet steht es in Verbindung mit dem Kriminalrecht. Infolgedessen muß die Kriminalpädagogik im Zusammenhang mit den strafrechtlichen Grundauffassungen gesehen werden. Die Erörterungen über das Wesen und den Inhalt der Strafe haben die grundsätzliche Vereinbarkeit von Strafe und Erziehung ergeben. Erziehung ist die innerhalb des Strafvorgangs angemessene und zweckvolle Antwort auf den Rechtsbruch junger Täter und einer näher zu klassifizierenden keineswegs geringen Anzahl erwachsener Rechtsbrecher. Rechtsstaatliche Bedenken gegen eine pädagogische Handhabung des Strafen-(Maßnahme-)Systems schlechthin bestehen nicht. Bei der einzelnen Maßnahme ist unter Umständen eine Prüfung auf die Verfassungsmäßigkeit nötig.

II. Als Teil der Pädagogik unterliegt die Kriminalpädagogik den pädagogischen Grundgesetzen. Pädagogik beruht entscheidend auf einem Ich-Du-Verhältnis. Das pädagogische Handeln setzt den persönlichen

[660]) Vgl. § 321 E 1927, § 421 Abs. 4 E 1936; ferner Hartung: a. a. O., S. 513.

[661]) Insbesondere würden die Bestimmungen über die Verletzung eines Schutzgesetzes und die Haftung für Amtspflichtverletzung in Betracht kommen. Das Straftilgungsgesetz ist ein Schutzgesetz im Sinne des § 823 Abs. 2 StGB.

[662]) Zu dem Schutz durch die Zivil- und Verwaltungsrechtspflege vgl. Hartung, a. a. O., S. 508ff.

Bezug voraus. Auch die Pädagogik kann um ihrer Zieles willen nicht auf objektive Ordnungsvorstellungen verzichten. Jedoch steht der Pädagoge in weit stärkerem Maß als der Jurist vor der Notwendigkeit persönlichkeitsgetragenen und persönlichkeitsgebundenen Handelns. Das Denken vornehmlich in objektiven Ordnungsbereichen läßt pädagogische Vorstellungen dem Juristen vielfach fernliegend erscheinen. Jedoch muß sich der Strafjurist bewußt sein, daß er einen Teil der vor dem Gericht stehenden Angeklagten einem pädagogischen Vollzug zuführen soll. Daraus ergeben sich bestimmte Verfahrensaufgaben und Verfahrensformen. Der Pädagoge wiederum muß die ihm durch die Strafrechtsordnung gesetzte Grenze anerkennen.

III. Die pädagogische Behandlung muß mit den medizinischen, insbesondere psychotherapeutischen und sozialen Maßnahmen verbunden sein. Wirksame Kriminalpädagogik ist nur in der Zusammenarbeit von Juristen, Pädagogen, Theologen, Medizinern, Psychotherapeuten, Psychologen und Soziologen möglich, Kriminalpädagogik steht mit anderen pädagogischen Teilgebieten, wie Heilpädagogik, Verwahrlostenpädagogik und Sozialpädagogik in enger Berührung.

IV. Historisch hat der Erziehungsgedanke durch die Gründung des Amsterdamer Zuchthauses 1595 und dann nach vorübergehendem Verlust an Boden mit der humanitären Bewegung in der zweiten Hälfte des 18. und der ersten Hälfte des 19. Jahrhunderts seine verpflichtende Wirksamkeit erwiesen. Die Erziehungsbestrebungen sind in Deutschland in der Zeit nach dem ersten Weltkrieg wieder aufgenommen worden. Die Weimarer Zeit brachte wesentliche Ansatzpunkte, die in der nachfolgenden Zeit jedenfalls im Erwachsenenstrafrecht wieder ausgelöscht worden sind. Der Anschluß an die Vollzugsbestrebungen der Weimarer Zeit ist in Deutschland noch nicht wiedergefunden.

V. Die internationale Bewegung auf dem Gebiete der Behandlung der Straffälligen erfordert für den Erziehungsbereich eine Ergänzung durch ein pädagogisches Programm. Die aus der allgemeinen Pädagogik gewonnenen Grundsätze bedürfen ihrer Umsetzung in eine spezielle Kriminalpädagogik.

VI. Die Kriminalpädagogik macht, wenn sie zu wirklichen Erfolgen führen soll, eine Neuordnung namentlich des Strafvollzuges mit Freiheitsentzug notwendig. So sehr auch äußere Reformen, wie vor allem Ausgestaltung des offenen Vollzuges, Verkleinerung der Einrichtungen, Klassifizierung und Differenzierung, Überprüfung der Behandlungsformen und -methoden notwendig sind, so tut vor allem eine innere Reform not. Sie betrifft in erster Linie die geistige Durchdringung des Behandlungsprogramms und die Haltung und Einstellung der Vollzugsbeteiligten.

VII. Kriminalpädagogik bedarf als Wissenschaft eines weiteren Ausbaus. Die vorliegende Arbeit stellt nur einen Anfang dar. Es läßt sich von der Kriminalpädagogik Gewinn sowohl für die Pädagogik als auch die Kriminalwissenschaften (Kriminologie und Kriminalrecht) erwarten. Von ihr aus kann das strafrechtliche Denken, das immer von der Gefahr der dogmatischen Erstarrung bedroht ist, belebt werden. Aber auch Einzelprobleme, wie das Problem der Ein- oder Mehrspurigkeit, der Einheitsstrafe, der kurzen Freiheitsstrafe, des Wesens der Strafe, der Schuld, der Strafzumessung, des Strafverfahrensaufbaus und der Strafverfahrensdurchführung können neue Aspekte erhalten.

VIII. Kriminalpädagogik stellt hohe Anforderungen an den Menschen, sowohl an den Beamten als auch an den Sträfling, an die Allgemeinheit und den Einzelnen. Pädagogik als Ausdruck menschlichen Bezugs verlangt von den Beteiligten die Auslösung echter menschlicher Beziehungen: der Liebe.

Stichwortverzeichnis

Kolibri 360 GmbH
Ferdinand-Jühlke-Straße 7
99095 Erfurt, Deutschland
produktsicherheit@kolibri360.de